10564.

LA CONDVITE DV RELIGIEVX.

Par le P. IVES de Paris Capucin.

A RENNES,
Chez PIERRE GARNIER, Imprimeur & Libraire,
demeurant en la Cour du Palais, à la Bible d'Or.

M. D. C. LIII.
Auec Priuilege du Roy.

PERMISSIONS ET APPROBATIONS
pour l'Impression de ce Liure.

*Reuerendo in Christo Patri Iuoni Parisino Prouinciæ
Parisiensis Concionatori Capucino.*

F. Fortunatus à Cadoro ejusdem Ordinis Generalis
Minister licet immeritus.

CVM in generalibus Comitijs nostris Anni 1643. R. P. V. ex consilio Disinitorij Generalis ab ad. R. Patre Innocentio predecessore nostro, concessa fuerit licentia Generalis, typis mandandi quæcumque componeret opera, Prius tamen à duobus Ordinis nostri Theologis reuisa & approbata, ejusdemque nobis facultatis requirat confirmationem. Propterea existimantes vberrimos Catholicæ fidei opera sua fructus allaturos, vt pote salutaribus insignia documentis. Nos præsentium serie præfatam à prædecessore nostro concessam licentiam impartimur : nimirum vt quæcumque componet opera, vti supra approbata, seruatis seruandis, typis mandare valeat, in quorum fidem has officij nostri sigillo munitas, manu propria subscripsimus Æsy. Idibus Ianuarij 1651.

F. Fortunatus Min. Cap. Gener.

NOVS F. François de Triguier, Vicaire Prouincial des Capucins de la Prouince de Bretagne, ayant leu tres exactement ce Liure intitulé *La conduite du Religieux*, composé par le R. P. Iues de Paris Predicateur de noſtre Ordre, Nous l'auons eſtimé digne de ſon Autheur, c'eſt à dire tres Catholique, & tres pieux, tout y eſtant conforme à la foy & aux bonnes mœurs. Les perſonnes Religieuſes y trouueront le veritable eſprit de leur profeſſion, & toutes les autres, de tres belles lumieres pour la pratique des vertus. C'eſt ce qui nous a premierement obligé à y donner noſtre Approbation : & maintenant à raiſon de la charge qui du depuis nous a eſté impoſée, conformément à la licence de noſtre T. R. P. General, nous permettons qu'il ſoit imprimé en noſtre Prouince, en foy de quoy nous auons ſigné les preſentes & fait ſceler du ſeau de noſtre Office, en noſtre Conuent de Nantes, le 16. Ianuier 1653.

F. François V. Prouincial In.

NOVS F. Ioſeph de Morlaix Definiteur des Capucins de la Prouince de Bretagne, & Gardien du Conuent de Rennes. F. Seuerin de Morlaix, Ex-Prouincial de la meſme Prouince. F. Thomas de Redon, Lecteur en la ſainte Theologie dans le meſme Conuent. Certifions que ſelon l'ordre de noſtre T. R. P. General, nous auons leu exactement le liure qui a pour titre *La conduite du Religieux*, compoſé par le R. P. Iues de Paris Predicateur Capucin, dans lequel nous n'auons rien trouué qui ne ſoit conforme à la foy, ſelon la doctrine Ortodoxe & les bonnes mœurs. L'Autheur eſt aſſez conneu par ſes autres ouurages ; ſa pieté Religieuſe ſe connoiſt encore mieux par celuy-cy, qui merite de voir le iour, puis qu'il eſt propre pour répendre la lumiere, & l'ardeur ſur les bonnes ames. La modeſtie de l'Autheur nous oblige à ne rien dire de plus, & nous deuons à la verité le témoinage que nous auons rendu, & que nous ſignons de nos propres mains. A Rennes, ce 17. iour de Feurier 1653.

F. Ioſeph de Morlaix.
F. Seuerin de Morlaix.
F. Thomas de Redon.

PRIVILEGE DV ROY.

LOVIS par la grace de Dieu Roy de France & de Nauarre ; A Nos Amez & Feaux Conseillers les gens tenans nos Cours de Parlemens, Baillifs, Senéchaux & autres nos Iusticiers & Officiers qu'il appartiendra, Salut. Nostre bien amé le Pere IVES de Paris Religieux Capucin, Nous a fait remonstrer qu'il a composé vn liure intitulé *La Conduite du Religieux*, lequel pour estre de grande édification & tres vtile à ceux de la profession religieuse, il desireroit de le mettre en lumiere, & donner au public (s'il Nous plaisoit luy en accorder nos lettres de permission) qu'il nous a tres humblement supplié luy vouloir impartir ; A CES CAVSES desirant fauorablement traitter l'exposant & seconder son pieux & loüable dessein, Nous luy auons de nostre grace speciale, pleine puissance & authorité Royalle, par ces presentes, permis & permettons de faire Imprimer ledit ouurage, iceluy faire vendre & débiter en telle marge & caractere, & par tel Libraire & Imprimeur que bon luy semblera, ayant charge & pouuoir de luy par écrit, & ce pour le temps & espace de neuf ans finis & accomplis, à commancer du iour que ledit ouurage sera acheué d'Imprimer, & durant ledit temps permettons audit exposant de faire Imprimer ledit ouurage autant de fois qu'il voudra, en telle forme & maniere qu'il voudra & iugera raisonnable & conuenable, où à ceux qui auront pouuoir de luy. FAISANS tres expresses inhibitions & deffences à toutes sortes de personnes d'Imprimer ou faire Imprimer, vendre & débiter ledit ouurage en tout ou en partie sans le consentement dudit exposant sur peine aux contreuenans de trois mil liures d'amende, appliquable moitié à Nous, & moitié audit exposant, confiscation des tous les exemplaires, de tous dépens, dommages & interests : VOVLANS qu'en mettant au commancement ou la fin dudit ouurage ces presentes ou extrait d'icelles qu'elles soient tenuës pour signifiées & veuës

ã iij

à la connoissance de tous ; deffendans par icelles à tous estrangers d'en apporter, vendre ny débiter en nostre Royaume, sur les mesmes peines pendant ledit temps: Mandons au premier nostre Huissier ou Sergent sur ce requis faire pour l'execution des presentes, tous exploits requis & necessaires, saisir les exemplaires d'autres impressions, sans demander congé, placet, visa ny pareatis, nonobstant clameur de haro, Chartre Normande, prise à partie, ny autres lettres à ce contraires, à la charge de mettre deux exemplaires dans nostre Bibliotheque, & vn dans celle de Nostre tres cher & Feal le Sieur Molé Garde des Seaux de France, CAR TEL EST NOSTRE PLAISIR. Donné à Paris le vingt-vniéme iour d'Auril l'an de grace mil six cens cinquante-trois. Et de nostre regne le dixiéme. Par le Roy en son conseil, DENISOT. Et scellé du grand Seau de cire jaune.

Et ledit Reuerend Pere a cedé & transporté le present Priuilege au sieur Pierre Garnier Marchand Libraire à Rennes, pour en jouïr selon sa forme & teneur. Fait à Rennes ce 12. May 1653.

Signé, F. IVES de Paris Capucin.

Les Exemplaires ont esté fournis.

Acheué d'imprimer pour la premiere fois, le 4. iour de Iuillet 1653.

TABLE DES CHAPITRES.

Avant-Propos. 1.

PREMIERE PARTIE.

La Conduite du Religieux en sa vocation.

CHAPITRE I.

I. Les vanitez & les crimes ordinaires dans le monde. pag. 9.
II. Les tranquillitez & les joyes du monde sont fausses. pag. 16.
III. Reflexion sur les crimes & les vanitez qui regnent au monde. pag. 20.
IV. Les perils de l'ame dans le commerce du monde. pag. 25.
V. L'homme n'a pas de soy-mesme assez de force, pour quitter sa mauvaise vie. pag. 30.
VI. Dieu seul peut tirer l'homme des perils du monde dans une meilleure vie. pag. 33.
VII. Les differens attraits de la grace. pag. 36.
VIII. Des ames converties à la premiere voix de Dieu qui les appelle. pag. 40.
IX. De la jeunesse qui se convertit à Dieu. pag. 45.
X. De ceux qui ne se convertissent à Dieu, qu'apres avoir fait l'épreuve du monde. pag. 51.
XI. Des conversions faites par la crainte des jugemens de Dieu. pag. 55.
XII. Des conversions faites en suite de quelques disgraces. pag. 59.
XIII. Fermes resolutions de se consacrer à Dieu dans la vie Religieuse. pag. 64.
XIV. La perfection de la vie Religieuse, en ce qu'elle suit les conseils Euangeliques. pag. 71.
XV. Les vaines aprehensions des austeritez Religieuses, & la confiance qu'on doit auoir aux graces de Dieu. pag. 75.
XVI. Preparation d'une nouvelle vie par une confession generale. pag. 80.
XVII. Prise de l'habit Religieux. pag. 84.

XVIII. *La confiance entiere que le Nouice doit auoir à son Pere Maistre.* pag. 88.
XIX. *Les aspres exercices du Nouitiat.* pag. 92.
XX. *De l'exacte mortification des sens.* pag. 98.
XXI. *L'austerité de la vie Religieuse suppose, conserue, & perfectionne les veritables sentimens de Dieu.* pag. 102.
XXII. *De quelques mortifications en particulier.* pag. 107.
XXIII. *Les mortifications doiuent estre plus rigoureuses des objets où l'on a de plus fortes inclinasions.* pag. 111.
XXIV. *Les seuretez de la vie consacrée à Dieu par les trois vœux.* pag. 115.
XXV. *Le merite des actions faites par vœu.* pag. 120.
XXVI. *Du vœu de la pauureté.* pag. 125.
XXVII. *Suite du mesme sujet, auec un éclaircissement de quelques difficultez.* pag. 130.
XXVIII. *Du vœu de la chasteté.* pag. 134.
XXIX. *Du vœu de l'obeissance.* pag. 139.
XXX. *Profession publique des trois vœux.* pag. 144.

SECONDE PARTIE.

La conduite particuliere & interieure du Religieux.

Auant-propos. pag. 149.

CHAP. I. *Serieuse reflexion sur ce que la vie Religieuse a ses loix directement contraires à celles du monde.* pag. 155.
II. *Reconnoistre bien quel est l'esprit de sa vocation, pour s'y perfectionner.* pag. 159.
III. *Auoir vne grande estime de sa vocation.* pag. 163.
IV. *Se conseruer l'esprit de sa vocation.* pag. 167.
V. *L'vsage moderé de toutes choses.* pag. 171.
VI. *Suite du mesme sujet, & de l'vsage de toutes choses auec indifference.* pag. 176.
VII. *Se retirer de tous les negoces du monde.* pag. 181.
VIII. *Quitter les interests de famille.* pag. 186.
IX. *L'amour de la solitude & de la retraitte.* pag. 192.
X. *La fidelle garde de ses pensées.* pag. 197.
XI. *Se corriger des moindres defaux.* pag. 202.

XII. *Se relever courageusement de ses cheutes.* pag. 207.
XIII. *Tendre tousiours à vn plus haut degré de perfection.* pag. 212.
XIV. *De la discretion dans les exercices Religieux.* pag. 217.
XV. *Ne se point abandonner aux scrupules.* pag. 221.
XVI. *Se conserver la paix & la tranquilité de l'esprit.* pag. 228.
XVII. *Auoir vn sublime sentiment de la Majesté de Dieu.* pag. 235.
XVIII. *De la presence de Dieu.* pag. 238.
XIX. *De l'oraison continuelle.* pag. 243.
XX. *Auoir Iesus-Christ pour sujet ordinaire de ses meditations, & pour regle de sa vie.* pag. 251.
XXI. *De la devotion du Religieux, à la Sainte Vierge Mere de Dieu.* pag. 255.
XXII. *Ce que l'on doit pratiquer durant les consolations diuines.* pag. 261.
XXIII. *La Resignation dans les sécheresses.* pag. 266.
XXIV. *Assister auec diligence aux diuins offices.* pag. 270.
XXV. *De l'attention aux diuins offices.* pag. 274.
XXVI. *Des oraisons regulieres.* pag. 280.
XXVII. *De la frequente Communion, & de celebrer tous les iours la Messe.* pag. 285.
XXVIII. *Frequenter les Sacremens auec esprit, & non par coustume.* pag. 291.
XXIX. *Euiter l'oysiueté.* pag. 295.
XXX. *Des estudes du Religieux.* pag. 300.
XXXI. *Des Saintes & devotes lectures.* pag. 307.
XXXII. *De l'assiduité, & du cercle sans fin, des exercices Religieux.* pag. 311.

TROISIESME PARTIE.

La conduite du Religieux dans le cloistre, & entre ceux de sa congregation.

Auant-Propos. pag. 315.
CHAP. I. P*ourquoy les congregations Religieuses sont instituées & combien elles sont auantageuses à la*
é

pieté. pag. 320.
II. Les merites & l'importance de la superiorité Religieuse. pag. 327.
III. Le gouuernement Religieux ne se doit pas conduire par la prudence humaine. pag. 332.
IV. De l'humilité & de la moderation dans les charges. pag. 338.
V. De la constance des superieurs à maintenir les regularitez. pag. 345.
VI. La parfaite soumission aux volontez du superieur. pag. 353.
VII. Se conseruer l'esprit de retraitte dans les communautez. pag. 360.
VIII. Du silence. pag. 365.
IX. Cacher ses auantages qui pourroient nuire à l'humilité, ou à la retraite. pag. 370.
X. Ne se point mesler dans les affaires d'autruy, sur tout dans celles qui regardent le gouuernement, où l'on n'est point appellé. pag. 374.
XI. Desirer de viure tousiours en Religieux particulier, sans charge & sans prelature. pag. 380.
XII. S'acquitter fidelement des offices qui sont imposez par obeissance. pag. 385.
XIII. Se plaire aux offices les plus bas & les plus humbles. pag. 389.
XIV. De l'humilité, & combien elle est necessaire dans les congregations Religieuses. pag. 394.
XV. N'auoir autre dessein, que de plaire à Dieu, & non pas aux hommes. pag. 398.
XVI. Suiure tant qu'il se peut la communauté sans particularitez. pag. 402.
XVII. Faire vn iugement fauorable de chacun. pag. 409.
XVIII. Profiter des bons exemples de tous. pag. 413.
XIX. Rendre à chacun du respect selon son merite. pag. 418.
XX. Du respect que l'on doit rendre aux anciens. pag. 425.
XXI. Assister charitablement les malades. pag. 431.
XXII. Auoir vne charité commune pour tous les Religieux de son Ordre & de sa famille. pag. 435.
XXIII. Suite du mesme sujet, & combien il importe, d'euiter les amitiez trop particulieres, les ligues & les factions. pag.

XXIV. *Viure en paix auec toutes sortes d'humeurs.* pag. 448.
XXV. *De la patience dans les sujets de mécontentement.* pag. 453.
XXVI. *De la simplicité dans la conuersation.* pag. 464.
XXVII. *Des aduis charitables que les Religieux se doiuent les vns aux autres.* pag. 469.
XXVIII. *Ne se point emporter au zele indiscret.* pag. 474.
XXIX. *S'acquitter de son deuoir auec vne fidelité tousiours constante, quoy que le relâche deuienne public.* pag. 479.
XXX. *Des entretiens Religieux.* pag. 484.
XXXI. *Des entretiens moins serieux.* pag. 489.
XXXII. *Dans les entretiens s'abstenir de ce qui peut porter preiudice aux autres.* pag. 494.

QVATRIESME PARTIE.

La Conduite du Religieux dans les employs exterieurs.

Auant-Propos. pag. 499.
CHAPIT. I. *Le choix des Religieux qu'on doit employer à l'exterieur.* pag. 506.
II. *Ne s'engager point dans les affaires, sans l'ordre exprés du superieur.* pag. 513.
III. *Agir en tout pour la plus grande gloire de Dieu.* pag. 516.
IV. *Se conseruer l'esprit de retraite, mesme dans la conuersation.* pag. 521.
V. *La sainte conuersation du Religieux auec les personnes seculieres.* pag. 526.
VI. *Suitte du mesme sujet.* pag. 530.
VII. *Ne se point trop engager dans la familiarité, & dans les interests des grands.* pag. 535.
VIII. *Le zele pour le salut des ames.* pag. 541.
IX. *Auoir vne égale charité pour les plus petits, comme pour les plus grands du monde.* pag. 546.
X. *La visite des malades.* pag. 550.
XI. *Consoler les affligez.* pag. 556.
XII. *Moyenner des assistances charitables pour les pauures & les*

affligez.

XIII. *Appaiser autant qu'il se peut les differens.* pag. 560.
XIV. *Resoudre les difficultez de conscience.* pag. 565.
XV. *De la predication.* pag. 569.
XVI. *De l'eloquence sacrée.* pag. 575.
XVII. *Euiter les trop grandes curiositez dans la predication.* pag. 588.
XVIII. *Se declarer courageusement pour la verité contre les erreurs.* pag. 594.
XIX. *Trauailler à la conuersion des heretiques.* pag. 599.
XX. *Des Missions étrangeres.* pag. 603.
XXI. *Euiter les trop grandes familiaritez des femmes.* pag. 608.
XXII. *De la retraitte par interualles apres les employs exterieurs.* pag. 612.
XXIII. *La vieillesse du Religieux.* pag. 617.
XXIV. *L'heureuse mort du Religieux.* pag. 623.
Conclusion. pag. 628.

LA CONDVITE
DV RELIGIEVX.

AVANT-PROPOS.

E donne ma voix aux plaintes publiques, qu'on fait tous les iours des mal-heurs de nostre siecle, & de la corruption qui s'est comme vniuersellement respanduë dans toutes les parties du Christianisme : Ie voy les defaillances, les conuulsions, les syncopes de ce corps malade, telles, que quand nous ne serions point dans la crainte d'vn plus grand mal pour l'aduenir, l'estat present demande de nous plus de larmes, que nos yeux n'en peuuent verser, & plus de vœux que nous n'en pouuons faire dans vne morne douleur.

Neantmoins ie ne suis pas encore du sentiment desesperé de ceux qui considerēt nostre âge comme le dernier du monde, dans toutes les abominations qui doiuent estre le comble des crimes passez; dans l'agonie des vertus, & de la nature; dans ce bouluersement vniuersel, des Cieux, des Elemens, des Hommes, en suitte de celuy de la Iustice, que les Prophetes nous predisent sous l'empire de l'iniquité. Nous auons cette obligation à nos anciens de nous auoir affranchy de ces craintes à force de predictions, qui ne se sont pas trouuées veritables, & l'experience nous a fait connoistre, que les qualitez de l'esprit, aussi-bien que celles du corps, les mœurs

A

AVANT-PROPOS.
comme les saisons, se renouuellent successiuement par des accez qui semblent auoir quelque chose de regulier.

Sans recourir à l'influence des Astres, à ce domaine alternatif de signes & de Planettes qu'on dit passer du feu à la terre, & de l'eau au feu, c'est à dire d'vne extremité à l'autre sans moyen, & qu'on suppose remettre toutes choses en vn estat vigoureux au point qu'elles sembloient mortes; Ie trouue qu'il y a des moyens plus propres & plus prompts pour ce restablissement. Nostre raison qui auec ses addresses fait tant de violence à la nature, qui calme les seditions, qui arreste la fureur de Mars, sur le point que les armees se doiuent choquer, pourroit gaigner beaucoup sur l'esprit des Princes & des sujets, par de pressantes persuasions, qui joignissent l'vtil à l'honneste. Il ne faut point d'autre magie pour rendre la figure d'homme à ceux que la concupiscence auroit transformez en beste; Il ne faut que ce feu pris du Ciel, pour mettre des perfections diuines dans vne masse terrestre: Car la raison primitiue qui a donné ce bel ordre au monde, apres l'auoir tiré du rien, veut que la nostre tienne icy sa lieutenance auec vn souuerain pouuoir, particulierement sur les sujets raisonnables, plus susceptibles de ses rares impressions. Si l'on dresse les animaux iusques à les captiuer à des vsages qui nous sont propres, si l'on appriuoise les Ours & les Lions, ie tiens qu'on peut dompter les plus farouches humeurs des hommes par la raison; qu'on peut mouuoir ces grandes machines des estats, par vne force spirituelle qui leur redonne ce qu'ils auoient de vigeur, sous les premieres loix de leur establissement.

Ie laisse ce grand dessein à ces puissans genies que Dieu donne au monde pour cét effet, & qu'il enrichit de graces particulieres, afin qu'auec plus de reputation, ils soient capables d'entretenir toutes les parties d'vn estat, dans vn concert de paix qui face la felicité publique: Que dans leurs Conseils, dans leurs Conferences, dans leurs Predications, dans leurs Escrits, ils donnent des Loix à ceux qui les donnent au monde; Qu'ils descriuent efficacement les deuoirs du Prince, du Ministre, du Prelat, du Iuge, du Peuple, auec des maximes si nettes, qu'estant dans vne approbation publique, elles

AVANT-PROPOS.

attachent la honte sur le front de ceux qui pretendroient de s'en dispenser. Pour moy qui n'ay pas asses de lumiere n'y de credit pour ces hautes entreprises, i'arreste ma plume dans les termes de ma condition, & ie penserois recueillir asses de fruict de mes estudes, si en ce Liure ie pouuois bien dresser vne Morale Religieuse. Ce dessein mesme me semble si releué au dessus du monde & de mes forces, que ie ne l'aurois iamais entrepris, si des personnes qui ont tout pouuoir sur mon esprit, ne m'en eussent donné les ordres, & ne m'eussent fait voir à l'œil, que les Compagnies Religieuses doiuent estre continuellement animées dans leur innocence, ou releuées de leurs defaux par de bons aduis.

Il ne faut pas s'étonner si des hommes qui font le ministere des Anges, auec les infirmités du corps, souffrent des lassitudes & des defaillances dans la continuë de leur trauail; S'ils endurent quelques alterations dans vne region de vicissitude & de mort; si leur vie meslée de solitude & d'action ne se cõserue pas tousiours la mesme santé dans l'air si corrompu & si contagieux de ce monde; si à force de condescendre aux peuples pour les gaigner, ils en contractent quelques mauuaises qualités, & perdent quelque chose de leur integrité, à mesure qu'ils se rependent en tant de deuoirs charitables. Toutes les Reformes qui ont successiuement rétably les Ordres Religieux, supposent des maladies precedentes, mais qui leur ont esté fauorables, en ce qu'ils s'en sont releués auec plus de forces, & qu'vne sainste emulation les a portés à recompenser ces premiers defaux par de notables progrés.

Ie n'entreprends pas icy ces Reformes, qui ont quelque chose de violent, & qu'on doit tenir pour des remedes reserués aux extremes maladies. Le Religieux est vne victime volontaire, qui doit estre conseruée autant qu'il se peut auec la mesme liberté qui la conduite aux Autels, & qui se purifiant tousiours sans se consommer au feu de la Charité, honore la saincteté & l'infinité de Dieu, par vne infinité d'holocaustes. Ie n'établis donc point icy d'autre regle que la raison, bien eclairée de la foy, d'autre Superieur qui oblige de la garder, que la conscience; la force ne sera que dans les persuasions; ie ne feray que representer la perfection de l'Euangile, ou le Religieux verra tant de beauté, qu'il ne pourra pas luy refuser son amour.

Quand la nature tient encore les fleurs naissantes, enueloppées dans le tuyau où elle les forme, la main qui les penseroit tirer de l'à, leur feroit vne violence inutile qui n'en aduanceroit pas, mais qui en feroit auorter la production; Il n'appartient qu'au Soleil d'acheuer ces beautés par ses lumieres, & les faire éclore par les doux attraicts de sa chaleur, quand il est sur nostre hemisphere. La force ne gaigno rien sur les belles ames, par ce qu'elles ont leurs secrettes sympathies auec Dieu, qui par les douces impressions de ses graces interieures, & par les motifs exterieurs qu'il y employe, leur donne la perfection & la beauté conuenable à leur estat, au temps determiné par sa Prouidence. Ce me seroit vne extreme consolation, si en cette rencontre de porter le Religieux au bien, ie pouuois auoir quelque part au merite de ceux que l'Apostre appelle les cooperateurs de Dieu; si mes escrits pouuoient seconder la grace, & agir sur les bonnes ames, autant que font sur les fleurs, les zephirs, auec le Soleil.

j. Ioa. 8.

Ie sçay bien que ce sujet a esté si dignement traicté par les plus doctes plumes de nostre siecle & de l'antiquité, qu'il ne s'y peut rien adjouster de nouueau; Mais comme on ne refuse pas les commodités des saisons, quoy que ce soit vne redite perpetuelle de la nature; comme on se sert plus librement des remedes experimentés, & qu'on ne laisse pas de crier courage aux soldats, quoy que cette parole leur aye esté dite en mille rencontres, les Religieux qui ayment la perfection, ne se lasseront iamais des lumieres qui en découurent le chemin, n'y des aduis qui les animent à le suiure. Le peintre ne se contente pas de regarder vne seule fois le sujet qu'il veut representer, mais il iette dessus l'œil à chaque trait que la main en tire, & fortifie son idée par cét aspect si frequent, qu'on le pourroit dire continuel. Tous les autres arts, reprennent souuent en main la regle & le compas, & acheuent leurs ouurages par vn recours perpetuel aux mesmes instrumens, qui leur ont donné les premieres proporsions. La vie Religieuse est vne machine inuentée par

AVANT-PROPOS.

Iesvs-Christ, pour faire vne violence continuelle à la nature, & faire monter ce qui de son propre poix, voudroit descendre : par ces grands efforts elle est suiette à se démonter, si l'on n'a continuellement recours aux addresses qu'il nous a luy mesme données pour la conduite ; c'est vn concert où l'on s'expose à faillir, si l'on n'a tousiours deuant soy la tablature ; Les Anges qui selon S. Denis aspirent continuellement à la resemblance Diuine, ne perdent iamais la veuë de cét bien-heureux object, & outre la vision qui fait l'essence de leur beatitude, leur amour est continuellement animé par les illustrations des ordres Superieures.

Ie ne puis rien dire en ce traitté, qui n'ayt peut-estre esté dit mille fois, & qui ne soit sceu d'vn nombre presque infiny de Religieux beaucoup plus eclairés que ie ne puis estre, ie ne laisseray pas pourtant de le dire, dans cette croyance, qu'il importe bien souuent de faire remarquer les choses exposées à la veuë de tous, que l'on sçait, & que l'on passe sans y prendre garde. Ie ne faicts pas estat d'enseigner, mais d'aduertir, & de reueiller dans les ames, des considerations, qui peut-estre y sont assoupies. Nous n'auons que trop de ces vaines subtilités qui embarassent les sciences ; qui à force de distinguer, confondent la veuë des choses diuines ; qui nous en dérobent le sentiment, & massacrent ces sainctes beautés quand ils en font des anatomies ; Pour moy ie regarde cette Theologie froide & orageuse, comme ces lumieres qui sous les Poles n'éclairent que des glaces & des tempestes : Nous sommes trop dans la speculation des mysteres, & trop peu dans les pratiques : Connoissons, dit S. Paul, auec sobrieté aymons sans mesure, & croyons auec l'Apostre S. Iacques, que la veritable Religion, consiste principalement en de bonnes œuures. Rom. 12.
Iac. 1. 16.

Ie n'addresse cette conduite qu'aux Religieux, neantmoins ie croy qu'il y va de l'interest de tous les Chrestiens, & que toute l'Église Catholique doit prendre part à la sainteté des cloistres, comme à vne cause commune ; Car il s'agit de maintenir les loix de perfection données par Iesus-Christ ; de se declarer pour ses conseils, & en ce sainct Institut, conseruer pendant tous les siecles vne Image de sa vie.

AVANT-PROPOS.

Le saint Euangile nous enseigne vne entiere abnegation du plaisir des sens, des vanités de l'esprit, & de toutes les peruerses inclinations que nous tenons d'vne nature corrompuë: Selon ces enseignemens la vie du Chrestien est vne copie tirée sur l'original de la Saincteté, c'est à dire de Iesus-Christ, Homme-Dieu qui s'est principalement chargé d'vn corps mortel, pour nous faire vne exemple de nostre conduite; Pour nous enseigner à tenir nostre corps suiet à l'esprit, dans des souffrances qui nous soient vne occasion de gloire; à passer cette vie dans vne entiere submission de nos volontés à celles de Dieu, dans la pauureté, dans la chasteté, dans le pardon des injures, dans la dilection des ennemys, enfin de viure icy comme citoyens du Ciel, sous les loix que gardent les pures Intelligences, sans toutes ces passions qui troublent icy le commun des hommes. Cette Morale est incomparablement plus haute, que tout ce que les Philosophes se sont figuré pour établir la felicité de l'homme; la speculation en est eminente, il est question de la pratique. Si quelque estranger ayant conceu vne grande estime des Chrestiens par la lecture qu'il auroit fait de leur doctrine, venoit dans nos villes pour en voir l'effet, que diroit-il, d'y rencontrer le luxe dans les habits, les festins, les edifices, l'ambition pour les charges, la vanité pour les honneurs, la haute vengence des injures, l'attache furieuse aux plus brutalles des concupiscences, les procés, les querelles, les combats, les guerres, enfin les mesmes passions qui troublerent le repos des hommes au temps de l'Idolatrie. Il est vray qu'il se trouue plusieurs personnes, qui se conseruent leur integrité dans vne condition seculiere, mais elles ne sont pas communes; elles se tiennent cachées; elles ne se rencontrent pas asés en nombre pour former vn gros qui ostast à cét estranger les mauuaises impressions qu'il auroit conceuë de cette grande multitude d'autres Chrestiens, dont la Religion ne consiste qu'en paroles, & la vie dans vne publique preuarication de leur doctrine. En cette rencontre les Ordres Religieux sont de grands corps asés remarquables parmy la foule des peuples pour maintenir la reputation du Christianisme contre les reproches des Payens &c.

AVANT-PROPOS.

des Heretiques, puis qu'ils font voir encore aujourd'huy dans leur vie, celle des Apostres, & les exactes pratiques des conseils que Iesus-Christ nous a laissés de la perfection: ainsi tous les Chrestiens ont ce me semble vn grand interrest de conseruer ce germe de la pureté Euangelique, de maintenir ces ligues sacrées qui declarent vne guerre ouuerte aux ennemis de nostre salut, qui soustiennent auec reputatiō les fatigues & les perils du combat, cependant que tous les autres joüissent du repos des sens que l'Indulgence de la loy leur accorde.

Certes il importe aux personnes engagées de condition dans le commerce du monde, de voir les Religieux dans vne obseruance tres-pure de leur institut, afin qu'ils soient de plus puissants mediateurs aupres de Dieu ; qu'ils attirent auec plus d'efficace ses benedictions sur les Royaumes, qu'ils en destournent les fleaux de sa justice, & que ces hosties viuantes, mille fois le iour offertes pour les pechés des peuples, meritent des graces à proportion de ce qu'elles auront plus d'integrité. Vn homme affligé par la perte de ses biens, trouue ses consolations dans l'exemple d'vne pauureté volontaire, tranquile, joyeuse, & qui ne possedant rien par droit, possede tout en satisfaction. L'incontinent void bien en ceux qui gardent la chasteté, que ses transports ne sont pas des necessités de la nature, mais des seruitudes honteuses qu'il s'est imposé luy mesme, & dont vn bon courage se peut affranchir. L'obeïssance Religieuse qui met la propre volonté entre les mains d'vn Superieur, & qui prend tous ses mouuemens de sa prudente conduite, est vn modelle des resignations que l'on doit aux ordres secrets de la Prouidence, aux Loix, aux Princes, aux Magistrats; C'est vn racourcy du monde Angelique, Celeste, Elementaire, où les choses basses suiuent l'impression des superieures, & les particulieres se sacrifient aux interrests du public.

Les Chrestiens trouuent de grandes consolations à voir dans les Cloistres de sainctes pratiques qui ne sont pas receuës dans le grand monde ; Ils taschent au moins de faire par ces substituts, ce qu'ils ne peuuent accomplir par eux mesme, & comme le Prophete inuite les Cieux, les Elemens, toutes les choses creés à la loüange de Dieu, ainsi

Ps. 148.

AVANT-PROPOS.

leur amour extreme en desirs, trop foible en effet pour adorer parfaitement vn Infiny, se console dans le secours de toutes ces nouuelles creatures animées par l'esprit de Iesus-Christ, pour offrir vn plus parfait sacrifice de loüange au Pere Eternel.

Voila comment les personnes seculieres esperent beaucoup des Religieux; elles les considerent comme des Moyses qui doiuent leuer les mains au Ciel, & en attirer des benedictions, cependant que les necessités de la vie commune les engagēt en mille combats : Elles les regardent comme les mediateurs des bontés de Dieu; comme ceux qui tiennent fort contre le cours de sa justice; comme les Anges tutelaires des Villes & des Royaumes; comme des citoyens du ciel qui viuent sous d'autres loix, qui ont d'autres desirs, & d'autre langage que le monde; elles en honorent mesme la rencontre, parce qu'elle leur est vne muette predication qui confond les vices, & qui jette tousiours quelque mouuement de pieté dans les ames.

Cette bien-veillance publique continuëra tousiours pour les Religieux, tant qu'ils demeureront dans les termes de leur deuoir, & dans l'exacte obseruation de leurs Regles; mais s'ils s'en dispensent, & qu'ils se relachent à des conuersations mondaines, ce grand respect qu'on leur rend se change en vn excés de mespris, & la cheute d'vn si haut étage, est pour eux vn precipice. Ce seroit peu si cette disgrace n'estoit que personnelle, & si le blasme du dereglement ne noircissoit que les coulpables : Mais la malice des hommes, & les artifices de l'enuie profitent de ces defaux particuliers, pour en tirer des consequences generales contre la saincteté mesme de l'institut, & des personnes qui le professent auec beaucoup de merite deuant Dieu. C'est pourquoy ie pense faire vn sacrifice agreable à Iesus-Christ, venger sa gloire, seruir le public & le particulier, de dresser icy les Regles de la conduite Religieuse, & en d'escriuant la vie des parfaits, donner à tous l'exemple de les imiter.

Cét Oeuure sera de quatre Parties; En la premiere ie represente la Conduite du Religieux en sa Vocation, En la seconde sa Conduite Interieure : En la troisiéme sa Conduite

AVANT-PROPOS.

duite dans le Cloiſtre & entre ceux de ſa Congregation; En la quatriéme ſa Conduite dans les emplois exterieurs; Et à cela ie penſe qu'on peut reduire par ordre, tout ce qui regarde les deuoirs du Religieux : I'ay déja traitté ce ſuiet, mais en forme d'Apologie, & par vne rencontre qui m'obligeoit plus d'eſtre ſur la deffenſiue que dans l'inſtruction. Ie vous prie neantmoins (MON LECTEVR) de reuoir ce que i'ay deduit en ce premier Liure, parce que i'obmets en celuy-cy beaucoup de choſes neceſſaires à l'éclairciſſement de mon ſuiet pour ne point tomber dans vne reditte importune. Les Heureux Succez de la Pieté, ou le Triomphe de la Vie Religieuſe a eſté mon premier Ouurage, ie ne ſçay ſi celuy-cy qui l'acheue, & qui met le comble à ma Morale Chreſtienne ſera le dernier. Ie ne ſçay ſi la Prouidence, qui fait au monde de ſi merueilleux rapports des commencemens auec la fin, voudra que j'aye conſacré les premiers & les derniers traits de ma plume à la Profeſſion Religieuſe, où ie penſe auoir commencé de viure, & où ie tiens à vne ſouueraine faueur de finir ma vie.

PREMIERE PARTIE.

LA CONDVITE
DV RELIGIEVX EN SA VOCATION.

LES VANITEZ ET LES CRIMES ordinaires dans le monde.

CHAPITRE I.

L'HOMME eſt le grand ſuiet, où l'éloquence a beau deployer ſes loüanges & ſes inuectiues, parce que tenant le milieu entre les pures intelligences, & les animaux, ce qu'il a de ſympathie auec les cauſes ſuperieures, merite autant d'admirations, que ſa pante aux choſes ſenſibles l'expoſe au meſpris. Si vous le considerés dans ce milieu, ou consiste proprement son estre vous y verrés quelquesfois la rencontre de ces contraires extremités auec si peu de proportion, que sans former de temperament, il ne s'en fait qu'vn monstre, & qu'vn prodige qui peche contre les plus équitables loix de la nature.

Son droict commun porte toutes choses à la recherche de celles qui leur sont semblables, qui les composent, ou qui leur tiennent lieu de principe, comme les poissons à l'eau, les oyseaux à l'air, les flammes vers vne region superieure. Les actions doiuent aussi se rendre conformes à l'essence, le feu nous échauffe par sa chaleur, l'eau refroidit par sa froidure, par vn effet que les Philosophes appellent formel, d'autant que c'est vn effort de la forme qui tâche de se reproduire, autant que les dispositions de la matiere le luy permettent : C'est icy le sujet de nostre étonnement de voir en l'homme des actions aussi contraires aux proprietés essentielles de son ame, que si elles n'en estoient pas déterminées, mais par le corps qui en cela ne deuroit estre que passif. Son ame est d'vne nature spirituelle, neantmoins elle a ses plus fortes inclinations pour les corps; elle est immortelle, & elle s'attache à des choses perissables, quitant le bien & le vray, elle se repaist de vanités, & se sallit de crimes ennemis de l'ordre que la raison doit donner à sa conduite pour arriuer à sa fin.

Si vous examinés tous ces emplois qui tiennent les hommes occupés dans les villes & à la campagne; qui font suer tous les arts, qui mettent toutes les sciences en pratique, qui semblent porter à quelque chose de grand, pour les familles, ou pour les estats; Il se trouuera qu'il ne trauaillent que pour le corps, & qu'estant comparés aux mouuemens que prennent les bestes pour leur conseruation, ils n'en sont gueres differents, que par des extremités vitieuses.

Ie veux que cette recherche que toutes les choses d'icy bas font de leur propre bien pour maintenir cette vie, soit la premiere & la plus importante loy de la nature qui doit estre plus exactement gardée par la raison, que par les sens; par les hommes que par les plantes & les animaux : Mais la plante n'étend ses racines qu'autant qu'il faut pour se soustenir contre l'impetuosité des vents, & pour succer de la nourriture à proportion de ce qu'elle a de grandeur ; Les bestes ne courent, ne volent, ne nagent, que pour chercher en divers lieux les commodités de leur vie, & la satisfaction de leurs sens, neantmoins tousiours par des mouuemens mesurés à la portée de leurs forces, auec certaines remises & de justes interualles pour leur repos : Or vous verrés des auaritieux dans vne insatiable auidité des richesses, qu'ils amassent sans mesure, qu'ils entassent dans leurs thresors, en beaucoup plus grande quantité qu'il ne leur est necessaire pour vn honeste entretien ; qu'ils conuoitent iour & nuict sans repos ; qu'ils rauissent aux autres sans misericorde, pour s'en refuser à eux mesme la jouyssance. Ces immenses cupidités font dans l'ame vn vuide infiny, qui ne se peut remplir par des acquisitions successives & limitées, ce sont des vases percées dont l'ouuerture d'en bas se dilate continuellement à proportion de la plus grande charge d'eau qu'on leur donne, & qui demeurent ainsi tousiours d'autant plus vuides qu'on les veut remplir. Vous verrés ordinairement cette soif insatiable en des hommes que la naissance & la fortune ont mis dans vne condition asés aduantageuse pour estre à couuert de la necessité : Ils sont sur le couchant de leur vie ; Ils n'ont n'y femme n'y enfans a pouruoir, cependant ils se refusent l'vsage de leurs biens, pour les laisser à des heritiers qui en feront des profusions, & qui en nourriront leurs crimes : Folie dont Salomon ne peut asés s'estonner, & qu'il met entre les plus grandes vanités du monde.

 D'autres s'abandonnent aux plaisirs des sens, aux festins, aux femmes, au vin, au jeu, auec des excés qui en vn an consomment les acquisitions de plusieurs siecles, qui chargent le corps d'infirmités honteuses & abominables corruptions, apres auoir abruty l'esprit, iusques à luy oster tout ce qu'il auoit de bons mouuemens pour les choses sainctes & honnestes.

 Y a-il rien de plus extrauagant & plus ridicule qu'vn amant hors de luy mesme pour vne fresle beauté qui se flettrit au moindre accident, & qui malgré tous les soins qu'elle prend pour se defendre contre les injures du temps, deuient bien-tost vn sujet d'horreur par vne estrange metamorphose, cependant cette passion trauaille quasi tous les esprits de la jeunesse, ordinairement ces flammes s'attachent aux plus subtils, & la sagesse est bien rare qui n'en souffre point les atteintes. Que de larmes, que de souspirs, que de langeurs, que d'inquietudes, que de supplices, que de desespoirs, pour vn object à qui la nature n'auoit pas donné des graces, & pour vn mouuement qu'elle ne nous auoit pas imprimé pour nous rendre miserables ? Toutes les choses d'icy bas ne souffrent rien de pareil, dans l'inclination qui les porte à la propagation de leur espece : Les plantes s'y disposent dans la plus agreable saison de l'année par la beauté de leurs fleurs & la suauité de leurs fruicts : Les animaux traittent leurs amours auec des agreemés qui semblent estudiés & conduits par la raison : Les oyseaux nous les font connoistre par les aubades qu'ils donnent tous les iours au Soleil à son leuer, & qui nous charment de leur harmonie; l'homme est seul qui fait son supplice de l'amour, qui perd ses aduantages du corps & de l'esprit, ses tranquilités & ses ioyes, enfin qui deuient diforme par vne recherche trop passionnée de la beauté. Quoy cét esprit qu'on vente capable de reformer la nature, d'aller prendre dans le ciel l'idée des loix qu'il doit établir au gouuernement du monde ? Cét esprit l'image de Dieu, doit-il estre prophané par de si basses & de si honteuses passions ? Quand tout reüssiroit aux hommes du siecle selon leurs desseins, que leur seruiroit d'auoir acquis toutes ces choses, & perdre leurs ames ? d'auoir esté prodigues d'vn temps pretieux, qui portoit les occasions de leur salut eternel ? d'auoir quitté le vray bien, pour en embrasser les ombres & les phantosmes ? L'opinion qui regne puissamment entre les mondains, est vn faussaire public, qui leur donne les apparances pour des verités, les vices pour les vertus, & qui apres les auoir mille fois trompé, fascine les yeux & les esprits, pour se conseruer tousiours ce qu'on luy a premierement donné de creance.

 Dans les entretiens familiers & sinceres d'vn Courtisan, vous n'entendrés que railleries des sottises de la Cour:

DV RELIGIEVX.

Neantmoins il ne veut pas rompre les chesnes qui l'y attachent, il ne se peut affranchir de cette éclatante seruitude, & veut bien estre la victime que l'on immole, pourueu qu'vne fois dans vn beau iour on le couronne de fleurs : Qu'elle bassesse de cœur de se rendre esclaue pour plaire à ceux que l'on estime des fols : de donner des aplaudissemens à ce que la raison condamne, pour des esperances qu'on a veu mille fois trompées, & qui au reste ne font que disposer à vne grande seruitude par beaucoup d'autres ? C'est vn étrange transport d'engager ses biens, son repos, sa reputation, sa vie, pour la parole d'vn Prince qui vous témoigne, comme à mille autres, de vous en sçauoir quelque gré ? qui vous flatte, comme on fait vn dogue pour l'animer au combat, & qui vous regardant, comme vn homme passionné pour ses propres interests, vous immole aux siens ? Qu'elle vanité de voir les meilleures testes de la Cour concerter long-temps dans le secret de leurs conseils, & faire vn grand mystere pour vne intrigue, qui apres mille déguisemens, mille conferences, mille couriers, mille corruptions de Ministres, se resoud à rien, par les foiblesses qui se trouuent en l'execution, & par des coups inesperés de la Prouidence.

Les vanités & les perfidies de la Cour se peuuent voir en abregé dans les familles. Là les amis & les parens engageront vn jeune homme dans les charges, contre ses inclinations, au delà de son esprit & de ses moyens, pour en auoir de la protection dans la rencontre. Il faut acheter l'office à vn prix enorme, auec si peu de profit, que ne suffisant pas à la subsistence, il consomme en peu de temps ce que l'on a de succession : de là les debtes, les interests, les inquietudes, les mariages infortunés, ou l'on allie plustost le bien, que la personne qui gemit ainsi miserable sous vne double seruitude, de sa famille & de son employ. Cét éclat exterieur a toutes les apparences des felicités de la vie, mais c'est, disoit vn ancien, vn beau soulier neuf dont celuy seul qui le porte ressent l'incommodité & sçait où il blesse. Que de soins dans les plus heureux mariages, mais que de fureurs dans les mauuais, & qui peut exprimer les gesnes d'vn pauure mary que la mauuaise conduite d'vne femme reduit aux extremités

B iij

d'estre la fable du peuple soit qu'il decouure, ou qu'il dissimule son mal.

Entrés dans l'interieur des Marchands, vous verrés leur esprit tout plongé dans le commerce, tantost bouffy d'esperances, puis allarmé de craintes, abbatu par vne perte, & qui du tout éloigné des choses intellectuelles, fait ses estudes, & son Dieu de son gain. Les arts ont des fatigues qui abattent l'esprit auec le corps, qui attachent l'homme comme les bestes de seruice à vn trauail journalier; que si cette condition semble auoir plus d'innocence que les autres, c'est moins auec vne franche volonté & auec choix, que par la foiblesse d'vn esprit éteint, qui ne porte pas plus loing que les mains

Ie prise neantmoins beaucoup plus cette maniere de vie, quoy que rauallée, si elle se peut maintenir dans l'innocence mesme au prix de sa liberté : car ce que ie plains plus dans les autres cõditions éclatantes, c'est qu'à leur dire, non seulemẽt les vanités, mais les crimes y deuiennet necessaires; que les hommes n'y ont que deux voyes, ou de pratiquer le mal, ou d'abandonner l'employ, d'encourir l'indignation du monde ou de Dieu, d'estre miserables en cette vie, ou en l'autre. Etrange dilemme dont la solution n'est pas difficile aux esprits qui conseruent les veritables sentimens de la foy, mais qui embarasse extrémement ceux ou ces lumieres sont foibles, & l'affection des choses sensibles bien forte.

Il y a de quoy rire à voir vn auaritieux qui se plaind sa vie; mais il y a dequoy plorer de voir qu'il desole les villes & les Prouinces par ses vsures : qu'il tient ses pauures debteurs dans les prisons chargés encore d'vn principal, apres en auoir plusieurs fois fait le payement par les interests : De voir qu'il reproche à Dieu ses bontés, qu'il se plaind des fecondités de la terre quand ses caues & ses greniers sont remplis, & qu'il souhaiteroit les peuples affligés de la famine, pour auoir sujet d'y faire vn plus grand gain. Le marchand est ridicule, qui n'a de l'esprit que pour son calcul : Mais le voila coulpable s'il vient à se récompenser de ses pertes par la falsification des marchandises, par des prix desordonnés, par des monopoles, qui sont des vols & des attentats publics.

C'est vne farce de voir les postures extrauagante d'vn

DV RELIGIEVX.

Courtisan qui suit la mode, qui pour cela s'enfarine, qui se charge d'habits incommodes au corps, qui quitte les innocentes libertés de sa maison, qui de maistre deuient valet, pour auoir dequoy se venter d'auoir veu la Cour. Mais c'est vne tragedie bien funeste, si par ses complaisances il entretient les vices d'vn Prince; si comme vn mauuais demon, il luy suggere les concupiscences, les cruautés, les tyrannies, sous pretexte de conseruer son authorité sur le peuple; s'il écarte de son conseil tous les gens de bien, apres les auoir rendus suspects par de secrettes accusations; s'il arreste la voix des peuples qui demandent misericorde, & s'il tient les mains captiues qui la luy doiuent donner. Mais quoy s'il vient à nourrir la guerre pour auoir suiet de faire de grandes leuées sur le peuple; de se défaire par les armes des ennemys, de tous ceux qui luy font ombrage, au moins de les bannir sous titre d'honneur, & de se faire adorer en la distribution des offices, quoy que la guerre mette tous les crimes en liberté, & qu'elle desole les villes & les campagnes, ô politique, ô prudence abominable qui veut cimenter la fortune d'vn particulier par le sang de tant de peuples! qui veut s'éleuer sur les ruines des plus illustres familles! qui fait seruir à ses interests, ceux de l'estat & de la Religion!

Cette mesme Prouidence qui arreste les grands coups de mer par vne ligne de sable, retient les courages de la noblesse attachés à certains deuoirs par vn point d'honneur, c'est vn plaisir & quelque sorte de prestige de voir qu'vne parolle sans autre effort meut ces grands collosses, & leur done toute sortes de postures: Mais quel malheur quand ce sentiment imaginaire les porte à des duels, quand l'offencé s'expose à de nouuelles injures dans vn combat ou la fortune n'a pas moins de droict que la vaillance. Entre ces perils continuels d'appeller, ou d'estre appellé, soit comme auteur de la querelle ou comme second, il ne faut plus mesurer la vie par le nombre des années, car tous les iours leur peuuent donner la mort & ie les voy comme ces esclaues gladiateurs, qu'on obligeoit au combat, lors qu'ils y pensoient le moins.

Ie n'entreprends pas icy de faire vne deduction de toutes les folies & de tous les pechés du monde, c'est vn suiet infiny, ou quand ie voudrois donner plusieurs volumes ie serois arresté par le respect que ie porte à certaines conditions fort malades, mais qui doiuent receuoir leur remede d'vne autre main que la mienne. Ce peu que i'ay representé doit suffir pour conclure, que le monde est l'élement des vanités & des crimes, de sorte que comme en la mer le moins fort deuient la proye du plus puissant & qu'il n'y a guerres d'innoënce que par foiblesse. Tous ont quitté le chemin de la Iustice dit le Prophete, tous sont preuaricateurs de la loy diuine, inutils sans volonté, sans mouuement, sans effet pour la fin que la prouidence leur auoit marqué. Iay ietté mes yeux sur le monde, dit Dieu par Hieremie, & ie n'ay veu que du vuide dans la terre, des tenebres dans le ciel, par tout le desordre, il ne s'y rencontre pas vn homme ny vn oyseau, c'est à dire vne personne qui se conduise par la raison, ou qui s'éleue aux choses diuines. S'il y a quelque homme de bien, il est aussi rare, & aussi difficile à trouuer que l'est vn grain de raisin caché sous les feüilles apres la vendange. Cette petite exception n'empesche pas que les Prophetes ne parlent en termes generaux de la corruption du monde, comme tout perdu par vn déluge de pechés. Ce n'est donc pas le lieu propre & l'element de la saincteté, puisqu'elle s'y altere au lieu de s'y conseruer, & qu'on y souffre les pertes veritables des vertus, sous vne apparence de felicité.

Ierem. c. 4. & 5.

Osée 9. Mich. 7.

LES TRANQVILITEZ ET LES joyes du monde sont fausses.

CHAPITRE II.

Galen. lib. quod animi mores temperati corporis sequatur.

PLATON & Galien rapportent les diuerses inclinations des hommes, & à leur dire les differences des ames à trois principales. Les vns disent ils sont raisonnables, addonnés aux sciences, aux vertus, à la Religion, à toutes les choses honnestes: Les autres suiuent l'impetuosité de l'irascible auec des ardeurs qui les exposent aux combats, pour obtenir les dignités, les honneurs, la gloire, & tout ce que la fortune

fortune promet de plus eminent. Enfin les autres plus mols ne respirent que le repos, & les tranquilités de la vie, pour y iouyr à leur ayse du plaisir des sens. Le nombre de ces derniers est beaucoup plus grand que des autres, parce (dit S. Thomas) que dans cette basse region tous sont capables des choses sensibles, & bien peu des intellectuelles; la vivacité des sens est bien plus commune que la subtilité des esprits, & ces beautés diuines qui rauissent les belles ames ne sont pas veuës du commun des hommes. Ils s'attachent donc aux choses qui leur sont plus aysées, plus familieres, & leur raison prenant le party des sens, a donné par ses industries de grandes étenduës à la volupté, luy a fourny mille nouueaux sujets, par aduantage sur les animaux qui ne la trouuent gueres que dans les alimens & la generation.

Le plaisir est, disent les Philosophes, comme la solde qui entretient, la recompence qui anime & qui couronne le trauail des sens : C'est pourquoy, comme entre les animaux l'homme seul estant composé de la partie sensible & raisonnable, à plus d'action, il semble iuste que pour se soulager, il se donne aussi plus de voluptés. Il est vray que sans elles la vie, parmy ce qu'elle a de sujections & de trauerses ne nous seroit pas supportable ; dans les austerités mesme ou Iesus-Christ nous appelle sous son joug & sous sa Croix, il comble les ames de delices qui passent au centuple celles que la satisfaction des sens nous pourroit donner. Mais comme il y a peu d'hommes assés détachés de la terre, pour se rendre susceptibles de ces auant-gousts de la beatitude, il recherchent les plaisirs des sens, n'estant pas en estat de receuoir ceux de l'esprit.

Philon explique ainsi par vn sens allegorique, ce que le commencement de la Genese nous décrit de la cheute du premier homme : La femme, à son dire, c'est la partie concupiscible du bien & du beau, que le serpent, c'est à dire vn plaisir rempant & terrestre à seduit ; & cette affection possedée de la sorte a gaigné le consentement de la raison, qui est la partie masle & plus forte de nostre ame. Ces plaisirs sensibles, sont donc vne tromperie pour elle, vne fausseté, vne cheute, vn desordre, d'où il n'est pas possible qu'elle tire de

Lib. de creat. mundi.

C

veritables contentemens pour trois principales raisons, à sçauoir que ces plaisirs sont vains, meslés de douleurs, & accompagnés de crimes.

C'est vne plus insigne vanité, de penser repaistre vne puissance spirituelle par l'objet des sens, que de rassasier vne pressante faim de l'estomach par des festins imaginaires; car si ces illusions n'apportent point de profit, elles ne causent point de dommages : Mais les plaisirs des sens, quand vous les supposeriés exempts de crimes, occupent les puissances de l'ame & y causent vne notable diuersion du souuerain bien

D. Thom.
22. q. 35.
a. 3.

Vous diriez qu'en cela l'homme paye le plus insigne bienfaict de Dieu d'vn reproche, & comme s'il estoit mécontent d'auoir esté mis dans le degré raisonnable, il se precipite dans le sensible pour y trouuer ses plaisirs auec moins de trauail; Mais comme il ne peut pas changer l'essence des choses, les ordres ny les rapports établis entre elles par la prouidence; l'ame raisonnable souffre vne secrette douleur parmy ces delices, où elle se void delaissée, & son riual caressé. C'est pourquoy les hommes du monde font estat de ne rentrer jamais en eux mesmes, pour ne point voir les calamités d'vne ame qu'ils ne veulent point soulager, & pour estre tous entiers à se donner tous les iours de nouueaux plaisirs, quoy que les esperances en soient continuellement trompées par des rencontres fades & onereuses.

Que s'il n'y a point de veritable plaisir sans reflection, comme ce n'est pas estre riche d'auoir beaucoup de pierreries qu'on sçait estre fausses sans les regarder ; Ie ne tiens pas ces hommes heureux qui se trompent eux mesmes, par des passe-temps, comme ils les appellent, & par vne diuersion de pensées.

Les playes empirent, & ne se guerissent pas pour estre couuertes d'or & de perles, la douleur presse enfin de leuer cét appareil inutil, & d'aduoüer qu'il faut en cela croire vn autre sens que les yeux. Que le mondain se flatte tant qu'il luy plaira de passer sa vie dans les voluptés; qu'il en reçoiue les applaudissemens de ceux qui l'aprochent pour y prendre part; qu'il se console dans la vanité de n'estre pas du com-

DV RELIGIEVX.

mun, & d'auoir mesme quelque eminence sur ses egaux; ces plaisirs, comme i'ay dit, n'ont rien qu'vn petit exterieur; ils n'affectent que les sens, & ne portent pas iusques dans l'ame qui ne laisse pas de gemir, estant priuée des exercices & des biens qui luy sont propres.

Elle n'est pas sensible à ces apparantes douceurs, & l'est neātmoins aux amertumes qui les acompagnent, aux passions violentes de les acquerir, aux soins qu'il faut apporter à leur entretien, aux craintes que l'inconstance du monde donne continuellement de les perdre, aux combats qu'il faut rendre contre les attaques qui les veulent enleuer; toutes pensées orageuses qui troublent les tranquilités de l'esprit, & qui luy font beaucoup plus de peines, que tels objets qu'on recherche ne donnent de plaisir aux sens.

Il faut qu'vn prodigue soit aueugle & fol, s'il s'estime heureux quand il void deperir son bien, & qu'à mesure de ce defaut ses amis s'écartent pour le laisser seul à l'indigence. Vn ambitieux peut-il auoir du repos, ie dis mesme dans les hautes charges, quand il ne fait estat que de la grandeur qui luy manque; quand pour se conseruer l'honneur dans le monde il deuient esclaue de tous ceux qui ont des yeux pour le voir, des bouches pour en parler, de l'esprit pour en porter iugement, vne plume pour en informer la posterité? Vn auaricieux peut-il estre content parmy ses thresors, auec vne soif insatiable de les accroistre? qu'el repos au milieu des auersions publiques, de la hayne, des imprecations, des attentats de tous ceux qu'il a ruïnés.

Ces crimes qui d'ordinaire accompagnent les plaisirs du monde, comme ie l'ay deduit au chapitre precedent, sont la derniere consideration que ie touche icy pour monstrer que ces voluptés sont fausses, & qu'en cela les hommes se trompent eux mesmes par la plus noire & la plus pernitieuse de toutes les impostures. Cette ambition qui s'éleue sur les ruïnes de l'innocence, qui desole les villes & les Prouinces, qui renuerse les loix diuines & humaines, qui prophane les choses sacrées pour établir vne fortune particuliere, tant de vols, de perfidies, de concutions peuuent bien accroistre l'éclat d'vne condition mondaine: mais ils ne sçauroient

C ij

laisser la paix dedans l'ame. La conscience se trouue gesnée de mille remords, elle s'accuse & se iuge par des preuues qui ne reçoiuent point de reproches, & la voix de sang qu'elle entend s'éleuer au ciel contre elle, ne luy laisse point de repos. Quel est l'estat d'vne pauure ame qui se void jettée comme Caïn hors la veuë de Dieu, qui ne se sent pas mesme en disposition de luy demander misericorde, & qui d'elle mesme se plonge dans le desespoir de l'obtenir. Ce miserable se considere comme la victime de la justice diuine déja condamnée aux flammes eternelles pour vn plaisir d'vn moment? qu'elle crainte d'vne mort dont il peut estre surpris tous les iours? quels horreurs des jugemens de dieu? Le marchand (dit Iob) se trouue à sec auec le grand amas qu'il auoit fait de biens & d'amis, il est inuesty de douleur, enueloppé de tenebres, toutes ces esperances son broüies d'vn feu deuorant, son mal-heur est sans remede, & il se void perir deuant le iour qui acheura sa condamnation. Les abysmes s'appellent, & s'amassent l'vne sur l'autre, dit le Prophete; ces abysmes impenetrables d'vne conscience troublée, sont les preparatifs de ses confusions eternelles. Cela merite bien que nous en fassions icy quelques plus particulieres reflexions.

Iob. 15.

Psal. 41.

REFLEXION SVR LES CRIMES
& les vanités qui regnent au monde.

CHAPITRE III.

L'AMOVR de nous mesme, est vne si douce, si publique, si necessaire impression de la nature, que le condamner ce seroit agir contre les agreables dispositions de la Prouidence & les premieres loix de sa conduite. Dieu, dont les perfections sont infinies, se connoist & s'ayme aussi par vn amour infiny, qui est le principe de toutes les productions exterieures de toutes les beautés, & de tout ce qu'elles inspirent d'amour. Ainsi, dit Tertulien, l'ame raisonnable qui porte l'image de Dieu, en reçoit d'eminentes qua-

Lib. de carne Christi cap. 12.

lités, dont elle a la connoissance, & en conçoit de l'amour, puisque c'est de cette source qu'elle fait couler sur les sens la force de reconnoistre & d'aymer ce qui leur est conuenable.

Ce retour sur elle mesme par vn mouuement circulaire capable de se continuer à l'infiny, l'entretient dans son vnité rapportante à celle de Dieu en ce qu'elle a de vastes étenduës, asés de beautés, asés d'exercice en elle mesme pour y arrester ses lumieres & ses amours, sans les rependre sur les choses exterieures : quand elle se considere ornée de ces rares qualitez & naturelles & diuines, elle respecte en elle mesme l'image de Dieu, elle s'épargne, & ne se prodigue pas aux emplois du monde ou son integrité pourroit souffrir quelque tache. Voila les aduantages qu'on tire d'vn legitime amour de soy mesme directement contraires aux desordres du mauuais amour qui prend le party des sens, & qu'on appelle fort improprement l'amour propre, puisqu'il ne se porte pas aux choses intellectuelles conformes & propres à l'essence de nostre ame, mais à celles que nous auons communes auec les bestes.

Chose étrange que la bonté diuine ayant pourueu l'homme de toutes les necessités de la vie, auec vne abondance qui va iusques dans les delices, il en fait vn si mauuais vsage, qu'il en perd les prerogatiues de sa condition & les reconnoissances de son bien-facteur. D. August. tract. 1. in Epist. 1. Ioannis.

La nature, comme nous auons dit, a receu de Dieu le plaisir comme vn remede qui la soulage dans les accez de son trauail ; c'est pourquoy l'on ne doit pas s'étonner, si elle tombe dans de nouuelles infirmitez quand ces medecines sont trop frequentes, & qu'on les luy donne au lieu d'alimens.

Nous auons à faire de grandes choses en bien peu de temps si nous sommes attentifs aux commandemens de la nature & de la Religion qui nous en marquent la tasche : nostre ame auide de la verité, en voudroit auoir toutes les connoissances qui se peuuent recueillir des creatures : elle voudroit que toutes les capacités qu'elle a pour le bien fussent remplies par les habitudes des vertus qui effaçassent ce qu'il

C iij

luy reste de mauuaises inclinations. Cependant on s'amuse à des folies, on suit l'opinion pour la verité, le sens pour la raison; les desordres & les extrauagances des passions, qui nous raualent à des actions de beste, au lieu d'vne conduite judicieuse qui nous porte à nostre fin. D'vne vie si courte les extremités, c'est à dire l'enfance & la vieillesse sont dans l'impuissance du bien; Les necessités du corps & de la societé ciuile emportent la meilleure part de ce qui reste, neantmoins l'on cherche à perdre le temps dans des vanités qui ne nous ostent pas seulement les occasions d'acquerir de nouueaux merites, mais qui nous chargent de debtes & de crimes.

Luc. 12.

Le Seigneur viendra, dit l'Euangile, comme le larron par surprise & à l'heure qu'on l'attend le moins; helas s'il vous trouue dans la débauche, dans les desordres d'vne vie licencieuse, dans la negligence & le mespris de ses volontés apres toutes les protestations que vous luy auez faict de vostre fidelité, sa Iustice vengera cette tromperie, & vous n'aurez point d'autre sort que celuy des hypocrites. La mort vous talonne, vos ennemis vous poursuiuent de bien prés : le toict qui vous couure s'en va tomber en ruïne, le vaisseau qui vous porte coule à fonds; vous estes tantost inuesty de l'embrazement, & vous vous amusez à des bagatelles sans prendre la fuite pour vous tirer du peril. Iesus-Christ fait estat de vous rendre citoyen du ciel, vous en auez accepté les offres, & luy auez engagé vostre foy, non seulement au baptesme, mais depuis par vne infinité d'actes reïterés en vos confessions & en vos prieres; hé pourquoy trahir maintenant vostre parole & vostre salut !

Cette vie est vn voyage que vous n'acheuerez pas heureusement si vous vous amusez à tout ce que vos yeux trouueront de beau dans le chemin; C'est, dit l'Apostre, vne course il faut la continuer d'vne haleine, car les paulses, mesme à ramasser des pommes d'or jettées à vos pieds, vous en feroient perdre le prix. Il consiste en vne eternelle felicité, où vous pouués acquerir tous les iours de nouueaux degrez de gloire par tous les momens de vostre vie; ils vous doiuent donc estre si pretieux, que tous les objets du monde ne soient pas capables de vous en rauir vn seul, & de vous donmer le regret dans toute l'eternité d'auoir en cela fait la moindre perte.

Il ne faut point mettre les hommes du monde à la gesne pour tirer de leurs bouches la confession de leurs vanités, ils les publient, ils en font eux mesmes des gausseries ; les extrauagances des modes, les sotises de la cour, les folies d'vn amant passionné, les vains efforts d'vn ambitieux, les profusions d'vn homme qui veut paroistre, toutes ces choses ou la vie du monde se passe sont les sujets ridicules de leurs entretiens; ils les condamnent, ils s'en mocquent; apres cela qu'elle excuse peuuent-ils auoir de les desirer, de donner dans des embuscades dont ils ont l'aduis, & se rompre sur des rochers découuerts ? Enfans des hommes, dit le Prophete, iusques à quand aurés vous le cœur si bas que de l'attacher aux vanités & aux mensonges? Vous cherchés la felicité, dit S. Augustin, vostre desir est legitime, mais vostre conduite est trompeuse, si vous la cherchés dans le monde, & si apres tant de preuues de ses vanités, vous luy donnés encore quelque creance. Quoy ? vous prisés plus ce monde imposteur, que vous mesme & que vostre ame, qui n'a point trouué de prix assez haut pour son rachapt que le Sang du Fils de Dieu ? Voulez vous encore, comme les soldats qui le crucifierent, jouër sur la robbe teinte du sang qu'il a repandu pour vous ? vous aués moins de consideration que ces sacrileges inhumains, si apres auoir esté reuestu de Iesus-Christ, comme dit l'Apostre, vous vous partagés aux vanités du siecle, & vous diuisés ce que les soldats conseruerent entier.

C'est le crucifier de nouueau de suiure, non seulement ces desordres dont toute sa vie & sa doctrine ont prononcé la condamnation, mais de s'abandonner aux mesmes pechés qui furent l'occasion de sa mort. Vous la rendés inutile à vostre égard ; vous faites contre les intentions qu'il eut de moyenner le salut de tous les hommes, si vous refusés ses graces ; si estant mis au monde pour y mesnager vostre salut, vous ne trauaillés qu'à vous perdre.

Tractatu 49. in Iona

On craint, dit S. Augustin, la mort d'vn corps mortel, & auec tout ce qu'on y apporte de remede, on en obtient vn petit delay, & l'on n'en éuite pas la necessité ; cependant peu de personnes craignent la mort d'vne ame, qu'on peut exempter de cét accident, & luy asseurer vne vie qui ne finira iamais. O s'il estoit possible de donner aux hommes autant d'amour pour cette vie de l'eternité, qu'ils en ont pour celle que le temps leur rauit bien tost, rien ne leur seroit impossible, & les rigeurs que l'on tient aux sens leur sembleroient de fauorables remedes aux maladies de la nature. Mais on suit à l'aueugle la foule du peuple, on se laisse emporter au torrent de l'opinion, comme si ce deluge des vices pour estre vniuersel, portoit moins de dommage aux particuliers. Que pourroient faire autre chose les barbares qui n'ont point la connoissance de l'Euangile, & en qui les mauuaises habitudes ont obscurcy les lumieres naturelles, que de suiure l'impetuosité de leurs passions, & s'y abandonner sans estre retenus par la crainte des iugemens de Dieu?

On se donne la mort & à soy mesme, & aux autres par la contagion du mauuais exemple, de sorte que comme les bons meritent beaucoup par l'éclat de leurs vertus qui gaignent les ames à Dieu, celuy qui par le scandale de ses pechez irrite la concupiscence des autres, se charge de ce qu'il a prouoqué de crimes. Il trouble l'harmonie du môde, puisque toutes les creatures ont de l'interest à la gloire de leur principe, aussi s'armeroient-elles pour tirer raison de ce qu'on luy fait d'outrages, si elles n'estoient retenuës par ses pures misericordes. C'est ie pense ce qui arreste les loix & les magistrats, de ne pas punir les parjures auec la mesme rigueur qu'ils tiennent aux criminels de leze Majesté, crainte d'aller contre les ordres secrets de la Prouidence, qui souffre long-temps les pecheurs pour les conuertir, & en faire quelquesfois de grands exemples dans le monde.

<small>L. 5. Cod. de reb. cre- dit. & iure- jur.</small>

<small>Serm. 66. de tempore</small>

Que pourra respondre ce miserable au iugement, dit S. Augustin, quand Dieu luy fera ces reproches ; i'auois mis en vous mon image, & vous l'auez ruïnée ; Ie vous auois inspiré l'esprit de la vie, & vous vous estes donné la mort ; Ie m'estois offert pour prix de vostre rachapt, & vous en auez refusé la grace. O que de craintes, que d'horreurs, que de desespoirs à la mort, quand il faut auoir pour iuge celuy qu'on n'a point voulu reconnoistre pour Pere! Ces ombres & ces
faussés

fausses images de plaisir sont dissipées, elles ne sont qu'entre les choses passées qui ne sont plus, & la memoire mesme n'en conserue pas les idées, cependant tout cela, iusques aux moindres defaux de la vie, se verront escrits auec des caracteres de feu, & punis par des supplices sans fin. Que c'est vne chose horrible de tomber sous la main d'vn Dieu viuant, lors que le temps de la misericorde sera passé, & qu'il ne restera plus que celuy de la Iustice. Preuenez ce dernier mal-heur, pauure ame, s'il vous reste encore quelque sentiment de vostre salut ; entrés dans l'arche de la penitence pour vous garentir de ce deluge ; sauués vous de cette sodome, pour n'estre pas enueloppé de ses flammes ; Prenés la fuitte & ne soyez pas plus long-temps dans la conuersation des pecheurs, crainte d'en prendre le mal, & d'en encourir les peines.

LES PERILS DE L'AME
dans le commerce du monde.

CHAPITRE IV.

NOvs sommes nés pour la societé auec des inclinations presque semblables à celles des bestes de compagnie qui se suiuent à foule, & qui enfilent sans reconnoistre le chemin que les premieres leur ont ouuert. L'homme croit facilement à ses yeux sans consulter sa raison, pour suiure les opinions & les coustumes de ceux qui le deuancent, soit qu'il se vueille épagner la peine où qu'il pense n'auoir pas la force de faire vn choix plus aduantageux ; soit qu'il suppose les choses publiques estre assez iustes, comme si elles estoient naturelles ; soit que n'estant pas instruit comme les bestes par l'instinct pour le discernement de ce qui luy est le meilleur, il ait plus de dispositions de suiure en cela l'exemple & la conduite des autres.

Ce qui est plus à plaindre, c'est qu'on imite plus facilement le mal, qu'on s'y porte auec des transports plus pasfionnés, parce que la nature corrompuë a de foy mefme cette pente, & qu'elle fuit ayfement ce qui la tire où elle tâche d'aller. L'exemple d'vn vice reueille les mauuaifes inclinations que la honte, que la crainte, que quelque diuerfion de penfées tenoient affoupies, comme les tournoyemens des roües & des eaux excitent le vertige en des teftes qui déjà en eftoient malades.

Il ne faut pas s'étonner fi cette grande foule de peuples qui va droit aux chofes fenfibles malgré toutes les refiftances des loix, emporte vn particulier ; fi ce grand nombre, fi tant de forces conjurées prennent l'aduantage fur vn feul, & l'impriment enfin de leurs mauuaifes qualitez, comme la mer donne fon amertume aux fleuues qui coulent en fon fein.

D'abord les vices qui regnent puiffamment au monde donnent de l'horreur à vne perfonne innocente qui n'eft pas nourrie dans ce mauuais air ; à peine croit-elle à fes yeux, & ces étranges defordres de la vie commune luy font des prodiges dont elle tire les augures de fon mal-heur. Mais la ciuilité qui oblige de diffimuler les fautes fur qui l'on n'a point de commandement, & fouffrir les perfonnes auec leurs defaux, apriuoife enfin l'efprit à les voir, à les approcher fans crainte, & la couftume qui en efface l'auerfion, forme infenfiblement les mœurs à leur complaire, mefme à les imiter.

Quelquesfois le paffage de l'innocence dans le mal fe fait fans ces longueurs & ces difpofitions lors que celuy qui tient le gouuernement met les vices en credit par fon exemple, & en fait vne couftume pour ne rien voir qui l'offence d'vn reproche. Les membres fouffrent lors des conuulfions fous vn chef malade, & les peuples fe corrompent auec leur Prince, comme les accidens auec le fujet qui les fupporte.

La raifon fe trouue mefme furprife par les couleurs que l'on donne à l'injuftice & apres beaucoup de refiftences inutiles contre tant d'efforts, elle fe void enfin reduite à prendre le party de l'opinion. On vient à juger des chofes comme elles fe font, & non pas comme on les doit fai-

DV RELIGIEVX.

re; les longues coustumes du mal passent pour des veritès immortelles, pour vne antiquité qui demande du respect, & qui exclud par vne espece de prescription ce que l'on pourroit dire au contraire.

S'il arriue qu'on donne son cœur à quelques personnes dont les inclinations ne soient pas pour la vertu, cét amour est vn tyran qui force les meilleurs courages, & qui par des attraicts tous puissans les transforme selon les mœurs du sujet aymé. Comme on cherit sa conuersation, on le suit dans la débauche des festins, des femmes, des bals, des querelles; Car l'amour qui a donné toute l'ame ne luy laisse point de lumieres pour d'autres choix ny de droict pour d'autres affections que celles ou l'amy se porte. Que les loix de la police & de la Religion reclament tant qu'elles voudront au contraire, l'amour n'a point d'oreilles pour ces remonstrances, de respect pour ces ordres, ny de crainte pour ces menaces; c'est vne espece de magie qui fascine ses yeux & sa raison auec les charmes d'vne volupté qui l'emporte sur toutes les autres considerations. Cette malheureuse complaisance d'amis & de compagnies porte à des excez infames qui blessent mesme les sens & la nature, comme si par ces derniers efforts ils protestoient de ne se rebutter d'aucunes difficultez; Aussi c'est le jeu de ces miserables de se suiure en tout, & d'imiter les victimes du temple de Venus, qui d'elles mesmes tomboient toutes du mesme costé & auec les mesmes postures que la premiere que l'on auoit immolée.

D. Aug. in Psal. 139.

Pausanias in Corinthiacis.

Soyés dans les charges elles vous feront vne necessité de l'injustice; la multitude des suffrages vous emportera, & apres tout ce que vous pouuez faire de remonstrances les choses se passeront au contraire, sans qu'il vous reste que la honte de paroistre concourir à ce qu'en effet vous desaprouuez.

S'il faut auoir des biens pour maintenir sa condition dans le monde, il faut auoir des armes pour les defendre: entrer en procez contre ceux qui en disputent la jouyssance; s'engager en beaucoup de fraits, de subjections, d'inquietudes, quelquesfois de crimes & de pechez contre la

C ij

charité plus ordinaires en ces combats moins sanglants. Où sont ceux qui comme les Anges de l'Apocalipse souftiennent leurs interests paticuliers sans rien perdre de l'vnion commune qu'ils ont en Dieu ? Où sont ceux qui comme les corps celestes courent l'vn sur l'autre sans s'échauffer, & sans faire feu par ces mouuemens contraires ?

Souuent on se flate quand on dit qu'on a des biens sans y mettre ses affections, sans que leur jouyssance donne de la joye, ny leur perte de la douleur ; sans les conseruer ou les accroistre par des moyens illicites : Ie m'en rapporte à la parole de Iesus-Christ, qui nous represente les richesses comme des espines sous qui les semences de la grace demeurent étouffées, & qu'il est aussi peu facile à l'homme riche d'entrer dans le ciel, qu'a vn chameau de passer par vn trou d'aiguille. Il y en a bien peu comme Ioseph, Daniel, Esdras qui possedent la faueur des Princes sans en abuser; bien peu qui la pretendant viuent dans les cours sans ces pernicieuses pratiques, qui rauagent tant de fortunes & de consciences.

Declamés tant qu'il vous plaira contre les duels, contre ce double homicide où l'on fait passer le sentiment de la moindre injure par dessus toutes les loix diuines & humaines ; Vn gentil-homme vous dira que l'honneur luy fait vne necessité de cette action ; que s'il ne tire raison d'vne offence, il en attire vne infinité d'autres sur soy; que s'il refuse le combat il donne l'audace, & selon le monde, le droict à ses ennemys de le traicter auec plus de violence.

Il faut des miracles pour viure parmy les lions sans en estre deuoré ; parmy les feux & les fournaises sans se brusler; parmy tant d'objects de concupiscence sans y donner ses yeux ny son cœur. Il faut dites-vous esquiuer les occasions; mais où trouuerez-vous des ports disposez à vous receuoir dans toutes les tourmentes de la mer ? comment vous sauuerez-vous d'vne contagion, quand tout l'air est infecté ? Entrez dans le grand monde, vous irritez contre vous l'enuie, & les autres passions des concurrans. Retirez-vous, on vous dresse de sang froid des procez & des querelles comme si vous estiez trop foible pour les soustenir; on vous rapelle au combat, dont le refus vous rend ridicule, ou le sort, tel qu'il puisse estre, miserable. Voila ce qui iette les hommes du monde dans le desespoir; voila ce qui leur fait dire qu'en cette maniere de vie qu'ils sont contrains de mener, leur salut leur est impossible ; & c'est ce qui les fait quelquesfois douter des articles de la foy, & des veritez de l'Euangile, pour ne point conclure à leur condamnation.

Ces desordres particuliers sont comme infinis, mais il dependent d'vn commun principe, c'est à sçauoir de l'ignorance, qui ne consiste pas seulement en la priuation de la verité, mais en vne attache opiniastre à des maximes directement opposées; en des illusions de songe d'autant plus fortes sur leur immaginatiue, qu'ils ne croyent pas resuer. On imprime les jeunes esprits de ces fausses persuasions, que les felicitez de la vie consistent dans les richesses, dans l'honneur, dans les charges, dans la vengence de ses ennemis: c'est ce que les parens leur enseignent par des exemples qui font leur ruine, c'est ce qu'ils leur souhaittent par des vœux inconsiderés qui leur deuiennent des imprecations. Si tost que l'aage les emancipe, & les engage dans le commerce du grand monde, ils y voyent des loix, & y reçoiuent des instructions contraires à celles que nous donne l'Euangile pour sauuer les ames. Combien d'égaremens & de cheutes sous la conduite d'vn esprit aueugle; hé le moyen d'euiter le precipice parmy ces tenebres ?

L'HOMME N'A PAS DE SOY MESME
assez de forces pour quitter sa mauuaise vie.

CHAPITRE V.

LES lumieres dont le soleil de Iustice éclaire tous les hommes qui viennent au monde, sont semblables à celles qui en la naissance de l'vniuers ne se repandoient que sur des abysmes, & ne faisoient voir qu'vne horible confusion de toutes choses, sans leur donner encore ce qu'elles deuoient auoir d'ordre & de beauté. Le monde reçoit ces illustrations de Dieu, neantmoins, dit sainct Iean, il ne le connoist pas. Ces premieres idées du bien, ces loix naturelles grauées dans les cœurs sont bien voir aux hommes du monde quel est le desordre d'vne vie qui s'abandonnant aux plaisirs des sens, confond le ciel auec la terre, les dignitez de l'ame auec les imperfections du corps. Mais ces lumieres & ces chaleurs sont trop foibles pour mettre toutes les puissances dans vn ordre qui represente les beautés du premier principe. Cela se void nettement dans les anciens Philosophes, qui joignant à ces lumieres de la nature toutes celles qu'ils pouuoient acquerir par la science, tomberent neantmoins dans l'idolatrie, & comme dit l'Apostre, s'ils conneurent Dieu, ils ne le glorifierent pas, c'est à dire qu'ils ne rapporterent pas, comme ils deuoient, toutes leurs actions à son honneur. Les autres personnes engagés au monde, ont à la faueur de ces lumieres quelques reflexions salutaires dans de petits interuales, à qui l'on donne fort peu de creance, & qui sont mesme suspects dans vne longue folie. Ce sont des éclairs qui brillent & disparoissent en mesme temps, qui ne seruent qu'à faire voir l'horreur des tenebres, & le peril où l'on est, sans auoir assez de iour pour en sortir.

Lors que quelque disgrace vient trauerser leurs desseins, & que leur fortune se void menacée d'vn grand orage, ils leuent les mains au ciel, comme les matelots les moins religieux dans la tempeste, & les coulpables sur le gibet ; Le

DV RELIGIEVX.

cœur pousse des souspirs, la bouche forme mille regrets des folies passées, & deuient fort eloquente sur le sujet des miseres & des vanités du monde. Pour soulager l'affliction qui presse leur ame ils en viennent faire le discours à quelque personne spirituelle ; la que de gemissemens, que de larmes inuolontaires qui coulent des yeux, que de loüanges des conditions qui mettent l'homme à couuert de ces malheurs! Vous les croyez conuertis, & qu'ils s'humilient sous la main toute puissante de Dieu ; Vous croyez qu'ils degaignent leurs affections d'vn monde infidelle, & qu'ils n'ont plus d'appetit pour des douceurs meslées de tant d'amertumes. Mais si vous entrez dans l'interieur de cét homme vous y remarquerez les mesmes passions qui le possedoient au temps de la plus haute fortune, quoy que sous des visages fort differens ; que ses plainctes & que ses larmes viennent de l'extreme amour qu'il a pour les biens qui luy sont ostez ; & de fait vous luy verrez reprendre ses joyes, ses conuersations & ses pratiques, si tost qu'vn petit rayon de fortune commencera de ranimer ses esperances, & ses anciennes passions n'en deuiendront que plus violentes pour se fortifier contre l'aduenir.

C'est ainsi que le monde regaigne à soy ses suiuants par de nouuelles promesses, & qu'il rasseure des courages que la disgrace auoit peu débaucher de son seruice. Il les tire ou déja la nature corrompuë leur donne la pente, où la voix de l'opinion les appelle, où la foule des peuples les emporte ; hé le moyen qu'en mesme temps ils suiuent deux mouuemens tout contraires ; qu'ils s'éleuent à Dieu, & se raualent aux concupiscences ? qu'ils conçoiuent de l'amour & de l'auersion du monde ?

Les mauuaises habitudes qu'vn homme a pris des longtemps, luy tiennent lieu d'vne seconde nature auec des impulsions qui paroissent necessaires, auec des chaisnes & des attaches si fortes, qu'elles semblent ne pouuoir se rompre qu'auec la vie.

Les mauuaises compagnies gaignent aussi toutes les puissances de l'ame, & ny trouuent point de liberté qu'elles ne s'asujettissent ; l'vn vous charme par les douceurs de sa conuersation, l'autre vous rauit par ses lumieres & ses artifices, l'autre vous tient à sa suitte par vn genie dominant, l'autre vous transforme en soy par les attraits de la sympathie, tous ensemble ne forment qu'vn corps si parfaictement vny qu'on ne les sçauroit dissoudre, mais si pesant qu'il ne se peut éleuer.

Si l'on s'aperçoit que quelqu'vn, las des vanitez & des disgraces du monde se dispose à vne retraite, les persuasions ne manqueront pas pour obliger son courage à tenir fort contre le mal-heur, à se jetter dans les emplois qui donnent jour à quelque meilleure fortune, sous pretexte de rendre seruice à sa famille, à ses amis, à l'estat. On fait passer les exercices spirituels comme trop sublimes pour les conditions de cette vie, à qui Dieu donne la terre en partage, comme le ciel aux intelligences. On represente les charges comme fauorables aux desseins de la charité qui veut auoir ces grandes étenduës pour profiter au public, & agir comme vne cause vniuerselle pour la felicité des peuples.

Si l'inconstance du monde donne quelques beaux iours apres des orages, & quelques biens apres vne infinité de maux, les plus grand pecheurs se flattent iusques à faire passer cela pour des benedictions qu'ils reçoiuent de la main de Dieu, comme des faueurs dont sa bonté veut couronner leur merite, pour les animer à la poursuite de la vie qu'ils ont commencée. Enfin toutes les inclinations des sens, toutes les attaches de l'amitié & de la société ciuile, toutes les raisons de la prudence humaine, les pretextes mesme de Religion & de gratitude enuers Dieu, toutes choses concourent à retenir l'homme dans le commerce d'vne vie commune, quand sa conscience sentiroit quelques mouuemens pour vn plus grand bien.

Laissez le corps sans contrainte dans toutes ses libertez, il ne s'éleuera pas au dessus de sa region naturelle s'il n'est attiré par vne force superieure; & considerez l'homme dans l'estat d'vne nature corrompuë, dont les inclinations ne portent qu'aux choses sensibles, il ne pourra pas de luy mesme quitter ce grand commerce du monde où tant de chaisnes le tiennent attaché. Comment s'éleuer & se tenir ferme

dans

dans vn étage plus eminent, auec tant de tenebres en l'esprit, tant de foiblesses & d'inconstances en la volonté, tant de causes interieures & exterieures qui conspirent à donner l'aduantage au corps, au prejudice de l'ame.

Nous sommes logés au milieu du monde pour receuoir les seruices de toutes les creatures par ce que nous en auons besoin, & que nous deuons tirer d'elles nostre subsistance. Si les corps les plus parfaits demandent vne plus grande prouision d'organes & de nourriture; Si tous les elemens sont empeschez à fournir ce qu'il faut pour celuy de l'homme; il faut vn concours de causes incomparablement plus fauorables pour établir son bon-heur en la vie de l'ame qui est plus noble. En effet par tant de rares qualitez, tant d'artifices, tant d'agreables meslanges la nature ne gaigne nos yeux, que pour nous éleuer à la souueraine beauté dont elle tâche de nous faire icy de sensibles expressions. Cela seruit aux Philosophes pour les affranchir de beaucoup d'erreurs populaires, & pour trouuer leur felicité dans vne autre vie que celle des sens; Mais quand il s'agit d'vne vie de grace infiniment releuée au dessus de la nature, & d'aller tout droit à Dieu, c'est vn effet de reserue à la bonté, & aux misericordes de Dieu mesme.

DIEV SEVL PEVT TIRER L'HOMME
des perils du monde dans vne meilleure vie.

CHAPITRE VI.

SI, comme nous auons veu, la rencontre de tant de causes publiques & particulieres mettent l'homme dans l'impuissance de se tirer des perils du monde & d'auancer son salut qui consiste en des biens d'vn ordre superieur, sans doute Dieu ne manquera pas de le secourir en cette presente necessité. Car s'il pouruoit à celles de toutes les autres creatures, s'il les équipe de puissances & d'organes propres pour joindre leur fin, s'il guerit les seicheresses de la terre par les humiditez de l'eau, s'il répend les lumieres & les influences des cieux pour enrichir la matiere de tant de formes qu'elle ayme, & qu'elle ne pourroit acquerir; il est à croire que sa bonté sera plus liberalle enuers l'homme afin de l'aduancer à sa felicité pour laquelle il a quelques desirs, mais impuissans si elle ne les secouroit.

Dieu nous a aymez dés l'eternité, dit l'Apostre, puis qu'il nous a tirés du rien pour nous mettre dans vne condition si eminente qu'elle porte son image, lors que nous ne pouuions auoir aucun merite, n'estant pas encore dans l'estre. Par ce mesme & plus grand amour le verbe eternel a voulu nous combler de graces aduantageuses & traitter nostre reconciliation auec son Pere lors mesme que le peché nous rendoit ses ennemys. Il a pris nostre nature, en cét estat d'homme Dieu, satisfait pour nous à la Iustice diuine par des merites infinies, dont il a remply les thresors de son Eglise, pour nous estre dispensés dans l'occasion. Il se rend le mediateur de nostre paix, le souuerain Prestre dont l'innocence essentielle, rend les vœux qu'il offre pour nous souuerainement efficaces, la victime extremement pure, dont le sang expie toutes nos offences.

Hebreo. 9. & 12.

Il ne se peut rien adjouster, dit Sainct Augustin, aux graces que Dieu fait aux hommes de leur donner son verbe pour chef d'vn corps dont ils soient les membres; de le faire tout ensemble fils de Dieu & de l'homme, pour nous rendre auec luy les enfans de Dieu, & uous faire entrer dans l'vnion qu'il a tousiours conseruée auec son Pere. Le verbe par qui toutes choses ont esté faites, dit Sainct Iean, & sans qui le rien, c'est à dire le peché s'est fait, a destruict ce qui s'estoit fait sans luy, & a voulu perfectionner son ouurage en reformant nos defaux. Ses graces nous donnent des illustrations pour le connoistre, des attraits pour le chercher, de secrettes flammes pour luy consacrer nos cœurs, afin que Dieu, qui s'ayme & qui se connoist infiniment, ne soit conneu & aymé de l'homme que par ce qu'il luy communique de lumieres & d'amour, pour n'estre ainsi conneu & aymé que par luy mesme.

D. Aug. in Psal. 85. in fine.

Luy seul se fait vn grand iour dans les abysmes du cœur humain, il en penetre le fonds, il en connoist seul les ressorts

DV RELIGIEVX.

& les mouuemens ; il en void les estenduës & les portées pour les disposer au bien par des attraits qui n'offencent point la liberté. Elle peut bien d'elle mesme se porter au mal par le poids d'vne nature corrompuë, mais l'homme qu'elle a fait esclaue des pechez, n'en peut estre emancipé que par celuy qui a dit, vous serez veritablement libres quand vous serés deliurez par le fils de Dieu.

<small>D. Aug. lib. de corrept. & gratia. c. 10</small>

Les Princes se sont reserué comme vn droit eminent de leur regalle, le pouuoir de donner des graces aux criminels, des restitutions à ceux qu'vne trop grande simplicité, où que la malice des autres mettoit en estat de souffrir quelque insigne perte, ainsi le verbe diuin s'est retenu la puissance de retirer l'homme de l'esclauage où les foiblesses de la nature, & les suggestions de l'enfer l'auoient miserablement plongé. Comme il n'y a que le soleil capable de redonner ce grand iour au monde apres les tenebres de la nuict, & de peindre l'éclat de sa face sur le cristal des fontaines & des miroirs ; Le verbe diuin est seul qui peut rétablir dans les ames les beautez diuines, & l'image de ses eminentes perfections que le peché nous auoit ostés.

Mon Dieu, s'écrie le Prophete, dittes à mon ame, Ie suis vostre salut. Vous donnez ordinairement des secours aux necessitez de nostre corps par les bons offices de quelques personnes charitables, vous éclairez nos esprits, vous presidez à nos conseils, vous donnez la conduite à nos entreprises par les inspirations de vos Anges ; vous soulagez ainsi les miseres de nostre vie par les fauorables dispositions des causes secondes qui deuiennent les aumosnieres de vostre bonté ; Mais quand il s'agit de nostre salut eternel, sans entremise vous agissez par vous mesme.

<small>D. Aug. in Psal. 34. concione. 14</small>

En effet les puissances de nostre ame si fort égarées dans vne vaste multiplicité de sujets ne peuuent estre recuëillies en leur vnité pour joindre celle de Dieu, que par l'vnité de Dieu mesme. C'est le point qui commence, qui conduit, qui clost le cercle de bonté ; c'est la mesme essence qui est la verité, la voye, & la vie ; le commencement, le milieu, la fin, l'ame de nos ames, le principe de tous ses bons mouuemens, comme l'est l'ame des facultez vegetantes & sensitiues du corps.

<small>D. Aug. lib. 19 de ciuitate. c. 15</small>

Quand il apparut à Iacob, & qu'il luy fit la promesse de luy donner la terre où il dormoit, cela signifioit, dit Philon, qu'il donneroit à son ame vn empire sur les sens qui le renoient comme endormy, qu'il luy asujettiroit toutes les passions auec la mesme authorité qui mit tous les animaux sous l'obeïssance du premier homme. Les cieux n'ont leur solidité que par le verbe diuin, dit le Psalmiste ; Le plus insigne de ses miracles, c'est d'auoir changé les espées, les lances, les autres instrumens de guerre en ceux de la paix ; d'auoir fait par son commandement le calme en la mer, & dans les ames. Helas ! mon Dieu, dit le Prophete, il ne nous sera pas possible de vous aborder, comme vn port de seureté dans ce grand deluge, qui noye le monde & les consciences. Surquoy le deuot Sainct Bernard dit, Seigneur, ce débordement de miseres n'a déja que trop duré pour vostre misericorde & pour nostre peine. Arrestez-le, mon Dieu, enuoyez vostre esprit sur la terre pour luy rendre ses beautés auec la libre jouyssance du ciel ; que les amertumes de la mer s'écoulent pour laisser toute la place à vos douceurs, que la colombe nous apporte le rameau de paix, que vos lumieres nous rendent le iour, que vostre sagesse nous instruise ; que vostre amour nous échauffe, que vostre eternité fixe nos inconstances ; que vostre vnité nous reünisse, que vostre Sainteté nous sanctifie par les graces que vostre Prouidence sçaura bien adjuster à nos besoins.

LES DIFFERENS ATTRAITS
de la grace.

CHAPITRE VII.

LES corps n'ont qu'vn mouuement qui les porte droit à leur centre, les plantes & les animaux ont des instincts limités, qui se rencontrent semblables en tous les indiuidus d'vne espece, dont l'art s'est fait des regles asseurées pour les contenter, & se les asujettir ; Mais l'homme qui est

DV RELIGIEVX.

l'abregé du monde en contient toutes les diuersités, qui se multipliant beaucoup plus dans vne nature spirituelle sont si vastes & si peu reglées en son ame, qu'il est beaucoup moins facile d'en faire vn denombrement, que des figures qui distinguent les visages. C'est trop peu de dire auec les Platoniens que le nombre de ces inclinations égale celuy des étoilles d'où elles dependent, & où elles doiuent trouuer leur beatitude apres cette vie : car l'homme estant crée pour la jouyssance d'vn bien infiny, lors mesme que ces mouuemens s'en écartent, & qu'ils sont dans le desordre, ils font plus paroistre cette vigueur infinie, cõme les fleuues se donnent plus d'étenduë quand ils sortent de leur lict. Comment pourroit-on tenir compte de ces desirs qui ne sont jamais les mesmes, & à qui le lieu, l'âge, le temps, toutes les occasions d'vne bonne ou d'vne mauuaise fortune, ioinctes aux inconstances naturelles à l'esprit, apportent de notables changemens. Tellement que pour remplir ces abysmes, pour donner vne plaine satisfaction à des desirs sans bornes & sans mesures ; pour les gaigner par des attraits qui leur soient proportionnés, il ne faut pas moins qu'vne puissance infinie.

C'est aussi le grand effet de la grace de Iesus-Christ qui est immense, de gaigner les inclinations des ames par des attraits parfaitement adjustés à leur salut particulier, & au bien vniuersel de l'Eglise. Car le don, dit Sainct Thomas, se doit mesurer à la portée de celuy qui le reçoit, & le bien commun se doit dispenser auec ce qu'il faut de proportions à l'vtilité du particulier & du public. Cét esprit porté sur les abysmes en la naissance du monde en arresta les confusions en donnant à toutes choses leur rang, mettant le ciel au lieu le plus releué, les élemens, tous les composés en ordre selon le merite de leurs qualitez, de sorte que par vn mesme acte de Iustice il contenta leurs inclinations, & fit la beauté du monde : Ainsi le verbe diuin par qui toutes choses ont esté faites, tire les hommes des confusions du peché par des graces qui sont proportionnées à leur estat qui font leur salut, qui forment le corps de l'Eglise, & enrichissent ce nouueau monde de beautés rapportantes à celles de l'archetype.

Comme il gaigne les admirations & les amours des Anges par l'equité de ses jugemens, des Archanges par la tressage conduite de ses conseils, des Vertus par les miracles que fait sa bonté pour la conuersion des ames rebelles à la foy, des Puissances par vne force souueraine qui donne l'aduantage à la vertu sur le vice ; enfin des Cherubins par vne source inépuisable de lumieres & de sagesse qui distribuë ses faueurs à proportion des sujets ; & des Seraphins par vne charité qui veut le salut de tous ; comme il fait la felicité particuliere de ces bien-heureux esprits par celles de ses infinies perfections qui ont plus de rapport auec leur essence, il tire de mesme les hommes à soy par des graces proportionnées à l'estat où ils se rencontrent.

Vn mesme esprit fait le partage de ces differentes graces, & se rend le principe de tous nos bons mouuemens, dit l'Apostre : Il conduit toutes ces operations, & anime les particuliers, comme des membres de vertus qui doiuent concourir au bien commun de leur corps : tous ne peuuent pas estre au rang des yeux & de la teste, il faut des bras, des pieds & des mains pour executer ce que les autres commandent ; il faut de differens objets qui satisfassent l'œil, l'oreille & la bouche ; il faut dans la societé des hommes des puissances les vnes actiues, les autres passiues ; auec des habitudes propres à donner où à receuoir.

Nous voyons bien icy bas que les roses prennent leur incarnat, les violettes leur pourpre, les lys leur blancheur, toutes les fleurs leurs differentes beautez sous les lumieres & les influences d'vn mesme soleil ; leur nourriture d'vne mesme rosée, parce qu'elles ont en soy la force de s'approprier la commune liberalité des causes secondes, & de les conuertir en leur substance ; Mais les dons de Dieu qui sont d'vne condition surnaturelle, & plus puissants que ne sont les ames, les conuertissent en soy, & ne se conuertissent pas en elles ; de sorte qu'ils doiuent auoir en eux mesmes les principales proportions qui les rendent efficaces sur les ames : ce ne sont pas tant des nourritures que des remedes temperés par la souueraine sagesse de nostre medecin, selon la portée du malade, & les effets qu'il en veut tirer.

DV RELIGIEVX.

Quand chaque partie a son propre tempérament, & la liberté de ses fonctions, du rapport sympatique qu'elles ont entr'elles il en reüssit vne santé commune de tout le corps. Mon Dieu dit le Prophete, le iour & la nuict sont vostres, vous faittes l'aurore & le midy, vous appellez les hômes à vous, les vns par de grandes illustrations conuenables à leur portée, & au bien où vostre Prouidence les destine, aux autres vous ne donnez que de plus sombres lumieres, comme celles de la lune, qui ne laissent pas d'auoir leurs beautés, d'éclairer des yeux incapables d'vn plus grand éclat, & de consoler la moytié du monde. Vous auez fait le printemps & l'esté, vous donnez aux vns vne chaleur temperée qui suffit pour fondre les glaces de leurs cœurs, pour les former à la saincte-té par vos consolations, & par des delices semblables à celles que nous donne cette premiere saison de l'année par ses fleurs & ses zephirs ; Vous animez les autres d'vne charité plus feruente, & vous donnez ainsi de plus grandes forces à des courages qui doiuent entreprendre de grandes choses. Vous donnez vos graces auec sur-abondance à ceux dont vous voulés faire des vases d'élection & dont la plenitude se doit répendre sur les peuples ; elles sont moindres en ceux dont la vie doit estre particuliere, & qui ne doit plaire qu'à vos yeux.

Il faut des attraits plus doux, pour ces ames delicates qui se rendent aux premieres semonces de la grace, d'autres qui suiuent les sens, sont gaignez par des objets qui les touchent, par la voix d'vn Predicateur, par la rencontre d'vn Religieux, par vne ceremonie de l'Eglise, par la lecture d'vn bon liure, par le recit d'vne histoire, par la déroute d'vne fortune, par la mort d'vne personne que les dignitez rendoient remarquable, enfin par tout autant de motifs, que les sens rencontrent d'objets, & que le monde mesme a de vanitez.

Comme la mer qui doit guerir les seicheresses de la terre, luy communique ses eaux par diuers moyens selon la diuersité de ses dispositions, & des climats : elle les fait couler par les veines qui les distribuent par tout son corps ; par les fleuues & les fontaines qui arrousent plus largement sa surface,

D. Aug. in Psal. 71.

puis par les vapeurs, qui estant reduites en pluyes, distilent auec leurs humiditez les vertus celestes dont elles sont pleines, & qui luy donnent sa plus grande fecondité. Ainsi Dieu n'agit pas seulement dans l'interieur des ames par ses lumieres & ses inspirations : Mais il se sert souuent des graces exterieures, plus viues & plus puissantes, selon le merite des sujets que sa Prouidence y veut employer. Enfin quelques vns sont retirés des débauches par la crainte des iugemens de Dieu, d'autres par le desespoir de quelque disgrace qui leur fait connoistre l'infidelité du monde, l'autre par vn dégoust que luy donnent ces continuelles vanitez, d'autres par vne diuersité presque infinie de moyens, selon les differentes rencontres des lieux, des temps, des personnes. De là chacun pourra connoistre sensiblement de combien il est redeuable à la Prouidence qui a pris sa tutelle & sa conduite, auec vn succez si fauorable : il pourra dire auec le Prophete, mon Dieu, mon tout, ma misericorde, parce qu'il ménage noftre salut particulier par des moyens aussi parfaitement adjustés à nos dispositions que si sa souueraine sagesse n'auoit que ce seul employ, qu'il ne fut & Dieu & bon que pour nous.

D. Aug.
in Psal. 38.

DES AMES CONVERTIES
à la premiere voix de Dieu qui les appelle.

CHAPITRE VIII.

SI tost que le soleil s'est éleué sur nostre horison, comme il remplit tous les espaces de l'air de sa lumiere qui anime toutes les couleurs, aussi sa chaleur vitale inuite doucement les fleurs à déployer leurs beautés, celles qu'il a sympatiques à se tourner deuers luy, les oyseaux à reprendre leurs concerts, toute la nature à témoigner par vne nouuelle vigueur qu'il est son principe. Sainct Iean nous represente Dieu comme vn soleil dont la lumiere éclaire tous les hommes qui viennent au monde, & Sainct Denis ne peut assez admirer ce bel astre en ce qu'il nous fait vne sensible

Lib. de
nominib.
diuin.

demon-

demonstration de la bonté diuine qui éclaire, qui viuifie, qui conuertit à soy toutes choses capables de la receuoir, & qui descend iusques au plus bas étage de l'estre sans rien perdre de son eminence.

On ne doit donc pas s'estonner si la lumiere diuine se répend en vn instāt dans nostre ame, comme la sensible éclaira le monde à la premiere voix de Dieu qui luy commanda de paroistre : si comme les Anges meriterent en vn moment leur beatitude en se conuertissant à Dieu, qu'ainsi nostre ame se soubmette aux illustrations & aux semonces diuines si tost qu'elle les reçoit. Car son essence spirituelle qui porte l'image de Dieu, luy donne plus de rapport auec cette premiere bonté, que n'en a l'air auec la lumiere, & presque autant que les Anges en ont auec Dieu, puis qu'elle l'a comme eux pour objet de sa beatitude, puis que sans deliberation elle se doit porter au souuerain bien qui contient par eminence tous les motifs de son amour.

Cette lumiere diuine n'a point, non plus que la sensible, de contraire positif qu'il faille combatre auec des efforts mesurez par l'interualle du temps, & qui empesche qu'en vn moment elle ne fasse ses belles effusions. Car tous les siecles & mille raisons ont condamné les Manicheens qui admettoient vn souuerain mal contraire au souuerain bien. Si le peché originel, quoy que remis par le Baptesme, laisse neantmoins des obscuritez en l'entendement, & des foiblesses en la volonté, la grace toute puissante de Iesus-Christ peut vaincre ces priuations aussi promptement que le soleil peut dissiper les tenebres.

La nature laisse si peu de puissances sans action, qu'elle les oblige mesme d'en faire l'essay & les exercices deuant qu'elles ayent la force de les acheuer. Cela se void en ces tons confus qui grossissent la gorge des petits rossignols encore au nid, pour presage de leur future harmonie ; cela ce void aux ruses, aux courses de tous les jeunes animaux, en ces premiers éclats de raison, & de pieté qui nous rauissent dans les enfans. Si nostre ame anticipe ainsi ses deuoirs, elle peut bien s'en acquitter si tost qu'vn surcroist de forces luy en donnent le moyen ; hé pourquoy ne tourneroit-elle pas son

E

œil, & ses affections vers son object, si tost que les lumieres & les mouuemens de la grace le luy presentent?

Le fer se porte à l'aymant au mesme temps qu'il en ressent la vertu dans vne juste distance; Les amours que nous appellons de sympathie marient les volontez sans attendre les consultations du iugement, pour vn sujet, où les causes superieures les emportent, comme si elles y auoient mis tous leurs auantages par vne prouidence infaillible. C'est ainsi que Sainct Pierre, Sainct André, Sainct Mathieu, & les autres Apostres quitterent leurs familles & leurs emplois pour se mettre à la suitte de Iesus-Christ, à la premiere voix qui les appella. Cela se fit, dit Sainct Hierosme, parce qu'au moment que cette voix frappa leurs oreilles, la Majesté de Dieu rauissoit leurs ames par vne beauté primitiue, par vne souueraine vnité, qui est le principe des vnions, l'original des sympathies, & qui estant eternelle n'asujettissoit pas ses attraits à la loy du temps. Ces diuins amans des cantiques sont surpris d'amour à la premiere œillade qu'ils se jettent, & qui porte reciproquement les esprits dans les cœurs l'vn de l'autre, pour n'en faire qu'vne ame & qu'vne vie.

In Mathæ. cap. 1.

Cant.

Que la condition est bien-heureuse de ceux qui se consacrent à Dieu si tost que sa misericorde touche leurs ames par ses inspirations, & qui peuuent dire auec Iob vous m'appellerez & vous aurez aussi tost mon obeissance pour responce. Heureux qui peut dire auec le petit Samuel en entendant la voix de Dieu, parlez, Monseigneur, car vostre seruiteur est attentif à vos paroles, & en disposition de suiure vos volontez. Heureux qui peut dire auec Sainct Paul terrassé par la voix tonnante du ciel, Seigneur, que voulez-vous faire de moy, ie suis à vous, ie m'abandonne à tout ce qu'il vous plaira me commander.

Iob, 14.

C'est vne douceur inestimable de la conscience, & le solide fondement de ses tranquilitez, d'auoir suiuy les premieres impulsions de la grace, de s'estre mis sous cette tutelle honorable si tost que Dieu à témoigné de la prendre. Car ainsi la foy se rend a elle mesme le témoignage de ses certitudes, de n'auoir point hesité, & d'auoir marché sur les flots du monde par vne ferme creance qu'elle

DV RELIGIEVX. 43

a donné à la voix qui luy commandoit ; L'esperance à su-jet de se promettre plus de talens apres le bon ménage des premiers ; & qu'elle receura les couronnes des combats, ou sans deliberer elle a genereusement suiuy son capitaine. La charité se tient heureuse de n'auoir iamais rien perdu de ces pretieux instans qui luy offroient la iouyssance de son cher objet, de n'auoir iamais payé ses faueurs de froideur, ny d'ingratitude, & sa fidelité luy est vn gage certain de celle de Dieu. Au contraire c'est vne marque infaillible d'auoir peu de foy, d'estre tousiours en haleine pour receuoir les biens de fortune qui se presentent, & negliger ceux de son salut : L'amour que l'on a de Dieu est bien foible s'il ne fait pas estat de ses liberalités, s'il ne se rend pas attentif, quand il luy parle en secret, si par vn mespris sacrilege de sa Majesté l'ame interrompt ses entretiens, si elle rejette ses presens, si elle dédaigne ses carresses comme importunes, pour se donner plus librement aux choses du monde.

Mes freres, dit l'Apostre, le plus necessaire aduis, que ie vous puisse donner c'est que vous preniez garde à ne point receuoir en vain les graces de Dieu, car il dit par le Prophete ie recouray vos prieres, & vous donneray du secours au temps & au iour de salut. Il y a donc vn temps de misericorde, comme il y en a vn de iustice, deuant vn Dieu qui est tellement misericordieux qu'il est iuste. Il vous presente ses graces comme il feroit du bled, & toutes sortes de prouisions, en vous aduertissant d'vn temps prochain de famine ; si vous les mesprisez vous ne serez en suitte miserable & dans la langueur que par vostre faute. *2. Corinth. 6.*

D. Aug. in Psal. 5. concione 1. in fine, &.

Quand cette bonté souueraine seroit tousiours preste de nous bien-faire apres toutes nos ingratitudes, apres ces rebuts & ces remises dont on ne voudroit pas lasser la patience d'vn valet ; quand apres toutes nos felonies ce souuerain monarque ne voudroit pas reprendre ce qu'il nous auoit donné comme en fief ; quand ce Pere de misericorde ne voudroit pas punir les débauches & les attentats de ses enfans par vne iuste abdication, quand il ne cesse-

F ij

roit pas de nous presenter ses graces apres nos negligences & nos rebuts, le pecheur ne seroit pas toussiours en estat de les receuoir.

Les yeux de l'ame accoustumez aux tenebres de cette vie, deuiennent aueugles pour les lumieres du ciel, & sont comme ceux des oyseaux de nuict qui ne peuuent supporter l'éclat du soleil : Les pechez ont endurcy le cœur de cét homme, & le luy ont rendu de pierre, afin qu'il ne fut pas sensible aux mouuemens du diuin amour : Les mauuaises habitudes sont des chaisnes qui l'attachent au monde, & qui l'empeschent de s'en éloigner, s'il reste encore quelque petite lueur dans la conscience, elle ne sert qu'a luy faire voir les desordres de la vie passée, & sur ce qu'il sent en soy d'impuissance pour satisfaire à la Iustice de Dieu, il tombe dans les horreurs & les rages du desespoir.

Qu'elle tromperie des demons de porter l'homme à remettre sa conuersion en vn temps où elle luy deuient comme impossible, & où peut-estre il ne sera pas. Car dans l'incertitude des maladies & de la mort qui à châque iour, à châque moment peuuent accabler le corps, n'est-ce pas trop hazarder son salut de le remettre à l'aduenir? qu'elle apparence de ne vouloir porter le ioug du Seigneur que quand les forces sont lassées, puis qu'on a creu ne le pouuoir faire, lors qu'elles estoient toutes entieres, & dans leur plus grande vigueur? qu'elle indignité de ne receuoir ces pretieuses infusions de la grace que dans des vases infectez; de reseruer les exercices d'integrité en vn temps de corruption, & la bonne vie lors que l'on n'aura peut-estre pas ny l'vsage ny la liberté de la vie.

DE LA IEVNESSE QVI SE
convertit à Dieu.

CHAPITRE IX.

COMME la foy nous enseigne qu'en la naissance du monde la terre auoit d'elle mesme des feconditez & des ornemens que nous ne luy pouuons maintenant donner auec tout nostre trauail ; que la nature humaine estoit lors dans vne iustice originelle qui tenoit les sens sujets à l'esprit, & l'esprit à Dieu ; comme les premiers disciples de Iesus-Christ furent plus saincts, de mesme que les eaux sont plus pures estant plus proches de leur source: Ainsi l'on a sujet de dire que le premier âge florissant de l'adolescence, où la raison commence d'entrer en possession de ses droits, doit auoir des sentimens plus purs & plus sublimes de Religion, afin que ce soit l'image des beautez naissantes du monde & de l'Eglise.

L'ancienne loy presentoit à Dieu les premices des fruits & des animaux en reconnoissance de ce qu'il estoit le principe de toutes choses ; elle commandoit mesme que pour les premiers nés des hommes qui luy estoient deus, mais dont elle ne vouloit pas répendre le sang, on luy offrit d'autres sacrifices d'aigneaux, de colombes, de tourterelles.

La nouuelle loy de Iesus-Christ pour accomplir ces figures consacre l'enfant à Dieu par les mains de ses parens au baptesme dés les premiers iours de la naissance ; ensuite elle conseille à l'homme de s'y offrir luy mesme dés le premier âge qui est le printemps de la vie, où l'on void les premiers fruits de la raison.

Ce n'est pas aimer Dieu de tout son cœur, de toute son ame, de toutes ses forces, si on les partage auec le monde ; Si l'on en consomme la plus belle & la meilleure part en des vanités, & si l'on n'offre à sa diuine majesté que le reste des passions, comme Caïn le rebut de ses troupeaux. Depuis que Iesus-Christ a sanctifié nostre humanité, qu'il

Lib. de carne Chri. en a fait, comme dit Tertulien, l'organe de nostre salut, le ministre de ses Sacremens & son temple, c'est sa gloire de le luy consacrer en vn temps où les vices ne l'ayent point encore prophané. Ce luy est vn nouueau trophée de sa vertu qui dompta les puissances des tenebres, d'assubiectir aux loix de son integrité, cét âge que la nature porte à la licence, & qui a coustume d'employer les premiers efforts de sa liberté à la satisfaction des sens.

Les ioyes que la vigueur du temperament met lors dans les cœurs, & qu'il peint dessus les visages, concourrent auec les consolations diuines, pour monstrer aux hommes du monde, que la Saincteté n'est pas si farouche qu'elle leur paroist d'abord, & que c'est non pas destruire, mais perfectionner la nature de porter le ioug de nostre Seigneur. Cette mesme force de complexion iointe à la feruer de leur zele leur rend toutes les austerités faciles, & leurs puissances se forment à ses saintes habitudes, qui leur donnent en suitte moyen de faire de plus grand progrés en la pieté.

L'ame raisonnable, dit vn Philosophe, a naturellement de l'inclination pour les grandes choses; elle est tousiours comme le feu dans vn mouuement qui l'éleue & qui ne luy permet pas de s'abaisser, si on ne luy fait de la violence: Ces genereuses sallies sont particulierement propres à cét âge ou le sang qui boult dans les veines fait qu'vn franc courage considere les difficultés des plus hautes entreprises, comme de cheres & bien pretieuses occasions de gloire. Ainsi ces ames encore innocentes n'estant point appesenties par les opinions du monde s'éleuent à Dieu, & ne conçoiuent rien de plus genereux que de le seruir, au prix de tous les contentemens du corps, au peril mesme de leur vie.

On ne s'estonne pas de voir vne ieunesse touchée d'amour pour les beautés de la terre, & on se plainct de la voir sensible à l'amour de Dieu qui est l'original de toutes les perfections dont nos cœurs sont icy rauis. On souffre que de ieunes Gentilshommes exposent auec leur vie toutes les esperances de leur famille, aux continuels perils de la guerre, pour acquerir quelque reputation dans le monde,

DV RELIGIEVX. 47

& on trouue étrange qu'ils s'enrollent à la suitte de Iesus Christ, dans vne milice où les fatigues du corps asseurent la veritable vie de l'ame, & luy donnent tout ce qu'elle peut auoir en ce monde de solides felicités pour gage de celles qui luy sont reseruées au ciel.

Les premiers auantages qu'on emporte sur les ennemys sont les prejugés de la victoire ; d'vne belle aurore on fait iugement des serenités au reste du iour ; de la rosée qu'elle repend les conques en forment leurs perles, les abeilles en tirent leur miel, les fleurs en succent cette douce nourriture qui fait leur beauté ; Si l'on tient que d'vne bonne constitution du ciel en la naissance depend la felicité de toute la vie, si en touttes choses vn bon commencement n'est pas seulement vn bon augure qui promette, mais vne cause effectiue qui produit vn heureux succés par les premieres ouuertures qu'elle donne au bien, & par les impressions que la suitte des euenemens en reçoit. O que la vie de l'homme se doit rendre heureuse sous ces premieres années consacrées à la pieté ! que cét amour est chaste qui comme celuy des Anges n'a point adoré d'autres beautés que celles de Dieu ! que ces sacrifices sont agreables qui ne sont consommés que par vn feu celeste sans aucun meslange de l'estranger ! que les progrés de l'amour & de la vertu deuiennent faciles à ces bonnes habitudes aduancées qui retablissent autant qu'elles peuuent les premieres integrités de la nature !

Qu'on ne dise point que ceux qui se consacrent à la pieté des l'adolescence n'ont pas encore le iugement asses solide ny tout ce qui leur faudroit de lumiere & d'experience pour faire le choix de cette condition ; qu'ils rebuttent, & qu'ils embrassent ce qu'ils ne connoissent pas, par vne precipitation qui peut estre suiuie du repentir : Qu'on ne nous fasse point ces reproches qui tâchent de ternir la gloire & de faire perdre la volonté de ces innocentes conuersions, comme si elles estoient vn effet de l'ignorance: Car Dieu qui a mis dans l'ame raisonnable les idées generales du bien & du vray, pour sa conduite en ses speculations, & en la Morale, luy a principalement donné des lumieres & des mouuemens pour aller à luy, comme à son souuerain bien. Seigneur, dit le Prophete, vous aués graué sur nous les lumieres de voſtre face, & comme vous eſtes vn ſoleil qui ne ſouffre point d'Occident, vne beauté, vne bonté touſiours adorable, voſtre lumiere n'eſt pas comme la ſenſible qui ne s'attache pas aux ſuiets qu'elle éclaire, mais elle imprime voſtre image dans nos ames auec des caracteres eclattans qui ne ſe peuuent effacer.

Si les vignes, ſi les lierres, ſi les autres plantes foibles, apres auoir pris vne croiſſance qui a beſoin de ſupport s'agraffent naturellement aux ſuiets ſolides qu'elles approchent auec plus d'adreſſe que n'en pourroit auoir la main du Iardinier, qui doute, dit Tertulien, que l'ame de l'homme, qui eſt vn ſouffle de Dieu, n'ait auſſi-toſt l'intelligence que la vie, pour ſe porter à ſon bien : nous en voyons quelque eſſay en vn enfant, lors meſme que les organes indiſpoſés ſont des nuages à ſes lumieres, & des chaiſnes à ſa liberté ; dés lors il fait le diſcernement des perſonnes qui luy ſont cheres, du ſein qui luy donne la nourriture, des bras qui le portent, des empeſchemens qui le trauerſent, & ce n'eſt pas ſans intelligence qu'il s'inſtruit à former vne parole ſignificatiue de ſes penſées. Mais quand l'homme eſt en l'âge de l'adoleſcence, ou ſelon tous les Docteurs & nos propres experiences il eſt capable de bien & de mal, du vice & de la vertu, qui doubte qu'il ne ſe puiſſe lors conſacrer à Dieu, & que la raiſon qui faict le choix du bien, ne le puiſſe faire du ſouuerain bien.

Lib. de anima cap. 19.

Il eſt vray qu'il ne prend pas tant ces ſainctes reſolutions par vn diſcours de raiſon, que par des lumieres qui ſe répendent auſſi toſt ſur l'interieur que celles du ſoleil ſur vn miroir ; par les tranſports d'vne ame qui à la faueur des attraits de Dieu s'éleue à luy, y retourne comme elle en eſt ſortie par la voye d'amour, & s'y ioinct comme à ſon centre. Ces ames innocentes dont l'integrité n'eſt point encore offenſée par les opinions, ny par les concupiſcences du monde, ſe voyent en vn moment inueſties de lumieres qui leur découurent vn eſtre infiny au deſſus du monde

DV RELIGIEVX.

du monde : elles voyent, elles touchent ce qu'elles ne peuuent exprimer, elles se pasment dans des douceurs, dans des tranquillités qui ne sont pas celles du monde. Qui pourroit voir ces mouuemens sacrés, ces épanchemens du cœur, les souspirs qu'il pousse, ces larmes d'amour qui coulent des yeux, ces extases où se treuuent toutes les puissances, ne doubteroit plus que cela ne fut vn effet de la main de Dieu qui preuient sa creature de ses benedictions. Ces éclats sont si penetrans, ces attraits sont si forts & si doux que l'ame s'abandonne toute entiere à la souueraine bonté qui prend sa conduite, & se trouue dans vn estat de conformité qui ne consulte plus d'autres lumieres.

L'odorat ne peut-il pas se satisfaire du musc & de l'ambregris, sans s'offencer auparauant par l'infection des cloaques & des charrognes ? Pour faire estat de chaque beauté qui se presente à nos yeux, faut-il les condamner auparauant à voir des salletés qui les remplissent d'horreur ? Pour auoir le goust des viandes delitieuses, faut-il auparauant mettre en sa bouche des amertumes, & des choses abominables, dont elle demeureroit infectée ? faut-il pour se donner à Dieu se perdre auparauant dans le monde, & offencer la conscience de corruptions qui luy ostent le sentiment des choses diuines ? L'ame est incomparablement mieux disposée à receuoir les lumieres, & à suiure les mouuements de Dieu dans vne innocence qui n'a point esté troublée par les fausses maximes du monde, ny sallie de ses pechés, & qui à ses forces beaucoup plus entieres, que s'il falloit les rétablir apres vne longue maladie.

Vn mineur est capable de toutes les actions ciuiles, auec l'authorité de son tuteur il peut auec le consentement de ses parens engager sa liberté dans vn mariage dont le lien ne se rompt qu'auec la vie, & qui estant bien concerté à des trauerses infaillibles, & des yssuës bien souuent funestes. Cependant on fait difficulté qu'en ce mesme âge, vn homme se consacre aux autels par les inspirations particulieres de Dieu qui est nostre Pere; par les

G

conseils de Iesus-Christ, dont la verité s'est justifiée en la suitte de tant de siecles, par des mouuemens interieurs qui ne sont pas du ressort humain, par le choix d'vne maniere de vie si juste qu'elle surpasse la sagesse des Philosophes, & qu'elle suit precisement ce que l'Euangile nous enseigne de perfection.

Les parens interessés qui paroissent icy comme parties contre le salut eternel de leurs enfans, qui leur veulent oster la vie de l'ame, pour ce qu'ils ont contribué à celle du corps, ces partisans du monde n'alleguent point l'incapacité de l'âge quand ils les precipitent dans les desordres du monde, dans les perils de la guerre, dans les intrigues de la cour, dans les subiections d'vn mariage, ou lorsque pour soulager leur famille ils les condamnent à vn cloistre, ils les exheredent sous couleur de deuotion, & les exposent à tous les malheurs qui peuuent naistre d'vn vœu forcé.

Ames sainctes si vous ne deuez rien faire au gré de vos ennemis, roidissez vostre courage contre leurs reproches, & prenez pour vn argument certain, que vostre retraitte du monde dés ce premier âge vous est tres-aduantageuse, puis qu'elle leur est si desagreable. Ne doutez pas que Iesus-Christ qui consacra le sang & les peines de son enfance au Pere eternel pour vostre salut, n'agrée ces premices de vostre jeunesse que vous luy offrez, & qu'il ne les couronne dés cette vie de graces toutes particulieres, comme de celles dont il honora Samuel, la Vierge saincte presentée jeune au Temple, vn Sainct Iean Baptiste, vn Sainct Paul Hermite & tant d'autres Saincts qui se donnerent à luy deuant qu'estre au monde. Vous ne doutez point de la saincteté de vostre vocation apres tant de lumieres interieures qui vous en ont donné la veuë plus certaine que si elle vous estoit sensible : Vous auez gousté les douceurs de Dieu, vous auez fait les bien-heureuses experiences des benedictions dont il preuient ses esleus, apres cela vous n'auez plus d'oreille pour les bruits du monde, d'yeux n'y de cœur pour ses vanitez. Si vostre pieté se trouue sensible à l'indignation de vos parens, souuenez-vous que Iesus-Christ les met nommément entre les chofés que vous deuez abandonner pour le suiure : Voſtre victoire ne ſera que plus glorieuſe apres ces combats & les oracles de l'Euangile mieux verifiés apres tant de controuerſes. Quand voſtre pere ou voſtre mere vous veut tirer des autels, ce n'eſt pas pour vous rendre la liberté, mais pour vous la faire perdre dans l'eſclauage du monde incomparablement plus onereux au corps & à l'eſprit; ils veulent vous immoler aux intereſts d'vne famille, à l'auarice, à l'ambition, au reſte de leurs paſſions qui ſont des idoles; Tenés pour certain que quand ils auront jetté ces premieres flammes, l'amour naturel leur fera prendre vos ſentimens, & preferer vos intereſts propres à ceux qui en eſtoient étrangers : ils ſeront enfin conſolés de voſtre conſolation ; ils ſeront bien aiſe de ſeruir Dieu par vne partie d'eux meſmes, & de vous voir hors les coups de la fortune dans vn eſtat eminent qui approche celuy des bien-heureux.

DE CEVX QVI NE SE CONVERTISSENT à Dieu, qu'apres auoir fait l'épreuue du monde.

CHAPITRE X.

SI les perſonnes qui ſe conuertiſſent à Dieu dés le premier âge ont du rapport auec les felicités du monde & de l'egliſe en ſa naiſſance : ceux dont la conuerſion eſt differée en vn âge plus aduancé, quelques-fois meſme iuſques à la vieilleſſe, nous peuuent repreſenter les derniers temps où ſelon les Propheties Ieſus-Chriſt doit defaire les puiſſances de l'iniquité, eſtre tout en tout, comme dit l'Apoſtre, & remettre ſon Royaume libre de tout deſordre entre les mains de ſon pere. Ces premieres conuerſions ſont vn effet des beautés diuines, qui rauiſſent les eſprits, & qui s'emparant des premiers amours, rendent les cœurs inſenſibles à tous les objets du monde: Les autres qui ſont differées marquent la puiſſance de Ieſus-Chriſt, & ſa grace victorieuſe qui dompte la creature

I. Cor. 15.

rebelle, & qui la reduit fous fon obeiffance apres l'auoir tirée hors la feruitude du peché.

C'eſt vne condition commune à toutes les chofes d'icy bas, d'eſtre premierement dans la foibleffe que dans la force, dans le deffaut que dans la perfection, dans le mal que dans le bien, ainſi l'ame raifonnable fe trouue pluſtoſt poffedée des vices que de la vertu, & comme dit l'Apoſtre, la vie des fens deuance celle de l'efprit: Depuis la cheute du premier homme le monde à fouffert mille indifpofitions durant pluſieurs fiecles, fous la loy de la nature & de Moyfe deuant que d'eſtre en eſtat de receuoir fes remedes, fes libertés & fes forces par les merites du Verbe incarné. Luy mefme qui eſtoit l'idée de l'innocence tint fes lumieres cachées, & iufques à trente ans il paffa fa vie dans les exercices corporels d'vn pauure meſtier: comme enfuite il veut jetter les éclats de fa doctrine & de fes miracles, pour la guerifon d'vn monde enuieilly dans le peché, il prend à fa fuite des Apoſtres d'vn âge viril engagés déja dans les negoces du monde: Il conuertit vne Magdelaine, vn Zachée, mille autres pecheurs qui auoient paffé la plus floriffante partie de leur âge dans la licence des paffions: Il guerit vn aueugle né, vn paralitique de trente-huit ans, vn flux de fang habituel en vne femme qui auoit inutilement employé fon bien en medecins pour y trouuer quelque remede. Il permet que ce peuple qui l'auoit fuiuy dans le defert fouffre la faim durant trois jours deuant qu'il le foulage par la multiplication des pains. Il veut que le feu facré qu'il a apporté du ciel s'allume dans tous les cœurs; Il ne manque point pour cela de leur donner les infpirations & les mouuemens de fes graces; Mais comme il y a des bois qui ne brûlent qu'apres s'eſtre dechargez par la chaleur de ce qu'ils auoient d'humidité, il y a des ames qui ne conçoiuent les flammes d'vn fainct amour, qu'apres que l'âge & la douce conduite de la prouidence a digeré ce qu'elles auoient de fentimens humains.

La grace, dit l'Apoſtre, furabonde à proportion des pechés, & fes remedes pour eſtre efficaces, doiuent eſtre plus violens fur des parties dont le mal eſt plus profond & plus

DV RELIGIEVX.

enuieilly: C'eſt beaucoup quand l'homme ſe rend ſenſible à la grace, & qu'il s'y abandonne au temps qu'elle luy eſt donnée auec ces forces extraordinaires proportionnées à l'extremité du mal. Le bon larron ne ſe conuertit pas pluſtoſt, dit Euſebe, parce qu'il n'euſt pas pluſtoſt la connoiſſance de Ieſus-Chriſt, pour le ſuiure comme les Apoſtres, il ne fuſt pas neantmoins en defaut, car le temps qui fut le dernier de ſa vie, fut le premier de ſa vocation. Vn Geneſius comedien eſtoit monté ſur le theatre pour bouffoner de la loy Chreſtienne, en vn inſtant il eſt miraculeuſement ſi bien eclairé de ſes miſteres, que ſur l'heure il en fait vne profeſſion publique, & en rend le témoinage par vn genereux martyre: Cette conuerſion a du rapport auec celle de Saint Paul, qu'vne voix du ciel, vne ſurabondance de lumieres change en vn moment de loup en agneau, de perſecuteur en Apoſtre choiſi pour la conuerſion des Gentils. Comme la prouidence diuine crée les ames en diuers temps elle les met auſſi en diuers temps dans vne ſurabondance de grace; elle faict, ſelon le Pſalmiſte, que ces arbres portent leur fruict en vne ſaiſon qui leur eſtoit propre; elle diſpence ainſi ſes faueurs auec vne conduite d'où depend noſtre bonheur.

Les biens de l'eſprit ſont, dit Sainct Gregoire, vn threſor caché qui promet peu & donne beaucoup, car en effet ils nous rempliſſent de conſolations veritables, ſolides, & eternelles ou commence cette felicité des eſleus de Dieu infiniment releuée au deſſus de tout ce que l'œil peut voir, l'oreille entendre, l'eſprit conceuoir, le cœur humain deſirer. Au contraire les faueurs du monde donnent de magnifiques eſperances, mais enſuite vne poſſeſſion fade, trompeuſe, ſubjete aux coups de fortune, meſlée de ſoings & de douleurs.

Homme touché de Dieu, ce n'eſt donc pas vne choſe du tout inutile au deſſein que vous formés d'vne bonne vie, d'auoir paſſé par vne mauuaiſe, & comme vous vous eſtes ſaly pluſtoſt par vne precipitation de nature, que de propos deliberé, du mal vous en pourrés tirer vn bien, & de vos mauuaiſes mœurs vous en faire de bonnes loix: Apres auoir

Euſeb. Epiſten homilia de B. Latrone.

Baron. an. (9).

G iij

reconneu les fausses maximes du monde, vous aurés sujet de vous tenir plus ferme à la verité ; & ne point tomber en l'abus que Saint Hierosme dit estre ordinaire aux jeunes gens, qui s'imaginent plus de douceur en tout ce dont ils n'ont pas fait l'essay.

Puisque vous sçaués par experience qu'elles sont les foiblesses, les folies, les inquietudes, les impuretés du monde, vous serés vne fois trompé pour ne l'estre plus ; vous ne vous prendrés plus à ces pieges dont vne fois vous estes échappé ; vous n'aurés plus de cœur pour ces beautés contrefaites, plus d'yeux ny de creance pour ces illusions politiques, pour ces pompes de comedie, pour ces amours & ces combats de marionettes qui vous seroient vn jeu, s'il n'y auoit point de crime. Si vos desirs ne trouuent plus rien au monde qui les tente, ils doiuent se rendre incomparablement plus fideles, plus entiers, plus genereux à la poursuite des choses diuines, & à rendre cette derniere partie de la vie comme vn automne paré de fleurs & riche de fruits.

Apres les horreurs que vous aués conceuës des vanités de la terre, apr s les larmes de penitence dont vous aués tâché de lauer vos fautes passées, apres auoir jetté vos esperances en la misericorde de Dieu, vous deués prendre vne ferme resolution de recompenser le temps perdu par tout ce que vous pourrés de bonnes œuures. Cét âge meur ou la nature n'est plus emportée par ces premieres ardeurs, ou les passions lassées donnent du repos, ou la raison jointe aux experiences est plus éclairée, vous est vne saison moins orageuse & plus propre à la pieté ; la perseuerance mesme luy paroistra bien plus facile en vne vie qui ne sçauroit plus estre bien longue. Vous ne sçauriés assés estimer cét aduantage de reprendre l'haleine & le repos vn peu deuant que finir sa course, & d'auoir de nouuelles forces pour les dernieres actions sur lesquelles vous serés jugé pour vne eternité de peines ou de gloire.

Tout le monde à ietté les yeux sur ces colosses de fortune, sur ces cedres eminens, sur ces personnes insignes en richesses, en dignités, en plaisirs, tellement que quand la voix de Dieu vient à les abbatre dans vne condition penitente c'est vne éloquence efficace qui touche tous ceux

DV RELIGIEVX.

qui font poſſedés de la meſme vanité, qui gaigne auſſi toutes les attentions du peuple, pour luy faire conceuoir ces importantes veritès, qu'il y a des biens plus ſolides que ceux qui flattent les ſens; que les attaches du monde, que ſes cheſnes & ſes priſons ne ſont pas ſi fortes que la grace ne les puiſſe rompre; qu'il vaut mieux ſe conuertir tard que jamais, & que juſques au dernier ſouſpir de la vie Ieſus crucifié nous tend les bras pour nous receuoir à miſericorde.

DES CONVERSIONS FAICTES
par la crainte des Iugemens de Dieu.

CHAPITRE XI.

LA bonté & la Iuſtice qui en Dieu ne ſont qu'vne meſme eſſence agiſſent en la production & en la conduite des creatures par vn concours tellement intime, qu'il eſt difficile de les conſiderer l'vne ſans l'autre. Si la bonté tire les choſes du rien pour les mettre en l'exiſtence, c'eſt touſiours dans vn certain degré d'eſpece qui les determine; ſi Dieu crée, il diſtingue les parties du monde, il les met dans l'ordre qui fait ſa beauté, & cette diſtribution de vertus particulieres qui ſe rapportent à vn bien commun, eſt le propre effet de la juſtice diſtributiue qui eſt en meſme temps accompagnée de celle qui reduit les parties à leur deuoir par la force.

Car ſi les corps ont eſté produits auec des inclinations pour certains lieux où ſont les treſors des vertus ſympatiques neceſſaires à leur conſeruation, ils s'y portent non pas tant par les attraits du bien qu'ils s'y promettent, que par la crainte des qualités contraires dont ils ſe trouuent aſſiegés; le feu s'eleue pour euiter les humidités de l'air & de l'eau ennemis de ſa ſechereſſe; l'air échappe des concauités de la terre où il ſe corrompt; Ainſi le mouuement naturel qui porte les corps droit à leur centre, commence par l'éloignement du terme étranger ennemy de leur complexion, & par la crainte de ce qu'ils y souffriroient de dommage.

Ces contraintes de la justice diuine se font voir auec beaucoup plus d'authorité sur les animaux, dont tous les sens craignent la rencontre d'vn objet non conuenable, & ce qu'ils y souffrent donne les premieres impulsions au mouuement qui les en éloigne; la faim les presse de chercher leurs alimens, le passage des oyseaux est vne fuitte des lieux, & des saisons incommodes; ce qu'ils souffrent dans vne surabondance les contraint de s'en soulager par l'éuacuation, & ce qu'ils prennent en cela de plaisir consiste principalement, comme dit Platon, en vne cessation de douleur.

Ce sentiment que donne la crainte du mal est incomparablement plus efficace sur l'esprit de l'homme que n'est l'esperance ou la possession du bien, c'est pourquoy la sagesse qui le conduit a de l'auantage quand elle le prend par ce foible. On fait violence aux saillies de la jeunesse par l'authorité d'vn pere ou d'vn maistre, on tient les peuples en leur deuoir par les loix qui proposent baucoup plus de peines que de recompenses, & qui croyent mieux gouuerner par la rigueur comme par vne bride qui est en la main du Prince, que par le seul amour qui est à la discretion des sujets. Ainsi Dieu remet ordinairement les hommes au chemin du ciel, & commence les bons mouuemens de leur salut, par la crainte qu'il leur donne de ces jugemens.

Cette crainte est le commencemnnt de la sagesse; elle est, dit Tertulien, l'accomplissement de la bonté diuine, puis qu'elle nous met en estat d'en receuoir les fauorables effets; qu'elle nous fait premierement craindre Dieu comme nostre Prince, afin qu'en suite nous le puissions aymer comme nostre pere & recueillir la succession de sa gloire. C'est pourquoy, dit ce grand genie, l'heretique Marcion eust grand tort de se figurer deux principes l'vn du bien d'où procedoit toute bonté, l'autre du mal, qu'il faisoit autheur de la justice, puis que la justice n'est qu'vne bonté vigoureuse, & vn mesme amour qui nous force par des

Lib. 1. aduersus Marcionem.

remedes

remedes efficaces à suiure le bien.

 Mon Dieu, dit le Prophete, vous aués tousiours pris la conduite de mon salut par vostre misericorde & par vostre verité; Vostre justice me tient en crainte, & vostre bonté deuient le suiet de mon amour; Vous arrestés les fougues de mes passions auec des chaisnes de fer, iusques à ce qu'vne plus tranquile constitution d'esprit me mette en estat de porter la chaisne & le colier d'or de la charité. Comme la pluspart des hommes se portent à faire le mal par la crainte des disgraces ordinaires à vne vertu qui ne veut point se relascher, & par l'attrait des obiets qui gaignent le cœur par les sens, Dieu combat ces tentations auec des armes pareilles, c'est à dire par la crainte de ses iugemens, & par les promesses de ses recompenses. *D. August. in Psal. 85.*

 Quoy que cet homme se noye dans vne abysme de voluptés & de crimes, quoy qu'il tâche de dérober à ses propres yeux les desordres de sa conduite qui l'écarte de sa fin, il porte dans sa conscience vne lumiere qui luy fait iour parmy ces tenebres, & qui luy monstre dans sa mauuaise vie les presages de son mal-heur eternel. Le souuenir de tant de personnes qui ont esté dans l'éclat & qui ne sont plus que pourriture, luy fait bien voir que ce grand appareil se passe comme celuy d'vne comedie, comme vn songe, comme vn festin de criminel, comme les ornemens d'vne victime qu'on égorge apres l'auoir couronnée de fleurs. Le coup de la mort qui vous doit rauir à toutes ces bagatelles est certain, & le iugement est infaillible d'vn Iuge qui vous demandera compte du temps, & de tous les biens dont il vous auoit donné l'administration. Helas si ce coup fatal vous surprend dans le peché, que d'horreurs, que de desespoirs dans la conscience! Qu'elle confusion, quand pour des plaisirs d'vn moment, meslés mesme d'inquietudes & de douleurs, vous vous verrés à la veille d'estre eternellement priué de Dieu, dans les tenebres & les supplices sans fin des demons! Quel moyen d'éuiter le iugement d'vn Dieu qui void tous les replis de la conscience, tout ce qu'elle a conçeu de mauuais desirs, tout ce qu'elle a conduit à de pernitieux effets, toutes les prophanations qu'elle

H

a faites de la grace & d'vn temps de misericorde ! Quoy si ce coup inesperé de la mort vous presente deuant le throsne de Dieu les mains encore pleines de rapines & de concussions, teintes du sang de l'innocence, le cœur bouffy de superbe, d'ambition, de vengence, de tyrannie ! Pauure ame, preuenez ce moment d'où depend vne eternité, prenez vne sainte resolution de ménager vostre salut par la penitence, ces flammes que vous craignés vous doiuent icy purifier & vous donner assés de iour pour voir les horreurs de vostre vie passée, les perils extremes où elle vous jette, & pour prendre le chemin de la Croix, qui seul vous en peut tirer !

Il est vray que cette conuersion faite par crainte est imparfaite, mais c'est vn commencement qui a comme tous les autres ses foiblesses, & qui ne laisse pas d'ébaucher le chef-d'œuure de la charité diuine dans le cœur de l'homme. C'est le premier effet de la sagesse, dit Saint Thomas, parce que l'amour naturel regarde plustost nos interrests que ceux de Dieu, & l'amour de concupiscence qui precede la charité, est fondé sur cet amour naturel. La vie de l'homme se trouue successiuement en trois estats, dit Saint Bernard, le premier c'est de ne point pecher par vne crainte seruile, le second c'est de ne vouloir point le peché & d'en conceuoir vne extreme horreur par vne crainte filiale, le troisiéme c'est de ne pouuoir plus pecher, ce que nous n'aurons qu'au ciel, ou toutes nos affections seront eternelement attachées, parce qu'elles seront infiniment satisfaites en la jouïssance du souuerain bien.

Si Dieu comme tres-juste impose des peines proportionnées aux demerites, estant ces creatures par vne relation necessaire nous deuons craindre cette justice dominante sous qui, quoy que par nostre faute nous pouuons perir. Aussi la conuersion qui se fait par ce motif est dans l'ordre de la bonté diuine comme nous auons veu au commencement de ce discours, & c'est l'effet que Iesus-Christ s'est promis de toutes ses predications, qui retiroient les hommes des pechés en leur representant les peines eternelles, dont ils deuoient estre punis. Luy qui estoit la verité & la sainteté ne nous eust pas tirés à luy par ces considerations si elles n'eussent esté bonnes & saintes, dit S. Chrysostome, si elles n'eussent eu de iustes rapports auec nostre condition, & nostre derniere fin; si comme il fait seruir les passions à la vertu, la nature à la grace, il n'employoit la crainte, comme vn grand preparatif à la charité. Cette crainte est, dit S. Augustin, comme la fouriere qui marque les logis pour cette Princesse, & qui luy laisse l'ame toute libre, qui en fait sortir tout l'attiral des passions humaines, quand elle vient pour y faire sa demeure. {Homil. 17. ad populum Antiochæum. Tract. 17. in Epist. 1. Ioan.}

La conuersion des Niniuites ne laissa pas d'arrester les fleaux de Dieu, quoy qu'ils s'y fussent portez par la crainte de ses iugemens, & par la predication de Ionas qui leur auoit predit leur ruine dans quarante iours ; Dieu ne laissa pas d'agréer les sacrifices de son peuple, quoy qu'ils fussent faits par la crainte d'encourir les punitions des rebelles & des idolatres, d'estre enseuelis tous viuans dans les abysmes de la terre, de tomber sous le glaiue d'vn Ange exterminateur, ou sous la seruitude de ses ennemys. La loy de grace nous donne beaucoup plus d'esperances par la crainte, & nous asseure que nous ne pouuons faillir suiuant ce motif que Iesus-Christ nous repete si souuent dans son Euangile.

DES CONVERSIONS FAITES
ensuite de quelques disgraces.

CHAPITRE XII.

LA mer est quelques-fois dans vn estat si tranquille que ses eaux d'azur où l'on void la face éclattante du soleil, & le brillant des étoilles, nous font icy bas vn second ciel : il y a de mesme des hommes dont la vie commence & se continuë long-temps sous de si fauorables influences, que comme toutes choses leur reüssissent à souhait sans aucune de ces trauerses qui donnent de l'exercice à la patience, ils se figurent aysement que c'est icy le lieu de leur felicité. Cette longue suite d'heureux succez qui remplit, & deuance mesme les desirs, tient l'esprit agreablement attentif à receuoir les diuers presens d'vne fortune tousiours fidelle, tousiours magnifique, & à voir jusques à quel poinct d'eminence elle les pourra porter. Les tranquillités & l'abondance de cette vie qui n'obilige point aux crimes, & qui peut mesme facilement soulager les necessités du prochain porte quelque ombre de vertu, que la flaterie releue, que le monde adore auec tant de loüanges & de ceremonies que ces personnes se persuadent enfin d'estre bien-heureuses.

Mais comme la mer & le monde n'ont point de calmes qui ne soient suiuies d'orages, ces belles & longues années se voyent en vn moment accueillies d'vne tempeste qui rauit les biens, qui noircit la reputation, qui écarte les amys, qui desole toute vne famille, qui precipite ce bien-heureux d'vn throsne de gloire dans vn insigne malheur. Cette deroute inesperée, vn passage si violent d'vne eminente condition en vne extréme disgrace est extrememment sensible à celuy qui jamais n'en a fait l'épreuue, & qui n'en ayant ny l'idée ny la crainte, n'y estoit aucunement disposé.

C'est lors que le cœur conçoit mille indignations, & que la bouche prononce autant d'inuectiues contre les infidelités de ce monde qui ne flatte ses suiuans que pour les perdre, qui n'éleue que pour precipiter, qui ne gratifie que pour aigrir la douleur en la perte d'vn bien dont il auoit donné auec la possession des esperances comme infaillibles.

Apres vn profond & morne entretien de pensées confuses, apres auoir veu le desespoir entier de ses affaires dans le monde, son ame lassée de douleurs s'abbat enfin dans le repos, & commence a respirer l'air d'vne autre vie.

C'est vn coup du ciel, dit-il, qui a rauagé de la sorte toutes mes esperances pour m'obliger à prendre vn autre party : Il n'y a plus rien à faire pour moy dans le monde, quand ses anciennes faueurs me seroient offertes, ie ne voudrois pas attacher mes affections à des objets qui les ont trompeés, ny reprendre ce qu'il ne donne que pour

DV RELIGIEVX.

l'oster auec infamie. C'est fait de mes biens, & de ma reputation; apres ces mal-heurs la vie que ie passerois dans le monde ne seroit plus qu'vn long suplice, qui m'exposeroit honteusement à la veuë des peuples, & à la passion de mes ennemys : Le monde me quitte, ie le dois quitter, & n'auoir pas moins de courage pour abreger mes peines qu'il a de cruauté pour les prolonger. Vn Philosophe payen jugeroit ces occasions assés pressantes pour sortir de cette vie, comme d'vne demeure incommode, comme d'vne tyrannie où l'innocence deuient esclaue de la fortune, où elle perd ce qu'elle doit auoir de liberté, d'estime & d'emplois. Mais la Religion Chrestienne me defend d'exercer sur moy cette violence, d'estre homicide de moy mesme, de disposer d'vne vie qui n'est pas à moy mais à Dieu, & qui doit finir comme elle a commencé par le seul ordre de sa prouidence. Cette Religion neantmoins qui est toute de mansuetude & de misericorde, ne laisse pas les affligez sans quelque moyen qui les tire des mains de la fortune, de la misere, & de l'infamie, pour les mettre en liberté. On peut bien mourir au monde sans verser son sang, & sans s'empoisoner le cœur. Que les personnes sont heureuses qui se sont consacrés à Dieu dés le premier âge; qui sont quasi aussi-tost mortes que nées au monde, & qui ont fait auorter la vie des sens par la mort quel'Euangile nous conseille. Si i'ay perdu les commencemens de ma vie, ie puis mieux vser de ce qui m'en reste; on sauue ce que l'on peut d'vn naufrage, & parmy ce grand tumulte de mal-heurs qui m'obligent à prendre cette derniere resolution, i'entends la voix de Iesus-Christ qui m'y anime, & qui me console. Venez, dit-il, à moy tous vous autres qui estes accablés de misere, & ie vous soulageray. Prenés mon joug, que vostre vie s'assubjetisse à mes conseils, vous y trouuerez vn grand repos apres vos fatigues, & des douceurs qui vous feront oublier toutes vos peines passées.

Il est vray que c'est vn grand reproche à l'homme, que ayant la raison pour faire le choix du bien, il faille que les disgraces luy contraignent, qu'on le force comme vn frenetique à prendre des remedes & des nourritures : C'est vne preuue bien sensible de nos infirmités, mais c'est vn effet des grandes misericordes de Dieu, de prendre ainsi le soing de nostre salut & d'vne main également liberale & toute puissante nous donner ses graces, & reduire nos volontés en estat de les receuoir : c'est vn effet de sa justice d'oster le talent à celuy qui en a fait vn mauuais vsage, mais c'est vn coup de sa prouidence de ce seruir de cette peine pour desarmer nos passions ; de ietter cette amertume sur les delices du monde pour en seurer nos desirs, & nous mettre dans quelque sorte d'impuissance à faire le mal. O, dit Sainct Augustin, que ne deuons nous attendre des bontés de Dieu, puis que ses chastimens mesme nous sont des bienfaits.

Epist. 87. fœlicitati.

Il faut beaucoup plus de coups pour faire vne figure sur le marbre que sur la cire ; les extremes maladies veulent estre gueris par des remedes extremes ; de mesme ayant à grauer les sentimens de pieté sur des cœurs endurcis dans les vanités du monde, ayant à les guerir de leurs mauuaises habitudes, il y employe de viues & fortes tribulations. C'est ainsi que les Israëlites furent rudement traités par les Egiptiens, afin qu'ils conceussent le desir de leur liberté, & assés de courage pour la deffendre sous la conduite de Moyse : C'est pour cela qu'ils furent souuent matés par les incursions de leurs ennemis, & par de longues seruitudes, afin que reconnoissant leur faute deuant Dieu, ils se missent en estat de receuoir ses misericordes.

In Sententia Mort. libus.

Les hommes, dit Sainct Bernard, obtiennent le ciel par trois moyens differents ; Ceux qui abandonnent les plaisirs des sens, l'emportent par la violence, d'autres l'acheptent par les aumoines, enfin les autres y sont poussez, & comme contraints par la force de quelque disgrace. Vous ne prennés pas de vous mesme le remede des mortifications que l'Euangile vous ordonne, & voila que la main charitable de vostre medecin vous le porte, & vous fait resoudre à le prendre. Ce qu'il employe pour cela d'efforts n'empesche pas l'effet de ce remede pour vostre santé.

Il a fallu que l'esprit ayt rendu de grands combats, contre le corps, or ces forces ennemies qu'il a fallu vaincre, au lieu de diminuer, ne font qu'accroiſtre la gloire de vôtre triomphe. Car entre toutes ces diſgraces la volonté eſt demeurée ſi libre qu'elle pouuoit prendre ſes reſolutions au bien ou au mal, & ſe porter à des excés contraires à la vertu pour ſe deliurer de l'affliction. Combien en verrez vous qui combatent leurs mauuaiſe fortune par les crimes, qui dans la neceſſité de leurs affaires ſe portent aux vols, aux concuſſions, aux perfidies, c'eſt pour ce ſujet que la pauureté forcée paſſe pour vn reproche, & pour vne preſomption de mauuaiſe foy. Les diſgraces n'ont donc point fait de violence qui puiſſe oſter le merite d'vne conuerſion, puis que la liberté y eſt reſtée toute entiere, meſme auec vne pente de la nature plus forte pour le mal, & qui l'euſt emportée ſi elle n'euſt librement ſuiuy les inſpirations de la grace. *Li. 3. ff. de Teſtib.*

Anciennement dans les Egliſes d'Eſpagne la couſtume eſtoit que les perſonnes deuotes à l'article de la mort demandoient l'habit Religieux, pour ſe preſenter deuant Dieu auec de plus viues eſperances de leur ſalut, apres luy auoir fait ce ſacrifice d'elles meſmes; que ſi elles releuoient de cette infirmité, quoy qu'elles euſſent rendu leurs vœux dans la creance d'vne mort prochaine, elles eſtoient neantmoins obligées de les garder le reſte de leur vie, ſans s'en pouuoir diſpenſer ſous pretexte d'vne volonté que la crainte & le peril ſembloit ne rendre pas aſſez libre. De meſme vn eſclaue pouuoit eſtre affranchy auec cette condition, qu'il ſeroit toute ſa vie Religieux : c'eſtoit la crainte de la ſeruitude qui le faiſoit entrer dans le cloiſtre, & neantmoins les Canons approuuent cette conuerſion, & veulent que ſon merite ſe rencontre auec cette ſorte de contrainte. *Baron! an. 650. Cap. cum fit. de conditionib. appoſitis in deſponſare.*

La ſanté ne laiſſe pas d'eſtre bonne quoy qu'elle nous ſoit renduë par vn remede violent : le remede ne laiſſe pas d'auoir ſon effet, ſur vn malade qui l'aura pris contre ſes inclinations, & par force. Seigneur, dit le Prophete, la terre à veu l'éclat de vos foudres & s'en eſt émeuë, mais ce n'eſt que pour faire de meilleures productions. Ce feu du ciel, dit vn ancien, eſt celuy dont Dieu ſe ſert pour ſeparer l'immateriel de la matiere auec laquelle il eſtoit meſlé, & pour acheuer ce grand œuure de chymie qui ſepare le pur *Pſal. 67. Iamblicus, de myſterijs cap. 14.*

de l'impur, qui reduit toutes choses à leur principe, qui transforme les moindres suicts en de plus nobles. Ces coups de foudre ostent aux serpens leur venin, & ne leur ostent pas la vie, comme remarquent les Naturalistes, & les disgraces dont Dieu frappe ses esleus, ne font que purger l'ame de pechez, & luy inspirer de fermes resolutions pour vne meilleure vie.

Plin. lib. 8. cap. 11.

FERMES RESOLVTIONS DE SE consacrer à Dieu dans la vie Religieuse.

CHAPITRE XIII.

SOIT que Dieu preuienne les hommes de ses benedictions, & qu'il reçoiue les premices de leurs cœurs, deuant qu'ils soient prophanés par les sens, soit qu'ils ayent fait vne longue experience des vanités du monde ; Ces personnes touchées de Dieu dans le commencement, dans le progrés, ou sur la fin de leur vie tombent toutes d'abord dans vn mesme sentiment. Toutes voyent bien par des pensées encores confuses que le monde, c'est à dire la vie commune qui s'y passe n'est pas leur élement, ce n'est pas le lieu où se trouue le repos & la tranquilité qu'elles cherchent. Elles regardent ce grand commerce des choses sensibles, ou les esprits sont agités de violentes & contraires passions, comme vne mer battuë de tempestes d'où il faut necessairement se sauuer pour ne point perir, mais elles ne voyent pas encore le port où elles se doiuent rendre ; dans vn air vniuersellement corrompu, elles sentent des indispositions qui les menassent d'vn plus grand mal, & qui les obligent à la retraitte, mais elles n'ont pas encore fait le choix du lieu où leur santé soit en asseurance.

Sainct Antoine & depuis luy Sainct François furent assez long-temps dans ces resolutions indeterminées, dans vne auersion du monde, & dans vn desir passioné d'vne vie tranquille où ils se peussent parfaitement consacrer à Dieu, sans neantmoins connoistre nettement ses volontés pour le choix

DV RELIGIEVX.

le choix qu'ils deuoient faire. Dans ces inquietudes d'vne ardente charité qui ne trouue pas encore ou bien attacher ses flammes, dans ces transports qui quittent vn terme, sans apperceuoir celuy où ils doiuent arriuer ; ils entendent en vne Messe prononcer cet Euangile où Iesus-Christ monstrant le chemin de perfection à ses Apostres, leur dit, quittez tout ce que vous auez au monde, vendez tout, donnez-en le prix aux pauures & suiuez moy. Il se fait en mesme temps dans leurs ames vn grand iour qui en dissipe tous les nuages, & qui leur fait nettement voir que tout ce qu'ils pretendoient d'integrité, de repos, de force, d'eminence pour le seruice de Dieu, estoit compris en la pratique de ces conseils.

Deslors ils en prirent les fermes resolutions, & ensuite ils formerent leurs instituts sur cette idée de Iesus-Christ, & sur la vie que les Apostres auoient menée à sa suite, qui est celle-là mesme que les Religieux professent aujourd'huy. Car les trois vœux de pauureté, de chasteté, d'obeïssance, abandonnent tous les objets qui troublent les tranquillités de l'ame, qui en salissent les affections, qui les rauallent & qui les prophanent : & puis ils sont des moyens extrêmement auantageux pour se reuestir du nouuel homme fait selon la iustice & la verité de Iesus-Christ.

Que d'inquietudes, que de combats il faut rendre, que de seruitudes on est contraint de souffrir pour auoir & conseruer des biens ou des dignités ? La pauureté volontaire nous deliure de toutes ces peines, comme nous verrons plus bas, & remettant la conduite de la vie entre les mains de la prouidence, elle nous donne auec le rang, la liberté des domestiques & des enfans de Dieu. Les soings & les trauaux sont infinis qui veulent pouruoir aux necessitez presentes & futures d'vne famille, & laisser à des enfans dequoy s'éleuer à la mesure, non pas de leur naissance, mais de l'amour qu'on leur porte. Qu'vn mauuais mesnage cause de douleurs, plus violentes de ce qu'elles sont secrettes, & qu'on ne les peut soulager par les plaintes sans interesser son honneur ? Le vœu de chasteté nous dégage de ces embarras, de ces fatigues, de ces miseres, par vne

I

liberté d'esprit affranchy des plus honteuses subiections du corps, & par vne integrité rapportante à celle que nous aurons dans le ciel. Que de craintes, que d'irresolutions, que de vanités dans vne ame, qui prend conseil d'elle mesme pour sa conduite qui suit tantost les sens, tantost la raison, & que l'inconstance du monde tient tousiours dans l'incertitude? Le vœu d'obeïssance fixe ce Mercure, il arreste ces vagues saillies de l'esprit & des affections, par la volonté d'vn superieur qu'on fait estat de suiure comme vn oracle.

 Ce n'est pas s'affranchir des seruitudes du monde, ce n'est pas se tirer de ses perils de se resoudre à vne retraitte dans le celibat, auec la possession de ses biens, & le plain vsage de sa propre volonté. Ce pretieux thresor de l'integrité que nous portons dans vn vase si fragile, est en grand peril parmy les conuersations mondaines: Le feu de concupiscence qui se sera tenu fort long-temps couuert peut estre par quelques indispositions naturelles, enfin pourra trouuer des matieres propres, s'y attacher, & n'ayant rien qui l'empesche, causer des incendies sans remede. Les biens qu'on possede en cet estat partagent tousiours l'esprit par les soings qu'il faut apporter à leur conseruation, & ordinairement ces hommes là qui viuent sans alliance comme sequestrez des familles, tiennent leurs proches pour suspects parce qu'ils sont leurs heritiers, & ce qu'ils en reçoiuent de bien-veillance ne leur semble pas des deuoirs qui obligent leurs personnes, mais des artifices qui caressent leurs successions, ainsi n'ayant pas suiet de se confier plus à ses parens qu'à des estrangers, ils remettent toutes leurs esperances sur leurs biens: il les considerent comme leur vnique support, ils les ayment, ils les conseruent auec des soings extraordinaires, comme s'ils auoient des considerations assez pressantes pour legitimer l'auarice, pour s'en faire vn droit & vne necessité. Que d'allarmes, que d'irresolutions quand ils ne sçauent ou trouuer les seuretez de leur vie, & en effet ils n'ont la liberté de leur conduite, que pour entretenir leurs inquietudes. Tant de soings, tant de precautions pour le corps ne s'accordēt pas auec ce dégagement de sollicitude que nous conseille l'Euangile, & auec cette liberté des enfans de Dieu qu'il nous promet. C'est là clocher des deux costez, comme parle le Prophete ; c'est vouloir inutilement mesler des remedes que le grand medecin des ames nous dit estre incompatibles ; ce n'est pas se donner à Iesus-Christ auec cette profusion de cœur & d'interests qu'il pratiqua s'immolant pour nous.

La vie Religieuse est incomparablement plus dégagée, plus libre, plus éminente, plus saincte. C'est vn fort pour l'innocence, vn asile pour les miserables, vne sublime region où les tempestes de la vie commune n'arriuent pas ; vn ciel où regne cette paix, & cette tranquillité d'esprit, qu'on cherche en vain dans le monde. C'est vne terre saincte où les vertus seules sont en estime, les biens de fortune en mépris, les vices en horreur, où l'on tombe moins, où l'on se releue plus facilement, dit Sainct Bernard, où les consolations du ciel surabondent, où l'on fait de plus grands progrés en perfection, où l'on se treuue plus riche en merites au jour de la mort. Là les plus fortes inclinations qu'on auoit au mal s'afoiblissent dans la compagnie des Saincts. Il s'y faict vne espece de resurrection, ou ce qui estoit corporel prend la nature de l'esprit, & les passions de l'amour, de l'auarice, de l'ambition, ne sont plus qu'vn zele qui profite de toutes les rencontres pour auancer la gloire de Dieu.

Iesus-Christ est le chemin qui nous conduit droit au ciel, mais il est particulierement la verité pour les ames trompées par les belles apparences du monde, & la vie pour celles qui estoient mortes dans le peché. Cette vie diuine est le prototype que les Religieux se proposent d'imiter par vn dégagement de toutes les affections de la terre, ses conseils sont les oracles d'où ils prennent leur conduite, Iesus-Christ est l'ame de leur ame, ils le mettent en possession de leurs cœurs, ils s'en reuestent à l'exterieur afin de n'estre, ne viure, n'agir, ne paroistre, enfin ne mourir que pour luy.

Ame Saincte qui estes appellée de Dieu ; deuant que vous soyez sallie dans les vanitez & dans les crimes du siecle, la condition Religieuse est vn estat où vostre innocence se peut plus facilement conseruer & accroistre : Pauure homme qui aués esté long-temps prodigue du temps & des graces que Dieu vous auoit données pour vostre salut, apres tant de maux que vous auez commis ou soufferts; il ne vous faut pas vn moindre remede que le cloistre, qui mette toutes vos passions dereglées à la chaisne, & toutes les bonnes puissances de vostre ame en liberté : il vous faut ce grand repos apres tant de fatigues, il vous faut cette saincte escorte pour vaincre tant de mauuaises habitudes; il vous faut ce sacrifice d'expiation pour effacer vos pechez & vous reconcilier auec Dieu. Ie lis aussi les sentimens de vostre cœur sur vostre visage, i'entens ses souspirs & ses pensées : Mon ame, dites-vous, il ne faut plus deliberer si vous prendrez port apres le naufrage, si vous secoüerez vn feu qui vous brûle, si vous éuiterez tant de maux, & si vous ferez le choix de tant de biens qui vous sont conneus : Allés fourbes, allés vanités, malheureuses compagnies, qui m'auez tant de fois traisné dans le vice: extrauagantes opinions, objets fragiles qui aués tant de fois abusé mon ame par les sens, ie vous abhorre, ie vous deteste, & ie vous offre dés cette heure à Dieu en perpetuel anatheme. Ie veux pour tousiours que le pauureté soit mon thresor, que les humiliations soient mon honneur, que les austerités de ma vie soient mes delices: Mon Dieu ie ne souhaitte rien plus que de vous faire ce sacrifice de moy mesme, & comme ie n'ay point d'autre desir que d'imiter la vie de vostre fils, faictes que ses merites infinis supléent au defauts de cette victime imparfaicte : mon Dieu que i'aye tousiours assés de lumieres & assés de forces pour estre tout à faict à vous, dans vne vie qui ne doit prendre ses ordres, ny attendre ses consolations que de vous.

LA PERFECTION DE LA VIE Religieuse en ce qu'elle suit les conseils Euangeliques.

CHAPITRE XIV.

La prouidence diuine tient tousiours la tutelle de nostre vie, & comme les fonctions vegetables, les mouuemens du cœur, le commerce des esprits, les preparations de l'aliment & la iuste distribution qui s'en fait à chaque partie sont des mouuemens necessaires à nostre conseruation ; elle veut qu'ils se continuënt auec vne necessité qui n'attend pas nostre choix ny nostre consentement. Mais comme les faueurs de Dieu sont immenses & qu'il nous ayme iusques à pouruoir non seulement à nos besoins, mais encore à nos delices, il nous laisse vne infinité d'autres mouuemens libres, pour recueillir ce qu'il nous plaira de ses presens. Iesus-Christ fait quelque chose de semblable en la conduite des ames : Il leur donne en premier lieu des commandemens, qui sont les moyens communs, necessaires, ineuitables pour se sauuer, & dont personne ne peut auoir la dispence ; & puis il propose vne plus eminente perfection, non par des preceptes qui nous y obligent, mais par des conseils qui nous la persuadent & par les exemples de sa vie qui nous y animent.

Il dit à ce propos qu'il est venu non pas pour abolir la loy, mais pour l'accomplir ; pour luy donner vn establissement plus solide, dit Sainct Augustin, par des accroissemens de perfection qui n'ostent rien des preceptes, mais qui les supposent, qui les conseruent, qui leur donnent de nouuelles étendües, comme vne quantité n'est pas détruite par vne autre qui s'y ioignant ne fait qu'en augmenter la dimension. C'est accomplir la loy qui nous oblige d'aymer Dieu de tout nostre cœur, de toute nostre ame, de toutes nos forces, d'aller au delà du precepte par des practiques de perfection qui nous sont possibles & sans lesquelles nous n'aurions pas deployé toutes nos forces pour l'amour

Lib. 1 de sermo. in monte, c. 9.

de Dieu, si nous en reseruons quelque partie pour le monde & pour les sens.

De là vient, dit Eusebe de Cesarée, que nous voyons en l'Eglise deux sortes de vies, toutes deux agreables à Dieu, mais differentes en merites; l'vne se regle precisement par la loy auec vne prompte soubmission, pour euiter ce qu'elle deffend, & pour garder ce qu'elle commande: l'autre s'éleuant aux dessus des conditions communes de la nature, ne veut ny biens, ny dignités, ny plaisirs, ny mariage, met les hommes au rang des Anges, & les tient seulement attentifs à ce qui regarde la gloire de Dieu.

Lib. 1. de monst E. uangel. c. 8.

Comme l'ancienne loy auoit certains sacrifices determinés, & d'autres qu'elle laissoit à la deuotion des peuples; la nouuelle qui est son accomplissement nous laisse la liberté de nous éleuer au dessus des commandemens par la pratique des conseils Euangeliques, & d'honorer la majesté de Dieu non seulement par des redeuances qui soient d'obligation, mais par des presens & des seruices qui soient les preuues de nostre amour.

Nostre ame porte auec l'image de Dieu les secrettes impressions de son infinité qui la fait aspirer à des actions non communes, & qui luy donnent des desirs pour toutes les choses eminentes, ainsi les conseils de l'Euangile flattent cette humeur genereuse, & luy donnent vn beau sujet de se deployer auec auantage, quand ils luy presentent vne perfection de vie formée sur celle de Iesus-Christ, homme Dieu. La vertu seroit reduite à l'étroit, si ce qu'elle veut rendre de bons offices au prochain, de justice, de pieté, de liberalités, ne s'estendoit pas plus loing que les commandemens de la loy, & si l'on n'estoit bon qu'autant qu'on s'y trouue obligé; de mesme la Religion Chrestienne n'auroit pas toute son excellence si ses pratiques ne portoient pas plus loing que les preceptes, s'il n'y auoit pas, comme dans le ciel, de differens étages de merites.

Senec. lib. 1. de ira cap. 17.

La charité qui doit absoluëment dominer dessus les ames, & qui ne souffre point que ses puissances soient partagées, les offre toutes entieres à Dieu; elle en fait vn holocauſte, ſubſtituë le bon plaiſir diuin au lieu de la propre volonté. C'eſt aſſés à vne ame toûchée de l'amour de Dieu, de ſçauoir ce qu'il deſire le plus pour l'accomplir ; Car s'il nous a fait l'honneur de nous traitter en amys, ne nous contraignant pas à luy rendre ces deuoirs, c'eſt afin de nous laiſſer la gloire & le merite de nous en acquiter par affection. Si ſa ſouueraine puiſſance tient les cieux, les elemens, toute la nature dans la ſubjection de garder preciſement & touſiours les loix qu'elle leur donna en les creant, il veut gagner les ames raiſonables à ſon ſeruice par les attraits de ſa bonté ; & qu'elles ſe portent librement ſans contrainte, par amour, à faire ce qui luy eſt le plus agreable.

Cela jette la confuſion ſur le viſage de ceux qui ſe plaignent des commandemens, comme s'ils obligoient auec trop de rigueur à des choſes excedantes les forces humaines ; cela leur ferme la bouche, puis qu'il ſe treuue tant de perſonnes d'vne complexion meſme delicate, neantmoins tres-fideles à garder les conſeils, qui ont plus de difficultés que les preceptes : Si on peut le plus, on peut le moins ; on peut garder les commandemens ſi on peut garder les conſeils, & ſi la ſerueur de la charité encherit meſme au deſſus par des œuures de ſurerogation. Les pratiques en ſont ordinaires entre les Religieux, que les Saincts Peres appellent pour ce ſujet la plus ſaine & la plus ſage partie de l'Egliſe ; elle eſt la plus ſaine comme la plus éloignée de ce grand commerce de vanités & de crimes ordinaires au monde : elle eſt la plus ſage en ce qu'elle découure ces pieges, qu'elle éuite ſes écueils, qu'elle ne ſe laiſſe point tromper à ſes déguiſemens ; qu'elle donne le temporel pour l'eternel, les choſes viles pour les pretieuſes, & que par ces actes d'vne illuſtre deuotion, elle venge la honte que la laſcheté de tant de perſonnes fait à noſtre nature.

D. Gregor. Naz. orat. in laudem D. Baſilij.

Ou l'Euangile eſt faux, ou cette vie formée ſur les conſeils & ſur les exemples de Ieſus-Chriſt eſt eminente en merite, par deſſus celle qui ſe paſſe dans la ſeule obſeruation des commandemens auec beaucoup de licence au reſte des actions qu'on pourroit mieux employer pour l'honneur de Dieu, & l'edification du prochain. Quand ce ieune homme de l'Euangile oust fait vn dénombrement des principaux preceptes de la loy qu'il auoit gardée depuis son enfance, & qu'il eust ingenuëment découuert l'estat de sa vie, afin de se rendre assez recommendable pour estre receu entre les Apostres; Iesus-Christ luy dit qu'il approuuoit fort toutes ces bonnes œuures, mais qu'il luy manquoit encore vne chose pour estre parfait, à sçauoir vn abandon general de toutes ses possessions & de toutes ses propres volontez: Allez, luy dit-il, vendez tous vos biens, donnez-en le prix aux pauures, & mettez vous à ma suite. Voilà, dit S. Hierosme, le point d'eminence & la perfection Apostolique, qui nous décharge de tous les empeschemens du monde, & qui nous rend plus disposez à suiure le fils de Dieu en sa gloire, comme en sa vie. Ce n'est pas vn precepte qui lie la liberté, mais vn prix qui se propose aux meilleurs courages, & qui donne suiet à la charité de deployer tous nos efforts pour le seruice de Dieu.

Contra vigilantium & D. Aug. Epist. 89. quæst. 4.

Vn Religieux fidelle aux conseils de Iesus-Christ luy peut dire, Monseigneur ce que ie vous offre n'est rien au prix de ce que ie vous dois; ie fais peu, mais ie voudrois pouuoir dauantage pour vostre gloire, ie garderay vos commandemens & vos conseils, & si vos volontez m'estoient plus conneuës, ie ferois tous mes efforts pour les accomplir, qu'elles soient la loy de ma vie, la regle de tous mes desirs; possedez moy, & gouuernez moy comme vostre, donnez moy vos lumieres & vos graces, ordonnez ce que ie dois faire, & donnez moy les forces pour faire ce que vous ordonnerez.

LES VAINES APPREHENSIONS
des austeritez Religieuses, & la confiance qu'on doit auoir aux graces de Dieu.

CHAPITRE XV.

C'Est vn chef-d'œuure de la sagesse incarnée, d'auoir étably la vie Religieuse auec le mesme ordre qui fait l'admirable liaison de toutes les creatures dans les trois mondes, Elementaire, Celeste, Angelique, en ce qu'elle assujettit les sens à la raison, la raison, aux volontez de Dieu. L'esprit ne void rien de plus équitable & de plus sublime, neantmoins quand on parle de subiection, elle ne se peut établir sans beaucoup de peine dans vne nature corrompuë & insolente à se conseruer ce qu'elle s'est vne fois donné de mauuaises libertés.

Ce n'est pas sans trauail, qu'ayant commencé la vie par les sens, & adoucy ce qu'elle a de peines par leurs delices, on vienne tout d'vn coup à se les refuser & à mettre en interdit de longues pratiques qui nous estoient passées en nature; le sensible est vne partie de nous mesmes qui ne se peut retrancher sans douleur; l'homme tient au monde vn rang metoyen, où il n'est gueres capable que des choses mediocres, & non des extremes, c'est pourquoy cette totale abdication du monde & de soy mesme, blesse ses sentimens d'vne horreur semblable à celle qu'il souffre à la veüe de quelque abysme qui ne monstre point de fonds & aux approches de la mort qui contient toutes les pertes. Ce toussiours, cette perpetuelle subiection que les vœux imposent pour toute la vie; cette perte irreparable de la liberté, dans vn obeissance dont on ne peut preuoir les effets, confond l'esprit, & fait que souuent apres tout ce que l'on a pris de resolutions, la nature s'en retire comme d'vn precipice, quand on est sur le point de s'y ietter.

Il est vray que ces premiers mouuemens ébranlent les plus fortes ames, que les plus éclairées par vne prudence humaine y rencontrent de plus grands obstacles, enfin de dire qu'il n'y ayt point de difficultés en cette profession Religieuse que l'on se propose, ce seroit en affoiblir le merite, mais il faut aussi confesser qu'en cela, comme en toutes les rencontres extraordinaires qui nous surprennent de crainte, il y a beaucoup moins de realité que d'imagination, & que dans ces tenebres les objets les plus innocents nous semblent des embuscades d'ennemys tous prests à nous perdre. Considerez separement les choses en elles mesmes, approchez les auec les lumieres de la raison, touchés les par l'experience, vous vous mocquerez de vous mesme de vous estre donné ces fausses allarmes, & que vos bons desirs se soient arrestez par ces terreurs paniques.

La vie Religieuse interdit aux sens les voluptez qui peuuent nuire à l'integrité de l'ame, mais cela ne fait que la rendre plus disposée aux innocens plaisirs que le spectacle des creatures luy donnent pour l'éleuer au createur. L'homme de Dieu n'arrestera pas ses yeux sur vn visage lascif, sur vne beauté prostituée, sur vn petit habit à la mode, sur des mascarades, sur d'autres objets honteux ou ridicules, mais il contemplera dans le soleil vne source inépuisable de lumiere qui anime les couleurs & les beautés; qui par sa chaleur donne la vie, l'action, la fecondité à toutes choses, & qui par ses perpetuelles effusions est vn image sensible de la souueraine bonté. Il admirera l'ordre des cieux, des elemens, des especes, des choses ennemies qui s'entretienent neantmoins, & qui concertent pour le bien commun de l'vniuers par l'entremise des estres moyens. Il verra la beauté d'vne campagne agreablement diuersifiée de couleurs & ceinte de colines qui en des endroits bornent la veuë, en d'autres luy ouurent de vastes espaces où elle se perd, & puis se recueille par des retours semblables à ceux de nostre esprit en soy mesme, & dans l'infiny. Il sera rauy de voir tant de beautés sur les fleurs & sur les insectes, dans les animaux vne conformation d'organes si propres aux actions qu'ils doiuent faire, & apres cela il ne doutera plus de s'abandonner à vne prouidence qui prend ce grand soing des moindres choses. Quelques fois

DV RELIGIEVX.

pour se delasser de sa contemplation il prestera l'oreille à l'harmonie d'vn rossignol, d'vne fouette, d'vn concert que mille differens oyseaux font dans vn bocage, & entend ce que la raison conçoit de l'accord des parties du monde, des Saincts dans l'Eglise, des Anges dans le ciel, pour honorer par l'vnion d'vne inombrable multitude, l'infinie & souueraine vnité.

Ne jugez donc pas le Religieux miserable, comme priué de tous les contentemens de la vie, puisque mesme selon les sens il en iouit auec vn plaisir plus entier & plus innocent que les mondains dont l'esprit tousiours preoccupé de vaines pensées, ne leur permet de voir les beautez de la nature, que comme les bestes sans reflexion. Cette santé vigoureuse que vous voyez en vn Capucin, cette ioye modeste peinte sur le visage, cette gaye & genereuse resolution pour toutes les honnestes entreprises, monstre bien que les austeritez Religieuses ne vont pas iusques à des excez qui affligent l'ame, en affoiblissant le corps.

Il y a des mortifications, mais où trouuerez vous vne condition qui n'ayt point ses peines & ses seruitudes : il faut qu'vn Prince quitte ses plaisirs pour les affaires : que souuent il raualle sa majesté pour gagner le cœur de ses sujets s'il ne veut perdre son estat. Que de subjections dans les officiers de Iustice occupez depuis le matin jusques au soir à voir des iniquitez, & à repaistre sans relasche leur esprit de ces ordures ? Que d'infames seruitudes chez les courtisans, iusques à se rendre des gladiateurs, & à immoler tous les jours leur vie à l'opinion, comme des esclaues & des criminels ? que de fatigues, que de perils dans la guere : dans vne vie plus commode les voluptez mesme se font à charge, quand elles sont venues en vn point où il faut les entretenir moins par inclination que par coustume ; & pour ne point déchoir de ce qu'on se veut conseruer d'estime. Le Religieux souffre moins que le soldat, ou le voyageur sur mer en de longues routes, par ce que ses fatigues estant regulieres elles passent facilement en habitude : estant volontaires, elles perdent ce qu'elles ont d'elles mesme de plus rigoureux : estant prises pour vn bon suiet, elles nous

K ij

consolent à mesure qu'elles nous aduancent à nostre fin, en vn mot c'est vne honte à vn homme fait & de courage, de craindre ce que des personnes de dix-huict ans supportent auec allegresse.

L'amour se propose vne jouïssance de son obiet dont il ne voudroit iamais estre priué, & quand il peut l'acquerir il s'y tient ferme comme les corps à leurs centres, sans aucun desir & auec la seule crainte du changement. Si doncques vous estes touché de l'amour de Dieu, vous n'aurez pas apprehension d'vne vie qui s'attache pour tousjours à son seruice; Si vous aymez le repos & le salut de vostre ame, entre vne infinité d'ennemis qui vous enuironnent pour vous perdre, vous serez bien aise de trouuer vos seuretez dans vne condition sainte, tranquille & constante comme celle des bien-heureux.

J'aduoüe qu'on ne laisse pas d'estre sensible aux peines des jeusnes, des veilles, des autres mortifications, & sur tout à cette submission d'esprit à l'obeïssance; mais les considerations que nous venons de deduire doiuent adoucir ces peines, & les faire considerer comme des moyens necessaires pour acquerir vn grand bien. Nous deuons prendre courage sur le secours que Iesus-Christ nous promet: nous combattons en cette milice pour son party, & pour acheuer les victoires qu'il a remportées sur le monde: nous suiuons les ordres qu'il nous a prescrits, nous defendons ses loix & son authorité contre les reuoltes du siecle, nous tâchons d'étendre sa gloire & son Royaume, nous nous exposons d'estre consommez afin d'entretenir le feu sacré qu'il a pris au ciel, & dont il voudroit que toute la terre fut embrasée; il ne manquera donc pas de nous soustenir en cette occasion qui tourne à sa gloire: que si les interests de nostre salut en sont inseparables, c'est vn nouueau motif à sa bonté de soulager nos infirmitez qui ne peuuent auoir secours que de luy, & de nous rétablir dans la ressemblance de sa saincteté qu'il nous auoit premierement donnée.

Prenez donc courage, soldat de Iesus-Christ, & ne reculez pas pour toutes les fausses persuasions des sens & du monde qui sont vos ennemys; suiuez la voix & la personne

DV RELIGIEVX.

de vostre capitaine qui vous appelle à vne attaque, où il passe le premier. Representez vous ces millions de Religieux qui peuploient anciennement les deserts d'Egypte, & qui y passoient vne vie incomparablement plus rigoureuse que celle des instituts d'apresent, vous aurez honte de ne pas suiure ces troupes si fauorisées du ciel, & dont les triomphes sont les heureux presages des vostres. Vous combattez dans vn autre siecle, mais plus doux puis que l'Eglise n'est plus dans les persecutions : vous combattez pour vn mesme Prince, qui vous laisse des ennemys à demy défaits, pour animer vostre courage, & ne vous pas oster les occasions de la gloire. Si vous craignez vostre infirmité, esperez tout d'vne main toute puissante, & d'vne bonté qui iamais ne manque au besoin de ses creatures. Il s'agit d'vn établissement d'où dependent les felicitez de cette vie & de l'autre : tout concourt à vous y porter; Dieu vous y appelle & vous y conduit par ses graces : Les Anges feront des solemnités au ciel de vostre retraitte, comme d'vne victoire que Iesus-Christ aura de nouueau gaignée sur le monde. Ces troupes sacrées de l'orde où vous voulez entrer, vous attendent & vous promettent tout ce qu'ils ont de forces & de conseils pour seconder vostre bon dessein; aurez vous suiet de craindre au milieu de ce gros victorieux depuis tant de siecles : Allez donc, passez par dessus toutes les difficultez qui vous arrestent : les mondains mesme, quoy que conjurez contre vous, ne laisseront pas par vn sentiment de conscience de vous publier bien-heureux en cet estat, cependant qu'ils sont exposés aux outrages de leurs ennemys dans les miseres de cette vie, auec des esperances bien foibles pour l'autre.

PREPARATION A VNE NOVVELLE
vie par vne Confession generale.

CHAPITRE XVI.

Q*V A N D* le peuple d'Israël sortant de la captiuité d'Egypte passa le Iourdain deuant que d'entrer en la terre qui luy estoit promise: Moyse luy dit publiquement, Considerez Israël que Dieu vous choisit entre toutes les nations pour estre son peuple, & que vous faisant tant de faueurs, vous deuez par vne exacte obeïssance à ses loix, le reconnoistre & l'adorer seul pour vostre Dieu: En mesme temps la lecture de la loy fut faite, & à chaque commandement deux Leuites proclamoient l'vn des benedictions sur ceux qui la garderoient, l'autre des maledictions sur ceux qui la violeroient, & tout le peuple prononçant d'vne voix *Amen*, protestoit d'estre pour tousiours fidelle à la loy, & de tenir ses fautes passées pour des abominations ou iamais il ne vouloit retomber. Esdras obligea de mesme les Iuifs apres la captiuité de Babylone, à quitter les étrangeres qu'ils auoient prises pour femmes: En plusieurs autres semblables rencontres ce peuple auoit coustume de commencer sa reconciliation auec Dieu, en faisant vne entiere abdication des idoles, des ceremonies prophanes, & de tout ce qu'il connoissoit estre contraire à ses volontez.

Il se fait quelque chose de semblable à l'égard de ceux qui quittant la seruitude & les fatigues du siecle, font estat de se consacrer à Dieu dans la vie Religieuse: On leur propose les obligations de la regle & des constitutions de l'Ordre: on leur fait voir l'integrité de cette nouuelle vie, & par opposition les déreglemens de celle qu'ils ont passé dans le monde, dont ils faut qu'ils fassent l'abjuration, & qu'ils se lauent par la penitence: on leur predit toutes sortes de felicitez, s'ils abandonnent serieusement leurs anciennes habitudes, & s'ils s'en purgent par vne confession generale deuant que rendre leurs vœux.

DV RELIGIEVX.

Il ne faut pas vne moindre difpofition pour vn fi notable changement. Vous allez acheuer la vie feculiere & le terme prefcrit à cette adminiftration, que Dieu vous auoit mife entre les mains, vous luy en deuez rendre compte, pour au moins vous reconnoiffant infoluable, tenir de fa pure mifericorde la remife de ce dont vous eftes reliquataire.

La nature fouffrira d'étranges conuulfions, tous les elemens feront purifiez par le feu, dit l'Apoftre; les Anges precipiteront les méchans dans les tenebres, deuant que le monde prenne vne plus belle face, & le ciel fept fois plus de lumiere qu'il n'a maintenant pour honorer le triomphe des bien-heureux. Que voftre cœur foit brifé de contrition, que vos yeux verfent des larmes de penitence, que toutes vos affections illicites meurent pour iamais, que les flammes de l'amour diuin & la main toute puiffante de Iefus-Chrift par celle du Preftre purifie voftre ame, deuant qu'elle reçoiue vn furcroift miraculeux de lumieres & de beautez dans vne vie qui commencera celle de la gloire. La profeffion que vous pretendez de la vie Religieufe eft la mort de celle du monde, ce vous eft vn dernier jugement qui doit eftre precedé de ces fignes lamentables, & de cette entiere defolation de tout ce que le cœur auoit de mauuais defirs, afin qu'il foit plus fufceptible des graces diuines.

Elles feront furabondantes fi elles ne rencontrent rien dans l'ame qui en occupe la place, ou qui ne s'accorde pas auec leur pureté. Il faut doncques en cela vfer des mefmes foings qu'on apporte à vuider, lauer, purifier les vaiffeaux qui ont feruy à d'autres vfages, quand on y veut mettre quelque infufion pretieufe. La Religion eft vn climat bienheureux, mais contraire à celuy du monde ou nous auons efté nourris, de forte que pour joüir de fes douceurs il faut qu'vne forte complexion iette hors de foy tout ce qu'elle a d'antipatique, & qu'elle fouffre cette efpece de maladie qui foit puis apres le fondement d'vne parfaite fanté. C'eft vne nouuelle vie qui doit commencer par la priuation de la forme & des qualitez contraires dont le fuiet eftoit auparauant inuefty. C'eft vn mariage que le Verbe ne dedaigne pas de contracter auec vne ame autrefois abandonnée pourueu qu'elle luy rende ce respect de luy donner toutes ses affections, & d'écarter bien loing les objects de ses anciennes débauches.

Pour cet effet les maistres de la vie spirituelle on jugé la confession generale tres vtile, mesme necessaire à ceux qui commencent la vie Religieuse; car en cet estat de vocation, l'ame éclairée de plus de lumieres découure plus nettement les desordres de la vie passée que les tenebres du peché, les mauuaises habitudes, la negligence, & la corruption commune du siecle tenoient comme enseuelye dans l'oubly. En la consecration d'vn temple on n'exclud pas seulement de ce mystere les prophanes qui paroissent entre les viuants, mais vne seuere pieté va fouiller iusques dans les tombeaux, & en tire les ossemens quelle jette hors des Eglises, qui ne seroient pas assez pures, auec cette ordure cachée; de mesme ayant à consacrer vne personne à Dieu dans la vie Religieuse, il ne faut pas se contenter d'vne examen ordinaire, & de la confession des fautes plus sensibles, mais il est bon de sonder tous les replis de la conscience, selon la suitte des âges, des lieux, des temps, des personnes, des employts qui ont partagé la vie, pour y remarquer les pechez qui seroient effacez de la memoire.

Tant de negligences, tant de desordres, tant de crimes considerez tous ensemble feront vn gros qui vous jettera dans vne plus grande confusion de vous mesme; vous reconnoissant plus coulpable, vous en conceuerez plus de douleur, & vous vous abandonnerez à de plus profonds sentimens de penitence qui vous feront meriter plus de graces. Vous adorerez la prouidence qui vous a sauué de mille occasions ou la mort du corps eust esté celle de l'ame pour iamais, & qui vous a prolongé la vie iusques à ce temps de salut. Dans ce recueil de toutes les fautes de vostre vie, vous reconnoistrez mieux vostre foible, & vous prendrez resolution d'employer plus de diligence à vous fortifier contre les vices où portent vos inclinations, d'vser de puissans preseruatifs contre ces venins, de demander à Dieu plus de graces en ces rencontres où vous auez plus de foiblesse.

Apres

Apres cette reueuë de toute la vie, apres cette contrition de tous les pechez l'ame se trouue dans vn estat de repos, semblable à celuy que les malades ressentent le jour qui suit vne crise vniuerselle & bien conditionnée. Les scrupules troubleroient cette tranquillité, lors que pour aduancer à la perfection, & gouster les suauitez de Dieu, on tâche, comme nous dirons, d'effacer de l'esprit toutes les idées des choses passées, si l'ame n'auoit cette asseurance interieure d'auoir diligemment examiné toute sa vie en vn temps, où les premieres ferueurs de la conuersion, & les lumieres de la grace lors plus penetrantes rendoient les yeux plus attentifs pour remarquer les moindres defaux. La medecine tient vne playe bien guerie, qu'on a découuerte pour y appliquer les remedes jusques au fonds: elle ne craint pas les recheutes d'vne maladie apres vne exacte purgation des humeurs peccantes: la politique tient ses victoires asseurées apres auoir surmonté ses ennemys par vne défaitte qui ne leur laisse ny force, ny alliez, ny retraitte pour se releuer; Ainsi la Religion tient vne personne bien conuertie & bien disposée à la perseuerance apres vne confession generale.

Pour presage de ce bon-heur vous sentirez en vous mesme des libertez, des soulagements, des consolations ineffables, comme si lon vous tiroit des cachots, & si on vous dechargeoit de chaisnes: vous n'aurez plus de cœur pour le monde, vous ne ressentirez plus les effrois d'vne conscience criminelle; la force du sacrement à conjuré ces phantosmes, & la foy vous a redonné la paix, mais la charité vous presse d'employer ces libertez & ses forces pour vous consacrer tout à fait à Dieu. Dites donc auec le Prophete, bonté souueraine vous auez eu compassion de vostre pauure creature: vous auez brisé mes chaisnes, vous auez rompu les liens qui depuis vn si long-temps me tenoient attaché à la misere, j'auois perdu l'vsage de mes yeux dans les obscuritez de cette nuict, mes forces estoient abattuës sous la pesanteur de mes pechez; C'estoit fait de mon salut éternel si vostre main toute-puissante ne m'eust tiré de ces mal-heurs, si elle ne m'eust

Psal. 115.

Psal. 17.

L

rendu le iour, la liberté, la vigueur, & les esperances d'vn plus grand bien. Celuy que ie souhaitte le plus à present, c'est que vous me fassiés la grace, de me receuoir pour iamais à vostre seruice, & que toute ma vie n'ayt plus d'autre employ qu'à vous presenter des sacrifices de loüanges.

PRISE DE L'HABIT
Religieux.

CHAPITRE XVII.

TOVS les auantages que nous deuons receuoir de Iesus-Christ, les instructions qu'il nous faut prendre de sa doctrine, les exemples qu'il nous propose en sa vie se rapportent, selon l'Apostre, à ces deux points; à depoüiller le vieil homme, & à se reuestir du nouueau crée selon la iustice & la verité. Quelque vertu que l'on puisse auoir quand on se consacre à Dieu mesme dés l'adolescence, le peché Originel repend tant d'imperfections sur nos œuures, qu'il faut tousiours commencer nostre santé spirituelle par la purgation ; mais sur tout apres auoir demeuré long temps dans les pratiques du monde on se treuue malade d'opinions, qui ont rendu les mauuaises habitudes, & les choses exterieures comme si elles faisoient partie de nostre substance, de sorte que quand on les quitte ce n'est pas sans douleur comme vn habit, mais c'est vne sanglante operation, comme si l'on extirpoit vn membre: neantmoins le grace plus puissante que la nature, assoupit la rigueur de ces sentimens & fait qu'on trouue mesme du plaisir à se dépoüiller de ses mauuaises mœurs comme d'vn vestement incommode.

D. Thom.
1. q. 99.
a. 3.

Lib. de migratione Abrahami.

L'Eglise qui veut consacrer à Dieu tout l'homme composé de deux parties, se plaist à ioindre le culte exterieur à l'interieur de la Religion, & à signifier ses plus sublimes mysteres par de sensibles ceremonies. Il ne les faut pas negliger, dit Philon, & s'arrester seulement à ce qu'elles signifient, autrement vous ne laisseriez en la Religion qu'vne ame sans corps, ainsi vous en osteriez la vie, vous ruïneriez ce composé & ce mariage fait par la main de Dieu. La circoncision réelle s'est pratiquée, quoy qu'elle aduertist les hommes du retranchement qu'ils doiuent faire en eux mesmes des passions animales, ainsi quoy que selon l'Apostre, le depoüillement du vieil homme signifie vn abandon des anciennes habitudes du peché, on ne doit pas improuuer le changement de l'habit mondain sous lequel on a passé sa mauuaise vie, en vn autre qui soit la marque d'vne parfaite conuersion.

Cette prise de l'habit Religieux s'accorde parfaitement auec l'ordre que la prouidence à mis dans le monde où toutes choses découurent les secrettes vertus de leur substance par des indices qui touchent nos sens, particulierement par les figures & par les couleurs qui sont les objets de la veuë. Dieu mesme tres-simple infiniment releué au dessus de la substance, à voulu que les lumieres du soleil, les vertus des cieux, l'ordre des elemens, la liaison de toutes choses en l'Vniuers portassent l'image de ses perfections, & qu'elles nous deuinsent sensibles par cette grande phisionomie. Delà la police c'est fait la coustume de distinguer les dignités par les habits, les soldats par des marques militaires, les Philosophes par le manteau, comme en parle doctement Tertulien, pourquoy donc la *Lib. de Pallio.* vie Religieuse, non seulement differente, mais contraire à celle du monde, n'aura t'elle pas ses habits propres, qui monstre à l'exterieur, ce qu'elle professe interieurement?

Quand Dieu à voulu faire paroistre sa toute-puissance aux hommes, c'à tousiours esté auec des apparitions magnifiques d'Anges reuestus de lumiere, enrichys d'or, éclatans de pierreries, & en des équipages de feu; aussi quand Iesus-Christ à voulu laisser au monde les marques des humilités & des austeritez de sa vie qui est l'idée de la profession Religieuse, c'est par des habits austeres, dont Sainct Iean Baptiste reuestu d'vne pauure peau auoit donné les presages. C'est sa gloire que les siens portent genereusement ses liurées au milieu mesme de ses ennemis; qu'ils affron-

L ij

tent la vanité fur fes terres, & qu'ils ayent affés de cœur pour se mocquer des folles curiofités d'habits, pour qui les mondains ont tant d'attache, qu'ils entretiennent auec tant de frais & de crimes.

Apres donc qu'vn homme à pris les dernieres refolutions de quitter le monde, qu'il en a fait l'abjuration dans fon cœur, & par vne confeffion generale qu'il a concerté ce grand deffein auec des perfonnes religieufes; qu'il s'eft déja fauué dans le cloiftre comme dans vn afyle, il fouffre de ce voir encore dans vn équipage mondain, & fe regarde tousjours comme étranger parmy ces bien-heureufes compagnies, iufques à ce qu'ils l'ayent honoré de leur faint habit.

Quand Salomon confacra le Temple, & qu'il pofa le voile fur le Tabernacle, Dieu vint prendre poffeffion de cette maifon qui luy eftoit baftie, mais auec des éclats de maiefté fi penetrans que les Preftres ne les pouuans fupporter en demeurerent comme interdits de leur miniftere: Quand cet homme conuerty vient à s'offrir à Dieu comme vne victime au pied des autels: Quand ont vient à le dépoüiller de fon habit & à le reueftir d'vn autre rude & auftere, cette transformation fenfible ne fe paffe gueres que l'efprit n'en reffente vne femblable: En vn moment d'ordinaire Dieu vifite l'ame par des illuftrations & des douceurs ineffables qui la iettent dans vne bien-heureufe confufion de penfées, où elle éfleure mille faints defirs. C'eft à ce coup, dit ce nouuel homme, que i'abandonne le monde, que ie rompts auec toutes fes vanitez, que ie me vengeray de fes tromperies, que ie fuis à Dieu, que ie porteray les liurées de mon maiftre. O s'il m'eftoit permis de quitter auffi toft ma vie que cet habit mondain pour fa gloire! au moins fi ie pouuois maintenant me confacrer tout à fait à luy par mes vœux: pourquoy ces delais? helas fi l'infirmité du corps ou l'inconftance de l'efprit me rauiffoit ce bien! Mon Dieu ne le permettez pas, & n'abandonnez pas ce cœur que ie mets entre vos mains.

Cette ceremonie finit par des loüanges à Dieu, par vn baifer de paix, ou ce nouueau foldat reçoit à l'oreille de châque particulier qui l'embraffe quelque bon mot de con-

DV RELIGIEVX.

solation, & se promet auec ces armées de Dieu, des victoires dont par aduance on a déja chanté le *Te Deum*.

Le voila reuestu d'vn habit qui le rend méconnoissable à ses propres yeux, qui les étonne, & qui leur fait voir qu'il n'est plus ce qu'il estoit ; mais qui fauorise le zele qu'il a dés long-temps, de porter cette liurée des seruiteurs de Dieu, & de monstrer au monde par cette metamorphose qu'il n'est plus des siens. Cet habit sera le censeur de sa conduite, car il l'aduertira continuellement de ses deuoirs, qu'il n'est plus dans le commerce d'vne vie seculiere, qu'il a renoncé à ses vanitez & à ses crimes, qu'il en a fait les protestations à Dieu, & qu'il en veut donner ce témoignage sensible aux yeux des hommes. Il luy rendront des respects tant que sa vie aura du rapport auec cet exterieur, mais le moindre petit relâche passera pour vne faute notable ; il portera par tout le corps ces marques que les Iuifs portoient sur le bras pour se souuenir de la loy : le voila fait vn spectacle à Dieu, aux Anges & aux hommes. Dieu se plaist à luy voir soustenir ses interests, & protester par cette austerité qu'il a des bontez qui meritent bien qu'on le serue au prix de tout ce qui flatte les sens ; les Anges feront leur ioye de cette conuersion : les peuples en seront instruits toutes les fois qu'ils le verront en cet estat penitent qui confond les vanitez, & qui condamne les folles dépenses. Le voila couuert d'armes, s'il veut, à l'épreuue des plus rudes coups du monde & de l'enfer, car ce saint habit donne de loing le refus aux vices, & n'en souffre pas mesme les approches ; il est en estat de tout pouuoir & de tout vaincre, s'il suit les ordres de celuy que le ciel luy a destiné pour sa conduite.

*LA CONFIANCE ENTIERE QVE LE
Nouice doit auoir à son Pere Maistre.*

CHAPITRE XVIII.

TOvs les bien-heureux sont éclairez par le Verbe, tous les astres empruntent leurs lumieres du soleil, tous les fidelles de l'Eglise sont animez de Iesus-Christ, & tous les Nouices d'vn Conuent sont dirigez par vn Pere Maistre. La sympathie se trouue d'abord si grande entre ces personnes nouuellement conuerties, & cet ancien étably pour les conduire, qu'il est difficile de iuger qui a de plus amoureuses inclinations, luy à donner ses conseils, ou les autres à les receuoir. Il deuient prodigue de ses forces quand il se considere choisy pour garder ces chastes épouses du Verbe, pour leur donner les premieres impressions de ce qu'elles luy doiuent de fidelité; pour les former sur le modelle de Iesus-Christ auec des attraits si iustes & si penetrans, qu'il s'en fasse cette solide saincteté d'où dépend le bonheur des particuliers, la subsistence de l'ordre, le seruice & l'edification de l'Eglise: D'autre costé le Nouice se voyant dans vn autre monde, où l'on vit sous des loix directement contraires à celuy qu'il vient de quitter; se voyant d'vn coup dépoüillé de ses anciennes habitudes en cette nouuelle vie, il se trouue dans vne inconceuable simplicité d'enfant docile, & tout disposé à receuoir ce qu'on luy veut donner d'instructions.

Il suit en cela le concours de ses confreres, qui tous dans les difficultez de leur conduite & de leur conscience vont au Pere Maistre comme à l'oracle d'où ils reçoiuent continuellement plus de lumieres & plus de forces. La vie Religieuse est le petit sentier qui s'escarte des grands chemins pour nous mener droit au ciel, mais afin de ne s'y point perdre il faut faire estat de suiure vn bon guide. Elle est vn port, mais enuironné d'écueils, où l'on est en danger de faire naufrage, si l'on ne prend vn pilotte experimenté.

DV RELIGIEVX.

C'est vn insigne auantage pour le Nouice d'auoir vn truche‑ment, vn coseiller, vn protecteur dans cette terre étrangere; d'estre introduit en cette nouuelle court par vne personne de credit, tres-officieuse, & parfaittement instruite de tout ce qui peut faire son aduancement. On tient à grande conso‑lation dans le monde de rencontrer vn fidelle amy à qui l'on puisse communiquer ses secrets, ouurir son cœur, & se soula‑ger de ses peines interieures par la liberté des plaintes, quoy que sans esperance d'autre secours. Or cet homme de Dieu, n'est pas seulement vn amy fidelle, mais vn bon pere qui fait ses interests de ceux de ses Nouices, & qui n'a point de plus fortes inclinations, ny de plaisir plus sensible, qu'à déployer tout ce qu'il a de forces, de lumieres & de credit pour les soulager en leurs besoins.

Ils sont suiets à s'emporter à deux contraires & tres-pe‑rilleuses extremitez : les vns sur la haute estime qu'ils con‑çoiuent de la profession religieuse desesperent d'y reüssir auec le peu de forces qu'ils sentent en eux mesmes, & sont comme ces amans trop passionnez qui par des bassesses sottes & honteuses se priuent eux-mesmes de leur object, à force de s'en estimer indignes. Le Pere Maistre ne manquera pas de releuer ces petits courages, de leur donner plus de feu, par les esperances qu'ils doiuent auoir aux grands secours de la grace, & par l'exemple d'vne infinité de Religieux, qui apres des commencemens tres-difficiles, auec vn corps plus foible, vn esprit moins éclairé, vne volonté moins ferme, malgré l'effort de toutes les tentations capables de solliciter vn cœur, ont heureusement rendu leurs vœux à Dieu, & finy leur vie à son seruice. Il nourrira ces petites ames de laict, comme dit l'Apostre, il aura mille douceurs pour ap‑priuoiser ces esprits effarouchez, mille industries pour faire vne diuersion de ces pensées melancholiques ; Il n'épargnera pas mesme quelques aggréements & quelques petites loüan‑ges, que sa bouche ou celle d'vn autre prononcera pour con‑jurer ces phantosmes.

Les autres s'emportent à des penitences extraordinaires; pour qui la nature n'ayant pas assez de forces, les rendroit bien-tost incapables de satisfaire aux obligations, & par ces saillies inconsiderées ils perdroient les esperances du prix dés le commencement de la course. La prudence du Pere Maistre sçaura bien tenir en bride ces premieres fougues de courage, temperer ces ames de feu, & des exercices exterieurs où elles s'emportent trop auant, les rappeller à la paix & aux serenitez de l'esprit.

Comme il combat icy des inclinations toutes fondées sur des motifs de pieté, il est difficile que la raison du Nouice ne reclame quelques-fois, & qu'il ne luy semble étrange de soubmettre au jugement d'vn homme des mouuemens qu'il pense estre de Dieu, mais il se tiendera dans de plus humbles submissions s'il considere qu'il est apprentif dans la vie spirituelle, & que le propre de l'apprentif en tous les arts, en toutes les sciences, c'est d'auoir vne parfaitte creance, à son maistre, d'auoir des yeux & des oreilles pour receuoir ses ordres, des mains pour les executer, auec vne suspension de jugement qui ne permette pas à la bouche d'y faire la moindre replique.

La foy qui est certaine, mais obscure, est vn preparatif necessaire aux grãds effets de la charité, & aux parfaites illustrations que nous esperons en la gloire. Il faut croire, deuant que connoistre, il faut que le Nouice pour estre parfait, & pour auoir vne charité bien ordonnée soit obeissant. Ecoustez ma fille, dit le Prophete, & puis vous verrez. Bien-heureux celuy, dit S. Bernard, à qui la verité rend ce temoignage, ces oreilles ont esté tousiours ouuertes à receuoir mes volontez & son esprit soubmis à leur rendre l'obeissance. Le sacrifice qu'Abraham fut tout prest de faire à Dieu de son fils lié & mis sur le buscher comme vne victime, & les resignatiõs de ce pauure enfant à vne mort violente par les mains de son propre pere, signifient, dit Philon, la partie raisonnable de nostre ame que nous deuons immoler aux volontez diuines, quand elles nous sont conneües par la bouche de celuy à qui nous deuons obeïr.

Le Nouice nouuellement guery de ses passions, se doit tousiours considerer comme vn infirme dont la santé n'est pas asseurée, & qui aux moindres accidens est menacée d'vne perilleuse recheute, si l'œil du medecin ne vueille à sa conseruation;

DV RELIGIEVX.

feruation : Vous vous trompez vous mesme, & vous estes ennemy de vostre aduancement spirituel, si par vne mauuaise honte vous déguisez vos defauts, de sorte qu'ils soient cachez aux yeux de vostre Pere Maistre. Ne craignez pas de perdre ce que vous voulez conseruer d'estime en son esprit, si vous luy découurez vos tentations ; au contraire ces actes d'humilité, de penitence, de confusion de vous mesme, vous feront passer pour vn vray Religieux qui craint le mal, & qui prend tous les moyens pour s'en faire quitte: Vostre medecin redoublera ses soins & ses remedes à mesure que vous luy découurirez vostre mal auec plus de confiance; car il fera gloire de seconder la grace de Dieu qui vous doit tirer de ce grand peril, & se croira veritablement vostre Pere, quand par sa prudente conduite il vous aura redonné la vie : C'est pour cela, dit Plutarque, que le peuple rend ce respect au magistrats, de se découurir la teste deuant eux pour témoigner qu'il leur doit découurir les plus secrettes de ses pensées, afin de faciliter leur gouuernement ; & Saint Paul ordonne aux hommes de prier teste découuerte pour honorer par cette ceremonie la souueraine sagesse de Dieu qui void nos desseins, & qui doit presider à nos conseils. Rendez donc cette humble defference à vostre Pere Maistre qui est chargé de vostre conduite, de luy découurir vostre interieur auec toute simplicité, auec vne amoureuse & sainte confiance. Car si vous agissez auec vn esprit couuert, auec ces déguisemens ordinaires au monde pour couurir les fautes, il n'est pas possible que cette posture contrefaite dure long-temps, & que tant d'yeux ouuerts dessus vous ne vous surprennent dans ce que vous tâchiez de leur cacher. Sçachez que toutes vos infirmitez, toutes vos passions encore assez viues dans vostre ame ne seront pas vn obstacle si puissant au dessein de vostre profession, que ce déguisement, que cette hypocrisie si contraire à la simplicité & à l'humilité religieuse. Ayez donc vostre cœur sur les levres, vostre ame en vos mains quand il est question de traitter auec vostre Pere Maistre ; vostre confiance meritera la sienne, d'vn juge vous en ferez vostre aduocat, & les contentemens que vous en receuerez vous feront dire auec le

1. Cor. 11.
7. Hebr. 4.

M

Prophete, Mon Dieu vous auez remply mes oreilles d'autant de douceurs, qu'elles se sont renduës attentiues à vostre voix; mes os, c'est à dire les plus intimes parties de mon ame, ont tressailly de consolations à mesure de ce qu'elles se sont humiliées.

Psalm. 70.

LES *ASPRES EXERCICES*
du Nouitiat.

CHAPITRE XIX.

CASSIAN rapporte que les anciens Peres du desert, auoient cette coustume de tenir d'étranges rigueurs à celuy qui se presentoit pour professer la vie monastique, & d'éprouuer son courage par mille indignitez qui les touchoient eux mesmes de compassion. Ce postulant demeuroit dix ou douze iours à la porte du Monastere pour en obtenir l'entrée qu'on luy refusoit, auec tous les reproches & toutes les inuectiues capables de blesser vn esprit humain: Estant admis au dedans il demeuroit prosterné au passage des Religieux tous instruits à payer ses humbles supplications d'vn desdain, & d'vn rebut estudié pour luy persuader de ne se rendre plus importun en la poursuite d'vn bien dont il estoit incapable. Enfin si par la constance il obtenoit qu'on l'honorast de l'habit, plusieurs années se passoient dans des practiques si rudes & si violentes, que comme disoit le pauure Dosithée, il n'auoit garde de penser aux plaisirs des sens, en vn estat, où à peine auoit-il l'vsage de la vie.

Lib. 3, c. 3.

La ligature des entes ne doit pas estre lâche, crainte qu'elle ne laisse vn vuide qui de soy mesme, ou receuant vn corps étranger empescheroit l'vnion des deux féues; ainsi les premiers exercices de la vie spirituelle doiuent presser l'ame, & l'occuper toute de sorte qu'il n'y reste point de place pour aucun desir du monde qui trauerse ses vnions auec Dieu: c'est pourquoy comme on ne peut pas enter sur des plantes dont la tige n'est pas assez forte pour souffrir cette compression, on ne se peut pas aussi promettre les

Albert. mag. lib. 3 de plantis tract. 2. cap. 6.

fruits d'vne nouuelle vie de ces ames si foibles & si tendres, qu'elle ne peuuent porter les austeritez.

Il est question de reduire ce nouuel homme en vn estat où il oublie tout à fait le monde, & pour y reüssir il faut y employer les mesmes addresses dont on se sert pour dresser vn oyseau hagard nouuellement pris; on le tient quelques iours seillé sur la perche, on le veille, des éclats de voix interrompent continuellement le repos qu'il veut prendre, on le force à voir toute la nuict à la chandelle vn visage & à se mirer dans des yeux qu'il apprehendoit; enfin on le met si bas par ces violences sans relâche, qu'il perd la phantaisie de la campagne, & deuient niais iusques à ne plus connoistre le vif. On tient de mesme de grandes rigueurs au Nouice par la solitude, les veilles, les jeusnes, les reprimandes, la contrainte continuelle des sens, particulierement des yeux; on le rend tout autre qu'il n'estoit par ces pratiques qui ont passé des anciens iusques à nous, & que la raison jointe à l'experience nous fait iuger necessaires.

Si l'on reclame contre cette conduite, & s'il semble qu'vne pieté naissante, auec des foiblesses attachées au commencement de toutes choses, doiue estre épargnée comme ces jeunes plantes qu'on tient couuertes contre le vent & le soleil, on répond auec Saint Augustin, qu'il ne faut point de réponse à l'apprentif qui desaprouue son maistre : il vient pour s'attacher auec Iesus-Christ à la Croix, dont le fondement est couuert, c'est à dire qu'on ne void, & qu'on ne comprend pas la profondeur de ce mystere quoy qu'appuyé sur de tres-solides raisons. Car il s'agit en cela des interests de l'ordre Religieux, du seruice de l'Eglise, & de l'auancement particulier du Nouice, que l'on forme par ce moyen à vne vertu plus masle, plus genereuse, & veritablement Apostolique.

Qu'on flatte l'enfance & les foibles commencemens des choses qui fuiuent seulement l'ordre de la nature, les productions qui viennent immediatement de Dieu sont plus vigoureuses, & n'ont rien des infirmitez à qui l'on doiue ces soulagemens. Les œuures de Dieu sont parfaites, dit le Psalmiste; le soleil fut dés sa creation dans son midy, dans

M iij

la plenitude de ses lumieres, de ses chaleurs, de ses vertus, & ces hommes que la grace tire du peché, comme du rien dans vne nouuelle vie, s'y portent auec des illustrations si nettes, d'vn courage si feruent & si genereux, que rien ne leur paroist impossible auec la vertu qui les conforte. Ils sont tellement animez par les consolations diuines, qu'ils viennent tous resolus non seulement à l'austerité des sens, mais à la mort & au martyre. Ce seroit offenser cette heroïque pieté qui ne respire que les combats, que le sang, que les victoires sur le monde, toute preste à marcher à pied nud sur des charbons ardens; de ne luy presenter que des roses, & de la traitter auec des delicatesses qui supposent de l'infirmité.

Les commencemens de la vie enferment dans vn petit corps vne surabondance d'esprits qui luy donnent des forces & des allegresses incroyables, & comme les eaux de fontaine qui coulent doucement dans les ruisseaux, bouillonnent en leur source, nos mouuemens ordinaires sont des saillies, & des impetuositez dans les enfans. Vous les verrez courir, sauter, souffrir des coups & des cheutes, faire des actions violentes tout le long du iour, auec plaisir & sans lassitude, parce que leurs corps n'ont point encore de pesanteur qui leur soit trop incõmode; leur esprit n'est point partagé entre des sentimens contraires, ny gesné de l'opinion qui fait la plus notable partie de nos peines; ils sont tous entiers en ce qu'ils entreprennent, & ne font que suiure cette petillante actiuité de leur humeur, qui ne se fatigue non plus que celle des flammes. Ainsi les Religieux dans leur enfance spirituelle reçoiuent de Dieu des profusions de grace, à qui les plus austeres pratiques semblent legeres & mesme delicieuses; C'est leur plaisir, leur jeu, leur ambition, & comme ces exercices n'ont leur principalle rigueur, qu'en ce qu'ils blessent l'esprit humain; il ne faut pas s'étonner si ce Nouice n'en a pas le sentiment, puisqu'il n'est plus dans les opinions, ny dans la vie de ce monde. Ce qui seroit vn excez en vn ancien, n'est qu'vn deuoir en vn Nouice, & vn presage de ce qu'on en doit bien esperer; Vn enfant qui auroit la teste, le ventre, quelques autres parties dans la juste proportion d'vn âge parfait, n'auroit pas la sienne, & seroit ensuite menacé de plusieurs infirmitez. Il est plus facile de retrancher l'abondance que de rétablir le defaut ; la raison, l'vsage, les infirmitez de la nature, se reduisent sans peine à la mediocrité : en ce courant il le faut prendre vn peu de plus haut pour venir au port. C'est estre sage trop tost de tant moderer ses forces dés le nouitiat ; que peut-on esperer d'vn vin nouueau qui n'a point de feu, qui ne jette point d'écume ny de vapeurs, qui ne fait point de violence à la tonne qui l'enferme, & qui demeure aussi reposé qu'vn vin de trois fueilles?

Les mortifications qui flattent ces bons courages, fauorisent en mesme têps le dessein des ordres Religieux, qui mettent ces rudes espreuues dés l'entrée, comme des gardes & des Cherubins armez, qui éloignent d'eux les ames foibles ou hypocrites. Vn ordre qui professe de grandes austeritez, qui fait estat d'exposer la vie des sens en toutes les rencontres où il y va de l'honneur de Dieu, des veritez de la foy, des bons offices de la charité, à grand sujet de bien examiner les qualitez de ceux qu'il reçoit, afin qu'ils ne luy soient pas à charge, & que leur vœu ne leur soit pas vn sujet de mal-heur & de repentir. Ces occasions qui tiennent tousiours la patience en haleine, & où l'on doit estre prodigue de son sang, sont comme infinies en nombre, en differences, en rigueurs, & durent autant que la vie, il faut donc que l'espreuue d'vne année soit bien rude afin qu'elle serue de caution pour tant de rencontres, & qu'elle donne vn assez grand témoignage de vertu d'où l'on puisse prédre ses seuretez pour tout l'aduenir. Si ce n'est qu'vne passion suiette au temps qui leur a fait quitter le monde, les peines presentes du nouiciat leur paroistront moins supportables que celles de leur vie passée ou la propre volonté treuue tousiours quelque moyen de se consoler, & vne vocation de mauuais alloy ne souffrira jamais cette copelle.

Si vous ne les exercez de la sorte, quand ces transports de desespoir seront assoupis, & qu'ils commenceront à soûpirer pour leurs anciénes habitudes, ils feront leurs plaintes de la trop grande facilité qui les aura receus à rendre leurs vœux,

M iij

durant vn orage où leur raison & leur liberté n'estoit pas entiere. Que s'ils sont veritablement appellez de Dieu, ces austeritez seront à leur enfance spirituelle vne circoncision qui leur donnera la marque du peuple de Dieu, & comme le premier sacrifice que la loy vouloit estre fait auec des laictües ameres.

Certains peuples plongent leurs enfans nouueaux nez dans de l'eau froide, pour leur donner par cette trempe comme au fer chaud, vne constitution plus solide; d'autres les ont éleuez dans des fatigues d'esclaues, dans des combats de gladiateurs, d'autres ont proposé des couronnes à ceux qui enduroient sans larmes & sans plaintes d'estre déchirez de coups de foüet deuant leurs Idoles. Aujourhuy mesme les sauuages du Canada ont mis le poinct d'honneur entre les jeunes à qui souffrira plus long temps le feu en quelque partie de leur corps. Tous ont creu que ces rudes exercices pris de ieunesse, seruoient à se faire des habitudes d'vne force inuinsible aux coups de la fortune ou des ennemys, & que nous deuions commencer la vie par les fatigues, comme l'année par les rigueurs de l'hyuer.

Les anciens Peres du desert, traittoient leurs Nouices, dit Cassian, comme les maistres de sale font leurs escoliers, à s'exercer auec des armes fort pesantes, afin que celles dont on se sert ordinairement dans les combats leur semblassent plus legeres & moins lassantes. Dieu mesme, dit ce Pere, c'est gouuerné de la sorte enuers les Anachorettes, qu'il permit au commencement d'estre trauaillez par les demons, auec de si rudes attaques, que bien peu pouuoient tenir fort dans le desert, afin qu'en suite la vie solitaire parust plus douce apres que sa misericorde l'eut deliurée de ces violences.

Collat. 5. cap. 14.

La vie Religieuse affranchit l'homme des soins d'vne famille, d'vne charge, d'vn procez, d'vne querelle, & de tout le negoce du monde, quoy qu'elle ne refuse pas le necessaire à la sustentation de la nature, l'ame trouue des douceurs ineffables dans la contemplation, & dans le repos de la conscience. S'il n'y auoit rien de plus pour ces courages qui viennēt tous plains de feu, ils s'abateroient faute d'occasions, & ne croiroient pas que se fust le chemin du ciel, où ils ne verroient que des roses sans espines, que des douceurs sans croix.

Vous n'aurez qu'vn seruiteur negligent, dit le Sage, si *Prouerb.* vous l'esleuez auec trop de delicatesse: les arbres dont les *9.* fleurs ont beaucoup d'odeur, n'en reseruent point pour leurs fruits, ainsi l'on doit craindre qu'vn Nouiciat trop facile, ne produise des Religieux lâches & de peu d'effect. Au contraire la vie qui commence par les austeritez rend le Nouice comme vn arbre planté d'hyuer, où la vertu qui se concentre, digere à loisir les nourritures, & en amasse vne prouision de forces, qui luy feront porter son fruit en son temps, comme dit le Prophete. La nature tient l'enfant étroitement attaché de pellicules au temps qu'elle trauaille à sa formation, afin que la vertu ramassée y soit plus forte, que la chaleur & les esprits ne s'exhalent point, & que ce chef-d'œuure ne soit pas à la discretion d'vne matiere confuse qui d'elle mesme ne peut pas prendre les figures qu'elle doit auoir : En effet s'il arriue que ces liens se relâchent ou se rompent par quelque accident, de ce qui s'échappe, il s'en fait des membres hors les proportions de l'espece, & des monstres de mauuais augure. Laissez ce nouueau conuerty dans toute la liberté de ses humeurs, elles sont encore si vagues & si coulantes, qu'elles ne se peuuent pas déterminer aux deuoirs de la vie Religieuse ; l'esprit de sa vocation y mettra peut-estre quelques traits de saincteté, mais entre vne infinité d'autres ou les sens se donneront l'auantage sur l'esprit, & par vne déformité pire que celle des Centaures, les principales parties auront vne conformation de beste. Il est donc necessaire de retenir le Nouice dans cette rigoureuse discipline, pour empescher les desordres où il se pourroit emporter, pour luy donner dés ce premier âge de Religion le ply qu'il doit garder toute sa vie, & mesme pour preuenir les accidens dont les infirmités humaines le menassent.

Car si dans la suitte des années, & dans les emplois qui d'ordinaire attachent l'esprit, cette premiere feruer se relasche il aura moins de peine à rallumer vn cœur qui autresfois à souffert ces sainctes flammes; à reprendre ses anciennes habitudes, & luy mesme sera confus, d'auoir tellement reculé au chemin de la perfection, que ce luy soit vne aduance apres vn long temps, de se remettre au point d'où il auoit commencé.

Au reste il ne faut point craindre d'excés en ces premieres austeritez, parce que comme nous auons dit, elles sont vn exercice proportionné aux grandes forces que le Nouice reçoit l'ors d'vne grace surabondante & des consolations diuines. Et puis tout y est volontaire, rien de forcé: la croix est son plus grand desir, il la cherche, il la demande, tout ce qu'on luy en accorde n'est qu'vn essay, qui luy semble tousiours trop leger pour estre l'apprentissage du martyre. Enfin chose aucune ne se passe en cela que par les ordres d'vn Pere Maistre, qui seconde les sainctes intentions de son Nouice, qui en sçait menager les forces, auec des bontez & des discretions qui mettent toute cette conduite hors de la censure.

DE L'EXACTE MORTIFICATION
des sens

CHAPITRE XX.

CEt homme qui par vn coup de la grace meurt aux crimes & aux vanitez du monde, passe dans le Cloistre comme dans vn ciel, où apres vne vie mortelle il s'en promet vne bien heureuse. L'idée seule qu'il en conçoit est vne consolation qui efface les trauaux passez, qui reléue ses esperances, & qui le porte déja dans vne eminente region d'où il void rouler les choses mortelles sous ses pieds. Mais ses desirs qui n'ont pas vn entier accomplissement, luy font bien tost voir qu'il n'est pas encore dans la beatitude. Car il voudroit ou n'auoir point de corps, comme les sainctes ames qui au sortir de ce monde jouïssent de Dieu, ou de l'auoir auec les qualitez glorieuses qui nous sont promises apres la resurection generale.

Ces

DV RELIGIEVX.

Ces sujections ordinaires de boire, de dormir, de manger, tousiours auec quelque satisfaction des sens qu'on voudroit ne point ressentir, tant de redeuances, tant de foiblesses, tant de lâchetez, qui par vn droit de societé passent du corps iusques à l'ame, luy font desirer auec l'Apostre de sortir de cette prison, pour jouir en liberté de Iesus-Christ. Ce sont là les premiers transports de son zele qui sont arrestés tout court par vne charité bien ordonnée & soufmise à ne joüir de la vie que sous les conditions prescrites par la volonté de Dieu. Il a joint nostre ame spirituelle à vn corps mortel par vne vnion mysterieuse qui allie les choses extremes, & que le Verbe auec tous les aduantages de sa nature diuine n'a pas iugée indigne de soy, dit l'Apostre : il tint tousiours la tutelle de l'humanité sainte de Iesus-Christ, de sorte qu'elle ne fut jamais vn empeschement, mais plustost l'organe & le ministre des grandes actions qu'il deuoit faire pour la reconciliation du monde. Voila l'idée du parfait Religieux, qui se voyant obligé de viure auec vn corps sujet à tant de foiblesses le doit gouuerner auec des retenües qui fauorisent en tout la pieté, & qui des choses sensuelles en fassent des occasions de merite.

Si vous plongez le corps dans les concupiscences, comme vn bois dans l'eau, c'est vne matiere de corruption, que si la chaleur le purifiant de ses superfluitez le desseiche, ce sera, dit Philon, vn aliment propre à nourrir les flammes de l'amour diuin, & mesme par l'artifice que nous deuons emprunter du grand Architecte du monde, nous en pouuons faire l'image sensible des perfections, dont l'ame à conceu l'idée. Il est bien iuste que si le corps reçoit toutes ses facultez vegetantes & sensitiues de l'ame raisonnable, qu'il ne s'en serue pas pour trauerser les desseins de sa princesse, mais qu'en reconnoissance il se treuue dans les sousmissions & les deuoirs qui les fauorisent. *Lib. de temulentia.*

Il se fait vn mariage de la partie raisonnable auec la sensitiue, comme d'Adam auec Eue, mais extrémement desauantageux, si apres auoir veu par experience combien c'est vne chose funeste, qu'Adam suiue les inclinations d'Eue, nous ne demeurons pas dans les termes de la loy diuine, qui assujettit la femme au mary. C'est à dire la partie corporelle à l'esprit.

Que pretend vn homme qui quittant la vie seculiere s'enfonce dans la solitude Religieuse sinon d'y trouuer la paix & l'integrité que le monde ne donne pas : Or il doit sçauoir qu'il est vn petit monde, & qu'il porte en soy mesme non seulement vn abregé mais vne source de tous les troubles, & de tous les crimes qui trauaillent le grand monde ; Ce n'est donc rien de quitter ce commerce de la vie commune, si on ne se quitte soy mesme, si selon la parole de Iesus-Christ, on ne meurt à ses propres inclinations qui sont celles d'vne nature corrompuë, pour viure d'vne vie qui tient le corps en sujection de l'esprit.

Traitter les sens de la sorte, c'est jeter les fondemens d'vne solide felicité ; Car c'est s'afranchir du plaisir & de la douleur, qui sont les deux ennemis de nostre repos, les deux grandes sources de toutes nos inquietudes. Le plaisir qu'on prend aux choses sensibles diuertit l'ame de ses plus serieux employs ; il la raualle à la condition des bestes, il la rend esclaue de la fortune, d'où luy viennent les commoditez necessaires à cet entretien, & la plonge dans le crime qu'vne conscience abandonnée fait passer pour vne industrie. Ces plaisirs honteux & prophanes sont aussi tousiours meslées de douleur à cause des soins qui les accompagnent, des profusions qu'il y faut faire des biens & du temps, des craintes d'vne mauuaise fortune qui les peut rauir & des desespoirs où se precipitent les hommes, quand ils sont frapez de ce coup fatal.

La mortification des sens est donc extremément necessaire au Religieux pour se conseruer la tranquilité de l'ame, & pour se maintenir dans vne gaye disposition à se bien acquitter de ses deuoirs. Il doit faire icy de necessité vertu; car apres s'estre obligé par ses trois vœux, de pauureté de chasteté, d'obeïssance, apres s'estre mis sous la conduite d'vn superieur qui tient tousiours les yeux ouuerts dessus luy, & la main leuée pour l'arrester s'il veut predre le mouuement de luy mesme, les plaisirs des sens luy deuiennét comme impossibles. Que si malgré cette grande suiection, il tâche de se relâcher en quelque chose, c'est auec des artifices qui occupent toutes les attentions de l'esprit; auec des craintes qui le gesnent, auec des surprises qui sont bien-tost découuertes & punies d'vne plus grande contrainte. Ou bien c'est par des faueurs qu'il faut acheter auec mille honteuses sujections, plus criminelles de ce qu'elles prophanent vne personne sacrée.

Mais quand vn Religieux a pris de bonne heure les habitudes de mortification, & de n'estre point esclaue du corps; le voila maistre de luy mesme, dans vne sagesse qui domine aux astres, c'est à dire aux inclinations du ciel & du temperament; les moindres choses luy seront plus que suffisantes, & ses desirs qui sont là bornés, le mettront tousiours plustost en estat de refuser que de demander. Tousiours satisfait, il ne se plaindra de personne; il ne sera point dans la flaterie, ny dans la bassesse; mais dans la liberté des enfans de Dieu, où n'ayant rien, il possedera tout, par vn droit qui ne dépend point des choses exterieures. De ce qu'il n'a point d'atache à tout ce qui flatte les sens, on juge que tous ses desirs sont pour les choses diuines, on le monstre & on le regarde comme vn modelle de perfection. Cet éclat qui rejalit d'vn bon Religieux sur les autres, & de leurs bouches dans son cœur, entretient les respects & les bons offices de charité que tous luy rendent, il reçoit aussi de là des allegresses interieures qui l'animent continuellement à la conqueste d'vne plus eminente vertu.

Il n'y a rien de plus fauorable à l'ame contemplatiue que la mortification qui la tire hors le tumulte du monde, hors cette foule passionnée pour le contentement du corps, elle met l'esprit en liberté, elle luy ménage le temps, & luy donne vne authorité souueraine pour en leuer ce qu'il luy plaira sur les necessitez mesme de la vie. Il ne luy faut point ménager ces affections seculieres, qui sous pretexte d'apporter quelque soulagement transforment le cœur, & luy donnent des desirs peu conformes aux vœux que l'on a rendus. Enfin la mortification des sens est la premiere, la derniere, la plus necessaire disposition du Nouice pour se former à l'estat Religieux apres les licences de la vie qu'il a menée dans le monde. Car il faut premierement déraciner les ronses & les épines d'vne terre qu'on veut mettre en labour, il faut couper les branches d'vn arbre sur lequel on veut enter vn meilleur fruict, il faut effacer les images de dessus vne cire sur laquelle on veut imprimer vne nouuelle figure, il faut se dépoüiller du vieil homme pour se reuestir du nouueau, estre mort aux plaisirs des sens pour gouster comme les Anges ceux de l'esprit.

L'AVSTERITÉ DE LA VIE RELIGIEVSE, suppose, conserue, & perfectionne les veritables sentimens de Dieu.

CHAPITRE XXI.

EXAMINEZ la doctrine de l'Euangile qui est vne leçon publique de la sagesse eternelle pour la conduite des hommes; vne lumiere qui a dissipé les tenebres de leur ignorance; conjuré tous les fantosmes de l'idolatrie; chassé les demons de leur empire; & accomply toutes les loys. : Considerez Iesus-Christ dans sa creche, sa circoncision, sa fuitte en Egypte, dans les humilités d'vne vie cachée; depuis qu'il commença de prescher son Euangile, voyez-le dans vne pauureté où il n'a pas seulement à soy, comme les oyseaux & les renards vn petit lieu de retraitte. Voiez-le dans vne vie nourrie d'aumosnes, dãs des fatigues continuelles; dans la persecution de ces ennemis, enfin dans les ignominies & les douleurs extremes de sa passion. Sa vie, sa doctrine, sa mort s'accordent à publier cette importante verité, que pour viure selon Dieu il faut mourir à toutes les choses exterieures, & à soy mesme. Il nous appelle à sa suitte dans ce chemin tout couuert d'espines, & nous demande pour preuue de l'amour qu'on a pour son seruice, que chacun porte apres luy sa croix. Voila, dit Sainct Bernard, ce qui a remply les desests d'Anachoretes, les cloistres de Religieux; Voyla comment l'amour qu'on a d'obeir à la parole de Iesus-Christ, & d'imiter son exemple, est le premier mobile des volontez qui se portent à l'austerité de la vie.

Certes il faut auoir vne viue foy animée de la charité, pour se resoudre à quitter les biens, les honneurs, les aduantages de la naissance & de la fortune, & à tenir les sens dans vne continuelle priuation des delices qui nous semblent estre naturelles. L'amour diuin est le feu qui seul peut faire cette merueilleuse chymie de separer en l'homme le spirituel du sensible, de transformer la moindre partie en la plus noble, de luy donner la couleur, la substance, la vie de Iesus-Christ. L'Apostre en parle de cette sorte, reuestez-vous, dit-il, de Iesus-Christ, voila pour la couleur & le manteau semblable à celuy dont se couurent les metaux; & puis il adiouste, Ie vis, non plus celuy que i'estois auparauant, ny de ma propre vie, mais Iesus-Christ vit en moy; l'amour naturel auec tout ce que le ciel & le temperament peuuent donner de sympathie, ne fait que des ressemblances, les cœurs ne passent pas l'vn dans l'autre, & tous les efforts se terminent à quelques aggréemens. Mais l'amour diuin plus puissant fait de deux obiets vne identité, car ce que nous auons de mortel estant foible, ayant mesme des inclinations pour son principe, n'a point de resistance qui empesche la transformation sous vne actiuité & vne vnité toute-puissante.

On peut appliquer icy ce que dit l'Euangile qu'il n'y a point de plus grande charité que celle qui donne la vie pour la personne qu'on ayme : quand on se consacre à Dieu par les austeritez religieuses, on luy donne la vie des sens, la vie de l'opinion, de l'ambition, de l'honneur mondain. Que si les sentimens humains veulent tenir fort contre ces sainctes resolutions, ie considere là le Religieux comme cet Ange de la Hierarchie d'amour, qui precipita du ciel dans l'enfer les troupes rebelles en disant, qui est comme Dieu; C'est l'amour diuin, c'est la charité qui donne la preference à la vie destinée pour le seruice de Dieu, quand on en fait comparaison auec celle qui suit les sens & le monde. En cette rencontre on tranche, on abbat les plus cheres, les plus in-

Philo lib. times affections de la nature, par vn zele semblable à celuy
de profugis des Leuites, quand ils consacrerent leurs mains à Dieu par
la defaite de leurs freres & de leurs proches idolatres.

L'austerité de la vie suppose donc vn grand sentiment
de Dieu, puisqu'elle en est vn effet, & que ces extremes resolutions ne peuuent venir que d'vne tres-ardente charité;
C'est cette forme vniuerselle, cette ame de toutes les vertus,
qui donne l'ordre, le temperament, la figure aux regles religieuses, comme à des organes dont elle se doit seruir pour
faire ses grandes operations : C'est la sagesse qui se bastit vne
maison & vn logement commode, qui du corps humain en
fait vn temple, où Dieu soit continuellement honoré par vn
double sacrifice, des sens comme des animaux, & de l'esprit
comme celuy des parfums que l'on offroit dans le sanctuaire.

Lib. de Le monde, dit Philon, est vn temple dont le Verbe eter-
somnijs nel tient le sacerdoce, & sur cet original l'homme est fait vn
orb suem. second temple, où l'ame reuestuë de qualitez diuines est
D. August. comme le souuerain Prestre, qui presente à Dieu auec les
serm. 155. sacrifices de loüanges, ceux des sens qu'elle purifie & dont
de tépore. elle immole les conditions animales au feu de la charité, jufques à les reduire en cendres & en terre morte. Ie feray voir
en la suitte de cet œuure que la pieté seroit defectueuse, &
dans vn peril eminent de se perdre entre les écueils, les tempestes, les bonaces mesme de ce monde, si la mortification
n'y estoit continuelle : Elle ne donne pas, mais elle conserue
la charité, comme les vestemens ne produisent pas nostre
chaleur naturelle, mais la deffendent du froid exterieur, la
maintiennent & la fortifient. Par cette vertu genereuse
tousiours occupée à combatre ses ennemys, on vient au
Serm. 6. in triomphe parce, dit S. Bernard, que le Seigneur des vertus
aduentu. est le Roy de gloire.

Quand l'esprit a des desirs contraires à ceux du corps, &
qu'il luy tient beaucoup de rigueur, ce n'est pas, dit Saint
D. August. Augustin, par vne haïne qui le vueille perdre, mais par vn
lib. de do- regime qu'il luy ordonne pour le purger de ses impuretez,
ctrina pour luy donner & luy conseruer vne meilleure côstitution.
Christiana
cap. 25. En effet si l'amour diuin n'est point empesché, si l'on a reduit
les sens en estat de ne point éteindre ses flammes, il ne faut

DV RELIGIEVX.

point douter qu'il ne fasse de tres-grands progrés, & qu'à *Id serm. 6.*
l'exemple de Iesus-Christ, il ne tire des remedes contre le *de Verbis*
peché du suiet mesme qui l'a produit. *Apostoli cap. 7.*

L'esprit & le corps sont en vne societé où ce que l'vn ne prend pas accroist à l'autre ; Ce sont, disent les Philosophes, comme les deux bassins d'vne balance, dont l'vn se leue quand l'autre s'abaisse ; ce sont deux ennemys qui semblent combattre auec des armes pareilles, l'auantage neantmoins demeure à celuy pour qui la volonté se declare. Ainsi l'esprit de religion fera ses progrés d'autant plus grands & plus heureux, qu'il aura mis les sentimens humains dans vne plus grande impuissance de luy resister ; lors il anticipera la felicité des derniers temps où toutes choses seront reduites sous l'empire de Iesus-Christ, & ne seront plus qu'vne en l'vnion de son Pere. Les marques de ceux qui croiront veritablement sont, dit Saint Bernard, de chasser les demons, *Serm. 1. in* c'est à dire les concupiscences ; de parler vn nouueau langa- *ascens. d.* ge, auoir des sentimens & des desirs autres que ceux qui ont cours au monde. Le poison ne leur fera point de mal, chose aucune n'infectera leur ame de peché, & ce preseruatif pris auec vne viue foy, les mettra dans vne innocence à l'épreuue de toutes les malignes qualitez de la terre & de l'enfer.

Ces heretiques ne portent donc point les marques de salut, qui se declarent ennemys de la Croix, qui passent vne vie lâche, delicate au gré des sens, & qui cependant prennent vn titre de reforme, comme si deuant eux personne n'auoit eu les veritables sentimens de Dieu. A leur dire, la Religion n'estoit deuant eux qu'vne belle ceremonie qui flattoit les yeux, sans qu'il y eust rien de solide dans l'esprit. Qu'elle insolence ? qu'elle presomption ridicule, si elle n'estoit sacrilege ? Quoy l'Euangile est il faux où Iesus-Christ enseigne que l'vnique chemin de perfection, c'est de renoncer à toutes les choses du monde & à soy mesme, pour se charger apres luy de sa croix ? Quoy l'Eglise est elle trompée, de ne commencer, continuer & finir ses plus grands mysteres, de ne dispenser ses graces & ses sacremens que par le signe de la croix pour faire entendre que la mortification de Iesus-Christ est le principe de nostre salut, & le modelle de nostre vie ? Quoy n'y auoit-il que de l'hypocrisie dans toute cette austere antiquité que nous reuerons encore comme plus pure & plus saincte estant plus proche de la source d'où nous est venuë la perfection ? Quelle plus grande imposture que faire passer pour vn reproche du vray sentiment de Dieu, vne austerité qui, comme nous auons veu, le suppose, le conserue, le perfectionne, qui est vn effet de la foy, de l'esperance, de la charité, la plus generale & la plus illustre pratique que nous remarquions en la vie des saincts : On peut dire à ces nouateurs ennemis de la croix ces parolles de Saint Iacques; Vous auez dites-vous la foy, & moy i'ay les œuures, faites moy paroistre cette foy sans les œuures, & ie vous monstreray ma foy par les œuures. Il est bien plus à croire que cette personne à le vray sentiment de Religion & vne parfaite charité pour Iesus-Christ, qui suit ses conseils & l'exemple de sa vie, que l'autre qui se vente d'vn interieur qu'on ne void point, & qui s'exempte des mortifications qui en doiuent estre la preuue. Les plus abominables couurants vn peu leurs excez, passeroient pour saincts à ce prix là, s'il en faut croire leurs bouches, & non pas leurs œuures; s'il suffit de passer vne vie commode selon les sens, sous quelques postures affectées de deuotion; si par effet ils n'ont rien de cette austerité enseignée par Iesus-Christ, & si recommandable en tous les saincts. Elle a tousiours esté prise pour le visage naturel de la pieté Chrestienne, de sorte que les anciens heretiques mesme en ont pris le masque; Aujourd'huy qu'elle effronterie de la mettre dans le rabais, & de supposer la vraye pieté dans vne vie fauorable aux sens, dont chacun sçait qu'elle est ennemye. Il semble que nous soyons arriuez aux derniers temps, puis que nous voyons ce que l'Apostre predit des hommes amoureux d'eux mesmes ennemys de la Croix, qui font gloire des relâches de leur vie, & de leur confusion.

DE QUELQUES MORTIFICATIONS en particulier.

CHAPITRE XXII.

LEs matieres bien disposées dont nous nourrissons icy le feu, luy fournissent successiuement des flammes qui apres auoir legerement cherché de tous costez ou s'attacher, pointent vers leur centre, & s'exhalent en l'air. L'amour sacré n'ayant pas au monde la possession du souuerain bien, fait de semblables saillies; car dans l'absence necessaire de son objet, il se console à former vne infinité de saints desirs, & à se consommer en cela pour luy complaire. Si cette personne tout à Dieu se represente en son siecle les persecutions qu'a souffert l'Eglise en sa naissance, en toutes ces occasiōs elle s'immole autant de fois au martyre; si elle preuoit les inuasions des peuples barbares, les fureurs de l'heresie, les calomnies, & les coups mortels d'vn ennemy déguisé, ce sont autant de genereuses resolutions à la patience pour la iustice; autant de saintes affections d'vn grand prix, deuant vne bonté qui les couronne. Mais si cette genereuse pieté cherche des occasions iusques à se les immaginer pour y paroistre; qu'elle ne refuse pas celles qui tous les iours luy sont presentées & qui demandent des forces autres que celles de la nature pour ne se point relâcher aux objets où les sens doiuent estre mortifiez.

Tout ce que le soleil éclaire, & tout ce qui se produit au grand jour auec des beautez éclatantes, auec des couleurs, des figures, des differences qui sollicitent nostre curiosité, ne doit pas estre reueu de nos yeux; Car si tost qu'ils ont porté ces especes à l'imaginatiue, la raison en prend connoissance, elle s'y applique, elle en forme ses iugemens auec vne attention qui la diuertit d'vne autre, de sorte que cet égarement de la veuë, est en effet vne prostitution de pensées. C'est vne chose indigne d'vn homme sage de partager ainsi ses yeux & son esprit, d'estre continuellement passifs

O

de souffrir autant de diuersions & d'éloignemens de soy mesme, qu'il y a d'obiets qui se presentent. Mais cette diuagation est vn crime au Religieux dont les pensées doiuent tousiours estre recueillies en Dieu, & qu'il ne peut pas laisser ainsi vagues, au gré de cette foule tumultuaire de diuerses choses, sans les prophaner.

Ce seroit peu si cette indiscrette liberté de tout voir, ne faisoit qu'introduire en l'ame des especes importunes qui troublent, & qui rauissent les attentions qu'elle doit aux choses meilleures: Mais ces yeux abandonnez sont des portes ouuertes à tous les objets des passions, qui portent dedans le cœur les inquietudes, les mauuais desirs, les crimes & la mort. Pourquoy regarder auec plaisir, ces pompes, ces vanitez qui offencent Dieu, & qui au lieu d'exciter vos indignations contre ses ennemys, vous tirent à leur party par vos agréemens ? Pourquoy vous arrester sur ces beautez, sur ces figures lasciues, dont il vous sera long temps difficile d'effacer l'idée de vostre esprit, & d'empescher qu'elle ne r'allument vne matiere peu auparauant embrazée. Laissez éclatter ces flammes pour ceux qui les peuuent rendre legitimes, & ne vous y allez pas volontairement consommer; si vous auez parfaitement renoncé à tout cét équipage du monde, détournez-en vos yeux auec dédain, épargnez vostre paix, & vostre integrité, faites estat qu'en cette nouuelle vie les choses qui ne vous sont pas permises selon Dieu, vous sont impossibles, vous n'aurez point d'yeux pour les voir, n'y de cœur pour les desirer.

Ne vous plaignez pas des rencontres qui vous surprennent, & qui sont plustost aperceües que rebutées : Car il n'y a point de surprise pour des yeux que la modestie Religieuse tient abaissez ; & au reste la nature nous a donné des paupieres si promptes à se fermer, qu'en vn moment tout ce qui pourroit solliciter nos desirs, se rend inuisible. Ce sens le plus excellent, le plus vniuersel de tous, le plus fauorable à la Philosophie, le plus propre pour s'éleuer à Dieu par les creatures, doit estre fidellement conserué dans ces deuoirs, parce que comme ses vsages legitimes seruent infiniment à l'esprit, l'abus nous est vne source de mallieurs, qui verse la confusion dans les pensées, les passions dans le cœur, l'inconstance, la desertion du bien dans la vie.

L'oreille est vn autre sens, vne autre porte de l'ame, par ou nos ennemys se peuuent donner l'entrée, si l'on n'y fait vne bonne garde. C'est l'organe le plus vtile aux instructions que les esprits mediocres reçoiuent des plus eclairés, & qui peut rendre les hommes doctes quoy qu'ils soient aucugles : C'est l'organe de la foy, de cette premiere vertu Theologale qui nous informe des mysteres de nostre salut, & qui nous appelle au chemin que nous deuons prendre pour aller à Dieu. C'est l'oreille qui reçoit les saintes paroles diuines, les instructions d'vn bon conseil, les mouuemens d'vn Predicateur, qui donne la crainte de Dieu durant le tonnerre, qui rauit l'ame de douceurs, & qui la transporte dans le ciel par la psalmodie : nous pouuons employer ce sens auec vn si grand proffit pour nostre salut, que nous ne pouuons faire en cela de petites pertes, & c'est pourquoy l'on nous demandera compte de la moindre parole inutile. Vn bon Religieux ne prestera point l'oreille aux bruits de ville, aux gazettes, aux relations, à tous ces vains discours qui flattent la curiosité des ames inutiles, & qui au moins font vne grande diuersion des bonnes pensées. Sur tout il faut éuiter les entretiens qui blessent la reputation du prochain, & quand ils ne seroient point des calomnies, mais des veritez, le discours des mauuaises choses comme des imperfections qu'on remarque en son prochain, ne s'accorde pas auec la charité qui les doit couurir, il laisse dans l'ame des especes & des exemples qu'il seroit bon de ne point auoir. Ie parleray plus bas des entretiens Religieux, car ie ne fais icy qu'éfleurer ce grand sujet des mortifications, que tant de liures ont traitté fort amplement, & ont monstré combien il importe de tenir les sens de la veuë, de l'ouye, du goust, & les autres dans vne continuelle suiection.

La prouidence diuine a fait vne si étroitte liaison du plaisir auec la necessité, que qui voudroit les separer mettroit toute la nature en interdit, & arresteroit toutes ses actions qui ne se mettent à la poursuite des objets, qu'estant attirez par les charmes de la volupté. Par son moyen la bouche fait l'essay des alimens, & les juge propres, de ce qu'ils luy sont agreables; que s'ils se treuuent insipides, amers, aspres, ou facheux en quelque autre sorte, le goust les rejette aussi-tost comme ennemys de la complexion par vn iugement subit, mais plus certain que n'en pourroit faire la medecine apres vn long examen de leurs qualitez, la dissection, & la dissolution de leurs parties. Il ne faut donc pas que le Religieux soit dans le scrupule toutes les fois qu'il sent quelque plaisir au boire ou au manger, mais sans y auoir de l'attache, sans vn excez de delicatesse, qu'il se serue selon l'Euangile de ce qui luy est presenté, qu'il prenne modestement sa refection en benissant les misericordes de Dieu qui nous ayme jusques à nous flatter par le plaisir en soulageant nos necessitez.

Toutes les loix somptuaires, & tous les censeurs des anciennes Republiques n'ont jamais si bien retranché les excez de bouche, qu'il se pratique dans les Congregations Religieuses, neantmoins comme les portions sont ordinairement égales, pour des corps & des temperamens qui ne sont pas égaux; il faut que la discretion regle le point de la temperance. Car il ne suffit pas, dit le Canon, de s'abstenir de la qualité des viandes, si on peche en la quantité, & si l'on imite les bestes qui ne laissent pas d'estre extremes en gourmandise, quoy qu'elles se gorgent de viandes plus grossieres que les nostres. Si nous considerons l'austerité des anciës Peres du desert qui passoiët des deux & trois jours sans manger, qui n'alloient à la table que comme au suplice, qui soustenoiët leur vie d'eau, de pain & de quelques fruits; Si nous remarquons l'abstinence qui se garde encore aujourd'huy auec beaucoup de rigueur dans l'Eglise Grecque, où ils passent les caresmes auec des legumes assaisonnés seulement de sel & d'eau, nous auons dequoy nous confondre en ce siecle & en ce climat d'y passer la vie auec beaucoup plus de commoditez. Au moins que chacun auec la benediction du superieur se fasse des loix de temperance proportionnées à ses forces, il verra par experience que cette vertu qui combat le pre-

Can. quis quis dist. 41

DV RELIGIEVX.

mier peché, empefche la fuite de plufieurs autres : Elle rend l'efprit beaucoup plus libre pour l'eſtude & pour la contemplation; elle met, comme nous auons dit, le Religieux dans vne efpece d'independance, & dans la liberté des enfans de Dieu quand il n'eſt point fuiet à fa bouche : Elle eſt la mort de la concupifcence, & le moyen d'éteindre fes flammes, c'eſt de luy fouſtraire les alimens. Ie ne veux point étaller icy des lieux communs fur cette matierre, dont tant de liures font plains. Le peu que i'en dis fuffit pour animer le Religieux à cette vertu dont les confequences luy font affez conneuës, & comme il faut que la raifon foit plus indulgente, ou plus rigoureufe, felon le temperament des perfonnes.

Acquerez cette habitude; iugez de ce qui vous eſt feruy, par la raifon qui trouuera toufiours affez dequoy retrancher, & non pas par vne brutalle auidité qui voulant trop, enuieroit tout, & ne feroit iamais fatisfaite. Soit que vous beuuiez, foit que vous mangiez, que tout fe faffe à la gloire de Dieu, dans l'ordre & dans l'honneſteté, dit l'Apoſtre. Cela fe fera, dit Saint Bafile, fi l'on garde ce que l'on doit de modeſtie à la prefence de Dieu, & fi l'on ne prend fa refection que pour reparer les forces qui doiuent eſtre employées à fon feruice.

1. Cor. 10,
& 14,

D. Baſ. in
regu breu,
reg. 196,

LES MORTIFICATIONS DOIVENT ESTRE
plus rigoureufes des objets où l'on a de plus fortes
inclinations.

CHAPITRE XXIII.

LES Congregations religieufes font reglées par vn droit commun, qui retranche les excez, & qui tient les particuliers dans vne moderation fi parfaitement ajuſtée aux deuoirs de châque inſtitut, que la plus rigoureuſe cenfure n'y trouueroit rien à reprendre. Mais comme on tire fort peu de vin des raifins fi on fe contente de ce qui en coule quand ils font en maffe, fans leur donner fous le preffoir les tailles & les façons que leurs qualitez demandent ; comme les loix écrites seroient imparfaites sans les ordres du Prince & des Magistrats qui sont les loix animées ; ainsi ces observances de communauté laissent encor beaucoup de choses, où la prudence du superieur doit pourvoir par des ordres singuliers, pour mettre les vertus de ses sujets en exercice, & mesurer les austeritez à leurs dispositions.

En cela la maxime est generale qu'il faut se mortifier avec plus de rigueur des objets où la nature à de plus fortes inclinations pour en arrester la violence, & se tirer d'vn mal extreme par vn extreme remede. On fait de plus fortes digues contre les coups de la mer que d'vn fleuve, on fortifie plus les portes des villes où en est l'entrée, on garde avec plus d'effort les plus foibles parties des murailles ; le Chirurgien presse dauantage la ligature sur l'endroit ou la partie est demise ou rompuë. L'Apostre donne ce conseil aux Romains nouuellement conuertis à la foy, comme, dit-il, vous auez autresfois prostitué vostre corps aux impuretez & aux desordres de la concupiscence, assujetissez-le maintenant au seruice de la iustice & de la pieté pour vostre sanctification. Cela satisfait à la iustice diuine par vne peine comme de talion, qui punit de mesme que l'on a peché, & puis l'on met son salut en asseurance, quand on s'assujetit les passions ennemies, & qu'on employe tout ce qu'on a de forces pour rétablir ce qu'elles pensoient ruïner.

<small>Rom. 6. 19.</small>

Ainsi cette humeur naturellement altiere, qui s'éleue auec insolence sur les autres, & qui se donne tousiours beaucoup d'auantage à son iugement, troublera la paix d'vne communeauté, si de bonne heure l'on n'abaisse ses saillies par de rigoureuses humilitez ; Cela ce fait par la mesme raison de police, qui dans le gouuernement Aristocratique punit plus seuerement les excez commis sur le peuple par les nobles, parce que la presomption qu'ils ont d'eux mesmes les emporteroit souuent à ces violences, si elle n'estoit temperée par les seueritez de la loy. Il faut tenir ces lions à l'attache auec des chaisnes plus fortes & plus pesantes que celles dont on lie les animaux moins feroces & moins à craindre.

<small>Aristo. politic. lib. 5. cap. 9.</small>

Il n'y a point de discipline plus rigoureuse que la militaire, parce que les soldats sont en exercice d'emporter tout par la force qui ne s'accorde pas auec les loix, & qui mettroit tout dans l'opression, si on ne l'y tenoit par des ordres inexorables. Le Pere maistre chastiera donc l'insolence de ce nouice par de vertes reprimandes, par des hontes publiques, par des actions ridicules, par des penitences qui supposent de grands manquemés & qui feroient de la cōpassion si l'on n'en sçauoit le motif. Comme le chirurgien donne le coup de lancette sur la partie plus eminente de l'abcez, on fait iustement les reproches de mille defaux en cela mesme ou le nouice se croit plus capable, & l'on continuë cette violence iusques à ce qu'on ait fait creuer sa superbe. Ce n'est que douceur, que misericorde, qu'indulgence pour les autres, pour luy ce ne sont que corrections, que reproches, que mespris, cependant cela procede d'vne mesme charité qui veut le salut de tous, & d'vne mesme iustice qui en mesnage les forces selon les diuerses dispositions : comme la foudre qui perce sans offenser les matieres lâches & pleines de pores, fracasse les dures parce qu'elles luy font de la resistance.

Valer. Max. lib. 2. c. 8.

Il se treuue d'autres esprits, non pas violens, mais adroits pour reüssir en leurs desseins, & pour éluder les ordres publics ou particuliers qui leur sont à charge ; il faut aussi beaucoup d'artifice auec vn feu temperé pour arrester ce Mercure, & pour le fixer sans qu'il s'exhale. Il les faut tenir comme les Peuples Orientaux sous vne domination moins indulgente, parce que la subtilité de leur raison les rend suiets à ne se pas soufmettre aux ordres d'vn autre, à s'émanciper des loix, & à prendre d'eux mesmes le mouuement, sans l'attendre de celuy qui les gouuerne.

Si de mesme le Nouice auoit esté suiet au monde à des excez de bouche ou par vne mauuaise habitude particuliere, ou par le vice commun de la patrie, c'est ce qu'vne abstinence plus austere doit mortifier. Car c'est vn vice capital que Pitacus iugeoit auec raison deuoir estre plus rigoureusement puny que les autres, par ce qu'il peut estre la cause de tous, & qu'vn homme pris de vin, est en disposition de commettre tous les crimes. Puis que le Religieux fait estat de viure sous des loix contraires à celles du monde, & aux mauuaises habitudes qu'il y auoit prises, c'est vne bonne practique de se roidir au contraire, de s'imposer des jeusnes pour remede de ses anciennes intemperances, & suiure les ordres de Saint Ambroise qui obligea son peuple à jeusner le premier jour de l'an, ou autres-fois il auoit coustume auec les payens de s'emporter à de grandes dissolutions.

Serm. 30.

On mortifie de mesme les trop grandes curiositez qu'on auoit au monde pour la beauté des habits, des demeures, des ameublemens. C'est vne chose ridicule, dit Saint Hierosme, d'affecter de l'ornement au sac & au cilice dont on est couuert, l'habit est pauure, la cellule étroitte, & si l'on y prend garde l'on y veut de la bien-seance, qui est encore vn effet de l'ancienne vanité. C'est ce semble bien peu de chose, elle est neantmoins d'importance, si l'on la recherche auec inquietude, si on l'obtient par preference sur les autres, si on la possede auec trop d'attache de sorte qu'on ne la puisse perdre qu'auec douleur. Ainsi l'on peche contre la paix interieure, contre l'humilité, contre l'indifference, contre la pauureté, contre l'abnegation de soy mesme; & en ce petit suiet l'on peut estre possedé des mesmes passions aussi violentes qu'elles furent au monde.

Il faut donc combatre ces maistresses-inclinations de la nature, si l'on ne veut qu'apres vne legere suspension elles se débordent auec plus d'excez, & recompensent ce qu'on leur a fait souffrir de violence; Ainsi la chaleur naturelle qui s'estoit retirée au dedans durant le frisson de la fieure, apres s'estre ortifiée par cette concentration, & par le mouuement qu'elle a pris pour repousser ces contraires qualitez, elle se répend apres auec des inflammations moins tollerables, de ce qu'elles auront esté plus irritées. Il importe extremément de rabatre ces mauuaises inclinations, autant qu'il sera possible & de voir ce que les exerc ces de mortification auront peu gagner dessus elles, deuant qu'engager toute sa vie à l'obligation des vœux. Ces espreuues sont les augures, & les oracles qu'il faut consulter

Galen lib. de trèmore

DV RELIGIEVX.

sulter deuant que conclure ce mariage sacré de la personne auec vn ordre. Le soleil ne deuance point son aurore, dit S. Zenon, la lune auec tout ce qu'elle a de vitesse, n'acheue son cours, & n'arriue à sa maison qu'en vn certain têps; les eaux de la mer toutes passionnées qu'elles sont à se rependre n'ont leur flux qu'à certaines heures; elles s'auancent sur nos terres par ondes & comme à pas mesurés en fondant les lieux qu'elles vont remplir. Aussi le zele qu'on a pour la vie Religieuse, ne doit pas en precipiter la profession; il faut pendant le nouiciat esprouuer ses forces, & prendre à loisir les dispositions necessaires à cette nouuelle vie.

Zeno V. Ionensi sermo. de patientia.

LES SEVRETEZ DE LA VIE consacrée à Dieu par les trois vœux.

CHAPITRE XXIV.

NOvs naissons auec vne idée confuse d'vne verité, & d'vne bonté souueraine, dont nous voudrions auoir vne entiere jouissance pour acheuer nostre felicité dés cette vie. Mais comme nous ne rencontrons icy que quelques particules de ce vray bien, nous tâchons de les recueillir en toutes choses qui deuiennent ainsi l'objet de nos connoissances & de nostre amour. Pour cét effet l'esprit se voudroit répendre dans toute l'estenduë de l'estre possible, & par ce qu'il ne peut pas faire l'espreuue de tout, il passe d'vn sujet à l'autre par des saillies dereglées, des retours, des égaremens auec vne vague liberté qui deuient la cause sans fin de ses inconstances.

Les tournoiemens de nos girouettes, les flots de la mer, les agitations de l'air, les brouïlleries des nuës dependent des vents, dont on sçait la cause, le nombre, les cantons, on determine ces choses dont la varieté semble extreme; Mais on ne sçauroit exprimer ny conceuoir les changemens de l'esprit humain, par ce qu'ils dependent des desirs mal ordonnez qu'il a d'vn bien infiny. Il veut en mesme temps, il reprend ce qu'il a quitté pour l'abandonner si tost qu'il aura quelque autre lumiere ; deux jours ny deux heures ne le rencontrent jamais le mesme, tellement que la police & la raison se trouuent bien empeschez de gouuerner vn sujet qui a si peu de tenuë. C'est pourquoy les sages ont fait des loix, ont estably des obligations ciuiles d'où n'aistroient des actions, & des contraintes ; les peuples ont approuué des conuentions qui captiuent leur liberté, afin que parmy ces extrauagances naturelles des jugemens & des volontez, il y eust quelque chose de solide sur qui l'on peust appuyer les mouuemens reguliers du commerce.

Si la police a cet aduantage d'affermir les volontez humaines, & de s'en asseurer pour la conduite de ses affaires, on ne doit pas refuser ce droit à la Religion, qui a de plus notables interests de mettre l'homme dans vn estat assez ferme pour y mieux contempler & adorer vne eternelle & inuariable diuinité. La Religion est ainsi dite, parce qu'elle relie & ratache l'homme à ces saints deuoirs dont il s'estoit émancipé. Ses sacrifices continuels, ses feux, ses lumieres entretenuës sans s'éteindre, ses temples dont la solidité braue l'injure du temps, ses autels de pierre au rang des choses immobiles, ses croix plantées deuant les Eglises, le sacerdoce eternel de Iesus-Christ, les caracteres qui ne s'effacent point de ses ministeres, ses fidelles qu'elle contemple déja comme citoyens du ciel dans vn bon-heur qui ne reçoit point de changement ; enfin tant de mysteres sont des preuues qu'elle demande l'homme dans vn estat inuariable. Or il ne s'y peut plus commodement mettre que par les vœux qui assujettissent toute sa vie au seruice de Iesus-Christ, & qui luy font vn sacrifice entier d'vne liberté que le monde pourroit diuertir à de mauuaises pratiques.

D. Thom. 2. 2. q. 81. art. 1.

Apres qu'vne bonne ame a meurement consideré les vanitez du siecle, apres tant de perils qu'elle a courus, apres tant de folie qu'elle condamne, tant de naufrages qu'elle craint, ce luy est vn contentemét extreme de trouuer vne region de paix, vn asyle, vn port où elle puisse demeurer en asseurance. Apres auoir ressenty l'attrait des graces diui-

DV RELIGIEVX.

nes ; apres ces ineffables consolations qui l'obligent à seruir Dieu plus fidellement, elle craint sa propre inconstance, & pour l'arrester elle s'oblige par vœu. Ce luy est vn soulagement extreme d'auoir ces vœux, comme vn thresor où elle puisse mettre ses saintes affections à couuert de mille dangers qui les menassent dans le cours d'vne vie commune, & de couper les aisles à sa bonne volonté, comme firent les Romains à leur bonne fortune, crainte qu'elle ne s'enuole. Les plantes foibles, comme nous auons dit, ont naturellement l'addresse de s'attacher à des matieres solides qui les portent, & qui les defendent de ce qu'elles souffriroient en rempant sur terre ; c'est ainsi qu'vn homme particulier se connoissant suiet à l'inconstance s'oblige par vœu à suiure vn institut qui ne meurt & qui ne change point dans l'Eglise.

Ce n'est pas rendre ce que l'on doit de respect à la majesté de Dieu d'entrer dans vne maison consacrée à son seruice comme dans vne hostelerie, sans amour, sans attache, par la seule consideration d'vne commodité passagere, & auec la liberté d'en sortir quand on voudra. Cette assemblée qui n'a point de fermeté, n'a point de grand rapports auec les deuoirs de Religion, que nous auons dit estre perpetuels, ny auec la hierarchie celeste qui ne change point. Vn homme ne détachera pas parfaitement ses affections du monde, s'il se veut encore conseruer le droit d'en reprendre quand il luy plaira les habitudes ; il n'emploira pas tout ce qu'il doit de diligence à former son interieur à vne saincteté pour laquelle il ne determine pas encore ny son jugement ny son amour. Il me semble mesme qu'elle est offencée, & qu'on la rend suspecte aux yeux des hommes, de la quitter apres en auoir fait l'espreuue, comme si elle auoit quelqu'vne de ces secrettes imperfections, pour qui l'on fait les diuorces. Il n'est pas possible que ce grand abord de toutes sortes d'humeurs, ne fasse vn mélange qui cause de l'alteration ; & que ce flux & reflux, comme celuy de la mer, ne laisse apres soy beaucoup d'immondices. Enfin si ce n'est qu'vne hostellerie, ce n'est pas vn fort où l'homme amoureux de son salut treuue ses seuretés, & où il puisse receuoir les benedictions que Dieu promet à ces demeures bien heureuses dont il tient la porte, pour ne la point ouurir à l'inconstance.

Confortauit feras portarum suarum psalm. 147.

Mais, dites vous, c'est vn grand reproche au Chrestien, de s'obliger par vœu à des actions où il se deuroit porter auec vne franche liberté, qui n'eust point d'autres loix, ny d'autres attaches que celles de l'amour diuin; Ainsi Melitus faisant sa visite par l'Orient, fit rompre les chaisnes qui attachoient le Stylite à la colomne, luy disant que le seruiteur de Dieu ne doit point estre attaché par d'autres chaisnes que celles de l'esprit, & de l'amour. Pour preuue que le vœu suppose de l'imperfection, Saint Thomas confesse que Iesus-Christ ne l'a point fait, parce qu'estant comprehenseur, & sa sainte humanité estant tousiours sous la conduite du Verbe, estoit autant qu'il se peut affermie dans le bien sans ce secours. Il est vray, le vœu suppose en l'homme l'inconstance dont nous venons de parler, mais comme c'est vn mal inseparable de nostre nature, tout ce que l'on peut faire c'est de profiter de ses bons interuales pour se maintenir dans la vertu, & dans cette mal-heureuse necessité sans doute il vaut beaucoup mieux aller au remede, que par vne presomption qui s'en veut passer, se mettre dans vn peril eminent de mort.

Baron; an. 374.

2. 2. q. 88 a. 1: ad. 1.

Le vœu fortifie dans l'ame cette vertu retentiue du bien; c'est vn grand preseruatif contre les accidens qui la pourroient affoiblir; & comme le remede ne donne pas, mais conserue la vertu, le vœu ne fait que fauoriser la perseuerance qui depend tousiours de la liberté aydée de la grace. Pour arrester l'inconstance il a ses obligations & ses chaisnes, mais seulement spirituelles, comme le vouloit Melitus; En effet les apostats font bien voir qu'ils n'estoient pas retenus dans les cloistres par des liens materiels, puis qu'ils abandonnent cette profession quand il leur plaist, & que leur volonté s'y est resoluë.

L'os du bras a ses extremitez parfaitement arrondies, pour s'emboiter dans le concaue de deux demy cercles qui le reçoiuent au coude & à l'épaule; La nature dispose ainsi cette partie, afin qu'elle puisse facilement tourner, & pren-

DV RELIGIEVX.

are plusieurs mouuemens sur le solide qui la porte. Mais crainte qu'elle ne sorte de ce lieu si propre & si adjusté, elle l'y attache par des liens fort solides naissans des os mesmes, insensibles neantmoins à la douleur qui eust esté trop violente dans la continuë de l'action. C'est la liberté du Religieux qui s'est fait elle mesme cette obligation de vœu, qu'elle accomplit comme si elle n'estoit point sensible à cette contrainte, & auec autant de franchise que si elle n'y estoit point tenüe par deuoir. Les liens des os ne sont que pour empescher qu'ils ne se demettent en quoy mesme ils reçoiuent beaucoup de secours des nerfs, des muscles, des chairs qui les enuironnent; ainsi les vœux ne font que pour arrester l'inconstance, qui se voudroit jetter hors le seruice de Dieu, & pour fortifier la volonté qui est en cela fort heureusement secondée par les vertus de tant de personnes qui suiuent la mesme profession.

Comme les eaux se conseruent mieux dans vne grande quantité & lors qu'vn plain air peut librement essuyer les vapeurs d'où naistroit la corruption, les saints desirs sont de mesme plus asseurez dans vne grande congregation, & dans vne publique profession de la pieté, que s'ils estoient seulement pratiquées d'vn particulier en secret, & dans vne vie cachée. Tous les Religieux de ce mesme ordre seront autant de fidels amys qui prenderont grand interest à vostre conseruation, qui n'espargneront ny leurs conseils ny leurs forces, afin de vous faire reüssir en vos sainctes entreprises, parce que ne composans auec vous qu'vn corps, ils feront leur gloire de vostre perfection. Nous verrons plus bas mille autres auantages qu'on tire des congregations Religieuses, & que chaque particulier y trouue vn asyle, & vn fort de seureté. De là qu'il voye ce que souffrent les pauures mortels sous la tyranie du monde, & qui n'ont point de plus cruel ennemy de leur repos que leur inconstance, lors que sous pretexte de chercher le bien, ils s'exposent eux mesmes à tout ce qu'vne mauuaise fortune gardoit de tourmens pour les plus mal-heureux. De ce port qu'il voye les naufrages de ceux que l'opinion & que les conditions de la naissance ont jetté dans la tempeste. Qu'il rende graces à Dieu, qui

P iij

luy donne cette retraitte, où ces sainctes affections ne sont pas seulement en asseurance, mais en estat de faire de plus grand progrez ; qu'il dise donc auec le Prophete, voicy le vray lieu de mon repos, ie le choisis pour tousiours, & quand ie viuerois vne eternité, ie ne veux point auoir d'autre demeure.

LE MERITE DES ACTIONS
faites par vœu.

CHAPITRE XXV.

LES sacrifices de l'ancienne loy, qui se faisoient auec vn si grand éclat de ceremonies, & vne si notable profusion de biens, auoient neantmoins beaucoup de conditions peu rapportantes à la maiesté de Dieu que l'on vouloit adorer. Car pourquoy répendre le sang deuant les autels, comme si l'on faisoit quelque chose d'agreable à la souueraine misericorde par la cruauté ; comme si l'on pouuoit complaire au premier acte, à la vie, à la bonté, à la puissance, à la charité, à la gloire essentielle, par ce carnage qui défait sa creature, & par la mort qui comprend toutes les priuations. Aussi Dieu a souuent declaré par les Prophetes que ces victimes sanglantes ne luy estoient point agreables, & les Docteurs nous enseignent que la loy ne les permit que par vne indulgence qui dégageoit insensiblement le peuple de l'idolatrie, & qui luy laissant ses vieilles coustumes d'immoler les animaux, ne faisoit que changer d'obiect, & les presenter à Dieu au lieu des demons.

La loy de l'Euangile plus parfaite offre au Dieu viuant vne victime viuante, quand elle luy consacre vn homme par les vœux & qu'elle l'oblige pour tousiours à la sainteté, afin qu'il porte vne image de ses eternelles perfections en sa vie comme en son essence. Ainsi nous accomplissons parfaitement le premier precepte qui nous oblige

DV RELIGIEVX.

d'aymer Dieu de tout noſtre cœur, de toutes nos forces, de tout noſtre pouuoir : Nous donnons à ſa maieſté tout le cœur qu'elle nous demande, nous luy donnons, non pas l'vſage mais la proprieté de nos perſonnes, nous paſſons autant qu'il nous eſt poſſible en ſon domaine, & ſi les Nazaréens portoient ce nom qui ſignifioit qu'ils eſtoient vn preſent fait à Dieu, le Religieux merite ce titre auec beaucoup plus d'auantage. Biron, in St. ab. 15.

Les anciens ſacrificateurs auoient leurs hachés de cuiure metail de venus parce que c'eſt l'amour qui donne le prix & le merite au ſacrifice ; c'eſt luy qui offre tout le Religieux à Dieu, qui le preſente comme vn holocauſte, qui fait pluſtoſt des transformations que des partages. C'eſt la charité qui met l'homme dans cette tres-ſimple vnité, ſeparée de tout ce qui n'eſt point Dieu & parfaitement indiuiſible en elle meſme. Elle accomplit icy parmy les hommes, comme entre les bien-heureux, les trois ſortes de volontez diuines dont parle l'Apoſtre, celle qui eſt bonne, la plus aggreable & la plus parfaite ; Elle établit ainſi ſon regne en la terre comme il eſt au ciel, dit S. Bernard ; & ſi l'amour eternel de Dieu nous creant nous a donné la liberté, l'amour que nous auons pour luy, luy doit faire le ſacrifice de cette meſme liberté, qui trouuera ſa perfection par ce retour à ſon principe. Les vœux ſont dont l'effet, & ont auſſi le merite d'vne parfaite charité, qui n'épargne point les forces ny les puiſſances, & qui conſacre tout l'homme au bon plaiſir de Dieu. Bona, bene placens, & perfecta. D. Bernard. lib. de gradua & libero arbit.

Ce ſacrifice ne ſeroit pas entier, s'il ne ſe faiſoit pour touſiours ; ſi dans le vœu la charité n'eſtoit auſſi puiſſante que la mort, pour faire vne priuation ſans retour des habitudes naturelles qui nous rendoient noſtres, & qui nous portoient à paſſer la vie ſelon les élemens de ce monde, comme dit l'Apoſtre. Nous conſacrer ainſi pour touſiours à Dieu, c'eſt le grand moyen que nous auons pour ſatisfaire autant qu'il nous eſt poſſible à ſa bonté ſi liberalle en noſtre endroit, & tellement portée à noſtre bien, qu'elle nous donne ſes graces comme des habitudes qui ſe fortifient ſans s'épuiſer ny ſans ſe laſſer dans l'exercice. En D. Th. q. 88. a. 1.

cela nous tâchons aussi par nostre constance de reconnoistre les faueurs du Verbe diuin, qui a tousiours conserué son vnion auec tout ce qu'il auoit pris de nostre nature.

Considerez bien ce vœu, c'est vne action faite dans le temps, mais qui ayant pour principe & pour fin l'eternité, se donne des étenduës égalles à celles de tous les temps. Il a ses merites dans le passé, quand il fait souspirer le cœur comme celuy de Saint Augustin, ô bonté qui n'a jamais cessé d'estre, comment est-il possible que j'aye esté si long temps sans vous connoistre, sans vous aymer & sans vous seruir ! Le vœu sanctifie le temps present, & la suite des moments qui le continuë reçoit de luy l'impression de sa sainteté, comme les eaux reçoiuent la lumiere du soleil à mesure qu'elles sortent de leur source. Enfin il consacre tout l'aduenir, quand il ne reserue en la personne aucun droit pour se retirer iamais de l'institut qu'elle épouse ; ses merites s'étendent ainsi plus loing que la vie, qu'il tient obligée à faire le bien quand elle dureroit autant que le monde & dans tous les siecles.

C'est vn mariage sacré de l'ame auec le Verbe eternel, dont les liens sont perpetuels & les faueurs infinies ; car elle entre auec luy en quelque sorte de communauté d'où elle reçoit vne vie tres-pure, vne constance inuariable, des merites sans nombre & sans fin. La foy, l'esperance, la charité concourent en cette action où l'homme témoigne tant de confiance en la bonté de Dieu, il adore en luy tant de perfections que sans deliberer d'auantage, il ne veut iamais quitter son seruice, comme s'il estoit déja d'esprit dans la condition des bien-heureux.

Le merite du vœu se répend, comme dit Saint Thomas, sur toutes les actions particulieres du Religieux par ce qu'il leur tient lieu de principe, & comme le vœu qu'on a fait d'vn pelerinage donne la valeur à toutes les iournées, & à tous les pas qu'on fait pour l'accomplir, quand mesme l'esprit n'y apporteroit pas ses attentions actuelles. Ce merite general du vœu joint à celuy des actions particulieres monte à des accroissemens qui ne sont pas conceuables ; car châque partie est dans le tout, & le tout dans châque partie,

sans

sans se confondre, mais par des exellences particulieres & considerables, par des multiplications, par des estendües dans tous les temps qui semblent n'auoir point de bornes.

Mais on dit que si le vœu ne laisse point de droit à la liberté, il efface le merite de la vie suiuante : Nous auons déja respondu & dans le liure de la vie Religieuse, & dans le chapitre precedant que le vœu n'oste pas la liberté naturelle, & qu'il n'impose qu'vne necessité conditionée de faire la chose promise, si l'on veut agréer à Dieu, Tous les commandemens sont assortis de cette condition, & neantmoins on ne dira pas que quand on aime Dieu de tout son cœur selon selon le precepte, quand on rend l'honneur à ses parens, qu'on soulage la necessité des pauures, qu'on pardonne à ses ennemis, quand on fait toutes les autres bonnes œuures commandées, ce soit sans merite. Seneque, repond à vn impie qui se disoit n'estre point redeuable à Dieu, d'autant qu'il ne luy faisoit du bien que par vne volonté determinée dés tousiours à cela, & par vn destin qui luy estoit vne necessité contraire aux libertez qui doiuent accompagner le bien-fait : mal-heureux, dit ce Philosophe, estimez-vous que l'amour & la volonté soit moindre, quand elle est si forte qu'elle n'est point suiette au changement: Vn homme de bien, ne peut pas manquer à faire ce qu'il fait, autrement il ne seroit pas homme de bien, & s'il est reduit à ne pas faire autrement, parce qu'il ne peut pas faire mieux, il exige de luy mesme ce bien, de sorte que si vous ne voulez pas luy auoir de l'obligation comme à vne personne contrainte, vous luy en deuez auoir comme à celle qui en a pris la resolution, & qui en a fait la poursuite en vostre faueur. Il n'y a point, adiouste-il, de volonté plus libre, ny plus asseurée que celle qui est eternelle. L'ingratitude est extreme de ne se pas réconnoistre obligé à vne affection, parce qu'elle est constante, & de luy faire vn reproche de son merite.

Lib. d. de benef. cap. 30.

Les ennemis des vœux changent souuent de posture, & pour les combatre ils se mettent eux mesmes dans la contradition; Tantoſt ils diſent que les vœux oſtent la liberté, & par conſequent le merite aux actions qui en procedent : & puis ils ſouſtiennent qu'ils n'ont aucun merite, d'autant qu'ils ſont faits par vne propre volonté qui n'eſt pas celle de Dieu. Ie ſuis icy contraint de rebatre en peu de mots ce que i'ay deduit plus amplement, parce qu'apres auoir donné ce qu'on pourroit ſouhaitter de jour à ces veritez Religieuſes, l'enuie tâche touſiours de les obſcurcir par ſes libelles & ſes entretiens. Ie dis donc que quand on rend ſes vœux à Dieu, ce n'eſt pas par vne propre volonté, mais par vne ſaincte reſolution qui fait violence à la propre volonté, & aux inclinations de la nature pour ſuiure les conſeils de l'Euangile : Ce n'eſt plus la propre volonté puis quelle eſt changée en celle de Dieu, & qu'il n'y a plus d'autres mouuemens dans l'ame que ceux qui luy viennent du bon plaiſir diuin. C'eſt l'amour, c'eſt la charité, c'eſt l'eſprit de Ieſus-Chriſt qui fait en nous l'électiõ de cette croix, & non pas la volonté que nous appellons propre quand elle ſuit les ſens & la nature. Si l'interieur de cét homme qui rend ſes vœux vous eſtoit conneu, vous y verriez des combats étranges qu'il a rendus pour abandonner le monde, pour mourir à tous ſes plaiſirs & à luy meſme, pour ſe charger de la croix à la ſuitte de Ieſus-Chriſt. Vous entendriez dans ſon cœur la voix de Dieu qui l'appelle, qui le détourne du precipice, qui le met au chemin du ciel, qui pour l'aduertir luy donne les loix & les ordres de toute ſa vie. Il n'eſt animé que de Ieſus-Chriſt, il n'agit que par ſes volontez, qui triomphent en luy de la volonté & de l'amour propre, enfin qui l'attachent à la croix par les trois vœux.

DV VOEV DE LA PAVVRETE'.

CHAPITRE XXVI.

Depvis que les richesses ont esté receües comme le prix commun de toutes choses, comme le moyen general pour contenter tous les desirs de la nature & de l'opinion, de toutes les passions, il s'en est fait vne violente pour ce grand suiet, & comme s'il estoit la premiere cause de tout le bien, les hommes en sont deuenus idolatres. C'est pourquoy le Verbe eternel qui a reduit tous les mysteres de nostre salut en abregé, qui a voulu sauuer tous les hommes par vn seul, a voulu de mesme guerir toutes les passions en remediant à celle de l'auarice. Allés, dit Iesus-Christ, à ce ieune homme qui l'aborda, vendez tout ce que vous auez de bien, donnez en le prix aux pauures, & mettez vous à ma suitte. Voila la pauureté volontaire quil pose pour le premier conseil de perfection, comme le fondement de cette doctrine celeste qui doit retrancher en l'homme tout ce qui l'empeschoit d'estre l'image de Dieu & d'accomplir toutes ses loix.

Elle accomplit premierement la loy de la nature, qui se contente du peu necessaire à la sustentation de la vie, & qui ne veut point affliger ny l'esprit de soins, ny le corps de trauail ou d'infirmités pour le superflu. Saint Augustin remarque que le juste Abel ne voulut point bastir de ville comme son frere Caïn, parce qu'il habitoit le monde comme vne cité commune qui nous est donnée de Dieu, & que par des enceintes de murailles il ne voulut point cõmencer la distinction de domaine qu'il preuoyoit estre l'origine de tant de mal-heurs. Selon cette loy naturelle les Philosophes se disoient estre Cosmopolites, c'est à dire citoyen du monde, dans ce droit public que la nature nous donne des cieux & des elemens. Les plus celebres d'entr'eux, vn Socrate, vn Diogene, vn Crates, mille autres de diuerses sectes s'accorderent en ce point d'abandonner les richesses, comme vn grand fardeau non necessaire, & fort incommode dans le voyage si court de cette vie; comme vne matiere dont se nourissent les passions qui troublent les lumieres, qui salissent l'integrité, qui rompent la paix de l'esprit, & qui comme des bestes feroces, estant mesme chargées de chaisnes, ne se peuuent garder sans peril. Tous furent d'aduis que s'il faut remplir les auiditez extremes de nostre ame, cela se deuoit faire auec des biés de mesme nature qui luy fussent proportionnés; & non pas auec ceux dont la possession ne fait qu'en accroistre le desir sans le rassasier, comme vne soif de malade: que s'il faut asseurer nostre liberté, ce n'est pas sur ces choses inconstantes, qui sont le joüet de la fortune; que si les grandes ames forment de grands desirs qu'elles doiuent accomplir, elles y reüssiront beaucoup mieux par la pauureté que par les richesses; car ie ne sçaurois tout auoir, ie puis neantmoins tout mepriser, & par cette voye plus courte me mettre dans vne entiere satisfaction. I'ay deduit ailleurs & particulierement dans mon Digeste ces sublimes sentimens des Philosophes fondés sur la seule loy de la nature, mais qui est beaucoup perfectionnée par celle de l'Euangile.

Nous sçauons que les premiers Chrestiens eurent ce zele d'apporter tous leurs biens aux pieds des Apostres & d'auoir, comme dit Tertulien, toutes choses en commun à la reserue des femmes: quand la raison de police les obligea d'auoir des possessions particulieres pour l'entretien des villes & des familles, mesme pour se redimer de la persecution, ils faisoient toutes les semaines des collectes ou des contributions, qui remettoient vne partie des biens en communeauté pour la subsistance des pauures. Ceux particulierement qui se consacroient à l'Autel, professoient en mesme temps la pauureté pour imiter celle de Iesus-Christ & des Apostres, qui fut l'accomplissement de l'ancienne loy où les Leuites n'auoient point d'immeubles, car, dit l'Escriture, le Seigneur estoit leur lot & leur partage. Saint Ambroise incontinent apres son élection à l'Episcopat vendit tous ses biens, en donna le prix aux pauures, afin d'eſtre plus libre pour imiter Ieſus-Chriſt en ſon miniſtere. Saint Gregoire dit Taumaturge fit le meſme; & Saint Baſile s'eſtant ainſi d'éfait de ſes biens, paſſa toute ſa vie dans vne tres-étroitte pauureté. Quand il écrit à Chilon ſon diſciple, Prenez bien garde, luy dit-il, de ne point auoir d'argent, & de n'en receuoir de la liberalité d'aucun, quand ce ſeroit meſme pour en faire des diſtributions aux pauures, car vous receuriez chez vous l'ennemy couuert de voſtre ſalut, vne ſource de pechez, le plus puiſſant miniſtre des demons, qui tenteroit & pourroit bien débaucher vos ſaints deſirs. Ainſi dans le Code Theodoſien les perſonnes engagées au ſeruice de la Cour ou autres notablement riches, ne pouuoient entrer dans vne profeſſion Ecleſiaſtique s'ils ne renonçoient à tous leurs biens, & ne témoignoient par là vne veritable abnegation des choſes du monde. Saint Auguſtin ordonne expreſſement que les monaſteres ne reçoiuent point les biens de ceux qui viennent y prendre l'habit, & Caſſian dit que c'eſtoit l'ancienne pratique des Moines de refuſer abſolument les biens de leurs nouices, pour ne point tenter leur humilité, ny l'integrité des congregations Religieuſes par ces offrandes.

Saint François a depuis beaucoup encheri ſur ſes anciens obſeruateurs de la pauureté, & comme il portoit en ſon corps les marques illuſtres de la paſſion de Ieſus-Chriſt il voulut que ſa vie imitaſt la pauureté de ce cher maiſtre, qui n'euſt en ſa naiſſance qu'vne creſche, qui n'eut pas ſeulement en propre la moindre cabanne pour y prendre ſon repos, comme les oyſeaux dans leur nids, & les renards dans leurs terriers; enfin qui pour ſon lict de mort n'eut que la croix.

Ces exemples peuuent ſuffire aux ames jalouſes de la perfection pour embraſſer courageuſement le vœu de pauureté, mais elles y ſeront plus ardentes, ſi elles conſiderent combien cette vertu eſt importante pour garder fidellement les autres preceptes & conſeils de l'Euangile. Il nous commande la charité du prochain apres celle de Dieu, & ſur l'idée de celle que nous auons pour nous meſmes. L'Apostre l'explique, & veut que nous soyons dans vne aussi parfaitte intelligence de compassion & de secours reciproque, que le sont les membres d'vn mesme corps; puis qu'en effet nous ne faisons tous ensemble qu'vn corps animé par l'esprit de Iesus-Christ: Or comment garder ces sainctes vnions, ces correspondances d'amour & de forces, parmy des richesses qui sont les suiets ordinaires des procez, des querelles, des guerres, mesme entre les proches; qui sont tous les jours les patricides & les sacrileges, qui renuersent, qui prophanent ce que les loix diuines & humaines ont de plus iuste & de plus saint.

Ie veux, dit Iesus-Christ à ceux de sa suitte, que vous soiez sans soins, afin que l'esprit soit plus libre pour s'éleuer à la contemplation, & plus net pour receuoir les impressions diuines; Or selon qu'il nous l'explique luy mesme en la parabolle, les richesses sont les espines qui par vne infinité de poignants soucis étouffent la semence diuine, & empeschent qu'elle ne profite en l'ame, dont elles occupent toutes les attentions, & consomment toute la substance, le riche a son cœur, non pas au ciel, mais dans son thresor, c'est à dire enfoncé dans la terre, dans les tenebres, cependant que ces pensées le tiennent en allarme de toutes les disgraces qui le luy pourroiét enleuer; cependant qu'elles découurent, & qu'elles poursuiuent sans repos tout ce qui le peut remplir; que la crainte & que l'esperance le mettent dans vne continuelle diuersion de ce qui regarde le salut de l'ame.

L'Euangile nous porte à l'humilité qui est la base des vertus Chrestiennes, or le riche est ordinairement bouffy de superbe, comme si c'estoit vn triomphe d'auoir par auantage ce que tous desirent sans le pouuoir obtenir; de voir à ses pieds toutes les conditions, les vertus mesme comme suppliantes, & à force de se complaire en luy mesme, il est suiet à s'éleuer iusques à l'insolence de l'Ange apostat. Combien luy faut-il employer de déguisemens pour couurir ce qu'il souffre de déchet parmy les disgraces de la nature & de la fortune, & pour se rendre touliours adorable au peuple, comme si toutes choses luy

DV RELIGIEVX.

succedoient à souhait. Voila des emplois bien contraires à l'humilité & à la simplicité Chrestienne. La pauureté volontaire ne souffre point ces transports de crime, & d'inquietude ; comme elle nous dépoüille des choses mortelles, elle ne nous laisse que les qualitez de l'esprit; comme elle est contente de peu de chose, elle approche la condition des bien-heureux qui n'ont affaire d'aucunes: n'ayant aucun suiet de combattre, & en ayant beaucoup d'aymer, elle fait que la vie se passe en paix & en charité auec tous : Elle n'a point de compte à rendre n'y a receuoir, de procez à poursuiure n'y a soustenir, de biens à pretendre n'y a conseruer, de fortune à maintenir contre la force ou les artifices des concourants. Elle est humble comme elle est continuellement à l'emprunt, mais genereuse & sainte pour ne faire chose aucune qui peche contre les fidelitez que l'on doit à Dieu. Quand le pauure Euangelique void ce grand appareil d'habits, de suitte, de palais, de delicatesses ; quand il entend le recit de ces titres d'honneur, de ces magnificences qui tiennent les yeux & les esprits des peuples en admiration, Il dit en luy mesme, hé que de choses, dont ie n'ay que faire? Apres le mespris general qu'il a fait de toutes ces choses exterieures, les mondains ne possedent rien qu'à son refus, & leur vanité luy semble assez punie de n'auoir rien que ses restes.

SVITTE DE MESME SVIET, AVEC VN éclaircissement de quelques difficultez.

CHAPITRE XXVII.

AME sainte appellée de Dieu, déja mise en liberté par vn effort de sa grace, pouuez vous trouuer quelques difficultez à quitter des biens de fortune si contraires à vostre paix & à vostre integrité, pour épouser vne pauureté volontaire qui vous affranchit de tant de mal-heurs. Ie voy bien ce qui vous arreste, c'est l'opinion à qui tant de personnes interessées donnent cours, que c'est l'effet d'vne charité bien ordonnée, & d'vne plus sage conduite, de dispenser auec prudence les biens qu'on a receus de la main de Dieu, que d'en faire vne prompte & totale abdication.

Quelques Philosophes furent dans ce sentiment, car ils jugerent les biens de fortune indifferents au bien ou au mal, & qu'ils pouuoient estre des armes non moins fortes qu'éclatantes entre les mains de la vertu. I'aduouë qu'elle en peut faire quelque bien, mais ils peuuent aussi luy causer de grands dommages; Ce sont des armes, mais sujettes à se creuer entre les mains de celuy qui s'en veut deffendre. Ils peuuent rendre quelque seruice, aussi peuuent-ils vsurper la domination: Ce sont des lieux de plaisir, mais dont ses ennemis se peuuent facilement faire des forts pour le battre. Vn homme sage dira donc, ie ne veux point de ces armes perilleuses, de ces seruiteurs capables de me rendre moy mesme en seruitude; ie ne veux point de ces remedes hazardeux, qui peuuent aussi tost donner la mort que la vie; ie ne veux point de ces amys, dont la fidelité n'est pas asseurée; ie ne veux point d'vne societé où sous esperance d'vn peu de profit ie risque ce que i'ay de plus pretieux; en vn mot ie tiens ces biens pour suspects & tres-perilleux de ce qu'ils me sont indifferents. Ie choisiray donc p'ustost le certain que l'incertain, le regulier

DV RELIGIEVX.

que l'extrauagant, le solide & l'arresté que l'inconstant, c'est à dire la pauureté que les richesses, dans l'affaire importante de mon salut.

Car la pauureté volontaire a tousiours vn mesme visage, les mesmes libertés d'esprit, les mesmes dégagemens de cœur, la mesme pureté, les mesmes dispositions à receuoir les faueurs de Dieu auec toute l'étendüe d'vne ame qui s'est entierement soubmise aux ordres de sa prouidence. Mais quoy que l'on dise de ces possessions exterieures, elles sont tousiours sujettes à l'incōstance de la fortune qu'il faudra souffrir, & estre bouluersé par le mesme tournoyement qui les emporte, si l'on s'appuye dessus elles ; quelque vsage moderé qu'on s'imagine on contracte des habitudes qui deuiennent des necessitez & ces personnes qui se ventent de posseder les richesses sans affection, la font bien paroistre par leur inquietude, quand il en faut souffrir la perte auec la honte d'vn peuple, l'insolence d'vn ennemy, & les autres circonstances de l'opinion.

La Philosophie Chrestienne a donc grand sujet de tenir ces biens exterieurs, non pas comme indifferents, mais comme extrémément prejudiciables à la perfection, parce qu'ils diuisent le cœur qu'on doit tout à Dieu : Ils sont vn corps opaque qui s'oppose aux lumieres de nostre soleil, & qui nous cause les tristes effets de son eclypse. On pense joindre le temporel au spirituel, & en cela l'on fait vn meslange fort inegal d'où naissent de notables alterations.

Les loix Romaines exemptent de tutelle ceux qui ont cinq enfans, nous auons a faire vne saincte education de nos cinq sens, pourquoy nous surcharger de la tutelle de ces choses étrangeres, & qui sont ordinairement les productions des vices nos ennemys. Nous souhaittons la paix, & les richesses nous engagent en de continuels combats; la pieté cherche la retraitte, & les possessions nous forcent d'entrer dans le commerce d'vne vie commune, & dans des compagnies qui ne sont pas seulement importunes, mais contagieuses. Nous sommes soldats de Iesus-Christ, pourquoy nous enroller sous la milice du monde? pour-

R

quoy pratiquer auec son ennemy & en receuoir des presens? Il nous fait l'honneur de nous receuoir entre ses domestiques qui mangent à sa table, c'est l'offencer que médier nostre vie & nostre entretien d'autres mains que celles de sa prouidence; estant citoyen du ciel, nous ne pouuons pas l'estre du monde, ny partager nos deuoirs à deux villes qui sont ennemyes.

Il est vray, ceux qui se conseruent l'administration de leurs biens, peuuent s'en seruir fort vtilement dans les œuures de charité; assister les pauures, tirer les miserables de la prison, arrester les prostitutions & les crimes sur le point qu'vne extréme pauureté les alloit commettre: Toutes ces œuures qui se peuuent faire auec les richesses sont de commandement, & quoy que tous soient obligez de s'en acquitter selon leur pouuoir, il est certain qu'elles sont rares, & pour peu de personnes qui les pratiquent combien en voiez vous qui s'en dispensent, sous couleur de n'auoir pas dequoy soulager les propres necessitez de leur familles, selon le rang qu'elles doiuent tenir dans le monde. Ainsi les richesses que vous considerez comme vn moyen propre pour satisfaire au precepte de la charité, s'en dispensent pour les moindres sujets d'opinion, & tombent non seulement dans le deffaut de ces bonnes œuures, mais emportent l'homme à des passions qui leur sont contraires, côme aux vsures, aux rapines aux concussions, aux autres funestes effets de l'auarice qui oppriment les miserables.

La grace diuine est vne cause vniuerselle qui nous engage à diuers employs pour l'edification de l'Eglise, vous pouuez auoir en estime ceux qui font vne juste distribution de leurs biẽs, quant à vous, Dieu vous veut éleuer à plus de perfection; Si les autres donnent quelque chose en détail, il veut que par vne offrande plus magnifique vous vous donniez tout entier à luy, vostre personne & vos biens, & qu'il ne semble pas que vous offriez dessus ses autels les restes de vostre table. En cela vous satisfaites premierement au precepte de la charité, & de plus vous suiuez le conseil de l'Euangile, où Iesus-Christ ne dit pas au jeune homme riche qui vouloit estre de ces Apostres, allez, faites vn

DU RELIGIEUX.

estat de vos biens, asseurez-en le fonds & les reuenus, afin que vous les puissiez dispenser selon les loix de la charité; mais allez, vendez tous vos biens, donnez-en le prix aux pauures, & mettez vous à ma suitte : il adjouste quiconque ne renonce pas à toutes ses passions pour l'amour de moy, ne sçauroit estre mon disciple. Apres cet oracle il faut tenir comme vne infaillible verité, que la perfection Euengelique ne consiste pas seulement en vn dégagement d'esprit, qui peut estre trompeux & imaginaire, mais en vn actuel & veritable abandon des biens; en vne pure & entiere pauureté, dont la vie de Iesus-Christ fut l'idée, & dont les Apostres, & ensuite vne infinité de saints nous ont donné l'exemple.

Cette extreme pauureté vous fait mendiant, mais volontaire, & pour imiter vostre maistre qui vescut ainsi : les difficultez de cette vie vous seront vn souuenir continuel de l'amour que vous auez eu pour luy : il s'augmentera par les effets sensibles de sa prouidence tousiours preste à soulager vos necessitez ; dans les froideurs, & rebuts qu'il faudra souffrir, vous mortifierez ce qui vous restoit de vanité pour le monde, & vous serez vous mesme surpris de vous voir dans vne genereuse disposition d'esprit qui n'ayme, ne craint, n'admire chose aucune d'icy bas. Tout y est dans la mendicité, parce que les choses particulieres empruntent leur soulagement les vnes des autres, par des dependences necessaires qui forment leur liaison, & qui les font concourir à l'accomplissement d'vn tout. Les intelligences mendient leurs illustrations des superieures, les astres leurs lumieres du soleil, leur vertus des lieux & des aspects conuenables, la terre ses feconditez du ciel, de l'air & de l'eau; les sciences leurs principes des superieures, les arts leur conduite & leurs instrumens l'vn de l'autre ; les Princes n'entretiennent leur majesté que par les contributions qu'ils demandent aux peuples ; l'Eglise presente le bassin pour receuoir des offrandes, & tous ses magnifiques reuenus luy viennent d'aumosnes. Celle que vous receuez comme Religieux n'est pas entierement gratuite, car vous auez remis tous vos biens dans la masse du public qui s'en

R ij

eſt accruë : Vous rendez vos vœux & des loüanges à Dieu au nom des peuples que les choſes temporelles diuertiſſent de ce ſaint employ ; Vous eſtes au nombre de ces gardes qui veillent deſſus les murailles pour leur conſeruation, vous leur donnez le ſpirituel par les ſacremens & par la parole de Dieu que vous leur adminiſtrez; c'eſt donc auec quelque ſorte de juſtice que vous en receuez le temporel non pas comme gages, car ces bons offices ſi nobles ne tombent pas dans l'eſtime, mais comme la ſubſiſtance neceſſaire d'vne vie toute conſacrée à Dieu & au public.

DV VOEV DE LA CHASTETÉ.

CHAPITRE XXVIII.

TOVS les jours les hommes ſe plaignent de ce que leur ame ſe treuue engagée dans vn corps qui obſcurcit ſes lumieres, qui retarde ſes mouuemens, qui captiue ſa liberté, qui corrompt ſon innocence, qui l'oblige à mille honteuſes ſujections. S'ils ſont ſi mal ſatisfaits d'vn corps qui leur eſt propre, auec lequel l'ame a de ſi eſtroites ſympathies, ie m'eſtonne que par le mariage ils ſe ſurchargent d'vn ſecond corps étranger, dont les infirmitez & les mauuaiſes conditions ſont infiniment moins ſupportables.

Quand la raiſon de l'homme ſeroit aſſez forte pour tenir ſon corps en ſujection, ce gouuernement luy eſt oſté, au moins en partie pour le mettre en la puiſſance de la femme; il n'eſt donc pas maiſtre de ſon corps, beaucoup moins de celuy qu'il prend de nouueau touſiours ſujet aux paſſions d'vne ame moins forte & moins éclairée. Ils ſeront deux en meſme chair, dit l'Eſcriture, voila la diuiſion des eſprits dans vne communauté de puiſſances animales, ou par conſequent il ne ſe faut point promettre ce qu'on ſouhaitteroit de paix & d'integrité.

C'eſt, dit-on, vn mal particulier neceſſaire pour l'entretien de l'eſpece qui eſt vn bien general, où il ſemble que tous

DV RELIGIEVX.

font obligés de contribuer par cet oracle de Dieu rendu dés le commencement du monde, Croissez & multipliez. I'ay traitté plus amplement ce suiet dans le liure de la vie Religieuse, ou i'ay fait voir par l'authorité des saints Peres que comme dans vne ville tous ne sont pas obligez de faire vn mesme métier, qu'ainsi tous les hommes ne sont pas tenus au mariage, mais il suffit qu'vn assez grand nombre s'y porte pour entretenir l'espece. Le jardinier ne permet pas à toutes les laictües, ny à toutes les autres herbes potageres de monter en greine, mais il fait que la plus part se consomme en nos vsages. La mesme souueraine puissance qui ordonne le mariage au commencement des siecles nous conseille en suite de nous en abstenir, dit Tertulien, & ses loix ont esté diuerses selon la diuersité des temps: La mesme main qui a planté cét arbre, modere sa fecondité, & reserue ce qu'il en retranche à de plus nobles vsages. Quand l'Apostre permet de se marier, cette permission suppose que ce n'est pas vne action dans l'ordre des choses parfaites, mais vn moindre bien qu'il accorde par indulgence à des infirmitez qui ne sont pas capables de plus. Il vaut mieux, dit il, se marier que brûler: le mariage n'a donc la qualité de bien que par la comparaison d'vn plus grand mal: Ce sont deux maladies qui abattent inegalement nos forces, mais dont il faut que nous soyons également gueris pour estre dans vne parfaite santé. On ne peche pas de se marier, dit l'Apostre, d'où saint Hierosme infere, ce n'est donc pas vn bien, car on fait lors non pas ce que l'on doit, mais ce que l'on veut, on vse d'vne dispence dont l'effet ne va qu'a mettre ceux qui s'en seruent à couuert du mal.

Lib. 1. ad Vxorem, cap. 8.

Lib. 1. ad uersus Iouinianum.

Que les personnes du monde viuent tant qu'il leur plaira dans ce commerce du sang & de la chair? qu'elles se chargent de ces chaisnes qui ne se doiuent rompre qu'à la mort? que cette seruitude leur semble douce, où elles sont étroittement accouplées à leur semblables? qu'elles se trompent? que par les attraits de la concupiscence, que par la pompe des habits, des festins, des applaudissemens, elles se dérobent la veuë des tribulations où elles se vont plonger. Celuy que Iesus-Christ appelle à sa suitte a bien

R iij

d'autres lumieres & d'autres amours; car entre toutes les choses exterieures qu'il abandonne pour se mettre dans la liberté des enfans de Dieu, le mariage est le premier & le principal suiet de ses auersions, parce qu'il est le plus grand obstacle à ce qu'il pretend de bien. Il veut assujettir son corps à l'esprit, & voila son corps plus pesant si l'on l'attache à vn autre; le voila moins capable d'estre bien conduit, s'il deuient suiet, & sous la puissance d'vn autre beaucoup plus infirme: il voudroit éteindre la concupiscence, & l'on en nourrit les flammes par vne matiere continuelle. Il veut décharger son esprit des soins mesme qui regardent sa personne, afin qu'il soit plus libre & plus entier aux exercices de la contemplation; cependant le mariage l'embarasse dans les negoces domestiques, comme infinis, & dans des passions ordinairement extremes, quand il se faut conseruer l'honneur en vn suiet si fragile, & pouruoir vn nombre d'enfans d'assez de biens pour se maintenir auec reputation, contre toutes les disgraces dont cette vie se void menacée. On se defend auec moins de peine de l'auarice & de l'ambition; ce qu'elles traisnent de difficultez oblige souuent de s'en défaire, au moins de les moderer dans vne vie particuliere; Mais ces passions semblent legitimes, & paroissent comme authorisées de la charité, quand il faut soustenir l'honneur, & pouruoir aux necessitez d'vne famille; C'est donc vn estat incompatible auec cette pauureté que l'Euangile met pour fondement de la perfection, & pour vn principe d'où dépend le repos & l'integrité de la vie.

Si c'est le destin de l'homme de n'auoir point icy de parfaite liberté, & s'il faut qu'il viue dans la sujection, il vaut mieux qu'il s'abandonne à Dieu qu'au monde; il vaut mieux qu'il mette ses libertez naturelles entre les mains de Jesus-Christ pour accomplir ses conseils, que de les asseruir à la chair, aux passions, aux soins qu'il faut necessairement auoir dans vn mesnage: on peut bien s'en affranchir par vn sentiment de Religion, puisque les sages s'en sont faits quittes pour s'addonner plus librement à la Philosophie, & pour ne point prostituer les forces de l'ame à

DV RELIGIEVX.

la discretion du corps & de la fortune.

Il estoit extremément conuenable que Iesus-Christ qui venoit au monde pour établir entre les hommes vne nouuelle vie, selon la justice & la saincteté diuine commençast à retrancher la complaisance des deux sexes qui auoit donné suiet au premier peché. Il naist d'vne Vierge par vn prodige qui dispose la nature à la violence qu'elle deuoit souffrir de ceux qui ensuite professeroient la virginité : il demeure vierge toute sa vie auec des integritez incomparables ; il anime ses disciples à faire le mesme, sous la parabole des eunuques volontaires ; & puis qu'il introduit icy bas les loix & les coustumes du ciel, les hommes y doiuent viure comme des Anges.

Ce n'est pas que la nature ne reclame, & qu'elle ne demande ses droits en cette rencontre. Il semble extremément iuste, qu'ayant receu la vie de nos parens, nous la fassions passer comme vne lumiere de nous en nos descendans, & qu'ayant vne vie si courte en nos personnes, nous luy donnions vne étenduë comme infinie en eux qui nous peuuent representer par vne identité de nom, de titres, de droits, de substance. Celuy qui se veut consacrer à Dieu a toutes ces considerations, mais il s'en fait vn plus ardent motif de charité, & vne offrande plus magnifique : il void toutes ces vies qui pourroient naistre de luy dans vne longue posterité, & apres les auoir tenuës comme siennes, il les immole toutes à Iesus-Christ, par vn grand martyre dont le merite deuance les feconditez de la nature. Ce sacrifice me semble pareil à celuy du Patriarche Abraham qui se mettant en deuoir d'immoler son fils vnique, selon le commandement qu'il en auoit receu de Dieu, luy presentoit en ce cher enfant toute la posterité qui luy en auoit esté promise, c'est à dire autant de vies qu'il y a d'étoilles au ciel, & de grains de sable en la mer. La misericorde de Dieu receut les bonnes volontez de ce Patriarche pour des effets & ressuscita ses esperances, comme elle fait aujourd'huy renaistre le Religieux apres tant de morts, & luy donne ses benedictions pour vne sainte posterité. Car il sera le Pere d'vne infinité d'a-

LA CONDVITE

mes qu'il fera naiftre pour le ciel par ses bonnes œuures, par ses conseils, ses liures, ses predications, ses prieres, ses bons exemples : Eftant nay de l'Eglife vierge, il luy rendra ses deuoirs & ses seruices auec vne integrité qui conseruera l'honneur de son origine, & qui le rendra tres-digne enfant d'vne si sainte Mere.

D. Auguft. serm. 14. de tépore.

Ame religieuse, voila bien des confiderations pour vous faire aymer la chafteté, & pour élaircir les difficultez que vous pouuiez auoir d'en faire le vœu; il est faint, il est fauorable à l'innocence de la vie, il est necessaire pour la liberté de l'esprit, pour la pratique des conseils Euangeliques, & auec tous ces eminens profits vous y trouuerez de grandes facilitez. Car, dit Saint Augustin, si les personnes mariées gardent vne longue continence quand la necessité des affaires les tient séparées l'vne de l'autre, dans les voyages, dans les emplois de la Cour, de la guerre, des ambaffades; si elles se peuuent abstenir du commerce de la chair, dont elles se sont fait des habitudes, dont elles entretiennent les desirs par vn amour legitime, & qui croiffent par les delais & les esperances; N'est-il pas beaucoup plus facile d'éteindre ces flammes apres leur auoir entierement soubstrait la matiere dont elles se nourriffoient, & leur auoir osté tous les moyens de se répendre. Ce mouuement naturel est à noftre repos vn ennemy qui deuient plus insolent quand on luy fait plus de grace, & qui des traittez qu'on paffe auec luy, prend suiet de faire des demandes moins raisonnables, & de s'emporter à de plus violentes vsurpations; c'est vne cheute qui se precipite touſiours d'autant plus qu'elle trouue de pente, si dés le commencement l'on n'a des liens affez forts pour l'arrefter. Depuis qu'vne genereuse resolution a retranché cette concupifcence ennemye de l'esprit de Dieu, & qu'elle l'a mise entre les chofes impoffibles, la memoire en perd les especes, & le cœur n'en forme plus les defirs. Et parce que comme ces montagnes ardentes vous portez auec vous vn fonds touſiours renaiffant qui nourit ces flammes, & qu'en cela plus qu'en toute autre chofe vous auez sujet de vous défier de vous mefme, entrez dans vn cloiftre

Lib. de bono viduit. cap. 21.

DV RELIGIEVX.

cloiſtre vous en verrez le cours arreſté par la grace des ſa-cremens, par la ſocieté des ſaints, ſur tout par la vigilance & la prudente conduite d'vn ſuperieur.

DV VOEV DE L'OBEISSANCE.

CHAPITRE XXIX.

DIEV a fait toutes choſes en ordre, dit le texte ſa-cré, parce que l'ordre porte comme en extrait l'i-mage de toutes ſes perfections, & le modelle de ce qui regarde la felicité de noſtre conduite. La multitude repreſente l'infinité diuine, l'vnion des parties ſon vnité; le pouuoir que les choſes ſuperieures exercent ſur les plus baſſes, la ſouueraine puiſſance qui domine au monde; le concert & l'agreable diſpoſition de tant de ſujets tous diffe-rens ou contraires, l'infinie ſageſſe qui forme ainſi l'image ſenſible de ſes idées.

Cela fait que les choſes ſont dans la ſujection pour eſtre dans l'ordre, les mixtes ſous leur qualité dominante, les ele-més ſous le ciel, chaque ciel ſous ſon intelligéce, & les Anges ſous la plus haute hierarchie; qui les éclaire, les purge, les per-fectionne. La police de l'Egliſe & de l'eſtat ſuit ce droict commun & veut qu'en tous les corps, en toutes les ſocietez il y ayt quelque vnité dominante; chaque com-pagnie de ſoldats a ſon Capitaine; chaque regiment ſon Maiſtre de camp, toute l'armée ſon General; chaque Dio-ceſe a ſon Eueſque, toute l'Egliſe ſon Pape, chaque con-gregation Religieuſe ſon Superieur à qui les particuliers rendent leur obeïſſance ſi exacte & ſi formelle que delà ces ſainctes compagnies prennent le nom d'ordre.

Puiſque cette maniere de vie nous degage des affections mortelles, & nous met autant qu'il ſe peut icy dans la con-dition des Anges, elle en doit imiter les ſainctes ſubordi-nations, & comme ces eſprits bien-heureux, quoy qu'ils joüiſſent immediatement de Dieu, quoy qu'ils poſſedent en luy toutes les felicitez, ne laiſſent pas de receuoir leurs lu-

S

mieres, & leurs ardeurs de l'ordre superieur. Il n'y a point
de Religieux particulier quoy qu'éminent en doctrine &
rare en vertus, qui ne soit sujet à l'obeissance. Elle se
garde au ciel par l'exellence seule qu'il y a de suiure les
ordres établis de Dieu, & de representer, comme nous
auons dit, ses perfections infinies par l'accord de la multitude. Mais dans les compagnies Religieuses, entre des
hommes à qui la nature attache l'ignorance & la foiblesse
comme en propre, obeir n'est pas seulement vne action de
bien-seance, mais d'vne indispensable necessité.

Le mesme zele qui a tiré cet homme du monde pour
le consacrer à Dieu, le pourroit porter à des extremitez de
penitence où les forces se consommeroient sans fruict;
quand il est dans les emplois du cloistre ou publics, vne
charité mal ordonnée pourroit faire des saillies hors de saison, prejudiciables à ceux mesme qu'elle voudroit seruir,
si la prudence d'vn Superieur n'y donnoit le temperament,
& ne faisoit concerter les bonnes affections des particuliers
à vn bien commun. En cela comme en la milice les victoires mesme ne seroient pas approuuées, si on les gagnoit sans
ordre de celuy qui doit commander. Autrement vn coup de
bonne fortune seroit cause ensuite par son exemple de mille
desordres, & les plus grands courages seroient les plus horribles confusions.

Saint Augustin considere l'homme dans vn estat metoyen entre la beste & les Anges, auec des inconstances
qui le raualent ou qui l'éleuent dangereusement si la prudence d'vn autre n'en prend la conduite. Tantost, dit
Saint Bernard, vostre volonté deuient trop froide, quelquesfois trop ardente en ses deuoirs; quand mesme elle
rencontre le poinct de mediocrité, elle est aueugle jusques
a ne le pas reconnoistre pour s'y tenir, si le commandement
d'vn superieur n'echauffe ses tepiditez, ne tempere ses chaleurs, n'arreste ses inconstances, & ne prend la conduite
cependant que l'amour propre tient le bandeau sur les yeux
du particulier.

de vita solitaria sub finem.

Voila des considerations publiques qui marquent la necessité de l'obeissance, & qui doiuent donner la resolution

DV RELIGIEVX.

de s'y soubmettre, côme à vne ancienne loy fondamentale de la milice Religieuse où l'on se veut enroller. Mais en cela le principal motif du Nouice est beaucoup plus saint & plus releué, il veut par le vœu de pauureté abandonner tous ses biens, & tout ce qu'il s'en pouuoit promettre de soulagement dans les necessitez de la vie; il veut par le vœu de chasteté renoncer au mariage, & à toutes les satisfactions que la nature y pourroit pretendre; par ces vœux il fait vne offrande à Dieu de ses droits sur les choses exterieures, & luy presente vne partie de luy mesme; mais par le vœu d'obeissance il se consacre tout entier à luy en renonçant à soy mesme, qui est la derniere disposition que Iesus-Christ demande de nous pour estre à sa suitte. En cela, dit vn saint Pere, vous ne faites que rendre au fils de Dieu ce que vous luy deuez par beaucoup de titres, mais particulierement par le rachapt qu'il a fait de vostre personne au prix de son sang; vous vous donnez à celuy qui s'est donné pour vous auec vn merite qui n'entre point en comparaison. Vous estiez sous la tyrannie & sous les chaisnes du peché, il vous en deliure en sorte neantmoins que vous ne seriez pas vostre mais sien; d'esclaue que vous estiez du peché, vous deuenez esclaue de la justice, comme dit l'Apostre; vos sens estoient auparauant dans vne mauuaise liberté qui tenoit l'esprit en seruitude, maintenant ils sont suiets à l'esprit, qui par ce moyen se treuue d'autant plus libre, qu'il est plus soubmis aux volontés de Dieu, & qu'il a moins d'empeschemens pour s'aduancer à la perfection.

Euseb. Emise. homil. 1. ad monachos.

La charité qui ne souffre point de bornes, qui s'étend comme à l'infiny dans toutes les dimensions de la hauteur, de la profondeur & de la largeur donne les mesmes étenduës à l'obeissance Religieuse qu'elle anime, & qu'elle dilate aussi sans limites dans tous les espaces des lieux & des temps: Il n'y a rien de si releué, de si bas, de si mediocre où le Religieux ne soit disposé de se porter par obeissance, & comme il veut en mesme temps tout ce que le Superieur luy peut commander, il est par tout par vn espece d'immensité, & ses bonnes volontez ont des merites comme infinis s

S ij

Tractat. 7.
de spiritu
& respirat.
c. 10, &
vlt.

Albert le grand admire les esprits dans nostre corps en ce qu'ils ont vn mouuement indeterminé qui par consequent n'est point naturel, n'ayant point de fin, de terme, ny de chemin arresté; il n'est pas aussi violent, car il ne dureroit pas, & seroit accompagné de fatigues qui feroient perir l'animal: il n'est pas aussi volontaire, parce qu'il ne depend pas de nostre choix; Ce n'est donc qu'vn instrument qui deuoit auoir toutes ces aptitudes pour seruir à l'innombrable diuersité des desirs & des operations de l'ame. Voila quelque expression de l'obeissance Religieuse, qui passe les termes de la nature, sans neantmoins faire de violence à la volonté parfaitement soûmise à tous les ordres du superieur & à qui la charité, comme vne forme vniuerselle donne ses dispositions indeterminées. C'est ce qui fait vn holocauste parfait du Religieux; c'est ce qui le rend susceptible des impressions diuines, quand il n'a plus pour vie n'y pour volonté que celle de Dieu; c'est le vœu d'obeissance qui peut contenir eminemment tous les autres quand il consacre à Dieu toute la personne, ce cœur, cette volonté où est la source de tous les desirs; cet esprit où resident tous les droits qu'on pourroit pretendre en la possession, & aux contentemens du monde.

Iamblicus
de myste-
riys cap. 14

Les obligations que nous auons à Dieu sont infinies, aussi ce qu'on luy offre par cette entiere obeissance tient de l'infiny; car pour le mieux seruir, on laisse vne infinité de libertés naturelles, & on s'expose à vne infinité de sujections Religieuses, par vn sacrifice perpetuel à cause de cette victime toûiours entiere, & toûiours en estat d'estre offerte apres mille oblations. La charité qui n'a point de bornes est satisfaite par cét aneantissement que l'obeissance fait de la creature pour Iesus-Christ : Ame Religieuse si vous ne pouuez actuellement mourir pour luy, comme vous le desirez, si vous ne pouuez donner tout ce que vous auez de vie, vous profitez de vostre impuissance quand vous estes encore à vous mesme pour estre autant de fois immolée qu'il se presentera d'occasions d'obeir au superieur.

Que cette mort des iustes est souhaittable qui appaise

toutes les inquietudes, toutes les douleurs, qui met fin à toutes les maladies de la propre volonté, & qui nous anime de celle Dieu. Vous portez vn grand thresor dans vn vase bien fragile, & dans vn chemin tres-glissant, mettez-le donc entre les mains du superieur qui sont plus seures, & rendez-le garend deuant Dieu de vostre conduite: Quelle paix, quelle tranquilité dans vostre ame, quand vous ne sçaurez plus vouloir que ce que le superieur vous fera connoistre de la volonté de Dieu, & comme les Seraphins qui publient des loüanges eternelles à sa sainêteté, vous aurez des aisles les vnes qui couuriront vostre face, parce que vous n'aurez plus besoin d'yeux pour vostre conduite ; les autres seront étenduës, qui vous tiendront tout ensemble dans le repos & le mouuement, c'est à dire dans vne retraitte tousiours preparée à ce qu'on luy voudra donner d'emplois, & dans vn employ tousiours prest à la retraitte. Vous voila parfaitement instruit de ce qui regarde la condition religieuse, vous sçauez de qu'elle importance & de quel merite sont les trois vœux qui vous doiuent attacher au seruice de Iesus-Christ, vous y auez fait l'épreuue de vos forces & dans tous les autres exercices pendant vostre nouitiat ; vous sçauez ce que les sens y trouuent de difficultez, & l'esprit de consolation ; il ne reste plus qu'à passer ce contract auec Dieu à la face de son Eglise.

PROFESSION PVBLIQVE
des trois vœux.

CHAPITRE XXX.

L'ESPERANCE est tousiours meslée de crainte, & si l'vne flatte nostre esprit de belles idées, si ses promesses luy inspirent de genereuses resolutions, qui semblent anticiper la iouïssance du bien; l'autre rabat ces ioyes, épouuante l'ame d'vn gros de difficultez & de douleurs qui sont bien plus sensibles que le plaisir. Les premiers mouuemens de la grace qui transportent vn homme du monde dans le cloistre, ne luy font rien paroistre d'impossible, & de cette premiere démarche qu'il fait auec tant de cœur, il se promet de grandes facilitez au reste de cette sainte entreprise; mais ensuite le voilà comme inuesty de mille phantosmes, allarmé d'autant de perils, qui peuuent empescher la profession. Il apprehende que le corps priué de ses anciennes commoditez & parmy la rigueur de cette nouuelle vie, ne deuienne infirme, & ne l'oblige à la retraitte : il craint que le desordre de sa vie passée ne le fasse considerer comme plain de mauuaises habitudes qu'on iugeroit difficiles à vaincre, & faciles à se rétablir si tost qu'on ne leur fera plus de violence. Il s'en fait autant qu'il en peut porter, & parmy ces contraintes comme le mauuais naturel iette toussiours quelques éclats, il craint de passer pour suspect d'affectation, & comme s'il auoit plus de mine que de zele. Enfin l'exemple de tant de personnes renuoyées apres des commencemens qui n'estoient que feu, luy font craindre la mesme disgrace. Le moyen de retourner au monde auec cette notte d'infamie sur le front, d'auoir pris & laissé l'habit Religieux, d'estre deserteur de cette sainte milice par inconstance, ou d'en estre honteusement exclus par son demerite. Mais enfin le temps porte auec la suite des moys, la fin de l'année qui dissipe tous ces nuages, par la satisfaction qu'on témoigne de sa personne, & par les suffrages qui l'admettent à la profession.

Les allegresses d'vn pilote qui touche le port apres vne longue & perilleuse nauigation, les transports d'vn victorieux apres la déroute de ses ennemis par vne sanglante bataille, & toutes les auentures que traisne auec soy le sort des armes; les ioyes d'vn esclaue tiré de la chaisne & remis en sa liberté auec des conditions auantageuses, ne sont rien au prix des douceurs, des tranquilitez, des rauissemens d'vn Nouice qui se void au iour de rendre ses vœux à Dieu, apres toutes les difficultez, & toutes les craintes qui l'ont exercé durant son année de probation. Iournée bien-heureuse qui le sauue des écueils & des tempestes où tant de personnes du monde font naufrage; qui desarme ses passions, qui ne luy laisse plus d'autres soins que de plaire à Dieu.

Les peuples concourent à cette action auec la mesme curiosité, mais auec d'autres sentimens qu'au spectacle d'vne mort ou naturelle ou violente; ils regardent auec veneration la sainćteté d'vn homme qui meurt volontairement pour Dieu, a tous les plaisirs, a toutes les vanitez du monde; ils le proclament bien-heureux d'estre deliuré des chaisnes qui leur pesent sur le col, de n'estre plus dans ce commerce des sens & des passions qui blessent la conscience. Ils concourent tous de cœur & d'affection à ce sacrifice, & presentent à Dieu tout ce qu'ils pourroient pretendre d'interest, d'amitié, d'alliance en cette personne qui va se consacrer à son seruice pour toute sa vie; tous prennent part à cet acte de Religion qui est d'vn droit public, parce qu'il honore la souueraine maiesté de Dieu, d'où dépend la felicité des Empires; tous ont interest en cette action, mais vous y auez le principal, nouueau soldat de Iesus-Christ, vous voila fait vn spectacle à Dieu, aux Anges & aux hommes; à Dieu qui void vostre cœur, & qui sçait estat du zele dont vous accompagnez la prononciation de vos vœux; des Anges dont vous voulez imiter la pureté,

& de qui vous esperez de grands secours en cette sainte entreprise : Enfin des peuples, puis qu'il vous regardent comme vne hostie viuante qui s'offre à Dieu pour leurs pechez, & qui doit attirer sur eux ses benedictions, ils vous considerent dans cette saincte condition, comme dans vn sacerdoce qui luy doit continuellement offrir vn sacrifice de loüange au nom de toutes les creatures, & particulierement des hommes occupez dans le commerce de la vie ciuile. Ces deuoirs qu'on attend de vous sont grands, ils vous sont neantmoins faciles, parce qu'ils dépendent de vostre amour enuers Dieu, & de la fidelité que vous apporterez à l'obseruation de vos vœux. Voicy l'heure d'accomplir ce que vous auez souuent dit auec le Prophete, ie rendray mes vœux à Dieu à la veuë de tout son peuple, cette mort est bien pretieuse qui vous détachant du monde vous fait viure de la vie des saincts. La profession publique que vous en faites vous declare tout hautement pour le party de Iesus-Christ, vous allez entrer dans vn long martyre pour confesser la verité de sa doctrine, vous soustenez qu'elle est saincte, & qu'elle est le chemin du ciel, vous accusez publiquement les opinions des mondains de faux, vous leur faites le reproche d'employer vne vie si pretieuse à des vanitez, & à des desordres qui leur ostent les esperances du ciel. Vous accomplissez les promesses faites au baptesme de renoncer aux pompes & aux impuretez de la terre, enfin vous continuez autant qu'il vous est possible les victoires de Iesus-Christ, & vostre vie consacrée pour tousiours à son seruice est vn nouueau trophée que vous éleuerez pour sa gloire.

Recueillez ce fruit de ses graces, auec autant de satisfactions que vous l'auez recherché auec d'extremes desirs, possedez auec plus de joyes, conseruez auec plus de soins ce dont la poursuite vous a donné tant d'allarmes, que toutes les craintes que vous auiez de n'estre pas admis à la profession se changent en vne crainte filiale de ne rendre pas à Dieu tout ce que vous luy deuez d'amour & de seruice. Cette prononciation de vœux est vne stipulation que vous passez auec Dieu, de n'auoir plus de vie,

de desirs,

de desirs, de forces, que pour ce qui regardera son honneur, & luy par la bouche de son ministre il vous promet la vie eternelle.

Quel échange auantageux faictes vous aujourd'huy, vous quittez vn monde plain d'inquietudes, de trauaux, d'impuretez : vous donnez la paix & l'innocence à vostre ame, & par cette retraitte qui établit vostre veritable felicité dés cette vie, vous luy donnez encore les esperances certaines des courōnes qui l'attédent en l'autre. Que vous seriez heureux, si vous ménagiez bien le temps & vos forces dans cette saincte condition, grauez dans vostre cœur, auec des caracteres de lumiere & d'amour les graces que Dieu vous fait aujourd'huy, & les sentimens qu'il vous en donne afin que ce vous soit à l'aduenir vn memorial pour ralumer vostre zele & vostre courage, s'il venoit à se refroidir dans les diuerses rencontres de la vie.

SECONDE PARTIE.
LA CONDVITE
PARTICVLIERE ET INTERIEVRE
DV RELIGIEVX.

AVANT-PROPOS.

ES impressions de la grace sont d'ordinaire si puissantes sur les personnes nouuellement conuerties, & les benedictions dont Dieu les preuient ont tant de douceur, qu'elles couurent toutes les difficultez de la vie Religieuse : Vn Nouice qui suit les attraits de sa vocation, ne trouue point dans cette nouuelle vie de rigueurs qui ne soient au-desous de son courage, & qui ne luy paroissent bien peu de chose dans le dessein qu'il a formé d'immoler à Dieu toute sa vie par les vœux, en vn temps où la paix vniuerselle de l'Eglise ne luy permet point vn autre martyre. Il sort des libertez, des plaisirs, des abondances du monde, & tout d'vn coup il se iette dans la sujection, l'austerité, la pauureté par des transports qui d'vne extremité passent à l'autre, qui donnent des habitudes & des joyes en des actions inaccoustumées d'elles mesmes contraires aux sentimens de la nature, & qui nous forcent de confesser que ces changemens prodigieux sont des coups de la main de Dieu. Ne vous arrestez pas seulement à la modestie de cette démarche, à cette honneste composi-

T ij

tion de tout le corps, à ces yeux qui ne voyant plus les objets propres à flatter les passions, nous font voir que le cœur les abandonne auec mespris; ne vous arrestez pas à toutes ces autres marques exterieures d'vne grande tranquilité, tout cela ne procede que d'vn interieur incomparablement plus dégagé de la terre, & qui par cette suspension des sens tâche de recueillir toutes les forces de l'ame, pour les employer aux actions d'vne vie celeste. S'il vous estoit permis de voir dans ce cœur les lumieres qui l'éclairent, les saintes ardeurs qui l'enflamment, les mouuemens sacrez qui les transportent, ces souspirs, ces gemissemens inenarrables pour l'eternité, vous prendriez cela pour vne saincteté consommée, & ce Nouice pour vn modelle de perfection.

Ce sont là veritablement les efforts d'vn amour diuin, qui captiue la nature, mais qui comme les autres mouuemens de violence peut estre fort en son commencement, plus lent en son progrez, plus foible en sa fin. Mettez vn bois verd au feu desja bien allumé, il se fait vne prompte inflammation, de ce qu'il contient en soy d'oleagineux, & puis elle s'obscurcit par vne épaisse fumée, & s'éteint par vn humide aqueux, que la chaleur repend sur soy en le voulant separer : Ainsi les premieres feruers d'vn Nouice receu dans vne saincte congregation n'eclattent d'abord que pour les interests de Dieu, & puis elles sont sujettes à receuoir de grands decherz par des sentimens humains. Quand il se considere dans vne année de probation, où tant d'yeux sont ouuerts sur luy, il est difficile qu'il ne tâche de leur complaire pour meriter des suffrages qui sont lors l'objet de ses plus hautes pretentions : Ainsi la crainte & l'esperance se meslent imperceptiblement parmy les plus sainctes de ses pensées, & quoy qu'il ayt la conscience delicate il a peine à se repentir de ce qui ne tend qu'a rendre sa vocation plus asseurée. Toutes-fois, si nous en croyons l'Apostre, ce n'est pas agir en vray seruiteur de Dieu d'estre en dessein de plaire aux hommes; & d'attendre de leur jugement ce qu'il se deuoit plustost promettre des merites d'vne solide vertu, & des ordres de la prouidence. Le

DV RELIGIEVX.

calme n'est pas tout entier dans vne ame agitée de passions pour quelque sujet que ce soit, l'extreme desir est tousiours accompagné d'inquietudes, ce qu'il pense deuoir de complaisance cause beaucoup de deguisemens, qui ne s'accordent pas auec la simplicité Religieuse; la bouche, les mains, les yeux s'emportent à des relâches ou à des contraintes qui ne sont pas tousiours de perfection. Enfin le nouiciat est vn essay dont l'euenement incertain fait que l'on jette encore quelque veuë sur le monde où l'on peut estre contraint de retourner, & qu'on ne deploye pas toutes ses forces, afin de se former à vne condition pour qui l'on ne se void pas encore determiné.

Le Nouice connoist bien ces imperfections, mais elles luy semblent ineuitables en cet estar, aussi ne souhaite-il rien plus que de rendre ses vœux à Dieu pour s'afranchir de tout ce qui tient encore beaucoup des complaisances, & des seruitudes humaines : Estant profez, estant mort au monde, a tous ses droits, ses possessions, ses esperances, ses vanitez, il a des joyes extremes de s'estre fait vne necessité de la vertu, & de n'auoir plus qu'a s'y perfectionner. Ie viens seconder ces sainctes affections en la seconde partie de ce liure, où ie tâcheray de former la conduitte interieure d'vn Religieux qui n'a point d'autre veuë, n'y encore d'autres employs, qu'a seruir Dieu auec tout ce qu'il pourra de fidelitez, & aduancer ainsi son salut.

L'Apostre veut qu'on se conuertisse à Dieu auec des desirs animez par l'esprit de Iesus Ressuscité que nous en soyons fortifiez en vertu selon l'homme interieur, auec des auantages qui respondent aux richesses de sa gloire, que Iesus habite en nos cœurs par la foy, afin que sa charité y prenne de profondes racines; qu'à sa faueur nous soyons instruits de la science des saints, & que nos cœurs reçoiuent d'assès grandes étenduës pour estre remplis de toute la plenitude de Dieu. C'est donc nous rendre bien-heureux dés cette vie, & comme si nous n'estions plus chargèz d'vn corps mortel anticiper sur les droits de la resurection & de la beatitude, de disposer l'homme interieur auec tant d'integrité que Dieu l'anime, le sanctifie, le rende diuin par

Rom. 7.
& 8. 10.
Ephes. 3.
16.

T iij

son esprit ; ie ne conçois rien de plus sublime. C'est ce qui fait le veritable Religieux, ce qui acheue, ce qui couronne le mespris qu'il a fait du monde de se conseruer vn interieur dégagé de toutes les creatures, & qui ne void, qui n'entend, qui n'admire, qui n'ayme, qui ne respire que Dieu. Il est par ce moyen éleué dans vne region de paix & de lumieres, où il luy offre sans cesse des sacrifices de loüange, où il en reçoit les oracles de la verité, & d'ineffables consolations, puisque rien ne luy peut manquer estant remply des plenitudes de Dieu. Sa sainteté le purifie, ses lumieres le conduisent, sa gloire le rend heureux, son immutabilité luy donne la force de garder inuiolablement ses vœux qui commencent dés icy les exercices du ciel ; car nous serons là sans auoir besoin des biens de fortune, chastes pour tout ce qui regarde les sens, & parfaictement soûmis aux diuines volontez. C'est donc cet interieur bien disposé qui rend le Religieux vn homme celeste ; & qui l'entretient toûsiours comme les Anges en la presence de Dieu, soit dans la retraitte, ou dans les emploits.

C'est pourquoy ie pense qu'il faut commencer l'institution du Religieux par l'interieur, qui est comme le fondement de toutes les vertus speculatiues ou pratiques dont il peut estre capable ; la forme qui le determine, le principe d'où doiuent proceder toutes ses puissances & toutes ses actions, dans vne vie solitaire ou publique. En cela nous imiterons la nature qui commence la formation de nos corps par le cœur, le cerueau, le foye, par ces plus nobles organes où elle met les thresors de la vie qu'elle doit communiquer à tous les membres. Son droict commun veut que toutes choses fassent leurs productions en elles mesmes deuant que les mettre au jour, & plus elles sont parfaittes plus elles sont intimes, & moins separées de la substance qui les porte. Le vegetable qui a mis toutes ses vertus en sa graine, la tient long-temps attachée à l'extremité de ses rameaux, & ne la laisse tomber que quand la chaleur du ciel à suffisamment digeré ce qu'elle a receu de nourriture ; les animaux plus parfaits, conçoiuent, for-

DV RELIGIEVX.

ment, animent, nourriſſent leurs productions dans leurs propres corps, iuſques au terme preſcrit à la naiſſance, la phantaiſie conçoit l'idée ſur laquelle les mains doiuent former leur ouurage, la raiſon conçoit encore plus intimement & auec vn retour interieur le verbe qui eſt l'original de ce que la parole ou l'action doiuent exprimer. Sur cela Platon qui met la veritable exiſtence des choſes dans les idées, parce qu'elles ſont affranchies des imperfections de la matiere, veut auſſi que la morale deuance la politique, & qu'vn homme ayt vne Republique bien formée dans ſon interieur, par les lumieres de la raiſon & par vne iuſte conduite de ſes mouuemens, deuant qu'il ſoit en eſtat de tenir le gouuernement des peuples; Moyſe, Dauid, & les autres grands perſonnages, ont eſté long-temps dans la retraitte, pour s'y former à loiſir vn interieur à l'eſpreuue de tous les accidens & capable de former le public, comme les eaux medicinales prennent ſous terre les teintures qui font icy les remedes de nos maladies.

L'interieur d'vn Religieux eſt comme la forme qui dans vn compoſé conſerue le temperament, & le rétablit apres les alterations qu'il a ſouffertes ſous des qualitez enemies. Soit donc que vous conſideriez le Religieux dans vne vie ſolitaire, ou comme vn inſtrument dont la prouidence ſe vueille ſeruir pour les vtilitez publiques de ſon ordre & de l'Egliſe, deuant qu'il s'expoſe à ces grands employs il eſt important de bien former ſon interieur, par de bonnes habitudes qui luy rendent les vertus propres, ſolides & comme eſſentielles, de ſorte que ſans s'affoiblir elles paſſent ſur tous les accidens de la vie, comme ces rouës d'Ezechiel, parce qu'elles ſont pouſſées de l'eſprit. Mettez vn Religieux dans l'exercice de toutes les mortifications, retenez ſes yeux, ſa langue, ſon port, toute ſa conduite dans les loix d'vne ſeuere modeſtie; s'il n'a pas vn fons de vertus & vn bon interieur, ces pratiques ſeront comme des eaux qui ſe tariſſent bien-toſt, parce qu'elles ne coulent pas d'vne ſource; comme des reſſorts d'artifice qui tombent en deſordre, parce qu'ils n'ont pas en eux mesmes le principe du mouuement comme les agens naturels. C'est pourquoy l'Apostre ne nous parle d'vne personne veritablement conuertie, que comme si elle estoit animée de l'esprit de Iesus-Christ; parce que le bon interieur est aux exercices de pieté ce qu'est la forme à l'égard de ses actions, qu'elle produit sans fatigue, auec plaisir, auec des forces qui ne tombent en defaut que par celuy des organes & des moyens. Le cœur vit le premier & meurt le dernier, parce qu'ayant en soy le principe de la vie & de la chaleur, il en joüit deuant que la distribuer aux autres parties, & la retient encore quand elle deuient si foible, qu'elle ne suffit plus à la distribution: Selon cette équité naturelle, les Prouinces doiuent faire leurs prouisions des fruits qu'elles portent, deuant qu'elles soient obligées de les mettre dans le commerce étranger, quand le Religieux seroit destiné pour seruir aux plus éminents emplois de la charité chrestienne, à l'administration des sacremens, à la predication de la parole de Dieu, aux actions mesmes hierarchiques, il se doit à Dieu & à soy mesme deuant que se donner aux autres, & selon que son interieur sera mieux estably dans la vertu il aura plus de vigueur pour ces emplois exterieurs. C'est le dessein de cette partie de jetter dans l'ame du Religieux les solides fondemens d'vne pieté qui soit vtile à tout, comme dit l'Apostre, tant à la retraitte qu'à la conuersation. Dans les premiers chapitres ie le considere encore comme dans la vie purgatiue, par la continuation des exercices de penitence qui assujetissent les sens à l'esprit: Ensuite ie le represente animé de Iesus-Christ, & viuant d'vne vie diuine; & puis ie le mets dans les exercices, dont ceux que ie represente icy sont solitaires; dans les deux autres parties ie deduiray ceux qui regardent la communauté Religieuse, & dans la quatriesme ceux qu'il entreprend par charité pour le soulagement du prochain.

SERIEVSE

SERIEVSE REFLEXION SVR CE QVE
la vie Religieuse a ses loix directement contraires
à celles du monde.

CHAPITRE I.

CHAQVE ciel des planettes a deux mouuemens l'vn qui luy est commun auec tous les autres, & qui suit tous les jours le tour du premier mobile d'Orient en Occident, l'autre qui luy est particulier, & dont les periodes sont plus longues, selon que sa Sphere a plus d'étenduë dans vn plus grand éloignement de la terre. Chaque peuple regle sa vie par deux loix, l'vne naturelle commune à tous les hommes, l'autre municipalle qui s'écarte en quelque chose de la naturelle par des coustumes particulieres, que l'vsage & la raison rendent legitimes; Ainsi les ordres Religieux conuiennent tous en ce qu'ils écartent la personne des habitudes du monde, & qu'ils la consacrent à Dieu par les trois vœux; Mais comme les emplois sont differens chaque institut a ses regles & ses constitutions particulieres proportionnées à sa fin, dont nous auons parlé en vn autre lieu.

heureux succez. 3. part.c.21.

Ce droit commun de la vie Religieuse qui fait vn nouuel homme détaché des choses de la terre, & dans l'imitation de Iesus-Christ, consiste principalement en ce qu'il a ses loix du tout contraires à celles du monde; & qu'il fait estat de donner à l'esprit les affections & les soins qu'on a pour les sens dans le cours d'vne vie commune. C'est, dit Saint Augustin, ce qui a partagé les hommes comme en deux citez, l'vne de Dieu, l'autre du monde, auec des antipathies & des inimitiez qui les tiennent dans vne guerre continuelle. Iesus-Christ ne parle du monde que comme de l'ennemy declaré de sa doctrine, & par tout son Euangile il met ses Apostres & le monde dans vne parfaite opposition: Le monde, leur dit-il,

De ciuit. Dei &in ps. 36. conc. 2.

V

sera dans la joye, & vous dans les larmes, mais qui enfin seront changées en consolations : parlant de ceux qui le persecutoient, ils sont, dit-il, du monde & ie n'en suis pas; parlant à ces disciples il leur dit, vous n'estes pas de ce monde, ie vous en ay retirez, c'est pourquoy s'il ne rencontre rien en vous qui ne luy soit contraire & qui ne l'offence, ne vous estonnez pas si vous estes l'objet de sa hayne & de ses persecutions. Le Demon qui est l'ennemy juré de l'honneur de Dieu & du salut des hommes, est appellé le Prince du monde, parce que le monde vit sous ses loix, & combat sous ses enseignes : Enfin le fils de Dieu dit que pour sauuer son ame il faut la perdre, que pour viure il faut mourir, car l'integrité que ses conseils demandent de nous est aussi contraire aux habitudes du monde que la vie l'est à la mort. Voila la grande maxime, & le premier principe que ie souhaitterois estre profondement graué dans le cœur du Religieux, l'idée qu'il doit tousiours auoir en son esprit, la regle qui doit ajuster toute sa conduite; à sçauoir qu'il professe vne vie contraire à celle du monde, & qui n'aura ses forces, sa beauté, la liberté de ses fonctions qu'autant qu'elle s'éloignera des sentimens ordinaires aux seculiers : La vie du monde se perd dans la Religion, comme la vie Religieuse se perd dans le monde : ce sont deux elemens contraires en qualitez, comme l'air & l'eau qui ne nourissent pas vn mesme sujet, & qui suffoquent reciproquement leurs habitans par vn droit de represaille. Ce sont les deux poles des actions humaines, dont l'vn reçoit la lumiere que l'autre perd, & qui sont aussi contraires en qualitez qu'en situation.

Voyez en detail cette contrarieté, le monde fait estat des richesses, comme du moyen qui peut satisfaire tous ses desirs, & s'assujetir toutes les personnes; le Religieux professe la pauureté où il trouue sa paix, ses libertez, ses consolations, & sans rien esperer de la fortune, il se commet tout à la prouidence : Si le monde a de l'ambition pour les dignitez, & pour les charges, entre les Religieux qui a plus d'humilité est plus en estime : si le monde cherche le plaisir des sens, le Religieux fait estat de s'en priuer

& de les assujettir à l'esprit par les continuels exercices de la mortification : Si le monde poursuit la vengence des injures, entre les Religieux la perfection consiste à ne les point ressentir, & à rendre le bien pour le mal. On doit icy serieusement remarquer que comme les mondains font gloire de leurs richesses, de leur dignitez, des hautes vengences, & qu'il faut viure de la sorte pour ne point déchoir de ce qu'on se veut conseruer d'estime ; qu'au contraire le Religieux est plus honoré qui est le plus pauure, le plus humble, le plus patient ; de sorte qu'en toutes les rencontres ou les sens ont à souffrir, il ne doit pas craindre le mespris, mais se deffendre de la vanité. Si l'on veut estre en bonne odeur, comme dit l'Apostre, & se conseruer vne reputation qui nourrisse la charité mutuelle, il se faut adonner à la vertu où ces saintes congregations mettent le poinct d'honneur. Le moindre petit frere qui aura plus d'humilité, de charité, plus de zele de ses vœux, vn plus grand esprit d'oraison, parmy ces humbles offices gaignera plus incomparablement l'estime & le cœur de tous, que les doctes & les éloquens, si ces qualitez de Philosophe ne sont pas releuées par celles de la saincteté. C'est vne grande consolation pour ceux qui ne sont pas dans l'eminence des charges ny auantagez des dons de nature, de pouuoir recompenser ces defaux par des exercices de vertu ; & dans la diuersité des talens & des emplois trouuer ce moyen d'égalité d'où naist l'amour & l'vnion.

Supposé ce que nous venons de monstrer, que les loix de la perfection Chrestienne sont diametralement opposées à celles du monde, qui se propose pour fin les felicitez de cette vie, & non pas celle de l'autre ; Vous pouuez tirer de là beaucoup de lumieres, & beaucoup de certitudes pour vostre conduite : Vous pouuez estimer les merites de la vie Religieuse, parce qu'elle a de contrarietés auec la vie commune, comme on connoist les bonnes monnoyes par la comparaison des fausses, & comme le corps du soleil nous a donné les proportions de sa grandeur par ses ombres. Si vous n'estes pas assez instruit des volon-

LA CONDVITE

tez de Dieu en des rencontres qui ne sont pas déterminées par l'Eglise, par vostre Regle n'y par le Superieur, le plus asseuré c'est de vous porter pour le party côtraire aux inclinations des sens & du môde, parce que vous ne deuez rien faire à la discretion de vostre ennemy. Vous estes asseuré de bien faire, si vous ne suiuez pas ses conseils; vous estes innocent, s'il vous condamne; vous ne craindrez rien tant que ses loüanges & que ses applaudissemens, qui vous sont vn reproche, au moins vn grand sujet d'apprehender que vous ne vous soyez échappé qe vostre deuoir.

Les contraires s'écartent naturellement l'vn de l'autre pour se mettre en asseurance, & pour éuiter ce qu'ils souffriroient de dommage dans la rencontre: Les sens abhorent les qualitez qui leur sont desagreables & la douleur qu'ils y endurent les oblige de s'en éloigner. Ainsi la contrarieté que le Religieux reconnoit entre sa profession, & les loix du monde luy en dône plus d'horreur qu'il n'en pourroit auoir de quelque suiet que ce fust par les antipathies naturelles: & ce degoust qu'il en prend, cette auersion qu'il en conçoit, les perils qu'il y remarque, l'obligent à tenir ferme dans sa solitude, à ne point hazarder sa conscience dans des conuersations desagreables & contagieuse.

Quand les mondains vous verront dans les practiques d'vne vie contraire à la leur, ils ne vous rechercheront que comme vn remede lors qu'ils auront le sentiment de leurs infirmitez; & vous mettant entre les choses sacrées ils viendront à vous, comme aux Eglises, pour y receuoir les faueurs du ciel.

Cette connoissance donc que le monde passe sa vie sous des loix contraires à vostre profession, vous est extremément necessaire pour ne point tomber entre les mains de cet ennemy; pour tenir ses presens & ses traittez comme suspects, pour ne vous point étonner de ses persecutions, pour prendre vne conduite qui ne s'accorde pas à ces desseins, pour luy faire misericorde quand il vous la demandera, & qu'il viendra reconnoistre la saincteté de vos vœux.

DV RELIGIEVX.

RECONNOISTRE BIEN QVEL EST l'esprit de sa vocation pour s'y perfectionner.

CHAPITRE II.

TOVTES les parties d'vn mesme corps n'ont pas la mesme conformation, ny le mesme temperament; elles ne tiennent pas vn mesme lieu, ny vn mesme office, dit l'Apostre, toutes neantmoins sont d'intelligence, pour former par le concert de leur qualitez, cette secrete vigueur qui fournit les forces pour les actions. Les Medecins diuisent ces principales parties en celles qui sont solides, comme sont les os; humides, comme sont les chairs & les muscles; les spiritueuses, comme sont les membranes & les nerfs plains d'esprits qui sont le nœud de l'ame auec le corps, & ses premiers ministres qui distribuent la vie, le sens & le mouuement. S'il y a quelque rapport entre le corps moral & naturel, on peut dire que dans la vie Religieuse les parties solides representent les solitaires; les humides sont les instituts particulierement ordonnés pour le seruice du prochain, & qui pour garder quelque conformité, retiennent encore beaucoup de la matiere: Enfin les spiritueuses plus approchantes de la nature de l'ame, plus déliées, plus subtiles, plus penetrantes, plus propres à toutes les fonctions de la vie, nous peuuent signifier ceux qui par vn dégagement entier des biens de fortune professent vne vie meslée d'action & de contemplation, capable de tous les emplois de la charité.

Comme l'ame void par les yeux, ayme par le cœur, agit par les mains; Ainsi, dit Saint Bernard, Dieu se sert de diuers esprits pour les diuerses operations de la grace, & pour nous faire icy diuers tableaux de ses infinies perfections, particulierement de sa sagesse, de son amour, de sa puissance. Les vns representent cette diuine sagesse immobile en ses decrets: les autres l'amour qui le transforme pour compatir à nos foiblesses; les autres sa toute

Lib. 5. de consid. c. 5.

V iij

puissance, qui passe par dessus les loix de nature par vne infinité de miracles, quand il s'agit de nous donner des lumieres & des forces pour aller à luy.

Les parties de nostre corps ont cet auantage, que par la seule conduite de la nature elles s'acquittent fidelement de leurs offices particuliers, sans que l'vne vsurpe rien sur celuy de l'autre : Mais dans les societez humaines, dans les congregations mesme Religieuses, où il se trouue des ames capables de tout, les ordres ne seroient pas gardez, si chacun ne considere quel est l'esprit de son institut pour s'y tenir. Interrogez vos anciens, dit le Psalmiste & vous en serez instruit : consultez l'histoire pour y apprendre les premiers desseins de l'instituteur & la conduite de ses successeurs : examinez les traditions, les sentimens, les pratiques des anciens, & jugez que c'est le veritable esprit de l'ordre, sous lequel il a pris son commencement, & fait en suitte de plus insignes progrez.

Ephes. 4.

Cette connoissance sera vostre aimant & vostre pole pour vous conduire dans tout le cours de vostre vie : vous marcherez comme souhaitte l'Apostre, d'vn pas ferme & resolu dans la vocation où Dieu vous appelle : vous ne tomberez point dans les extrauagances de ceux qui sans auoir égard à l'institut où il se sont obligez par vœu, se laissent emporter à leurs inclinations naturelles, & dans toutes les ouuertures où leur esprit se promet quelque satisfaction. Si dans vn ordre qui ne professe qu'vne vie purement monastique, dans les exercices du chœur & de l'autel, quelqu'vn vouloit s'en diuertir pour s'appliquer à de profondes estudes, telles qu'on les doit auoir pour la composition des liures ou la predication, on luy diroit que ce sont des œuures veritablement sainctes, mais qui ne luy sont pas propres, parce qu'elles ne le sont pas à l'ordre dont il fait partie : C'est sur cela que le pieux & sçauant Gerson fonde la resolution qu'il donne, des

Tract. de lectione Monachis propria.

estudes & des lectures propres aux Moines. Si de mesme dans vn ordre étably pour le soulagement du prochain, quelqu'vn vouloit garder vne opiniastre retraitte, elle seroit consideree comme vne negligence & vne espece de desertion, plus honteuse au milieu d'vn gros qui marche au combat.

C'est dites vous voſtre eſprit, mais ce n'eſt pas celuy de voſtre ordre, où il faut que vos inclinations ſoient ſoûmiſes, par cette loy generale de la nature qui ſacrifie les intereſts particuliers au bien commun, & par cette maxime de Ptolomée, que le deſtin du Royaume l'emporte ſur celuy de la perſonne qui en tient le gouuernement. Vous deuiez ſelon la parole de l'Euangile conſiderer ſi vous auiez aſſez de moyés & de forces, deuant que vous engager à ce baſtiment ou en cette guerre; & ne vous rendre pas ridicule en quittant voſtre entrepriſe par impuiſſance.

Conſiderez que ce ne ſeroit plus vn ordre Religieux mais vn lieu de confuſion, ſi châque particulier auoit le droit de quiter les communes obſeruances pour ſuiure les caprices de ſon eſprit particulier. Conſiderez que ce que vous refuſez d'aſſiſtance eſt vne ſurcharge qui va tomber ſur les autres, que vous donnez vn grand ſuiet de murmure, de déplaiſir, de ſcandale à des ames foibles, à qui vous deuez de l'edification. Vn Religieux hors les deuoirs & les ſeruices de communauté, eſt comme vn membre démis de ſa place, qui ne s'aquite pas de ſon action, & qui fait beaucoup de douleur: comme vne diſſonance qui trouble le reſte des accords dans vne muſique, comme vne goutte d'amertume qui gaſte tout vne pretieuſe compoſition, vn peu de leuin, dit l'Euangile, corrompt toute la maſſe de la paſte où il eſt meſlé. Si dans vne ſocieté ciuile l'vn des aſſociez ne peut rien faire ſans le conſentement des autres, ny contre les termes dont ils ſont demeurés d'accord, il eſt moins raiſonnable qu'vn particulier ſe retire des obſeruances communes dans vne congregation Religieuſe, où la paix, la charité, l'humilité, l'obeiſſance doiuent eſtre en regne.

Il eſt vray que comme les parties qui entrent en compoſition ſe trouuent auſſi ſeparées, afin qu'elles ſoient plus entieres & plus fortes n'eſtant point alterées par le meſlange; ainſi dans les ordres qui profeſſent vne vie meslée d'action & de contemplation, quelques vns se peuuent adonner seulement à la contemplation, si l'on remarque qu'ils y soient tirez par quelque grace éminente; Mais ce sont des exceptions d'vn droit commun assez rares, & qui ne doiuent estre accordées qu'au jugement du Superieur. Ordinairement comme le laboureur jette ses semences selon la portée & les qualitez du champ qui les reçoit, châque Religieux doit considerer l'esprit de son ordre comme vne chose inuariable, & ajuster à cela toute sa conduite interieure & exterieure : que s'il a quelques aduantages qui semblent meriter la dispence d'vne vie commune, son merite sera plus grand de la suiure par humilité, pour ne point introduire des nouueautez prejudiciables à la tranquilité publique. Cette Regle qu'il professe auec les constutions qui l'expliquent doit estre sa sphere d'actiuité dans laquelle, comme les Anges dans la leur, il trouue moyen d'accomplir les volontez de Dieu sans franchir les bornes qui luy sont prescrites, & sans porter plus loin ses pretentions.

Si en châque trigone du Zodiaque il y a des signes les vns fixes, les autres mobiles, & d'autres communs; si selon les Platoniciens, tout est en chacune chose il n'y aura point d'institut Religieux si étroit où l'esprit ne trouue assez d'étenduë pour y déployer ses industries, mesme auec plus de satisfaction, parce qu'elles seront plus considerées dans ce lieu où elles sont moins connuës, & moins sujettes à l'enuie des concourans. Puisque toutes choses portent l'Image de Dieu, le contemplatif à cette consolation de le pouuoir adorer dans tous les employs; rien ne le peut empescher qu'il ne s'éleue au dessus de la matiere, qu'il ne rende sa vie plus longue par le bon ménage du temps ; quelque occupation que son institut luy donne, il trouuera tousiours dequoy satisfaire son esprit par des estudes, par des contemplations plus cheres, parce qu'elles seront le fruict d'vne particuliere diligence, & comme ces eaux que le Sage dit estre plus douces quand elles sont dérobées. Ce seront des rosées du matin, & des pluyes du soir qui tombant

sur

DV RELIGIEVX. 163

sur vne terre alteréé, la penetrant iusques au fonds pour luy donner la fecondité. Les estudes trop assidues n'ont pas souuent vn succez si fauorable, car elles confondent l'esprit par vne trop grande multitude d'especes; elles ne l'arrousent pas seulement, dit Philon, mais elles le noyent, & en font comme vn marescage sterile en bons sentimens. Si chasque Religieux joint à ces considerations generales, celles qui sont particulieres à son institut, il aura sujet de se croire heureux & se perfectionner dans sa vocation.

Lib. qui sit rerum diui. hæres

AVOIR VNE GRANDE ESTIME de sa vocation.

CHAPITRE III.

I'AY mille fois pris vn grand plaisir à voir des oyseaux d'vn plumage assez commun qui n'auoit pas cet esclattant coloris des Indes, se parer neantmoins, s'ajuster, se polir du bec & de la teste aux premiers rayons du Soleil, & puis par l'allegresse de leur chant témoigner la complaissance qu'ils auoient en eux mesme : mais les tressaillemens de leur joye paroissent incomparablement plus mignards, si vous les pouuez voir dans leurs nids, quand ils les approprient, & lors qu'ils s'y rendent par des fentes, par des détours qui trompant nostre veuë nous font voir qu'ils jouissent de cette petite retraitte auec jalousie, & par preference sur toutes les autres choses. Delà mes pensées estoient ordinaires de condamner les hommes comme moins sages que ces petits animaux, quand ils ne se tiennent pas contens de leur condition, & qu'ils ne considerent pas ce qu'ils possedent, mais ce qui leur manque. Ne dites point que c'est vn effet de la raison & vne marque de generosité de porter ses veuës & ses desirs plus loing que les choses dont le temps present nous donne la disposition ; Car les bien-heureux se tiennent parfaitement satisfaits dans le degré de leur gloire quoy qu'il ne soit pas le plus eminent, & trouuent là d'assez grandes éten-

X

dües pour s'aduancer durant toute vne eternité dans l'amour & dans la conformité de Dieu.

En quelque ordre que soit le Religieux, qu'il borne là ses desirs, qu'il conçoiue vne grande estime de sa vocation, comme d'vn élement de sainteté qui luy est propre, comme d'vne vie que la prouidence luy assigne pour y faire son salut. Il aura ses sentimens, quand il ne seroit que considerer en general les auantages de la vie Religieuse, qui le tire hors le commerce du monde, qui le sauue de ses perils, qui le met entre les choses sacrées, entre les domestiques & les familiers de Dieu.

Ces éminentes qualités éclattent à trauers l'humilité de vostre habit, elles sont conneuës des personnes seculieres, & c'est ce qui les oblige à vous rendre tant de respect. Ce seroit vne extréme stupidité de ne les pas reconnoistre en vous mesme, & tomber dans l'extrauagance des melancholiques, qui ne remarquent pas ce qu'ils ont de recommendable. Vous vous deuez cette justice à vous mesme, de vous conseruer en vostre propre estime le rang que vostre condition y doit tenir, vous le deuez à Iesus-Christ, qui met cette vie conduite par ses conseils infiniment au dessus de tout ce que le monde à de gloire & de felicités. Le moyen que vous rendiez à Dieu les sacrifices de loüanges & d'actions de grace pour cet insigne bien-fait de vostre vocation, si vous n'en faites pas d'estime? comment luy rendrez vous compte des talens qu'il vous a mis entre les mains, si vous ne sçauez pas ce qu'ils valent? Vous n'estes pas encore au terme de vostre perfection, mais au moins connoissez la bassesse de celuy d'où la grace vous a tiré, afin que ces premieres faueurs nourrissent vos esperances, & vous animent à faire de plus grands progrez. Souuenez-vous des consolations de ces torrens de douceur, de cette lumiere, de cette paix ineffable dont Dieu combla vostre ame pour la dégager des plaisirs du monde, & jugez que la premiere verité n'auroit pas employé de si merueilleux attraits pour vous faire prendre cette condition, si elle n'estoit bien-heureuse. Rentrez serieusement en vous mes-

DV RELIGIEVX.

me, & vous rendez attentif à la voix interieure de l'esprit qui vous asseure que vous estes enfant de Dieu, & qu'ayant tout quitté pour son amour, vous l'auez pour Pere auec vne singuliere protection & des auantages d'aisnesse.

I'ay souuent cherché ce qui portoit les hommes à precipiter dans les perils de la guerre, vne vie qui leur est si chere & qui fait icy leur souuerain bien ; il me semble qu'vn bon soldat demeure assez satisfait de se voir sans crainte, & d'auoir cette confiance qu'il ne sera point troublé entre ce grand fracas d'armes & de corps, ny par ces terribles appareils de la mort. Apres que le Religieux s'est offert à Dieu, qu'il n'a plus rien à desirer en cette vie, & que toutes ces esperances sont pour le ciel ; il a sujet de dire auec l'Apostre, Ie suis certain que ny la mort, ny la vie, ny le monde, ny l'enfer, ny tous les creatures ne sont pas capables de me faire perdre l'amour que i'ay pour Iesus : Il a cette miraculeuse confiance apres auoir arresté le desordre des passions, & l'inconstance de la propre volonté par les vœux : car estant mort a toutes les choses d'icy bas & a soy mesme, il ne vit plus que d'vne vie diuine par consequent inuariable.

L'Apostre escriuant aux Ephesiens prie Dieu quil leur donne ses lumieres, afin qu'ils connoissent iusques à quelle sublimité doiuent aller les esperances de leur vocation, & combien les vertus qu'ils en reçoiuent sont éminentes. Considerez les vanitez, les folles intrigues, les malheurs du monde, si vous en faites comparaison auec l'estat Religieux ou Dieu vous appelle, vous serez comme l'Apostre dans des transports de joye, & sans crainte d'offencer vostre humilité vous direz auec luy : pour nous, nous n'auons point receu l'esprit de ce monde, mais celuy qui nous vient de Dieu, qui par vne double liberté nous donne des biens infinis & nous fait connoistre ce qu'il nous donne. Eph. 5

1. Cor. 2.

Les hommes, dit Saint Augustin, se trauaillent fort inutilement quand ils font de grands voyages, ou de profondes estudes pour contenter leur curiosité par l'aspect

Lib. 10. confes. c. 8.

X ij

de quelques objets extraordinaires, pour obseruer les mouuemens & les influences des cieux, pour voir des pointes de montaigne qui passent les nuës, des fleuues qui courent plus viste apres s'estre precipitez d'vn haut rocher dans vn valon, des eaux qui portent les qualitez du feu, ou d'autres merueilles de la nature dans les choses materielles, & ne font pas reflexion sur leur interieur, pour y admirer mille effets de la grace incomparablement plus prodigieux. La profession Religieuse, fait qu'vne ame tire ses forces de sa foiblesse, sa vie de sa mort, qu'elle s'humilie jusques au centre de la terre, s'esleue jusques à Dieu, prend là des ordres inuariables, les lumieres & les ardeurs d'vne charité qui ne perit point.

Ce ne sont là que des considerations generales, où le Religieux doit joindre ce qui est de particulier en son institut soit qu'il professe vne vie purement contemplatiue ou meslée, & du bien qui en reüssit pour l'honneur de Dieu, pour le salut de l'ame, pour le seruice du prochain, en conceuoir vne grande estime; elle seruira premierement, comme nous auons dit, à nous donner vn vray sentiment des graces que Dieu nous a faites en nostre vocation, & à les reconnoistre par nos fidelitez à son seruice; nous serons plus reseruez sçachant que nous portons vn grand thresor dans vn vase tres fragile, entre des ennemys qui nous dressent par tout des embuscades pour le nous rauir. Vn Religieux qui se considere entre les choses consacrées à Dieu ne prophane pas ny ses yeux, ny sa bouche, ses mains, ny ses pensées par des objets indignes de luy, & qu'il sçait estre desagreables à sa diuine Majesté.

Il professe vne perfection si releuée, que pour nous en donner l'exemple le Verbe Eternel s'est reuestu de nostre nature & a passé sa vie dans d'extrêmes austeritez; il s'agit de continuer ses victoires sur le monde, & d'acheuer en soy ce qui manquoit à la passion de Iesus, dit l'Apostre: Il doit cette bonne edification aux personnes seculieres; il doit conseruer l'honneur d'vn institut qui est saint; l'Eglise s'en promet de grands fruits de penitence, & le ciel se prepare pour en faire les solemnitez. S'il fait l'eſtime de ces choſes, il verra que ſa vocation eſt d'vne tres grande importance, & c'eſt ce qui le fait marcher auec beaucoup de circonſpection, ce qui le rend docile aux bons aduis, facile à receuoir l'impreſſion des bons exemples, diligent à ſe releuer de ſes defaux, dans vne direction mieux concertée que s'il s'agiſſoit de conſeruer vne monarchie. Ce luy eſt vn grand repos de ſçauoir qu'il eſt au vray chemin du ciel, & que tous ſes pas ſans s'eſcarter aduancent droit à ce dernier terme ; il peut tenir compte de ſes progrez, & ſur le paſſé former ſes reſolutions, & ſes eſperances pour l'aduenir, ſi dans cette bonne eſtime de ſa vocation il tâche de s'en conſeruer l'eſprit.

SE CONSERVER L'ESPRIT de ſa vocation.

CHAPITRE IIII.

Voy que les lumieres diuines dont le grand Apoſtre fut inueſty lors de ſa vocation, fuſſent des éclats de peu de durée; quoy que les paroles qu'il entendit en ſon rauiſſement iuſques au troiſieſme ciel fuſſent ineffables, il en reſta neantmoins dans ſon ame des certitudes & des generoſitez inuincibles qu'il fit puis apres paroiſtre en l'exercice de ſon miniſtere pour l'edification de l'Egliſe. Il eſt vray, les benedictions de douceur dont Dieu preuient vne perſonne quand il la retire du monde, ſont des faueurs qui ne ſont pas permanentes ; ces torrens d'vne volupté celeſte s'écoulent, ces roſées diuines s'exhalent ; neantmoins l'ame en eſt tellement refaite, qu'elle en reçoit des forces pour toute la vie. Il n'eſt pas poſſible de rappeller ces bien-heureux momens d'eternité, de paix, & de gloire, où l'ame inondée de conſolations ne laiſſoit au cœur que des ſoûpirs & aux yeux que des larmes d'vn ſaint amour ; ou par des vëues autres que celles de la raiſon & de la foy, elle découuroit l'immenſité de Dieu, le bon-heur d'vne condition qui se passe à son seruice, les vanitez & les perils du monde qui s'en écarte; Neantmoins elle demeure parfaitement persuadée de ces veritez, & les cheres especes qu'elle s'en conserue la peuuent entretenir dans de sublimes sentimens. Souuenez vous de ces lumieres qui vous ont fait voir toutes les grandeurs de la terre comme des comedies, & des jeus d'enfans; Souuenez vous de cette premiere ferueur qui ne trouuoit point de difficultez dans les veilles, dans les jeusnes, dans les humiliations, dans la solitude, dans toutes les autres austeritez de la vie Religieuse, & qui ne pouuoit estre satisfaicte que par le martyre. L'esprit de Dieu & le secours extraordinaire de sa grace qui vous animoit lors vous donnoit les loix de vostre profession, & vous marquoit les ordres que vous deuiez suiure.

Ose. 11.

Dans cette enfance spirituelle la charité diuine vous portoit comme vne mere entre ses bras, elle vous nourrissoit du laict de ses consolations, elle soustenoit vostre foiblesse, elle diuertissoit vos craintes, elle flattoit vos esperances. Mais à cette heure que vous estes dans vn âge plus aduancé, elle retire ses secours extraordinaires afin que vous agissiez plus de vous mesme, & que vous secondiez ses graces par de plus grands efforts. Si maintenant ses secours sont moindres, vous deuez operer vostre salut auec plus de crainte, plus de circonspection, plus de courage pour euiter les surprises & les violences de l'ennemy qui vous pourroit faire decheoir de vostre merite. Conseruez vostre innocence, nous aduertit le Psalmiste; parce, dit Sainct Augustin, que c'est vn thresor qui vous ayant esté mis entre les mains par la liberalité de Dieu, vous deuez apporter vne extreme vigilance, auec tout ce que vous pourrez de courage pour ne le point perdre passant par vne terre ennemye.

In Psal. 36

Vous estes dans ce peril tant que vous serez au monde, quoy que vostre vie se passe dans vn cloistre; L'Ange est tombé du ciel, Adam dans le Paradis; tirez ce profit de leur cheute, dit Sainct Chrisostome, de n'auoir pas tant de confiance en la sainctete de vostre profession que vous

Homil. 4. ad pop. Antioch.

n'apportiez tous les soins & tous les efforts necessaires pour la maintenir. Les oracles de l'escriture saincte nous aduertissent en mille endroits de seruir Dieu, d'operer nostre salut auec crainte, d'estre tousiours sur nos gardes, afin de ne pas déchoir du degré où la grace nous aura mis, afin de ne point perdre nostre couronne, de ne nous point abuser par vne insolente presumption de nos forces, & de croire que nous soyons quelque chose n'estant rien.

La qualité que vous auez de profez est vn estat qui demande, mais qui ne vous donne pas toute la perfection que vous deuez auoir plus grande qu'vn Nouice : Il la suppose, mais vous la deuez acquerir si vous ne voulez tomber dans la confusion deuant Dieu, les Anges & les hommes de moins agir qu'vn enfant, de porter vn titre que vous ne meritez pas, & d'estre moins Religieux apres que le vœu vous en a fait vne obligation. L'Apostre exhorte les Chrestiens de Thessalonique de se souuenir du grand zele qu'ils témoignerent dans le fort des persecutions pour embrasser la foy de Iesus-Christ, & les anime au bien par l'exemple de leur premiere vertu qui seruoit à fortifier le courage des autres Eglises. Ie souhaiterois aussi que le Religieux profez eust tousiours en sa memoire les saincts exercices de son nouiciat, pour les pratiquer autant qu'il sera possible, & qu'il ne se persuade iamais que l'âge seul le dispense de ces austeritez. Quand Iesus-Christ nous ordonne de le suiure en portant tous les iours nostre croix, il nous impose cette seruitude perpetuelle, & si nous viuons de sa vie, nous la deuons toute passer auec luy sous la croix dont les dimensions regardent tous les espaces du lieu, comme vne feruente charité doit auoir ses estenduës dans tous les temps.

Si la vie vegetante que nostre ame donne à nostre corps dure iusques à la mort, pourquoy la mortification de Iesus-Christ qui fait nostre nouuelle vie, n'aura-elle pas la mesme durée, procedante d'vn principe plus noble, receuë dans vn sujet où elle est plus necessaire estant le fondement des autres sainctes operations? Nous la deuons considerer comme le premier effet de la grace qui nous retire

Thessal.

du monde, & la derniere disposition qui nous donne l'entrée du ciel, car il a fallu que Iesus-Christ ait souffert, pour entrer ainsi dans sa gloire, qu'il ait esté iusques à la fin dans le combat, pour meriter son triomphe. Les sens sont des ennemys d'eux mesmes irreconciliables auec l'esprit, & que l'on doit tousiours tenir en suiection auec la mesme rigueur qui premierement les y a reduits, si l'on n'en veut souffrir les reuoltes. La nature ne manque pas de forces ny d'industrie pour se remettre dans ses premieres libertez, si la mortification ne luy en oste tous les moyens; si elle ne rend les passions desarmées & foibles: Ce qu'on leur accorde de trefues ne leur sert que pour ramasser leurs forces, afin de se porter auec plus de violence à de nouuelles entreprises, & pour interrompre le droict que l'esprit pretend emporter sur elles par vne espece de prescription. Il faut craindre que les inclinations naturelles apres auoir esté long-temps arrestées, ne se débordent auec plus de fureur & ne fassent de plus grands dégats, si elles trouuent la moindre ouuerture aux digues qui les enfermoient. Le fer qui a rougy dans le feu se corrompt facilement par le vuide qui reste entre les parties, s'il n'est promptement battu sur l'enclume; ainsi les exercices que l'on a fait dans le nouiciat sont sujets à se changer en de contraires habitudes, & en des relâches lamentables, si les profez ne leur donnent la solidité par de continuelles mortifications. Elles doiuent durer autant que la vie, puisque comme nous auons dit, elles font la vie du Religieux conforme à celle de Iesus-Christ. Tout ce temps qui semble bien long à vne nature qui souffre, n'est que comme celuy de la conception où l'on se forme & l'on se dispose pour vne vie bien-heureuse durant vne eternité. Quoy que selon l'ancienne loy la veille du sabat ne durast pas moins que le iour, icy, dit Sainct Bernard, la veille n'est que d'vne petite partie du temps, & le repos qui la doit suiure est sans fin.

Mais quoy, dites-vous, vn ancien Religieux sera-il obligé aux mesmes obseruances d'vn Nouice? Ie responds qu'il y a certaines choses qui regardent le Nouice comme tel, cel, comme enfant, comme aprentif dans la vie fpirituelle ; en cet eſtat il doit faire des genuflexions, certains offices propres à ſon âge, & rendre du reſpect aux anciens. Mais pour ce qui eſt de la mortification des ſens, de l'abnegation de ſoy meſme, des veilles, des jeuſnes, des aſſiſtances au chœur ; en toutes les choſes qui ſont des effets de la charité enuers Dieu & le prochain, le plus ancien Religieux y doit eſtre le plus feruent, comme il doit eſtre le plus parfaict. Vn vieil ſoldat, vn capitaine, vn general ne pretendra iamais par tous ces titres vne exception de courage, ny des fidelitez qu'il doit à ſon Prince. En ces rencontres il ſera plus incomparablement par vne franche generoſité, qu'vn jeune cadet par vne ſaillie precipitée pour ſe mettre en quelque eſtime de valeur. Les mortifications ſont donc des épreuues neceſſaires au Nouice, & les marques d'vne ſolide vertu dans les anciens; aux vns elles ſont des fleurs, aux autres des fruicts de penitence ; Car c'eſt eſtre veritablement Religieux de s'éloigner autant qu'il ſe peut des choſes ſenſibles, pour ſe donner tout entier à Dieu.

L'VSAGE MODERÉ DE toutes choſes

CHAPITRE V.

PROFESSER la pauureté Euangelique, meſpriſer les richeſſes, ſe mocquer de la fortune, remettre tous ſes ſoins à la prouidence, c'eſt vne belle propoſition, mais dont il faut que toute la vie Religieuſe donne la preuue : Elle ſera conuainquante, & ſes actions auront du rapport auec ſes vœux pour obliger à les croire veritables, s'il vſe moderement de toutes les choſes neceſſaires à la vie, & qu'il ſoit content auec l'Apoſtre du peu qui ſuffit pour veſtir & nourrir le corps. Pourueu que la ſurface de la terre ne ſoit point creuſe, elle ne prendra dans l'abondance des pluyes que ce qui luy faut d'humidité pour se guerir de sa seicheresse; & puis comme rassasiée elle ferme ses petites bouches, laissant écouler le reste sans le receuoir. Nous voyons au milieu des eaux des plantes qui par la solidité de leurs tiges, de leurs fueilles, de leurs fleurs, montrent bien qu'elles ne se remplissent pas de l'élement où elles nagent, & qu'elles n'en tirent que ce qui leur faut precisément d'humeur pour se nourrir: quand les bestes ont pris ce qui leur faut d'alimens, la nature arreste tout court leur desir par la satieté, & si la faim dont elles sont pressées les transporte à quelque excez, elle le punit aussi tost par le degoust, & les incommoditez qui en suiuent. La Philosophie conclud de là que le sage doit viure selon la nature qui a ses desirs limitez, & qui nous pressant auec rigueur de soulager son indigence, se tient contente de peu. C'est pourquoy l'on releue auec tant d'éloges la frugalité d'vn Pericles, d'vn Pelopidas, de plusieurs autres grands personnages, dont les mains victorieuses apres auoir défait les ennemys, estoient occuppées à cultiuer & assaisonner elles mesme les herbes qui seules faisoient tout le seruice de leur table.

Seneca in consol. ad heluiam. c.10.

Vn Religieux peut estre touché de ces considerations morales, mais il a des motifs beaucoup plus pressans pour se seruir auec moderation des biens que la prouidence luy offre; Il est sur ses gardes pour ne point abuser de la bonté diuine, & de ses largesses s'en faire vne occasion de peché. Il a dessein de se reuestir comme il est animé de Iesus-Christ, de le porter en son cœur & en toute la conduite de sa vie, de l'imiter en ses souffrances & en ses austeritez; il est donc fort esloigné de l'excez, puisque par vn desir de penitence il se refuse mesme ses necessitez. Les saints dont nous admirons encore aujourd'huy la vie se sont donné des loix de temperance qu'ils ont gardées jusques à la fin auec vn courage inuincible dans toutes sortes de rencontres, & dans les infirmitez mesme qui sembloient les en dispenser. Leur saincteté parut en cet austere reglement qui ne souffroit rien de superflu dans vne vie penitente, & leur constance fut miraculeuse, à ne jamas rien relâcher de ce que leur deuotion auoit vne fois jugé raisonable.

On pourra croire que vous estes veritablement mort au monde & que vous aurez de la generosité dans les disgraces, si vous sçauez vous moderer parmy les commoditez, & si vous pouuez dire auec l'Apostre, nous sçauons viure dans la disette & dans l'abondance, pour souffrir l'vne & nous moderer dans l'autre. La conscience, l'édificatiõ du prochain, les interests de vostre ordre attendent cela de vous, que vous n'ayez qu'vn vsage moderé de toutes choses, non seulement de celles qui regardent la nourriture, mais aussi le vestement, la demeure, tout ce que l'on accorde au corps ou à l'esprit pour le soulager.

Le vœu de pauureté que vous auez fait à Dieu signifie cela, car il ne vous depoüille pas seulement du droict & de la proprieté des choses, mais beaucoup plus de la liberté d'en faire des vsages superflus, parce que c'est la fin du vœu de les retrancher, en vous en rendant les moyens comme impossibles; Apres que les Israëlites eurent enduré beaucoup de disette dans le desert, ils ne laisserent pas de commettre de grands excez en l'vsage des viandes que Dieu leur donna miraculeusement, & prouoquerent en cela contre eux ses justes indignations. La pauureté seroit ridicule si elle ne se terminoit qu'à cette desappropriation, & qu'elle ne retranchast point les vsages superflus; elle ne seroit pas volontaire ny Euangelique si l'on estoit tousiours en disposition d'aller dans l'excez quand on en auroit le moyen; sa transgression seroit continuelle, puisque l'offence consiste en la volonté, & son exercice ne dependroit que de la fortuue; enfin ce ne seroit plus vn Religieux mais vn forsat, s'il ne gardoit la pauureté que quand il y est necessairement contraint par vn defaut de moyens.

Le scandale que les personnes seculieres prendroient de cela seroit extreme, car premierement ils estimeroient les Religieux miserables d'auoir des desirs que par leur faute ils ne pourroient plus accomplir; d'estre dans la pauureté & de souhaitter l'abondance, de souffrir sans

merite comme sans volonté, & de leur vœux ne s'en
faire plus qu'vn sujet de repentir. Ils excuseroient aussi
leurs dissolutions par l'exemple des Religieux, qu'ils croiroient tousiours disposés à faire lo mesmo s'ils en auoient
le moyen, puis qu'ils n'y manquent pas toutes les fois qu'il
se presente. C'est vn estrange desordre de tomber dans le
crime, & de meriter les peines d'vn mauuais riche sans
auoir le droict des richesses, & de s'abandonner à des excez plus abominables aux yeux du monde & de Dieu,
quand ils se commettent sous vn titre de reforme, de
pauureté, de saincteté.

 Les Religieux qui commencent leur profession, &
qui doiuent sortir du monde par la pauureté, qui n'ont
plus le droit ny de posseder ny de tester, & qui neantmoins en leur conduite ne se contentent pas d'vn vsage
pauure, passent vne vie dont le cours n'a point de rapport
auec ses extremitez, & qui ne peche pas moins contre
la bien-seance, que celuy qui ayant vn méchant chapeau
gras & percé sans forme sur sa teste auec des sabots aux
pieds, seroit au reste couuert d'vn riche habit de bro-
derie. Apres vn vœu de pauureté qui promettoit tant de
perfection, & qui est suiuy de tant de relâches qui sont
l'opprobre & le scandale du Christianisme, ne leur peut-
on pas appliquer ces reproches de Saint Iacques, que ce
sont des Anges reuoltez qui ont perdu l'eminence de leur
estat ; des nuës sans pluye, seulement grosses de vent ; des
arbres sans fruits au temps de l'automne, où ils les deuroient donner ; de grands coups de mer qui se terminent
à sallir tout le riuage d'écume ; de malheureux planetes qui apres vn petit éclat battent la terre d'orages, & couurent le ciel de tenebres où ils sont eux mesmes enueloppez.

 Celuy qui prend cette mauuaise habitude, d'auoir
tout à souhait & l'vsage des choses pretieuses comme
les riches du monde, agit comme nous auons dit,
contre son vœu & contre sa conscience ; il des-honore
la saincteté de sa profession, il est le scandale des Religieux & des seculiers. Vn ordre si bien renté qu'il

In Epist.
Cathol.

DV RELIGIEVX. 175

puisse estre, s'épuiseroit en peu de temps s'il luy falloit fournir à tous les frais de ces vsages immoderez; comme vne ville tombe bien-tost dans la misere, & en la puissance de ces ennemys, quelques munitions qu'elle puisse auoir, si l'on en fait des profusions ; car ce n'est pas tant l'abondance que l'épargne qui suruient aux necessitez. On est donc contraint de refuser ces choses au Religieux aussi bien dans les ordres qui possedent en commun que dans les non rentez qui sont dans vne entiere impuissance de les donner. De là les murmures, les déplaisirs, les dangereuses practiques auec les seculiers pour tirer d'eux ce que la Religion refuse ; hé combien d'inquietudes quand la vigilance du superieur vient trauerser ces proiets ! Voila comment vn abysme est suiuy de l'autre, & qu'outre l'offence de Dieu, les remords de la conscience, le scandale du prochain, mille disgraces accablent le Religieux qui ne prend pas les habitudes d'vn vsage moderé. Que s'il demeure dans les termes de sa profession, & dans l'exercice d'vne veritable pauureté contente de peu ; elle luy donne vne paix vne franchise, vne estime, vne secrette satisfaction qui passe incomparablement celle qu'on se pourroit promettre de toutes les delices de la terre.

Veget. lib. 4. de remilitati. c. 7.

SVITTE DV MESME SVIET, ET DE l'vsage de toutes choses auec indifference.

CHAPITRE VI.

APRES que Moyse eust soustenu les éclats de la Majesté diuine, ses yeux ne laisserent pas de faire le choix des plus pretieuses pierreries qu'y furent employez en l'ornement du tabernacle & du souuerain Prestre. Ainsi toutes les illustrations dont il plaist à la prouidence de gratifier le Religieux ne luy ostent pas le sens commun, ny le discernement des belles choses; il les connoist, il en fait estime, il les considere en la juste disposition de leurs parties, & en l'agréement qui trouuent les yeux, comme vne raison sensible qu'y les luy fait aymer, mais non pas pour ses vsages: il se priue de ces riches emmeublemens, comme Saint Iean des beaux habits qui sont propres en la cour des Princes, dit nostre Seigneur, mais il n'est pas de la bien seance de les voir en vne personne qui s'est ietteé dans la solitude, & qui a fait vœu de pauureté. Les maisons, les habits, les meubles, doiuent auoir de la proportion auec la qualité de celuy qui s'en sert, or qu'el rapporty a il de la croix auec ces delices, d'vn Religieux qui ne veut ny voir le monde ny en estre veu, auec cet éclat exterieur, qui n'est que pour entretenir ce grand commerce des yeux, & des complaisances humaines?

Ces choses plus rares & plus exquises sont d'vn grand prix, de sorte qu'elles ne se peuuent auoir sans intercesser la pauureté, qui doit estre contente du peu necess. ire, & qui n'est pas innocente si en ses vsages elle dérobe à la necessité des pauures ce qu'elle retient de superflu. On donne au Religieux, & luy reçoit ce qu'on luy offre en qualité de pauure Euangelique; or il n'est plus dans cet estat, & il s'approprie les choses sous vn faux titre, si elles sont d'vn prix & dans vne abondance qui ne luy conuienne pas. Ces profusions épuisent & rebuttent les plus saintes liberalitez: & veritablement vn seculier ne peut voir sans mauuaise edification ses biens si mal dispensées par des personnes qui professent vne vie souffrante, & en des vsages qu'il se refuseroit à luy mesme par vn motif de frugalité.

Ie suppose que la vigilance des superieurs ne manque pas de retrancher ces excez dans les communautez, & qu'elle ne laisse au Religieux particulier que la liberté de se mortifier de certaines choses vn peu plus aduantageuses que les autres : Si plusieurs y pretendent, c'est vn acte d'humilité de se retirer de ce concours, auec ce sentiment qu'on merite moins que les autres d'y reüssir ; on rend du respect au superieur d'épargner son authorité, & ne le mettre pas dans la necessité de desobliger vn autre par vn refus: C'est vne charité de laisser cette chose à celuy qui peut estre en a besoin pour soulager quelques infirmitez d'esprit ou de corps. Ie me garderay bien de rechercher ce que ie refuserois quand il me seroit offert, parce que ie ne le puis receuoir sans me rendre vn obiet de ialousie, sans peut estre attrister mon frere, sans refroidir la charité qu'il auoit pour le superieur & pour moy; sans me charger d'vne seruitude aupres de celuy qui me gratifie de la preference. Outre cela, comme ie fuirois la compagnie d'vne personne qui me persuaderoit des choses moins honnestes & moins parfaites, ie ne veux point de ces accommodemens qui sollicitent mes affections, & qui les tentent s'ils ne les emportent. Ie ne suis plus Religieux si j'y mets mon cœur ; ie crains de l'y mettre, & cette crainte oste quelque chose de mon repos & de mon integrité, quand de moy mesme ie me jette dans le peril : quelque indifference interieure que ie puisse auoir en l'vsage de ces choses, ie perds tousiours l'édification que ie donnerois aux autres dans vn estat plus pauure & moins fauorable aux sens. Vn Saint Paul, vn Sain Anthoine, vn Saint Hilarion, les autres Saints Peres du desert ont vescu n'ayant pour biens qu'vn cilice, qu'vne robbe tissuë de palmes, que quelque outil à trauailler la terre, & mourans ils en faisoient des legs qu'on tenoit plus pretieux que des thresors, parce qu'ils auoient esté les instrumens de cette pauureté, & de cette austerité a qui le ciel est promis pour recompence.

Si apres tous les refus que i'ay peu faire de ces choses plus commodes, le superieur m'oblige de m'en seruir, comme par exemple d'vn chapelet, d'vn breuiaire, d'vn habit plus beau, d'vne chambre plus spacieuse, dont la veuë soit plus libre & plus gaye; ie dois aussi-tost faire cette reflexion sur moy mesme, peut estre que i'ay donné suiet de croire que i'auois besoin de cette consolation; ie n'ay pas dequoy me flatter de quelque merite, mais dequoy me tenir dans l'humilité de voir qu'on me fait vn traittement de malade.

Ie le receuray auec tous les témoignages possibles de respect & de gratitude, mais ie tâcheray de n'y point mettre mes affections, & ne me pas mesme soucier de l'estime qu'on peut auoir que ie les y attache. On me choque & on me brise en m'éleuant, comme dit le Psalmiste, il faut souffrir l'vn & l'autre où i'ay sujet de pratiquer le courage & l'humilité. Ce m'est vne occasion de faire l'épreuue de moy mesme, & de voir si ie me puis seruir des grandes choses comme des moindres auec vn esprit égal. Certains peuples de ces terres où la nature produit l'or ont autresfois fait les chaisnes de leurs esclaues, & les meubles de leur cuisine de ce metail que nous tenons pretieux, & qu'ils estiment moins que le fer; cela fait voir que les choses n'ont leur prix que par opinion, & que le Sage les doit tenir dans l'indifference: & puis les plus belles ont ordinairement leurs deffauts, les plus riches leurs seruitudes; vn petit aduantage aparent est inuesty de plusieurs tres-sensibles incommoditez.

Neantmoins apres auoir rendu cette defference aux ordres du superieur, pour ne me point flatter en la longue jouyssance de ce qui contente la nature, les sens & la vanité, ie tâcheray de m'en défaire auec les mesmes ordres, & me remettre en mon element d'vn vsage pauure & commun. C'est le chemin Royal & le plus seur; car quoy que l'on dise, il est difficile d'auoir quelque beauté sans
l'aymer

l'aymer, de l'aymer sans crainte de la perdre, se la conseruer sans inquietude & sans sujection : Si c'est peu de chose, pourquoy m'y laisser vaincre ? Pourquoy les sens auec si peu d'attraits l'emporteront-il, sur la resolution que i'ay prise de les mortifier en toutes rencontres ? Vne petite paille dans vn diamant en diminuë l'estime & le prix ; le bien, la beauté, la beatitude, la perfection sont des ouurages acheuez qui ne souffrent pas le moindre defaut, on y doit tout admirer & ne rien reprendre. La generosité Religieuse consiste en cette liberté de cœur, en ce parfait degagement de toutes choses, iuger de tout, ne s'attacher à rien, ny aux lieux, ny aux affaires, ny aux personnes ; Ie voudrois me pouuoir passer de tout, & cela ne m'estant pas possible, ie me contente de peu ; puis que ce n'est mesme qu'vne necessité, qu'vne contrainte & qu'vne seruitude qui m'oblige à cet vsage, ie le souffre, & ie ne le sçaurois aymer. Ie suis chargé d'vne grande affaire qui passe mes forces, & où ie dois toutes mes attentions, c'est de seruir Dieu auec vne integrité qui tourne à sa gloire, & qui satisface à l'obligation de mes vœux ; C'est l'vn necessaire, qui demande toutes mes pensées, où j'attache tous mes desirs ; Ie voids, i'entends toutes les autres choses comme des distractions à regret & auec indifference.

Epictete introduit son sage qui fait cette reflexion dans toutes les rencontres de la vie, & tous les accidens de la fortune publique ou particuliere : Tout ce qui est exterieur est estranger de moy, cela ne me touche point, c'est vn vent qui passe, c'est vne mer qui s'irrite & puis qui se calme ; ie ne forme point ny de desirs ny de desseins, sur ce qui n'est point en ma disposition, si ie suis dans vn estat ou ces coups d'eux mesmes ne peuuent porter, ie n'iray pas leur offrir mon cœur afin qu'ils le blessent ; Mon ame sera toute entiere dans le bouluersement de l'Vniuers si ie n'y attache point mes affections, & si ie ne suis que spectateur des tragedies qui s'y joüent.

Tout ce qui se passe dans le temps est bien peu de chose à celuy qui trauaille pour l'eternité ; vn Religieux

Z

qui se donne serieusement à Dieu, en reçoit de sublimes sentimens, & vn grand mespris de tout ce qui paroist icy bas auec quelque éclat pour se faire aymer; Les vsages qu'il en faut faire luy sont d'autant plus importuns, qu'ils semblent solliciter ses affections par quelques qualitez auantageuses, lors neantmoins il s'en peut faire vn grand suiet de merite, si les ayant en sa disposition il s'en priue pour l'amour de Dieu. Ainsi l'Abbé Pacome reprit aigrement vn Religieux qui ayant la charge de la cuisine, & voyant que la pluspart des Freres ne mangeoient point les legumes qu'il leur apprestoit, ne leur en presentoit plus, & ne seruoit que des fruicts: Ce bon Pere loüa l'austerité des Religieux, mais il chastia l'indiscretion du cuisinier qui leur ostoit l'occasion du merite en leur rendant cette abstinence necessaire, & ne leur presentant plus ce dont ils se pouuoient volontairement mortifier pour Iesus-Christ: ses humiliations ont esté toutes volontaires, il estoit le souuerain Seigneur du monde, neantmoins il y a passé vne vie pauure & mendiante; hors le iour de sa transfiguration, il a tousiours empesché que son corps ne parust auec les éclats de sa gloire; il auoit toute la milice du ciel à son seruice, & cette inombrable multitudes d'Anges, dont vn seul auoit autresfois défait cent quatre-vingt cinq mille hommes; neantmoins il se laisse prendre par vne douzaine de soldats; il est la raison primitiue, il a tous les thresors de la science & de l'éloquence, cependant il ne fait point de replique aux fausses accusations dont on le charge. Voila l'idée de la perfection Religieuse où les loix doiuent estre si temperées, qu'elles ne reduisent pas la nature à l'extreme necessité, & qu'elles laissent au zele & à la deuotion des particuliers dequoy se priuer volontairement de quelques commoditez de la vie: que s'il faut quelques fois auoir l'vsage des choses qui flattent les sens, vne bonne ame en sçait bien degager le cœur, & au moins se priuer lors de la complaisance, qui est le fruict de la possession.

In vitis Patrum.

SE RETIRER DE TOVS LES negoces du monde.

CHAPITRE VII.

C'EST vne preuue tres-asseurée qu'vn Religieux estime beaucoup sa vocation s'il l'ayme, & l'aymant sans doute il s'écarte de tous les negoces du monde qui luy sont contraires : Car l'amour fait des vnions qui ne souffrent rien de vuide ny d'étranger ; il regne dans le cœur en monarque, & pour le posseder parfaitement il fait mourir à toutes les affections qui le pourroient partager : Vous estes morts, nous dit l'Apostre, & vostre vie est cachée en Iesus-Christ : Tous considerent le Religieux comme mort au monde ; deuant ses vœux, où il a rendu les derniers souspirs de la vie mondaine, il fait son testament, il est ensuite dépoüillé de tous ses biens, qui passent à ses heritiers; il portoit anciennement vn habit noir, qui est la couleur funeste des enterremens ; le cloistre & la cellule est son cercueil, & selon le droit mesme, il est estimé mort ciuilement. Ce luy est vn grand reproche si les personnes seculieres le reputent comme mort au monde, & que de luy mesme il s'efforce d'y rentrer; qu'il ait moins de zele pour son repos qu'ils n'ont d'attaches aux interests qu'ils peuuent pretendre de sa personne, puis que, comme nous auons dit, ils y ont renoncé quand il a fait sa profession.

Nous quittons les biens & les possessions, par le vœu de pauureté, le mariage par la chasteté, les libertez naturelles par l'obeïssance, afin d'estre libres des inquietudes qui peuuent partager l'esprit, & sallir la conscience dans le cours d'vne vie commune ; Qu'elle apparence donc de s'y r'engager par des intrigues qui ont esté le sujet mesme de nostre retraite ; d'auoir quitté des biens d'où nous pouuions tirer des commoditez, & nous charger de ce qu'ils ont de soins, quitter les roses, & ne prendre que les espines ? Considerez donc vostre condition, & faites estat que pour estre veritablement Religieux, il vous faut quitter tous les negoces du monde, aussi-bien d'effet & de pratique que de cœur & d'affection, comme ce n'est pas assez pour la pauureté Euangelique, de posseder les biens sans attache, mais il en faut faire vne réelle & veritable alienation.

Sçachez que toutes les affections ciuiles sont fondées sur l'interest, & que vos vœux vous ayant rendu mort au monde, les personnes seculieres vous mettent ordinairement en oubly comme les morts, & comme inutils en leurs affaires : que si elles se promettent quelque aduantage de vostre faueur & de vostre sollicitation, comme vous voyez qu'elles recherchent leurs interests, vous auez sujet de defendre non seulement les vostres en particulier, & les seruir d'vn refus pour ne point perdre vostre paix, vostre integrité, vostre reputation dans leurs affaires ; mais aussi pour soustenir l'honneur de la conduite Religieuse, qui estant saincte ne doit pas estre prophanée par des vsages communs.

Ie me reserue ce discours en vn autre endroit de cét œuure, & ie me contente icy de poser cela pour maxime, que le Religieux au sortir du Nouiciat se doit considerer comme vn conualescent qui ne peut pas encore souffrir le soleil, ny de grands emplois sans s'exposer à vne recheute : quand il auroit mesme toutes ses forces, elles ne seroient pas suffisantes pour resister au cours d'vn torrent, & à vne foule de peuple qui sans doute l'emportera s'il s'y engage. Si ces negoces du monde luy plaisent, il peut juger de là qu'il n'en a pas perdu les affections ; qu'il n'est pas encore vray Religieux, & qu'il se doit tenir, comme nous auons dit, plus de rigueur en ces rencontres où il se connoist plus porté d'inclination.

Que si cela luy déplaist, pourquoy voulez-vous qu'il se fasse cette violence pour complaire au monde qu'il tient comme son ennemy ? S'il ne force pas les mondains de suiure ses austeritez, ils ne doiuent pas se rendre importuns à le jetter dans leurs intrigues, afin que chacun de-

DV RELIGIEVX.

mettre dans les termes & dans la liberté de sa condition. Si dans les employs du monde il void des vanitez, des crimes, des perils, pourquoy voulez-vous qu'il s'y precipite, & qu'il s'y perde pour vous obliger ? pourquoy voulez-vous exposer pour vos petites affaires domestiques vne saincteté où l'Eglise & tout le Christianisme prend de l'interest ?

Si l'on pouuoit auoir vn element pur il seroit incorruptible, comme l'or qu'on estime presque homogene estant bien purifié ne souffre plus aucune diminution dans le feu, & la quinte essence qu'on a separée des parties moins nobles, ne se corrompt pas comme le composé dont elle est extraite. C'est l'vnité qui conserue, comme c'est le mélange qui fait l'alteration, & la multitude qui détruit. Aussi, dit Hyprocate, si nostre corps estoit sans composition, & qu'il n'eust en soy qu'vne substance, sa vie seroit sans douleur, & pourroit estre perpetuelle. On peut dire des Religieux ce que Moyse disoit des Leuites, & Saint Paul des Prestres, que Dieu les a choisis d'entre les peuples pour les employer à son seruice ; de sorte que le grand moyen pour conseruer leur integrité, c'est de ne se point rengager dans le monde d'où la grace les a tirez, & de n'auoir la conuersation que de leurs semblables.

Ie suppose que le ciel & le temperament donnent à ce Religieux vn esprit de feu, mais la voix de Dieu qui l'appelle, & l'Inspiration qui l'emporte doiuent estre assez puissantes, selon le Prophete, pour rompre la continuité de ses flammes, & empescher que du cœur elles ne se répendent dans le monde qui leur auoit premierement seruy de matiere. Si apres s'estre reduit dans le cloistre, pour y trouuer son repos il veut se rejetter dans les intrigues seculieres, ie le considere comme ces noctambules, & ces phrenetiques qu'vne inflammation d'esprits emporte à faire des actions de trauail, durant le sommeil.

Ie ne demande pas la retraite pour laisser croupir vne ame dans l'oysiueté, mais pour ne luy pas oster vn temps & vn repos precieux qu'elle doit à des actions plus eminentes. La coustume des anciens estoit de fermer les

Vox Domini intercedentis flammam ignis. psal. 28. 7.

Plin. lib. 1. cap. 7.

yeux aux morts quand ils expiroient, & de les r'ouurir quand on les mettoit sur le bucher au temps où l'on croyoit que leur ame s'éleuoit aux astres, pour y estre plus éclairée. Le Religieux ne refuse ses yeux & son esprit aux negoces de la terre, que pour en reseruer toutes les attentions aux choses diuines ; Aussi quand l'Apostre dit que nous sommes morts au monde, il adjouste que nostre vie est cachée en Iesus-Christ & en Dieu : il veut que nous soyons tellement morts, que nous ayons neantmoins vne vie, qui n'est point sans action ; mais vne vie de Dieu qui est vn pur acte, & vne tres-parfaite sainteté.

Le trauail des arts, les poursuites de la iustice cessent aux iours des festes particulierement dediées au culte de Dieu; la personne du Religieux luy est plus consacrée, plus propre, & plus chere que les iours, on ne la doit donc pas retirer de son seruice par des employs prophanes, & peut-estre criminels ; tous les iours luy doiuent estre des iours de repos & de solemnité, pour accomplir en soy la figure de l'ancien Sabat, & pour satisfaire aux volontez de Iesus-Christ qui luy ordonne d'estre sans solicitude.

In vitis Patrum.

Sainct Abraham l'Hermite ayant sçeu que ses pere & mere luy auoient laissé vne tres-riche succession pria l'vn de ses amys seculier d'en distribuer vne partie aux pauures, & d'employer l'autre à l'édification d'vne Eglise dans vn bourg où regnoit le paganisme. Il fit ces actions de charité par vn autre, & ne voulut pas s'y appliquer luy mesme pour ne point perdre le repos de sa solitude. Aujourd'huy l'on voudroit que le Religieux abandonnast ce qui est de sa profession & de son salut pour des affaires estrangeres, qui la pluspart ne tendent qu'à satisfaire les sens & les passions. Il a quitté tout cela pour luy mesme ; c'est vne demande fort inciuile de l'y vouloir engager pour vn autre. La vie Religieuse demande toutes les attentions de l'esprit pour rendre de l'honneur à Dieu ; neantmoins vous voulez que ie les partage à des affaires, qui ne le diuertissent pas seulement mais qui les ruinent, & que ie sois infidelle à Iesus-Christ pour vous estre complaisant.

DV RELIGIEVX.

Si ces affaires sont grandes, comme l'opinion nous les fait valoir, ie ne m'en veux point charger crainte qu'elles ne m'accablent. Si par effet elles sont petites, & que ce ne soit qu'vne vanité qui ne laisse pas d'ocuper l'esprit, de rauir le temps & le cœur, ie m'en retire auec beaucoup de sujet ; la honte est plus grande de perir par des ennemys si foibles : ie ne sçaurois quitter les realitez pour des ombres, le ciel pour la terre, l'ame pour le corps, Dieu pour l'homme.

Toutes les personnes du monde jugent qu'il est raisonnable d'abandonner les moindres affaires pour les plus grandes sur tout en des occasions qui échappent si on ne les prend au poil. Or ce m'est la plus importante de toutes les affaires de bien employer vn temps irreparable, que ie dois tout à m'acquitter de mes vœux pour le seruice de Dieu & le salut de mon ame. Si vous comparez à cela ces employs publics qui épuisent tant de conseils, qui occupent tant de ministres, qui lassent tant de couriers, qui trompent les yeux par tant de déguisemens, ce ne sont que des pieces de theatre qui se terminent par des euenemens ridicules où lamentables. Ame Religieuse, croyez moy, abandonnez genereusement toutes ces intrigues : L'excuse que vous en ferez est honneste, ceux mesme qui vous solicitent y sont tous preparez ; s'ils vous ont en estime d'vn bon Religieux, ils sçauent bien que vous n'estes pas sorty du monde pour y rentrer, quelque pretexte que vous ayez du sang & de la nature.

QVITTER LES INTERESTS
de famille.

CHAPITRE VIII.

LE vice ne fait iamais de si grands degats dans les ames que quand il les surprend par les apparences de la vertu, & ses tyrannies sont extremes lors qu'il prend le visage de la charité reyne des vertus. Vn Religieux protestera de ne conseruer aucune affection sensible pour les affaires du monde, & qu'il demeure parfaitement satisfaict des employs que luy assigne l'obeïssance. Mais quand il s'agit de rendre les deuoirs de la charité par ses conseils & ses entremises à vn parent proche qu'il doit considerer comme soy mesme, il dira que c'est vne obligation naturelle, dont en conscience il ne croyt pas pouuoir estre dispensé.

Il y a long-temps que l'inquietude du Religieux prend ce beau pretexte ; Aussi Sainct Basile en diuers endroits fait connoistre que c'est vne subtile tentation dont les demons se seruent ordinairement pour troubler la paix & sallir l'integrité de la vie Religieuse. Vous alleguez, dit-il, vne obligation naturelle de rendre de l'assistance à vôtre sang, sans considerer que vous en estes quitte par la grace de vostre vocation ; & que vous engagez vostre cœur & vostre liberté en des soins qui vous sont particulierement interdits : Dieu ne commande pas à Abraham de quitter la conuersation de tous les hommes, mais sortez, luy dit-il, du lieu de vostre naissance, de la maison de vostre pere, & de la frequentation de vos alliez : Iesus-Christ de mesme ne dit pas à ses Apostres, & à ceux qui vouloient estre receus à sa suitte : Abandonnez les villes, perdez-vous dans les deserts, hors la veuë & la conuersation de tous les hommes ; mais quiconque ne renoncera pour l'amour de moy à son pere, & à sa mere, à son frere, à ses sœurs, ne sçauroit estre mon Disciple.
Il faut

DV RELIGIEVX. 187

Il fait vn dénombrement de ces plus cheres personnes, afin de donner vn plus grand sujet à vne saincteté genereuse de vaincre en cela les tendresses de la nature, & de rompre tous ces liens du sang & de l'alliance, pour n'en estre plus arrestée. Comme vn expert medecin des ames il applique son remede à l'origine du mal ; il guerit le cœur de cet amour naturel le plus violent, parce qu'il paroist le plus legitime de tous, le plus contraire à la tranquilité, & d'où peuuent naistre de plus dangereux symptomes.

L'on vous fait entendre ces veritez Euangeliques, vous les auez professées, vous auez quitté la maison de vostre pere & toutes vos alliances ; pourquoy voulez-vous retourner à vostre vomissement ? pourquoy voulez-vous apres ce grand progrez de la grace retourner aux foibles commencemens de la nature, par vn prodige semblable à celuy des fleuues, si quittant le cours enflé de leurs eaux ils remontoient comme vn petit ruisseau vers leurs sources. Vous estes mort à vous mesme, par consequent à tous ceux qui sont quelque chose de vous par l'alliance du sang : Vous estes mort au monde, pourquoy souffrez-vous qu'on vienne violer vostre sepulture, troubler vos cendres, & le repos que les plus barbares accordent à ceux qui ne sont plus entre les viuans ? Le crime n'en est pas moindre quoy qu'il ne se commette pas à dessein de vous offenser, mais de profiter de vos dépoüilles. C'est en cela, dit la loy, commettre vne double offense, contre les morts qu'on des-honore, & contre les viuans qui sont pollus par ce sacrilege. Voulez-vous estre comme ces ames qu'on croyoit voltiger long-temps au tour des corps dont elles auoient esté separées par vne mort violente ? Voulez-vous verifier en vous cette vaine superstition, & des-honorer vos vœux, comme si vous les auiez rendus par force ?

Vous estez non seulement mort mais crucifié au monde, dit l'Apostre ; afin que vous sçachiez que vos trois vœux sont trois clouds qui vous attachent pieds & mains à la croix ; qui vous ostent la liberté d'aller & d'agir pour

Lib 4. Cod. de sepul. viol.

Aa

des affections naturelles; que parmy tous les reproches qu'on vous peut faire vous deuez estre comme Iesus-Christ qui ne descendit point de la croix, vous la deuez auoir pour demeure & pour lict iusques à ce que vous rendiez vostre esprit entre les mains de vostre Pere celeste.

Vous estes fait citoyen du ciel, le domestique de Dieu, le coheritier de Iesus-Christ, ainsi enfant d'vne autre famille, pourquoy quittez-vous ces aduantages pour retourner à la bassesse de vostre naissance? Si Iesus-Christ ne permet pas à celuy qui vouloit se mettre à sa suitte, de retourner à sa maison pour donner ordre à ses affaires, & rendre les derniers deuoirs de pieté à son pere mourant; il desadouëroit bien plus ceux qui apres s'estre engagez à son seruice par vœu, se chargent encore des interests de famille qu'ils auoient quittez. Il auroit vn plus grand sujet de dire, que quiconque met la main à la charruë & regarde derrierre soy, n'est pas propre pour le royaume de Dieu. Ce n'est pas auoir ce courage qui doit tous les iours faire de nouueaux progrez en la perfection, de retourner en arriere & de reprendre ce qu'on auoit abandonné.

Ie veux que les affaires soient pressantes; iamais elles ne seront autres au sentiment des seculiers tousiours ardens en leurs poursuites, & à representer les choses auec toutes les couleurs qui peuuent obliger la compassion du Religieux de s'y engager: Mais voulez-vous, dit Sainct Basile, satisfaire aux deuoirs de la charité par vn sacrilege? Ne considerez-vous pas que vous estes consacrez à Dieu, & que vous deuez estre beaucoup moins employez en des vsages prophanes que les temples? Si les loix exemptent les Prestres de la tutelle quoy qu'ils soient capables de succession, & si en faueur de l'attention qu'ils doiuent à leur ministere, elles ne les oblige pas à rendre ces deuoirs de charité aux paures mineurs, si elles leur donnent ce priuilege de recueillir les fruicts d'vne famille, sans qu'ils en portent les charges; Ces exceptions sont bien plus iustement deuës aux Religieux qui professent

In regul. breui. cap. 189.

Lib. 91. Cod. de epis. & cler.

DV RELIGIEVX.

vne vie plus étroitement obligée à la saincteté, & qui mesme ne joüissent pas gratuitement de cette franchise, apres auoir laissé pour cela leurs biens à leurs proches, sans rien pretendre de leurs successions. C'est pourquoy la pluspart des Religieux reformez ont cette coustume de changer le nom de celuy qui prend leur habit, afin qu'il perde les affections auec les marques de sa famille, depuis qu'il est adoptif d'vne autre beaucoup plus illustre.

Entrer dans les interests de ses parens, c'est s'engager dans vn labirinthe d'où l'on ne trouue point de sortie; c'est se perdre en voulant rendre vn bon office, & perir auec celuy qui se noye si on luy donne la main : Car vne affaire tire l'autre par des suites comme infinies, le secours qui au commencement n'estoit que de bien-seance, deuient vne necessité ou manquer c'est tout perdre, particulierement en l'estime de ceux qui s'estoient promis la continuation de vos seruices. Si châque pere de famille a bien de la peine à pouruoir aux affaires de sa maison, comment vn Religieux se peut-il charger des affaires de plusieurs familles, dont chacune est piquée de jalousie de le tirer de son party? Quiconque à des affaires quitte librement celles des autres pour les siennes propres ou celles de son Prince, Quoy vous prennent-ils pour vn homme qui n'a que faire, n'ayant qu'à seruir Dieu? Comment expedier tant d'affaires auec le peu d'experience que vous auez, le peu de temps que les offices diuins & que l'obedience vous laisse? Cõment iuger entre des amys communs, sans courir fortune d'en perdre quelqu'vn par le blasme d'vne iniuste partialité, ou d'attirer contre soy toutes leurs passions, quand on ne les épouse pas & qu'on veut demeurer comme indifferent?

Vous auez renoncé aux biens & aux honneurs du monde, cependant vous voila reduit à prendre les sentimens de l'auarice & de l'ambition de vostre parent, à vous engager insensiblement dans le desordre de ses passions iusques à la hayne de ses parties, iusques à leur souhaitter ou à leur procurer du mal, iusques à pecher griefuement contre la charité sous pretexte de charité? Que sert de mortifier ses passions, si l'on perit par celles des autres ? que sert d'auoir abandonné le monde, si vostre parent pense auoir le droit de vous rengager dans ce que ses affaires ont de plus fascheux, & si vous deuez souffrir pour ses interests ce que vous auez refusé pour les vostres propres? Vous aurez de l'estime, de l'affection, de l'esperance, de la crainte pour tous les biens de fortune, que vous teniez auparauant à mépris ; & le peril est grand que si vous les considerez comme des biens, vous ne les rechercherez enfin pour vous mesme.

Vn homme d'vne ame perduë, d'vne conscience abandonnée, d'vne conuersation contagieuse aura la liberté de traitter familierement auec vn Religieux, sous couleur qu'il est son parent ; N'est-ce pas trop hazarder vne vocation qui n'est pas encore bien affermie, de l'exposer à des entretiens qui peuuent plus facilement jetter le mal dans les ames par les attraits de la sympathie & de la complaisance naturelle ? C'est pourquoy S. Basile, qui preuoyoit ce peril, ordonne que les seculiers qui venoient visiter leurs parens Religieux dans le monastere, fussent entretenus par d'autres, d'vne force & d'vne probité qui fust à l'espreuue.

Regular. fusiùs disputatarum cap. 31.

Vn Religieux que la regle n'oblige pas à la solitude, ne manquera pas d'occasions, si l'on le croit, fort pressantes pour rendre des visites à ses parens, ou pour les receuoir quand ils viennent à luy. Là que trouuera-il, sinon les lieux, les personnes, les visages, les entretiens, qui renouuelleront des especes qu'il seroit bon d'effacer ; & il faut craindre que ces objets par des approches trop familieres ne renflamment les concupiscences ? Quand les pensées d'vn Religieux sont remplies de ces desordres, ne vous semble-il pas voir auec le Prophete Ezechiel, les abominations de ces Prestres qui presentoient leurs sacrifices à l'idole du zele ; & des amantes infortunées qui pleurent l'absence de leur object.

Vita PP. in vita S. Pacomij.

Vne mere transportée d'vn amour naturel fait vn long voyage pour visiter son fils Theodorus Religieux sous l'Abbé Pacome : elle obtient de ce bon Peré la permission de voir son fils ; Theodorus en estant aduerty, se jette aux pieds de son Abbé ; luy dit, mon Pere ie ne doute point que vous ne vouliez le bien de mon ame, mais peut-estre ne connoissez-vous pas toutes mes foiblesses, ie suis tout prest selon vos ordres de voir ma mere, pourueu que vous respondiez de ma conscience deuant Dieu, que cette visite ne fera point de tort à mon aduancement. L'Abbé luy respond, mon fils ie n'entends pas que la permission que i'ay donnée vous fasse aucune violence : si vous ne jugez pas que cette visite vous soit fauorable, ie suis dans vos sentimens ; ie prise ce zele que vous auez pour le seruice de Dieu, de faire mourir en vous les affections de la nature, & de consacrer vostre esprit à Dieu, comme les Leuites luy consacrerent leurs mains par la défaite de leurs proches. Si vous estes surmonté par le sang & par la chair, vous en deuenez l'esclaue, & vous n'estes plus dans la liberté des enfans de Dieu. Tous les Religieux n'ont pas tant de zele que Theodorus ; car si le Superieur vient à retrancher cette trop grande liberté de voir les parens, que d'artifices pour le surprendre, que d'inquietudes, que de murmures, que de mécontemens qui viennent en fin à la connoissance des seculiers ? hé le moyen de sauuer l'honneur d'vn ordre, quand ceux qui le doiuent defendre le trahissent ?

Quand le Religieux auroit l'esprit assez fort pour n'estre point corrompu par ces conuersations, au moins il en sera beaucoup distraict, & comme dit Seneque, on ne fait point de petites pertes d'vn temps qui est si precieux, & que les inconstances de la vie rendent si court pour le long voyage qui nous reste iusques à la felicité. C'est pourquoy comme on a tousiours obserué que les soldats ont plus de courage estant éloignez de leurs païs, & dans vne region étrangere, où leur seureté n'est qu'en leur valeur ; Ainsi l'ancienne discipline a creu les Religieux plus disposez à la saincteté dans l'éloignement de leur lieu natal, où ils trouuent trop de tendresses & des sentimens humains, qui amolissent leurs plus solides resolutions.

A a iii

*L'AMOVR DE LA SOLITVDE ET
de la retraitte.*

CHAPITRE IX.

SI tost que la nature inuestit quelque sujet de la forme & des qualitez propres à son espece, elle luy donne en mesme temps l'inclination pour vn lieu où il puisse se conseruer; Et si tost que la grace a mis dans vne ame les bons sentimens de sa conuersion, elle luy fait rechercher la solitude, comme le propre element de la sainéteté. L'esprit fait lors vne course par tout le monde pour y découurir quelque region de paix, mais il voit les assemblées des hommes les vnes malades de police, les autres de barbarie, par tout les mesmes passions, les troubles, les guerres, le desordres & la misere. Sans passer les mers ny visiter tous les climats de la terre, vn homme qui cherche la solitude la peut trouuer au milieu des villes dans la profession Religieuse, & choisir là sa demeure comme tres-fauorable pour conseruer son integrité. Mais parce que ces isles fortunées sont sujettes à souffrir encore quelques troubles par le voisinage du monde qui les enuironne, & que les negoces des seculiers, sur tout des parens viennent inquieter le repos de ceux qui les fuient, il faut que le Religieux prenne de bonne heure cette genereuse resolution de les rejetter par vn refus si franc & si ferme, qu'il oste l'asseurance aux plus importuns de se plus addresser à luy pour choses semblables.

Le premier effet de la nature en la conception de l'animal c'est de couurir son sujet d'vne membrane, afin que la vertu formatrice auec tout ce qu'elle a de chaleur & d'esprit, estant recueillie soit plus forte pour la perfection de son œuure; ainsi le premier dessein d'vne personne qui veut se disposer à la nouuelle vie de Iesus-Christ, c'est de se tenir retranchée dans la solitude, afin que les sainctes affections qu'elle a conceuës, sans s'exaler se forment en de

DV RELIGIEVX.

genereuses habitudes. Pourquoy traitter auec le monde qui est l'ennemy declaré de Iesus-Christ, toutes ses conuersations nous doiuent estre suspectes, & d'autant plus qu'elles seront déguisées sous vn pretexte de charité, si le Superieur ne les ordonne.

Nous ne pouuons pas commander le calme à la mer, ny empescher que cet element furieux ne s'agitte & ne se debatte horriblement par l'impetuosité de ses vagues ; mais nous pouuons bien l'arrester auec des digues si fortes, où choisir vne demeure si éleuée que nous n'en receuions point d'incommodité : Le Religieux ne fait pas estat de changer les conditions d'vn monde orageux, & troublé par toutes les passions dont l'esprit humain est capable ; mais à la faueur de sa solitude il se met hors de prise ; il s'éloigne des opinions qui exercent leurs violences sur le commun des hommes ; il domine aux astres, non pas en changeant leurs cours n'y arrestant leurs mauuaises influences, mais en les rendant inutiles pour son égard. Vne place est victorieuse quand elle tient fort contre les attaques de ses ennemys, & qu'apres plusieurs assauts elle les oblige à vne honteuse retraitte. Sur cette pensée les Platoniciens disent que les substances intellectuelles s'affranchissent du destin, & qu'elles n'en souffrent ny l'empire, ny les rigueurs tant qu'elles se tiennent recueillies dans l'inalterable vnité de leur essence : ils asseurent que tout nostre mal vient du commerce que nous auons auec la matiere, que c'est l'origine de nos foiblesses & de nos souffrances, & qu'à mesure que nous en sommes plus dégagez, nous sommes plus proches du premier acte qui est vne toute-puissante integrité, qu'ainsi les ames des globes celestes ne sont point partie de ce monde & qu'elles n'en souffrent point les alterations, parce qu'elles sont voisines de Dieu qui n'entre point dans la cathegorie, & dont on ne peut expliquer les perfections que par vne sureminence. De là nous deuons conclure que le Religieux qui est éloigné du monde autant de conuersation que de cœur, n'est plus de ce monde, comme disoit Iesus-Christ à ses Apostres, & que c'est l'vnique moyen de mettre son ame

Plotin. ænead. 2. lib. 3. c. 15.

Id. lib. de dubiis ani- m æ.

à couuert des defordres d'vne vie commune, de fe tenir dans la folitude.

Quand Dieu dés noftre creation nous a mis en la main de noftre confeil, & que depuis pour nous former à vne vie plus parfaite il nous appelle au defert hors la conuerfation des hommes, il veut que nous foyons à nous mefmes, dans vne entiere liberté comme celle qu'auoient les efclaues quand le teftament de leur maiftre les nommoit legataires de leurs perfonnes. Ie me dois plus à moy mefme, qu'au refte des hommes, dit Sainct Auguftin, ie ne veux neantmoins eftre à moy mefme que pour me donner à Dieu. Le Religieux ne fe dégage du monde par la folitude que pour eftre à foy, non pas par vne vanité de Stoïque qui mette fon fouuerain bien à fe poffeder; & qui de tous les hommes, fe juge eftre feul digne de fes entretiens; mais il fe retire parce qu'il ne croit pas fon temperament affez fort pour fe conferuer dans vn air contagieux, & s'étant mis au rang des chofes confacrées à Dieu, il ne fe doit pas prophaner par des vfages communs.

L. vnit Cod. de com. feruo manum.

Seres. Epift. 20.

Les plantes fauuages ont plus de vertu, d'autant que comme elles ne croiffent, elles ne font auffi nourries que dans vn lieu, fous vn ciel, & d'vn aliment fort conuenable fans eftre alterées par des qualitez ennemyes, qu'elles font contraintes de fouffrir auec vn grand déchet de forces fous vne belle apparence, quand elles font cultiuées par nos artifices. Vn Religieux folitaire fera peut-eftre moins poly dans fon difcours, en fes manieres d'agir, mais il fera plus éclairé dans fes confeils, plus ferme dans fes deffeins, plus fublime dans dans fes idées, parce qu'il prend fes ordres de la premiere verité d'où il a receu fa vocation. La vertu des chofes intellectuelles fe perfectionne par l'abftraction des fenfibles, dit Sainct Thomas, & comme nos connoiffances ne font vrayes, nos affections ne font gueres legitimes que par cet éloignement de la matiere. La charité diuine eft vn feu qui fepare le pur de l'impur, & qui tire d'entre les hommes celuy qu'elle deftine aux exercices des Anges.

ſſ. q2 m. a, b.

Si le Sage juge de tout, il doit eftre feparé des chofes
humaines

DV RELIGIEVX.

humaines dans vne retraite où les yeux des hommes ne puissent porter, pour n'en estre point jugé. Il ne croyt point que tout ce qui est dans l'éclat soit dans le desordre, il ne condamne point ceux qu'vne grace particuliere appelle dans les employs exterieurs pour le soulagement & l'edification du prochain, il estime, il admire ces charitables exercices, il y exhorte de tout son pouuoir ceux qu'il en croyt estre capables ; Mais comme la grace ne luy donne point pour son particulier ny cet attrait, ny ce mouuement, & qu'il sent en soy des foiblesses qui ne luy permettent pas ces grandes entreprises, son humilité le retient dans la solitude. Elle est fauorable à vne pieté naissante, comme nous auons dit, car elle la tient à couuert de mille fâcheuses rencontres qui pourroient blesser sa complexion encore delicate, & qui prendroit de tres-mauuaises qualitez, par le mélange des choses humaines : Vne vertu qui fait ses progrez à besoin de la solitude, comme vne plante de n'estre point remuée quand elle veut prendre racine; comme vn estat de n'estre point trauaillé de guerre, pour établir son commerce & son épargne. Enfin vne ame déja consommée dans la pieté demande la solitude, parce qu'elle y trouue ses libertez ; parce qu'elle entend la voix de Dieu qui l'appelle là, pour la posseder pleinement, & la gratifier de ces ineffables communications qui commencent icy les felicitez du ciel. En quelque estat donc que vous consideriez le Religieux la solitude est son element ; c'est par elle qu'il doit prendre son commencement, son progrez, sa perfection ; c'est son principe, son milieu, sa fin ; en vn mot c'est son tout, & vn bien comme essentiel, parce qu'elle seconde ses vœux pour le separer du monde, pour en faire vn nouuel homme hors les habitudes d'vne vie commune, pour le rendre citoyen du ciel, dans la conuersation des Anges & de Dieu. Ce qui luy suruient de plus pour l'exterieur ne doit estre consideré que comme vne chose accidentelle, ie dis mesme violente, parce qu'elle force les inclinations, & qu'elle n'est pas de durée. Ainsi les Saincts sont sortis de la solitude quand la charité les a rendus necessaires à l'assistance du prochain, &

B h

apres s'estre acquittez de ces bons offices ils se sont rejettez dans la solitude, comme les flammes ayant fait quelques legeres saillies reuiennent sur la matiere qui les nourrit.

Vn Religieux qui se plaist dans la retraitte a dequoy passer vne vie tousiours égalle, parfaittement libre & contente, en ce qu'elle n'attend rien des hommes ny de la fortune, & qu'elle ne releue que de Dieu, auec vne sainte & souueraine independance de toutes les autres choses. Seruir ainsi Dieu c'est regner, c'est par vne anticipation de recompense estre déja comme sur le throne d'où l'on doit juger les peuples, & d'où ce que le monde a de plus grand paroist bien petit.

Quoy que le solitaire fasse grand estat des choses exterieures, quand la charité & la pureté de l'intention les rapporte à Dieu, si neantmoins le superieur ne le choisit pas pour cela, ce luy est vn beau sujet de s'entretenir dans l'humilité, & de croire que sa vertu n'a pas encore tout ce qu'il luy faudroit de forces pour se produire au dehors. Il n'aura point à se defendre de la vanité si les affaires ont vn bon succez, n'y de la douleur, si elles ne sont pas fauorables : il n'a point tant à conjurer de phantosmes qui fallissent l'integrité de l'ame, au moins qui troublent sa paix: Cependant qu'on le laisse comme incapable, il est extremement satisfait de demeurer plus tranquile ; il a le plaisir de ménager tout son temps pour l'estude ou pour la priere, de compter ses heures, ses progrez, ses profits d'vn bien irreparable, dont il void les autres obligez à faire des profusions. On ne sçauroit expliquer les joyes secretes d'vne ame qui se tient ainsi retranchée contre le monde; qui fait son principal employ de se rendre agreable à Dieu, de receuoir ses visites, & de s'y disposer auec tout ce qu'elle peut d'integrité.

LA FIDELLE GARDE DE ses pensées.

CHAPITRE X.

PLATON dit que nos ames ont esté faites semblables à celle du monde, & qu'ayant receu comme elle les idées de toutes choses, nous auons des inclinations à tout connoistre & à tout faire. Quand nous aurions ces idées, comme le suppose ce Philosophe, il faut aduoüer par nostre propre experience qu'elles sont extremement confuses, & que si elles sont dans la multitude, elles ne sont pas dans l'ordre qui fait la beauté du monde. En mesme temps il se rencontre dans nos ames, comme dans le ciel des mouuemens tout contraires, mais dont il ne se fait point d'accord ny d'harmonie comme dans le ciel ; Nos pensées sont vagues, incertaines, qui montent & descendent, qui se choquent & se broüillent, qui paroissent & ne sont plus, comme les atomes dans le rayon du soleil, d'où le Sage prend sujet de dire du cœur humain, que c'est vne abysme & vn chaos impenetrable.

Il ne suffit donc pas au Religieux de s'éloigner, comme nous auons dit, de la conuersation seculiere, & de se rendre dans la solitude, s'il ne se défait encore de ces extrauagantes pensées, de ce petit monde confus qu'il y porte auec luy. Il fait estat de se perfectionner en la vertu, pour donc y reüssir comme en tous les arts & en toutes les sciences, il y doit donner toutes ses attentions, dit Sainct Basile ; Autrement comme l'œil, ainsi l'esprit qui seroit dans vne agitation continuelle sans s'arrester sur son objet, n'en pourroit pas faire le discernement. Tous les contemplatifs demeurent d'accord que nostre ame se doit dégager de la multitude, & se recueillir autant qu'elle peut dans l'indiuisible vnité propre à sa substance intellectuelle pour se joindre à l'vnité diuine, & y trouuer vne solide tranquilité.

Regular. fusius disputatorum cap. I.

B b ij

Vn véritable amour occupe toutes les puissances de l'ame, & ses celebres transformations consistent principalement en ce qu'il met vne personne dans la méconnoissance d'elle mesme, & ne luy donne de la vie, parce qu'il ne luy laisse des pensées que pour son objet.   L'amour diuin est donc bien foible dans vne ame qui parmy tant de motifs capables d'occuper les bien-heureux durant toute vne eternité, ne peut arrester ses pensées pour vn peu de temps à ce grand object, n'y empescher qu'elles ne s'égarent en dix mille choses vaines ou criminelles.   Puisque Dieu est intimement present à nos cœurs, pourquoy ne luy rendons-nous pas dans nostre interieur autant de respect que l'on porte exterieurement à la majesté des Princes, dont on n'oseroit offenser les yeux par des postures indecentes, ny rompre les entretiens par des discours impertinens ? C'est en effet le chasser de nostre cœur où il vouloit faire sa demeure, d'y entretenir des objets desagreables à ses yeux & incompatibles auec sa Sainêteté. Vne affaire d'estat ou de famille que l'on juge estre de consequence tient vn esprit continuellement en haleine, & dans vne suspension de toutes les autres pensées ; Or toute cette vie n'est qu'vn traitté que nous passons auec Dieu, pour l'acquit de nos obligations & pour l'aduancement de nostre salut, cela merite bien que nous y soyons attentifs, & que nous ne permettions pas à nostre esprit de s'emporter à tant de vaines ou criminelles pensées.

<small>Sermone de triplici genere cogitationum</small>

Elles sont infinies en nombre & en diuersité, neantmoins Sainct Bernard les reduit à trois principaux chefs: Car, dit-il, où elles sont entierement vaines, impertinentes, hors de sujet, volages & sans arrest, où elles regardent la conseruation de la personne, comme en ce qui concerne la vie, l'honneur, les loix de la nature ou de l'opinion ; celles là tiennent plus fort à l'esprit, & l'on s'en défait moins facilement, comme si elles auoient quelque chose de ce mortier & de cette terre détrempée dont nous auons esté petris ; Enfin les autres procedent des passions, d'amour, de hayne, d'enuie, de vengeance, &

DV RELIGIEVX.

forgent interieurement ces peruerses affections qui font les crimes & la mort de l'ame. Les pensées que nous appellons vaines, sont des phantosmes, des illusions, les songes de ceux qui ne sont pas endormis, les impostures dont ils se trompent eux mesmes, pour se rauir le temps & les attentions qu'ils doiuent à leur salut. Ne sçauez vous pas que vous estes le temple de Dieu, dit l'Apostre, hé pourquoy le prophaner par ces chimeres & ces monstres? Vn cœur qui ne conçoit rien de grand tâche de se satisfaire par cette multiplicité de pensées, mais comme elles sont vaines, elles ne peuuent pas le remplir ny le contenter; Aussi n'est-ce pas vne action qui tienne l'ame en exercice, mais vn égarement, vn transport inuolontaire qui la diuise d'elle mesme, parce que volontairement elle n'est pas demeurée autant vnie qu'elle pouuoit auec son Dieu, dit Sainct Bernard. Ne considerez pas seulement ces choses friuoles qui passent dans l'imagination, mais pleurez les desordres d'vne puissance si honteusement prostituée à tous les objets qui veulent en abuser : Ce n'est pas vne petite faute à l'ame qui estoit l'espouse du Verbe, de ne le plus aymer, de n'auoir plus aucun desir de luy complaire, & de s'abandonner à tous les passans, comme cette perduë dont l'écriture nous fait la description. Vne ame sans charité, est sans vie; elle est morte, & ce que ses pensées luy semblent donner de mouuement, n'est que comme celuy des corps morts qui vuident encore leurs impuretez, & qui ne remuënt que pas les vers qui les rongent.

Les autres pensées qui regardent la conseruation de la personne, qui sont comme les pouruoyeurs des sens & de l'amour propre, ne sont aucunement conuenables au Religieux, parce que sa profession le deuoit rendre vn nouuel homme mort à toutes ces choses. Elles font paroistre vne ame extremement basse, qui ne se connoist, qui ne s'ayme que par le sensible, & qui est reduite à la condition des bestes, dont la phantaisie & les actions sont toutes occupées pour le corps. Iesus-Christ veut que nous soyons dans vne parfaite liberté d'esprit, sans empressement pour ce qui regarde l'entretien de cette vie, que nous remettions toutes ces choses à la prouidence, qui nourrit les oyseaux du ciel auec delices, & qui couure les fleurs d'vn superbe vestement sans qu'elles en prennent le soin. Les vœux de pauureté, de chasteté, d'obeïssance, sont tres-fauorables à ce dégagement de pensées, car il nous mettent comme des enfans à la table de nostre Pere celeste auec vne simplicité qui ne prend point connoissance des moyens de cette diuine œconomie. Nous lisons dans la vie des Saincts qu'ils estoient tellement attentifs aux exercices de la pieté, & de l'estude qu'ils en oublioient le boire & le manger, & qu'ils ne prenoient la refection que comme vn remede desagreable mais necessaire pour soulager les infirmitez du corps.

Enfin les autres pensées qui naissent des passions, d'amour, d'enuie, d'ambition, sont plus à craindre, parce qu'elles sollicitent l'ame au peché, & qu'elles la perdent si elles en peuuent tirer le consentement, au moins qu'elles la troublent par les iustes craintes de n'y auoir pas fait assez de resistance. Il faut des prieres, des jeusnes, des larmes pour coniurer ces suggestions de l'enfer, & si tost qu'on en ressent les atteintes, c'est le meilleur de s'en éloigner, par vne diligente & adroitte diuersion de l'esprit. Quand les poisons nous sont conneus, on se garde bien non seulement d'en manger, mais d'en gouster, dit Sainct Augustin; la teste s'en détourne auec horreur, pour en éloigner les yeux, la bouche, le nez, & la main fait son deuoir de geste ou d'action pour les rejetter si loin, qu'ils ne puissent estre contagieux : On se doit beaucoup plus garder des pensées mauuaises, car quoy que l'on fasse elles sont interieures, en estat de causer d'étranges desordres, si on ne les étouffe promptement auec beaucoup de soin. Elles s'impriment dauantage dans l'esprit, les effets en sont plus violens, les remedes plus difficiles, si vous les considerez auec reflexion sous pretexte d'en remarquer la deformité; il faut sans deliberation repousser cet ennemy, dont la malignité vous doit estre assez conneuë, & par vne prompte retraitte de l'esprit rendre ses efforts inutils. Il n'est pas temps de pouruoir aux munitions de la guerre dans l'occasion du combat ; les grands preparatifs pour emporter cette victoire, sont d'entretenir tousiours dans son esprit des desseins d'estude ou de pieté, dont les plus agreables seront les plus forts pour gaigner le cœur & le defendre de ces mauuaises pensées. Vn esprit qui ne s'abandonne point à l'oysiueté, qui est tousiours plein des idées & des affections d'vn legitime trauail, n'écoute point toutes ces propositions de l'ennemy, mais en les rejettant bien loin il s'en fait vn grand sujet de merite.

Au commencement elles surprennent les plus sainctes ames par vn ressouuenir innocent, mesme par vne saincte detestation des choses passées, ces images se renouuellent insensiblement en la phantaisie, & la transportent tellement qu'on a peine de s'en défaire. On tire au moins de là cet aduantage, qu'on connoist son foible, la pente de la nature, & la passion dominante contre laquelle il faut employer ses plus grands efforts. Le premier de tous est, de n'estre pas pris deux fois à ce mesme piege, quoy qu'il soit couuert ; de reconnoistre ces ennemys, quoy que déguisez ; & les écarter bien loin, au moindre soubçon que l'on en a.

Si la nature grauoit sur le visage & monstroit par la phisionomie les mauuaises pensées du cœur, la honte feroit tous ses efforts pour les étouffer en naissant, & pour ne point paroistre aux yeux du monde auec ces infames impressions qui seroient vn grand reproche à la vie que l'on professe, & à la reputation que l'on se veut conseruer. Chose lamentable que l'on craigne plus le jugement des hommes que de Dieu ? si l'on auoit de la raison & de la foy pour conceuoir cette souueraine Majesté intime en nous mesmes, qui void tous les replis de nos consciences, il ne seroit pas possible qu'on ne marchast deuant elle auec plus de circonspection, qu'on ne tâchast de luy aggréer par l'integrité de nos pensées, de nos affections, de nostre conduite.

Pour éclaircir les scrupules qui pourroient naistre en ce sujet, il faut icy confesser les infirmitez humaines, que

LA CONDVITE

l'esprit & le corps ont tant de sympathie qu'ils compatissent l'vn à l'autre, & que d'vne necessité particuliere, ils en font vne commune ; Le sens n'agit pas moins sur l'imaginatiue, que l'imaginatiue sur le sens, & comme la nature qui souffre, se figure durant le sommeil ou la fiéure l'objet qui la pourroit contenter ; Ainsi dans le plus grand repos, dans les quietudes mesmes de l'oraison, ou dans les plus pressantes affaires, elle demande ses droits, & suscite des pensées importunes qui passeroient pour criminelles, si on ne sçauoit que leur origine ne dépend pas tousiours de nostre disposition. Ie ne croy pas à propos d'expliquer d'auantage ces marques honteuses d'vne concupiscence originaire ; ie n'ay qu'à donner aduis qu'il ne se faut pas flatter en cela, n'y supposer que ces extrauagances procedent plustost d'vne nature violentée, que d'vne conscience trop lâche en ses deuoirs, & à se corriger des moindres defaux.

SE CORRIGER DES MOINDRES defaux.

CHAPITRE XI.

QVAND l'Apostre nous dit en plusieurs endroits que nous sommes les enfans de Dieu, les coheritiers de Iesus-Christ, que nous sommes animez de son esprit, que nous viuons de sa vie, & quand nous appliquons ces eminentes qualitez par preciput au Religieux, ce ne sont pas des titres imaginaires, mais qu'il doit verifier par la saincteté de sa vie. De sorte que comme Dieu est vne lumiere sans tenebres, vne souueraine perfection sans defaut, vne bonté sureminente, vne infinie saincteté que les bien-heureux esprits honorent par des cantiques eternels ; Le Religieux doit pretendre à toute la perfection dont il est capable, pour meriter ces titres eminens qui luy viennent d'vne alliance diuine. Aussi quand l'Apostre instruit les Chrestiens, & qui leur marque

DV RELIGIEVX.

marque le poinct de vertu où ils doiuent tendre, c'est par tout en ces termes, d'integrité, de plenitude, de perfection, tellement qu'il ne leur manque aucune grace pour estre conformes à Iesus Christ, à ce nouuel homme creé selon la iustice & la verité ; Selon la verité qui est vne, indiuisible, & qui ne souffre point ces distinctions de plus & de moins ; Selon la iustice qui pese tout au poix du sanctuaire, & qui nous oblige de tout donner à Dieu, à qui nous deuons tout. Il nous demande tout nostre cœur, qui est la source des petites comme des plus grandes affections, & nous ne luy donnerions pas entier si les negligences ou les vanitez s'en reseruoient quelque partie.

C'est le propre du Religieux de seruir Dieu auec vne crainte filiale qui tienne les yeux de l'ame tousiours ouuerts pour reconnoistre ce qui est plus agreable à sa Majesté diuine, & les affections tousiours preparées à l'accomplir : La grace l'a tiré du monde pour cet effet & l'a mis dans cette saincte profession pour y imiter les Anges qui sont des esprits de feu, c'est à dire extremement purs, sans aucune des qualitez dont leurs lumieres, ou leur amour se puisse alterer. Leurs cantiques eternels honorent particulierement la saincteté de Dieu, qui signifie vn parfait éloignement des conditions de la terre ; ils le reclament trois fois sainct pour animer leurs trois hierarchies à vne saincteté sans defaut, & pour cet effet quoy qu'ils soient dans vne extreme integrité, ils ne laissent pas d'estre tousiours de plus en plus, purgez, éclairez, perfectionnez.

Sainct Bernard anime ainsi les Religieux à cette exacte fidelité qu'ils doiuent à Dieu ; ce n'est pas à vous, dit-il, de passer vne vie lâche qui se contente de garder les commandemens ; Vostre ferueur doit porter plus haut que le precepte & accomplir ce que vous connoistrez estre de plus parfait & de plus agreable à Dieu. Si les autres le connoissent par la foy, s'ils luy rendent leurs seruices auec crainte, vous deuez estre vnis à luy par amour & n'estre pas seulement dans la recherche, mais dans vne bien-heureuse fruition, où il ne se rencontre point de defaut.

C c

L'espoux sacré dit dans le cantique que sa bien-aymée le rauit par vn seul floccon de ses cheueux qui bat sur son col, parce que la beauté, comme la bonté, signifie vn tout parfaitement accomply, & dont chaque partie merite de l'agréement & de l'amour. Le seul defaut d'vn sourcil rend vn visage difforme : ces negligences dans la conduite des mœurs, dans les exercices de pieté, ne sont pas veritablement des vlceres malins & mortels, ce ne sont que comme des grains d'vne petite verolle, qui ne laissent pas de ternir le lustre d'vn tein, qui font tomber cette fleur, qui cauent, qui rongent, qui ostent la belle proportion des parties.

Les exactes obseruations de l'ancienne loy au choix des victimes, qui deuoient estre sans taches & sans defaut, n'estoient que les figures de la perfection que Dieu demande des ames Religieuses comme plus particulierement consacrées à son seruice, & veritablement c'est manquer d'amour, si vous negligez, si vous faites passer pour peu de chose ce qui ne luy est pas agreable. Si vous n'estes fidelle qu'aux commandemens, sa justice vous traittera de mesme sorte, & si elle ne vous impose pas les peines deuës aux grands pechez, elle chastiera vostre negligence par vn sustraction de ses graces particulieres, de ces intimes consolations qui vous faisoient courir dans la voye de ses commandemens, & qui adoucissoient toutes les aigreurs de cette vie. Son joug vous paroistra bien plus pesant, & peut-estre insupportable ; vous ne trouuerez point dans les Sacremens, les delices & les forces reseruées aux ames fidelles ; ils vous seront des medecines qui blessent, & non pas des nourritures qui flattent le goust de l'esprit.

Les Iurisconsultes parlent de certaines actions prejudicielles, qui ne sont pas estimées parce qu'elles sont en elles mesmes, mais par les suites & les consequences qui en naissent, comme par exemple d'agir en qualité d'heritier, c'est vne ouuerture à mille actions qui peuuent estre intentées sous ce titre, parce dit la loy que celuy qui se porte vne fois pour heritier l'est tousiours : Vous renoncez

DV RELIGIEVX.

dites-vous au monde, & vous ne laissez pas de recüeillir sa succession, ses commoditez, ses ioyes, ses diuertissemens, ses relâches, & quoy que ce soit en peu de choses, ne doutez pas qu'en receuant les profits, vous n'en ressentiez aussi les charges, & ce que ces mauuaises libertez portent auec soy de seruitude & d'affliction. Ces petites sensualitez dans vostre viure, ces froideurs, ces tepiditez dans vos oraisons, se formeront insensiblement en habitudes, & vous jetteront dans vne pente d'où il ne sera plus possible de vous retenir. Vne familiarité moins religieuse fera naistre des affections illegitimes ; vous portez le feu dans vn magazin de poudre, il ne faut qu'vne étincelle pour faire vn horrible embrasement ?

Nous auons veu de grands païs inondez à cause d'vne petite ouuerture que les eaux auoient fait à vne digue : on void tous les iours de grandes affaires ruinées, de hautes fortunes abbatuës par le defaut d'vne petite circonstance ; des recheutes perilleuses & mortelles, par vn petit reste de mauuaise humeur que la crise ou la purgation n'a pas emporté. Toutes les vertus ne subsistent que parce qu'elles s'entretiennent, si vous y meslez de l'imperfection, vous rompez cette bien-heureuse alliance ; cette chaîne d'or ne vous tirera plus de la terre au ciel, si vous ostez quelqu'vn des anneaux qui la continuent. Mettez le moindre vuide dans la nature, c'est vne playe qui luy est mortelle, parce qu'elle empesche le commerce de ses parties & les influences du ciel.

Ie croy que les negligences du Religieux en sa conduite procedent de ce qu'il ne fait pas vne assez grande estime de sa vocation, & qu'il ne s'est pas formé d'assez sublimes idées pour ne manquer en chose aucune de ce grand sujet. Le Sculpteur ne laisse pas de garder toutes les regles de son art, quoy qu'il trauaille sur vne figure de terre, car il ne considere pas la matiere mais l'idée qu'il veut exprimer ; soit que vous mangiez, soit que vous beuuiez, faites tout, dit l'Apostre, de sorte que Dieu en soit glorifié, ce grand dessein qui releue les plus basses de nos actions, nous obligera de les faire auec tous les soins, &

C c ij

toutes les diligences possibles.

Le grand precepte que donne Quintilien pour former vn orateur c'est de ne rien escrire ou prononcer par maniere d'acquit mesme dans la conuersation familiere, mais s'exprimer tousiours le mieux que l'on peut selon les regles de l'art. Ie souhaiterois cette mesme diligence au Religieux, qu'il ne se relâchast iamais en chose aucune, qu'il s'acoustume de tout faire en perfection, qu'il se rende exact à toutes les obseruances regulieres, & retenu dans toutes les rencontres selon les loix de la modestie : car quoy que les sujets paroissent petits, les habitudes que l'on en prend, & les exemples que l'on en donne, sont & pour soy & pour les autres d'vne extreme consequence.

S'il neglige ces petites choses les yeux de l'enuie ne manqueront pas de les remarquer pour en faire la censure, & vn notable sujet de reproche. Les libertins en tireront leurs excuses, & diront qu'ils imitent vne personne recommandable quand ils se feront vn ordinaire d'vn petit relâche qu'elle aura pris apres vn long trauail, & pour se disposer à vn plus grand : puisque tant d'yeux sont ouuerts sur nos déportemens, pourquoy ne leur donnons nous pas l'exemple qu'ils se promettent de nous ? pourquoy les frustrer de cette bonne edification qui tourne à l'honneur de Dieu, & à nostre aduancement spirituel ?

S'il est question de quelque chose extraordinaire dont on ne fait point d'habitude il est bien facile de s'en priuer, & en se tenant dans l'égalité de sa conduite, n'estre point vne pierre de scandale aux ames foibles, ny vn écueil où les moins aduisez se viennent briser. Que s'il s'agit des choses ordinaires & regulieres, considerez que pour les faire en perfection, pour estre des premiers à l'office, aux communautez, à l'assistance des malades, à l'obeïssance, il n'y faut donner de plus que quelques petits momens de temps, d'où neantmoins vous tirez ces grandes satisfactions de vous bien acquitter de vostre deuoir, & d'y animer les autres par vostre exemple ; il faut donc prendre vne ferme resolution d'agir & de se comporter en tout, comme les plus sages & les plus feruens.

Ie ne sçaurois que ie ne repete, & que ie ne me reserue encore aux occasions à rebattre cette pratique, dont vne personne Religieuse de ma connoissance se trouue parfaitement bien, dans toutes les difficultez où l'amour propre sous de beaux pretextes, prend vn party contraire à la saincteté. C'est de considerer ce que feroit vn Saint François en cette rencontre, & apres auoir remis le iugement de l'affaire à ce tiers des-interessé, il est facile de voir ce qu'il feroit, & se resoudre sans hesiter à faire le mesme: Car pourquoy faire les choses imparfaitement & à demy? puisque c'est vn deuoir, puis qu'on est dans l'obligation & dans le dessein de s'en acquitter, il faut que ce soit parfaitement; afin que par vne circonstance qui est de peu de trauail & de peu de temps, on ne s'expose pas aux reproches; on ne perde pas ce qu'on pourroit donner de gloire à Dieu, d'edification au prochain, de contentement à soy mesme & de facilité pour faire de plus grands progrez en la vertu.

SE RELEVER COVRAGEVSEMENT
de ses cheutes.

CHAPITRE XII.

APres que le Religieux s'est retranché dans la solitude, hors la conuersation du monde qui luy pouuoit estre suspecte ; Apres que selon l'aduis du Prophete il a mis les plus seures gardes qui luy estoient possibles à son cœur, pour n'estre point surpris de l'iniquité; Apres la pensée des années eternelles qui a remply son ame, & que pour s'y disposer il l'a nettoyée des moindres poussieres de la terre ; Voila qu'il tombe & qu'il déchet de perfection, lors que selon toutes les apparences humaines il s'y deuoit auancer. D'où vient cette fragilité qui le couure de confusion, & qui rabat si honteusement ses esperances ? On ne s'étonne pas qu'vn corps qui doit à la fin mourir, souffre quelques fois des foiblesses & des maladies; que des fleurs qui doiuent bien-tost passer, se ferment toutes les nuicts quand elles n'ont plus leur soleil; que la necessité du mouuement donne à la Lune vne face, tantost brillante & puis sombre, & qu'elle tombe en eclypse dans le plus grand éclat de ses lumieres; Mais d'où vient qu'vne ame immortelle souffre ces alterations? Qu'apres auoir pris des habitudes de vertu qui luy en rendent les exercices faciles & delitieux; apres s'estre mise toute entiere sous la tutelle de la grace dont les secours ne sont point fautifs, auec tout ce qu'elle en reçoit de vie, de lumieres & de forces, elle tombe neantmoins dans le defaut?

Voila le grand suiet qu'a l'homme de s'humilier, & de reconnoistre auec le Prophete qu'il n'est que poudre & que cendre suiette à se repandre à tous vents: Les faueurs que le ciel luy donne sont des qualitez & des accidens, par consequent qu'il peut perdre auec vne volonté si volage, & si suiette à prendre le change: il est composé de deux natures contraires qui prennent l'alternatiue; Ce n'est donc pas merueille si apres auoir agy quelque temps comme intellectuel, il est puis apres reduit à des conditions sensibles & animales. Cette sublime profession Religieuse est vne violence qui ne peut pas estre continuë; Moyse qui n'a pas la force de tenir tousiours ses mains éleuées au ciel, est contraint de les abbaisser par interualles, & lors de voir à regret les grands aduantages qu'en prennent ses ennemys. Vn relâche d'austerité, vne conuersation mondaine trop familiere fauorise les efforts que fait tousiours secretement la nature pour se remettre dans ses droits, & se recompenser de ce qu'on luy a fait souffrir de contrainte; comme vn eau chaude se gele plustost, tant par l'effort de la forme qui rétablit sa qualité, qu'à la faueur du froid exterieur qui la seconde. Le courage n'est pas tousiours si vigoureux qu'il ne se rebutte quelques fois à la rencontre de quelques fatigues impreueuës, de quelques humeurs incompatibles, de quelques seueritez à contre-temps, qui arrestent les bons desseins

DV RELIGIEVX.

& qui donnent de la peine où l'on se promettoit de la recompense. L'esprit s'abat lors comme la vapeur qui se ramasse, s'épaissit, se fait eau, & fond en bas toute pesante quand la moyenne region de l'air la reçoit auec froideur; enfin les contraires qui composent la nature, qui causent les monstres dans les plus nobles especes, peuuent surprendre les plus parfaits Religieux en certaines mauuaises dispositions, où ils tomberont dans des defaux qu'on n'eust pas estimé possibles.

Les anciens tenoient pour vn prodige de mauuais augure, quand les bons arbres degeneroient en leurs fruits, & qu'ils changeoient ce qu'ils auoient auparauant de douceur en vne amertume semblable à celle des sauuageons. Tous regardent auec étonnement la cheute d'vn Religieux qui promettoit beaucoup de perfection, & si la faute est importante, c'est vn scandale qui fait craindre vne suite de plus grands mal-heurs. Ce luy est vn grand suiet de reconnoistre qu'il a de luy mesme trop de foiblesse pour se soustenir dans la vertu ; qu'il ne la possede pas en propre ; que c'est vn present de la misericorde de Dieu, dont il merite d'estre priué s'il en abuse. Enfin le voila tombé auec la confusion de sa conscience, si le mal est secret ; & dans la honte publique s'il est public. Ordinairement les cheutes des Religieux ne vont pas iusques à des desordres qui fassent vn peché mortel ; ce ne sont que de ces fautes où le iuste tombe sept fois le iour, & pour lesquelles il demande tous les iours à Dieu la remission, parce que tous les iours il luy est difficile de s'en deffendre. Cela neantmoins luy paroist enorme dans le desir qu'il a d'vne eminente perfection, & dans les soins qu'il prend d'y faire vn plus grand pro rez. Quoy donc qu'il en soit baucoup ou peu reculé par cette cheute, il ne faut pas qu'il imite les enfans qui estant tombez dans vn bourbier, y demeurent, & n'ont que des clameurs au lieu d'efforts pour s'en retirer. Mais qu'il se conduise comme le pilote qui dans la tourmente fait l'estime de combien elle l'écarte de sa route, pour connoistre en qu'elle distance il est de son port, & combien il doit

Plin. lib. 17. c. 2[?].

employer de voiles pour s'y rendre quand il aura le vent fauorable.

Les mouches à miel ne se rebuttent iamais pour tous les accidens qui tauissent leurs prouisions, mais plus elles sont pauures plus elles sont ardentes au trauail, car il est question de reparer les pertes passées, & de faire de nouueaux acquets: Soyez tres-sensible aux cheutes que vos infirmitez vous obligent de souffrir dans le chemin de la perfection, mais soyez aussi genereux pour bien ménager tous les momens du temps & de la grace pour vous rétablir & vous aduancer, ne manquez pas en cela de courage, puis qu'vn mesme acte d'amour diuin peut effacer les fautes passées, & vous donner vn nouueau merite. Les grands pecheurs dans le commerce du monde ne desesperent pas de sortir de l'abysme où ils se sont eux mesmes precipitez; Le Religieux doit auoir plus de cœur & plus d'esperance, comme il a plus de moyens pour se releuer de ses cheutes. Il a promis veritablement beaucoup, auec le secours de la grace, neantmoins auec de grandes foiblesses de la nature, auec des lumieres que les passions rédent troubles, & dans vn chemin fort glissant; s'il tombe c'est vn accident ou par plusieurs raisons il estoit suiet, mais il a la mesme grace qui luy presente la main pour le releuer & la liberté pour se preualoir sans remise de ce secours.

Quoy que l'homme tombe & retombe dans le peché, il doit, dit Gerson, s'en tirer autant de fois & s'en purger par le Sacrement de penitence, comme on ne laisse pas de trauailler à la pompe dans vn vaisseau qui fait eau, quoy qu'il en entre autant qu'on en iette; car on éuite ainsi le naufrage par vn secours égal au peril. A tous les repas on laue les mains, quoy qu'elles se doiuent aussi-tost sallir dans les actions où elles seront employées; on empesche ainsi que l'ordure ne s'y attache, & qu'estant negligées elles ne deuiennent si sales qu'on ne les puisse plus apres nettoyer. Nous ne combattons pas, dit-il auec Seneque, contre les vices afin de les vaincre, mais afin de n'en estre pas vaincus: la defaite entiere ne nous est pas possible, c'est beaucoup de leur tenir teste, & d'empescher

Tractatu de paruulis ad Christū trahendis.

DV RELIGIEVX.

pescher leurs plus grands dégats auec si peu de forces. Meslons nostre pain auec la cendre, comme nous aduertit le Prophete; que la penitence nous soit ordinaire comme la nourriture ; faisons estat de demander, & d'obtenir l'vn & l'autre de nostre Pere celeste par l'oraison que nous luy presentons pour cet effect tous les iours.

Si ces defaux nous sont vne nuict, Dieu est vn soleil qui nous redonne la lumiere. Car dit Sainct Augustin, quand nous la perdons ce n'est pas par son absence, puisque son immensité le rend present en tous lieux, mais par l'éloignement de nostre volonté qui en estant sollicitée ne le veut point receuoir. Il estoit dans le monde, dit Sainct Iean, & quoy qu'il fut vne lumiere, le monde ne l'a point conneu. C'est vn extreme aueuglement d'estre dans la lumiere sans la voir, vn grand reproche d'estre au milieu de la saincteté & des flammes du diuin amour sans les ressentir : Mais ce nous est vne grande consolation dans nos infirmitez d'auoir le puissant secours de la grace, si proche qu'il ne faille que le desirer pour le receuoir. Vous voila tombé, aussi-tost la contrition, le Sacrement de penitence vous releue si vous voulez, & le bon propos que vous faites pour l'aduenir vous fortifie : Vous serez tout instruit de la partie que vous aurez plus foible, & qui donne l'audace à vos ennemys de vous attaquer; vous aurez sujet de vous fortifier de ce costé là, de veiller auec plus de diligence pour éuiter les surprises, & de vos pertes prendre occasion de releuer vostre courage. Rome eut autresfois tant de cœur & vne si genereuse estime de ses forces, qu'au mesme temps qu'Annibal y mettoit le siege, le lieu où il auoit posé son camp, fut mis en decret dans la ville par les creanciers du proprietaire, & dans la concurrence des encherisseurs il trouua son iuste prix, comme s'il n'eust point esté sous la puissance de l'ennemy. Nous poüuons tout esperer en celuy qui nous conforte, & au milieu de nos infirmitez auoir vne ferme confiance non seulement de les vaincre, mais aussi de faire de nouueaux progrez en la vertu.

1. psal. 6.

Florus lib. 2. cap. 6.

TENDRE TOVSIOVRS A VN PLVS haut degré de perfection.

CHAPITRE XIII.

CEvx qui fuiuent les vanitez du monde confiderent cette entiere abdication que l'on en fait felon le confeil de l'Euangile, comme le poinct heroique de la vertu Chreftienne, & d'vne perfection ou, comme ils croyent, l'on ne peut rien adjoufter. Veritablement c'eft vn effet miraculeux de la grace qui retire l'homme de fes anciennes & mauuaifes habitudes, comme du creux d'vn abyfme pour le mettre fur vne eminence ; Mais il découure de là de vaftes étenduës de païs, & de montaignes qu'il luy faut paffer pour eftre parfait. Les vœux de pauureté, de chafteté, d'obeïffance ne font pas la perfection, difent les Docteurs, ce ne font que des moyens pour y paruenir, ce font des chemins ouuerts qu'il faut fuiure, ce font des armes dont il fe faut feruir auec addreffe & generofité ; Ce font les inftrumens de noftre falut, & pour en acheuer l'œuure, il faut les manier felon les regles que nous en auons receu de noftre maiftre. Apres auoir quitté toutes les chofes du monde il faut fuiure Iefus-Chrift, car c'eft la fin de la loy, dit l'Apoftre, la fin que l'on fe doit icy propofer pour croiftre toufiours en perfection, dit Sainct Auguftin, & s'aduancer vers le terme de la gloire où il fera noftre fin par l'accompliffement de tous nos defirs.

Cette imitation de Iefus-Chrift dont les perfections font infinies, donne vne tache au Religieux pour qui toute fa vie & toute fa puiffance fe trouue trop courte ; car tout ce que nous auons icy bas eftant limité, ne peut égaller l'infiny ; Nous tirons neantmoins noftre puiffance de noftre foibleffe, car c'eft vn grand motif d'aduancer toufiours vers le dernier terme, quoy qu'il ne foit pas poffible d'y paruenir, de croiftre toufiours en lumieres comme vn foleil

Rom. 10.

In pfal. 56.

DV RELIGIEVX.

naissant, qui ne doit auoir son midy que dans l'eternité. Ces nouueaux acquests de perfection ne laissent pas d'entretenir nos esperances, & de couronner nos trauaux, comme on decernoit anciennement les triomphes, quoy que les victoires ne fussent que d'vne prouince, & non pas de tout le monde ; comme on ne laisse pas de faire de longues routes sur la mer, de se rafraichir dans les ports, de se charger d'or & de pierreries, quoy que les vaisseaux n'ayent pas la liberté d'aller dans toute l'étenduë, moins encore dans la profondeur de cet element.

Iesus-Christ semble nous signifier cela quand il dit de ceux qui le deuoient suiure : Ie suis venu afin de leur donner la vie, mais vne vie plus abondante à sçauoir par les progrez que l'on y doit faire, qui l'éleue beaucoup au dessus de celle du monde, quoy qu'elle n'arriue pas au poinct de l'autre plus accomplie ou sera nostre beatitude. Cependant nous auons dequoy glorifier Dieu tous les iours par des cantiques nouueaux, par ces continuels accroissemens de vertu, de lumieres, de sainctes affections, qui nous transforment en de nouueaux hommes plus capables de le seruir. Deux choses sont donc absolument necessaires pour nous animer à la perfection, dit Sainct Augustin, l'vne de reconnoistre que nous n'y sommes pas rendus ; l'autre de faire tous nos efforts pour y paruenir, quoy que nous sçachions qu'apres toutes nos diligences il doit rester des espaces infinis ou nos forces ne peuuent arriuer. Tout le temps de cette vie n'est que l'enfance où nous deuons continuellement croistre pour venir à l'âge parfait de Iesus-Christ que nous aurons dans le ciel ; & c'est pourquoy, disent les Peres, il choisit pour venir au monde le temps ou les iours croissent par les approches du soleil, afin de nous signifier que la nouuelle vie de grace consiste sur tout en ces accroissemens de vertu, en ces degrez tousiours montans que la sagesse prepare pour nous conduire iusques au Dieu de Sion.

Cela nous est extremement important, si nous ne voulons hazarder nostre salut ; car comme vn vaisseau qui va contre le courant d'vn fleuue descend, si la force ne le

D d ij

fait monter; comme les planettes souffrent vne diminution de vertu, quand ils n'aduancent point selon leur mouuement naturel; comme vne famille tombe bien tost en pauureté, si elle ne fait point d'acquests proportionnez à sa despense, & qui luy seruent de munitions contre la fortune; ainsi le Religieux qui n'a ny l'idée ny le desir d'vne plus grande perfection est dans vn peril eminent de déchoir parmy les efforts de la nature, du monde, des demons, qui le tirent continuellement à des relâches contraires à ses vœux.

L'Apostre ne trouue que cette consolation au milieu de ses ennemys, de faire autant ou plus de conquestes qu'il y souffrira de pertes, & que si les infirmitez du corps abattent cet homme exterieur, que les generositez de l'esprit releuent d'autant plus l'interieur. Mes freres, dit-il, ie ne me persuade pas d'auoir acquis ce que ie desire; j'oublie tout le passé, & ie n'étends mes pensées que sur l'aduenir pour aduancer auec toutes les forces de mon ame vers la fin de la carriere où la voix de Dieu m'appelle. Sa vocation estoit de conuertir les peuples particulierement les Gentils à la foy Chrestienne, il falloit aussi de grands preparatifs pour cette genereuse entreprise, il estoit vn vase d'élection qui apportant tous ses soins pour s'entretenir dans vne plenitude de graces, les répendoit ainsi auec plus d'abondance sur les sujets qui les deuoient receuoir. Plus vn Religieux croist en perfection, plus il a dequoy se satisfaire en luy mesme, & plus il est disposé à donner secours au prochain, quand il en reçoit les ordres du superieur.

Les reuenus d'vn Prince doiuent estre bien grands pour soustenir les frais de la guerre, & en mesme temps emplir son épargne. Le Religieux doit aussi faire de grands acquests de vertus, pour combatre ses ennemys, & amasser des thresors au ciel; pour rendre à son Maistre l'interest des talens qu'il en a receus & y trouuer encore ses profits particuliers; pour aduancer son salut, & celuy de son prochain. On excuse, & on estime vn pere qui fait vn grand amas de biens afin de pouruoir aux necessitez de plusieurs enfans, ce legitime amour naturel semble essuyer les reproches de l'auarice. Or celuy qui se consacre aux autels à des enfans spirituels sans nombre, & les acquests de vertus qu'il doit faire, pour les leur communiquer sont aussi sans bornes ; Car la charité n'en souffre point, elle dilate le cœur & les pensées, elle va dans vne espece d'immensité, pour auoir dequoy glorifier Dieu en toutes rencontres.

Le veritable Religieux est humble & feruent, de sorte que sans faire estat de ce qu'il s'est acquis de perfection, il ne considere que ce qui luy manque, & sans se reposer sur le passé, il est tout comme l'Apostre dans les projets & les esperances pour l'aduenir. Qu'il est heureux s'il se peut entretenir dans cette saincte pratique, d'estre tousiours sur la garde de son interieur pour en empescher les dechets & pour en accroistre la perfection ; s'il peut tenir compte de ses pertes pour les reparer, & de ses profits pour les étendre. Il n'a qu'à jetter la veuë sur la vie des Saincts, il y verra des eminences d'austerité, de retraitte, de contemplation, des profusions de cœur pour Dieu & pour le prochain qui obscurciront l'estime qu'il pourroit auoir de sa conduite ; il connoistra qu'il ne fait que commencer le chemin de la perfection, & qu'il a suiet d'aduancer le pas pour acheuer vn si grand voyage dans le peu de temps que la vie luy donne.

Mais, dites-vous, comment aura-il de la tranquilité parmy des soins qui le tiennent tousiours en haleine, dans des desirs qui vont à l'infiny comme ceux de l'opinion, & qui ne sont point satisfaits par toutes les acquisitions possibles ? Considerez que ces recherches insatiables enrichissent tousiours l'ame de quelques nouuelles vertus qui la contentent, parce qu'elles sont les fruits de son trauail, les couronnes de ses victoires, les marques illustres des faueurs de Dieu, & les effets de sa grace tousiours accompagnée de la paix & de la joye quand elle nous donne vne partie de ce qu'elle nous fait esperer de biens. Si les souffrances & les larmes mesme sont agreables quand elles sont les preuues d'vn amour qu'on ayme, & dont l'ame reçoit par reflexion vne extreme complaisance ; ces soins, ces projets, ces trauaux sans fin pour vne nouuelle perfection, ne peuuent estre que glorieux, estant les fruits d'vne charité diuine, & des aduances que nous faisons vers nostre souuerain bien. Ainsi Saint Bernard fait la question, comment il est possible que les esprits qui sont au ciel soient bien-heureux auec le desir qu'ils ont extreme de croistre tousiours en lumieres & en amour & qui n'est iamais en tout satisfait. Il respond que ces desirs immenses des bien-heureux procedent d'vn amour qu'ils ayment, que ces recherches sont les effets d'vne incomparable jouïssance, dont les douceurs essentielles couurent tout ce qui pourroit estre de peine dans les desirs; ils sont d'vn bien infiniment souhaitable, ainsi tres-juste & satisfaisant la raison, qui les approuue & qui les voudroit auoir si elle ne les auoit pas ; il portent donc leur propre accomplissement suiuy de ses tranquilitez & de ses joyes; ils sont auantageux aux ames qui par leur moyen s'auancent en vertu, croissent en lumiere & en amour, prennent de nouuelles forces de cette source de vie, dont le cours est eternel & les douceurs infinies. Voila comment, mon Dieu, vous benissez nos souhaits dans le royaume de vostre amour, de sorte que les desirs y sont des jouïssances, & que c'est en quelque façon joindre nostre fin, de s'y auancer.

In solilo-quijs.

DE LA DISCRETION DANS LES exercices Religieux.

CHAPITRE XIV.

ARISTOTE à suiet de dire que la vertu ne peut aller dans l'excez, parce qu'elle est essentiellement vne mediocrité ; de sorte que plus elle est vertu plus il semble que vous luy donniez d'étenduë, plus elle se tient recueillie au point que fait precisement le milieu entre l'excez & le defaut. L'excez neantmoins se peut commettre dans les moyens dont on se sert pour l'acquerir, c'est pourquoy la prudence fait le choix des plus conuenables, qu'elle adjuste à sa propre fin, & qu'elle tient tousiours suiets à ses ordres ; L'excez ne peut estre dans la chaleur naturelle, ny dans l'humide radical, mais il se peut commettre dans la nourriture qui au lieu de les entretenir, les étouffe, si elle peche en abondance. La charité c'est à dire l'amour qu'on a pour Dieu n'a point de bornes ; l'Apostre ne parle que de l'étendre, c'est vn feu qui selon la parole de Iesus-Christ doit tousiours croistre, & Saint Bernard dit que sa mesure c'est de n'en point auoir, parce qu'elle a pour objet vn bien infiny ; neantmoins la religion qu'elle employe pour l'adorer a sa creance & ses ceremonies, son culte interieur & exterieur & toutes ses conduites parfaitement reglées, crainte ou qu'elles ne tombent dans le defaut, ou qu'elles ne passent dans l'excez des scrupules & des superstitions. Il faut mourir au monde & à soy mesme pour imiter Iesus-Christ, mais il importe extremement de connoistre la nature & l'effet de ces mortifications afin qu'elles ne nuisent pas & qu'elles profitent à vne veritable pieté.

Nostre nature malade à veritablement besoin de ces remedes, mais ils doiuent estre temperées, ils doiuent estre pris auec poix & mesure, selon la portée de la personne & les qualitez du mal qui la trauaille, autrement

Magn. mor. lib. 2. cap. 3.

ils feront perir les forces que l'on pensoit soulager. La solitude sera bonne pour perdre l'amour auec l'idée des choses du monde, mais si vous la rendez extreme, il faut craindre qu'elle n'abatte la viuacité de l'ame, & qu'on ne perde tous les sentimens d'humanité dans vn humeur trop sauuage. Les veilles, les jeusnes, les autres semblables austeritez sont propres pour éteindre les flammes de la concupiscence, & pour arrester les trop fortes inclinations que nous auons au plaisir en des actions mesme licites, mais ce remede refrigeratif peut estre si fort, qu'il éteigne la chaleur & la vigueur naturelle : Ce corrosif trop fortement appliqué ne consommera pas seulement les parties gastées, mais les plus saines les plus nobles auec des douleurs extremes & des dommages irreparables.

Il est vray le corps est redeuable de beaucoup à l'esprit dont il tient la vie, il en doit ayder & non pas diuertir les operations, mais il faut confesser que l'esprit doit aussi quelque chose au corps par le droit d'vne societé naturelle; il luy doit la nourriture, l'entretien, les forces necessaires à son seruice, mesme auec quelque bien-seance qu'on ne refuse pas aux valets, aux cheuaux, aux instrumens dont on se sert. Estimez tant qu'il vous plaira les mortifications; dites qu'elles releuent d'autant l'ame, qu'elles rauallent le corps, qu'elles desarment nostre ennemy, qu'elles asseurent nos victoires, qu'elles nous approchent de la condition des Anges, qu'elles nous disposent à la nouuelle vie crée selon la iustice & les perfections de Dieu; ie croy qu'elles meritent tous ces eloges, mais pourueu qu'elles soient conduites auec discretion, car la charité qui les anime doit estre bien ordonnée. Nos seruices doiuent estre raisonnables, dit l'Apostre, il faut auoir la discretion des esprits pour appliquer ces remedes selon la portée & la necessité de chacun.

J'aduouë que le chemin de la croix est le plus court, & le plus asseuré pour aller au ciel, & qu'il nous le faut suiure apres nostre maistre, mais aduançons y d'vn pas reglé, sans des courses ny des sauts qui ne seroient pas les marques d'vn iugement bien rassis, parce qu'ils nous
mettroient

DV RELIGIEVX.

mettroient bien-tost hors d'haleine, & consommeroient inutilement des forces qui doiuent estre ménagées afin qu'elles suffisent pour arriuer iusques au lieu de nostre repos. Nous deuons tout à Dieu, mais il est vn creancier de bonne composition qui reçoit à diuers petits payemens auec des remises & des delais, ce dont il ne seroit pas possible de nous acquitter tout à la fois : c'est nostre tuteur, c'est nostre Pere, qui nous prescrit cet ordre pour compatir à nostre foiblesse, & pour aduancer nostre salut, puisque les rigueurs qu'on épargne au corps, ne sont que pour luy conseruer des forces necessaires au seruice de l'esprit. Ie fais plus estat d'vn filet d'eau coulant d'vne source qui ne tarit point, que d'vn torrent, dont le cours enflé n'a point de durée & cause beaucoup de dommages.

Dieu veut que nous luy rendions nos seruices de sorte qu'ils continuent toute nostre vie; or ce n'est pas luy donner, mais luy refuser toute nostre vie de s'emporter à des indiscretions d'vn mois, ou d'vne année qui la reduisent pour tousiours dans l'impuissance de le seruir. C'est vn abus que l'on pourroit comparer à celuy des Peres qui prenant l'occasion d'vne blesseure que leurs enfans auoient receuë dans le combat, les rendoient incapables de porter les armes, afin de les posseder en asseurance & en faire les appuis de leur famille. Les loix tiennent que c'est faire mourir vn arbre d'aduancer ses productions par artifice, & tirer en vne année les fruits de plusieurs ; que c'est estre cause du naufrage d'vn vaisseau, de la mort d'vn esclaue ou d'vn cheual s'ils viennent à perir ensuite d'vne trop grande charge qu'on leur a donnée ; Ainsi les austeritez indiscretes perdent vne vie qui autrement eust esté capable de porter long-temps les exercices Religieux; au moins ils la rendent à l'aduenir lâche & feneante sous pretexte qu'elle est infirme.

Ie veux croire que les intentions de ceux qui passent à ces extremitez ne sont pas mauuaises en elles mesmes, ie suppose qu'ils ne pretendent que d'assujettir les sens à la raison, & d'imiter d'autant plus les souffrances de Iesus-

L. 4 §. 17. ff. de re mi-lit.

L. vnic. Cod. ne quid oneri publ. l. qui insula. ff. locati.

Christ, mais comme cette conduite indiscrete peche contre les regles de la prudence, on ne la peut pas exempter de faute, selon les loix qui punissent vne ignorance grossiere comme si elle estoit affectée, & comme vne mauuaise foy. Peut-estre sont-ils emportez d'vn zele d'edifier le prochain, de confondre les sensualitez par leur exemple, & d'étendre sur les autres les flammes de leur charité selon le souhait de Iesus-Christ : Mais qu'ils considerent que ce feu sacré que les Prestres auoient charge de conseruer perpetuel, se nourrissoit auec peu de matiere, & n'estoit pas vn embrasement qui consommast tout le temple : ces indiscretions ruinent les forces, abattent le corps qui est le temple de Dieu selon l'Apostre, & empeschent par sympathie les fonctions de l'esprit : elles ont mesme des effets directement contraires à ce qu'on s'en estoit promis pour l'edification du prochain, car ceux qui voyent ces miserables estropiez par trop de rigueur pensent auoir vn legitime suiet de se dispenser de toute sorte d'austeritez, & tombent ainsi dans le defaut sous pretexte d'éuiter l'excez. C'est pourquoy Cassian rapporte que l'Abbé Ioachim reconneut quoy que bien tard les ruses du demon qui luy auoit suggeré des abstinences extremes dont les forces de son corps & de son esprit estoient abatuës, & qu'il luy auoit fait prendre cela comme vn exercice agreable à Dieu, quoy que ce fut vne monnoye fausse & qui ne portoit pas la veritable image du Prince. C'est sa coustume, disoit-il, de renuerser par trop d'abstinence, de veilles, d'oraisons, ceux qu'il n'auoit peu vaincre par la negligence & la tepidité. Aussi les anciens Peres du desert tenoient toutes ces pratiques singulieres pour suspectes, les notoient d'vne vaine ostentation, & par ce moyen les rendoient infames afin que personne ne s'y portast. En ces rencontres, pour ne se point épargner en ce qu'on pourroit faire de plus, & pour ne point aussi precipiter ses forces ny sa vie par des austeritez indiscretes, le secret est de proposer ses bonnes intentions au superieur, & suiure simplement ses ordres sans attache & sans scrupule, s'il faut tenir vn chemin plus large qu'on ne souhaiteroit.

Lib. 2. cap. 5. & lib. 5. c. 9. & collatione 1.

DV RELIGIEVX.

NE SE POINT ABANDONNER
aux scrupules.

CHAPITRE XV.

DIEV qui est eternellement bien-heureux par la connoissance & par l'amour de ses perfections infinies, fait aussi la felicité de l'homme en cette vie par le sentiment qu'il luy donne de sa bonté. Il veut pour cet effet que nous nous addressions tous les iours à luy pour luy demander nos necessitez sous ce titre amoureux de Pere; il anime les Prophetes à publier ses misericordes par dessus toutes ses excellences & toutes ses œuures: ils nous le décriuent tantost comme vne mere charitable qui nous porte entre ses bras, qui nous nourrit de son laict, qui nous caresse de sa voix & de ses baisers; tantost comme vn Pere tres-affectionné qui nous forme à la vertu, qui nous instruit agreablement de nostre deuoir, qui nous reçoit à misericorde apres nos débauches; comme vn bon maistre qui nous remet nos debtes apres la mauuaise administration que nous auons fait de ses biens; comme vn bon pasteur qui nous conserue, qui nous defend comme ses oüailles, qui nous conduit luy mesme dans des paturages abondans, qui nous cherche, qui nous trouue, qui nous porte sur ses épaules pour nous remettre dans le troupeau quand nous en sommes égarez. Les beautez, les richesses, les feconditez inepuisables de la nature publient quand elles se donnent à nous, qu'il est vne source eternelle de bonté; toutes les creatures qu'il assujettit à nos vsages nous sont les preuues des tendresses & des misericordes qu'il a pour nous, & quoy que sa justice soit égalle à sa bonté, on a peine de recueillir de tous les siecles quelques exemples de celle qui nous punit icy, quoy que ce soit pour nous chastier, non pas pour nous perdre.

La foy nous donne des sentimens incomparablement

plus sublimes & plus miraculeux de cette *infinie* bonté, quand elle nous represente vn Dieu fait homme, pour nous mettre dans la societé de sa nature diuine; Vn Iesus-Christ homme-Dieu, qui ne vit icy que pour nos instructions, qui ne souffre, qui ne meurt que pour l'expiation de nos fautes; qui resuscite, qui monte au ciel pour nous en donner l'entrée & releuer nos esperances. Apres tous ces prodiges de l'amour que Dieu nous a témoigné, il faut qu'vne ame soit basse & noire iusques à l'extrauagance pour le considerer comme vn creancier impitoyable, comme vn juge rigoureux, comme le tyran de nos vies & de nos libertez, qui nous tend des pieges par ses loix, qui nous fait infirmes & puis nous rend criminels pour auoir suiet de nous perdre. S'il ne desire rien tant que d'estre conneu par sa bonté, que d'estre seruy par amour, c'est l'offenser à l'excez de conceuoir de luy ces horribles sentimens, & cependant c'est à cela que se terminent les craintes & les troubles des scrupuleux.

Au lieu de contempler les magnificences de Dieu dans la nature & dans la grace, au lieu de le seruir auec vne confiance filiale, auec les joyes & les allegresses qui témoignent la satisfaction de son gouuernement, & les esperances en sa misericorde, vous le verrez dans vn humeur sombre, farouche, craintiue; l'esprit preoccupé de ces horribles pensées, s'ils sont lors en estat de grace, s'ils se sont bien confessez d'vn peché qu'ils craignent n'auoir pas esté bien entendu du Confesseur, s'ils ont obmis quelques syllabes en l'office diuin d'obligation, si toutes leurs imaginations n'ont point esté des concupiscences & des crimes volontaires. Leur esprit rappellera cent fois la mesme pensée sous pretexte de contrition, & comme l'espece s'en imprime dauantage ils craignent d'y auoir pris vn plaisir qui fasse de nouuelles fautes: Ces reflexions se multiplient à l'infiny, & l'abord d'autres suiets qui suiuent, & qui demandent leurs attentions sans les auoir toutes entieres, sont des embaras, des inquietudes, des troubles, des orages de conscience, qui ne leur laissent pas vn moment de tranquilité.

DV RELIGIEVX.

Ce visage palle & morne, ces yeux troubles & abbatus, cette posture languissante, ces paroles entre-couppées de souspirs, cet esprit tousiours interdit, ces alterations semblables à celles d'vn criminel à qui l'on va prononcer vn arrest de mort donnent de la compassion ; mais si ces choses sont affectées ou entretenuës auec plus de negligence que d'infirmité, elles offensent Dieu par vn reproche public de son mauuais traitement, comme autresfois l'on faisoit injure à vne personne de la suiure auec vn vestement lugubre, qui témoignoit qu'on en estoit blessé iusques à la mort.

L. si s. 27. ff. de iniurijs.

Ie ne veux pas icy par ces considerations accroistre, mais guerir ce mal, & en diuertir les esprits en leur faisant voir son origine & que par trop de circonspections ils tombent dans le desordre qu'ils pensent éuiter. Ce mal, dit Sainct Augustin, peut proceder de trois differentes causes, ou d'vne propre volonté qui prend sa conduite d'elle mesme, ou d'vne humeur insolente, qui ne peut estre satisfaite des choses communes, enfin d'vne vanité qui veut gaigner l'estime & les admirations du monde par le spectacle d'vne conscience si pure, qu'elle ne peut souffrir le moindre defaut.

Lib. de vera religione cap. 38

Les scrupules ne peuuent auoir que des suittes tresmal-heureuses, naissant d'vne propre volonté qui est, dit Sainct Bernard, le premier mobile de tous nos desordres, la rebellion qui dispute à Dieu son empire, qui tient fort contre ses loix, & sans laquelle il n'y auroit point d'enfer: Les graces de Iesus-Christ sont inutiles, ses lumieres ne sont point veuës, ses bons mouuemens suiuis, les inspirations des Anges, les conduites d'vn directeur, les bons exemples du prochain, les ordres de la prouidence sont renuersées par celuy qui ne veut prendre loy que de son propre jugement. Que sert d'auoir chassé les demons des temples, & de l'empire qu'ils auoient au monde, s'ils éleuent encore des idoles dans ces ames attachées à leur propre sens, & s'ils leur font adorer ce que leur imagination produit de phantosmes. Ce déreglement est deplorable en toutes sortes de personnes, mais particulierement au Religieux qui par le vœu d'obeissance fait estat de se

D. Bern. serm. 3. de retur. Christi & ser. 71. sup. cantica.

E e iij

soubmettre à la conduite d'vn superieur, & qui ne quitte qu'imparfaitement le monde s'il ne renonce à luy mesme.

La seconde cause plus essentielle de ce mal, c'est la presomption d'vn esprit qui de luy mesme s'éleue dans vne eminence, d'où il se plaist de voir rouler sous soy les obseruances d'vne vie commune, & qui s'en retire comme si elle estoit trop basse pour ses merites. Le voila dans le sentiment du Pharisien qui ne se croyoit pas du commun des hommes, & sur cette belle pensée il se charge de plus d'austeritez qu'il n'en peut porter, de plus d'oraisons mentales & vocales qu'il n'en peut faire, il pointille sur tous ses mouuemens, il se met par tout à la gesne, & pour auoir dequoy se flatter d'estre dans vne plus eminente saincteté que les autres, il tombe dans la confusion, la misere & la folie. Il s'entretient plus opiniastrement dans ses réueries depuis qu'il les a découuertes à quelque autre, pour verifier sa conduite par la constance, & ne point tomber dans vn changement qui luy seroit vn reproche du passé. Cependant ces illusions, qui au commencement se pouuoient effacer de l'esprit s'y impriment dauantage auec le temps, & deuiennent de pernicieuses habitudes qui sans cesse tourmentent l'ame parce qu'elles y corrompent les bons sentimens de Dieu. Le iour suit la nuit, le calme vient apres l'orage, la nature n'a guerres de maladies sans quelque intermission, la tyrannie n'exerce ses violences que sur peu de terres, mais les peines du scrupuleux sont & perpetuelles & vniuerselles : Le ciel où les miserables leuent les mains pour en attirer du secours, est le lieu d'où il craint continuellement des foudres, & Dieu qui est par tout la consolation des affligez, est par tout & tousiours le grand sujet de ses craintes. Sur cela Plutarque conclud que l'impieté est plus tolerable à l'égard de Dieu & de nous mesme que le scrupule & la superstition. Car il vaut mieux, dit-il, le méconnoistre que de l'offenser par des qualitez indignes de sa grandeur; comme j'aymerois mieux n'estre pas conneu de quelqu'vn, que d'estre l'object de sa médisance. Pour le moins l'athée a son repos naturel, & ne souffre

Lib. de superstitione

point les inquietudes, les phantofmes, les furies dont le scrupuleux est agité.

Ie ne suis pas dans le sentiment de ce Philosophe, & ie croy qu'en matiere de Religion la faute est moindre qui peche dans vne circonstance, qu'au principal ; Le scrupule est vn vice dans l'excez, par consequent moindre que l'impieté dont le defaut est extreme de nier le premier des estres. Il est vray que le scrupuleux apres s'estre par trop éleué retombe ordinairement dans l'atheïsme, enfin il nie la diuinité parce qu'il ne la peut plus croire auec ces odieuses qualitez qu'il a coustume de luy donner ; il ayme mieux trancher tout à fait l'objet, que reformer son iugement, & secoüer entierement le ioug qu'il s'estoit rendu trop difficile : S'il n'en vient iusques à ces extremitez au moins il traitte auec mépris les choses les plus sainctes & les plus importantes de la Religion, & n'adore que ses imaginations. Iesus-Christ fait ce reproche aux Iuifs, de ne pas souffrir la moindre impureté sur leurs tables, de garder ponctuellement leurs purifications auec les autres petites ceremonies & cependant transgresser ce qui estoit de principal, & de plus considerable en la loy de Dieu. Ainsi les Egyptiens dans vne grande famine espargnoient les animaux dont ils s'estoient fait des Dieux, & versoient mesme le sang humain pour leur donner de la nourriture: La propre volonté, la presomption, la vanité, qui sont les trois causes des superstitions & des scrupules, ioignent ainsi leurs forces pour troubler le iugement, & l'emporter à mille extrauagances. *Lipsius in politi.*

Mon Dieu, dit le Prophete, deliurez-moy de la terreur que me donnent mes ennemys pour me faire perdre l'estime que ie dois auoir de vostre bonté, pour me détourner de vostre seruice, & me jetter dans le desordre par vn desespoir, n'ayez pas vn esprit si lâche, nous aduertit l'Ecclesiaste. Ame Religieuse il faut auoir moins de propre volonté, plus de submission, plus d'humilité, plus de confiance en Dieu : Si les personnes nourries dans les vanitez du monde dans vne vie si relâchée, trouuent neantmoins d'assez grands sujets pour esperer en la *D. Basil. in psal. 135. Eccles. 7.*

bonté diuine, que ne deuez-vous attendre de ce Pere de misericorde apres auoir tout abandonné pour son seruice? Il sçait qu'elles sont vos fragilitez pour les secourir & les excuser; il ne demande rien au de là de ce qui vous est possible, mais il veut que vous luy teniez compte des talens qu'il vous a mis entre les mains. C'est grand dommage de perdre vn temps si pretieux; d'employer de si nobles puissances de vostre ame à ces reflexions vaines & inutiles. Vous deuez vostre esprit à la contemplation, vostre volonté aux exercices de l'amour diuin : hé comment serez vous capable de vous éleuer à la connoissance des merueilles de la nature & de la grace, de vous employer à l'estude, d'y faire quelques productions pour l'honneur de Dieu, pour la consolation de vostre ame & l'edification du prochain, si toutes vos pensées sont pleines de ces images craintiues, & qu'elles ne suffisent pas seulement à iuger de tout ce qui vous donne de l'épouuente? Comment vostre cœur pourra-il prendre les étenduës où l'appelle la charité ? comment ferez-vous des progrez en la vertu, si vous retournez sans cesse sur vos pas, & s'il faut faire tant de reflexions multipliées sur le moindre de vos exercices? ces chaisnes qui vous arrestēt, vous oftent la liberté des enfans de Dieu; ces inquietudes vous empeschent de vous réjoüir auec les Saincts sous l'agreable domination du Verbe incarné, de gouster les suauitez de son esprit, de receuoir ce centuple dont il veut temperer les peines que nous prenons à son seruice; vous appesantissez le ioug qu'il vous veut rendre leger, & vous combatez ses misericordes par ces attaches opiniastres à vostre sens & à vous donner de la peine.

Tractatus de remediis contra pusillanimitatem.

Gerson dit que ces grandes aprehensions de la justice de Dieu sont des remedes propres aux personnes trop relâchées dans les licences du monde, & qui estant peu sensibles aux traits de l'amour diuin, ne peuuent estre arrestées que par la crainte. Ce mouuement retient ceux qui s'emportent aux plaisirs des sens, aux negoces de la vie, aux vanitez de l'esprit, il faut guerir vn contraire par vn autre, la presomption par l'humilité, la negligence de son salut,
par ces

par ces soins qui accoustument les pensées & les desirs de s'y attacher, auec des empressemens qui en d'autres seroient des excez. Mais si l'on donne cette surcharge à vne vie qui se passe toute dans les austeritez, si au lieu des consolations dont elle doit estre soulagée, on y joint encore ces peines d'esprit, on doit craindre que la nature trop foible pour supporter tant de rigueurs ne s'abatte dans la melancholie & le desespoir. Il faut donc, dit ce grand personnage, que le Religieux se roidisse contre cette bassesse de cœur, qu'il conjure genereusement ces phantosmes, ces illusions de tenebres, & releue d'autant plus ses confiances & ses joyes en Dieu que la nature veut suiure la pente contraire.

N'estant pas bien d'accord auec vous mesme, & souffrant ces combats interieurs il est difficile d'estre d'vne humeur qui vous entretienne en bonne intelligence auec vos confreres, dont la conduite est fort dissemblable de la vostre. Si c'est la vanité qui a produit ces scrupules elle est punie selon son merite, car au lieu de passer pour deuot vous deuiendrez ridicule, & de là vous aurez mille suiets de déplaisir qu'on ne iugera pas mesme dignes de compassion. Vous estes tombé, vous remarquez beaucoup d'imperfections dans vos exercices Religieux; humiliez-vous, demandez à Dieu des forces pour vous en mieux acquitter: prenez vne ferme resolution d'y apporter ce que vous pourrez de diligence: Mais dans ce long chemin pour l'eternité que vous auez à faire en si peu de temps, ne vous amusez pas à mesurer si iustement vos démarches, à les faire & refaire comme si vous aprenniez à danser. Vous repeterez cent fois vn mesme office pour éuiter les distractions où vous retomberez tousiours, & quand vous y employerez toute vostre vie, vous ne vous en acquiteriez pas au point que vous desirez, à cause des foiblesses de l'esprit, & des legeretez de l'imaginatiue qui ne le vous permettent pas: que cela vous soit vn suiet d'humilité, & non pas d'inquietude ny de trouble, car ce que ie trouue de plus lamentable dans les scrupules c'est qu'ils vous font perdre la iouissance de Dieu, qui ne choisit sa demeure qu'en vn lieu de paix.

F f

SE CONSERVER LA PAIX ET LA
tranquilité de l'esprit.

CHAPITRE XVI.

TOVTES les actions de la nature, de la police, de la sagesse, de la Religion, quoy que fort differentes, tendent neantmoins toutes à vne mesme fin, toutes aspirent au repos à qui pour cela l'on peut appliquer la definition qu'Aristote donne au bien, que c'est ce que toutes choses desirent. Les choses inanimées n'ont leurs mouuemens que pour aller droit à leurs centres, où elles trouuent leur repos dans la sympathie du lieu, & l'éloignement de leurs contraires: Celuy des animaux cherche les objets dont leurs passions estant satisfaites puissent demeurer tranquiles; ils ne volent, ne courent, ne glissent, ne nagent, & n'ont de l'action que pour trouuer leur repos: les poissons vont beaucoup moins des fleuues dans la mer, que de la mer dans les fleuues quoy qu'ils y ayent moins d'étenduë, parce qu'ils y trouuent plus de seuretez, plus de douceur & moins d'orages. Les sciences & les arts pretendent par le trauail de l'étude & de la pratique à des habitudes, où l'esprit sans plus chercher demeure tranquile & ioyeux en agissant ; l'amour fait ses recherches pour vne paisible iouïssance; tous les exercices qui se proposent le gain, le souhaitent tel qu'il suffise à l'établissement d'vne fortune où la vie trouue son repos. L'exemption de la milice, estoit l'honorable recompense des vieils soldats, car la guerre ne se fait que pour la paix ; c'est pourquoy l'oliuier qui la signifie seruoit aux Romains vn iour de l'année pour couronner leur milice victorieuse, & ceux qui auoient emporté le prix dans les combats Olympiques. Les procez tendent à vn gain de cause, qui donne vne paisible possession de la chose contestée, & le desir extreme qu'on a de sortir d'affaires est vn legitime sujet pour relâcher beaucoup de ses droits par vne transaction.

Plin. lib.
35. cap 4.

L. e Cod.
de transact.

DV RELIGIEVX.

Le repos est la fin ou se doiuent terminer tous les mouuemens des cieux & de la nature apres la reuolution de plusieurs siecles ; c'est le propre bien de Dieu qui comprend tout, & qui nous rend heureux à proportion de ce que nous le pouuons posseder. Aussi l'ancienne Philosophie mettoit le souuerain bien de l'homme en la tranquilité d'vn esprit independant de toutes les choses exterieures, qui se dégage de leur commerce, qui en éteint les desirs, qui s'éleue dans vne region de paix au dessus de la fortune, & qui trouue toutes ses satisfactions en luy mesme. Quand vn homme apres auoir éprouué les infidelitez du monde se retire dans vn cloistre, que pretend-il, sinon d'y prendre port pour éuiter le naufrage, de se sauuer dans cet asyle contre la poursuitte de ses ennemys, de s'affranchir des soins que les choses temporelles traisnent auec soy, enfin de iouyr de cette paix dont Dieu gratifie les siens, & que le monde ne peut donner ? Il demande auec le Prophete des aisles comme la colombe pour voler au lieu du repos, en cette montaigne du Seigneur, en ce lieu eminent & sainct, où les traits qui le pensent abbattre ne peuuent porter. L'abandon qu'il a déja fait par le vœu de pauureté, des inquietudes inseparables des richesses, des troubles du mariage par la chasteté, de la conduite de soy mesme & des inconstances de l'esprit par l'obeïssance, sont de grandes dispositions à vne paix interieure, mais il la doit de plus établir par les sentimens d'vne solide & genereuse pieté. Psal. 74.

Le premier moyen qui me semble necessaire pour posseder cette paix, c'est de se persuader fortement, que la vocation en l'ordre où l'on a rendu ses vœux est vn effet de la prouidence particuliere de Dieu qui nous a mis en cet estat comme le plus conuenable pour y ménager nôtre salut. Ie prie Dieu, dit l'Apostre aux Ephesiens, qu'il vous donne assez de lumieres pour reconnoistre la grace de vostre vocation, & ce que vous deuez esperer des sureminentes largesses de ses vertus. Eph. 1.

Vous auez peu deliber long-temps sur le choix d'vn institut comme d'vn amy ; mais depuis que vous en auez

F f ij

fait l'élection, que vous vous estes publiquement couuert de son habit, que vous y auez rendu vos vœux, vostre profession doit estre mise entre les choses faites sur lesquelles il n'est plus temps de consulter ; c'est vn contract passé, vn sacré mariage consommé ; la grace & vostre liberté ont fait ce destin, dont la necessité vous oste le droit du changement. Ne vous arrestez donc plus à considerer ce que les autres instituts semblent auoir de plus eminent en pieté, & de plus fauorable à vostre humeur; apres auoir donné la foy à vostre congregation, ces veuës que vous jettez trop librement sur celles des autres ont quelque chose d'vne concupiscence qui n'est pas permise: ces transports sont les actes d'vn esprit malade qui tâche de se soulager par le changement d'vn lict ou d'vne posture en l'autre, & qui trouue par tout le mal qu'il porte auec luy.

Les sauuages qui sont tousiours en dessein de changer de lieu, selon les rencontres du butin ou de la chasse, ne bastissent point de maisons ; & ce Religieux que l'inconstance transporte successiuement dans les desirs de plusieurs ordres, n'est gueres plus dans le sien que dans vn autre puisque le cœur n'y est pas, & ne fait aucun établissement de vertu qui soit solide. Si vous aymez donc vostre tranquilité, & si vous voulez faire des fruicts dignes de vostre vocation, arrestez ces veuës & ces desirs si vagues, dites de vostre institut auec le Prophete, voicy le lieu pour tousiours de mon repos, i'y établis ma demeure, parce que i'en ay fait le choix : prenez-en l'esprit, formez-vous à ses coustumes ; c'est vostre patrie, suiuez-en les loix; que si vos idées portent plus haut, adjustez-les aux exercices qui vous sont là permis, comme vn bon architecte déploye les regles de son art, & fait le plan de son edifice selon l'étenduë, la figure, les autres qualitez de la place où il doit bastir. Ayez ce parfait acquiescement en vostre vocation, & considerez que la prouidence vous y a mis comme en vne faction militaire, où vous deuez agir auec toutes les vigilances, & toutes les generositez qui vous sont possibles.

DV RELIGIEVX.

Nous auons dit que la vie Religieuse est vn nouueau monde, où les loix sont directement contraires à celuy que vous auez abandonné : que c'est vne terre saincte où la vertu seule est en estime, où les exercices de loüer Dieu auec autant de zele que d'integrité, ont de grands rapports auec ceux des bien-heureux : voilà vos legitimes employs dans lesquels plus vous serez retranché hors le commerce d'vne vie commune, plus vous serez heureux, & plus vous jouyrez d'vne solide tranquilité.

La justice & la paix se sont embrassées, dit le Psalmiste, hé ! qui ne souhaiteroit la paix, adjouste Sainct Augustin, c'est le desir de toute la nature, les bons & les mauuais la recherchent, mais tous n'y reüssissent pas : la voulez-vous posseder, soyez amy de la justice, soyez juste, vous serez pacifique, pratiquez exactement les vertus, dit Philon, vous ne ressentirez rien des troubles du monde ; vous jouyrez d'vn repos perpetuel, & vostre ame sera le temple ou les solemnitez se continueront tous les iours auec de notables magnificences. *In psal. 84. Lib. de sacrificio Abel.*

C'est auoir vne parfaite liberté de n'estre plus dans la dependance des creatures, c'est agir comme souuerain de ne releuer que de Dieu, de trouuer toutes ses consolations dans la pureté d'vn interieur qu'il prend pour demeure ; d'auoir son cœur diuinisé de la sorte, comme vne source inepuisable de douceurs. Sainct Bernard a cette sublime pensée ; apres, dit-il, que les dominations se sont remplies dans les abysmes de la lumiere & de la bonté diuine, apres qu'elles y ont pris la trempe d'vne saincteté solide, elles se recuëillent en elles mesmes où elles jouyssent d'vne imperieuse tranquilité, comme si par leurs ordres toutes choses agissoient fidellement pour glorifier Dieu. Qu'elle paix, que de douceurs dans l'ame d'vn Religieux, quand vne saincte habitude a reduit toutes les puissances à ne plus agir que pour aduancer en perfection ; & qu'il en peut compter les progrez. Il n'y a plus de monde pour luy ; son interieur est son ciel où il trouue Dieu, où il se void tout eclatant de ses lumieres, inondé de ses consolations, & bien-heureux à proportion des fidelitez qu'il apporte à *Serm. 19. super cantica.*

LA CONDVITE

son seruice. Il faut neantmoins que ce zele soit moderé comme nous dirons, & que sans empressement, sans inquietude, il donne l'ordre aux affaires & en voye les euenemens auec tranquilité. Ce que nous traiterons en la troisiéme partie, de la retraite dans les congregations, du silence, de la modestie dans les entretiens, ne se point mesler des affaires qui ne sont pas de nostre ressort, & particulierement de celles qui regardent le gouuernement, n'agir que par l'ordre du superieur, viure sans amitié trop particuliere, n'auoir point d'ambition pour les charges, sont tous moyens extremement propres pour se conseruer la paix interieure, & dont ie vous supplie, mon Lecteur, de joindre icy les considerations, que ie ne puis pas mettre en suitte de ce discours selon l'ordre que ie me suis proposé.

I'ay leu dans vn de nos écriuains modernes, vne pratique qui d'abord me toucha le cœur, & se graua profondement dans mon ame ; qu'vn Religieux ou vne personne qui tend à la perfection, se doit tousiours conseruer vne grande douceur d'esprit, vne paix, vne consolation interieure, auoir pour cet effet quelques petites sentences, quelques versets du Psalmiste, pour rappeller ces bienheureuses idées quand elles se veulent échapper. Que les familles se broüillent, que les estats se choquent & se renuersent, que la terre ébranlée se fracasse, que les montagnes soient jettées iusques au milieu de la mer, celuy qui a sa confiance en Dieu sera tranquile dans ce bouluersement de l'vniuers, dit le Prophete. Hé ! pourquoy voulez-vous qu'vn Religieux souffre encore les alterations d'vn monde qu'il a quitté, & qu'il ne se conserue pas la paix du ciel dont il est deuenu citoyen, la paix de Dieu, dont la grace le rend domestique & fauory ? I'estimerois moins cette paix, si côme celle des Philosophes elle n'alloit qu'a la consolation particuliere d'vne personne, si ce n'estoit qu'vne generosité de Stoïque qui voulust trouuer son souuerain bien en luy mesme, sans rien emprunter de la fortune : Cette paix n'est pas la fin du Religieux, mais vne disposition necessaire pour connoistre, pour aymer, pour adorer, pour gouster Dieu plus parfaitement.

P. Souffran en son année chrestienne.

Psal. 45.

AVOIR VN SVBLIME SENTIMENT DE
la Majesté de Dieu.

CHAPITRE XVII.

LE nom de Dieu est vne parole que l'vsage nous a
renduë bien familiere, & l'vne de celle qui frappe le
plus souuent nos oreilles dans le commerce non seulement Religieux mais ciuil. Les enfans dés la mamelle apprennent à begayer ce mot, auec celuy de pere & de
mere ; c'est celuy qu'on leur repete le plus dans leurs premieres instructions : Les Princes & les Prelats commencent par là les titres de leur grandeur ; Il est en teste, &
à la fin des testamens, l'assemblée des peuples & la voix
de la multitude le fait retentir dans les Eglises ; nos oreilles sont mesme contraintes de l'entendre souuent prononcer par les bouches qui le prophanent ; enfin c'est le mot
le plus repeté, & celuy dont on conçoit moins la signifi-
cation.

Si pour en auoir l'intelligence l'on consulte la Philosophie, & que par l'ordre des causes, elle nous conduise
iusques à vne premiere ; si elle éleue nostre esprit iusques
au dessus du dernier des globes celestes ; que de là elle
nous fasse contempler cette machine corporelle à tant de
ressorts ; Nous connoistrons bien par le discours, qu'elle
n'a pas pris l'existence, l'ordre, les proportions, &
qu'elle ne s'y peut pas entretenir d'elle mesme ; qu'il faut
vne substance spirituelle dont la sagesse & la puissance soit
infinie, pour auoir donné les loix, pour les maintenir, &
pouruoir iusques aux moindres petits incidens de cette
grande police. Quand i'auray monté des formes particulieres aux vniuerselles ; de celles qui sont attachées à la
matiere, aux autres qui en sont independantes ; de la
quantité au poinct ; des nombres à l'vnité, qui ne soit
point vn accident mais vne substance ; ce raisonnement
conduit l'esprit à reconnoistre vn premier principe,

sans nous doner la veuë ny le sentiment de ses excellences.

Aprés auoir contemplé les merueilles des creatures, ie confesse son industrie, & ie suis dans vn desir extreme de le connoistre par vne curiosité semblable à celle qu'on a de voir la personne dont on admire les œuures. C'est pourquoy le Prophete demande à Dieu auec des desirs si ardens, & des instances si passionnées, Seigneur monstrez nous vostre face, nous serons sauuez ; faites éclatter sur nous cette face bien-heureuse, vos volontez nous seront connuës, & nous aurons la force de les accomplir ; c'est dans cette secrette jouïssance de vostre face, où ceux que vostre grace retire du monde trouuent vne abysme de consolations ; comme ils demeurent confus, & presque reduits au neant, quand vous leur en refusez la veuë.

Psal. 26. 30. 13.

Le soleil est vne cause vniuerselle qui concourt à nôtre generation, & particulierement à celle de l'œil tout plain d'esprits lumineux : il se rend l'object de nostre veuë quand il s'y presente, & le moyen pour estre veu, par les lumieres & les especes qu'il luy enuoye si éclattantes qu'elle en demeure éblouye, comme si le monde n'auoit plus rien de merueilleux à nous monstrer apres cette abysme de lumieres. Ainsi Dieu est le principe de nostre ame qu'il a voulu créer intelligente à son image, mais elle ne le sçauroit connoistre, si par vne faueur particuliere sa grace ne la dispose à le contempler, & s'il ne la remplit de ces bien-heureuses idées, qui luy font perdre la veuë & les affections de toutes les choses du monde. Mais mon Dieu vous n'estes pas cette tranquile étenduë de lumieres, que ie me figure vaste à l'infiny au de là du monde & des cieux, car vous n'estez rien de materiel, de sensible, ny de limité par les conditions d'vn estre singulier : Vous n'estes pas ce poinct qui commence, qui continuë, qui finit la quantité ; vous n'estez pas l'vnité qui a la mesme prerogatiue dans la multitude ; car vous estes tellement vn que vous estes tout, auec vne infinité, vne eternité qui ne reçoit point de bornes, par les conditions de l'estre, ny

par la

par la durée des siecles. Helas ! que nos veuës sont courtes, que nos intelligences sont imparfaites, d'expliquer le souuerain acte par des pensées negatiues. Mon Dieu mettez dans mon ame les veritables sentimens de vostre grandeur, & confondez ma raison par la surabondance de vos lumieres. Que les momens sont heureux qui nous font respirer vn air de l'eternité ; que d'illustrations, que de transports, que de felicitez ; Vous estes mon Dieu ce que i'ayme, ce que i'adore, ce que ie ne sçaurois ny comprendre, ny exprimer : Vous estes l'idée du bien, de la beauté, de la perfection, dont l'ombre seule fait icy bas nos amours & nos delices. Vous estant si bon, helas ! pourquoy suis-ie si foible, que ie tombe dans la défaillance au poinct que ie vous deurois posseder ? Mon cœur poussez des soupirs, mes yeux versez des larmes sur l'impuissance d'vne pauure ame, qui meurt par vne surabondance de vie, & qui ne void plus par vn excez de lumieres : Mais ô bien-heureuses tenebres, puis qu'elles nous donnent toute la veuë, que nous pouuons auoir icy de Dieu. O mort des justes que vous estes souhaitable ! quoy faut-il encore retomber dans les pratiques des sens, & dans les discours de la raison qui ne vont qu'en tâtonnant à l'aueugle ?

C'est le destin de cette vie de ne receuoir les faueurs diuines, & ces lumieres viuifiantes que par interualles, pour nous distinguer en cet estat metoyen, & des bien-heureux qui les possedent beaucoup plus éclatantes dans l'eternité ; & du monde qui ne gouste rien des felicitez. Les lumieres & la chaleur que la terre a receu du soleil le long du iour, luy donnent la force de faire ses productions & d'aduancer la maturité des fruicts, mesme la nuit lors que ce bel astre n'éclaire plus que par les foibles rayons de la lune & des étoilles. Ces illustrations diuines nous sont de mesme données comme des éclats qui passent bien-tost, neantmoins qui laissent dans nos ames de magnifiques esperances auec vne secrette vertu dont nous sommes animez dans les exercices de nostre vocation. Tant qu'elles durent nous sommes plustost dans vn estat passif qu'agissant, mais estant rendus à nous mesmes, nostre interieur conserue encore ces voix d'amour qui nous asseurent que nous sommes les enfans de Dieu, & qui nous font trouuer nos entieres satisfactions en l'accomplissement de ses volontez. Apres auoir esté refaicts de ce pain des Anges comme les domestiques de Dieu, il passe en nostre substance, & nous en receuons des forces miraculeuses pour l'acquit de nostre deuoir.

Vn officier de guerre ou de justice se tient extremement obligé d'auoir eu l'entretien familier de son Prince dans le cabinet, il en sort tout rauy de cet honneur qui luy est tousiours present dans les rencontres, où il faut donner les preuues de son courage & de sa fidelité. Ie croy que c'est le dessein de Dieu dessus nous, quand il nous inuestit de ses lumieres, & qu'il nous comble de ses consolations de releuer nos esperances, de soulager nos trauaux, d'accroistre nos bonnes resolutions à son seruice par ces caresses, qui nous sont des preuues d'vn amour particulier.

On donne cet important aduis à celuy qui a la faueur du Prince, de s'en seruir sans en abuser, & parmy les extraordinaires preuues d'amour, ne iamais rien faire contre le respect qu'il doit à sa Majesté. Ie souhaiterois le mesme du Religieux, qu'apres auoir receu tant de faueurs de Dieu, comme d'vn Prince obligeant, comme d'vn pere plein de bonté, comme d'vn amy tres-officieux, comme de l'époux sacré de nos ames, il se conduise tousiours auec tant de reserue, qui ne perde pas le sentiment de sa grandeur infinie, & qu'il estime tousiours la faueur de ses intimes communications d'autant plus grande que sa Majesté diuine s'abaisse pour obliger vne chetiue creature.

Abraham qui auoit tant de fois entendu la voix de Dieu, qui en auoit receu tant de promesses comme d'vn familier amy, le considere neantmoins tousiours dans les sublimitez de sa gloire, & quand il luy veut rendre ses tres-profondes adorations il dit, ie m'aprocheray de mon Dieu, quoy que ie ne sois que poudre & que cendre. L'Apostre suppose que les fidelles auoient ces extremes respects enuers Dieu, si étonnans qu'ils auoient besoin d'estre temperez, quand il les exhorte d'approcher auec confiance du throne de sa Majesté : Deuant ce throne, les Anges tremblent, les Seraphins se couurent la face, pour ne pouuoir souffrir le grand éclat de lumiere qui en sort : Les vieillards posent leurs couronnes à ses pieds. Les prostrations qui sont entre les plus sainctes ceremonies de l'Eglise, & qui exerçoient tout le long du iour la deuotion des anciens Stylites, ne font que signifier les sentimens interieurs que nous auons des grandeurs infinies de Dieu, nostre abaissement & nostre neant sous sa main toute-puissante.

Ce sublime sentiment des grandeurs de Dieu est vne grace necessaire à l'ame qui se consacre à son seruice & vne fauorable disposition pour bien reüssir au reste de ses employs. Vn Religieux méprise aysement toutes les choses humaines dans l'honneur qu'il a de seruir cette infinie Majesté, dans la seule pretention qu'il a de luy plaire, dans les soins & les serieuses attentions qu'il apporte pour y reüssir, dans les bien-heureuses espreuues qu'il a faites de ses suauitez excedentes à l'infiny les forces de son ame.

L'amour que nous portons à Dieu est vn amour d'excellence qui ne demande pas l'égalité, mais des perfections eminentes en son object, qui se complaist, & qui se rauit de les voir en vn tel excez, qu'elles soient incomprehensibles. Voila ce qui entretient ce progrez sans terme de vertus & de charité, parce qu'apres auoir déployé tous nos efforts pour aymer & pour seruir vn infiny, il nous reste toufiours de vastes étenduës qui nous attendent ; Nous pouuons toufiours honorer cette eternelle bonté par de nouueaux cantiques, & recompenser nos defauts par des actes continuellement reïterées en la presence de sa Majesté adorable à l'infiny.

Gg ij

DE LA PRESENCE DE DIEV.
CHAPITRE XVIII.

Nov s voyons les corps dans des mouuemens qui font violence à vne matiere d'elle mesme trop pesante pour changer de lieu, trop aueugle pour se conduire & pour les mettre en possession du bien qu'ils pretendent; mais nous ne voyons pas la forme interieure qui est le principe de cette vigueur, de ce choix, de cet ordre, de cette action. Nous voyons les reuolutions des cieux, le commerce des elemens, le temperament des composez, la fabrique miraculeuse des organes parfaitement adjustez aux actions qu'ils doiuent faire; l'alliance des parties du monde, les conformitez à leurs principes, & les retours qu'elles y font apres qu'vn certain terme les a dégagées de la composition : Nos yeux voyent ces merueilles, mais il faut vne raison éclairée par vne saincte Philosophie pour connoistre que cette grande-police, que nous appellons nature, est l'effet d'vne souueraine intelligence. Dieu qui est vne bonté, vne sagesse, vne puissance infinie, & le premier acte, ne laisse point de lieu qu'il ne remplisse; de parties qu'il ne mette en ordre, de foiblesse qu'il ne soustienne, & qu'il n'anime autant qu'il est necessaire pour la perfection de l'vniuers. Il est beaucoup plus intimement dans ce grand corps, que ne l'est vne ame dans le sien particulier. Car la subtilité de son essence actiue à l'infiny, ne trouue rien qui s'oppose à son étenduë, ny aux communications de sa bonté : Il n'est pas comme le soleil qui n'éclaire que la surface des corps opaques : il est dans tout son ouurage pour le perfectionner; dessus & dessous pour le soustenir : comme il subsiste par luy mesme sans bornes & sans limites, on peut dire pluftost que le monde est en Dieu, que Dieu dans le monde, qui prend dans son immensité ce qu'elle luy a voulu permettre d'étenduë. Il est donc present par tout, par essence & par puis-

DV RELIGIEVX. 239

sance ; nous le disons aussi present par tout par sa sagesse, qui comme intime à toutes choses, les penetre, & les void parfaitement.

Le Cardinal de Cusa explique cette presence de Dieu par la comparaison d'vn visage peint selon les regles de la perspectiue, auec tant d'industrie que de quelque costé que vous tourniez, son œil vous regarde par tout fixement, & semble n'estre arresté que sur vous : Allez de l'Orient en Occident, du Septentrion au Midy ; éleuez-vous, baissez-vous, changez tant qu'il vous plaira de situation, de lieu, de posture, cet œil que vous sçauez estre immobile, vous suit neantmoins par tout, comme si sa prunelle se détournoit des autres objets, pour obseruer tous vos mouuemens, & receuoir tout ce que vous luy donnerez de regards. La veuë de Dieu est son essence mesme, immobile, absoluë, libre de tout changement, mais infinie de sorte que toutes les choses limitées se trouuent dans son étenduë, & tousiours au poinct où elle porte, puis qu'elle porte par tout en vn mesme temps : Plus vous regardez attentiuement cet œil vniuersel plus vous voyez qu'il vous regarde fixement ; si vous ne le voyez pas, c'est que vous en détournez vostre veuë, quoy que la sienne soit tousiours arrestée sur vous ; Plus la foy me met en la presence de Dieu, plus ie voy les veuës & les desseins de bien-veillance qu'il a dessus moy ; car ses veuës sont toutes d'amour ; il me regarde tousiours, parce que tousiours il m'ayme, d'vne veuë & d'vn amour qui est la vie de mon ame, qui la penetre de ses benedictions, qui la remplit de sa vertu, qui la rauit de ses douceurs, qui prend toutes les occasions où elle se trouue mieux disposée pour la rendre plus parfaite & plus heureuse.

Si Dieu qui est essentiellement par tout communique plus de vertus aux suiets qui s'y trouuent mieux preparez, Ame Religieuse, il ne faut point courir le monde en pensée, monter aux cieux, descendre dans les abysmes, visiter toutes les merueilles de la nature, pour y trouuer Dieu. L'épouse a fait ces diligentes recherches par toutes les ruës de cette grande ville, & n'y a point veu son bien-

Lib. de visione Dei.

G g iij

aimé: rentrez en vous mesme, dans le plus intime de vôtre interieur, dans ce sanctuaire éloigné des bruits du monde, vous verrez que Dieu y prend sa seance: cet œil de vostre ame verra l'œil de son amour tousiours ouuert dessus vous, côme s'il n'auoit pour employ qu'à vous bien-faire. Il est bien iuste si sa Maiesté presente à vostre ame en fait vn ciel, que vous soyez comme les Anges, qui ne perdent iamais la veuë de cette face saincte & sanctifiante; que vous luy rendiez comme eux de continuelles adorations, & des sacrifices eternels de loüange en reconnoissance de tant de bien-faits. Si vous estes domestique de Dieu, comme vous qualifie l'Apostre, voyez ordinairement la face de vostre Prince, que vostre cœur soit entre ses mains, que vos mains prennent l'ordre de ses yeux, pour estre à tout faire au moindre signe de ses volontez. Il est l'idée de tout le bien dont vous auez le desir, & que vous deuez tousiours voir, pour en tirer autant que vous pourrez la copie sur vous.

Le monde n'est plus vn exil pour le Religieux qui sçait profiter de cette presence diuine; son amour change ses gemissemens inenarrables en des transports de joye, s'il sçait recueillir ces veuës & ces caresses de Dieu: Ce ne sont point des images peintes par l'art, ou par la phantaisie pour consoler vne absence; c'est vn écoulement de Dieu dans le plus essentiel de l'ame qui fait vne vision, autant qu'il se peut icy beatifique. Que de douceurs, & de là que de generositez pour les exercices de pieté? Les soldats sont des prodiges de courage, quand ils combatent en veuë de leur Prince ou du General d'armée? que ne fait, & ou ne se precipite vne personne qui ayme, quand il s'agit de complaire aux yeux du suiet aymé: ces plus grands efforts ne sont cependant que des conjectures d'amour, elles gesnent celuy qui les donne, parce qu'elles ne conuainquent pas infailliblement celuy qui les reçoit, & qu'elles peuuent estre suspectes d'affectation, mesmes trompeuses. Ame consacrée à Dieu, qu'il vous soit tousjours present, qu'il soit l'vnique objet de vos pensées, le sujet ordinaire de vos entretiens, la fin de toutes vos pre-

DV RELIGIEVX.

tentions; que vos ardeurs soient sans bornes, qu'elles croissent, qu'elles s'augmentent tousiours, pour égaller autant qu'il est possible vn bien & vn amour infiny. Ce vous est vne douce consolation de sçauoir que le moindre de ces mouuemens interieurs n'échappe pas à la veuë de Dieu, & que les desirs mesme que vous auez de luy complaire dauantage, passent pour des effets de vostre amour?

Voila, dit Saint Basile, le grand moyen de calmer les boüillons de la cholere; car qui seroit le seruiteur insolent iusques à s'emporter à la violence, contre la volonté & deuant les yeux d'vn maistre qu'il honore? Voila comment on fait doucement expirer les concupiscences, sans en venir aux armes & aux tourmens ordinaires de la mortification, de se representer qu'on est, qu'on pense, qu'on agit deuant les yeux de Dieu : Ainsi Ioseph estant sollicité par la femme de son maistre, & Susanne par les vieillards, ayment mieux s'exposer à la calomnie des hommes que de pecher deuant les yeux de Dieu : Cette veuë, dit le mesme Saint, est l'aiguillon qui nous réueille de nostre assoupissement, qui nous presse d'auancer le pas, & qui ne nous permet point de languir dans la paresse : c'est le laict des commenceans, par les douceurs que l'ame en reçoit; c'est la solide nourriture des parfaits, puisque la felicité des Anges n'est qu'en la vision de Dieu, qui est eternellement bien-heureux en la veuë & en l'amour de luy mesme. Sa presence répend plus de lumiere & plus de chaleur en nos ames, que le soleil en son midy n'en donne à la terre. Dieu est la premiere bonté dont toutes les autres qui nous rauissent icy bas ne sont que les ombres; il ne peut dont estre veu comme present, sans que l'ame n'en conçoiue de l'amour; & cet amour n'est point dans l'ame, qu'il n'y cause des effets miraculeux de saincteté. O presence de Dieu, la ioye, la consolation des bons, mais la terreur des méchans! Car ou se cacher d'vne sagesse qui remplit tout, comment se déguiser deuant vne lumiere qui se fait vn grand iour dans les tenebres quoy qu'elles ne les comprennent pas; deuant cet œil tousiours arresté sur nous, & qui ne laisse pas de voir

In regul. breuib. cap. 29, & 30.

Ib. cap. 37.

LA CONDVITE

les ames opiniaſtres à ne le point regarder ? Seigneur où iray-je, dit le Prophete, pour me cacher de voſtre face; ſi ie m'éleue iuſques au ciel, ſi ie prends la fuite iuſques aux extremitez de la terre; par tout ie vous trouue comme mon iuge tout puiſſant, les mains armées de foudres pour me perdre ſi ie croupis dans mon mal, ou pleines de couronnes pour me donner, ſi ie me veux conuertir. Pauure pecheur, vous eſtes en peine où vous irez ; Allez à Dieu, auſſi bien ne le ſçauriez vous éuiter : Allez auec la contrition de vos fautes, & tout plein d'eſperance en ſes miſericordes : Allez car vous en ſerez receu comme l'enfant prodigue de ſon pere: Monſtrez luy vos fautes, puiſque vous ne les ſçauriez cacher, accuſez ce que vous ne ſçauriez excuſer ; ſi vous entrez dans ſes ſentimens en accuſant auec luy voſtre mal, il entrera dans les voſtres pour vous faire miſericorde. On ne ſeroit pas en peine de reuenir de ſi loing, ſi l'on conſideroit touſiours Dieu preſent en ſon ame ; on ne s'égareroit point dans les ténebres, ſi on marchoit touſiours ſous les lumieres de ce ſoleil ; on ne ſeroit pas ſeulement dans vn eſtat de penitence, mais on feroit des progrez admirables en la vertu, on conteroit ſes victoires auec le ſecours touſiours preſent d'vne bonté toute puiſſante, toute la vie ſe paſſeroit en de continuelles actions de graces.

DE L'ORAISON CONTINVELLE.

CHAPITRE XIX.

C'EST beaucoup pour la condition de cette vie, d'y receuoir des graces qui nous éleuent iusques à Dieu, & qui par sa presence nous donnent quelque essay de nostre beatitude. Ces termes d'approcher de Dieu, d'estre en sa presence, dans les lumieres glorieuses de sa face, signifient des felicitez que l'esprit ne peut conceuoir & que le discours ne peut exprimer. Neantmoins ces éleuations suiuies d'vn prompt abaissement ; ces lumieres dont les éclats passent aussi viste que ceux d'vn foudre ne donnent pas vne entiere satisfaction à nostre ame qui soûpire pour vne pleine joüissance tousiours égalle, telle qu'elle l'aura dans le ciel.

Comme l'œil apres s'estre arresté quelque temps sur la face du soleil, reste tellement remply de ces especes éclatantes qu'il ne void plus par tout que de petits soleils, des estincelles, des cercles de feu, vne foule d'atomes lumineux qui se pesle-meslent sur vn fond noir, & qui luy ostent le discernement des autres objets : Ainsi l'ame au sortir de ses intimes communications auec Dieu, est encore si pleine de lumieres qui viennent de la surmonter, si éblouïe qu'elle ne void en toutes choses que des images de Dieu, mais confuses, & qu'elle souhaiteroit de perfectionner par son retour au poinct de joüissance dont elle est tombée. Voila ce qui donne suiet au cœur de pousser sans cesse des souspirs, de former sans relâche de sainctes affections, d'occuper toutes les puissances, & de passer toute la vie dans vne oraison continuelle.

Elle se propose tousiours le mesme objet, elle est animée d'vn mesme desir, neantmoins elle est tousiours dans vne extreme diuersité, à cause de cette vague liberté de l'esprit & ce qu'il reçoit d'impressions, qui ne le laissent pas, non plus que le ciel, vn demy quart d'heure dans vn mesme estat. Vne personne prie autrement dans la joye, que dans la douleur ; dans l'abondance des graces & des consolations, que quand elle gemit sous le poids des infirmitez de cette vie ; dans la crainte des iugemens de Dieu, que dans les esperances & les essais de ses misericordes.

Cassian reduit à quatre principaux chefs toutes les sortes d'oraisons que peut faire vne ame qui tend à Dieu, & tire cette distinction des paroles de l'Apostre qui écriuant à Timothée dit : Ie vous recommande sur tout d'auoir soin qu'on fasse des supplications, des oraisons, des demandes, des actions de graces. Les supplications, dit-il, se font par vne ame penitente pour obtenir le pardon de ses pechez, & des negligences qu'elle a commises au seruice de Dieu ; Les oraisons sont les protestations qu'on fait à sa diuine Majesté d'estre fidelle à garder les vœux qu'on luy a rendus, & d'abandonner à l'aduenir toutes les affections de la terre pour se consacrer à luy auec plus d'integrité : Les demandes se font pour les autres, comme quand on veut étendre la gloire & la bonté de Dieu sur tous les hommes, qu'on le prie pour les peuples, pour les Princes, pour ceux qui plus particulierement implorent nostre secours ; Enfin la quatriéme maniere d'oraison consiste en des actions de grace des faueurs qu'on a receuës par le passé, & qu'on espere à l'aduenir par la consideration des felicitez dont joüissent les bien-heureux.

Collat. 9. cap. 7.

2. Timoth. 2.

Ces distinctions ne semblent pas assez expliquer les élans d'vne charité qui n'a point d'autres bornes que l'infiny, & qui prend suiet de s'étendre dans tous les lieux, dans tous les temps, dans toutes les occasions, pour toutes les personnes, pour tous les suiets du monde & du ciel. Quand vne fois l'ame a gousté Dieu, quand il est deuenu l'vnique objet de ses amours & de ses desirs, les loüanges qu'elle luy donne, les complaisances qu'elle a de ses infinies perfections, les desirs qu'elle conçoit de le posseder, sont des actes sans nombre & sans bornes qui ne se suiuent pas par ordre, mais qui se pressent, qui se deuancent, qui se confondent, qui s'étendent & se recueillent selon l'impetuosité de l'esprit diuin qui les pousse. Tous les momens fournissent à l'ame dix mille suiets de glorifier Dieu, par les demandes qu'elle luy addresse comme à la souueraine misericorde, par les humbles soubsmissions à toutes ses volontez qui sont les premieres loix de la justice, par les offrandes qu'elle luy fait de tout ce qu'elle est, par les resignations à tous les ordres de sa prouidence, par des élans, des souspirs, des joyes, des épanchemens de cœur, tousiours differens & qui sont tousiours de nouueaux cantiques.

Les Anges ont leurs hierarchies separées, & les particuliers qui sont dans vne multitude inombrable ont chacun leur propre office pour honorer les grandeurs de Dieu, cependant l'ame raisonnable plus infirme, qui a moins de lumieres & moins d'ardeurs que ces pures intelligences, est neantmoins seule chargée de tous leurs employs: Elle doit aymer comme les Seraphins, connoistre comme les Cherubins, tenir ferme pour le royaume de Dieu comme les dominations, s'éleuer dans vne eminence de saincteté comme les throsnes ou Dieu prenne sa seance, & vueille rendre ses oracles ; estre tout esprit en promptitude de deuotion, tout feu en ardeur de charité comme les Anges : que si elle ne peut s'acquitter parfaitement de ces sublimes deuoirs infinis en nombre, au moins elle les esfleure par ces oraisons que nous appellons jaculatoires, dont chacune ne dure gueres qu'vn moment, pour ceder aux nouueaux desirs qui la pressent, & ceux là à d'autres inombrables, dont la suite occupe toute la vie & fait vne continuité qui en recompense les defaux.

Afin de s'vnir à Dieu il faut auoir, dit Saint Bernard, pour disposition tous les rapports qui nous sont possibles auec luy, & qui nous donnent ce que nous pouuons auoir de ressemblance auec ses perfections: il est vne vnité tres-simple qui ne peut estre partagée, vne eternité qui n'admet point d'interuales ny d'intermissions, vne plenitude qui ne souffre point de vuide, vne bonté sans defaut; nous le deuons donc contempler, aymer, adorer, prier, auec vne continuité sans relâche, & comme dit le Psal-

Sermone de cordis altitudine.

miste, auoir tousiours nostre ame entre les mains pour la luy offrir sans cesse, afin qu'elle en soit de plus en plus sanctifiée. Les belles fontaines tiennent tousiours leurs eaux en estat de representer la face éclatante du soleil, que si elles ne reçoiuent pas ces belles impressions, c'est que le mouuement emporte cet astre hors le lieu d'où il les luy pourroit enuoyer. Dieu n'est iamais éloigné de nous, dit Saint Augustin, c'est vn soleil qui n'aura point pour nous d'occident, si nous auions tousiours de l'amour & des yeux pour luy ; nostre ame en receuroit sans cesse les lumieres & les perfections, si elle se tenoit tousiours tournée deuers luy par vne oraison continuelle.

Tract. 34. in Ioan.

Nous faisons le chemin du ciel entre des precipices où nous courons fortune de nous perdre, si nos yeux ne sont tousiours ouuerts à la lumiere diuine necessaire à nostre conduite. C'est ce que dit le Prophete, mes yeux sont tousiours attentifs à Dieu parce que c'est luy qui doit éclairer mes pas, & les sauuer des pieges que mes ennemys leur ont tendus. Si nostre cœur est dans vn mouuement continuel pour rafraischir vne chaleur qui autrement l'étouferoit; pourquoy nostre ame n'est-elle pas dans vne oraison continuelle qui luy fasse respirer l'air de l'eternité, & qui tempere ainsi les ardeurs de la concupiscence ? Si la faculté vegetable agit sans cesse dans nostre corps, à la faueur des esprits qu'elle reçoit & qu'elle employe continuellement pour s'acquiter de ses fonctions ; pourquoy la puissance raisonnable infiniment plus actiue ne se tient-elle pas en estat d'estre tousiours animée de l'esprit de Dieu, pour luy rendre ce qu'elle luy doit d'hommages, & faire ainsi de nouueaux progrez en vertu ? Cette action de pieté a moins de trauail, & plus de delices, que celle de la nature, de sorte qu'elle ne souffre point de violence qui doiue estre soulagée par le repos, & qui l'empesche d'estre continuelle : car c'est vn effet de l'amour diuin, or ce n'est pas vn trauail mais vne satisfaction à vne personne qui ayme de penser tousiours à l'object de son amour, comme ce luy seroit vn supplice de l'en diuertir. Sans contrainte, sans tenir ses pensées à la chaisne, en

Psal. 24.

laissant l'ame dans toutes ses libertez, depuis qu'elle a gousté Dieu, elle s'y porte, elle suit l'attraict de la grace par vn mouuement plus vif & continu que celuy qui porte les corps à leur centre.

Si vous estes en la presence d'vne personne que vous aymiez vous ne laisserez pas de voir beaucoup de choses qui se passent; vos oreilles pourront entendre des discours & des messages, vostre bouche y fera response, cependant que vostre cœur gros de ioye, & vos yeux tous rauis donnent leurs principales attentions à ce cher object, dont la iouïssance n'est point interrompuë par ces petits diuertissemens. Vous pouuez de mesme vous tenir en la presence de Dieu, & luy faire vne oraison continuelle, au milieu de tout ce que l'obeïssance vous donne d'employs; ce ne seront point des charges importunes à vostre pieté, mais vn soulagement semblable à celuy que reçoit le cœur par la respiration, & l'esprit par la presence de ce que l'on ayme.

Le matin apres que le corps a pris de nouuelles forces par le sommeil, & que les esprits plus tranquiles sont fauorables à la contemplation, le Religieux n'ouure pas si tost l'œil pour voir des objets sensibles, qu'il éleue son esprit à Dieu pour l'adorer. Cette nouuelle vie, qui recommence auec la iournée, a cet aduantage sur la naissance du monde & de la Religion, qu'elle est toute instruite, toute sçauante, toute saincte : Aussi ses premieres pensées sont les transports d'vn amour parfait qui demande le baiser, qui se rejette auidement sur la diuinité, dont le sommeil luy auoit osté la veuë; qui luy fait l'offrande des premices du cœur & de ce iour. Mon Dieu, dit-il, vos misericordes m'ont conserué cette nuict, & me rappellent encore à la iouïssance de la vie : versez vos lumieres dans mon ame, comme le soleil les redonne au monde ; faites-moy la grace que ie sois aussi fidelle à mon deuoir, que l'est ce bel astre à continuer sa course, & que le sont toutes les autres creatures à recommencer leurs offices auec le iour, selon les ordres eternels que vous leur auez donnez ; les Anges vous louënt sans fin, & sans cesse ; helas!

les infirmitez de ma condition mortelle ne me permettent pas de vous seruir, qu'apres ces grands interualles où m'obligent le sommeil; au moins mon Dieu que ie recompense ces interruptions par de plus grandes ferueurs. Ie suis le moindre dans la compagnie des Saincts qui vous seruent; neantmoins, mon Dieu, ie suis vostre, prenez ma conduite, ie ne veux auoir de la vie & de l'action que pour vostre gloire, disposez absolument de tous mes petits interests, ie vous les consacre, ie tiendray cette iournée bien-heureuse, si i'y puis ménager vos graces, pour garder mes vœux auec plus de fidelité que iamais, pour vaincre ce defaut, & celuy là où i'ay de mauuaises inclinations : les forces me manqueront auec le iour, mais quoy que le sommeil m'abatte mon cœur sera tousiours vostre. Ce sacrifice du matin sanctifie l'ame, il luy imprime des mouuemens diuins, qui continuent, qui se fortifient dans toutes les rencontres de la iournée; qui répendent sur toutes les actions particulieres vn merite semblable à celuy que les vœux donnent à toute la vie.

Sur ce que le Psalmiste rapporte que les iustes ne cessent point de Iouër Dieu tout le long du iour; Sainct Augustin dit, ne croyez pas que cette attention continuelle excede les forces de la nature, ie vous veux donner vn moyen pour la pratiquer sans que les infirmitez & les inconstances de l'esprit puissent vous en diuertir; faites toutes vos actions le mieux qu'il vous sera possible auec cette intention de plaire à Dieu, par cette vie quoy qu'actiue mais innocente vous ferez vne oraison continuelle : c'est ainsi qu'on doit entendre ces paroles de Iesus-Christ, & de l'Apostre qu'il faut tousiours prier, & ne discontinuer iamais. Dans ces exercices exterieurs ainsi pris pour l'amour de Dieu, l'esprit fait tousiours ses saillies vers luy si frequentes qu'on les peut dire continuës; l'on doit aussi de tous les iours reseruer vn temps libre de ces employs, & où l'ame se puisse donner toute entiere à la contemplation. C'est pourquoy l'Eglise eut sujet de condamner d'heresie les Euchytes, qui demeuroient dans vne perpetuelle faineantise sous pretexte de faire vne continuelle

In psal. 34.

Luc. 18. & 1. Tess. 5.

D. Aug. de haeresib. hor. 57.

oraison : car si cette éleuation d'esprit à Dieu procede de la charité, elle ne sera point sans œuures, & prendra ses temps conuenables pour ne point pecher contre l'ordre. Ainsi Iesus-Christ passoit, comme nous auons dit, les iournées entieres dans les œuures de charité, à conuertir les ames & guerir les corps, puis le soir il se retiroit sur la montaigne pour y prier.

Apres que le Religieux a donné cette iournée aux assistances du chœur, aux études, aux offices, aux deuoirs de charité, aux employs mesme exterieurs dont nous parlerons en la quatriéme partie ; apres mille éleuations d'esprit, aussi promptes & aussi frequentes que les saillies d'vne flamme qui poincte en haut, apres toutes ces grandes actions qui sont autant de combats & de victoires sur les ennemys de nostre salut ; voila que les heures prescrites estant écoulées, la retraitte sonne & aduertit de clorre ce iour comme il a commencé par vn sacrifice de loüange : il consiste à rendre des actions de graces à Dieu des faueurs qu'il nous a faites dans toutes les occasions de cette iournée, pour le seruir, & ne le point offenser. L'ame qui se reflechit lors serieusement sur elle mesme reçoit des satisfactions incroyables de se voir sans passions, deliurée des crimes & des inquietudes qui trauaillent les mondains : elle ne laisse pas d'exercer vne rigoureuse censure sur la conduite de ce iour, & de reconnoistre par le poix du sanctuaire, que ses intentions n'ont pas eu tout ce qu'il falloit de ferueur & d'integrité : L'action s'est faite, mais auec vn peu de repugnance, vn peu de froideur, vn peu de propre interest, qui fait connoistre qu'on n'a pas vne solide habitude de la vertu. Le moyen de contenter parfaitement vn amour qui veut tout donner, & qui se void reduit à l'impuissance par tant d'infirmitez naturelles ? Le feu d'icy bas jette tousiours quelque fumée qui vient des indispositions de sa matiere, & nostre charité durant cette vie n'est point sans quelques imperfections ; elles seruent au moins à nous entretenir dans l'humilité, à nous faire reconnoistre le neant de nostre origine, & que toute nostre subsistence vient de Dieu. Les larmes coulent, & ie ne sçay si c'est d'amour ou de penitence, s'il y a plus de ioye que de douleur : le cœur grossit, on se pasme de se voir aymé, caressé de Dieu, de voir des effets si sensibles & si continuels de ses misericordes sur nous, & cependant on se plaint, on a regret de n'estre pas assez reconnoissant de ses faueurs ; Mais enfin comme tous ces mouuemens sont des effets de la charité qui chasse la crainte, ils se terminent en vne parfaite confiance en Dieu, en vne paix, en vne certaine plenitude d'esprit qui surpasse tous les sentimens humains & qui ne peut estre conneuë que par vne bien-heureuse experience.

Châque iour est vn petit modelle qui represente en abregé le cours & la fin de toute la vie ; on se met au lict comme au tombeau, & comme en cette derniere heure l'ame prend tout ce qu'elle peut de bonnes dispositions pour paroistre deuant Dieu, elle tâche aussi de donner vne feruente & saincte conclusion à châque iournée : s'il plaist à sa diuine misericorde de luy accorder la suiuante, elle fait resolution de se maintenir dans vne plus grande integrité, elle en renouuelle les vœux dés le matin, comme nous venons de dire, le sentiment de ses obligations qui luy est tousiours present, & qui à toutes rencontres se reduit en acte, fait que la vie se passe dans vne oraison continuelle, qui consacre l'interieur, & qui forme les actions sur l'exemple de Iesus-Christ.

AVOIR

AVOIR IESVS-CHRIST POVR SVIET
ordinaire de ses meditations, & pour
regle de sa vie.

CHAPITRE XX.

TOvs les siecles & tous les peuples ont eu quelques sages qu'ils ont venerez comme s'ils eussent esté d'vne nature plus noble que le commun des hommes, & si approchante de la diuine, que leurs paroles estoient prises pour des oracles, & leur vie pour regle des mœurs: mais comme en faisant la comparaison l'on vid qu'ils ne s'accordoient pas ny en leurs opinions ny en leur conduite, il fut aysé de conclure, que ce n'estoit point d'eux qu'il falloit attendre la verité qui n'est qu'vne & tousiours égalle. Cela fit croire à Platon que l'instinct qu'ont les hommes de connoistre & de suiure cette verité ne deuant pas estre inutil parce qu'il est naturel Dieu mesme le satisferoit en conuersant auec les hommes, & se rendroit entr'eux le premier & le plus parfait pour estre la regle des autres. Sur cela les Poëtes nous ont forgé les fables de tant de Dieux, qui ont vescu long-temps sous des figures d'homme, pour informer le monde des arts, des sciences, des Religions.

Les peuples ont facilement creu que ce bien leur estoit possible, qui leur estoit si necessaire, or ce qu'vn presage naturel leur auoit fait esperer, les Prophetes nous l'ont predit, & vn siecle bien-heureux en a veu l'accomplissement en Iesus-Christ. Le Verbe eternel, la seconde personne de la tres-Saincte Trinité vnit à soy la nature humaine : il naist en la Iudée auec des prodiges qui monstrent bien que de ce petit canton de terre, & de cette vie qu'il prend dans vne petite portion du temps, il deuoit repandre ses benedictions sur tous les siecles & sur tous les peuples : Sainct Iean nous le represente comme la lumiere primitiue qui vient au monde pour en dissiper les tenebres, mais auec des splendeurs couuertes de sorte qu'elles ne furent pas si tost reconnuës du monde. C'est, dit S. Augustin, vn soleil de justice, qui pour temperer les éclats de sa lumiere à la foiblesse de nos yeux se couure de nostre humanité comme d'vn nuage, sous lequel il ne laisse pas de nous donner assez de iour pour faire le discernement du bien d'auec le mal, pour éuiter les precipices du siecle, & nous conduire au chemin du ciel : il publie cela de luy mesme en ces termes, ie suis la lumiere du monde, qui voudra me suiure ne marchera point en tenebres, il ne sera ny dans l'ignorance d'vne nature abandonnée sans instruction, ny dans la vanité des connoissances dont la Philosophie a si long-temps entretenu les esprits. Ces sciences naturelles ont quelque éclat qui se fait considerer par les yeux de l'ame, mais trop foible pour regler toutes les affections, & pour animer les courages à la saincteté : elles sont comme les lumieres des étoilles, qui ne monstrent pas assez le chemin, qui ne rendent pas les couleurs, les proportions, les beautez à toutes choses, & qui ne sont pas assorties de cette chaleur viuifiante dont la terre tire ses feconditez.

Iesus-Christ est entre les sages du siecle, comme le soleil entre les astres qu'il fait éclater de sa lumiere en son absence, mais qu'il couure & qu'il éclypse quand il paroist, afin qu'on n'ait des yeux & des admirations que pour luy ; le Fils de Dieu veut qu'on le reconnoisse, qu'on le suiue comme la premiere verité ; & qu'on ne se serue plus de tous ces petits moyens pour receuoir la lumiere, quand on la peut voir en sa source. Cette faueur est insigne & sans pareille, dit Sainct Augustin, que Dieu qui a fait toutes choses, se soit fait le premier & le chef des hommes pour les conduire : par cette aliance il honore extremement nostre nature, car elle est comme vne femme qui prend part aux dignitez de son mary, & éclatte de ses rayons, dit la loy ; l'homme n'est pas seulement vn petit monde, mais comme l'archetype il est au dessus de la loy, il la prend en quelque façon de luy mesme, quand il la prend de Iesus-Christ qui est son chef. Estant homme, le

DV RELIGIEVX.

premier, le plus excellent des hommes, il est le chef qui doit donner la conduite & le mouuement à tout ce corps; c'est l'original de la perfection que tous doiuent imiter, & c'est vne infinie bonté de qui nous deuons esperer pour cela toutes sortes de secours : quand il dit dans le cantique portez sur vostre cœur, & sur vostre bras quelques marques qui vous fassent tousiours souuenir de moy, le cœur signifie que nos pensées & nos affections doiuent tousiours estre attachées à luy; & le bras, que nos œuures se doiuent regler par son exemple.

D. Bernard Serm. 11. super cantica.

L'Apostre dit au Religieux, comme vous auez porté l'image de l'homme terrestre, portez maintenant celle de l'homme celeste : soyez les imitateurs de Iesus-Christ, comme les enfans bien-aymez de vostre pere. La fin que se propose le Religieux en cet abandon general de toutes les choses du monde c'est d'imiter Iesus-Christ en sa vie, & d'accomplir ses volontez suiuant les conseils qu'il nous donne dans l'Euangile : s'il est l'idée de nostre conduite, nous le deuons auoir aussi present à nostre esprit, & pour l'object aussi ordinaire de nos meditations que l'est aux yeux du peintre l'original dont actuellement il veut tirer la copie : plus il la regarde, plus il se voit dans le defaut, & plus il tâche de l'imiter plus parfaitement. Le Verbe est dans le ciel vne beauté que les Anges quoy que tres-subtils en leurs connoissance, ne se lassent point de regarder durant toute l'eternité; & le Verbe fait chair est vn object qui peut entretenir nos meditations toute nostre vie, auec des lumieres & des satisfactions tousiours nouuelles parce que ses merites sont infinis.

1. Cor. 15. Eph. 5.

Vous verrez en Iesus-Christ & dans les pratiques de sa vie tous les thresors de la sapience diuine, & la vraye science des Saincts; vostre cœur trouuera des attraits tout-puissans pour imiter vn homme Dieu, qui est tout ensemble, le principe, le milieu, la fin, la vie, la voye, la verité, le motif, & le centre de nos desirs. Vous voulez vous animer aux pratiques de la pauureté, considerez-le naissant dans vne étable, couché dans vne créche, dans les incommoditez de la nuit & de l'hiuer; voyez-le soustenir sa vie de

Ii ij

mendicité, & auoir moins de retraite à luy que les oyseaux, & que les renards: vous apporterez tous les soins possibles à conseruer la charité, si vous considerez qu'elle luy est si chere qu'il a fait violence aux loix de la nature pour naistre d'vne mere Vierge; qu'il a pratiqué cette vertu toute sa vie auec des integritez sur qui tous ses ennemys n'ont pas trouué sujet de former vne médisance, qu'il a plus tendrement aymé ceux qui la gardoient, & qu'il en fait vn des principaux conseils de sa doctrine.

Vous serez exact à l'obeissance, si vous considerez qu'il y a passé trente ans de sa vie sujet d'vn homme qu'il sçauoit n'estre pas son pere, quoy qu'il fust tenu pour tel: il trouue toutes ses consolations dans le trauail, il s'expose à tous les perils, il souffre vne mort honteuse pour accomplir les volontez de son Pere celeste. Auez vous peine de viure auec quelque humeur antipatique, Voyez-le conuerser auec les pecheurs & les publicains, dans vne douceur qui les portoit à se conuertir. Estes-vous tiéde en l'oraison; vous serez confus quand vous verrez qu'il y passe les nuicts toutes entieres apres les grandes fatigues qu'il auoit prises le long du iour pour l'instruction & le soulagement du prochain. Ses abstinences ordinaires dans sa pauureté; ses jeusnes dans le desert vous instruisent de commander à vostre bouche; son silence dans les fausses accusations, sa patience dans les extremes douleurs, les prieres qu'il fait pour ses ennemys, sont autant de leçons qu'il vous donne de conseruer la paix de vostre ame, & la charité pour le prochain, dans les occasions mesme où vous seriez accablé d'injures.

Enfin la meditation de la vie de Iesus-Christ, est vn elixir tellement general qu'il vous peut seruir de remede particulier en toutes les maladies de l'ame, & si vous en faites l'vsage ordinaire ce vous sera vn puissant preseruatif contre tous les venins que le monde & l'enfer meslent dans les exercices de la vie. Soyez dans la solitude, dans le cloistre, dans la conuersation du monde; si tous les jours vous meditez la passion de Iesus-Christ, toutes les choses exterieures vous seront indifferentes, & qu'and elles vous seront offertes, vous n'aurez du plaisir qu'à les quitter. Pour conclure ce discours par la pensée qui luy a donné commencement; representez vous que Iesus-Christ est la lumiere c'est à dire le soleil du monde, parce que comme nous auons continuellement recours à la lumiere du soleil pour faire le discernement des objets; comme nos yeux ne se lassent point de cette riche effusion, qui leur mostre toutes les beautez sensibles, nostre esprit void toutes les intellectuelles dans le Verbe incarné. Car il est nostre principe, nostre fin, nostre beatitude comme Verbe; & nostre exemplaire comme incarné & fait homme. Ie trouue ma consolation parmy les disgraces, les reglemens de ma conduite pour toute sorte de lieux, de temps, de personnes, ie trouue toutes les dimensions de la charité, de haut, de bas, de long, de large, à droit, à gauche dans la crox de Iesus-Christ. C'est vne source des graces qui doiuent me donner des forces pour aller iusques à la gloire; de là ie tire mes plus solides consolations durant le voyage de cette vie.

DE LA DEVOTION DV RELIGIEVX
à la Saincte Vierge Mere de Dieu.

CHAPITRE XXI.

LE monde ne void qu'vn soleil qui est la source de la lumiere sensible, de cette incomparable qualité, l'ame de toutes les couleurs & de toutes les beautez. Ainsi l'Eglise ne reconnoist qu'vn Iesus-Christ pour premier principe de toutes les graces qui nous éclairent, qui nous sanctifient, qui nous donnent les merites & la joüissance de la gloire. Il est escrit neantmoins, que Dieu fit au commencement du monde deux luminaires, l'vn grand, l'autre petit, le soleil pour éclairer le iour, & la lune qui receuant de luy sa lumiere nous la donne moins éclatante le long de la nuict. Les Saints Peres disent que cela signifie que Iesus-Christ homme-Dieu est l'vnique autheur,

& la saincte Vierge la puissante mediatrice de nostre salut, & que ce n'est qu'vne mesme grace qui nous est donnée par cette entremise.

La remarque me semble assez belle qu'en la naissance du monde le soleil estoit au midy, la lune en son opposition sous la terre, parce qu'en la loy de nature & de Moyse Dieu faisoit par luy mesme auec vn grand éclat, quoy qu'auec peu de succez, de grands miracles pour estre reconnu des hommes; Mais en la naissance de Iesus-Christ qui fut à minuict ou commence la loy de grace, le soleil estoit desous la terre, la lune dessus, parce que c'est lors vn Dieu humilié, vn Dieu caché sous vn corps terrestre, & qui nous vouloit donner ses plus importantes graces, par le moyen de sa Mere Vierge. Saint Thomas, dit à ce propos, qu'au lieu des Neomenies que les Iuifs celebroient à la nouuelle lune, l'Eglise a mis les festes de la Saincte Vierge, parce que c'est par elle qu'elle a receu les premiers rayons de son soleil & les premiers practiques de la perfection, dont en suite la vie, & les conseils de Iesus-Christ nous ont donné plus de jour.

Tous les Chrestiens demeurent d'accord de cette verité; tous reconnoissent la Saincte Vierge comme l'Aduocate des pecheurs, la Reine du ciel, la Mere de misericorde, la thresoriere des graces, l'asile des affligez, le grand appuy de nos esperances. La deuotion en est publique, elle paroist en ce grand nombre de Temples, d'Autels, d'offrandes, que la pieté des fidelles a consacrées à Dieu sous son nom par tout le monde; par tant de solemnitez qui se celebrent en son honneur le long de toute l'année, par les prieres qui s'adressent à elle en tous les offices de l'Eglise, par celles que produit la deuotion des personnes particulieres, enfin par tant d'écrits des plus celebres Autheurs à sa loüange, qui seuls pourroient remplir vne grande bibliotheque. Ie n'entreprends pas ce grand sujet trop vaste pour mon dessein; ie suppose ces titres éminens, ces secours miraculeux, cette deuotion publique dont les moins credules demeurent d'accord, & ie n'ay qu'a representer icy quelques considerations particu-

DV RELIGIEVX.

lieres qui doiuent animer le culte des Religieux enuers cette Saincte Vierge.

Elle est, comme nous auons dit, la premiere qui a commencé la perfection Euangelique lors qu'elle rendit ses vœux à Dieu, & qu'elle luy consacra sa virginité dans le Temple; elle fut l'aurore qui produisit le soleil, dont ensuite nous auons receu tant de lumieres, & tant de chaleurs; elle a fourny le corps qui fut l'organe dont le Verbe se seruit pour operer tous les mysteres de nostre salut, & pour en faire en sa saincte humanité l'original de la vie Religieuse. Nous luy deuons donc rendre nos respects & nos tres-humbles seruices, luy donner nos plus tendres affections, luy découurir nos plus secrettes necessitez comme à nostre bonne mere. Iesus-Christ mesme nous donne cette confiance, & ses dernieres volontés nous appellent à cette saincte adoption. Car apres auoir pourueu Sainct Pierre du gouuernement hierarchique de l'Eglise, estant en la croix il voulut donner ordre à l'estat Religieux: il estoit là representé par Sainct Iean, ce chaste, ce fauory, ce genereux, ce plus des-interessé des Apostres qui seul de tous l'accompagne en sa passion : c'est pourquoy le substituant en sa place, & luy monstrant la Saincte Vierge, il luy dit, voila vostre mere. Elle fut la mere de Iesus luy donnant le corps, elle est la mere du Religieux luy donnant l'esprit de Iesus; c'est à dire toutes les graces necessaires pour l'accomplissement de la sublime perfection où tendent nos vœux. Elle nous obtient ces aduantages par ses intercessions, & nous y forme comme ses petits enfans par les exemples de sa vie.

S'il faut plus de graces pour vne condition releuée par dessus le commun des hommes & les commandemens de la loy, addressons-nous à cette Reyne des Anges pleine de grace, & d'vn merite eminent par dessus toutes les creatures afin qu'elle nous donne la main pour nous éleuer; s'il nous faut suiure nostre maistre en sa passion, s'il nous faut sans cesse porter sa croix, & nous y attacher auec luy; s'il faut que nostre vie penitente iointe aux merites infinies de la sienne, soit vn sacrifice d'expiation pour nos pechez & pour ceux de tout le monde. Addressons-nous à cette mere Reyne des martyrs qui eut le cœur percé du glaiue de douleur, qui souffrit interieurement toutes les playes que les mains sacrileges faisoient à son fils, qui mourut auec luy par compassion, qui se sacrifia d'esprit auec luy pour tout le monde, qui ne voulut luy suruiure que pour recompenser par des douleurs, & des morts multipliées celles qui manquoient à vne croix exterieure. Faut-il que nostre charité soit plus pure, plus ardente, plus efficace que celle des seculiers, le sein d'vne mere est vne fournaize d'amour, vn autel où ce feu brûle sans cesse, & d'où il faut que les Seraphins prennent les charbons qui nous purifient. Elle passa toute sa vie dans vne pauureté à qui les choses mesme necessaires manquerent souuent témoin l'étable, ou faute d'hostellerie elle fut contrainte de faire ses couches. Le ciel renuersa la plus commune loy de la nature pour luy conseruer son integrité de Vierge quoy qu'elle fust Mère. Cette ame enrichie de tant de graces, la plus saincte des creatures se tient heureuse dans vn sexe nay pour obeir, & dans les sujections d'vn mariage veritable, quoy que souuerainement pur, & ou le corps n'eust aucune part. Ne doutez pas que cette Mere de misericorde ne fauorise ses enfans Religieux qu'elle void dans la pauureté, la chasteté, l'obeissance, pour imiter sa vie, & celle de son fils; Il est impossible qu'elle n'ayt des tendresses particulieres pour eux, & que ses toutes puissantes intercessions ne leur obtiennent toutes les graces necessaires pour entretenir vne conduite qu'elle a voulu pratiquer elle mesme, & qu'elle ayme parce qu'elle represente l'vnique objet de ses amours. Celle qui premiere a fait les vœux de perfection ne manquera pas de nous impetrer assez de constance pour garder les nostres, & pour entretenir ce qu'elle a si sainctement commencé. Si la nature y trouue quelque difficultés, nous sommes entre les mains d'vne bonne mere qui sçaura bien les adoucir par ses consolations, essuyer nos larmes, & appaiser nos petits dedains par ses amoureuses caresses.

Quand

DV RELIGIEVX.

Quand ie la considere dans la familiere conuersation des Anges, dans les communications diuines, dans l'intelligence des plus hauts mysteres, & que portant en soy le soleil il ne se pouuoit qu'elle n'en receut de grandes lumieres, neantmoins si humble qu'elle conseruoit tous ces miracles en son cœur sans en donner aucunes marques exterieures : quand ie la contemple dans le conclaue des Apostres où elle reçoit par auantage les lumieres & les chaleurs du Sainct Esprit, que neantmoins parmy toutes les venerations que ce sainct college luy rendoit, l'ecriture ne la represente point decider d'aucune affaire de la Religion, ie dis en moy mesme voyla l'idée d'vn Religieux, scauant, contemplatif, saint & humble, & qui contribuant quelques-fois plus que tous les autres à la conseruation de l'Eglise, n'en a ny les titres, ny les honneurs. Enfin figurez vous toutes les perfections souhaitables aux Religieux vous en verrez l'original en la Saincte Vierge, & pour les imiter vous en receurez d'elle les secours si vous luy adressez vos prieres auec feruer, puis qu'elle est vne mere de misericorde pleine de grace. Aussi tous les ordres Religieux la reconnoissent pour leur mere, tous ont quelques particulieres marques de leur pieté & de ses faueurs; tous côme ses petits enfans se iettet auec vne saincte emulation entre ses bras, s'empressent, & se disputent la gloire d'en estre plus affectionnez. Ie n'entreprends pas ceste deduction qu'vne docte & deuote plume de nostre siecle a fort heureusement acheuée. Ie prie seulement le Religieux de considerer que l'Eglise appelle là Saincte Vierge l'estoille de mer, parce que comme il est permis à ceux qui vont aux longues routes d'admirer toutes ces brillantes étoilles du ciel, mais il leur est necessaire de se regler tousiours sur celle du pole, qu'ainsi chacun peut bien adresser ses vœux à celuy des saincts dont la vie reuient plus aux graces qu'il sent en soy; cette déuotion leur est permise, mais celle qu'on doit auoir pour Marie mere de Iesus est & commune & necessaire; ie tiens mesme qu'en negliger les pratiques, c'est hazarder beaucoup son salut, & que c'est la marque d'vne

Triple Couronne de la Vierge. Tra. 4. chap. 11.

K k

pieté bien languissante. Car la deuotion de la Vierge suppose vn vif sentiment des principaux articles de la foy, qu'elle contient comme en abregé : honorer la mere de Dieu, c'est reconnoistre les trois personnes de la tres Sainéte Trinité qui côcoururent au mystere de l'Incarnation, le Pere qui enuoya, le Fils qui s'ynit la nature humaine, le Sainét Esprit qui opera ce grand mystere : C'est le fondement de la creance que nous auons en l'Eucharistie où le mesme corps humain que le Verbe à pris de la Vierge, donne la nourriture & les forces à l'ame. Cette Sainte Vierge qui jouit en corps & en ame au ciel de la gloire de son fils, est vne preuue de l'immortalité de l'ame, de la resurection des corps, de la recompense des bonnes œuures apres cette vie.

Qu'on ne s'immagine donc pas que cette deuotion soit seulement populaire, puis qu'elle contient les plus sublimes les plus importantes maximes de la Religion Chrestienne; puisque toute l'Eglise s'y porte & nous y anime, par de si magnifiques solemnitez : puisque les plus grands genies, vn Albert le grand, sainét Thomas, Sainét Bonauenture, l'Escot, enfin tous ceux qui ont esté celebres en sciences, ont pris leurs plus belles lumieres de cette Lune dans les obscuritez du monde & de la foy. Sainét Bernard qui gouuernoit les Religieux & les monarques, se disoit le petit enfant de la Vierge & les apparitions qui la luy faisoient voir luy donnant du laiét, estoient vne preuue qu'elle luy seruoit de mere, & qu'il en tiroit tout ce qu'il auoit de forces. A vray dire la deuotion m'est suspecte, & i'ay peine de la croire assez catholique, si apres tant de mysteres operez pour nostre salut, elle ne contemple que Dieu. Ie tiens que les fidelitez qu'on doit rendre à Iesus Christ comme au souuerain monarque du monde sont imparfaites, si elles ne s'accordent auec ses amours & ses intentions & si elles n'honorent ce qu'il a mis de grace en sa mere. Elle a la premiere pratiqué la perfeétion Religieuse, elle l'ayme comme vn portraiét viuant de son fils, elle nous cherit, elle nous supporte, elle nous donne comme le ciel de secrettes influences qui

DV RELIGIEVX.

nous animent, quoy qu'on ne les remarque pas; mais tâchons de reconnoistre son amour par le nostre & de nous rendre plus dignes de ses faueurs par nos seruices. Ie ne fais pas estat icy de les déterminer, ie les laisse à la deuotion d'vn chacun, mais comme nous receuons continuellement les assistances de la Saincte Vierge, vn bon Religieux ne passera pas vn jour qu'il ne luy rende ses hommages par quelques éleuations d'esprit, par quelques prieres, par quelques offices qu'il se sera luy mesme prescrit. On ne peut sçauoir que par de bien heureuses experiences, les douceurs, les tranquillitez que ces sainctes pratiques apportent à l'ame d'auoir vne mere commune auec Iesus-Christ, d'entrer dans les droits du fils par l'adoption de la mere, il n'est pas possible que cette alliance auec des personnes jouissantes de la gloire ne nous comble d'extremes consolations.

CE QVE L'ON DOIT PRATIQVER durant les consolations diuines.

CHAPITRE XXII.

I'APPELLE le temps des consolations diuines, non seulement celuy où la personne Religieuse comme perduë dans vne abisme de lumieres, ne sçait ce qu'elle est, ce qu'elle souffre & ce qu'elle agit; mais quand en suite de ces bien-heureux transports elle peut passer des jours, des mois, des années entieres dans vne tranquille constitution, dans vne paix, vne plenitude, des solemnitez interieures, où toute dégagée des bruits du monde, elle n'a plus d'amour ny de desir que pour Dieu. Elle s'éleue à luy mille fois le iour, elle adore ses perfections infinies; elle se complaist dans l'eternelle felicité qu'il a de luy mesme; Mon Dieu, dit-elle, soyez eternellement beny; disposez de moy ie suis vostre; que ie ne sois, que ie ne viue, que ie n'agisse que pour vostre gloire; quand me sera-il permis de vous connoistre & de vous aimer, de m'immoler à vos volontez autant que ie le desire.

Ces frequentes éleuations luy font passer vne vie diuine, ou comme si elle estoit déja dans l'eternité, elle recueille tous les temps pour en tirer des sujets de glorifier Dieu. Si elle rappelle le passé, elle dit auec Sainct Augustin, amour éternel, bonté qui m'auez tousiours sollicité de vos faueurs, comment vous ay-ie aymé si tard, ie fermois les yeux & vos lumieres ne laissoient pas de fondre dessus; enfin vos éclats ont esté si vifs qu'ils ont guery mon aueuglement; vous auez répandu vos odeurs, & ie les ay respirez auec vne extreme passion de les suiure; vous m'auez fait gouster de vos douceurs, & i'en ressens vne faim, & vne soif que vous seul pouuez rassasier! O ie voy bien que ie ne vous connois qu'à la faueur de vos lumieres; que mon amour n'est rien qu'vn effet du vostre; que ie ne vous suis que parce que vous me tirez! Helas combien aye perdu de temps & de graces; vos misericordes sont infinies, de me faire tant de faueurs apres tant d'ingratitudes!

Ces regrets de la vie passée n'empeschent aucunement la paix de l'ame; elle tire mesme de nouuelles consolations de ses larmes de penitence, parce qu'elles luy donnent le témoignage d'vn double amour, & de celuy qu'elle porte à Dieu, & de celuy dont Dieu la gratifie. Le souuenir de ses anciens desordres ne fait que donner plus de lustre à l'innocence & à la paix dont elle joüit à present: Apres ces lamentables experiences de ses foiblesses, elle a bien sujet de reconnoistre que tout ce qu'elle a de tranquillitez & de douceurs, ne luy vient pas de son creu; que ce sont des graces particulieres de Dieu dont elle doit estre extremément reconnoissante, & des talens qui luy sont mis entre les mains pour tenir vn fidelle compte de leur vsage.

Ne soyez pas dans cette presomption de refuser ces faueurs, mais croyez qu'elles vous sont conuenables, mesme necessaires puis que Dieu vous les donne: C'est vostre Fiancé, vostre Pere, vostre Medecin; suiuez ses ordres sans en juger, souffrez ces largesses de sa bonté, car peur estre n'auriez vous pas la force de souftenir les espreuues de sa justice : sa souueraine sagesse dispose tout auec des suauitez qui font vne agreable rissuë des commencemens, des progrez, de la fin de nostre vie ; il détermine à toutes choses leur temps, ne souhaitez pas les souffrances dans celuy des consolations ; que vos desirs indiscrets n'aillent pas contre les ordres & les desseins de Dieu dessus vous? Vous ne remarquez pas que cette apparente generosité qui prouoque les afflictions & qui ne demande que les croix n'est qu'vn effet de la paix dont vous jouïssez à present ; que si vous en estiez priué, si vous estiez dans les seicheresses, dans les troubles, dans les horreurs d'vne conscience comme abandonnée du ciel, helas que vos desirs seroient bien autres, car dans cette tourmente vous ne feriez des vœux que pour le calme. Ce mauuais temps viendra tousjours assez tost, cependant jouïssez des biens que Dieu vous presente, peut estre pour vous affermir dans le sentiment de sa bonté & de sa prouidence particuliere pour vous, & pour vous dégager des plaisirs du corps, par ceux de l'esprit.

Dans ces excez vous pouuez bien dire auec Sainct Pierre & les autres saincts, mon Dieu retirez vous de moy, ie suis vn pauure pecheur; ie ne merite pas ces approches si familieres de vostre majesté, mon ame se fond deuant ses rayons, comme la cire deuant le soleil; ie pasme, ie n'en puis plus, vous me mettez dans la deffaillance par cette trop grande effusion de vos graces; donnez moy plus de forces & plus de capacité, si vous voulez verser dessus moy tant de benedictions?

Apres tout vous auez grand sujet de vous humilier, de vous voir traitter auec tant de douceurs qui supposent vos infirmitez, que vous estes encore dans vne enfance spirituelle que la bonté diuine nourrit de ce laict. Ne condamnez donc point ceux qui n'ont pas ces consolations interieures; car Dieu ne les leur donne pas, peut-estre pour les mettre dans l'exercice d'vne vertu plus solide & plus genereuse. C'est à vous à trauailler à vostre salut auec la crainte de ces reproches; si l'on auoit faict les mesmes graces aux villes de Tyr & de Sidon, elles auroient produit de plus grands fruits de penitence. Ce grand secours de la grace qui ne vous releue pas seulement de vos infirmitez, mais qui vous couronne desja de gloire, vous doit animer à faire de grandes choses, & à ne point espargner vos forces sous la bonté toute-puissante qui vous protege, de qui l'Apostre vous aduertit de tout esperer; Cela se doit neantmoins faire selon les loix d'vne charité bien ordonnée & auec les regles de discretion, dont nous auons parlé : il faut du zele, mais tel qu'il ne prodigue pas les forces du corps ny de l'esprit, & qui suiue en tout les conseils d'vn bon directeur.

Souuenez vous de ne pas mettre vostre derniere felicité en ces gousts spirituels, & ne vous les pas proposer comme la fin de vos exercices ; Car cette recherche de consolations pourroit degenerer en vn amour propre, dont les corruptions ne seroient que plus dangereuses dans les choses spirituelles : ce seroit vn amour des-obligeant, parce qu'il seroit interessé, & qu'il cheriroit moins Dieu que ses dons. Si vous les souhaitez que ce ne soit pas pour eux mesmes, mais comme des moyens propres à vostre aduancement ; comme des remedes qui vous dilatent le cœur, qui vous donnent des forces & de l'allegresse pour courir dans la voye des commandemens de Dieu.

Ces faueurs sont grandes, mais comme elles se rapportent à vostre personne, qu'elles vous soient aussi particulieres ; au moins ne les découurez qu'à vostre directeur qui est vn autre vous mesme, & vostre seconde raison. Les pretieuses liqueurs s'exalent si elles sont euentées ; Dieu se plaist, dit Sainct Augustin, dans ces cœurs profonds comme des abysmes impenetrables aux yeux des hommes, & qui ne sont veux que des siens. Imitons le Verbe incarné dont la diuinité fut cachée & les infirmitez apparentes. Entrez dans les sentimens des trois enfans de Babilone ; benissez Dieu qui vous fait ressentir ces raffraischissemens & ces delices dans vn corps qui est vne fournaise de concupiscence ; mais souuenez vous que ce qui vous soulage est vn zefir, vn vent qui passe, c'est à dire

In psal. 85.
& serm. 10.
e verbis
Apostoll.

que ces consolations sensibles, n'ont point de ferme durée, quoy que vous en deuiez tirer de grands auantages pour vne solide vertu.

Des lumieres & des chaleurs du soleil qui passe viste sur nostre horison, les fruits en reçoiuent leur maturité, l'or & les pierreries leur consistance à l'épreuue des alterations communes aux choses moins nobles; vn courtisan tâche d'establir sa maison durant vne faueur qu'il sçait estre sujette au changement; Les Astrologues se promettent d'attacher à certaines matieres bien disposées, les bonnes influences d'vn Astre que le mouuement emporte & qu'il met en estat de nous estre moins fauorable. La bonté diuine est eternelle, mais les extraordinaires faueurs qu'elle vous fait ne sont que pour vn temps; car elle vous les donne à dessein de releuer vostre courage, & non pas d'entretenir vostre paresse; elle vous soustient, comme vne nourrice son enfant, pour vous apprendre à marcher sans support; elle vous donne ces pluyes & ces rozées de douceur qui ne seroient pas vtiles, si elles estoient continuelles, & si elles ne vous laissoient assés d'interualles pour les digerer de sorte que vous en tiriez de la nouriture.

La prouidence qui a voulu que la chaleur naturelle fut le principe de la vie, ne la pas mise seulement dans les esprits dont la substance est subtile & volage, mais dans l'humide radical dont la consistance est huileuse, tenace, & difficile à se dissiper. Puis que Dieu vous demande vne deuotion solide qui ne souffre point de déchets, s'il veut que vous soiez tousiours en estat de vous éleuer à luy par vne oraison continuelle, il faut conclure que son dessein n'est pas qu'elle soit seulement appuyée sur cette deuotion sensible, qui passe auec des éclats de la lumiere qu'il tient en sa main, comme dit Iob, pour la répendre & la retenir quand il luy plaist. Tant que durent ces consolations faites estat que vous estes dãs vne moisson spirituelle où vous recueilliez les fruits de vostre trauail passé, auec vne abondance qui passe de beaucoup le centuple, & où vous deués faire prouision de bons sentimens qui vous seruiront au temps de la seicheresse.

LA RESIGNATION DANS LES
seicheresses.

CHAPITRE XXIII.

Considerez vn Religieux, comme nous l'auons representé, dans vn dégagement parfait de toutes les affections du monde, dans vne grande paix interieure, dans vn sublime sentiment de la Majesté de Dieu, dans vne saincte habitude de s'éleuer à luy par vne oraison continuelle, dans les douceurs & les consolations diuines; il est certain qu'il possede tout ce qu'on peut pretendre icy de felicité, si elle estoit aussi constante qu'elle est veritable. Mais Dieu par les ordres secrets de sa prouidence cache quelques fois les éclats de sa face au Religieux, & lors il se trouue dans des tenebres, des confusions, des langueurs, des inquietudes interieures; que ceux seulement qui les ressentent peuuent expliquer. Il craint l'oraison, parce qu'il y va receuoir le déplaisir de ne s'y pouuoir éleuer : la psalmodie luy paroist vne redite importune qui rebutte ses attentions; les bonnes lectures dont il a perdu le goust, luy semblent fades : il fuit les conuersations où il ne trouue plus la facilité d'honorer les choses sainctes, il s'en retire tout honteux comme si chacun voyoit le desordre de son interieur, & se repaist en luy mesme du spectacle de ses miseres.

La nuict quand l'astre du iour ne donne plus ses lumieres au monde, toutes les couleurs sont noires; & quand Dieu cesse de visiter vne ame par ses illustrations, les plus belles choses luy sont desagreables. Tout ce qu'on dit d'vn amant ou d'vn fauory disgracié, n'approche point des douleurs que ressent vn homme en cet estat de dereliction; car il tombe d'vne condition plus eminente, il perd vn bien plus souhaitable, & son amour ne se console point à prendre le change : il a tousiours le monde en horreur, il n'ayme que Dieu, tout son regret consiste en

ce qu'il

ce qu'il n'a plus ce qu'il souhaiteroit de lumieres, pour l'aymer & le seruir plus parfaittement. Souueraine majesté, dit-il, i'ay vescu, helas trop heureux tant qu'il vous a pleu me gratifier de vostre esprit saint; vous le retirez, & ie peris, il ne me reste que cette consolation, de perdre toutes mes consolations par vos ordres; me voila reduit au neant, receuez-le comme le dernier effet du sacrifice que vostre pauure creature vous fait d'elle mesme. Mon Dieu, le moyen de vous aymer & ne vous pas desirer ? quand vostre justice m'accableroit de tout ce qu'il y a de disgraces, ie ne laisseray pas desperer en vos misericordes.

Ces resignations sont sainctes; cette conduite neantmoins est estonnante, que la vie Religieuse qui n'est que d'esprit & de grace, qui est affermie par les vœux, qui remet toutes ses esperances sur l'inuariable bonté & sur l'amour eternel de Dieu, souffre des vicissitudes comme les choses exposées au courant du monde. Mais il faut considerer que cette profession pour auoir quitté le commerce d'vne vie commune, ne s'éleue pas encore à celle qui est bien heureuse au ciel; elle est moyenne entre ces deux & participe ainsi de leurs qualitez, par des joyes meslées de douleur, & des lumieres suiuies de tenebres. Elle n'est pas encore au ciel, mais elle en fait le voyage, ou ce n'est pas merueille qu'elle ayt quelquesfois de mauuais jours orageux & pleins de brouillards. Elle est vne academie de vertus, où l'on fait particulierement exercice de l'humilité, qui n'ayant plus rien à démesler auec le monde, & ses abaissemens luy tournant à gloire dans le cloistre, elle manqueroit d'occasions si la diuine prouidence ne la tenoit tousiours en haleine par ces disgraces interieures. Elle fait vne publique profession de suiure & d'imiter autant qu'elle pourra Iesus-Christ, & comme du Tabor il est venu sur le Caluaire, comme son triomphe en Ierusalem fut aussi-tost suiuy des infamies & des douleurs de sa passion, il n'est pas juste que le disciple soit plus que le maistre, que le Religieux soit tousiours dans les tranquillitez, & dans les communications de la gloire, puis que Iesus-Christ a voulu passer la plus notable partie de sa vie comme voyageur & dans les souffrances.

Si apres auoir admiré le soleil si beau, qu'il anime toutes les beautez par sa lumiere; si necessaire qu'il donne toutes les vertus, & toutes les feconditez aux corps, vous demandiez pourquoy par son coucher il enseuelit toutes choses dans les obscuritez de la nuict, & que par son éloignement de nostre zenith il nous laisse dans les horreurs & les sterilitez de l'hyuer, on vous respondroit suiuant l'opinion de Copernique, que la terre par son mouuement ne se trouue pas tousiours en estat de receuoir ses lumieres : qu'au reste cette vicissitude ordonnée par vne sagesse infinie est extremement auantageuse pour l'entretien des choses inferieures, car elles periroient sons l'influence du ciel si elle estoit arrestée, & si le mouuement ne l'adoucissoit. La nuict nous marque le temps du repos, que l'auidité de l'animal ne se donneroit pas si le iour duroit dauantage; lors & sur tout pendant l'hyuer la chaleur naturelle se retire, se serre, se conserue, se fortifie, fait ses épargnes & ses prouisions, pour les grandes actiuitez où elle se doit bien-tost déployer. N'est-il pas vray que l'ame tombe dans la deffaillance sous les trop fortes impressions diuines, & qu'elle n'en seroit pas capable si elles estoient continuelles : quand elles cessent, le Religieux se tient humble dans les tristes experiences qu'il fait de ses infirmitez, l'esprit & le corps se conseruent beaucoup de forces, qui eussent esté prodiguées dans les ardeurs du zele que donne la consolation. Il connoist que s'il agit icy bas auec ces éclattantes qualitez qu'il tire de la visite de Dieu, ce n'est pas en titre d'office, mais par vne commission qui dure autant qu'il plaist à sa diuine Majesté, & d'ordinaire autant qu'on le merite par l'integrité de la vie

Comme les subites & plus furieuses tempestes, viennent d'vn grain de vent qui s'éleue du fonds de la mer; comme les plus dangereuses maladies sont causées par l'intemperie de l'interieur, comme les planetes aduancent aux signes, & aux aspects infortunez, & les luminaires à leurs eclypses par le mouuement qui leur est propre; si de mes-

DV RELIGIEVX.

me le Religieux veut examiner la cause de ses seicheresses, il verra qu'ordinairement elles procedent de ses negligences en l'acquit de son deuoir ; qu'il n'a pas esté fidelle en la garde de ses sens, en la pratique de ses deuotions, au reglement de ses pensées ; qu'il a donné trop de libertés à ses yeux & à sa langue, & que Dieu ne se retire de luy que parce qu'il l'a le premier abandonné. C'est vne chose lamentable de voir, qu'on perd en vn moment des graces qu'on s'estoit acquis par le trauail de plusieurs mois & de plusieurs années : car Dieu est vne souueraine saincteté qui ne sçauroit compatir auec le moindre defaut : si vous voulez qu'il habite en vous, il faut que ce soit auec les conditions qu'il demande : si vous voulez que de vostre ame il en fasse vn ciel & sa demeure, que ce lieu soit épuré de toute imperfection, & saint pour y receuoir le saint des saints : entrez donc dans les sentimens de sa justice contre vous mesme, & confessez vos negligences qui ont merité qu'il se retirast de vous. Vous voila dans le purgatoire auec beaucoup de douleur, mais auec des esperances certaines que vous rentrerez dans les joyes de Dieu quand vous aurez expié vos fautes.

Cependant si la priuation de ces gousts sensibles ne vous donne point d'inquietude, & si vous estes resigné à ces ordres de la prouidence, vous joüirez d'vne paix interieure incomparablement plus pretieuse, que celle qui vient des douceurs dont les Nouices sont ordinairement gratifiez : si ces torrens de consolations diuines ne coulent plus ne laissez pas de continuer les exercices où vous auiez coustume de les receuoir. Vous pouuez demander à Dieu, qu'il vous rende les joyes de son salutaire, & sa presence bien-heureuse, les larmes mesme auec lesquelles vous ferez cette demäde vous donneroient plus de consolation que toutes les delices de la terre. Car la soif que vous auez de cette fontaine de vie, n'est pas sans en auoir quelque goust : vous cherchez la face du soleil couuert d'vn nuage, & c'est à la faueur de sa lumiere que vous le cherchez, vostre desir n'est donc pas sans joüissance : vous l'aymez quand vous voulez le connoistre dauantage pour

D. August.
in ps 118.
& lib. 85.
quæstion.
quæst. 35.

le plus aymér : Dieu est charité, il est donc en vous quand vous auez cét amour pour luy, & en le cherchant vous le possedez ; aymez vos larmes, aymez vos seicheresses comme vos consolations, puis qu'en l'vn comme en l'autre estat vous accomplissez la volonté de Dieu. Mais si vous aymez vostre desir, aymez-en beaucoup plus l'objet : si vous aymez vos larmes qui sont vn effet de vostre amour : si vous aymez ce qui commence, aymez ce qui en accroist la possession.

Le soleil vous paroist plus beau, quand il renaist tous les iours auec les rauissans coloris de son aurore, que s'il demeuroit sans cesse dans son midy : le printemps nous donne plus de delices apres les rigueurs de l'hyuer ; car la comparaison des contraires ne contribuë pas moins à l'estime des belles choses, que les ombres à releuer les couleurs. De mesme apres les seicheresses les consolatiõs diuines nous paroissent incomparablement plus rauissantes ; elles nous sont plus cheres, nous nous en tenons plus redeuables à Dieu, nous les conseruons auec plus de soin, comme des moyens tres auantageux pour nous acquitter de nostre deuoir aues plus d'allegresse & de fidelité.

*ASSISTER AVEC DILIGENCE AVX
diuins offices.*

CHAPITRE XXIV.

LES Anges adorent Dieu par ce cantique eternellement reperé, qui le loüe comme trois fois saint deuant que le dire Seigneur du ciel & du monde, & que sa gloire remplit toute la terre. Iesus-Christ ; le Verbe diuin fait homme eut cette essentielle saincteté deuant la puissance du sacerdoce, dans lequel il voulut se rendre intercesseur pour tous les hommes aupres son Pere eternel ; & parce qu'il estoit l'innocence mesme, dit l'Apostre, il n'auoit pas besoin d'employer ses prieres & ses sacrifices pour soy, mais seulement pour le bien commun du monde. Durant les trois dernieres années de sa vie il forme ses Apostres à la saincteté par la pratique des conseils Euangeliques, deuant que leur donner le sacerdoce au iour de la Cene, & marqua deslors les progrez de son Eglise, où les Religieux qui luy sont consacrez par les trois vœux, rendus saincts par ce dégagement de toutes les choses de la terre, seroient admis au sacerdoce. L'empire que la raison prend sur le corps, les rend des esprits plus disposez à faire icy l'office des Anges, & à loüer les grandeurs de Dieu par la voix de la multitude.

Ie ne m'arreste pas icy à des considerations generales de la psalmodie, dont i'ay parlé dans les Triomphes de la vie Religieuse: ie ne dis point comment elle meut les affections par la sympathie qu'vn air frappé par mesure peut auoir auec les esprits, dont le mouuement est regulier dans vn corps bien sain: il y a quelque chose de surnaturel, & ie croy que le mesme instinct qui a porté tous les âges & tous les peuples à la connoissance d'vn Dieu, les a tous fait rencontrer à le seruir par cette mesme ceremonie. Plusieurs estant assemblez paroissent en corps pour rendre auec plus de respect leurs homages à la cause vniuerselle, & leurs actions de graces des bien-faits qu'ils en ont receuës dans les communautez des estats & des familles. Tant de voix bien concertées n'en font qu'vne, parce qu'vne congregation religieuse ne doit estre animée que d'vn esprit, d'vne mesme charité, & n'auoir qu'vn cœur, d'où peut-estre le lieu de la psalmodie à pris sa domination.

Ce fut l'exercice ordinaire de tous les Cenobites de l'antiquité, comme le témoigne Saint Basile, & Cassian dit qu'ils s'y portoient auec vne emulation qui passa mesme iusques à l'excez, en ce que leur psalmodie estoit si continuë, qu'elle ne laissoit pas assez d'interualle au corps pour ses necessitez, ny à l'esprit pour l'oraison. Ces offices ont esté depuis reglez sur la deuotion du Prophete qui loüoit Dieu sept fois le iour, & qui témoigne particulierement qu'il se leuoit à minuict pour l'adorer.

C'est vn temps ou le profond silence du monde, l'absence des objets couuerts de tenebres, contribuë beaucoup au recueillement de l'esprit necessaire à la contemplation, la terre qui disparoist, le ciel brillant de mille étoilles qui seul se monstre à nos yeux, inuite nostre ame à s'éleuer à Dieu, à n'auoir que ses infinies perfections pour objets de nos pensées & de nostre amour. Le Prophete ayant admiré les creatures qui le long du iour loüent Dieu parce qu'elles ont de beautez & d'actions, & les en voyant priuées durant la nuict creut qu'il deuoit prendre leur place, & benir Dieu en ce temps où elles ne se peuuent acquiter de cet office. Le Religieux dont la vie est vne solemnité continuelle de paix & de satisfactions, a des motifs bien plus pressans pour se leuer & loüer Dieu sur le minuict. Cette heure de silence fut consacrée par la Natiuité de Iesus-Christ ; & ce temps où le soleil est en son plus grand abaissement, tout couuert de terre à nostre égard, pouuoit signifier vn Dieu dans l'humilité & couuert d'vn corps mortel. Les Anges entonnerent lors vn cantique de réjoüissance au nom des hommes pour leur donner la connoissance de ce mystere, il est bien raisonnable que maintenant les hommes qui en ont ressenty les faueurs prennent la voix pour en faire tous les iours vne solemnelle commemoration, & en rendre à Dieu vn sacrifice de loüanges. C'est vn temps fatal à receuoir des graces insignes de sa bonté, & ou le Prophete nous exhorte de leuer nos mains au Ciel & d'y presenter nos requestes auec vne asseurance certaine d'en receuoir l'enterinement. C'est le temps de ses misericordes, que nous deuons implorer pour vn monde miserable suiet à se seruir des tenebres, pour couurir lors vne infinité de crimes qui craignent le iour. Puis donc que la vie du Religieux est vn sacrifice aussi bien d'expiation que de loüange, il doit satisfaire à la justice de Dieu, particulierement en vn temps où elle est le plus offensé, comme si les puissances des tenebres exerçoient lors plus de tyrannie sur les hommes.

Psal. 133.

Heureux succez 1. part. ch. 15.

Si le sommeil est vne demy-mort, le reueil & les prieres qu'on fait à minuict sont vne espece de resurrection

DV RELIGIEVX.

en vn eſtat de ſainĉteté : c'eſt trop accorder au corps de le tenir ſur la couche durant toute la nuiĉt ; qu'il connoiſſe par cette ſubjection de ſe leuer auec incommodité, qu'il eſt eſclaue de l'eſprit, qu'il doit veiller pour ſa garde, & ne pas prendre vn ſi grand repos qu'il ſoit contraire à ce qu'il luy doit d'integrité. Ce n'eſt pas ſans peine qu'vn bruit confus vient interrompre les tranquilitez du ſommeil où l'eſprit noyoit tous ſes ſoins, où le corps reprenoit ſes forces diſſipées par le trauail du iour, où la chaleur naturelle eſtoit recueillie, pour eſtre plus forte à la digeſtion de la nourriture : c'eſt pourquoy, comme les vertus s'entretiennent, on ne ſe peut conſeruer cette habitude d'aller à matines, ſans prendre celle de la temperance au boire & au manger.

Combien les auaricieux, les amans, tous ceux qui traitent de grandes affaires paſſent-ils de mauuaiſes nuiĉts ſans repoſer : certes l'amour que vous deuez auoir pour l'honneur de Dieu, & pour voſtre ſalut eſt bien foible, s'il vous laiſſe dans l'aſſoupiſſement toute la nuiĉt. La charité diuine eſt ordonnée, elle ne vous demande pour les intereſts de voſtre ſalut eternel, de l'edification de voſtre ordre, des ſatisfactions que vous deuez à la iuſtice de Dieu pour tous les hommes & toutes les creatures, que deux ou trois heures, de ſept ou huiĉt qu'vn petit negoce du monde vous rauiroit toutes entieres. Rompez donc les liens de voſtre ſommeil auec courage : repreſentez-vous que le bruit qui vous réueille eſt la trompette de l'Ange, qui vous appelle du tombeau à la reſurrection & à la gloire où ſans ceſſe vous louërez Dieu.

Vous allez faire l'office des Anges ; ſoyez tout eſprit & tout feu comme eux, au moins ſi vous auez vn corps, que voſtre ferueur luy donne des aiſles. Ce qui ſe paſſe le long du iour hors du chœur n'eſt qu'vn acceſſoire ; louër Dieu c'eſt voſtre office principal, & la diligence que vous y apporterez vous fera connoiſtre, comme à tous les autres, ſi vous l'auez en cette eſtime. Qui paye tard paye moins, dit la loy, auſſi les intereſts qui ſe doiuent ſont pour ſatisfaire à ce que le retardement a pris ſur le prin- *L. 12. ff. de v.ib. ſign.*

1. de bene-
fic. cap 1.

cipal : ces delais à faire vn bien supposent , dit Seneque, que vous auez esté long-temps en dessein de ne le pas faire, & que c'est assez reconnoistre cette faueur languissante de luy pardonner. N'estes-vous pas honteux d'estre des derniers à l'office, de passer deuant Dieu comme vn debteur de mauuaise foy qui ne s'aquite que par contrainte, de l'aborder par vne negligence qui est vn mépris & vne injure, & de l'offenser quand vous luy allez demander des graces ? Croyez à vos propres experiences, faites l'essay des bontez & des douceurs de Dieu ; rendez-vous des premiers au chœur, quittez promptement tout ce qui seroit capable de vous arrester, trauail, estudes, entretiens, vous verrez que par ces premices tres-agreables à Dieu vous receuerez des benedictions particulieres. Il faut quelque temps de preparation deuant l'office pour recueillir vostre esprit, pour vous défaire des especes importunes qui viendront troubler vos attentions, si vous ne les congediez auec vn ferme propos de ne les point écouter, & si vous ne demandez à Dieu la grace de luy donner tout vostre esprit & tout vostre cœur en ce sacrifice de loüange que vous luy allez offrir.

DE L'ATTENTION AVX diuins offices.

CHAPITRE XXV.

PVis que la diuine misericorde a voulu nous appeller du monde à la vie religieuse, & que nous sommes obligez par vœu d'y passer le reste de nostre vie, il faut faire estat d'y trouuer nostre felicité : or cela ne peut estre qu'en nous acquitant de nostre deuoir auec tout ce qui nous sera possible de perfection, car le contentement de l'esprit est inseparable de la vertu, comme nous auons dit, & nous serons heureux en nous mesmes deuant Dieu, deuant les hommes à proportion de ce que nous serons parfaicts. Ce n'est pas beaucoup de se dire Aduocat, Iuge, Capitaine,

Capitaine, Religieux, mais ces titres d'honneur deuiennent de grands sujets d'infamie si l'on professe ce dont on ne se peut pas bien acquiter. Noſtre inſtitut eſt de celebrer les diuins offices auec la pſalmodie dans vn chœur, il faut apporter toute la diligence poſſible, tous les reſpects de noſtre ame, toutes les attentions de noſtre eſprit, toute la ferueur de noſtre voix, pour bien loüer Dieu par ce ſacré miniſtere, & ſuiure en cela les Anges qui ſe donnent tous entiers aux employs propres à leur hierarchie. Autrement ce ſeroit perdre les fruicts, les merites, les incroyables conſolations qu'on peut tirer d'vne bonne œuure quand elle eſt faite auec eſprit, & de plus encourir les maledictions que les Prophetes fulminent contre ceux, qui rendent leurs deuoirs à Dieu auec negligence.

Or comme la ſanté dont on joüit à preſent eſt vn effet du bon regime qui a retranché les excez par le paſſé; comme la fertilité de la terre ne dépend pas de l'eſtat du ciel au iour qu'on fait la moiſſon, mais des humiditez & des chaleurs precedentes qui luy ont donné la force de faire ces productions; ainſi l'attention que l'office diuin demande de nous n'eſt pas vne choſe dont on ſe puiſſe bien acquitter par vn prompt effort de l'eſprit : c'eſt vne paix, vne vigueur interieure, vne recolte de graces qui ſuppoſe de grandes diſpoſitions, vn cœur parfaitement dégagé du monde, ſans paſſion, ſans attache, ſans ſoin des choſes exterieures, qui a l'oraiſon & la preſence de Dieu pour principal entretien. Vn Religieux qui poſſede ainſi ſon ame en paix, qui par habitude ne permet plus à ſes penſées de s'égarer en ce qui n'eſt pas de Dieu, trouue de grandes facilitez à ſe rendre attentif à la pſalmodie, il y reçoit meſme des ſatisfactions dont il ne ſe pourroit pas diuertir ſans peine.

Apres auoir ſatisfait aux autres exercices de communauté, à des offices charitables, à l'eſtude, au trauail des mains, il entend la cloche qui ſonne l'office ou l'oraiſon, comme vne voix qui l'apelle au plus important de ſes deuoirs, il y vole auec allegreſſe, car c'eſt le lieu de ſon repos où l'eſprit aura la liberté de donner à Dieu toures ses attentions que les exercices exterieurs auoient partagées ; il efface tout ce qui luy en pourroit rester d'images, il recueille toutes ses puissances, & rentre serieusement en luy mesme deuant qu'entrer en l'Eglise. Representez vous que c'est la maison de Dieu, le lieu qu'il a particulierement choisi pour y receuoir nos adorations & nous departir ses graces, dites donc auec le Prophete, i'entreray dans le lieu des tabernacles admirables iusques à la maison de Dieu : si vous le croiez le Roy des Roys, dans vn throsne accompagné d'vne innombrable multitude d'esprits bien-heureux, auec quel respect vous deuez vous approcher, pour luy rendre vos homages en l'assemblée & en ce sacré consistoire des saints : il n'est pas besoin que l'imaginatiue trauaille pour s'imprimer de ces especes ; les lumieres de la foy suffisent pour nous donner ce grand sentiment de Dieu, & les sainctes habitudes qu'on a prises de se conseruer en sa presence, produisent des actes plus vifs quand on vient en ce saint lieu. Nous auons veu quelque personnes Religieuses, qui toutes les fois qu'elles entroient en l'Eglise estoient surprises d'vne saincte horreur, & se trouuoient comme éblouies de lumiere, dans vne certaine suspension qui leur estoit vn presage des graces plus grandes qu'elles alloient receuoir de Dieu.

Ce verset que l'on entonne *Deus in adiutorium meum intende*, exprime les sentimens d'vne ame qui touchée de ces premiers rayons de la diuinité sent bien qu'elle n'est pas capable de les suporter ; & demande pour cét effet à Dieu des forces & des estenduës pour receuoir ces grandes effusions de sa bonté. Commandez à vos yeux de ne s'arrester sur aucun objet qui puisse faire vne diuersion de pensée, & empescher l'œuure de Dieu. Vous auez icy besoin d'vn esprit parfaitement libre & dégagé des choses humaines, pour prendre leçon du Prophete qui vous va former aux diuines & perfectionner ce que vous auez eu déja de bons sentimens.

N'ayez point d'autres attentions que celle du psalme qui se chante ; suiuez le sens des paroles & des versets;

quoy que vous les repetiez tant de fois vous y trouuerez tous les iours de nouueaux mysteres, vous serez surpris de receuoir tousiours de plus belles instructions, parce qu'e-stant dictées par le sainct Esprit le sens qu'ils contiennent est comme infiny. Suiuez-le donc, laissez-vous emporter sans resistance aux diuerses saillies du Prophete : receuez les lumieres selon qu'elles se presentent par éclats, sans faire de longues reflexions sur le verset prononcé, parce qu'elles vous osteroient le sens du suiuant, & confondroient vostre esprit par cette surcharge de pensées qu'il ne feroit qu'entre-voir sans les comprendre : dans cette foule de sentimens diuins l'ame prend auec auidité ce qui luy est lors le plus necessaire, & du reste elle en conserue des idées qu'elle digere & qu'elle s'applique auec le temps.

Vous serez rauy d'entendre la iustification de vos vœux de la bouche d'vn Prophete, qui viuoit sous vne loy où les faueurs de Dieu estoient principalement estimées en l'abondance des choses exterieures. Vne saincte compagnie par vn concert de voix, comme de suffrages, vous prononce hautement que la felicité de l'homme ne consiste pas à posseder des thresors, à dominer sur les peuples, à remporter des victoires, ny à se donner tous les plaisirs de la nature, mais à se conseruer iour & nuict vn vray sentiment de Dieu. Si vous demandez comment vous le pourrez acquerir, & comment vous pourrez établir vostre demeure en la maison du Seigneur; vn autre psalme vous dira sauuez-vous du monde comme vn oyseau des filets qu'on luy a tendus, volez sur cette montagne où les traits de vos ennemys ne peuuent porter ; l'innocence de vostre vie vous y fera trouuer vne demeure asseurée, là vous offrirez à Dieu les sacrifices de loüanges & de vertus qui luy sont les plus agreables.

Il n'est pas possible que vostre cœur ne sente les flammes d'vn saint amour entre les transports du psalme cent dix-huict, où le Roy Prophete ne croit viure qu'en respirant les misericordes de Dieu, & faisant iour & nuict ses entretiens de sa loy qui luy est plus pretieuse que l'or & les pierreries. Par tout vous verrez que Dieu est le principe de nostre bon-heur, que ces graces nous donnent la force d'y reüssir, que nostre souueraine felicité consiste à le posseder. Afin que vous ayez cette foy en sa prouidence, le Prophete vous en fait voir les effets miraculeux, dans le ciel, dans l'air, dans l'eau, sur la terre. Il vous represente toutes les creatures sensibles aux faueurs qu'elles reçoiuent de Dieu, & assez intelligentes pour luy en rendre la gloire. Quand vous entendez que les cieux, que les elemens, que les animaux, que les plantes, que les Prestres, que les Princes, que les peuples, que les grandes & les petites choses loüent Dieu, reduisez-vous à quelqu'vne de ces cathegories : si vostre humilité vous fait tenir au dernier rang vous auez aussi-tost vostre consolation de ce que la diuine misericorde verse des graces plus eminentes sur les humbles, comme le ciel fait ses plus riches & plus éclattantes productions au fonds de la terre : & comme les eaux coulent des montagnes dans les vallons pour leur donner la fecondité.

L'Eglise a fait choix des psalmes propres aux solemnitez qu'elle celebre le long de l'année, & qui par vn esprit prophetique en expliquent les mysteres ; Ce que l'on a fait de lecture & de meditation la dessus, facilite beaucoup l'intelligence de ces oracles, dont les paroles enigmatiques presentent vn agreable diuertissement à la subtilité de l'esprit. Il n'y a point de doubtes où ils ne vous donnent beaucoup de lumieres, de vertus qu'ils ne persuadent, de vices dont ils ne découurent l'horreur, de disgraces où l'on ne reçoiue de la consolation ; par tout vous y trouuerez les sainctes maximes qui forment le cœur à la simplicité des pensées & des paroles, à l'integrité de la vie, en la charité enuers Dieu & le prochain. Les entousiasmes y sont frequens, & si l'ame s'y abandonne elle se trouue dans vn oubly parfait des choses du monde, dans vne ardeur & vne saincte yuresse semblable à celle dont les Apostres furent possedés, quand le S. Esprit versa sur eux vne surabondance de graces.

Si vous entendez que le Prophete demande à Dieu la vengence de ses ennemis & qu'il souhaitte que sa main

DV RELIGIEVX.

s'arme de foudres; que le ciel jette ses feux, que la terre ouure ses abysmes pour les exterminer; prennez garde de ne pas irriter par là vostre colere, & ne pas souhaitter du mal à ceux que l'Euangile veut que vous aymiez quoy qu'ils vous affligent: interpretez donc ces paroles de la defaite de vos passions qui sont vos veritables ennemis, qui rauagent vos bons desseins, & qui vous empeschent la tranquille iouïssance de vostre souuerain bien.

Le chant du psalme vous donne en passant vne infinité de bons sentimens, sans vous permettre d'y arrester vostre esprit tousiours emporté par ceux qui leur succedent; comme dans les cabinets des Princes la baguette vous monstre mille rares pieces, & court de l'vne à l'autre, aussi viste que la parole les peut nommer sans que les yeux ayent assez de temps pour en remarquer les beautez; neantmoins vous ne laissez pas d'en rapporter cette estime, que ces cabinets sont beaux, qu'ils sont pretieux, qu'ils sont magnifiques. De mesme ayant finy la psalmodie, vostre esprit reste gros d'vne infinité de bons sentimens que vous ne sçauriez expliquer, mais en general vous auez ces sainctes pensées, ô que Dieu est bon, qu'il est puissant, qu'il est adorable; & en particulier vous pouuez vous souuenir de quelque bon mot qui vous aura le plus touché, afin d'en tirer plus de profit, en faire le suiet de vostre oraison, & le prendre comme vn remede qui vous soulage dans vos plus pressantes necessitez.

DES ORAISONS REGVLIERES.
CHAPITRE XXVI.

In Apolog.

TErtvlien parlant des premiers Chrestiens dit que la fin de leurs assemblées n'estoit que pour presenter à Dieu leurs prieres auec plus de ferueur & plus d'efficace, en vn temps où la fureur des persecutions demandoit vn plus grand secours de ses misericordes. Nous sommes, dit-il, assemblez afin d'estre plus forts estant vnis, & que nos oraisons soient aussi plus considerables, pour obtenir ce que nous demandons de la bonté diuine. Quand l'écriture dit des Chrestiens qu'ils ne sont qu'vn corps, cela se doit entendre moralement, en ce qu'estant animez de l'esprit de Iesus-Christ, ils doiuent auoir entre eux plus de correspondance que n'en ont les membres d'vn corps naturel. Il se peut dire de mesme d'vne famille Religieuse qu'elle fait vn corps, dont les parties ont des vertus differentes, mais qui se doiuent rencontrer toutes vnies & bien concertées pour le seruice de Dieu qui en est l'ame. Ce corps est entier, ses os

Ezech. 37.

autresfois secs & separez dans vne condition mondaine, sont en leur place, couuers de chair, & en estat d'estre animez de l'esprit de Dieu, quand les Religieux d'vne famille souuent ramassez de diuers climats sont ensemble à l'oraison.

Ie ne veux point icy rechercher la cause de ce que nous voyons par experience, que les hommes estant assemblez sont plus susceptibles des passions dont on a dessein de les toucher, soit que dans la multitude & dans le commun des hommes il s'en rencontre plus qui sont sujets à ces mouuemés sensitifs, & que de plusieurs corps il en sorte plus d'esprits affectez de mesme, qui comme plus puissants conuertissent les autres en soy, & estant receus dans les cœurs auec l'air qu'ils respirent, l'affectent de leurs qualitez. Soit que les hommes soient naturellement portez à l'imitation, comme comme nous auons dit ailleurs; & qu'ils ayment, qu'ils desirent, qu'ils craignent comme ils bâillent par ressemblance; il est certain que quand toute vne famille Religieuse est en oraison, châque particulier en ressent plus de ferueur & plus de profit : on s'anime l'vn l'autre comme au combat; vne posture deuote qui marque vne grande recollection, vn profond silence, ou vn soûpir qui échappe, est capable de rallumer la deuotion des plus refroidis & de les faire rentrer en eux mesmes, auec vn regret sensible de n'estre pas disposez à gouster de mesme les douceurs de Dieu. Sans s'arrester aux causes naturelles, il est certain qu'on void en cela l'effet de cette promesse de Iesus-Christ ; toutes les fois que deux ou trois seront assemblez en mon nom, ie seray au milieu d'eux; comme le cœur au milieu du corps pour inspirer la chaleur & la vie à tous ses membres ; comme le soleil au milieu des astres, pour leur communiquer ses vertus & sa lumiere; comme le centre où se portent toutes les affections, & où elles ne sont pas seulement reünies entre elles, mais sanctifiées par ce principe commun de saincteté.

On demande & on espere en ces oraisons communes des graces plus abondantes, & qui ayent quelque rapport à celles que les Apostres reçeurent du Saint Esprit, estant assemblez en vn conclaue apres l'Ascension de Iesus leur Maistre : On se promet qu'en suitte les cœurs de tous seront animez d'vne mesme charité ; que toutes leurs actions seront feruentes à la faueur de ces sainctes flammes; que la langue ne dira que les loüanges de Dieu, & ne formera que des paroles d'édification. C'est pourquoy la coustume des anciens Religieux estoit en receuant ceux qui les visitoient, de les conduire au lieu où ils faisoient ensemble l'oraison, pour là se remplir de l'esprit diuin qui perfectionnast l'vnion de leurs cœurs & sanctifiast leurs entretiens. Tous les Cenobites employoient vne bonne partie du iour à la psalmodie, auec des interualles pour vacquer ensemble à l'oraison ; les Anachorettes mesme dont les demeures estoient separées dans le desert, se rendoient quelques iours de la semaine en vn mesme lieu pour faire tous ensemble les prieres, & puis chacun s'en retournoit en son hermitage auec vne bonne prouision de ces graces surabondantes que Dieu verse sur les sainctes assemblées.

En ces oraisons communes le defaut d'vn particulier est recompensé par l'attention de plusieurs autres, dans vn grand nombre il y en a tousiours plusieurs qui tiennent leurs esprits éleuez à Dieu; ainsi quand ce ne seroit qu'en se releuant l'vn l'autre entre les infirmitez humaines, la famille fait en tout ce temps vne oraison feruente & continuelle. C'est vne consolation de se pouuoir ainsi soulager, neantmoins chacun doit faire tous ses efforts pour estre tousiours attentif, & tenir bien sa partie en ce saint concert d'esprits, autrement si l'vn se remettoit sur l'autre, cette faction n'ayant point son temps prefix, tous pourroient manquer en vne mesme partie de l'heure, de sorte qu'il se feroit vn vuide à l'égard de Dieu, & vn desordre pareil à celuy que la nature ne souffre pas pour vn moment à cause qu'elle seroit priuée des influences du Ciel. Ainsi nous lisons dans la vie des Peres qu'vn certain Moyne faisant oraison en communauté fut picqué d'vn scorpion, & sentant déja les effets funestes de ce venin demeura neantmoins ferme, sans plaintes & en repos iusques à ce que la priere fut finie, crainte d'estre deserteur de sa faction & d'interrompre le repos des autres. Ie laisse à juger si celuy qui par vn retardement de remede exposoit sa vie, pour ne point manquer à cette fidelle assistance qu'il croyoit deuoir à la communauté, s'en fut dispensé pour des negoces non seulement inutils, mais reprehensibles.

In vita S. Pacomij

Ie ne fais pas estat de prescrire icy quelque methode d'oraison qui doiue estre pratiquée par les Religieux d'vn mesme institut, nous auons vn nombre infiny de liures qui enseignent ces methodes, chacun les écrit comme il les a trouuez sainctes, & comme il croit qu'elles seront profitables aux autres; ie n'en improuue pas vne, c'est vn grand festin spirituel à plusieurs seruices, où chacun peut faire

faire choix de ce qui contente plus son appetit, & parmy toutes ces diuersitez ie concluds auec le Psalmiste que tout esprit loüe le Seigneur. Ces methodes sont necessaires aux Nouices afin d'arrester leurs esprits par les poincts de la meditation, & les former aux affections qui en sont le fruit; mais depuis qu'ils sont dans les exercices de l'amour de Dieu, il me semble qu'ils se doiuent abandonner à ses sentimens, & que toutes les methodes doiuent garder le silence, quand il plaist à Dieu de parler à nostre cœur : c'est là le premier mobile qui doit emporter tous les Religieux, quelque institut particulier qu'ils puissent auoir. Les flammes qui tomberent visiblement sur les Apostres en forme de langue au iour de la Pentecoste estoient diuerses, parce qu'ils se deuoient diuiser en leurs missions, mais toutes estoient sous vne mesme forme de feu, dit Saint Augustin, parce que tous deuoient estre possedez des mesmes ardeurs de la charité. Elle est vne cause vniuerselle dont l'influence se détermine par les meditations particulieres que fait châque Religieux pour se bien conduire selon les regles de son institut ; il y applique les cõsiderations qu'il tire de la vie de Iesus-Christ, il s'en nourrit & s'en fortifie dans les emplois particuliers de son ordre ; comme d'vne mesme rosée les conques forment leurs perles, les roses prennent leur écarlatte, & les violettes leur pourpre; comme tous les vegetables & les animaux subsistent par les influences d'vn mesme soleil, & tous les arts trauaillent diuersement à la faueur de ses lumieres. Mais comme les plus belles choses perdent leur estime, quand elles deuiennent communes; comme les plus grands remedes sont sans effet quand vn vsage trop frequent les appriuoise auec la nature; il est à craindre que les meditations ordinaires qu'on assigne à châque iour de la sepmaine, ne donnent pas veritablement du dégoust à des ames sainctes, mais qu'elles y produisent à la longue des sentimens moins vifs & moins efficaces.

Pour donc compatir en quelque chose aux inclinations qu'a la nature pour la diuersité, afin d'en tirer vn plus grand profit, on peut quelquesfois prendre le sujet

Tract. 6; in Ioan

de ses meditations des solemnitez, des festes courantes de l'année, des Epistres, des Euangiles qui se lisent lors, & comme nous auons dit, de quelque parole energ que qui nous aura plus touché durant la psalmodie; mesme de quelque accident qui trouble le monde, & qui demande nos prieres. Ie considere l'oraison, non pas comme les exercices de penitêce dont les difficultez augmentent beaucoup le merite, mais comme vne refection spirituelle, qui doit estre accompagnée de quelque plaisir, afin que l'ame y prenne des forces auec plus d'auidité: la voix des psalmes nous anime tous les iours à seruir Dieu auec allegresse, auec des joyes & des iubilations parce que nous nous approchons là de nostre souuerain bien, & que nous en auons ce qui nous est icy permis de iouissance. C'est pourquoy ie pense qu'on ne ne doit pas violenter l'esprit en l'oraison en l'attachant à des methodes qui luy soient moins agreables, & ne le nourrir qu'au goust d'vn autre.

Quand l'ame fait ces reflections, qu'elle est au second, au troisiéme poinct de son oraison elle n'y est plus: elle perd ses sentimens & ses affections quand la methode l'aduertit qu'elle est au temps de les produire: ce qu'on pretend lors est vn effet de la grace, qui ne se donne pas à nostre discretion; l'esprit vient & puis s'en va, sans que vous puissiez remarquer d'où il part & où il se rend pour l'aller reprendre quand il vous plaira: le Royaume de Dieu, dit l'escriture, ne vient pas selon nos obseruations.

S'il doit y auoir quelque chose d'ordinaire en l'oraison, c'est vne reueuë serieuse & continuelle de sa conduite pour remarquer s'il n'y a point quelques impuretez qui empeschent l'operation de Dieu. Il ne faut point pour cela de long examen, non plus que pour reconnoistre la partie du corps qui nous fait mal, & où nous sommes blessez: car d'abord ces defaux se presentent à l'ame qui ayme l'integrité; elle les void comme de grands reproches que Dieu luy peut faire, elle en conçoit du regret, & en demande pardon auec de profondes humilitez. Si les fautes sont notables, si elles sont des restes ou des commencemens d'vne mauuaise habitude, le temps est

DV RELIGIEVX. 285

bien employé d'en rechercher les remedes, & les ayant trouués, prendre de fortes resolutions de s'en bien seruir auec la grace de Dieu: car nostre soin principal doit estre de purifier nostre interieur, c'est la fin, & le fruict de nostre oraison; pour ce qui est des lumieres, des tranquillitez, des ioyes que nous y ressentons quelques fois, ce sont choses qui ne dépendent pas de nous, mais de la pure liberalité de Dieu qui nous en gratifie quand il luy plaist, pour animer ou pour couronner déja nostre courage à son seruice.

DE LA FREQVENTE COMMVNION & de celebrer tous les jours la Messe.

CHAPITRE XXVII.

L'ENTREPRISE du Religieux est extrémement sublime, de renoncer aux plaisirs du corps, comme s'il n'en deuoit point soulager les infirmitez; de s'obliger à cette rigueur pour toute sa vie, comme s'il pouuoit disposer de l'aduenir, comme s'il estoit affranchy de l'inconstance naturelle à l'esprit de l'homme, & de tous les accidens qui obligent les plus fermes resolutions à prendre le change. Mais son dessein est incomparablement plus magnifique, quand il se propose non seulement d'imiter en tout Iesus-Christ, mais de viure de sa vie & de son esprit. Chaque corps à son esprit, dit Saint Chrisostome, il faut donc que pour receuoir l'esprit de Iesus-Christ nous soyons incorporez à luy par le frequent vsage de son corps qu'il nous donne au sacrement de l'Eucharistie. *Tract. 26 in Ioan.*

Paracelse dit que si quelqu'vn coupe quelque petite partie de son corps, & que l'ayant preparée parmy d'autres viandes il la fasse manger à celuy ou celle dont il veut gaigner les affections, il les possedera puissamment, & que de tous les Philtres qu'employe la magie pour cét effet, la momie prise d'vn corps viuant est la plus efficace, *Philosophi tract. 3.*

N n ij

parce que cette substance transformée en ce nouueau corps, conserue & luy donne de la sympathie pour le tout dont elle est prise, & le recherche pour estre encore animée des esprits qui luy sont propres. De là les tragedies nous representent la cruauté de ces personnes qui ayant tué les enfans, les faisoient manger à leur propre Pere déguisez parmy le seruice de la table, afin d'augmenter l'amour qu'il auoit pour eux, le rendre ainsi plus sensible à cette perte, en affecter sans cesse son esprit & son imaginatiue & que son cœur deuenu le tombeau de ses enfans n'eust plus de la vie que pour souffrir continuellement les horreurs de cette mort. Iesus-Christ ne nous presente pas seulement vne partie de son corps, mais il nous le donne tout entier pour nouriture, afin que l'effet en soit plus puissant, & que nous sentions de plus grands attraits à viure de son esprit, & à compatir à sa passion.

Le Religieux doit auoir vn grand appetit de cette diuine nourriture, parce qu'elle a des qualitez qui luy sont extremement conuenables, & que si vous considerez Iesus-Christ dans le sacrement, vous le verrez auec les mesmes conditions qui donnent l'accomplissement aux grands desseins de la vie religieuse. Ce corps glorieux qui se dépoüille de ses plus grands auantages, qui couure les éclats de sa lumiere, qui n'enuoye pas mesme des especes, pour estre veu de nos yeux, signifie la pauureté, l'humilité, la solitude religieuse : il est là d'vne façon spirituelle sans qu'on le puisse toucher, pour nous dire qu'il nous doit fortifier en la chasteté : il est present à la seule prononciation que fait le Prestre des paroles sacramentelles, il permet qu'on remuë, qu'on change de lieu les especes sous lesquelles il est caché, sans que tous ces efforts luy fassent souffrir aucune alteration, puis qu'il est tout entier en châque partie ; voila ce qui doit perfectionner l'obeissance & la patience du Religieux ; s'il accomplit auec beaucoup de promptitude les ordres qui luy sont donnez, si dans les rencontres difficiles il est tousjours égal à soy mesme, indifferent aux petites ou aux grandes choses, tousiours entier, tousiours satisfait en

Dieu parmy toutes les traverses de cette vie.

C'est donc là veritablement le pain des Anges, c'est à dire du Religieux qui meine icy bas vne vie celeste; c'est le pain quotidien qu'il doit tous les iours demander à Dieu & receuoir de sa bonté : c'est la nourriture, dont il doit faire vn vsage continuel, puis qu'elle a de si grands rapports auec les vœux & les vertus qui font le temperament de sa vie. C'est pourquoy la coustume ancienne estoit d'appeller les Religieux à la communion, non pas auec le son d'vne cloche, mais auec des voix qui entonnoient d'vn ton plus haut que l'ordinaire l'*Alleluya*, qui est vne parole de joye & de benediction.

Baron. an. 58.

Si vous auez cette viue foy de croire que Iesus-Christ soit veritablement sous les especes sacramentelles, il est impossible que vous ne soyez attaché de cœur & d'esprit à l'adoration & à l'amour de cet incomprehensible mystere: si c'est le grand moyen que Iesus-Christ a voulu mettre en son Eglise pour se communiquer plus intimement à nous, pouuez vous l'aymer & ne le pas receuoir quand il se presente, c'est à dire tous les iours : car pourquoy differer l'vsage d'vn bien qui vous est si propre, & d'où depend vostre bon-heur. Le cloistre est vn ciel d'où les vœux ont deu bannir tout ce qui estoit d'imperfection : la vie qu'on y meine doit estre diuine comme celle des bien-heureux; que s'ils ne perdent iamais la vision du Verbe, nous deuons en auoir la possession continuelle qui nous est permise par le frequent vsage du corps & de la diuinité de Iesus-Christ.

Le Verbe diuin n'a iamais laissé nostre nature apres se l'estre vne fois vnie, & il ne la prise qu'afin que nous l'ayons meilleure & diuine ; comme donc il l'a retient tousiours, tousiours il nous la veut communiquer ainsi perfectionnée, c'est donc suiure ses desseins de la receuoir souuent, & s'il se peut tous les iours. En l'incarnation le Verbe ne s'est vny qu'vne nature singuliere, mais en l'Eucharistie il se veut communiquer à tous les fidelles par vne bonté plus estenduë & par vn second miracle de ses misericordes, dont il semble que le premier ne fut qu'vne disposition.

LA CONDVITE

si vous estes aujourd'huy dans la foiblesse, croyez vous qu'elle sera moindre apres auoir demeuré long-temps sans prendre cette diuine nourriture qui seule peut donner les forces, & dont le defaut jette les plus robustes dans la deffaillance. Ie ne m'étends pas d'auantage sur ce suiet, que i'ay traité plus amplement dans le liure des misericordes de Dieu, il me suffit de conclure icy pour la frequente communion par des raisons qui regardent l'estat particulier du Religieux.

Sa vie, comme i'ay dit ailleurs, est vn sacrifice continuel d'expiation & de loüange, il la doit donc perfectionner par le frequent vsage de l'Eucharistie qui est, dit Saint Denys, le plus accomply des sacrifices, dont la fin est de faire retourner la creature à Dieu comme à son principe. Quand vn Religieux communie, & qu'estant Prestre il celebre tous les iours la Messe, ce luy est vne extreme consolation de joindre le sacrifice qu'il fait à Dieu de sa vie, à celuy qui a satisfait pour tous les pechez du monde, & de recompenser ses defauts par la societé qu'il prend auec des merites infinis. Quand il se prepare à ce grand mystere, ou qu'il rend ses actions de grace; il peut dire, mon Dieu vous voyez mon cœur, mes plus secrettes pensées vous sont conneuës; depuis qu'il vous a pleu me donner vn dégoust du monde, & me tirer à vostre seruice, vous sçauez mon Dieu que ie me suis donné tout entier à vous; ie vous immole encore cette pauure creature qui ne veut viure que pour vous honorer. Disposez de toutes mes affections, de tous mes interests, de tous mes sentimens, que ie cesse plustost de viure, que de vous seruir. Ie ne me plains plus de mes mauuaises inclinations, si vostre grace me donne la force de vous en faire vn anatheme; ie ne me plains plus de mes foiblesses, si elles sont le sujet de vos misericordes. Verbe incarné qui estes icy sous le voile de ces especes, & qui cachez vostre humanité glorieuse sous vn sacrifice qui represente celuy de vostre passion, donnez-moy assez de forces, pour ne vouloir plus complaire qu'a vos yeux, que ie sois plustost inconnu qu'estimé des hommes, que ie souffre, que

Lib. 1. de cœl. hier.

DV RELIGIEVX.

Vous estes tousiours pauure, tousiours chaste, tousiours obeissant, tousiours mort au monde, pour viure de l'esprit de Iesus-Christ, il faut donc rendre la communion si frequente qu'on en ressente tousiours l'effet ; car la vie est vn mouuement continu, qui ne souffre point de remises ny d'interualles. L'integrité de vostre profession vous met tousiours en estat de le receuoir, puis que vous estes tousiours ainsi disposé, pourquoy differer & faire que vous ne soyez pas tousiours animé de cette forme diuine ? Ceux qui en ce temps blasment la frequente communion des seculiers, aduouent qu'elle est conuenable mesme necessaire aux Religieux, parce que leur vie sequestrée du monde se defend mieux des impuretez, & l'esprit n'est point trauaillé de ces phantosmes qui peuuent empescher l'vsage ordinaire de ce sacrement. Ayez de la foy, ayez de l'amour vous n'aurez point de scrupules qui vous diuertissent de posseder tous les iours ce bien. L'amante sacrée des cantiques n'approche pas de son bien aymé auec des timiditez qui luy ostent ce qu'elle desire, mais d'abord elle demande le baiser de sa bouche. Sentez vous vostre cœur dégagé du monde, auez vous quelques bonnes habitudes de l'oraison, il vous reste encore vn grand chemin pour vous vnir parfaitement à Dieu; prenez donc cette nourriture qui vous en donnera les forces, mesme auec surabondance pour croistre tous les iours en perfection. Vous sentez vous foible à garder vos vœux, tombez vous dans des deffaillances & vostre démarche n'est elle pas assez ferme, prenez cette diuine nourriture, vous en receurez vne vigueur miraculeuse; prenez ce corps que le Verbe n'a iamais quitté, & vos resolutions seront genereuses à ne iamais quitter ce que vous auez entrepris pour l'honneur du Verbe.

Nous remarquons dans les plantes deux differentes vertus, l'vne qui nourrit les parties déja formées, l'autre qui rétablit celles dont elles manquent : le sacrement de l'Eucharistie ou reside le principe de la vie Chrestienne, a cette double force & d'accroistre la perfection des bonnes ames & de la produire en celles qui ne l'auoient pas: *Alb. M. g lib. 5 Vegetab. cap. 6.*

ie meure, que ie ferue de victime, quand il s'agira de voſtre gloire. Mais mon Dieu faut-il que vous vous donniez touſiours à moy par effet, & que ie ne me puiſſe donner à vous qu'en deſir: au moins ſi pour vous honorer ie ne puis perdre la vie de mon corps ny de mon ame, que ie perde celle de mes paſſions afin de receuoir vos faueurs auec plus d'integrité, & que ie vous mette dans vne plus parfaite poſſeſſion de mon cœur.

Vn Religieux qui le matin s'eſt ainſi offert à Dieu en la ſaincte communion, demeure comme ſanctifié en toutes ſes œuures le long du iour: il ſe conſerue vne grande paix, ſes yeux qui ont veu ſon ſalutaire ne s'ouurent plus pour les objets de vanité; cette bouche qui a prononcé des paroles plus efficaces, que ſi elles auoient créé pluſieurs mondes, cette langue teinte du ſang qui a ſatisfait à la juſtice de Dieu pour tous les hommes, ne s'emportera plus à des diſcours impertinens ou criminels. O terre qui eſtes arrouſée de ce pretieux ſang, produiſez des fruits dignes de cette diuine nourriture; puis que le ſang & l'eau que vous receuez en ce ſacrement coulerent du coſté de Ieſus-Chriſt, ayez la ferueur & l'integrité des Martyrs pour la confeſſion de la foy: que le cœur où Ieſus-Chriſt a pris ſon repos en retienne les ſuauitez, qui luy ſeruent de preſeruatif dans les diuerſes rencontres de cette iournée, & de preparation pour la ſuiuante.

FREQVENTER

FREQVENTER LES SACREMENS AVEC esprit, & non par coustume.

CHAPITRE XXVIII.

APres que la nuict a donné le repos au monde, & retably les forces que le trauail du iour precedent auoit consommé, le soleil se leue, & sa lumiere anime les hommes à reprendre leurs exercices ordinaires qu'ils doiuent continuer iusques au soir, dit le Psalmiste. Le courtisan qui a cultiué depuis long-temps la bienueillance de son Prince, donne ses premieres pensées aux moyens qu'il doit tenir pour s'aduancer dauantage en la faueur : le Magistrat vient en son siege, à dessein de rendre la iustice au peuple & de reformer les abus que la mauuaise foy pourroit introduire : le General d'armée qui a pourueu toute la nuit à la seureté de son camp, fait le iour de nouuelles entreprises qui luy donnent l'aduantage sur son ennemy. Et comme le soleil est aussi viste en sa course que le premier iour qu'il la commença par l'ordre de Dieu, toutes les conditions en receuant sa lumiere recommencent leurs employs, qui sans se relâcher se perfectionnent dans la continuë. Le Religieux est l'homme de Dieu qui a dessein de s'aduancer en sa grace, qui juge le monde, qui combat ses artifices & ses violences, & qui apres auoir donné vne partie raisonnable de la nuit aux exercices de deuotion, & à la necessité du corps, se doit leuer tous les matins auec de nouuelles ferueurs pour faire vne plus saincte iournée.

Psal. 103.

Son institut est de frequenter les sacremens, comme nous venons de dire, qu'il s'acquite donc de ce deuoir auec esprit, auec vn ferme propos d'y apporter plus de diligence que iamais, sans que la coustume ayt sur luy d'autre effet que de produire de iour en autre de plus fortes habitudes de saincteté. Il doit viure du corps & de l'esprit de Iesus-Christ, & c'est là le propre aliment de la vie spi-

O o

rituelle qu'il veut mener : or comme le cœur ne se lasse point de receuoir son rafraichissement par la continuelle respiration de l'air, comme tous les iours l'estomach demande de la nourriture, & n'a pas moins d'auidité pour en auoir esté souuent remply; comme toutes les autres parties du corps, si elles ne sont point malades, sont continuellement disposées à receuoir les esprits qui leur donnent le sens & le mouuement; le Religieux ne doit iamais se rebutter des sacremens qui luy donnent la vie de grace. Laissez mille fois tomber vne pierre, elle ira tousiours droit à son centre d'vn mouuement également viste : les flammes estant rompuës par vn vent impetueux ou opprimez d'vne matiere solide, se ramassent aussi-tost & pointent tousiours auec la mesme auidité vers le ciel : l'œil ne se lasse point de la lumiere du soleil, quoy qu'elle se monstre plus ou moins éclattante tous les iours : que si la grace n'est pas moins constante que la nature en ses emplois, le Religieux doit tousiours trouuer de grandes satisfactions en l'vsage des sacremens, & particulierement en celuy de l'Autel où il possede Iesus-Christ qui est sa vie, son centre, sa gloire, son idée, sa perfection.

Depuis qu'il a rendu ses vœux à Dieu, ses veilles, ses jeusnes, ses autres austeritez, ses frequentes communions luy ont acquis beaucoup de merites qu'il doit aussi conseruer auec plus de soins, comme on garde les thresors & les places d'importance auec de plus fortes garnisons. Hé que luy profiteroient ses longs seruices, s'ils se terminent en des lâchetez qui luy en font perdre non seulement les recompenses, mais qui l'exposent aux peines & aux maledictions, parce qu'il fait l'œuure de Dieu negligemment!

Ce que dit Saint Gregoire est vray, que les choses spirituelles sont d'vne condition toute contraire à celle du monde; en ce que plus on les gouste plus on les desire, & que la jouïssance en accroist plustost que d'en diminuer le plaisir : elles ont ces bonnes qualitez, mais nous les deuons gouster par de serieuses reflexions, par de bons propos renouuellez tous les iours, qui rappellent nos pensées des

DV RELIGIEVX.

choses estrangeres, qui releuent nostre cœur des syncopes où nous en perdons le sentiment.

Nostre vie comme la constitution du ciel ne se peut pas conseruer long-temps en vn mesme estat ; c'est vne guerre où sans cesse les nouuelles occasions demandent de nouuelles preuues de nostre courage & de nostre addresse; tous les iours nostre interieur a quelque nouueau suiet de prier & de cōmunier auec plus d'attention, soit pour meriter le pardon d'vne negligence, pour expier vne faute, pour demander vne grace, pour estre reconnoissant de celles qu'on a receuës, pour suiure l'impulsion du saint Esprit qui nous éleue & qui nous emporte ; ces diuersitez nous doiuent tousiours tenir en haleine, & dans la ferueur de nos commencemens puis qu'en effet elles portent de nouueaux suiets de pieté capables de releuer ce que la continuë des exercices pourroit donner de dégoust. Il faut donc approcher tous les iours de la saincte communion auec l'integrité de la conscience, la sincerité de la foy, les humilitez de cœur qui luy sont deuës, & à cette preparation generale, joindre les motifs particuliers de l'estat où nous sommes lors, soit de penitence, de larmes ou de consolation.

Le cours tout entier de nostre vie n'est que la veille d'vn sabbat eternel, & vne preparation à la joüissance que nous esperons de Dieu dans le ciel ; au moins donnons tous les iours quelque quart d'heure pour nous preparer à receuoir en la saincte communion le mesme Verbe humanisé, qui sera l'objet de nostre beatitude dans les splendeurs de la gloire. C'est vn mystere d'amour & d'vnion, qui ne souffre point de langueurs ny de remises, & comme l'Agneau Paschal se mangeoit anciennement le quatorziéme de la lune, lors qu'elle a tout ce qu'elle peut auoir de lumieres & de chaleurs, il faut que le Religieux se conserue dans vne plenitude de bons sentimens pour prendre cette diuine nourriture. La charité parfaite de Iesus-Christ nous la presente, nous la deuons receuoir auec toute l'étenduë de nostre charité qui commence icy, & qui doit continuer dans toute l'eternité de la gloire, plus elle

D. August. in app. édit.

O o ij

dilatera le cœur, plus il en recevera de graces d'vn sacrement qui en contient la source infinie.

De ces bons sentimens interieurs naist vne saincte majesté du Prestre en la prononciation des paroles, au geste, au visage, au port de tout le corps estant à l'Autel. Car cet acte sublime de Religion se doit accomplir auec le respect des deux parties dont nous sommes composez ; que si lors l'esprit rend à Dieu ce qu'il luy doit de profondes humilitez, la bien-seance de la ceremonie en est vne sensible & publique protestation que nous deuons aux yeux des hommes. Elle se rapporte à Dieu parce qu'il en est glorifié, & que c'est le grand moyen pour exciter la deuotion dans le cœur des assistans, de celebrer la Messe, de l'entendre, de communier auec la modestie, & les recollections qui sont deus à cet auguste mystere.

Le Prestre à l'Autel presente ses prieres & son sacrifice à Dieu au nom de l'Eglise pour tout le peuple. C'est vn fort mauuais truchement, s'il explique les sainctes pensées & affections des assistans auec vne precipitation de paroles ; c'est vn mauuais intercesseur s'il offense la Majesté diuine, & s'il prouoque sa justice par vne action qui la deuoit appaiser si elle n'eust pas esté faite auec cette indecence. Est-ce la voix d'vn penitent de dire vn *Confiteor* d'vn ton viste & gay, qui ne ressent rien moins que la douleur & les larmes ? Implorer les misericordes de Dieu par vn bourdonnement de voix ridicule, qui offenseroit le plus patient des hommes si on luy demandoit ainsi quelque faueur ? de prononcer de mesme le cantique que les Anges entonnerent auec vn concert harmonieux, pour s'en acquitter auec plus de respect ? courir ainsi le reste qui se dit en ce sacrifice d'vne voix moins consideréé, qu'en vne chanson, ou tousiours l'on garde l'air, les nottes & les pauses. Ie ne void rien qui scandalise d'auantage la deuotion des fidelles, qui fauorise plus le sentiment des libertins & des heretiques, que de traiter le plus auguste de nos mysteres, auec ce mépris & cette insolence. Vn Prestre choisi de Dieu d'entre tout le peuple pour luy offrir vn sacrifice de loüange, & pour repre-

DV RELIGIEVX.

senter Iesus-Christ en la croix suppliant auec vne extreme charité pour tous les hommes, parler neantmoins là d'vne voix & d'vne posture si mé-seante, qu'on ne la souffriroit pas en vn valet faisant vn message.

Si cet ancien disoit d'vn orateur qui parlant du ciel, monstroit la terre de l'œil & de la main, qu'il faisoit vn solecysme de geste, on a sujet de dire que le Prestre dont la conduite exterieure a si peu de rapport auec la grandeur du mystere qu'il represente, commet vn sacrilege de voix & de posture. Ce n'est pas vne petite faute de faire si mal son personnage en vn acte de telle importance; de dérober l'attention & la deuotion des assistans; empescher vne infinité d'actes de contrition & d'adoration qu'ils eussent faits, si les paroles de la Messe eussent esté prononcées comme il faut pour estre affectiues. Si la redite d'vne mesme chose dérobe ordinairement beaucoup de l'attention, & si quand l'esprit ne s'arreste pas au sens, la bouche precipite les paroles, prenez de bonne-heure l'habitude d'vne deuote prononciation, elle vous sera continuelle quand mesme vous seriez distrait, & vous satisferez au moins à ce que vous deuez d'édification en cette publique ceremonie.

EVITER L'OYSIVETE'

CHAPITRE XXIX.

LE Religieux void son destin dans la vie de Iesus-Christ, il sçait que comme luy ne suiuant pas les loix du monde il n'en peut pas estre aymé, & quelque conduite qu'il prenne, la calomnie le poursuit par vn dilesme ineuitable. S'il entre dans les emplois exterieurs par vn motif de charité, on le renuoye dans son cloistre, on le conjure comme vn phantosme, & comme vn mort à se tenir dans son sepulchre sans venir inquieter les viuans: s'il demeure dans la retraite, on le blâme d'oysiueté & c'est le grand sujet qu'ont pris toutes les langues & toutes les plumes, qui se sont armées pour attirer sur luy la hayne publique.

Il est certain que les mondains qui font leur souuerain bien des richesses, des honneurs, des plaisirs du corps, considerent comme inutiles tous ceux qui ne trauaillent pas pour ce dessein: ils n'estiment les sciences & la Religion qu'autant qu'elles contribuent à releuer leur fortune, & à satisfaire leurs passions; ie ne m'étonne donc pas s'ils disent que les Religieux ne font rien quand ils ne font pas comme eux, ce blâme nous est vne loüange, & ie ne m'y arresterois pas dauantage n'estoit qu'à dire le vray, le Religieux est menacé de l'oysiueté si la discretion ne regle bien ses employs: car n'ayant point d'amour pour toutes les choses sensibles, toutes luy estant fort indifferentes, en mespris, mesme en auersion, il ne s'empresse point & ne surcharge ny le corps ny l'esprit de trauail pour les acquerir: & puis les douceurs de la contemplation le rauissent tellement qu'il a peine de s'abaisser à des employs exterieurs; hé! n'est il pas iuste que les actions humaines cedent aux diuines & que l'ame demeure tranquille pour estre mieux en estat de receuoir les impressions de Dieu! O bien-heureuse oysiueté qui traitte neantmoins la plus importante de toutes les affaires, dit Saint Bernard, & qui ne quitte ce tracas du monde que pour se donner les grands employs des intelligences, il faut neantmoins apporter en cela beaucoup de circonspection, pour éuiter les tromperies assez ordinaires, quand on veut égaler la vie d'vn homme chargé d'vn corps à celle d'vn Ange qui n'est qu'esprit.

Selon le sentiment de Saint François on peut dispenser du trauail exterieur ceux qui sont d'vne eminente contemplation, mais la jugez-vous eminente pour de petits sentimens de douceur qui peuuent estre vn effet de la nature, & mesme vne illusion de nostre ennemy afin de fomenter la paresse: ie les tiens suspects & ie ne croy pas qu'ils viennent de Dieu, tant qu'ils ne seront pas dans l'ordre, or ils n'y seront pas si le Religieux prend de là sujet de ne pas accomplir l'obeïssance, de ne se pas acquitter d'vn office qui regarde le bien de la communauté; d'y faire de la confusion, d'y causer des murmures & des mécontentemens, & si pour ne point interrompre ses agreables entretiens il vient à surcharger les autres d'vn trauail qu'il estoit obligé de faire. On sçait par experience que l'esprit de Dieu ne vient pas auec ces grandes obseruations, & que les ames en sont surprises au milieu des employs exterieurs, quelquesfois beaucoup plus viuement qu'au temps mesme de la priere.

Vous comparez la terre à l'empirée par ce qu'elle est immobile comme luy, si vous faites passer tout le repos d'vn Religieux pour saint; vous mettez le jour du Sabat deuant ceux où l'on deuoit trauailler, si sous couleur de contemplation vous accordez aux jeunes, des franchises & des retraittes qui doiuent couronner la fatigue des anciens. Cela est d'vne extreme consequence dans les compagnies religieuses, & pour le salut mesme des particuliers, qui ayant vne fois gousté les douceurs de Dieu assez ordinaires aux commenceans, ne voudroient plus faire autres chose par vne dangereuse presomption comme si cela dependoit d'eux, par vn amour propre qui cherche sa consolation au prejudice d'vne communauté, & par vne veritable paresse qui se dispenseroit ainsi du trauail commun. Ces traits de Dieu, ces grands éclats de lumieres, ces transpors, ces rauissemens se passent bien-tost, & laissent vn pauure Religieux dans ses ariditez naturelles & dans vne lamentable langueur, s'il n'a point d'autres employs. C'est estre d'vne complexion trop delicate dans vn estat qui professe la croix, de ne se nourrir que de douceurs; que s'il ne les rencontre plus dans les exercices de l'esprit, il est à craindre qu'il ne les recherche dans les sens & dans le monde.

Saint Augustin remarque que les demons prirent l'occasion de la grande paix dont les Romains joüirent depuis Numa pour les ietter dans toutes les superstitions de l'idolatrie, & l'on doit aprehender que ces mesmes ennemis n'employent ces apparentes tranquillitez du Religieux, pour le conduire dans des desordres contraires à la sainteté

Lib. 7. de ciuit. c. 19.

de sa profession : vne ame sans vn legitime employ est comme vn champ abandonné qui ne produit que des ronses, comme vne eau croupie qui ne nourit que des crapaux, & d'autres vilaines bestes grosses de venin. Entre les passions les lascivetez y naissent facilement, & ce vice où tomba le plus saint des Roys par trop de repos, est où se terminent d'ordinaire toutes les pratiques des faux spirituels au grand scandale de toute l'Eglise. Ce port tranquile, cette bouche & ces yeux pleins de douceur, vous font faire des jugemens favorables d'vne paix interieure; mais parce que l'ame est dans l'oisiueté elle n'est point sans passion, comme l'hydropique n'est point sans soif, à cause que les visceres sont opprimez d'vne eau croupie dont la corruption cause vne chaleur estrangere & la soif.

Si cette oysiueté est vne rouille qui ronge insensiblement les esprits, elle ne consomme pas moins les corps qu'elle rend lâches, infirmes, accablez d'humeurs, incapables des exercices de Religion, à charge aux autres & à soy mesme, elle est donc la peste du Religieux qui dans vne vie celeste doit auoir vne extreme actiuité, & des aisles comme les Anges pour accomplir promptement les volontez de Dieu, qu'il connoit par celles de sa regle & de son Superieur. C'est pourquoy les anciens Peres ont apporté tant de soins pour combatre vn vice si preiudiciable au bien public & particulier du Religieux, & l'ont exterminé des cloistres auec beaucoup de rigueur. Saint Basile veut qu'vn Religieux qui ne se corige pas de ce defaut apres en estre aduerty, soit chassé de la compagnie des autres, & arraché comme cet arbre qui ne portant point de fruict occupoit inutilement la terre.

In regul. breuib. cap. 61. Luc. 11.

Pour euiter ce mal-heur les Religieux auoient coustume de donner quelques heures du jour au trauail des mains, & de pratiquer auec ferueur dans vn estat de penitence, vn exercice que le premier homme fit dans le paradis terrestre auec plaisir tant qu'il fut dans l'innocence, & depuis à la sueur de son visage apres le peché. Ce trauail denoüe les nerfs, purifie le sang, ralume la chaleur naturelle, rend les esprits plus brillands, augmente les forces, & donne

De Bernard. in diuersis.

donne au corps vne santé vigoureuse, elle sert pour mieux s'acquiter des exercices de Religion, pour entreprendre auec courage & auec succez les œuures de charité, pour se faire à la fatigue, & n'estre point au rang de ceux qu'vne trop delicate nouriture a rendu sensuels par necessité. Des mains triomphantes ont autresfois pris plaisir à planter des féves, a tōdre des palissades & à cultiuer vn jardin, qu'vn Religieux ne se croye donc pas moins considerable quand il est surpris dans ce diuertissement, il s'y doit plaire d'autant plus qu'il y a d'humilité, & qu'il sera quelques fois pris par vn suruenant pour vn pauure simple frere qui n'a que ce seul employ : il fait essay de la vie des premiers Religieux, qui passoient vne bonne partie de leur temps au trauail des mains : il se prepare à des persecutions semblables à celles où les Euesques estoient jardiniers, il se represente plusieurs saints qui estant déguisez ont fait co mestier pour esquiuer les grandes charges, & se tenoient lors plus heureux dans les trāquilitez de l'esprit parmy le trauail du corps que dans les prelatures. Au reste c'est vn plaisir fort innocent au Religieux de voir la nature qui trauaille sur ses desseins, d'auoir chez soy dequoy se delasser l'esprit apres les estudes, sans qu'il faille pour cela rechercher des conuersations, d'où l'on sort fort peu souuent auec l'integrité qu'on y auoit apportée. Il me semble donc que les Religions reformez ne doiuent point perdre l'vsage du trauail des mains, & que pour y animer quelque complexion plus languissante, le Superieur doit témoigner beaucoup d'agréement à ceux qui s'y portent, & se rendre mesme le capitaine de la troupe quand il faut mettre vn jardin en estat, & à coup de main forcer la nature de marcher droit où l'on veut qu'elle aille.

Pour conclure, il est certain que les Religieux rentez & non rentez viuent tous des oblations faites par les fidelles : ie les prie donc de faire cette serieuse reflexion sur eux mesmes, si la vie qu'ils meinent merite de receuoir sa subsistance du public, si leurs exercices respondent au dessein des bien-facteurs, s'ils sont assez saints pour deuoir estre entretenus par des offrandes faites à Dieu. Cette pensée leur fera non seulement éuiter l'oysiueté, mais elle sanctifiera leur interieur, elle les obligera, s'ils sont raisonnables, de rapporter tout leur trauail à l'honneur de Dieu qui les a choisis pour ses ouuriers, & qui les nourrit par vne prouidence tousiours miraculeuse, parmy la necessité des peuples & la malice du siecle.

DES ESTVDES DV RELIGIEVX.

CHAPITRE XXX.

SI la mort n'est qu'vne cessation de mouuement & si c'est viure que d'agir, éuiter l'oysiueté ce n'est encore que se tirer du non-estre par le plus bas & le moins noble degré de la vie. Le Religieux tient vn rang trop noble dans l'Eglise pour trouuer toutes ses satisfactions & tous ses diuertissemens dans les arts mechaniques qui apartiennent aux animaux, à la lie du peuple, & qui ne mettant quasi que le corps en exercice, ne deliurent pas entierement l'esprit de l'oysiueté. Ne viuant plus selon le corps, son principal employ doit estre en l'exercice de l'intellect & de la volonté qui sont les deux puissances propres à l'homme, & selon Platon les deux aisles qui le doiuent éleuer à Dieu.

Nous auons déja déduit les plus importantes de ses actions particulieres, quand nous auons parlé de la mortification des sens & des passions, de l'oraison, de la presence de Dieu, des diuins offices qui sont ceux des Anges : & veritablement on pourroit appeller cette vie diuine, n'estoit qu'elle tient encore cela des infirmitez de la nature qu'elle ne subsiste pas d'elle mesme, & qu'elle a besoin d'estre entretenuë par des alimens spirituels conformes à sa condition. Or l'estude de la sagesse est la nouriture de l'esprit, & si elle conuient au reste des hommes, si elle perfectione la raison, si elle forme la morale, elle est incomparablement plus propre, comme si elle estoit essentielle au Religieux : car il est enfant de lumiere, de cette lumiere primitiue qui éclaire le ciel & le monde, les Anges, & les hommes; il est enfant de Iesus-Christ, où sont tous les thresors de la sagesse, le Verbe donc par qui toutes choses ont esté faites, & dont il est vne particuliere production luy donne par preciput le droit de connoistre toutes choses.

S'il est ressuscité auec Iesus-Christ, comme dit l'Apostre, & qu'il ayt déja quelque seance en sa gloire, de cet estat eminent il peut voir sous soy les cieux, les elemens, les plantes, les animaux, toutes les vertus & les sympathies des choses crées, & au nom de toutes presenter vn grand sacrifice de loüange à Dieu. S'il est son domestique, il doit sçauoir tout ce qui est du domaine de son Prince, & les sinceres affections qu'il a pour sa gloire ne luy permettent pas de regarder ce qui luy apartient, comme des choses étrangeres ou indifferentes. Cet abandon qu'il a fait des negoces de la terre, & des plaisirs des sens, comme s'il n'auoit point de corps, le fait citoyen de cet autre monde de lumiere où les purs esprits trouuent leur felicité dans la connoissance.

La cellule est vn ciel au Religieux, quand il se plaist à l'estude, & que là dans vne souueraine independance de toutes les choses exterieures, il trouue ses satisfactions en Dieu & en soy mesme. L'estude & l'oraison sont les deux mains de l'esprit qui se soulagent, qui joignent leurs forces, & qui s'entraydent pour acheuer le grand œuure de la felicité religieuse, l'estude occupe l'esprit; elle conjure tous ces phantosmes importuns qui en troublent le repos, elle dégage le cœur des passions animales, elle le purifie pour le rendre plus susceptible des impressions diuines, elle conduit l'homme dans la solitude, où Dieu se plaist à le gratifier de ses ineffables communications. L'oraison acheue ce que l'estude commence, elle donne le repos à l'esprit apres les courses qu'il a faites par les creatures, elle luy monstre l'original dont il n'auoit veu que la copie, elle luy fait gouster les veritez en leur source; des lumieres tranquilles & vniuerselles font paroistre les choses, mesme de la nature toutes autres qu'elles ne sembloient estre, quand la raison humaine ne pouuoit que les entreuoir & les tastonner à l'aueugle.

Ordinairement les hommes ne cultiuent les sciences qu'autant qu'elles leur seruent pour en tirer du profit & pour l'acquit d'vne charge, il les reduisent par ce moyen fort à l'estroit, les tiennent à la chaisne & les rendent honteusement esclaues de la fortune qui profite seule de leur trauail. Le Religieux les releue au lieu de les raualer, il les cherit comme des peintures qui ont de grands raports auec ses idées, & qui luy representent à loisir les perfections de la premiere beauté dont il a veu les éclats insuportables en l'oraison. L'amour donc qu'il a pour les sciences n'est qu'vne suitte de celuy qu'il a pour Dieu, tellement qu'on ne se doit pas étonner, s'il les cultiue auec tant de soin, s'il y trouue tant de delices, s'il y reüssit auec tant de perfection. Plus l'oraison le sanctifie & l'éleue à la condition des purs esprits, plus il est en estat de receuoir plus de lumieres & naturelles & diuines; plus il connoist, plus il ayme; plus l'oraison l'aproche de la premiere verité, plus il la connoist par vn cercle de flames & de lumieres qui n'a point icy de fin & qui sera sans vicissitude dans l'eternité.

L'estude est vn doux employ pour le Religieux parce qu'elle a d'agreables diuersitez qui rendent sa solitude florissante, & qui luy font vn spectacle de tout ce que les lieux & les siecles, la grace & la nature ont de merueilleux. La Philosophie regle son raisonnement, & luy donne de l'exercice à justifier l'œconomie des cieux, des elemens, des mixtes, de toutes les especes, de tous les estats, qui sont les familles de ce grand Royaume. Pour auoir quitté le monde, il entre déja dans le droit de le juger qui luy est promis comme vne de ses magnifiques recompenses. L'histoire luy fait les productions de ce qui s'est passé dans tous les siecles, afin qu'il en condamne les vanitez & les crimes; il y void la sagesse humaine prise aux pieges qu'elle a tendus, les insolentes ambitions de l'honneur punies d'vne eternelle infamie; que s'il peut obseruer dans les causes vniuerselles ce qui a produit les grandes alterations

DV RELIGIEVX.

du monde, il a le contentement de voir dans le passé les presages de l'auenir. Helas que le monde luy est peu de chose, quand il roule les cieux, qu'il marque leurs dimensions & leurs influences sur vn demy pied de veslin & qui leur fait faire en vn clin d'œil des periodes qu'ils n'acheueront que dans plusieurs siecles.

Tout cela n'est qu'vn prelude, & le jeu d'vn esprit qui se prepare aux grandes illustrations de la sagesse qu'il doit tirer des sainctes lectures. Celle de l'écriture saincte, des Peres de l'Eglise, des grands personnages qui en ont expliqué les difficultez, doit faire la principalle estude du Religieux : s'il ne voit pas Dieu comme les Anges, aumoins il a la satisfaction d'entendre quand il luy plaist sa parole, qui luy expose ses volontez & qui l'anime à les accomplir. On void là les anciennes ceremonies qui sont les figures de nos mysteres, on void les effets miraculeux de la prouidence à tirer des perils ceux qui le seruent, à releuer les humbles, à confondre les superbes, à défaire les méchants auec les mesmes machines qu'ils auoient dressez contre les autres : on y void la pieté tousiours triomphante, & que si quelquefois elle est exercée par les afflictions, elle s'en releue auec plus d'éclat.

Ces grandes maximes de la religion & de la morale paroissent auec eminence dans le nouueau Testament : toutes les paroles de Iesus-Christ sont des oracles, toutes ses actions portent vne doctrine qui rend les simples d'aujourd'huy plus sçauants & mieux instruits des choses diuines que tous les anciens Philosophes. Que de mysteres, qu'elle profondeur de science, que la morale est saincte, que les sentimens de religion sont sublimes dans les Epistres de Saint Paul ? Vn mesme texte pris en ses diuers sens nous monstre vne mesme verité en diuers sujets, & l'industrie qu'il faut auoir pour la découurir entretient les esprits dans vne saincte emulation, pour qui le temps de toute a vie semble trop court : consulter les interpretes, examiner vne verité par les épreuues & par la copelle de l'échole, faire l'exercice des combats qu'on doit rendre contre l'heresie, former vn gros d'authoritez, assister à tous les conciles comme à des conseils de guerre, se munir de tous les canons qui ont foudroyé les erreurs à mesure qu'ils ont paru dans les siecles, c'est vne entreprise de trauail & d'industrie assez grande pour ne point tomber dans l'oysiueté. Saint Hierosme donne ce conseil au Religieux qu'il pratiquoit luy mesme, de passer les iours & les nuits à estudier l'écriture saincte, de sorte que la face tombe sur le liure quand elle est appesantie par la necessité du sommeil. Ie voids dans Cassian, S. Basile, S. Ephrem, dans la vie & dans la biblioteque des Peres, comme dans S. Bernard, des discours tyssus des passages de la saincte escriture, qui monstrent assez qu'ils en faisoient leur estude principale.

Collat. I. c. 2. l. 4.

L'Abbé Nestoretes chez Cassian ne trouue point de remede plus efficace pour arrester l'inconstance de l'esprit, & pour le transformer aux choses diuines, que de l'en nourrir par vne estude continuelle. C'est, dit-il, consacrer l'ame du Religieux, comme l'ancien tabernacle où la solide meditation du vieil & du nouueau Testament y sont comme les deux tables de la loy écrite en pierre de la main de Dieu; les douceurs qu'il en reçoit y representent la manne, & l'idée tousiours presente des mortifications de Iesus-Christ, est comme cette verge miraculeuse qui a si souuent contraint la nature d'agir contre ses inclinations pour honorer la toute-puissance du Createur. Vne ame pleine des choses diuines n'a que des diuines pensées, ses distractions mesme sont sainctes; & comme celuy qui est dans le rayon du soleil y demeure de quelque costé qu'il se tourne, toutes les saillies de cet esprit qui s'adonne aux sainctes lectures ne sont iamais hors de Dieu. Ce qu'il a veu des saincts Peres pour l'interpretation de l'escriture le tient agreablement attentif, quand on en fait la lecture dans l'Eglise; ses pensées vont bien plus viste que la voix du chœur, tous les momens de la psalmodie luy sont precieux; toutes les paroles portent des sens admirables, quand il ne voudroit lors que prier imperceptiblement il estudie, les speculations se confirment par de bien-heureuses experiences, & ces diuines chaleurs ne

soit point là sans de nouuelles lumieres. L'écriture saincte n'est autre chose, dit saint Gregoire, qu'vne lettre du
souuerain monarque du monde à ses creatures pour leur
faire entendre ses volontez: si le Roy vous addressoit vne
lettre, vous seriez dans l'impatience, vous quitteriez
toutes autres choses, le repas & le sommeil pour en faire
la lecture, & pour en examiner toutes les paroles afin d'en
mieux conceuoir le sens: Estudiez donc l'écriture saincte,
dit ce grand Pape, vous y verrez le cœur & les desseins
de Dieu dessus vous. Vostre ame jouïra d'vn repos d'autant plus grand qu'elle s'en donnera moins, & qu'elle
employera plus de diligence en cette saincte lecture.

In Regul.
steu. lib. 1.
Epist. 40.

Mais comme il est difficile que la memoire retienne
toutes les applications qu'on peut auoir pour la preuue
d'vn mesme suiet, & qu'on les ait tousiours presentes dans
les rencontres, ie conseillerois au Religieux de dresser
des lieux communs sous des titres generaux dont chacun
ait ses subdiuisions, & des espaces raisonnables en blanc
qu'on puisse remplir à mesure que les authoritez, les raisons, ou les applications se presentent. C'est vn plaisir
indicible de faire vn thresor de ces richesses d'esprit, de
l'accroistre tous les iours, & se surmonter par de nouuelles pensées sur des suiets où il sembloit qu'il ne se pouuoit plus rien adiouster; de voir ce que peut l'assiduité de
l'estude, & de compter les profits de châque iournée
quand on est maistre de son temps. Ainsi l'on fait sien
ce que l'on emprunte des autres, l'esprit se forme insensiblement par la lecture des bons liures, ce qu'il en tire se
tourne en sa substance; & côme Saturne est moins nuisible
quand la lune est en son croissant, la solitude si grande
qu'elle puisse estre n'offense point le Religieux tousiours
attentif à ces nouuelles acquisitions de science. Au reste
s'il faut dresser vn discours, vne predication, s'instruire
pour vn entretien, on peut hardiment aduancer des propositions dont on sçait que ses recueils fourniront les
preuues, & n'estre pas reduit au miserable estat de ceux
qui adjustent leurs propositions aux matieres qu'ils trouuent d'hazart, auec des inquietudes d'esprit, & vne gran-

de perte de temps en fueilletant les tables des liures. C'est tousiours vne sensible consolation de voir le fruict de ses estudes, qu'il en reste quelque chose, & que de la lecture qu'on a faite vn iour, estant reduite à son propre lieu, on s'en peut seruir en mille rencontres en des matieres fort differentes toute sa vie : vous aurez dequoy passer agreablement le temps, & vous en serez bon ménager, si vous n'entendez, si vous ne lisez, si vous ne voyez chose aucune que vous ne puissiez mettre à profit. Vous aurez mesme dequoy soulager la necessité de ceux qui recourceront à vous, vous pourrez tout donner sans vous appauurir, & chacun se pourra remplir de vos thresors sans qu'ils diminuënt : sans sortir de vostre solitude vous loüerez Dieu dans les assemblées, par vne infinité de langues & de plumes qui se seront faits riches de vostre trauail.

Escriuez donc, que vos estudes serieusement concertées se rendent publiques, qu'elles combattent les vices & les heresies, qu'elles forment les mœurs, qu'elles instruisent à la pieté, vous ferez plus pour l'Eglise, pour l'estat, pour vostre congregation que si vous en auiez le gouuernement : Car vous trauaillez pour tous les siecles, pour tous les peuples, pour cette grande Republique du monde, pour le ciel, pour l'eternité, en vn employ vaste & saint conforme à l'étenduë de vostre courage & de vostre charité. Il y a, dit Seneque, fort peu de Republiques qui puissent souffrir l'éclat d'vn homme sage, & peu de sages qui souffrent les desordres de leur Republique, si donc la necessité de la retraite luy oste l'occasion de seruir de sa personne, qu'il s'acquite de ce deuoir par ses escrits, & qu'il anime les autres aux bons offices qu'il ne peut pas rendre de luy mesme.

Lib. de otio. sapientis cap. 31. & de tranquill. animi cap. 3.

DES SAINCTES ET DEVOTES lectures.

CHAPITRE XXXI.

PLATON dans le Timee dit qu'il y a trois sortes de feux, dont les qualitez & les actions sont fort differentes : le feu celeste comme celuy des Etoilles, a beaucoup d'éclat & peu de chaleur : le feu aërien qui est vne vapeur enflammée, a presque autant de chaleur que que de lumiere; enfin le feu terrestre qui s'attache à des matieres sombres & solides, a beaucoup de chaleur, & peu d'éclat. Il me semble que cela peut representer les differentes estudes du Religieux, dont les vnes seruent à donner de l'exercice à son esprit; les autres à l'informer des veritez importantes à son salut, & necessaires pour l'instruction du prochain ; & les troisiémes seruent à luy mettre dans le cœur les ardeurs d'vn saint amour. La Dialectique, la Philosophie, les Mathematiques, la Rhetorique les autres sciences humaines luy sont auantageuses comme à Salomon pour traitter la sagesse auec magnificence; pour luy donner cette suite si honorable comme à la reyne des esprits, & de cette precieuse diuersité luy en faire des ornemens qui la rendent plus dignes de respect. La Morale, le Droit Ciuil & Canon, la Theologie scholastique & positiue, l'escriture saincte, les doctes écrits des Peres, donnent tout ensemble des lumieres à l'esprit, & de la pieté dās le cœur pour disposer le Religieux à la Theologie mystique. Celle-là s'apprend plus par la pratique que par la lecture, par l'oraison que par les liures; neantmoins des personnes consommées en pieté en ont escrit quelques vns, en paroles simples mais energiques, toutes de feu, & qui sans beaucoup d'éclat transforment les cœurs par vne saincte ardeur.

Cette lecture est plus propre que toutes les autres au Religieux, particulierement s'ils professent la vie claustrale & solitaire, comme ceux à qui Gerson écrit le traitté des liures qui doiuent estre ordinairement leus par les moynes. Tous les autres Religieux quoy qu'employez au seruice de l'Eglise, au soulagement spirituel du prochain, aux confessions, aux predications, doiuent tous les iours donner quelque temps à vne lecture qui ne tende qu'à les entretenir en deuotion, car la fin de la loy & de toute la science c'est la charité dit l'Apostre. Cela met des bornes à vne curiosité d'esprit, quelquesfois trop impetueuse à la recherche des choses qui ne sont ny honnestes ny profitables, & dont l'excez peche contre les ordres que nous auons receu de l'Apostre de sçauoir auec mediocrité.

Ces bons liures sont les guides de nostre voyage, & les conseillers de nostre conduite : ils nous monstrent nettement en quoy consiste la perfection, & de combien nous en sommes éloignez, aux actions mesme que les hommes & que nostre amour propre canonizent : ils penetrent iusques dans l'interieur pour y regler les intentions, ils nous facilitent le moyen de discerner les faueurs de Dieu, de reconnoistre ses volontez, de nous conformer aux desseins qu'il a dessus nous; de luy rendre ce que nous luy deuons, d'hommages, de fidelitez, d'obeissance. Ce sont des pilottes experimentez qui nous instruisent à baisser quelquesfois les voiles sous vn vent trop fauorable; ils nous monstrent les écueils où plusieurs se sont perdus, les phares trompeurs, les pirates déguisez, les belles actions en apparence, dont la vanité, l'amour propre, l'indiscretion se seruent pour nostre ruine. Helas vostre deuotion vous paroistra bien refroidie quand vous lirez les meditations, les Soliloques de Saint Augustin, de Saint Bonauanture, les traittez de Gerson, du sage Idiot, d'Akempis de l'Imitation de Iesus-Christ & que vous verrez les transports sublimes de ces Seraphins; vous direz, à quoy pensez-vous mon ame & que vous seruent toutes les subtilitez des sciences si vous n'en faittes pas vostre salut; vous n'en serez que plus criminelle d'auoir beaucoup de connoissance du bien & peu d'affection pour vous y porter? Voulez-vous estre comme les demons, subtils & à jamais miserables, sçauans & damnez?

Il faut prendre ces lectures auec quelque ordre; les commanceans se contenteront de celles qui traittent des mortifications; les plus auancez se pourront instruire dans des liures plus éminens: les vns & les autres tireront de grandes lumieres d'Harphius, de Grenade, & seront confirmez en leurs bons desseins par les conferences de Cassian, & la vie des Peres: ce que i'y remarque de simplicité, de zele, de feruœur, me rauit; i'y void la pratique de nostre plus sublime Theologie, i'y void l'abregé de la sagesse Chrestienne, de la vraye science des saincts; & conuersant auec ces Anges de la terre dans leurs solitudes, i'entends l'esprit de Dieu qui m'anime à les imiter.

Ie puis courir les autres liures, dont ie fais seulement estat d'extraire ce qui me semble de plus beau; ie puis les voir en passant, comme dans vn voyage les païs dont ie ne laisse pas de remarquer les situations, les mœurs & la langue: mais en ce qui est des liures deuots, il les faut traitter comme nos maistres, comme nos peres de qui toutes les paroles sont des instructions; il faut donc les lire du commencement iusques à la fin, pour en conceuoir l'esprit; il en faut peser les paroles, en examiner à loisir les bons sentimens, afin de les distiller dans le cœur comme vne rosée, & comme vne douce pluye qui luy donne la fecondité des bonnes œuures; faire des pauses sur ce qui touche le plus, se l'appliquer aussi-tost, & le tenir comme vne loy pour sa conduite; de la meditation il en faut venir à la pratique, & comme on a tousiours deuant ses yeux les liures qui monstrent à dresser des quadrans, des Astrolabes, d'autres instrumēs de Mathematique quand on y trauaille; lire & relire de mesme ces liures deuots, pratiquer de point en point ce qu'ils ordonnent, remarquer les difficultez qui s'y rencontrent pour s'en éclaircir auec son directeur.

Cependant que l'esprit s'attache auec contention à ces entretiens spirituels pour les comprendre & se les rendre plus familiers, il chasse de l'imaginatiue les phantosmes qui luy pourroient rester des choses humaines: Cependant que le cœur fait tout ses efforts pour se purifier, & s'vnir plus étroittement à Dieu, le monde ne luy est plus rien, & voila le grand secret de vaincre les passions sans les combattre à force ouuerte, de tenir l'esprit dans vne contention continuelle, de s'aduancer tousiours de plus en plus en saincteté. Quand ces saints personnages ont escrit ces liures, & qu'ils ont tâché d'expliquer les faueurs qu'ils receuoient de Dieu, c'est à dessein de nous faire entrer dans leurs sentimens, de donner sujet à nos meditations & à nos pratiques de verifier ce que la parole ne peut assez dire, & ce que le cœur humain ne peut comprendre. On sera d'autant plus instruit par ces diuines leçons, qu'on y apportera plus d'humilité auec des intentions plus pures d'aymer & de connoistre d'auantage Dieu, car il se communique aux simples & c'est auec eux qu'il traitte plus familierement.

Faites le choix de ces liures par le jugement des plus éclairez en la voye spirituelle, & sur tout éuitez ceux qui sous couleur d'vne eminente deuotion cachent le venin du libertinage, & d'vne dissolution que la Philosophie mesme payenne ne souffriroit pas. Par tout l'Apostre nous exhorte à seruir Dieu auec la pureté de l'ame & du corps, il nous aduertit que cette chair est infirme, qu'elle a des concupiscences contraires à l'esprit qu'il les faut combattre par les austeritez, & suiure Iesus-Christ en sa passion si nous le voulons suiure dans le triomphe de sa gloire. Voila la saine doctrine pratiquée par les Apostres & par tous les saincts depuis la naissance de l'Eglise : quand vn Ange descendroit du ciel, quand vn liure auroit toutes les beautez de l'eloquence pour vous persuader le conrraire, ne le croyez pas, dit Saint Paul ; c'est vn Ange de tenebres vestu de lumiere, c'est vn loup couuert d'vne peau d'agneau, c'est vn sepulchre dont la face est belle & le dedans plein de pourriture. Iesus-Christ donne assez de lumieres à son Eglise pour découurir ces impostures, & ces méchans liures apres s'estre glissez quelque temps dans les cabinets, comme des mysteres inconnus au commun des hommes, sont maintenant condamnez au feu par vn eternel antheme. N'ayez point la curiosiué de les voir, il est meilleur de les ignorer en-

DV RELIGIEVX.

tierement, que d'en auoir des ressouuenirs importuns, qui peuuent deuenir criminels & faire d'estranges dégats durant les troubles d'vne tentation.

DE L'ASSIDVITE' ET DV CERCLE SANS fin des exercices Religieux.

CHAPITRE XXXII.

LA nature monstre bien qu'elle est l'effet d'vn premier moteur immobile, eternel, inuariable puis que dans les alterations des estres particuliers qui la peuplent, elle agit tousiours sous les mesmes loix. La police tâche d'imiter cette ordre perpetuel par des loix fondamentalles qui ne soient point sujettes au changement, & par d'autres qui déterminent autant qu'il se peut tous les incidens particuliers, sans les laisser à la discretion des magistrats dont le iugement peut estre alteré de diuerses passions ; enfin quand elle exclud du gouuernement ceux qu'elle croit estre portez à le changer ; mais l'esprit humain de soy mesme suiet à l'inconstance ne peut rien produire qui ne la souffre, de sorte qu'on peut compter les changemens des loix publiques, les maladies, les decadences, les vicissitudes des estats entre les plus notables alterations du monde.

^{Arist. à politic. cap. 2.}

Il n'appartient qu'à Dieu d'établir des loix d'vne eternelle verité, dans la societé des hommes comme dans le commerce de la nature ; cela se void dans l'Eglise & particulierement dans les ordres Religieux dont les regles sont encore aujourd'huy les mesmes qu'elles furent au temps de leur premiere institution ; on a conneu par experience qu'elles estoient saintes, & qu'à leur faueur ces ordres auoient fait de grands progrez, c'est pourquoy l'on a suiet de s'y tenir sans aller au change ; & comme tout l'ordre met sa perfection à garder sa regle, comme il rapporte à cela tout ce qu'il pretend de reforme, apres que la foiblesse humaine est tombée dans quelque relâche,

LA CONDVITE

ainsi châque Religieux doit former la dessus toute sa conduite.

Haly se mocque de ceux qui soustiennent que les cieux n'ont point d'ame, parce qu'ils n'ont point de mouuement indeterminé comme celuy des animaux d'icy bas; car, dit-il, les animaux celestes sont reguliers, & font continuellement les mesmes choses parce qu'ils n'en sçauroient faire ny de moindres ny de meilleures. Ie dis le mesme du Religieux qu'ayant vne grande estime de sa vocation, comme nous auons veu, estant tout persuadé que c'est vne grace particuliere de Dieu qui la conduit à luy rendre ses vœux dans cet institut, il doit employer tous ses soins à s'y perfectionner. Pour y reüssir il se doit resoudre à toutes les pratiques de son ordre, auec vne diligence infatigable & qui ne se relâche point dans la continuë ; c'est le moyen d'en acquerir de si bonnes habitudes, qu'on ne trouue plus de difficulté mais du plaisir dans les actions mesme plus rigoureuses en apparence : cette maniere de vie dont on s'est fait vne loy, deuient vne seconde nature ; l'on s'y porte apres par inclination, & le courage qui ne trouue plus en cela dequoy combatre ny dequoy vaincre, employe les forces qu'il a de reserue pour s'éleuer à plus de perfection.

Seneca Epist. 78.

Supposé que ces exercices ordinaires soient vn poids à vne nature qui de soy souspire pour le repos & pour le plaisir, il y a tousiours beaucoup moins de peine à le soustenir & à luy faire vne petite resistance par la coustume, qu'à souffrir le coup de sa cheute qui suit & qui accable quand on s'en retire, ou de s'en releuer apres ce defaut. Vous trouuerez de beaucoup plus grandes facilitez en vos exercices s'ils sont continus; aller tous les iours à matines, ne point manquer aux oraisons, faire vos lectures deuotes, & les autres semblables pratiques, car les interualles sous pretexte de soulager interrompent l'habitude d'où naist la facilité, & rendent les actions beaucoup plus penibles, où il faut enfin reuenir par obligation auec toutes les difficultez du commencement.

Quand les mondains changent de desirs & d'employs,

ce n'est pas vne liberté mais vne foiblesse d'esprit qui ne peut tenir ferme contre les passions ou la fortune, & qui se laisse emporter à l'inconstance comme vne piece de débris au gré des vagues. Le sage est seul qui ne change point ses ordres; c'est sa vraye liberté, sa gloire, son contentement de iustifier le choix qu'il a fait par la suite égalle de ses actions, quoy que mille suiets legitimes en apparence tentent l'esprit de s'en dispenser. Il faut vne grande force pour tenir les bras tousiours tendus, Moyse n'en eust pas assez pour cela; les oyseaux qui soustiennent en l'air ont l'aisle plus viue, les forces de Milon l'athlete paroissoient moins dans le combat, qu'en ce que s'estant planté dans vne posture il estoit impossible à plusieurs hommes de l'en remuer. Les sages de mesme ont creu que la force d'esprit consistoit à suiure regulierement vn mesme ordre dans sa vie, & c'est pour cela que les Philosophes des Indes auoient pour symbole vne anchre qui signifie la fermeté parmy les coups de mer & les tempestes. Ce n'est donc pas vne langueur qui entretient le Religieux dans les tranquilles employs de son ordre, mais vne inflexible solidité, vne vertu triomphante de toutes les occasions qui l'en pourroient diuertir, vne sainēteté semblable à celle des Anges qui font vne mesme chose, qui roulent les cieux, qui entonnent vn mesme cantique deuant le throsne de Dieu durant toute vne eternité.

<small>Philost. in vita Apolloni lib. 3. cap. 1.</small>

Il ne faut point craindre que ce cercle, & ce retour de mesmes choses puisse causer du dégoust en vne ame qui se tient en la presence de Dieu, dont l'infinité est vn obiect tousiours comme nouueau, & d'vne vaste étenduë de perfections à vn amour & à vne charité qui ne finit point : c'est elle qui donne le prix aux exercices du Religieux, soit dans le cloistre ou dans des employs pour le soulagement du prochain, & qui luy donne le merite de tous ensemble à cause qu'il y est tout disposé par l'obeissance.

Le Sophiste Palemon estant malade ne laissa pas de continuer ses estudes, & de faire tousiours quelque declamation dans les bons interualles de son mal, mais voyant

<small>Philost. in vitis Soph.</small>

qu'il augmentoit, & qu'il seroit bien-tost en estat de n'auoir plus de parole, il se fit enfermer tout viuant dans son sepulche, crainte, disoit-il, que le soleil de qui i'ay receu la grace de la parole, ne me voye inutil & dans le silence. Ce Rhetoricien vouloit mourir dans l'exercice de son art; vn soldat fait gloire de finir sa vie les armes à la main; Auguste entendit les ambassadeurs, donna les responses, fit tous les deuoirs d'Empereur iusques au dernier souspir de sa vie; & les bons Religieux ont le zele de rendre leurs ames à Dieu dans les saints exercices de leur institut: vn saint Iean cassé de vieillesse se fait porter à l'Eglise pour assister aux offices; saint François accablé de maladies, les pieds & les mains percées des Stygmates de la passion faisoit le mesme, & mourut dépoüillé de tout sur le bois, comme Iesus-Christ sur la Croix. Tous les iours nous auons la consolation de voir des veillards si rompus d'incommoditez qu'ils se peuuent à peine traisner, neantmoins tousiours assidus aux diuins offices de iour & de nuict, & qui contestent encore la palme de la diligence auec la plus vigoureuse jeunesse: ie considere cette infatigable perseuerance auec des larmes de joye, & ie ne trouue rien qui me rende plus confus, quand il m'arriue de manquer à mon deuoir. Hé pourquoy perdre le fruict du trauail passé par vne fin languissante? Donnons vne viue & ferme conclusion aux dernieres periodes de nostre vie; vn peu de combat & puis le triomphe; vn moment de peine est suiuy d'vne eternité de gloire: Nous nous sommes consacrez à Dieu auec vne feruer à qui toutes les austeritez religieuses paroissoient legeres, pourquoy ne pas continuer ayant plus d'habitudes & plus de graces? La couronne n'est promise qu'à la perseuerance; ie tiens ce dernier zele du Religieux comme vn presentiment de l'eternité d'où il approche, & comme vne des marques plus asseurée de sa predestination.

TROISIESME

DV RELIGIEVX.

TROISIESME PARTIE.
LA CONDVITE
DV RELIGIEVX DANS LE CLOISTRE,
ET ENTRE CEVX DE SA CONGREGATION.

AVANT-PROPOS.

PLATON dit que la beauté eſt vne emanation des ſplendeurs de Dieu, vn rayon de ſa Majeſté qui éclatte ſur les ſujets agreablement proportionnez, & qui nous rauit dans vn excez de complaiſance. Il y reconnoiſt quelque choſe de diuin, parce que l'ame ſe laiſſe gaigner à ſes attraits, qu'elle s'y attache auec autant d'admiration & d'amour que ſi elle y deuoit trouuer toute ſa felicité: quand vne voix douce, ou vne muſique parfaitement bien concertée flatte noſtre oreille, l'eſprit y donne tous ſes agréemens ſans auoir lors aucune idée des autres airs qui la pourroient contenter: au temps que ie conſidere vne belle fleur ou vne rare coquille apportée des Indes, quand on me recite des vers, quand on me lit vn diſcours d'éloquence, ou ſans aucune contrainte les paroles roulent auec autant de force que de douceur, i'y donne toutes mes attentions, & ma bouche en rend ce témoignage qu'il ne ſe peut rien voir de plus beau. Enſuite on me monſtre d'autres pieces qui me rauiſſent par de nouuelles excellences, & lors ie me confeſſe aduantageuſement trompé, & que mon amour qui s'eſtoit promis tout entier à ces premieres beautez, s'en dedit par vn parjure innocent.

Les Astrologues nous déduisent ainsi les merueilleuses qualitez des planettes selon l'ordre qu'ils tiennent au ciel, qui semble étably tout exprez pour surmonter nostre estime par vne suite d'influences tousiours de plus en plus fauorables. Saturne à leur dire le plus éloigné de la terre, d'vne vertu profonde, solide, inuariable, est celuy qui donne la premiere consistance à la conformation de nostre corps, & ensuite la fermeté dans les actions, & la sublimité des pensées. Il est suiuy de Iupiter dont la chaleur & l'humide fauorables à la vie, forment vn aduantageux temperament des premieres qualitez dans le corps, des mœurs & des conduites raisonnables dans les ames, & parce que les plus intelligentes sont les plus religieuses, on dit qu'il preside à la saincteté, & on luy donne le titre de grande fortune comme s'il n'y auoit rien de plus excellent à souhaitter. Mais d'autant que ce monde est composé de contraires qu'il faut vaincre & tenir en subjection, on en reçoit la vigueur de Mars qui donne l'audace pour les entreprises, la force de surmonter toutes les resistances, & de tirer auantage des choses mesmes ennemies. Ainsi l'on vient au soleil qui est la source des lumieres, de la chaleur viuifiante, le mary de la nature, le cœur, l'esprit, le centre du monde celeste.

Ne vous semble-il pas, mon Lecteur, que cela nous represente assez au vif la conduite de la vie Religieuse, dont les commencemens sont admirables, les progrez plus miraculeux qui transportent l'ame dans la condition des Anges iusques à l'inuestir des perfections diuines. C'est vne humeur sombre, mais sublime, semblable à celle de Saturne, qui porte l'homme à quitter le commerce d'vne vie commune pour s'éleuer dans cette region de paix, hors les bruits du monde & les coups de la fortune, non pas par vne impetuosité d'esprit passagere, mais auec vne solide resolution qui consacre à Dieu toute la vie par les trois vœux. Ce passage d'vne extremité à l'autre, du libertinage des sens à vne saincte subjection rauit les hommes du monde d'étonnement, & leur fait confiderer ce premier pas, comme fi c'eſtoit le dernier terme où puiſſe arriuer la deuotion, l'accompliſſement de la loy, & de la perfection Chreſtienne : mais quand le Religieux vient à gouſter les douceurs de Dieu, par des graces qui ſont le laict de ſon enfance ſpirituelle, quand il prend vne humeur docile à toutes les bonnes inſpirations, feruente iuſques à ſe faire vn paradis des auſteritez, ce n'eſt plus vn homme, il ſemble eſtre quelque choſe de plus que les Anges, puis qu'il en fait parfaitement les exercices dans vne nature moins auantageuſe, & debilitée par vne cheute fatale. Il faut rendre beaucoup de combats contre des puiſſances reuoltées, & les reduire à leur deuoir par les mortifications, par cette generoſité ſemblable à celle de Mars, qui ne craint point les fatigues ny les perils, qui ſemble prodigue du ſang & de la vie : On rauit le ciel par cette ſaincte violence, qui purifie l'ame de toutes les choſes ſenſibles, & qui nous donne tout ce que nous pouuons eſperer icy de beatitude en nous approchant de Dieu qui eſt noſtre ſoleil.

Ces pratiques ont eſté le ſuiet des deux parties de ce petit œuure que nous auons traittées, qui comprennent en apparence toute la perfection du Religieux, puis qu'elles le mettent dans la reſſemblance de Ieſus-Chriſt viuant & reſſuſcité, & qu'elles le font entrer dans l'vnion ſacrée qu'il a auec ſon Pere. Les exercices de la mortification, de la pureté de cœur, de l'oraiſon, de la preſence de Dieu, & autres ſemblables acheuent veritablement le bon-heur du Religieux pris en particulier, mais il reſte beaucoup à dire pour le former à tous ſes deuoirs, quand on le conſidere comme partie d'vne communauté.

Venus ſuit le ſoleil, & ce planette qu'on dit preſider à toutes les vnions, & à toutes les fauorables rencontres de la nature, eſt vne image de l'amour & de l'eſprit diuin, qui dés le commencement du monde forma cette admirable police de ſes parties, qui depuis fit cette prodigieuſe vnion de la nature diuine & de l'humaine, qui forma le corps de Ieſus-Chriſt dans les chaſtes entrailles

R r ij

de la Vierge, qui assembla le college des Apostres, qui sauua tant d'ames perduës, & les ramassa dans le troupeau de son Eglise, & qui fait encore aujourd'huy les saintes congregations religieuses.

Saint Denys appelle l'amour diuin vnissant parce qu'il n'allie pas seulement les choses semblables, comme fait le feu, mais il joinct celles qui tenoient les extremitez de l'estre; de toutes il forme vn corps animé d'vn mesme esprit, & par vn destin plus puissant que celuy des astres, il fait que des personnes d'vne humeur antipatique s'obligent à garder vne mesme regle, & à pratiquer toute leur vie à mesme heure, à mesme temps, les mesmes choses.

Psal. 67.
Le Prophete a suiet de metre cette transformation de mœurs entre les œuures plus admirables de Dieu, & veritablement elle n'est possible qu'à cet amour diuin qui a fait ces miraculeuses vnions, que nous auons dit, en la nature & en la grace. C'est la forme qui dans le composé tient les qualitez elementaires en subjection, de sorte qu'elles rabatent autant de leurs actiuitez, qu'il est necessaire pour demeurer en bonne intelligence, & pour conseruer l'indiuidu, & c'est la charité diuine qui anime des personnes si differentes, à viure sous vne mesme regle, & à se maintenir dans vne paix qui calme tout ce qu'il y a de contraires inclinations: cela neantmoins ne se fait pas sans nous, il faut que nos volontez & que nos diligences concertent auec la grace, de sorte que comme il y a de grands profits à bien viure dans les communautez, l'on doit pratiquer à proportion des vertus plus éminentes, & dont les habitudes sont plus difficiles.

Politi Lib. 3. cap. 3
La Morale n'est, dit Aristote, qu'vn essay, qu'vn preparatif, qu'vne generale disposition de la vie ciuile, où l'esprit doit auoir des lumieres plus estenduës, des resolutions plus fortes & plus magnifiques, selon la qualité des emplois, tellement que pour estre homme de probité il ne s'ensuit pas qu'on soit bon citoyen, quoy que tout bon citoyen doiue estre homme de probité. Il suffit au Religieux solitaire qui n'a qu'à contenter les yeux de

DV RELIGIEVX. 319

Dieu & de sa conscience, de s'éloigner des objets, d'amortir les passions contraires à ce qu'il pretend de paix & d'integrité; se donner autant d'action qu'il en faut selon ses forces pour n'estre point oysif & comme le monde, tenir toutes ses veuës arrestées dedans luy mesme : en cet estat beaucoup de defaux demeurent couuerts, parce qu'ils sont propres, & que la nature qui n'en a pas le ressentiment, qui n'en reçoit point les aduis d'ailleurs, ne se met pas en peine de les corriger : ie considere ce reclus auec son humeur peut-estre sauuage, & qui a peu de l'humain, comme le premier homme en cet estat d'innocence où il ne reconnoissoit pas sa nudité. Il ne laisse pas de presenter à Dieu de tres agreables sacrifices sur vn cœur qui n'a pas tout ce que la raison & la charité luy pourroient donner de politesse; comme on les presentoit anciennement sur des Autels bastis de pierres, telles qu'on les auoit tirées de la carierre sans estre taillées. Mais quand il a fallu bastir vn Temple assez grand pour receuoir tant de peuples qui s'y rendoient de tout costez, l'esprit de Dieu conduisit celuy des Architectes pour en former le dessein, & donner l'ordre de tailler châque pierre selon le lieu qu'elle deuoit tenir en l'edifice : l'Apostre parle en ce sens des personnes qui sont choisies pour le ministere, & l'edification de l'Eglise, & veut qu'elles prennent vne forme conuenable, afin que toutes se rencontrent dans ce qui leur faut de proportions pour éleuer vn saint Temple à Dieu.

Exod. 20.

Num. 14.

Eph. 2. 10.

Vne pierre ne retient que la figure qu'elle a receuë propre à la place où elle doit estre posée; mais vn Religieux dans vne communauté doit auoir vn esprit accordant à tous les lieux, tous les temps, toutes les personnes; qui sans aucune attache particuliere se transforme selon les occasions où l'obeissance & la charité l'employe : c'est de là que naist cette vnjon, cette paix qui fait le souuerain bien des congregations Religieuses, sur qui celle des Republiques se doit regler, comme la hierarchie de l'Eglise sur celle des Anges.

Le trauail seroit infiny, d'apporter autant de remedes,

R r iij

& de faire autant de loix qu'il se peut commettre d'abus par le peu de correspondance des personnes qui sont en communauté : le meilleur est de preuenir ces disgraces par des maximes vniuerselles, & d'informer de bonne heure les esprits des resolutions qu'ils doiuent auoir de sacrifier leurs interests particuliers au bien general du corps dont ils sont les membres. C'est le dessein de cette troisième partie où ie prie Dieu qu'il me donne les raisons, & les paroles assez efficaces pour bien former vn Religieux dans ces pratiques de communauté. Le sujet est vaste, ie tâcheray neantmoins d'y garder vn ordre qui en facilitera l'intelligence, & qui consolera les peines qu'il y faut prendre par les aduantages que l'on en doit esperer.

POVRQVOY LES CONGREGATIONS Religieuses sont instituées, & combien elles sont auantageuses à la pieté.

CHAPITRE I.

LA premiere, la plus viue, la plus necessaire de toutes les inclinations de la nature, est celle qui nous porte à la societé ; car c'est de là que nous receuons du soulagement en nos infirmitez, de l'adresse pour nôtre conduite, des forces contre nos ennemis, du conseil dans l'vne & l'autre fortune : aussi nous auons l'vsage de la parole, qui expliquant nostre concept monstre que nous sommes nés beaucoup plus que les animaux pour vne intime communication auec nos semblables. Tout ce que la vanité produit d'ornemens, tout ce que les biens de fortune jettent d'éclat, tout ce qu'ils donnent d'esperance, ne sert qu'à nous attirer dans la compagnie qui fait nos plaisirs & nos solemnitez, comme la solitude nous est vn supplice : Enfin dans tous les siecles, sous tous les climats les hommes, ceux mesme que nous appellons sauuages viuent en trouppe, leurs tentes & leurs

DV RELIGIEVX.

cabanes font leurs villes, & nous en parlons sous ce nom collectif de peuple, pour signifier vne multitude assemblée.

Mais les vices se sont tellement emparez des hommes par vne mutuelle complaisance, l'opinion a si fort alteré les loix naturelles, que pour éuiter cette contagion generale la vertu s'est veuë contrainte à la retraitte, & à chercher ses seuretez dans la solitude. Ainsi les Philosophes forment leurs sectes, & plusieurs, comme les Brachmannes aux Indes, abandonnant les villes peuplerent les montagnes hors le commerce du monde, des femmes, des richesses, du trafic, & passoient innocemment toute leur vie en la speculation des sciences, & à chanter des hymnes à Dieu. Ainsi plusieurs concourans à mesme dessein de pieté, sur tout estant animez par la voix de quelque illustre personnage se sont enfin rencontrez en assez grand nombre pour faire de sainctes congregations, & comme des ligues qui tinssent fort pour le party de la vertu, contre les desordres du monde : Enos commença d'inuocquer le nom de Dieu, comme dit le texte sacré, parce qu'il fit vne famille de personnes Religieuses qui resisterent aux dissolutions des enfans de Caïn : Matathias ramassa tous ceux qui auoient le zele de la loy, & fit des trouppes assez considerables pour n'estre pas contraintes à suiure les impietez d'Antiochus.

Philost. in vita Apol, lonij

Ce n'estoit là que l'aurore des grandes lumieres que le soleil de iustice deuoit apporter au monde, & de ce que Iesus-Christ vouloit nous enseigner pour accomplir toutes les loix, en faisant que la societé naturelle fut saincte. Si tost qu'il vint à publier son Euangile, il assembla le college de ses Apostres auec vn grand nombre de disciples, qui apres sa mort tenoient fort souuent conseil, où estant tous assemblez le iour de la Pentecoste le Saint Esprit descendit sur eux en forme de feu pour signifier qu'il leur donnoit la force de cet element propre à r'allier les choses de mesme nature, & à conuertir les autres en soy. Ces bien-heureux presages furent aussi-tost suiuis de leur effet; tous les fidelles s'assemblent, ne font qu'vn corps, n'ont qu'vn cœur & qu'vne ame, hors les femmes toutes choses leur sont communes, & pour oster les suiets de diuision que causent les biens, ils les apportent aux pieds des Apostres.

 Cette premiere feruueur s'estant alentie, & l'amour propre reprenant ses droits sous pretexte de necessité, les plus zelez se retirerent dans les deserts, où dés le troisiéme & au commencement du quatriéme siecle Saint Anthoine assembla vn grand nombre de Religieux, dont la vie conuentuelle se répendit depuis par toutes les parties du monde sous diuers instituts, mais tous professant vne vie commune sous les mesmes trois vœux d'obeissance, de pauureté, de chasteté.

Baron. an. 257.

 Il n'appartient qu'à Dieu de faire vn mixte veritable, & de diuerses parties elementaires qui côcourent en vn composé, en former vn solide temperament: car nos artifices ne peuuent que brouiller des particules qui s'approchent, qui se confondent, mais qui ne se penetrent pas; ainsi nos alliances ciuiles, ne sont que des conjectures, & non pas des causes veritables d'vnion, puis que les querelles, les procez, les inimitiez sont ordinaires entre les parens: les autres societez humaines allient les corps & les biens, non pas les cœurs; ils sont en la main de Dieu, & c'est luy seul qui les ayant épurez par sa grace de toutes les affections sensibles, les ayant tous reduits à vne nature spirituelle, les mesle & les vnit plus parfaitement que des rayons de lumiere: comme ils tendent tous à luy qui est vne souueraine & inuariable vnité, ils perdent leurs diuersitez dans ce commun centre, & ne sont plus qu'vn cœur & qu'vn ame.

Galen. lib. 2. de temperamētis.

 Nous ne faisons tous ensemble qu'vn corps dont Iesus-Christ est le chef, & nous en sommes les membres animez de son esprit, & conduits par sa lumiere pour nous entre-donner du secours, dit l'Apostre. Dieu est vn & tout ensemble infiny, ainsi dans la congregation Religieuse il s'y rencontre vne vnité indiuisible en soy par vne solide paix, & separée de toute autre chose, par l'abandon qu'elle en a fait, il y a neantmoins vne multitude d'où naissent des forces pour vn plus facile accomplissement de tous les deuoirs de saincteté ; là l'on peut voir, comme dans le songe de Pharaon, sept beaux épics qui s'éleuent d'vne tige, c'est à dire vne infinité de belles actions qui procedent d'vn mesme institut, où plusieurs personnes sont parfaitement vnies pour le seruice de Dieu. {Gen. 41.}

A la verité si la vie religieuse est importante, comme nous auons dit, à l'Eglise & à l'estat, il est bien iuste que plusieurs soient employez à conseruer ses droits, & que Dieu soit seruy auec de plus grandes fidelitez dans l'assemblée, & dans le conseil des justes. Plusieurs sont plus propres à conseruer les choses en vn mesme estat, car il est difficile qu'ils tombent d'accord pour le changement: vne grande quantité d'eau est moins suiette à se corrompre, enfin des forces vnies sont plus puissantes pour obtenir ce que l'on souhaitte, & pour se deffendre de ce qui menace. Le monde paroist en si grand nombre, & auec vn si grand éclat dans ses dissolutions, il rauit les cœurs auec tant de violence ; n'est-il pas iuste que les Religieux fassent de leur costé quelque gros pour luy tenir teste, & qu'ils presentent cet asyle à ceux qui se voudront sauuer de la tyrannie ? {Psal. 110.}

Ie feray voir dans la suite de cette partie, que les bons exemples, les entretiens d'édification, les charitables aduis qu'on reçoit dans vne congregation religieuse, sont des moyens efficaces dont se sert la grace pour affermir les esprits dans leur saincte vocation, & pour leur en faciliter les progrez : que s'il faut faire quelques entreprises sur le monde, s'il faut gaigner les pecheurs à Iesus-Christ par l'exemple & par la parole, l'on a besoin de plusieurs soldats pour ce combat, d'vn grand nombre d'ouuriers pour cette grande moisson ; & comme toutes les parties organiques de nostre corps sont dissimilaires, c'est à dire composées de diuerses pieces, d'os, de muscles, de nerfs, de chairs, de veines, d'arteres, de mesme vne grande congregation religieuse peut fournir des hommes d'vne

S. f.

differente capacité propres à tous les emplois de l'Eglise.

Si cette vie doit representer celle de Iesus-Christ dont les perfections sont infinies, ceux qui la professent doiuent estre plus en nombre & en compagnie qu'il n'y a d'étoilles au ciel pour consoler le monde dans l'absence du soleil, & autant qu'il y a d'Anges en diuers ordres pour honorer Dieu. C'est la gloire de Iesus-Christ d'auoir plusieurs personnes qui quittant les vanitez se mettent à sa suite, mais il faut qu'ils fassent vn corps, qu'ils tiennent leur rang comme des membres, afin qu'il en soit le chef. Seneque dit qu'vn Philosophe ne peut *Epist. 95.* donner de credit à sa doctrine, s'il ne s'attache à vne secte; comme vne fueille n'a sa verdure & sa beauté que de la branche qui la porte, comme les fontaines & les riuieres ne suiuent le mouuement du ciel, que quand elles se sont renduës dans la mer qui en reçoit les impressions; ainsi d'ordinaire Dieu donne des graces eminentes aux particuliers, par le moyen des ordres où ils ont rendu leurs *Serm. vlt. in Ascensione Domini.* vœux : vous vous trompez Thomas, dit Saint Bernard, si vous croyez auoir la veuë de Iesus-Christ autrement que dans le conclaue des Apostres; c'est au milieu de plusieurs personnes assemblées en son nom qu'il promet de se trouuer, & cette premiere verité qui est pour l'instruction de tout le monde ne se plaist que dans vne vie & vne discipline commune.

Au reste la congregation religieuse est extrémement fauorable aux desseins de celuy qui a quitté le monde pour viure sans autre soin que de seruir Dieu; car vn seul se charge là de pouruoir aux necessitez de tous, du viure, du vestir, des autres petites commoditez de la vie, & par ses soins qu'il prend auec des graces particulieres de Dieu, tous peuuent demeurer en repos. Le solitaire n'a pas cet *D. Basil. regula. fusius disputat. c. 7.* aduantage parmy toutes ses austeritez, encore faut-il qu'il ait le soin de se munir contre les injures du temps, de pouruoir son corps de nourriture; si la prendre luy est vn supplice, que sera-ce d'employer beaucoup de temps & de peine à la preparer? Le voila tout occupé pour luy mesme & pour le corps, sans auoir ny le temps ny les

DV RELIGIEVX.

occasions de soulager le prochain par les œuures de charité; il n'a point les merites de la complaisance ny de la compassion; il ne sçait ny ce qu'il peut, ny ce qu'il doit, s'il forme quelques bons desirs ils s'exhalent, & se terminent à rien faute d'exercice; enfin s'il tombe, où trouuera-il du secours pour se releuer? Mais dans vne communauté le Religieux possede veritablement tout n'ayant rien, puis qu'il a toutes les commoditez de la joüissance sans en ressentir les soins, ce que les plus grands du monde souhaittent & ne peuuent obtenir quoy qu'ils ayent vne multitude d'officiers. Dans cette liberté des enfans Dieu, auec cet esprit parfaitement dégagé des choses sensibles, rien ne l'empesche qu'il ne se donne tout entier à la pieté, & qu'il n'y face des progrez miraculeux à la faueur des secours qu'il tire de ses confreres; il s'acquite non seulement d'vn office, mais de tous en mesme temps, parce qu'il agit au moins de cœur auec tous, & que par l'obeissance il est en disposition de tout faire.

En ce concours de forces & d'industries le courage se peut plus librement déployer sans que l'humilité s'y trouue interessée; car comme dans vne musique les voix particulieres des chantres demeurent couuertes par la voix de tous, ainsi l'ordre tire à soy la principale gloire de ce que les particuliers y font de memorable, il tempere ainsi la vanité des vns, & donne de l'éclat à tous. On employe agreablement dans les tableaux des coloris d'eux mesmes sombres & mal plaisans à la veuë, on donne de l'ornement aux bouquets, auec des fleurs qui n'ont aucune beauté quand elles sont separées, & des personnes qui passeroient pour inutiles dans vne vie particuliere, trouuent dequoy s'employer fort vtilement sous la prudente conduite d'vn superieur dans les communautez religieuses. Voila comment, selon le Prophete, c'est vn bien & vn contentement extreme pour les freres de viure en congregation.

Seneca Epist. 84.

Psal. 132.

Cette sainte congregation est vn ciel, où la joye est égalle à l'integrité, où le bon-heur ne seroit pas entier, s'il n'y auoit des delices innocentes: son bien est, comme nous auons dit, en ce que l'on y pratique auec auantage toutes les vertus; en ce que l'on reçoit vne surabondance de merites par la communication de plusieurs, comme les bons planettes ont plus de forces estant en conjonction, comme les odeurs sont plus suaues estant meslées, comme plusieurs lumieres sont toutes ensemble vn plus grand iour. Nostre ame immortelle qui trauaille icy pour l'eternité est bien aise de laisser les fruits de son trauail pour l'entretien d'vn ordre qui ne perit point, & qui doit tousiours s'employer auec l'Eglise à l'honneur de Dieu : c'est sur cette generation de justes que sa bonté verse ses plus amples benedictions, il comble d'vn contentement ineffable les anciens Peres de Religion, qui se voyent enuironnez de ces rejettons d'immortalité. Si au reste vous me demandez en quoy consistent les joyes du Religieux en sa cōpagnie, ie dis que c'est en ce qu'il croit fermement que la diuine prouidence la mis en ce lieu de saincteté pour le sauuer ; que c'est le port où il est rauy de se voir hors les tempestes & les naufrages du monde : il a de la joye dans l'integrité de sa conscience, dans le plus fidelle acquit qu'il peut de son deuoir, dans l'innocence de sa conuersation, dans les bons offices d'vne mutuelle charité, dans tous les merites de ses confreres qu'il fait siens par complaisance, dans le commun zele qu'il void pour le seruice de Dieu, dans les ineffables consolations qu'il reçoit de sa misericorde, enfin dans les esperances de la gloire, & dans toutes ces marques assez sensibles de sa predestination.

Psal. 127.

LES MERITES ET L'IMPORTANCE
de la superiorité religieuse.

CHAPITRE II.

DIEV fit en creant le monde vn ciel qui deuoit verser ses influences, & vne terre disposée à les receuoir; en ce ciel vn astre pour éclairer tous les autres, vn premier mobile pour leur imprimer son mouuement, entre les intelligences vne hierarchie superieure pour perfectionner les inferieures. La nature suit cet ordre en la conformation de nos corps, car elle employe ses premieres & plus secrettes industries à former le cœur, le foye, le cerueau, ces trois parties dominantes dont le fauorable concours doit faire la constitution & la vie de toutes les autres. Selon cette regle ayant à parler des congregations religieuses en cette partie, ie dois en commencer le discours par celuy du superieur, qui est le soleil & le premier mobile de ce ciel, qui en ce corps est comme la teste où reside la source des sens, & d'où par vne phisionomie morale on peut faire le jugement de l'esprit qui regne dans vn ordre ou vne famille.

Cette matiere est d'vne telle importance, & d'vne si vaste étenduë, qu'il faudroit plusieurs volumes pour la traitter selon son merite, & quand on y apporteroit toute l'estude que de celebres autheurs ont employé pour former vn Prince dans la police, ce qu'on diroit d'vn superieur de Religion seroit tousiours au dessous de ce grand sujet qui demande vne perfection sur-humaine. Pour donc ne point representer vn corps imparfait par le defaut de sa principale partie, ie n'en figure icy la teste que comme en perspectiue & dans vn éloignement, que beaucoup de raisons ne permettent pas de faire voir auec tous les traits du visage.

Ie souhaitterois en gros auec Saint Augustin que le superieur de Religion consideraft qu'il fait deux tres

Lib. de pastorib. super Ezech. 1,

LA CONDVITE

importans personnages, deuant les yeux du monde, des Anges & de Dieu; celuy de Religieux qui regarde les interest de son salut particulier, & celuy de superieur d'où dépend vn bien vniuersel, le soustien d'vn saint ordre, & le salut d'vne infinité d'ames. Si la vie Religieuse, comme nous auons dit, nous dépouille du vieil homme, & nous reuest du nouueau créé selon la justice & la verité, si malgré la corruption de l'âge elle se conduit tousiours par les conseils de Iesus-Christ, & le fait ainsi demeurer auec nous jusques à la consommation des siecles; si elle est vn port de salut, vn asyle, vn sacrifice de loüange & d'expiation pour tous ceux qui quittent le monde; pour tous les autres, vne idée de vertu, vne voix qui les exhorte à la penitence, vn suffrage qui leur fait esperer les graces du ciel; si elle est le sanctuaire de l'Eglise, & le ciel des Anges humains; qu'elle doit estre la perfection de ceux qui en ont le gouuernement: Car ce qu'est l'homme à l'égard des estres inferieurs sur qui Dieu luy donna l'empire, ce qu'est le ciel sus les élemens, ce que sont les intelligences sur les cieux, les Seraphins sur les Anges, le superieur d'vn ordre ou d'vne famille le doit estre sur les autres Religieux ses sujets, & auoir sur eux vne éminence de perfection qui rende la partie plus grande que son tout.

Representez-vous l'integrité des ames conuerties à Dieu par vne surabondance de graces, les auersions extremes qu'elles ont conceuës des crimes & des vanitez du monde, les belles lumieres qui les éclairent, les ardeurs seraphiques qui les enflâment; considerez ces chastes épouses du Verbe qui n'ont plus d'autres volontez que celle de Dieu, qui ne viuent que de son esprit, qui n'agissent que par ses impulsions, qui ont auec ces presages de leur felicité le sujet d'accroistre sans cesse leurs couronnes dans vn martyre continuel; il faut neantmoins que le superieur qui les gouuerne soit plus parfait, pour les perfectionner tousiours dauantage; & veritablement si l'on croit que Dieu pouruoit de Princes pour maintenir les Royaumes, qu'il tient leurs coeurs en sa main, qu'il leur inspire les

DV RELIGIEVX.

qualitez heroïques necessaires au gouuernement, que Saül & Dauid receurent ces eminentes transformations, si-tost qu'ils furent consacrées par le Prophete, on ne doit point douter qu'il ne done des graces plus amples aux superieurs de religion pour la conduite d'vne vie qui luy est plus chere, puis qu'elle est tirée sur l'exemple de son propre fils.

1. reg. 10. & 16.

Ie n'auance pas ces considerations pour flatter les superieurs dans la qualité qu'ils portent, mais pour les tenir dans ce qu'ils doiuent de crainte & de respect à la sublimité de leur ministere, & les faire entrer dans les sentimens de l'Apostre qui viuoit auec vne crainte & des apprehensions extremes de ses infirmitez, entre les fidelles dont il auoit la conduite, & qui chastioit son corps par de continuelles austeritez, pour donner de l'efficace à ses predications par son exemple. Le superieur est comme vn homme qui s'estant rendu caution pour vne autre d'vne grande somme de deniers publics, est dans des allarmes continuelles que ses affaires n'aillent pas bien, & tousiours au guet pour luy donner tous les aduis necessaires parce que la ruine de ce principal debteur seroit la sienne; les Religieux ont receu des graces immenses de Dieu; le superieur qui luy en doit répondre pour tous, n'a-il donc pas grand sujet de craindre qu'ils n'en abusent? Saint Bernard tremble sur cette pensée, que feray-ie, dit-il, pauure miserable & à quoy me puis-ie resoudre si i'apporte de la negligence à conseruer vn dépost que Iesus-Christ à plus estimé que son propre sang; si j'auois recueilly celuy qui coula de ces sacrées playes en la croix, si ie le portois en la main dans vn vaisseau fragile & en vn chemin glissant, ie serois en de continuelles apprehensions de le répendre; helas nos cœurs & nos esprits sont plus fragiles que le verre, & comment répondre dans ce grand peril, des consciences qui sont des abysmes impenetrables où ie ne puis porter ny les yeux ny les mains

1. Corin. 9.

Sermo. 3. in aduentu.

Il ne suffit pas pour vostre justification de dire que vous n'auez point recherché ces emplois, qu'vn ordre superieur vous y a reduit contre vos inclinations & la connoissance

D. Chryso. lib. 5. de sacerdotio

que vous auez de voſtre incapacité ; enfin dit S. Chryſoſtome vous auez pris cette charge auec vne ſtipulation publique d'y apporter tout ce qui ſeroit de vos ſoins & de vos efforts ; Moyſe, Hely, Samuël, Dauid, n'ont pas eſté moins chaſtiez de Dieu pour les fautes qu'ils commirent dans vn gouuernement dont ils s'eſtoient excuſez, & qu'ils ſembloient n'auoir pris que par contrainte. Il faut donc icy des effets qui reſpondent à la grandeur des charges, & à ce que les Religieux en ont conceu d'eſperance. il faut vne grande rectitude en ceux qui doiuent eſtre la regle des autres ; ils doiuent aller les premiers, pour eſtre ſuiuis en cet aſſaut que l'on donne au ciel : ils doiuent comme le premier mobile ſe porter eux meſmes au mouuement qu'ils veulent imprimer aux autres, & eſtre comme les Seraphins des exemplaires agiſſans. Depuis qu'ils ont pris le titre d'vne charge, qu'on leur en donne le nom comme ſi c'eſtoit leur nature, ils ne ſe doiuent plus conſiderer que comme des victimes que la Religion immole en toutes rencontres pour l'edification publique & particuliere: ils doiuent ſçauoir que tous les yeux & tous les eſprits s'attachent ſur eux pour obſeruer leurs déportemens, quoy que le reſpect en arreſte la cenſure, & que la moindre de leurs actions eſt d'vne extreme conſequence, s'ils ne prennent d'autant moins de liberté qu'ils en ont plus de pouuoir, & meſme plus de ſujet. Tout le ſang ſe perd par vne ouuerture qui ſera faite à la veine caue, tous les nerfs ſouffrent des conuulſions, quand ils ſont bleſſez en leur origine, on croyoit que tous les mouuemens de la nature ceſſeroient auec celuy du ciel; & nous voyons les familles & les congregations religieuſes renuerſées par les relâches des ſuperieurs ; car ceux qui n'en imitent pas les vertus, les ſuiuent ayſement en ce qui eſt fauorable à la nature, & prennent vne petite licence pour vne loy qui leur promet l'impunité en ſemblables cas. En effet quel credit pourroient auoir les remonſtrances & les corrections que la vie dément ; ſelon les loix vn Pere ne peut pas chaſtier ſon fils d'vne faute qu'il commet luy meſme & le Verbe diuin n'euſt pas eſté le

vray

L. 16. Cod.
de inſuffic.
teſtam.

DV RELIGIEVX.

vray precepteur pour l'inſtruction du monde, s'il n'euſt pris la nature humaine auec ſes infirmitez corporelles, pour commencer ſes conſeils par la pratique, & nous y animer par ſon exemple. Quand vn ſuperieur ſe reduit à toutes les obſeruances regulieres, quand il marche en cela d'vn pas égal, qu'il s'en fait vne ſolide habitude, qu'il s'y porte auec vne ferueur qui ne s'alentit iamais, & qu'il ſe fortifie dans l'occaſion meſme d'vne legitime diſpenſe, en agiſſant de la ſorte il perſuade viuement les eſprits, il gaigne les cœurs, il confond la negligence de ſes ſujets; c'eſt vn gouuernement d'amour également doux & puiſſant qui prend ſes forces du ciel, car qui pourroit reſiſter à celuy qu'on void agreable à Dieu, & dont la gloire eſt tout le profit qu'il tire des charges.

Les fatigues y ſont grandes mais les conſolations ſont indicibles, de voir qu'on tire apres ſoy tant de bonnes ames à la perfection ſans violence, & par des attraits de douceur ſemblables à ceux de la grace qui les ont premierement dégagées du monde : c'eſt vn plaiſir diuin de ſe voir en tant de miroirs, de faire vne mode de la ſaincteté, d'y mettre le poinct d'honneur, de l'établir comme vne couſtume qui la rende inuiolable pour l'aduenir.

Les ſujets doiuent auſſi conſiderer que le ſuperieur n'ayant qu'vn corps, il ne peut pas eſtre en meſme temps en diuers lieux ſans miracle ; qu'eſtant occupé ſouuent aux preſſantes affaires de la maiſon, ayant à ſatisfaire au public pour tous ſes Religieux, il eſt impoſſible qu'il rende autant d'aſſiſtance aux actions regulieres, qu'vn particulier qui n'a que ce ſeul employ.

Il eſt vray que Saint Gregoire ſçachant qu'vn Abbé eſtoit fort diſtrait de ſes exercices reguliers pour vaquer aux grandes affaires exterieures de ſa maiſon, luy conſeilla de s'en décharger ſur vne perſonne ſeculiere qu'il ſçauoit luy eſtre affectionnée ; & quoy que ce qui ſe fait par vn autre ne reüſſiſſe pas au poinct de ce que l'on conduit par ſoy meſme, il veut qu'on achete les tranquillitez & les benedictions de la cellule, au prix de quelque dommage temporel : Quoy que le ſuperieur pratique cela tous les iours,

In Regiſtr. lib. 1. epiſt. 61.

& qu'il ait plusieurs substituts pour l'expedition de ses affaires, il s'en rencontre tousiours tant qui demandent sa presence, qu'auec tout ce qu'il apporte d'excuse & d'adresse il est contraint de s'absenter souuent des communautez. Le soleil n'éclaire pas en mesme temps les deux hemispheres ; la mer auec tout ce qu'elle a d'érendué, quitte vn riuage quand elle se répend sur l'autre : Iesus-Christ n'est plus en oraison sur la montagne, quand il fait sa visite par les bourgades pour prescher & guerir les peuples. Ne doutez pas que le superieur ne souffre beaucoup dans cet element étranger ; il y est priué de la consolation de faire ce qu'il sçait faire le mieux, de voir les fruits de son zele & de son bon exemple en la regularité de sa famille ; c'est neantmoins son office de vaquer aux choses communes & à l'exterieur pour en affranchir ses Religieux ; qu'on ne prenne donc pas ces fatigues pour vne dispense, qu'on ne surcharge pas de blasme vn employ de luy mesme déja fort onereux, & qu'on ne lapide pas vn pauure superieur pour vne bonne œuure.

LE GOVVERNEMENT RELIGIEVX
ne se doit pas conduire par la prudence humaine.

CHAPITRE III.

LES lumieres sensibles se meslent & s'vnissent iusques à ne faire ensemble qu'vne mesme illustration, parce qu'elles sont de mesme nature ; les intellectuelles comme sont celles de l'instinct, de la raison, des sciences, de la foy, de la reuelation se penetrent encores plus intimement, dit Saint Thomas, s'entraydent & se fortifient pour l'éclaircissement d'vn esprit. Chose étrange que contre les maximes de la Philosophie l'on void aujourd'huy deux lumieres contraires l'vne à l'autre, vne sagesse du monde directement opposée en sa cause & en en ses effets à celle de Dieu ; vn faux iour qui ne nous est pas donné par le Pere des lumieres, mais par ces Anges

Initio lib contra Gentiles.

DV RELIGIEVX.

reuoltez qui exhalent en cela le reste de leur intelligence corrompuë.

Comme l'amour de Dieu & celuy du monde ont fait deux citez ennemies l'vne de l'autre, dit Saint Augustin, elles ont aussi pour se conduire à des fins toutes contraires vne sagesse & vne prudence opposée. Iesus-Christ nous le témoigne dans l'Euangile, & nous fait reproche qu'estant enfans de lumiere nous ayons cependant moins de prudence pour aduancer nostre salut, que les enfans du siecle pour établir leur fortune & se retirer des incommoditez de la vie. Ceux, dit Saint Paul, qui viuent selon la chair ont vne prudence charnelle, & ceux qui viuent selon l'esprit ont vne prudence d'esprit; mais qu'on ne s'y trompe pas, car la sagesse du monde est vne folie deuant Dieu, aussi, dit-il, ie vous annonce vne sagesse toute autre que celle des Princes du monde, & qui n'est point conneuë de leurs conseils, c'est vn mystere que Dieu vous reuele par sa prouidence, afin que vous viuiez de son esprit & non pas de celuy du monde. *1. de ciuitate Dei.* *Luc 16.* *Rom. 8. & 2. & 1. Cor. 1.*

Il importe donc extrémement de bien reconnoistre ces deux lumieres & ces deux sagesses, afin de choisir celle de Dieu pour le gouuernement des ordres Religieux, & non pas celle du monde qui en seroit la ruïne, & comme vn phare trompeur qui feroit faire naufrage sur les brisans, au lieu de conduire au port. Puisque le gouuernement est le propre effet de la raison & de la sagesse, selon Saint Thomas, il est iuste que ceux qui gouuernent ayent comme les intelligences superieures des lumieres plus nettes & plus étenduës, mais qu'elles ne se meslent point auec celles de la sagesse humaine, dont les pratiques ont tousjours esté funestes à ceux qui en ont voulu tirer aduantage. *L. 10. ff. de incendijs & naufra.* *2. 2. q. 47. a. 8. ad 3. & q. 2. a. 6. ad 1.*

Cette sagesse humaine originaire de l'amour propre, ennemie de la charité consiste à rechercher en tout ses interests, les preferer à toutes choses, mesme publiques & sacrées ; employer indifferemment toutes sortes de moyens, les dissimulations, les corruptions, les perfidies, les sacrileges pour reüssir à ce qu'on pretend ; faire tout

T t ij

seruir à ses desseins ambitieux; auoir vne belle monstre, sans le sentiment de la probité & de la Religion; croire iuste tout ce qui est vtile, & qu'on peut tout entreprendre pour regner; pour cet effet auoir des voix & des plumes à gage qui répendent la reputation de ceux qu'on veut éleuer, ou qui noircissent ceux qu'on veut affoiblir; nourrir des diuisions pour se rendre necessaire à les appaiser, & comme Tertulien dit des démons, faire des maux pour sembler qu'on les guerit quand on ne les continue pas. Cette mal-heureuse sagesse persuade de ne tirer pas seulement vne celebre vengence des injures que l'on a receuës, ne combattre pas seulement tous ses ennemis qui paroissent, mais ruiner tous ceux dont on peut conceuoir quelque jalousie ou quelque soubçon, abattre tout ce qui est eminent & tout ce que l'on craint, faire passer ces terreurs paniques & ces songes pour des realitez, & sous ce pretexte comme si l'on estoit dans vne iuste deffensiue exercer tout ce qu'il y a de perfidies & de violence.

Nous auons horreur de ces furieuses maximes dans le monde, la voix publique charge leurs autheurs de maledictions, & l'histoire les rend infames à la posterité: si les sages preuoyent la ruïne des estats qui souffront cette tyrannie, helas que seroit-ce des ordres religieux s'il s'y trouuoit quelques petits esprits à qui cette conduite parust grande, parce qu'elle est extreme en malice, & qui se persuadassent d'estre fort intelligens, d'agir comme de mauuais ministres d'estat pour le seul interest particulier, sans raison & sans conscience? Ie ne considere plus comme vn Religieux mais comme vn apostat de la saincteté, celuy qui s'abandonne à ces abominables principes du monde, & cette mal-heureuse conduite sous vn saint habit est vne perfidie sacrilege qui met le comble à tous les crimes. C'est vn monstre de voir vn Religeux qui a quitté le monde se jetter dans cette pernitieuse politique que le monde mesme abhorre; d'estre possedé de cette sanglante ambition sous vn visage, vn habit, vne profession d'humilité; d'agir & de parler auec des illusions continuelles au lieu de la simplicité si necessaire dans la conuerſation religieuſe; de nourrir des aduerſions & de mediter des vengences, au lieu d'eſtre en eſtat de ſouffrir des perſecutions pour la iuſtice.

Ces pratiques de la ſageſſe humaine ſont directement oppoſées à la charité qui n'eſt point ambitieuſe, dit l'Apoſtre, qui eſt ſans jalouſie, ſans enuie, ſans ſuppoſer le mal, affable, patiente, & qui eſtant l'eſprit de Dieu, le doit eſtre de la Religion : c'eſt vne fauſſe prudence, dit Saint Thomas, qui fait ſeruir la partie raiſonnable à la ſenſitiue, la raiſon aux paſſions, & qui employe bons & mauuais moyens pour des fins illigitimes : l'Apoſtre a ſujet de dire que la prudence de la chair eſt vne mort, parce qu'elle eſt incompatible auec la charité, auec l'eſprit de Dieu; qu'elle fait perir les ames, les deſſeins, & les communautez : lors qu'vn ſuperieur de religion entreprend de gouuerner par cette police humaine, ſi les Religieux ne gouſtent pas cette conduite, il perd tout ce qu'il s'eſtoit acquis d'eſtime chez eux, & ne poſſedant plus les cœurs par l'authorité que s'y donne la vertu, le gouuernement luy deuient extrémément difficile; auec tous ces deguiſemens il ne peut guères tromper qu'vne fois, car les plaintes de ceux qu'il abuſe & qu'il opprime, le font bien-toſt reconnoiſtre pour ce qu'il eſt, l'vnique moyen qu'il a de couurir la honte de ces mauuaiſes pratiques, c'eſt de les rendre communes en ſon ordre, & d'imiter ces Roys de Perſe qui pour excuſer leurs inceſtes firent des loix qui les permettoient : or ſi ces fraudes & ces déguiſemens paſſent dans l'eſtime des ſujets pour des coups d'adreſſe qu'ils tâchent en tout d'imiter, ſi ce mal fait de grands progrez en leurs ames vuides d'autres bonnes choſes, ils tireront de là mille inuentions pour ſe diſpenſer de leur deuoir, pour eſtre inuiſibles à l'œil qui veille ſur eux, & s'échapper de la main qui leur penſe donner la conduite. Entre-eux cette mauuaiſe prudence jettera les ſemences de diuiſion qui eſteignent la charité, & en l'abſence de ce ſoleil ce ne ſeront qu'orages, que tempeſtes, que nuicts, que confuſions, où l'art des meilleurs Pilotes ſe trouue vaincu. Les ſeculiers qui gemiſſent ſous les déguiſemens continuels de la vie ciuile, ont au moins quelques bons interualles dans leurs maisons où ils peuuent conuerſer auec franchiſe, & ſe ſoulager de ce qu'ils ont ſouffert de contrainte. Mais quand cette peſte eſt allumée dans vn cloiſtre, elle deuient plus dangereuſe eſtant reduitte à l'eſtroit, hé que ſe peut on promettre de repos eſtant inueſty de toutes perſonnes, qui tâchent de vous ſurprendre en quelque parole & qu'vne malice commune vous rend ſuſpectes. Voila comment Dieu confond la prudence humaine, comment il la punit par elle meſme, la fait tomber dans les pieges qu'elle a dreſſez; voila comment ces ruzes propres aux ames lâches & craintiues peuuent cauſer vne deſolation generalle dans vn ordre religieux.

La verité, la ſimplicité eſt amie de la ſageſſe qui doit preſider au gouuernement; il n'y a rien de plus propre au ſuperieur que la fidelité dans les paroles & dans les actions, puis que Dieu meſme s'eſt voulu rendre recommendable dans le gouuernement des hommes en ſe faiſant reconnoiſtre ſaint & veritable en ſes paroles. La vie religieuſe a des tranquillitez & des delices celeſtes, tant que la ſimplicité, dont nous parlerons, regne dans le gouuernement & la conuerſation, hé pourquoy perdre ce bonheur? pourquoy quitter les maximes de l'Euangile pour celles de Machiauel, particulierement dans vne pauureté qui nous affranchit des ſubiections pour qui le monde exerce ſes perfidies & ſes violences?

Pſ. 144. 13.

Vn homme mondain s'excuſeroit ſi on le vouloit obliger à ſuiure les conſeils de Ieſus-Chriſt, & diroit que cette perfection ne luy ſeroit pas poſſible dans la vie qu'il eſt contraint de mener pour faire ſa charge & ſouſtenir ſa famille : qu'vn Religieux n'ait pas moins de cœur pour la gloire de ſa profeſſion, pour les tranquilitez de ſon ame & de ſon ordre; quand l'eſtude & l'experience luy auroient fait connoiſtre toutes les maximes de la ſageſſe mondaine, elle luy doit eſtre abominable, & il doit plûtoſt quitter tous ſes intereſts que ſe ſeruir d'vne pratique ſi pernitieuſe : cette prudence eſt appellée par Saint Iacques, terreſtre, mondaine, animale, diabolique, par-

DV RELIGIEVX. 337

ce qu'elle fauorise les passions humaines que nous deuons vaincre, les sens que nous deuons mortifier; elle employe les illusions des tenebres, les violences du demon meridien, & quand ce mauuais esprit possede le corps d'vne communauté religieuse, il luy fait souffrir toutes les contorsions des Energumenes.

Tout cela se dit de cette prudence humaine qui est esclaue de l'amour propre, qui ne trauaille comme nous auons dit, que pour le propre interest, qui ne craint point les yeux de Dieu mais ceux des hommes, pour commettre impunément tous les crimes ; celle qui met l'esprit de fourberie, d'ambition, de corruption, de ligues, de ruïne dans les ordres religieux, & l'abomination des abominations dans le sanctuaire. Iesus-Christ, & l'Apostre nous parlent d'vne autre prudence qui s'accorde auec la simplicité de la colombe ; de cette prudence qui étend ses veuës bien auant sur le passé pour en tirer les instructions du present, les presages & les preseruatifs pour l'aduenir; qui sçait obseruer les conditions des lieux, des temps, des personnes ; qui ne porte pas le cœur sur les léures ; qui sçait garder le secret des choses dont elle ne pourroit donner connoissance sans mettre des ames foibles en allarme, sans les disposer à la reuolte, sans trahir la verité, sans prophaner des mysteres, & mettre des perles deuant les pourceaux ; elle presente comme l'Apostre du laict à l'enfance spirituelle, des nouritures plus solides aux deuotions plus aduancées ; elle gaigne la multitude par son chef ; elle prend les occasions au poil, elle sçait tromper les malades, leur faire passer les remedes pour des nouritures, traitter les playes sans qu'on ayt la crainte ny presque le sentiment de l'operation ; prendre les hommes par leur foible & par leurs inclinations ; vn esprit de feu par vn employ qui a de l'éclat, vn plus sombre par les attraits du repos, vn zelé par les progrez de la Religion : quand il n'y a point d'autre remede elle sçait vaincre vne passion par vn autre, contenter vn petit desir innocent pour en tirer vn grand bien, & s'assubjetir la nature par elle mesme. Enfin en vn infinité de rencontres

Math. 10.

particulieres elle imite autant qu'elle peut les ordres de Dieu, qui fait tout auec plus de suauité que de puissance, elle imite sa sagesse qui a tout fait en poix nombre & mesure; sa prouidence dont la conduite nous est cachée; sa bonté qui preuient & surpasse nos esperances; ses graces qui font ceder la justice à la misericorde, & qui nous gaignent auec douceur.

DE L'HVMILITÉ ET DE LA moderation dans les charges.

CHAPITRE IIII.

LA conuersion d'vn homme qui quitte le monde pour se jetter dans vn cloistre, cette extreme resolution d'obliger toute sa vie à des pratiques contraires aux sens & à la nature, est vn effet miraculeux de la grace, dont les douceurs ineffables couurent tout ce que les vœux peuuent auoir de rigueur. Ceux mesme qu'vne mauuaise fortune & qu'vne tempeste semble contraindre à relâcher dans se port, ne souffrent cette violence que pour estimer dauantage par opposition les tranquillitez & les joyes de cette vie, qui tient plus de l'Ange que de l'homme. Depuis que Iesus-Christ a sanctifié les souffrances, qu'il a porté dans le ciel, les playes qui ont esté les instrumens de son triomphe, depuis que son humanité est inuestie des splendeurs diuines, si nous nous éleuons comme ressuscités auec luy, si nous viuons de son esprit selon que nous en auertit l'Apostre, nous aurons déja par aduance, mesme dans les rigueurs de nostre vie, quelque participation de sa gloire.

Coloss. 3.

Comme toutes choses se conseruent par les moyens mesmes qui les ont produites, il importe extrémément d'entretenir autant qu'il se peut dans l'esprit des Religieux les tranquillitez & les consolations interieures, dont Dieu les gratifia pour les attirer à son seruice : si ce sont là des faueurs du ciel, si c'est vne paix que les hommes ne peu-

DV RELIGIEVX. 339

ne peuuent donner, au moins qu'ils n'empeschent pas ce qu'il faut de difpofitions pour la receuoir. Iefus-Chrift veut que fon ioug foit non feulement leger mais fuaue, les fuperieurs doiuent donc agir de forte qu'ils ne le rendent par trop pefant ny trop fafcheux, fe feruir tellement de leur authorité, qu'elle accompliffe & n'empefche pas l'œuure de Dieu, & qu'elle ne contrifte pas fon faint Efprit: s'il épargne fa puiffance, & s'il n'a pas voulu contraindre les volontez libres, mais les tirer à foy par la douceur de fes graces; pourquoy leur tenir vne rigueur qui les rebutte, & qui ne luy laiffe plus pour fauoris que des efclaues?

Il eft permis aux Princes du monde de gouuerner leurs fujets auec vne fouueraine domination qui les tienne en crainte, & qui faffe paffer vne moindre violence pour vn bien-fait; voftre gouuernement doit eftre bien different de celuy-là, dit Iefus-Chrift à fes Apoftres, car celuy d'entre vous qui fera le fuperieur fera feruiteur des autres, & plus il fera grand il fe doit rendre le plus petit, le plus humble, le plus officieux de tous. Eftes vous éleu pour gouuerner vne communauté, foyez dit le Sage comme l'vn de la compagnie, & Saint Pierre aduertit de ne point exercer de domination fur le troupeau de Iefus-Chrift, mais de le former au bien par le bon exemple. Ie ne void pas, dit Saint Bafile, qu'vne perfonne ait vn grand fuiet de vanité d'eftre deftinée au feruice des malades, & à nettoyer leurs impuretez; c'eft là cependant l'office que le fuperieur de Religion doit exercer à l'égard des ames dont il a la charge, & agir auec tout ce qui fe peut de foins felon les ordonnances de Dieu qui en eft le medecin.

Quand vn Prince temporel leue des tributs, & fe fait rendre des hommages par le droit des armes, il reüffit en ce qu'il pretend, parce que ces chofes exterieures ne font pas moins fiennes, quoy qu'elles foient exigées par la force, & contre le gré de ceux qui s'en acquittent; mais les deuoirs Religieux, ceux mefme qui regardent les actions regulieres confiftent principalement en l'efprit; ce font

Luc. 22.
Ecclef. 32. 1.
1. Pet. 5. 3.
Regula fufius difput. cap. 30.

Y u

des hommages rendus à Dieu qui examine les cœurs, & qui n'agrée point ces offrandes si elles ne luy sont faites par amour: Or l'amour n'est pas au rang des choses qu'on puisse exiger par force, il veut agir sans contrainte, & se rebutte des choses mesme où il se porteroit par élection, si on ne faisoit point d'entreprise sur la liberté. Aussi la pratique des anciens fut de ne pas déterminer toutes les actions du Religieux par des ordonnances qui leur en sissent vne necessité, de laisser beaucoup de choses à leur deuotion, & que sous les chaisnes qui les attachent au culte de Dieu il leur restast des espaces assez étendus, où leur zele & leur charité se peust porter librement auec quelque sorte d'émulation. Le superieur leur fera donc paroistre qu'il les a plustost trouuez que mis dans leur deuoir; il leur tiendra la bride vn peu lâche, comme s'il n'auoit point suiet de les contraindre, & comme s'ils faisoient par vne pure & franche liberté ce qui leur est d'obligation; ainsi ces Seraphins dont l'office est de demeurer tousiours en la presence de Dieu, ont des aisles comme si quelquefois ils s'en deuoient éloigner.

Mais, dites vous, les fragilitez de la nature font souuent tomber le Religieux dans des defaux, d'où le superieur est obligé de le releuer par des corrections & des penitences; si ces fautes sont assez rares, s'il fait semblant de ne les pas voir, la honte & la conscience obligeront le Religieux de s'en retirer auec vne secrette promptitude qui tâchera de surprendre tous les yeux, pour ne rien perdre de son estime; comme quand on se met vistement en bonne posture apres vn faux pas qu'on croit n'auoir pas esté veu des autres, & qui leur seroit vn suiet de moquerie. Ce prompt & libre amendement a des suites bien plus heureuses, que si la correction du superieur estoit aussi prompte que la faute, si elle ternissoit aussi-tost l'honneur d'vn pauure suiet, si elle luy donnoit le déplaisir d'auoir perdu ce qu'il tâchoit de se conseruer d'estime dans son esprit; si elle ostoit aux autres la consolation & le fruit de le considerer comme vn exemplaire de vertu sans reproches. Pour luy conseruer cet honneur, & aux

DV RELIGIEVX.

autres ce profit, le superieur corrigera d'autres Religieux moins considerables pour mesme suiet ; celuy qui a manqué verra bien où porteront ces aduis d'vne bonté qui l'épargne, qui chastie comme l'on dit le chien deuant le lion, & le page deuant le Prince ; vne double secrette confusion de sa faute, & de cette misericorde, luy fera reprendre le chemin de la pieté auec plus de zele que iamais.

La nature & le medecin joignent ordinairement leurs forces pour vaincre le mal ; neantmoins la nature fait certaines choses sans le secours du medecin comme digerer les cruditez, & reproduire la chair consommée ; aussi le medecin fait ce qui ne seroit pas au pouuoir de la nature, quand il redresse des membres démis ou rompus. Il ne faut point de medecins quand la nature se rétablit d'elle mesme, le fer & le feu ne sont en vsage, que quand vn mal opiniastre ne veut point ceder à des remedes plus doux : pourquoy des rigueurs sur vn esprit assez confus de sa faute & qui se met en deuoir de l'expier par vne nouuelle ferueur ? Peut-estre qu'il ne la void pas, ou que n'en connoissant pas assez l'importance il a besoin de l'aduis & de la main du superieur, suiuez en cela le conseil de l'Apostre ; si quelqu'vn, dit-il, est tombé dans vne faute, vous qui estes spirituel corrigez-le auec douceur, & considerez-vous vous mesme, qu'estant suiet à beaucoup d'infirmitez vous serez bien aise d'en receuoir le secours auec misericorde.

Galen. lib. de constitutione artis medicæ.

Galat. 6.

La plus rigoureuse medecine ne fait pas estat de combattre tous les appetits d'vn malade, & quelques fois elle luy accorde des nourritures, qu'elle iugeroit nuisibles s'il ne les demandoit auec vne extreme auidité. Vn Religieux qui n'estoit pas d'vne vie fort exemplaire, pressoit son superieur auec de grandes importunitez de l'aduancer aux saints ordres ; apres beaucoup de refus, beaucoup de remises le superieur qui accusoit cette demande d'ambition, & qui craignoit d'attirer sur soy la faute d'autruy s'il mettoit les choses sacrées entre des mains qu'il ne iugeoit pas assez pures, remit l'affaire au iugement de l'Abbé Pacome, apres que ce bon Pere en euſt entendu toutes les circonſtances, il dit au ſuperieur: la charité nous oblige de compatir aux infirmitez les vns des autres, & ne pas irriter des deſirs extremes par vn refus trop arreſté : peut-eſtre la grace que nous ferons à ce Religieux ſera le ſuiet de ſa conuerſion, & que luy donnant ce qu'il nous demande il nous accordera l'amendement que nous deſirons de luy : l'yſſuë iuſtifia l'aduis de ce ſaint, car ce Religieux eſtant fait Preſtre vint auſſi-toſt ſe jetter aux pieds du bon Abbé, & les larmes aux yeux luy dit, Mon Pere ie vous confeſſe que le regret de me voir excluds de ce que ie pretendois me portoit à des reſolutions deſeſperées de quitter ma profeſſion ; vos miſericordes ont ſauué mon ame, ie ſuis reſolu auec la grace de Dieu & le ſecours de vos prieres, de corriger mes fautes paſſées par vne meilleure vie : l'hiſtoire dit qu'elle fut enſuite tres-ſainéte, & que le deſir qu'il auoit auparauant des charges ſe changera en celuy de la perfection.

On dit qu'il y a des fautes ſi grandes, que leur pardonner ce ſeroit les entretenir par vne cruelle & dangereuſe miſericorde ; que ſi les bons Religieux profeſſent la mortification, s'ils s'offrent aux penitences volontaires, s'ils les demandent au ſuperieur, & s'ils s'accuſent eux meſmes pour les receuoir plus grandes qu'ils ne les ont meritées, ſans doute ils ſont diſpoſez à les receuoir auec beaucoup de reſignation, quand la regle ou le iugement du ſuperieur les leur ordonne: que vouloir établir vn gouuernement ſans correctoins, & qui ne ſe regleroit que par la douceur, ce ſeroit oſter au monde l'vn de ſes poles, Mars & le ſoleil du ciel, la bile du temperament, le feu d'entre les corps élémentaires : que la iuſtice qui n'auroit que la balance ſans eſpée, ſeroit impuiſſante, qu'auſſi les loix donnent à tous les officiers le droit & la force d'executer ce qu'ils ordonnent. Ie ſuis dans ce ſentiment, mais ie reuiens touſiours à ma premiere propoſition, que le Religieux qui eſt vne victime volontaire & d'amour, ſe doit conſeruer autant qu'il ſe peut dans ſon deuoir par la douceur, & que la contrainte n'eſt qu'vn remede extreme, où l'on a necessairement recours dans les extremes maladies.

On peut alleguer des cas d'vne telle consequence, que s'il ne sont chastiez l'authorité des superieurs passe en mépris, & tout ce qu'elle auoit coustume de gaigner sur les cœurs par respect & par amour, ne se pourra plus faire que par la crainéte des peines, de sorte qu'vne douceur excessiue causeroit ensuite vne violence necessaire, & vn petit mal negligé, ne se pourroit plus guerir que par de cruelles operations : ie tiens cela fort considerable; mais il importe que les superieurs ne se flattent point dans ces rencontres, où leur qualité pourroit seruir de pretexte à ne jamais rien donner à la douceur & à la misericorde; qu'ils fassent vne serieuse reflexion sur les incidens particuliers de l'affaire, pour reconnoistre s'ils ne vengent pas moins leur dignité que leur personnes, & le déplaisir qu'ils ont de n'estre pas obeïs. Iesus-Christ ne pratiqua pas seulement l'humilité volontaire en lauant les pieds de ses Apostres, mais il souffrit qu'on le fit passer pour seducteur, & qu'on le chargeast de ces injures d'vne telle consequence; qu'elle sembloient oster tout le credit de sa doctrine. Il est appellé pierre fondamentalle, & pierre angulaire, parce qu'il estoit tout ensemble bas & sublime & qu'il supportoit nos infirmitez auec vne extreme humilité, lors mesme qu'il nous faisoit ses plus illustres faueurs. Le bon Pasteur ne s'irrite pas de ce que la brebis quitte son bercail, & décrie ce semble sa conduite par cet égarement; mais il va la chercher, & l'ayant trouuée la raporte sur ses épaules au lieu d'asseurance. Hé quoy, dit S. Bernard, croyez-vous que l'abaissement ne s'accorde pas auec vostre dignité, apres que Dieu a pris plaisir de joindre ces deux extremes dans l'ordre de la nature & de la grace; de mettre le feu auec la terre, l'ame immortelle auec vn corps perissable, le Verbe diuin auec la nature humaine; ne vous persuadez pas que le commandement soit incompatible auec les souffrances, qui ont esté les instrumens de nostre rachapt en vn homme Dieu!

Bellarm. lib. 2. de æterna fœlicitate, c. 9.

Lib. 2. de considera. ad Eugenium. c. 9.

Les Princes du monde qui n'ont rien plus recommendable que la reputation de leur puissance, font tous les iours des traittez d'accord auec des sujets rebelles, & ne craignent point qu'on les blâme d'auoir trop de cette misericorde qui est l'vn des plus illustres titres de Dieu. Les superieurs sont des Peres à qui l'on doit toutes sortes de respects, mais qu'ils considerent que la puissance n'est chez eux qu'vn accessoire de la bonté ; qu'ils doiuent les premiers à leurs sujets leurs enfans, l'amour qu'ils en attendent, & que l'Apostre les exhorte de ne les pas prouoquer à l'indignation. Quand Dauid demande à Dieu l'esprit principal, quand Salomon le prie de luy enuoier la sagesse du throne de sa Majesté, il me semble qu'ils vouloient parler d'vne bonté sur-eminente qui ne s'irrite jamais pour les infirmitez des hommes, qui les gouuerne tousiours calme, tousiours tranquille, tousiours en estat de les secourir. Ces rebellions, ces murmures, qui font le grand sujet de vos plaintes, font la plus grande partie du mal qui vous doit donner de la compassion : Considerez ces freres mal conditionnez, comme vn medecin regarde des phrenetiques, qu'il ne laisse pas de soulager par ses remedes entre toutes les injures & toutes les infamies dont ils le chargent ; comme vne mere qui ne perd rien de la tendresse qu'elle a pour ses enfans, quand ils se dépitent jusques à l'égratigner, & à jouer des pieds & des mains pour se ietter hors de ses bras. Cette constante & tousiours tranquille bonté d'vn superieur ne se pique & ne s'offence point de ses sujets, elle ne pense qu'à sauuer les hommes, l'honneur de Dieu & celuy d'vn ordre qui luy est cher ; elle ne commet point son authorité lors que des esprits échauffez font gloire de la combattre ; elle sçait prendre ses temps, profiter des occasions, & comme les medecins, obseruer où porte la nature pour y ajuster les remedes ; mais auec vne constance inuinsible, qui apres auoir beaucoup cedé se sçait roidir quand il faut.

DE LA CONSTANCE DES SVPERIEVRS
à maintenir les regularitez.

CHAPITRE V.

LA fuperiorité religieufe auroit des charmes dont les plus parfaits fe pourroient à peine deffendre, il femble qu'elle feroit moins à fuir qu'à defirer, s'il ne falloit qu'y faire des graces, porter tous les fujets au bien par de bons aduis & de bons exemples, foulager les infirmitez, couronner les vertus, eftablir tout ce qu'on defire de perfection auec agréement & fans refiftance. Mais quand il faut qu'vn efprit humble qui trouuoit fes fatisfactions à obeïr, faffe le perfonnage d'vn commandant, qu'il ordonne, qu'il preffe, qu'il contraigne à l'execution de ce qui eft jufte, il fouffre ce qu'il fait de violence, & ne peut voir fans déplaifir fes freres dans le mécontentement qu'il eft obligé de leur donner. Selon le confeil de l'Apoftre il employe tout ce qui fe peut d'induftries, de prieres, d'exhortations, auec vne patience & vne bonté qui ne peut eftre accufée que d'excez ; mais fi apres tout il trouue les efprits opiniaftres à ne fe point porter à leur deuoir par raifon, ny par douceur, & que leurs déportemens introduifent des relâches contraires à la regularité, c'eft lors que fon zele s'arme pour venger les interefts de Iefus-Chrift & de fon ordre, & que les obligations de fa charge luy font vne neceffité de la correction.

Il eft mis en cet office par le confentement de toute vne Prouince, ou de tout vn ordre, pour maintenir l'integrité d'vne regle qui eft fainête, importante au falut des ames, à l'edification du prochain, au feruice de l'Eglife; on luy met entre les mains vn fi pretieux dépoft, comme en parle l'Apoftre à Timothée, fi donc il n'employoit pas *1. Tim. 6.* ce qu'il peut pour le conferuer, il en feroit refponfable, & fa negligence pafferoit pour vne mauuaife foy, digne d'vne peine irremissible; il est en cela l'agent de Dieu, où s'il n'employe pas ce qu'il a d'authorité pour leuer ses droits, c'est vne espece de preuarication qui le rend coulpable.

L. 1. ff. de pos.
L. 44. ff mandat.

Il doit garder les ames religieuses qui sont les espouses du Verbe diuin, pour cet effet il luy faut les armes & la generosité que l'écriture donne à ces vaillans qui gardoient le lict de Salomon. Si le cloistre est vn paradis terrestre, le superieur est le Seraphim armé d'vn glaiue flambant, pour en empescher l'entrée à ce qui n'est pas sainct; si c'est vn Temple, il a ses ministres pour en bannir les prophanes; si c'est vn sanctuaire où repose l'Arche d'alliance, la manne n'y est pas sans la verge, pour monstrer, dit Saint Augustin, que les douceurs de l'esprit de Dieu doiuent estre secondées par l'austerité de la discipline, qui surmonte tous les prestiges de la sensualité, & de la sagesse humaine. Considerez celuy qui tient le gouuernement d'vne saincte congregation comme vn pasteur, cependant qu'il se fait reconnoistre à ses brebis par sa voix, sa main porte la houlette, pour les ramener au troupeau quand elles s'en écartent, & pour les deffendre comme faisoit Dauid contre l'incursion des bestes sauuages.

Cant. 3. 7

Il est vray les Religieux sont des victimes volontaires, mais la mesme volonté qui les a consacrées à Dieu, les a soûmis aux ordres que les superieurs jugeroient necessaires pour les conseruer dans la saincteté de leur vocation, & là comme dans les contracts, le consentement s'est fait à soy mesme vne necessité. Isaac estoit tout prest d'estre immolé par son Pere, neantmoins il souffre d'estre mis sur le bucher, lié comme les autres victimes; ceux qui s'exposent à de cruelles operations de chirurgie veulent estre liés, crainte que la nature trop sensible à la douleur, ne s'emporte à quelques efforts qui empeschent son remede; ainsi les peuples ont soûmis leur liberté naturelle à l'authorité du Prince & des loix qui, comme nous auons dit, taxent beaucoup plus de peines que de recompenses.

Gen. 22.

Considerez

DV RELIGIEVX.

Considerez le superieur comme vn pere, il a son authorité domestique qui est le fondement de la ciuile, & ses affections mâles sans flatter l'humeur trop delicate de ses enfans, sans épargner leurs sueurs, sans se laisser vaincre à leurs larmes, les presse de faire ce qui est de leur deuoir. Voulez-vous en luy plus de tendresse; considerez-le comme vne mere, elle tient ses petits enfans sous les liens dans le maillot, crainte que la violence d'vn mouuement dont ils ne sont pas encore capables, gaste la conformation de leurs membres; elle leur donne de petites craintes, elle a ses petits chastimens, qu'elle corrige aussi-tost par mille baisers, quand ils leur causent trop de douleur: elle les tient de court, les supporte quand ils commencent à marcher, car elle ne seroit pas innocente de leur permettre tout ce qu'ils desirent, & de se jetter dans le feu, dont l'éclat leur plaist sans en connoistre la violence. L'Eglise qui prend ce nom d'amour, qui nous presente le laict de sa doctrine, ne laisse pas de nous chastier par des penitences: Saint Paul fait cet office de mere, & neantmoins il se met dans vne posture & vne voix de rigueur, quand il veut détourner du mal ceux qui s'y emportent. *Seneca li b. de Proui. dent. c. 2.*

Comme il ne faut point traitter les demons par prieres mais par commandement, disent les Philosophes & les Theologiens, il y a certaines malignes humeurs qui ne cedent qu'à la force, & qui se mocquent d'vne authorité qui ne les sçait pas contraindre. Ce sont des malades qu'il faut violenter pour prendre des nourritures & des remedes; des lethargiques qu'il faut éueiller de leur sommeil, à force de coups & de piqueures qui les trauaillent: ces bien-faits ont vn visage fascheux qui ne peuuent establir le bien d'vne personne ny la garentir d'vn mal, sans en blesser les sentimens, dit Seneque; il en faut cependant venir quelques fois à ces extremitez quand vn Religieux retient encore cela de l'homme, qu'il est plus sensible à la douleur qu'au plaisir, à la crainte qu'à l'esperance. Le superieur agit en cela comme le medecin, qui declare la guerre au mal pour la santé de la personne; & *Philost. in vita Apoll. lib. 1. c. 1. Iambl. de myst. c. 11. D. Thom. 2. 2 q. 85. a. 17. ad. 1.*

X x

comme Dieu qui apres tous les attraits de ses graces, ne laisse pas de chastier la negligence de ses esleus, & d'exercer leur vertu par quelques tribulations; il suit le conseil de Iesus-Christ qui nous enseigne en la parabole du festin que plusieurs veulent estre contraints d'y entrer.

Le superieur fera donc d'abord paroistre tout ouuertement ses intentions de conseruer autant qu'il pourra l'integrité de la regle, & que les plus fidelles à l'obseruer luy seront plus chers & plus considerables; que l'effet suiue ses paroles, qu'il témoigne de la constance dans cette resolution, & que pour cet effet il demande à Dieu ce front d'airin qu'il donnoit à ses Prophetes pour ne point craindre les hommes: que sans se relâcher il suiue tousjours les bons ordres qu'vne fois il a donnez, qu'il exhorte, qu'il rebatte souuent vne mesme chose, auec vne constance inuincible, afin qu'on ne luy dise pas comme à ce Roy, si vous eussiez continué de frapper cinq fois la terre, vous eussiez remporté la victoire entiere de vos ennemis.

4. Reg. 13. 19.

Il faut exorciser tous les iours les desordres comme les demons qui se sont mis en possession des hommes; ne donner point de trefues à des ennemis qui en profiteroient, & comme dit le Prophete, redoubler les coups de foudre l'vn sur l'autre, pour les jetter dans l'étonnement & le repentir. Les operations de chymie seroient inutiles si elles n'estoient continuelles; on n'aduanceroit rien & on casseroit les vaisseaux si on leur donnoit vn feu violent, apres quelques interualles qui les auroient refroidis: ordonner vne bonne chose, & puis en permettre le relâche, c'est détruire autant que l'on edifie, & cette inconstance qui fait paroistre vne conduite plus passionnée que raisonnable ruine tout le credit d'vn superieur.

Cin. omai die. de con sec. dist. 5.
Psal. 17.

Certes il faut qu'il soit parfaitement dégagé de tout interest humain, si dans les charges qui sont alternatiues, & dont l'exercice n'est que de peu de durée, il tient ferme contre les relâches qui s'introduisent insensiblement au prejudice de la regle, car il void bien que cette austerité peut attirer dessus luy l'aduersion de tous les mauuais esprits, que cela donne suiet à des murmures, & à de se-

DV RELIGIEVX.

cettes pratiques dont vn concourant pourra tirer de grands auantages : mais courage, homme de Dieu, soustenez genereusement les interests de vostre maistre, ne doutez pas que sa verité ne vous deliure, & que ces petits suiets de déplaisir ne retournent à vostre gloire. Vous auez tous les bons Religieux de vostre party, ceux mesme qui vous trauersent vous estiment en leur conscience, ils vous regardent auec cette crainte respectueuse qu'Herode portoit à Saint Iean Baptiste, ils changeront enfin leurs plaintes en remerciemens quand vous les aurez retirez du mal, comme ces malades qui estant gueris donnent des loüanges au chirurgien qu'ils auoient chargé d'injures durant vne impitoyable operation : quand toutes les voix humaines cesseroient vous auez le témoignage de vostre conscience & celuy de Dieu qui vous doit suffir. Si l'integrité de vostre conduite a refroidy des esprits qui prennent de là suiet de vous retirer des charges ; c'est vne douce persecution pour iustice qui vous met en liberté, & qui ne laisse pas de vous donner deuant Dieu tout le merite du gouuernement d'où vous ne sortez point par vostre faute : que si l'on vous y continuë, vous y aurez vostre authorité tout acquise, & de vostre inflexible façon de viure reguliere les moins mortificz s'en feront vne necessité.

La sagesse humaine a sa conduite plus lâche mais aussi plus mal-heureuse, quand elle porte les superieurs à ne rechercher que leurs interests dans les dignitez, & par de longues veuës qu'ils jettent sur l'aduenir, ne pas donner les ordres necessaires pour ne point déplaire à ceux dont ils peuuent craindre ou esperer quelque chose. Ils glissent legerement sur les affaires sans aller iusques au fonds, ils ne mettent que des lenitifs sur des playes mortelles comme si ce n'estoit qu'vne égratigneure : les demandent qu'on leur fait n'ont iamais de resolutions certaines, ils plastrent, ils pallient tout, ils détournent les yeux des fautes pour n'auoir pas suiet de les chastier ; ils ont plus de honte de les reprendre que les autres de les commettre ; enfin ce n'est qu'vn déguisement perpetuel, qui dans vne charge tâche d'en tirer tout l'honneur, tout le profit, & remettre tout ce qu'il y a d'onereux sur le successeur. Cependant le mal prend racine, la corruption gaigne tous-jours les esprits, l'integrité de l'ordre se perd, que si tous faisoient le semblable, le mal seroit impuny & on verroit bien-tost la fin d'vn institut qu'on croyoit deuoir durer autant que le monde.

L. ff. qui sine manu. ad liber. peruen. l. 1. ff. de incé. & ruina.
Cap. boni de iureiur.

Les loix tiennent celuy-là cause d'vne chasteté prostituée, qui permet ce mal quand il le doit & peut empescher; qui ne donne pas ce qu'il peut de secours aux naufrages, en est consideré comme la cause; qui ne deffend pas l'Eglise comme il en a fait le serment, est parjure; le chirurgien qui abandonne la playe mortelle qu'il deuoit traitter, est tenu pour homicide. Ne vous y trompez pas,

D. Ber. ser. in natali S. Ioa. Bapt.

dit Saint Bernard, celuy-là commet le crime qui le dissimule, particulierement s'il a l'authorité & l'obligation de le reprendre; il ne peut pas dire comme Caïn, suis-je gardien de mon frere, puis qu'on luy en a donné la charge, & que la perte de tant d'ames sera sa condamnation. Aussi Dieu par le Prophete fulmine contre ces pasteurs,

Ezech. 34.

qui sans apporter les soins necessaires à la garde de leurs troupeaux, en tirent tout ce qu'ils en peuuent facilement prendre de profits; qui ne se mettent point en deuoir de rechercher les brebis perduës, de soulager les malades, de traitter leurs playes, de remettre leurs membres rompus; qui n'ont autre soin que d'en prendre les laines & les chairs, & qui en font plus de dégats que les loups dont ils les deuoient deffendre. Ie laisse à qualifier ces excez du nom qu'ils meritent, il est certain qu'ils font seruir la cause publique à leur interest particulier, qu'ils prostituent l'honneur d'vn ordre, qu'ils prophanent sa sainteté, que pour leur vanitez ils vendent les graces de la vocation religieuse & le sang de Iesus-Christ. Quel iugement peuuent faire les Religieux de ce superieur attaché si fortement à ses interests, que pour les sauuer il trahit la cause de Dieu, de son ordre, de sa conscience, sinon que suiuans les maximes de la sagesse humaine, il les abandonnera dans l'occasion, qu'il sera tout prest de ietter au

DV RELIGIEVX.

feu les verges dont il se sera seruy pour punir les autres, qu'il remettra tout le blâme de sa conduite sur ses partisans, & qu'il les immolera pour se justifier. Ce n'est pas là gouuerner mais tout perdre, couurir vn mal par vn autre, & faire passer dans vn saint ordre ce que le monde souffre des tyrans & des demons.

Ie ne voids donc point de plus grand defaut dans le superieur, que cet amour propre qui ne tient pas la main ferme pour empescher les relâches, qui abandonne les voiles & le timon dans le peril; au contraire le plus glorieux titre qu'il puisse auoir, c'est de n'estre point interessé, d'aller droit à ce qui regarde la gloire de Dieu & le bien de l'ordre. Cela luy acquiert vne solide reputation qui ensuite tient les sujets en leur deuoir sans autre contrainte, & seulement par respect. Mais quoy qu'il ne donne point de quartier aux defaux notables, il ne laissera pas au reste de sa conduite de faire paroistre toutes les bontez qui peuuent adoucir le ioug de nostre Seigneur, & gaigner les affections de ses seruiteurs : le medecin qui persecute le mal, ayme le malade, le soulage & tâche de luy conseruer assez de forces pour tirer profit de ses remedes. Ainsi ce bon pere qui en ses reprimandes n'a point d'autre motif que celuy d'vne tres-pure charité, ménagera toutes les occasions possibles d'en donner les preuues par des familiaritez, des faueurs, des paroles obligentes, à ceux qu'il auoit esté contraint de corriger, crainte qu'il ne leur en reste quelque aigreur, & que leur courage ne s'abatte sous les coups d'vne main qui a tenu cette rigueur par misericorde. Ces caresses ensuite d'vne correction penetrent bien auant dans l'ame de ce pauure frere, elles le ressuscitent, le consolent, le fortifient quand elles l'asseurent que sa faute n'a rien diminué de l'amour ny de l'estime de son prelat ; elles sont comme les pluyes qui tombant apres le tonnerre sont pleines d'esprits & d'vne chaleur celeste, d'où la terre tire ses plus grandes feconditez.

Le cœur qui tâche de se representer en toutes les parties du corps y enuoye les arteres, qu'il remplit de son esprit, qu'il fait battre de son mouuement, qu'il tient tellement siennes que les blessures qu'elles reçoiuent le font tomber en syncope, comme si elles offençoient sa propre substance: les Princes sont extremément jaloux de conseruer leur authorité en la personne de leurs ministres, & les injures qui leur sont faites, sont mises entre les crimes de leze majesté. Quand Dieu destine Moyse pour le gouuernement de son peuple, il luy donne sa toute puissance pour faire autant qu'il faut de miracles, il le constituë le Dieu de Pharaon, & si l'on fait de la resistance à ses ordres, les bestes, les elemens, toute la milice du ciel est en armes; ses feux fondent en bas pour foudroyer les coulpables, la terre ouure ses abysmes pour les engloutir tous viuans, & pour faire vne solemnelle vengence de ces rebellions, comme si c'estoit des impietez qui offensassent au premier chef sa diuine Majesté. Ie ne m'arreste pas dauantage sur ce grand sujet; cette petite induction suffit pour conclure, qu'vn General, ou vn Prouincial doit maintenir l'authorité des superieurs locaux comme sienne, se tenir pour offensé par les desobeïssances qu'on fait à leurs personnes, & ne se point relâcher pour quelques considerations que ce soit en ces fautes d'vne extreme consequence quoy qu'on y soit fort agile. Vn superieur authorisé de la sorte se sent assez fort pour obliger ses freres à leur deuoir, sans en venir aux rigueurs: ce credit qu'il a d'vne puissance superieure couure tous les petits reproches qui se pourroient attacher à sa personne, & c'est vn grand preseruatif contre toutes les saillies de l'esprit humain; car lors il est contraint de s'humilier, il ne fait pas estat de tenir fort contre vn torrent qui l'emporteroit, ny contre vne puissance qu'il void souueraine, & par cette necessité il prend vne ferme resolution de demeurer dans l'obeïssance.

LA PARFAITE SOVMISSION
aux volontez du superieur.

CHAPITRE VI.

IL est certain que la pieté trouue son fort dans les congregations religieuses, qu'elle y fait d'insignes progrez, qu'elle y possede cette plenitude de cœur, cette paix, cette tranquillité d'esprit qui surpasse tous les sentimens humains, & que le monde ne peut donner. Mais pour auoir du rapport auec l'vnité & l'immensité de Dieu il faut, comme nous auons dit, que cette multitude de sainctes personnes soient tellement reduites en ordre, que de toutes il ne se fasse qu'vn corps dont Iesus-Christ soit le chef par soy mesme & par celuy qui le represente. Cette multitude des hommes est dans vne difference d'esprits si vaste qu'elle va jusques dans la contrarieté, c'est pourquoy elle se porteroit d'elle mesme à la diuision, & jamais tant de testes ne seroient d'accord sans vne vnité dominante. Ce qu'est la forme dans les composés, le pilote dans vn vaisseau, le general dans vne armée, le pere de famille dans sa maison, le Prince & la loy dans l'estat, Dieu dans le monde, le superieur l'est dans vne congregation religieuse. Supposez de tres-pures intentions pour l'honneur de Dieu dans tous les Religieux particuliers, elles viendroient à se choquer, & du plus grand zele, il s'en feroit vne plus horrible confusion, s'il n'y auoit point de superieur qui assignast les rangs, les deuoirs, les actiuitez de tous, qui fust en ce corps, comme la nature dans les siens, le principe du repos & du mouuement. Si châcun se determinoit d'agir selon ses inclinations, il ne seroit pas vn juge assez équitable de ses forces, & pecheroit par vn excez de zele ou d'humilité, il faut donc vn superieur qui fasse le discernement des merites, qui leur assigne des employs proportionnez, qui se propose le bien de la communauté pour fin generale,

& qui rapporte à cela le trauail de tous les particuliers.

In constitutio. mo. ast. c 1.

Saint Basile exhorte ses Religieux à l'obeïssance, & leur en fait connoistre la necessité par ces paroles de l'Apostre, qui obligent les Chrestiens d'obeïr aux puissances seculieres, puisque toute puissance est établie de Dieu, & que l'authorité qu'elle donne au commandant, suppose par vne relation necessaire la deferance des sujets; si dit-il, en ce qui est du temporel l'Apostre oblige des saints d'estre obeïssans aux Empereurs & aux Magistrats, dont toute la vie n'estoit lors qu'vne suite de crimes & d'impietez; il est bien plus iuste qu'ils obeïssent à ceux qui sont établis pour leur côduite spirituelle; que Dieu choisit par vne prouidence particuliere pour estre les tuteurs de ses enfans, les dis-

Luc. 10?

pensateurs de ces graces, qu'il veut estre considerez comme luy mesme, de sorte qu'il se tient honoré par les respects qu'on leur rend, & offensé parce qu'ils souffrent du mépris: c'est vne grande consolation au religieux menant la vie des Apostres d'auoir vne presence aduoüée de Iesus-Christ qui l'anime, & à laquelle il puisse rendre ses deuoirs auec plus de satisfaction.

Il doit donc s'attacher au superieur auec vne affection aussi respectueuse, aussi sincere qu'à Iesus-Christ mesme qui auroit la veuë de son cœur, & assez genereuse pour n'estre point empeschée par quelque consideration que ce soit, de la confesser deuant les hommes. De là naissent des biens comme infinis parce que cette bonne intelligence, particulierement d'vne personne de consideration auec le superieur, luy gaigne les cœurs de la multitude & des plus sages; elle fortifie, elle iustifie son authorité par cette alliance de vertu, de sorte qu'elle passe pour necessaire, qu'elle desarme la rebellion, & ne luy permet pas seulement de former de mauuais desseins, luy faisant voir qu'ils luy seroient inutils.

La gloire de ce bon-heur public refléchit sur le particulier qui en est la cause, & quoy qu'il n'en porte pas la qualité, on ne laisse pas de le considerer comme vne intelligence motrice du gouuernement: sa charité trouue là de grands sujets de s'employer, soit pour disposer les vo-

lontez

DV RELIGIEVX.

iontez à suiure celles du superieur auec vn agréement qui preuienne toutes les contraintes ; soit à ménager des graces aux suiets sans des conditions qui leur seroient trop onereuses & à faire l'office d'vn Ange aupres celuy qui nous tient la place de Dieu. Voila le veritable empire de la vertu, voila comment l'obeissance & l'humilité mettent déja le Religieux sur le throne & le font regner par amour sur celuy mesme qui commande aux autres par authorité.

Ie ne propose point ces auantages pour animer l'obeissance & la submission du Religieux, ses veuës sont plus pures, ses intentions plus des-interessées ; il semble mesme que son humilité souffre, que son courage se tienne offensé quand on luy parle de recompense. Depuis qu'il a consideré son superieur comme le lieutenant, & comme la personne mesme de Iesus-Christ, il est tout prest de suiure ses volontez auec cette obeissance qu'on appelle aueugle, parce qu'elle sacrifie tous les interests sans aucun discernement des motifs & des raisons de l'ordre qui luy est donné. Car ce seroit juger le superieur, le soûmettre à sa censure, de faire ce qu'il desire non pas parce qu'il l'ordonne, mais parce qu'on le juge raisonnable apres en auoir examiné les circonstances : quand la Cour a prononcé sur le different des parties, & qu'elle en a limité les pretentions on dit que la chose s'execute par Arrest, & quand le Religieux fait ce qui luy est commandé parce qu'il le juge à propos, il suit son jugement & non pas celuy du superieur ; voila l'ordre renuersé & la confusion dans le gouuernement religieux, si les particuliers jugent les superieurs, & s'ils ont l'audace de couurir leur rebellion d'vn pretexte de justice : il ne faut point de loix, dit Aristote, si elles ne commandent auec vne authorité souueraine & diuine, ny de superieurs si on ne reçoit leurs ordres auec vne entiere deference.

Ils ne manquent pas de raisons, mais elles doiuent estre cachées aux sujets qu'il faut traitter en malades, auec des remedes dont ils ne sçauent pas la composition ; le secret preuient peut estre leur resistance, il leur épargne la crainte; on guerit l'inflammation du foye par la seignée que l'on fait au bras, & l'on corrige vne humeur altiere, en reprenant sa faute en celuy qu'on void plus disposé à la penitence. Il faut souuent preuenir des infirmitez secrettes, faire vne diuersion de quelques desirs moins épurez, souuent il faut sacrifier les interests particuliers au bien public par des raisons conneuës seulement du superieur, & qui n'auroient pas vn effet assez fauorable si elles deuenoient communes. Le merite de l'obeïssance consiste à receuoir ces mysteres auec vne parfaite soûmission d'esprit, auec cette ferme persuasion que le superieur ayant toute la prudence, & toute la charité necessaire, ne donneroit pas ces ordres s'ils n'estoient justes.

Depuis que l'on s'est mis sous la conduitte d'vn pilote, d'vn medecin, d'vn aduocat, on ne va pas inquieter leur repos, ny distraire leurs attentions par autant de demandes qu'il pourroit naistre de difficultez dans des esprits incapables, qui doiuent croire & non pas juger : quand le Religieux s'est déchargé de sa conduite, & qu'il s'est mis tout entier entre les mains du superieur, pour auoir la tranquillité de l'esprit, c'est auec cette resignation d'obeïr sans reconnoistre, & comme dit Saint Hierosme, de croire que tout ce qu'on luy ordonne est pour son bien.

Dicto. loco.

Il se rencontre peut-estre des choses difficiles aux sens, mais, dit Saint Basile, si vous considerez le superieur comme tenant la place de Dieu, vous luy deuez obeïr comme Abraham qui se trouua tout prest d'immoler son fils vnique & toutes les esperances de sa maison à la voix du ciel qui luy en auoit fait le commandement; vous deuez entrer dans le sentiment des Apostres rauis de joye d'auoir esté jugez dignes de souffrir pour la gloire de leur maistre. Le Religieux, adjouste ce pere, doit estre entre les mains de son superieur, comme est entre celles de l'ouurier vn instrument qui en suit tous les mouuemens sans resistance, qui s'vse & se consomme sans se plaindre. Hé ou seroit le merite s'il n'y auoit point de difficultez?

Ie suis tout confus quand ie voy l'obeïssance que les

DV RELIGIEVX.

soldats rendent à leur Capitaines, ou à leur General : il est question de faire vne attaque à la mercy des canons & du feu continuel de la mousqueterie ; quelque force, quelque adresse, quelque generosité qu'on y apporte on sçait que plusieurs y doiuent perir ; neantmoins ceux qui son commandez de donner tiennent à grand honneur d'auoir la pointe ; il y vont teste leuée, marchent sur les morts sans craindre la mort, parce qu'il y faut faire son deuoir au peril de la vie : vous n'auez pas encore tenu ferme jusques à verser vostre sang, dit l'Apostre ; les plus austeres commandemens du superieur sont tousiours temperez de beaucoup d'humanité, s'ils blessent les sens ce sont des occasions de merite ; au reste nous ne combatons que pour nos interests, & nous deuons recueillir tout le fruict de la victoire.

Le mesme Apostre nous exhorte à rendre du respect & de l'obeïssance aux superieurs, parce qu'ils doiuent rendre compte à Dieu de nos ames : voila trois volontez qui concourent pour nostre salut ; celle de Dieu, qui pour cet effet nous a mis sous la conduite d'vn autre ; celle du superieur qui s'y porte parce qu'il en est responsable, & qu'en cela nos interests sont les siens ; enfin nostre volonté qui tend au bien, & qui doit consentir aux autres qui le luy procurent. Nostre obeïssance satisfait ces trois volontez ; celle de Dieu, nous soûmettant à la personne que sa prouidence nous a donné pour nostre conduite ; celle du superieur, qu'il est bien juste de suiure & de contenter afin que la charge qu'il a charitablement pris de nous, ne luy soit point trop onereuse ny dommageable ; le bien qui nous en reuient contente nostre desir, car nous ne sçaurions manquer de bien faire en obeïssant, cette soûmission & cet abandon de nous mesme pour l'amour de Dieu est tousiours d'vn grand merite, comme nous auons dit, quoy que l'action commandée fut de sa nature peu considerable. Heb. 13.

Vn rebelle qui resisteroit tout ouuertement aux ordres du superieur, & qui par son mauuais exemple, prouoqueroit les autres à faire le mesme, seroit vn monstre de mauuais augure qu'il faudroit exterminer de la compagnie selon l'ancienne discipline des cloistres, & quoy qu'en suitte il soit touché de repentir, ce scandale public se doit expier par vne penitence publique. Il est rare de voir vn Religieux s'emporter jusques à cet excez, qui sans misericorde seroit puny de mort entre les soldats, mais on fait violence aux inclinations d'vn superieur par des prieres importunes, par des plaintes & des gemissemens qui arrachent vn consentement de sa bouche, & qui n'estant d'ordinaire que des artifices de la foiblesse & de la propre volonté, ne laissent pas de pecher contre la simplicité de l'obeissance.

Ces solicitations sont plus criminelles quand on y employe le credit des personnes seculieres, & qu'on reduit vn pauure superieur à cette lamentable extremité de perdre vn amy de l'ordre, s'il veut obliger vn Religieux à son deuoir. L'injustice de ce frere est manifeste en ce qu'il engage, & qu'il expose les interests de sa communauté pour les siens particuliers : ce n'est plus vne priere mais vne violence, quand il employe des intercesseurs si puissans qu'on ne les peut refuser : ainsi les loix punissent seuerement ceux qui transportent leurs droits à des personnes de grande authorité & mesme à la Republique, pour vexer dauantage leur partie, pour surprendre les loix & les magistrats sous pretexte d'vn bien public.

Pour demander ce secours il faut que vous alliez faire vos plaintes du mauuais traittement que vous auez receu de vostre ordre ; ainsi vous en découurez les secrets par vne lâcheté dont les loix font vn grand crime, & qu'elles punissent comme vne desertion & vne perfidie. Vous voila dénonciateur contre vostre Religion qui vous tient lieu de pere, de mere, de patron, puis que vous en auez receu la vie, l'éducation, la liberté, tellement que l'accuser c'est vne espece de parricide. Ces personnes à qui vous témoignez vos déplaisirs sont bien aise de les entendre, pour auoir des preuues contre vous par vostre bouche que la felicité n'est pas dans les cloistres, & pour

DV RELIGIEVX.

justifier leurs passions par l'exemple des Religieux qui s'y laissent emporter ; Ne sçauez vous pas, dit S. Gregoire, que le monde est vostre ennemy, & que de cette confidence il doit tirer de grands auantages contre ses deuoirs enuers Dieu, contre ce qu'il doit de respect à la saincteté de vostre vie, & ce qu'il rendoit de deference à vos bons aduis ; vn petit interest particulier vous fait aller contre toutes ces considerations publiques, & sous pretexte de quelque secours dans vne foible occasion, vous donnez des armes pour vous battre en toutes les autres. Ie ne m'étends pas d'auantage sur ce suiet, où ie souhaiterois plustost d'adoucir que d'irriter les courages ; l'obeïssance est vn sacrifice volontaire qui se doit rendre plustost par vn sentiment diuin, que par des persuasions humaines. Ie concluds donc icy ce qui regarde les deuoirs du superieur enuers ses suiets, & des suiets enuers le superieur, pour traitter au reste de cette partie de ceux que châque bon Religieux est obligé de rendre à soy mesme & à ses confreres dans sa congregation.

SE CONSERVER L'ESPRIT DE RETRAITTE
dans les communautez.

CHAPITRE VII.

LA perfection Chrestienne a ce dessein general de retirer l'homme autant qu'il se peut de la multitude, & selon que les degrez de saincteté sont plus eminens, la vie deuient plus conforme à la tres-simple vnité diuine: ainsi le Religieux s'estant retiré du monde, comme d'vne foule de peuple qui l'emportoit dans le desordre, il s'est sauué de ce tumulte d'opinions, & s'est venu rendre dans vn cloistre, afin qu'y estant plus recueilly dans soy mesme il y trouuast plus de liberté pour entendre la voix de Dieu, & pour suiure l'impulsion de ses graces.

Il entre dans vne communauté veritablement aduantageuse pour le fortifier contre les entreprises du monde qu'il vient de quitter, mais parce qu'il y rencontre vne multitude quoy que saincte, il a suiet d'aprehender qu'elle ne le diuise s'il ne se tient recueilly pour se conseruer cet vn necessaire. Saint Gregoire de Nazianze loüe Saint Basile d'auoir étably sa congregation religieuse auec vn temperament tel que la compagnie n'empeschast point la solitude, & que de ces deux vies qui semblent contraires, il en fit vn admirable alliance à l'imitation du Verbe incarné qui accomplit toutes les loix par l'vnion des choses extremes, par vne vie commune & cachée, sensible & mysterieuse.

<small>Orat. 21.</small>

Le religieux dés les premiers mouuemens de sa vocation conçeut ce dessein d'éloigner son cœur de toutes les choses crées, pour le donner tout entier à Dieu; il ne respiroit lors que la solitude, & l'esperance qu'il eut de la trouuer dans le cloistre fut vn des plus grands attraits qui l'obligea de s'y renfermer. La compagnie qu'il y rencontre de plusieurs personnes conspirantes à mesme dessein, n'est qu'vn accessoire qui doit plustost seconder que diuertir son entreprise, & ne le pas entierement priuer de ce qu'il s'y est promis de retraitte. Ainsi quand les hommes se sont veus reduits par la multitude à bastir des villes pour y trouuer des forces contre les necessitez de la nature & les attaques de leurs ennemys, chacun s'est reserué le droit particulier de sa famille, comme d'vne chose naturelle à qui cette nouuelle institution ne deuoit point faire de prejudice. Pour estre communs en espece, nous ne sommes pas moins dans le singulier & l'indiuidu: toutes les parties de nostre corps viuent de l'esprit commun qu'elles reçoiuent du cœur & du cerueau, neantmoins celles que nous appellons organiques, comme les yeux, les oreilles, le palais, le nez, ont vn esprit inherent separé des autres, & qui par vne residence perpetuelle en ces parties, y acheue les fonctions qui leur sont propres. Ouurez vne grenade, tous ces rubis enfermez d'vne seule écorce, monstrent bien qu'ils sont les parties d'vn tout, neantmoins chacun est enchassé dans sa loge & tient sa place separée, auec vne agreable disposition qui de tous fait vne grande beauté : châque Religieux d'vn mesme ordre est couuert d'vn mesme habit, il a rendu les mesmes vœux à Dieu, & en fait vne mesme profession ; il a neantmoins sa vocation par vne grace differente & qui doit estre conseruée par vn esprit de retraitte.

Ce ne seroit plus vne musique, dit Aristote, si toutes les voix tomboient tellement d'accord dans vn mesme ton, que n'ayant plus de diuersitez elles fissent toutes ensemble qu'vne puissante clameur: ce n'est plus vn corps capable de ses actions, ce n'est plus vne beauté qui rauisse les yeux & l'esprit, s'il n'y a point de differences qui soient le suiet de la proportion ; Ce n'est plus vne republique si tous les citoyens n'ont qu'vne capacité, & ne s'appliquent tous qu'à vn mesme office. Aussi les loix & les magistrats qui trauaillent pour l'vnion des esprits, & pour la paix comme pour le souuerain bien des peuples, empeschent neantmoins que l'vnion ne soit si grande, que de toutes les inclinations il ne s'en fasse plus qu'vne : c'est pour cela que châque estat a ses loix municipales, diffe-

2. polit. 1.

rentes en partie du droit commun naturel; que parmy les choses publiques on conserue vne distinction de domaine; que la societé ne se doit pas faire de tous les biens, mais d'vne partie & sous certaines conditions ; qu'on restrainct ces societez , & que l'associé de mon associé n'est pas le mien. Ainsi les ordres Religieux ont de notables interests, que les freres particuliers quoy qu'assistans aux deuoirs de communauté, gardent aussi quelque retraitte afin de se conseruer les graces speciales qu'ils ont receus de Dieu, & qu'vne trop grande familiarité ne les confonde pas en vn mesme esprit , qui pour estre commun n'est pas tousjours le meilleur.

L. 6. & 5.
ff. de Iust.
& iure l. 1.
5. 60. 71. ff.
pro socio l.
47. ff. de
reg. iur.

Que tous les Religieux d'vne famille soient animez d'vne mesme charité ; qu'ils tendent tous auec vne saincte emulation à l'honneur de Dieu par les employs qui sont propres à leur institut; qu'ils se voyent à l'Eglise, dans les conferences spirituelles , dans les autres actions de communauté où ils peuuent receuoir des instructions & de bons exemples l'vn de l'autre ; mais que hors cela ils ayent des heures de retraitte dans leurs cellules , & tousjours dans le cœur vn sanctuaire où ils rendent des sacrifices de loüange à Dieu pour les faueurs particulieres qu'ils en reçoiuent , & qu'au milieu des conuersations ils luy presentent leurs prieres à huis clos.

La conduite de la grace ne doit pas estre moins ordonnée que celle de la nature , qui consiste toute en nombre, en plain & en vuide , disent les anciens Philosophes , c'est à dire qu'elle met de justes interualles entre les corps comme entre les actions, de sorte qu'il ne s'en puisse faire vne quantité continuë. Le Religieux doit de mesme auoir ses temps reglez de conuersation & de retraitte ; son flux & reflux, comme la mer; son temps de paroistre & de se cacher, comme les poissons ; son iour & sa nuict, son hyuer & son esté , sa saison de prendre des forces & de produire ses fruits.

La pratique est saincte d'estre dix iours en retraitte, au moins tous les six mois de l'année; mais comme les heures de châque iour se passent sous le domaine alternatif des planetes

DV RELIGIEVX.

planetes qui se rencontre dans les iours de la sepmaine, les moys de l'année, les espaces mesurées des siecles; il me semble que c'est vn abregé de ce deuot exercice, de partager le temps de châque iournée entre la retraitte & la communauté, & d'imiter en cela la nature qui rapporte tous ses mouuemens à deux principaux dont l'vn porte au centre, & l'autre se produit du centre à l'exterieur. Cette vicissitude fait vne agreable diuersité dans la vie religieuse; elle en soulage les peines, elle en fauorise les progrez, elle satisfait à la charité qui a ses ordres, qui se donne alternatiuement à Dieu & au prochain, mais tousiours à Dieu en la personne de ceux qu'il nous ordonne de seruir: dans la conuersation l'on s'instruit par les bons entretiens de ses freres, on s'anime, on se forme par leur exemple; l'amour se plaist d'y faire vne profusion de cœur auec toute simplicité; dans la retraitte on fait la digestion de ces nourritures spirituelles que l'on a prises, on se les applique, & quand tout cela manqueroit, on s'instruit à trouuer ses satisfactions en Dieu & en soy mesme.

Galien dit que les anciens rapportoient toutes les maladies à deux principales causes, à sçauoir aux dispositions d'vn corps ou trop reserré ou trop fluide, & que toute la medecine consistoit à les guerir par des remedes contraires; Ne semble-il pas de mesme que tous les desordres des communautez religieuses procedent ou d'vne humeur trop particuliere qui se refuse au bien commun, ou d'vne trop libre qui sans aucune retenuë s'abandonne à toutes les rencontres du discours & de l'action. S'il faut porter iugement des deux par comparaison, il me semble qu'on ne doit pas suiure la reigle ordinaire qui tient le prodigue moins vitieux que l'auare; car cette prostitution d'esprit en ce Religieux sans interieur, me semble d'autant plus perilleuse qu'elle est plus contraire au premier dessein de sa vocation qui tendoit, comme nous auons dit, à la retraitte: s'abandonner de la sorte c'est suiure les inclinations de la nature corrompuë, comme c'est vn desordre où nous auons plus de pente, la cheute d'vn seul en peut attirer plusieurs, & si l'on n'y prend garde cette excessiue familiarité, fera glisser insensiblement le tracas,

Lib. de sectis.

Z z

le tumulte, les clameurs d'vne foire, dans vn cloiftre.

Tous les ans aux premiers froids de l'hyuer ie voids les mouches s'amaffer en tas au coing plus retiré d'vne chambre toutes noires, engourdies, les aifles pliées, auec fi peu de mouuement quand mefme on les touche, qu'elles femblent mortes; mais fi toft que le foleil reuient à nous, & qu'elles en reffentét la chaleur, elles fe feparent, fe mettent dans fon rayon où elles reprennent la vie & la beauté: là leurs aifles étenduës paroiffent éclattantes comme fi elles eftoient d'vne fine toille d'argent, leurs corps d'vn verd, d'vn bleu, d'vn rouge doré, au refte fi viues qu'vn moment les dérobe de noftre voué, & qu'on ne les fçauroit prendre, quoy qu'elles paffent entre nos mains. Il faut aduoüer à la confufion de noftre fuperbe, qu'vne mouche eft moins languiffante fans le foleil, que nous fans les lumieres & les chaleurs de noftre Dieu; tant que fes confolations durent le Religieux void en fon ame des beautez, qui luy font confiderer toutes les creatures trop baffes pour meriter fon amour, il ne veut viure, penfer, agir que pour Dieu, il s'acquitte de tous fes deuoirs auec vne ardeur qui n'y trouue que des delices, dégagé de tout intereft humain, toufiours libre, toufiours preft de s'éleuer à la contemplation, mefme dans les employs exterieurs, d'où il s'échappe ordinairement d'efprit, & fouuent de corps, pour s'vnir d'auantage à Dieu dans fa cellule ou deuant l'Autel. Mais fi ces graces, fi ces lumieres, fi ces chaleurs diuines luy viennent à manquer, helas le voilà dans les defolations dont nous auons parlé en la precedente partie. N'ayant plus les familiaritez de Dieu, il cherche celles des hommes, il s'y attache, il deuient tout exterieur, tout corps, tout pefant, fuiet à tous les vains difcours, à tous les amufemens, à toutes les pertes, à toutes les perilleufes occafions de l'oyfiueté. Ie tiens donc cette maladie pour vn figne de l'efprit éteint dans vne communauté religieufe, pour le funefte fymptome d'vn cœur, qui meurt à tous les bons defirs de l'eftude & de l'oraifon, qui en a perdu le fentiment, & qui rend fon mal contagieux, fi on ne l'arrefte par vne étroitte obferuation du filence.

DV SILENCE.
CHAPITRE VIII.

SAINT IACQVES en sa canonique dit que la langue est vne cause vniuerselle de la plus part des disgraces dont les hommes sont affligez, & qu'estant l'vne des plus petites parties du corps, elle est la plus puissante au bien ou au mal, auec autant d'effet sur la vie qu'en a le gouuernail sur le vaisseau, pour le conduire au port ou le briser sur des rochers ; c'est pourquoy le Religieux qui veut faire tout le bien possible en sa condition, se doit principalement deffier de cette piece qui luy peut-estre vne source de mille offenses contre Dieu & le prochain, s'il ne la modere selon les loix de la prudence & de la charité.

Ie me figure icy le Religieux dans les exercices continuels de l'oraison & de l'estude, où ses entretiens ordinaires auec les morts, auec les Anges, auec Dieu ne sont que d'esprit ; il luy semble qu'il ne doit plus parler que par vne intime communication de pensées, & sa langue a peine de se dénoüer quand il vient dans la conuersation de ses semblables qu'il tient comme des Anges. Celuy qui se conserue tousiours en la presence de Dieu, y void des éclats de majesté si admirables, que dans cette suspension d'esprit, comme Moyse & Zacharie, il ne sçauroit former de paroles ; il reçoit là des douceurs & des tranquillitez qu'il a peine d'interrompre, hé comment voulez vous que sans respect il s'entretienne auec les hommes quand Dieu parle à luy ? Soit qu'il jouisse de ces ineffables faueurs, soit qu'il en rappelle les especes, qu'il concerte auec soy mesme des moyens pour s'en rendre digne, soit qu'il digere, qu'il penetre, qu'il s'applique ses bonnes lectures ; il trouue tousiours chez soy des employs assez serieux, pour craindre toutes sortes de discours comme des rencontres importunes qui l'en diuertissent.

Z z ij

Tout ce que les miſericordes de Dieu, tout ce que ſes eſtudes ou ſes meditations luy peuuent donner d'auantages, augmente pluſtoſt qu'il ne diminuë les humbles ſentimens qu'il a de luy meſme; parmy toutes les illuſtrations diuines, toutes les ſubtilitez de l'échole, il ne croid pas voir à demy, ſous le voile & dans vn nuage, les veritez qui luy ſeront découuertes au ciel; il ſe tient donc touſjours dans l'humilité d'vn Nouice & d'vn commençant, qui a des oreilles pour receuoir des preceptes, des yeux pour en conſiderer les pratiques, & n'a point de bouche, parce qu'il ne croit pas auoir la ſuffiſance pour y former des difficultez, moins encore pour y donner des reſolutions. Cela fait qu'il ſe tient dans le ſilence, touſjours attentif aux rencontres d'où il peut tirer quelque profit pour ſon aduancement, de ſorte que quand il luy faut parler, dit Saint Hieroſme, il eſt aiſé de connoiſtre par ſes paroles courtes & ſignificatiues, qu'il s'y porte moins par inclination, que par vne neceſſité dont il s'affranchit le pluſtoſt qu'il peut; & meſme, ſelon le conſeil du Sage, par ſignes quand ils ſuffiſent pour ſe faire entendre.

Ad Celſu-
ciam epiſt.
20. lib. 2.

Eccleſ. 31.

Si ceux qui agiſſent moins parlent le plus, comme les femmes & les vieillards, le Religieux qui agit beaucoup parlera moins, & parce que tout ſon temps luy eſt trop court pour la ſublimité de ſes exercices; il plaint le peu meſme qu'il eſt obligé de donner dans l'entretien : comme il void les preuues infaillibles de la bonté diuine par le ſeruice que luy rendent les creatures, comme la grace le porte au bien par des attraits efficaces, comme ſes confreres l'y animent par leurs bons exemples, il répond à cela par de ſainctes actions, & cependant que ſa bouche garde le ſilence, ſa vie eſt vn eloquent panegyrique de la pieté. On pourroit appliquer à cela ce que dit Plutarque, que nous apprenons des hommes à parler, & de Dieu à nous taire; Car les cieux continuënt leurs mouuemens, & verſent ſur nous leurs fauorables qualitez, ſans bruit; ce que nous reconnoiſſons des bontez de Dieu, ſont des myſteres qui demandent plus nos admirations que nos diſcours, & il ſe plaiſt principalement d'eſtre adoré par le ſilence.

Lib. de gar-
rulitate.

DV RELIGIEVX.

Nous auons tous les iours dans la vie commune mille sujets qui sollicitent nostre curiosité de s'en informer, nostre esprit d'en porter le jugement, nostre bouche de le prononcer soit fauorable ou des-auantageux à nostre frere. Les paroles sont en cela les truchemens des pensées, & vont aussi viste qu'elles, sans retenuë, quand quelque passion possede le cœur : car comme nous découurons naturellement la partie du corps qui nous fait mal, y portant la main, nous faisons bien-tost voir par le discours, l'amour, l'enuie, l'aigreur qui nous trauaille : c'est donc vne preuue que les mouuemens sensitifs sont appaisés dans vn Religieux qui sçait garder le silence, qui void les choses exterieures, qui les laisse prendre leurs cours, aller & venir sans s'y attacher, à cause qu'elles luy sont fort indifferentes. Car si sa parole precipitée va blesser les interests de quelqu'vn, aussi-tost de iuge il deuient partie, il craint les rapports, il dépend de tous ceux qui l'ont entendu, & cette promptitude qui peche contre la prudence, altere bien souuent la charité. C'est pourquoy l'on dit que d'ordinaire on ne se répend point de s'estre teu, mais d'auoir parlé; car on peut apres expliquer ce qu'on a tenu dans le silence, mais il n'est pas possible de rappeller vne parole qui est échappée; quelque sens qu'on luy donne, elle est tousiours entenduë selon les premieres impressions qu'elle a faites en l'esprit. Le silence est donc vne des marques plus asseurée d'vn parfait Religieux parce qu'il témoigne vne ame pleine de Dieu, des entretiens interieurs assez solides pour n'estre point diuertis par tout ce qui frappe les sens, vne liberté de cœur sans passion, vne serenité de conscience qui ne souffre point de troubles, vne prudence qui tient le secret, vne humilité qui n'a plus rien des vanités de la terre, vne charité qui veut couurir les defaux de son prochain, & qui ne pouuant pas tousiours commander aux yeux de ne les point voir, aux oreilles de ne les point entendre, fait comme si elle n'en auoit rien conneu : c'est vne grande disposition à la patience, à la paix, à la tranquillité de l'esprit; c'est pourquoy Pithagore tenoit ses diciples deux

Z z iij

ans enuiers sans qu'ils eussent la liberté de parler parce que le silence est le principe & le fondement de la sagesse.

Cette habitude est extremément necessaire dans vne communauté religieuse, pour y garder le silence que nous appellons regulier, hors le peu de temps que quelques ordres donnent à la conference & à la recreation, on doit croire que les Religieux sont en leurs cellules occupez à la priere, à la contemplation, à l'estude, & qu'ils ne se peuuent bien acquitter de ces employs d'esprit, s'ils ne sont dans le silence. Ces écriteaux pendus aux poultres sont des censeurs qui vous aduertissent de vostre deuoir, de marcher auec modestie d'vn pas leger & contraint, mais sur tout de commander à vostre langue de ne point parler là des choses mesme bonnes & necessaires; de differer vos entretiens en vn autre lieu où ils ne soient point incommodes aux autres, parce qu'vne voix articulée dérobe incomparablement plus les attentions, qu'vn bruit confus de carrosses ou de métiers: si vous auez de la charité, vous aurez la discretion de n'incommoder personne, & si vous n'estes pas lors dans ces employs serieux, si l'infirmité ou la necessité vous en retire, rendez aux autres le respect que vous souhaiteriez d'eux en cette rencontre, & ne leur soyez pas vn sujet d'empeschement. Qui estes-vous pour auoir l'audace de vous preferer à toute vne communauté? & pour vous satisfaire par vn vain discours, vous rendre insolemment preuaricateur d'vne loy publique, rompre le silence regulier que les constitutions ordonnent, que le superieur commande, que tous vos freres vous supplient de leur accorder: ce ne sont que trois ou quatre paroles qui échappent par la surprise de quelque rencontre; mais vous commanderiez à vostre langue de se taire, si vous sçauiez ce que les autres en reçoiuent d'incommodité; vous faites vne diuersion d'esprit, vous leur faites perdre vne pensée qui alloit éclore, vous ostez le verre de dessus des leures alterées, vous rompez vne tissure de raisonnement, vous arrestez tout court de sainctes affections qui alloient prendre l'essort, & vous empeschez l'œuure de Dieu. Pour moy je considere ces

DV RELIGIEVX.

Religieux indiscrets, comme ces phantômes qui par leurs clameurs diuertissoient S. Anthoine de son oraison : il auoit la vertu de les conjurer, & Saint François fit autres-fois taire des cigalles qui par leurs cris éclattans luy donnoient trop de distraction : ainsi ces saincts jugent le silence si necessaire aux exercices de l'esprit, que pour le conseruer ils y employent des miracles.

Le desordre est beaucoup moins suportable, si ces bruits & ces discours hors de saison, viennent à interrompre le repos du Religieux apres qu'on a sonné la retraitte. Plusieurs ont dans vne grande viuacité d'esprit le sommeil si delicat, qu'estant vne fois rompu ils ne peuuent plus le reprendre : n'ayant pas eu le conuenable repos de la nuict, il est difficile d'assister au chœur, les forces sont abattuës, les pensées si troubles qu'on ne sçauroit ny prier ny estudier. De là les indigestions, les maladies, & vn desordre dans les regularitez, par l'indiscretion d'vn frere qui comme vn petit lutin vient troubler le repos des autres : la difficulté du sommeil est vne des plus grandes incommoditez qui exerce la patience d'vn Religieux ; & la charité des autres ne la sçauroit soulager auec trop de retenuë & trop de compassion.

CACHER SES AVANTAGES QVI pourroient nuire à l'humilité, ou à la retraitte.

CHAPITRE IX.

CE grand éclat qu'on void dans le monde, de beautez de corps & d'esprit, d'habits, d'edifices, de suite, de titres d'honneur, & des autres auantages ne tend qu'à gaigner les yeux & l'admiration des hommes par des qualitez qui ne soient pas dans le commun. Cette emulation de se produire, semble authorisée de la nature, qui donne presque à toutes les choses crées de fortes inclinations de se tirer des tenebres en la lumiere, de répendre vne infinie multiplication d'especes, pour estre veuës de tous les yeux, & par des qualitez qui touchent les sens, par vne agreable physionomie faire monstre de leurs plus secrettes vertus.

Il ne faut pas s'estonner si le Religieux ne suit pas ce droit commun des choses sensibles, parce que comme nous auons dit, il fait estat de passer sa vie sous des loix directement contraires à celles du monde, il se dépoüille autant qu'il peut des affections du corps, & comme il tâche d'imiter les pures intelligences, viuant en esprit, ce n'est pas merueille s'il rend ses bonnes qualitez inuisibles aux yeux des hommes. Comme la grace est dans le plus intime de l'ame, vne participation de la nature diuine, ineffable, incomprehensible, elle produit aussi des vertus secrettes qui ne se produisent pas à la veuë, & dans le commerce de tous. Ce fut le premier dessein du Religieux en quittant le monde de se jetter dans la solitude pour étouffer tous les sentimens de la vanité, & n'auoir plus qu'à complaire aux yeux de Dieu.

Toute cette vie qui se compte par vne suitte d'années, n'est que comme vn premier mois de la conception où la grace fait estat de former l'ame pour l'eternité, hors

la

DV RELIGIEVX. 371

la veuë & la rencontre des choses exterieures qui luy pourroient nuire. Ouurez vne rûche pour en admirer l'œconomie, vous y verrez les jeunes abeilles qui se tiennent en repos, sans bruit, sans mouuement, quasi comme mortes dans leurs cellules, couuertes d'vne legere couche de cire, jusques à ce que la nature leur ait donné auec leur juste grandeur, des aisles, des forces pour s'employer au trauail commun. Le Religieux à ce sentiment de luy mesme que ses vertus sont encore extrémement imparfaites, trop foibles, trop delicates pour s'exposer au grand iour & à l'action : pourquoy ne voulez-vous pas qu'il cherche ses seuretez dans la solitude, & que comme les Apostres il se tienne renfermé jusques à ce que l'impetuosité de l'esprit, & l'obeissance le iette dans les employs.

Nous auons l'exemple du verbe diuin humilié sous les apparences d'vne chair sujette aux pechez, comme dit l'Apostre, & d'vne vie cachée durant trente ans, pour nous instruire qu'il faut tout esperer de l'humilité, & tout craindre d'vne présomption qui se voudroit éleuer deuant le temps. Leuez-vous apres auoir demeuré long-temps *Psal. 126.* assis, & apres auoir pris vostre nouriture du pain de douleur, dit le Psalmiste; ne vous iettez point dans les employs exterieurs, si vostre vertu n'a pris ses forces dans les sombres & austeres exercices de la penitence.

La charité qui porte ce Religieux à la retraitte, est bien ordonnée, elle dilatte son cœur pour le ciel, quand elle se ferme aux choses exterieures, il ne s'ouure que deuant Dieu, comme la fleur deuant son soleil, & en cela on ne peut pas luy reprocher de faire vne chose qui soit indigne d'vn bon courage, comme s'il vouloit se soustraire des deuoirs communs. Car si toutes choses ont l'inclitation que nous auons dite, de paroistre belles afin d'estre aymées, & mises en exercice pour des suiets conuenables; c'est vne merueille de la grace, de faire que le Religieux reüssisse à mesme fin par des moyens tout contraires, & qu'il s'expose plus au seruice de la communauté, quand il cache ses perfections. Si l'on ne croit pas que ce

Aaa

Religieux soit capable de la predication, du gouvernement, des grands employs, on le met en des offices bas qu'on auroit peut-estre peine de remplir d'autres personnes destinées à choses plus grandes : cependant il contracte là les habitudes d'vne solide humilité, d'vne obeïssance aueugle, d'vne charité prompte à tout faire, allaigre & triomphante en ce qui paroist de plus abject aux sentimens de la nature. Vn soldat de Lacedemone ayant fait mettre sur son bouclier vne petite mouche en bosse, fut gaussé de ses compagnons, comme s'il n'eust pas eu dessein d'estre conneu de l'ennemy : mais il leur respondit, ie faicts estat de l'approcher de si prés, qu'il me reconnoisse par cette petite marque. Le Religieux dira de mesme, ie veux estre si petit aux yeux de tous, qu'ils m'employent à tout, & que le respect ne les empesche point de se seruir de moy aux offices plus onereux.

Les fleuues & les mers tariroient bien-tost, sous les ardeurs du ciel & entre les seicheresses de la terre, si cette terre n'auoit dans ses abismes de grands reseruoirs cachés, & qui ne s'alterant point fournissent à toutes ces profusions. Il faut que le ciel ait des chaleurs plus moderées que celles du soleil, pour faire le temperament des corps; c'est principalement la vertu du centre qui acheue la formation des metaux, & qui donne les feconditez à la terre. Ainsi les ordres religieux ne se pourroient pas entretenir dans tous leurs employs, s'il n'y auoit de grandes vertus couuertes aux yeux des hommes, mais connuës de la prouidence, pour estre employées selon la necessité des occasions dans les grands ou petits offices, & pour animer les autres au mesmes deuoirs.

Les graces de Dieu sont differentes, les vnes sont données pour estre publiques, & ce sont des lumieres qui ne sont pas éclattantes pour estre mises sous le boisseau ; les autres sont particulieres, comme celles de la contemplation, & n'estant se semble accordées qu'en faueur d'vne personne, elles ne se doiuent pas rendre communes : c'est leur ordre de se tenir sous le voile comme les choses sacrées; de craindre le soleil & le grand iour, comme les conques qui portent les plus grosses perles.

Mais quand mesme on cacheroit ces eminentes qualitez que la grace donne pour le soulagement du prochain, elles jettent bien-tost des éclats qui les font plus admirer apres cette eclypse volontaire, & qui les proposent pour exemple d'vn merite d'autant plus illustre, qu'il est joint à l'humilité. L'abbé Paphnutius se sauue de son monastere, parce qu'il ne pouuoit souffrir les trop grands respects qu'on luy rendoit, & ayant fait vn long voyage, il est receu Nouice par des Religieux dont il n'estoit pas connu: apres auoir passé deux ou trois années dans les plus bas excercices de la communauté, il est enfin reconneu par quelques vns de ses Religieux qui passoient par là comme pelerins, & qui le remenerent comme en triomphe dans son premier monastere. Saint Anthoine receu dans l'ordre de Saint François ne s'employoit qu'à balier la maison, lauer les écuelles, assister les hostes & les malades sans qu'il parust rien de ce qu'il auoit de science, iusques à ce que dans vne occasion non preueuë ayant receu commandement de son superieur de dire ce que le S. Esprit luy suggereroit, il fit vn discours auec tant de doctrine & d'éloquence, qu'en suitte il receut l'office de la predication, dont il s'acquitta auec des prodiges que l'on peut voir en sa vie.

C'est au Religieux de s'humilier, de prendre le dernier rang sans affectation mais par vn sincere sentiment de ses demerites; que s'il plaist à la prouidence de l'éleuer à quelque plus grand employ, il y souffre, mais il s'en acquitte auec vne parfaite confiance que la mesme main qui l'éleue le soustiendra. Estant aduancé de cette sorte, il est moins sujet aux coups de l'enuie, on le respecte quand on sçait qu'il ne s'est point produit de luy mesme, que les charges luy font peine, & que qui l'offense pour ce sujet attaque le ciel.

Au reste c'est vne innocente tromperie de se dérober de la sorte aux yeux des hommes, c'est vn plaisir qui a quelque rapport à celuy d'vn voyageur inconnu, d'vn Prince déguisé, d'vn homme qui sçait vne langue, vn art,

A a a ij

ou vne science, dont les autres parlent deuant luy comme s'il en estoit ignorant ; c'est vne magie morale, qui a tout le contentement sans le crime de ces anciens Philosophes qui se rendoient inuisibles. La nature reçoit lors vne secrette complaisance, de voir par effet que le cœur humain est vn sanctuaire qui n'est penetrable qu'à l'immensité & à la science de Dieu ; qu'on peut mettre là les secrets, les conseils, les veritez en dépost auec toute asseurance, parce que nulle autre personne n'y peut porter ny les yeux ny la main. Vn politique fait d'étranges coups auec cette asseurance qu'on ne void pas ses desseins, hé, pourquoy le Religieux n'en feroit-il pas de mesme ses profits ? pourquoy ne recuëilliroit-il pas les fruicts de ces actions humbles & penibles, dont il pourroit perdre l'occasion si ses merites estoient conneus.

Philost. in vita Apoll. lib. 4. c. 4.

NE SE POINT MESLER DANS LES affaires d'autruy, sur tout dans celles qui regardent le gouuernement où l'on n'est point appellé.

CHAPITRE X.

JE ne voids rien si necessaire au Religieux que la tranquillité de l'esprit, parce qu'elle est vne disposition generale pour se bien acquitter de ses deuoirs dans les exercices de l'estude, de la contemplation & de la communauté, comme nous auons dit. Cassian la considere comme la fin de tous les exercices de pieté necessaires pour acquerir la perfection : c'est pour cela, dit-il, qu'on quitte le monde, qu'on se retranche dans la solitude, qu'on tient en sujection ses yeux, sa bouche, ses oreilles, ses autres sens, afin de se conseruer ainsi les libertez du cœur pour l'offrir tout entier à Dieu. Il semble mesme selon l'Apostre, que la charité n'est autre chose qu'vne tranquillité d'esprit, car quand il nous fait la description de cette sureminente vertu, & qu'il nous la represente sans enuie,

Collat 1. c. 6. & 7.

DV RELIGIEVX.

sans aigreur, sans indignation, sans jugemens temeraires, c'est pour nous dire qu'vne ame qui n'est point sujette à ces troubles, est en estat de receuoir toutes les ardeurs & toutes les étenduës d'vne dilection seraphique.

Or le moyen le plus efficace qu'a le Religieux pour se conseruer cette paix, c'est de se tenir à couuert dans vne conduite particuliere, de donner l'ordre qu'il doit à sa conscience, par les pratiques de la mortification & de l'oraison, & se defendre autant qu'il peut des negoces de ses confreres. Quoy que les ports ayent leurs eaux continuës auec celles de la plaine mer, ils n'en souffrent pas neantmoins les tempestes, à la faueur des digues dont l'art ou la nature les couurent ; toutes les maladies de nostre corps seroient mortelles, si elles estoient necessairement communes, si le cœur & le cerueau souffroient les mesmes blessures qui sont faites au reste du corps. Ainsi quoy que nous soyons partie d'vne communauté, & que la charité nous tienne étroittement vnis les vns aux autres, nous en pouuons tirer les profits sans en souffrir les distractions, sans nous mesler dans tous les negoces, & toutes les inquietudes qui trauaillent quelques esprits.

L'idée que le Religieux conçoit de la perfection doit estre si haute, que tout le temps de sa vie luy semble trop court pour y arriuer : car tous les iours il voit renaistre des passions qu'il tenoit pour mortes ; il se voit continuellement reduit dans la necessité de combattre des ennemys qui paroissoient impuissans, enfin ses progrez sont arrestez par mille defaux qui demandent son courage, ses industries & sa main. S'il ne suffit pas quand il se donneroit tout entier à la reforme de son interieur, il semble qu'il en conçoiue quelque desespoir, s'il se mesle & s'abandonne dans les affaires des autres.

S'il s'y porte par curiosité, c'est le transport d'vn esprit malade qui cherche à se soulager par vn changement d'obiect ; c'est vne demangeaison qui prend plaisir pour vn moment à la rencontre de ce qui est aspre, quoy qu'il écorche ; on prend sur soy tout ce que l'on donne aux autres d'attentions & de soins ; c'est vne profusion d'esprit

A a a iij

plus à plaindre que celle des biens de fortune. Que sert d'auoir éuité les troubles du monde, si l'on s'en fait de nouueaux dans le cloistre ? ce n'est plus vne vie particuliere, si l'on neglige ses propres affaires pour celles d'autruy; la deuotion, comme la chaleur naturelle a coustume d'estre d'autant moindre dans l'interieur, que plus elle se répend au dehors.

Vous couurez d'vn pretexte d'affection vne indiscrete curiosité qui blesse celuy dont vous allez sonder le secret; on n'entre point, dit Plutarque, dans les maisons sans que l'on frappe à la porte, pour ne point surprendre la famille dans quelques actions priuées qui ne seroient pas de bienseance ; & vous allez importuner vostre frere de vous découurir ce que la honte l'obligeoit de tenir caché. Vous verrez dans sa familiarité des foiblesses qui rabbateront beaucoup de l'estime que vous auiez conceuë de ses merites : S'il vous ouure son cœur, apres les protestations de vostre fidelité, vous y verrez des langueurs, des playes, des passions qui vous demandent du secours ; si vous n'entrez pas dans ces sentimens apres cette confiance, vous l'offensez, & le voila dans la honte, la crainte, le regret, de s'estre trop ouuert à vous ; si vous prenez son party, vous vous declarez contre tous ceux qui luy sont contraires ; vous entendrez de sa bouche beaucoup de choses qui toucheront vostre honneur & vos interests ; quelque parole dite, quelque action faite, à vostre des-auantage, de sorte que vous serez comme ces jaloux, qui n'ont de la curiosité que pour découurir leur turpitude, pour se donner de la honte & de la peine.

Vous ne venez, dites vous, faire offre de vostre seruice à vostre frere que par vne pure charité qui veut compatir à ses peines, & les soulager en les partageant auec luy: mais considerez que d'ordinaire ces confidences ont coustume d'aigrir plustost que d'appaiser les passions qui se rendent beaucoup plus audacieuses, si elles peuuent gaigner le iugement & le secours d'vn second ; Vous allez vous embarasser dans vne affaire dont vous ne pourrez sortir sans y perdre beaucoup de vostre integrité, & de la

DV RELIGIEVX. 377

charité commune que vous deuez à ceux qui sont ses parties : il vous seroit beaucoup meilleur de demeurer indiferend, que de vous échauffer contre ceux qui ne vous ont point offensé.

Puis que la prouidence vous met dans vne vie particuliere, c'est à vous de tenir ce poste, & ne vous pas embroüiller par des entreprises qui ne sont pas de vostre ressort. Les Anges ne manquent point de charité, & leurs volontez sont si étroitement vnies, qu'elles ne doiuent plus ce semble estre considerées comme differentes en la rencontre qu'elles font au centre commun de la bonté & de l'vnité diuine ; neantmoins vn Ange peut s'entretenir auec celuy qu'il luy plaist par vne libre communication d'especes, sans que les autres se meslent d'en auoir la connoissance : les bien-heureux qui voyent tout dans le Verbe, n'y ont neantmoins la connoissance que des choses qui les regardent, & nont ny le desir ny le pouuoir de s'ingerer dans vne infinité de libres decrets qui regardent la conduite d'icy bas. *D. Thom. 1. q. 107. a. 3, & q. 89. a. 4. q. 108. a. 8.*

Il est vray, S. Paul dit qu'il s'est fait tout à tous pour les gaigner tous à Iesus-Christ, qu'il compatit à toutes les afflictions des fidelles, qu'il souffre, qu'il est infirme & malade auec tous ; mais il parle là comme vn Apostre qui prenoit le soing de l'Eglise, & qui deuoit connoistre les maladies de ce corps dont il estoit le medecin, pour y apporter le remede : encore si vous examinez sa conduite vous trouuerez qu'il compatissoit principalemét aux maux publics, aux persecutions, aux pertes de biens, dont les fidelles estoient lors fort trauaillez ; mais comme il deffend il s'abstenoit aussi de penetrer les maisons, & de s'intriguer dans les affaires domestiques. Saint Ambroise quoy qu'illustre par cette mesme charité qui compatissoit à tous, y mit neantmoins quelques bornes, & ne se mesloit point de persuader la milice, de traitter les mariages, de donner des seruiteurs, d'aller aux festins, pour ne se point porter si auant dans le secret des familles : Qu'elle apparence qu'vn simple soldat quitte la faction où il est posé, pour courir toutes les autres, & comme s'il estoit officier, *2. Tim. 3.*

voir si chacun fait son deuoir; de mesme quel droit a
ce Religieux particulier de se mesler dans les affaires des
autres, & prendre des connoissances que la discretion des
superieurs mesme refuseroit ? Ce n'est pas vne veritable
charité puis qu'elle n'est pas ordonnée, & qu'elle s'emporte à des entreprises turbulentes, temeraires, ennemies
du repos public & particulier?

 Sur tout qu'il se garde de se mesler des affaires con-
cernantes le gouuernement où il n'est point appellé; car
la conduite s'en fait par des raisons reseruées au secret du
superieur, & qui n'estant pas conneuës des particuliers,
leur ostent le droit d'en iuger: ce qu'on en peut dire n'est
que par de vaines coniectures, qui d'ordinaire ne rencontrent ny à la cause, ny aux moyens, ny à la fin, & qui
estant ridicules ne laissent pas d'auoir des suites tres-mal-
heureuses. Car de là naissent les murmures, les factions,
les refroidissemens de charité, les terreurs paniques qui
abattent les courages, qui les disposent à la des-obeïssance
ou à la desertion. Le superieur a grand sujet de se plaindre si vous venez importunement vous ietter dans ses affaires, & si vous l'accablez d'aduis comme s'il estoit insuffi-
sant de donner en cela les ordres qu'il faut. Depuis que
la prouidence vous a mis sous sa conduite, vous deuez
croire qu'il ne manque ny de lumieres ny de vertu pour
l'acquit de son office, & quoy que vostre jugement reclame, commandez-luy la soumission & le silence à l'exemple des Apostres, qui voyant leur maistre contre sa coustume en discours auec vne femme, eurent la discretion
de ne luy pas demander le sujet de son entretien.

 Que si celuy qui gouuerne vous appelle à son conseil,
& vous en donne luy mesme l'entrée prenez garde qu'en
flattant vostre ambition, il ne vous charge de ce que son
office à d'onereux: si vous rapportez tout ce qu'il voudroit apprendre de vostre bouche, vous voila dans vn miserable employ contraire à la bonté, à la charité, & qu'on
a tousiours tenu pour detestable dans les republiques, parce qu'il accuse les absens, qu'il charge l'innocence ou de
crimes ou de soubçons, par vn negoce de tenebres qui luy
oste

oste les moyens de se iustifier : que si vous manquez à ce que le superieur esperoit de vous, si les affaires reüssissent mal faute d'vn aduis que vous auiez moyen de donner, ou si le secret vient à s'éuenter, vous voila dans la disgrace & d'vne famille qui vous tient suspect, & d'vn superieur qui vous condamne comme peu fidelle.

Vous verrez quelquesfois vn frere qui dans vne affaire qui ne le touche nullement, où il semble n'auoir aucun interest ny de parenté ny d'affection, neantmoins s'échauffe, s'irrite, fait rumeur sous vn pretexte de iustice & de charité : la chose, dit-il, m'est indifferente en soy, ie n'y prends aucune part, & il ne m'en sçauroit venir aucun dommage, mais l'iniustice qui s'y commet m'est insuportable, & se taire en cette rencontre ce seroit trahir la verité. Pauure homme, vous iugez sans reconnoistre, vous vous troublez par des iugemens aussi peu veritables que des songes : cette affaire a des circonstances que vous ignorez, cette personne est arrestée ou punie pour des defaux qui ne vous sont pas conneus : vostre vie n'auroit iamais de repos, si tout ce qui se passe à l'egard des autres vous donnoit l'allarme; vn homme du monde periroit bien-tost, s'il faisoit estat d'estre second en tous les combats. Quand il y auroit quelque chose à dire, dans ce qui vous paroist à l'exterieur; quand il y auroit de la violence & de l'iniustice, loüez Dieu qui vous affranchit de cette disgrace, & n'allez pas vous precipiter dans le peril où vostre frere se trouue engagé par sa faute, ou par vn ordre secret de la prouidence : vous auez la liberté d'en dire vos sentimens à ceux qui doiuent y pouruoir par office, cependant joüissez du repos que Dieu vous donne & faites prouision des vertus qui vous seroient necessaire en de semblables rencontres. Ne vous rendez pas miserable pour vn autre, & deuant le temps; c'est vne extreme indiscretion de vous charger de ce qu'il y a de fâcheux dans vn office, dont mesme vous deuez refuser l'honneur & les commoditez.

Bbb

DESIRER DE VIVRE TOVSIOVRS EN
Religieux particulier sans charge &
sans prelature.

CHAPITRE XI.

LES Republiques ont eu grand suiet de proposer les dignitez comme vne recompense de la vertu, afin d'y porter plus puissamment les hômes, polir la nature par elle mesme, & vaincre les basses inclinations qu'elle a contraires à la probité, par celles qu'elle a plus viues & plus puissantes pour l'honneur. Ce prix qui tient moins de la matiere est plus conuenable aux grandes actions de l'esprit; il se donne sans qu'il surcharge le peuple, sans qu'il épuise les finances, & l'estat qui en fait largesse en deuient plus riche par tous les auantages qu'il tire de ses bons officiers. Neantmoins cette addresse de police n'est pas si juste qu'elle ne souffre quelque reproche, & que comme le reste des choses humaines, elle n'ait vn bien meslé d'imperfection : car la vertu n'est plus recherchée pour elle mesme, elle deuient suiette & comme esclaue de la fortune, puis qu'elle trauaille pour des dignitez qui en releuent; on n'excuse pas seulement mais on deïfie l'ambition qui est la plus insolente, la plus orageuse de toutes les passions humaines, & l'honneur c'est à dire la vanité passera pour le souuerain bien de cette vie, si toutes choses, les vertus mesme, s'y rapportent comme à leur derniere fin. Ie n'aime pas la vertu si ie ne l'aime que pour l'honneur, il est mesme à craindre que si elle n'est recherchée que pour ce motif, on ne s'en desfasse quand on possedera les dignitez, comme on oste les ceintres & les échaffaudages quand le bastiment est parfait. C'est pourquoy si la vie religieuse se gouuerne, côme nous auons dit, par des loix contraires à celles du monde, elle ne doit pas proposer les charges comme vne recompense de la vertu, mais la tenir dautant plus illustre, qu'elle sera solitaire, &

DV RELIGIEVX.

que ce luy soit vn titre d'eminence de les refuser.

Quand le Religieux se sent dégagé par la mortification de ce qui satisfait les yeux, la bouche, les autres sens, il faut craindre que les passions spirituelles ne s'accroissent par le deffaut des sensibles dont elles estoient associées; & qu'en cet estat il ne soit plus susceptible de l'ambition qui precipita le premier Ange: il est donc necessaire d'établir des loix & des maximes qui soient de puissans preseruatifs contre ce mal, & qui apportent plus de resistance à vn desordre où nous auons de plus fortes inclinations, quoy qu'il soit l'vn des plus contraires au premier dessein du Religieux. Il a fait vne publique abdication de tous les contentemens & de toutes les vanitez que l'esprit du monde recherche, il a quitté tous ses droits, il s'est couuert d'vn pauure habit, il s'est jetté dans la solitude pour ne plus complaire aux yeux des hommes; or dans cet abandon general que l'amour diuin luy a fait faire, il y faut aussi comprendre les dignitez; car la charité n'est point ambitieuse, & ne recherche point les interests de l'amour propre, dit Saint Paul: elle est douce, patiente, sincere, sans emulation, sans aigreur, sans aucune pensée du mal; elle croit, elle espere, elle souffre tout, & par ces belles qualitez elle fauorise autant les vœux de religion, que les prelatures les semblent affoiblir. La pauureté paroist moindre dans vn superieur qui a la disposition de tout, & que par respect on laisse moins que tous les autres dans la souffrance; la pureté a moins d'asseurance dans les grandes conuersations qu'il est obligé de soustenir pour toute vne communauté; l'obeissance ne s'accorde pas auec le commandement de sorte, dit Saint Basile, que la superiorité semble vne desertion de cette milice spirituelle; vous la prennez pour quelque chose d'eminent, c'est cependant vne cheute que fait le Religieux dans le chemin, où il s'estoit mis à la suite de Iesus-Christ.

Dites tant qu'il vous plaira que les dignitez sont vne seruitude publique, il faut confesser qu'elle n'est point des-agreable aux sentimens humains, & que l'esprit du

Constit. monast. cap. 25.

monde la preferera toufiours à la fujection: pourquoy donc
voulez-vous qu'vn Religieux, dont le deſſein n'eſt que de
feruir Dieu auec vne grande pureté & ſimplicité de cœur,
s'embaraſſe dans ces employs, qui n'eſtant rien qu'vn accident de ſa profeſſion, en corrompent bien ſouuent, au
moins en affoibliſſent l'eſſentiel ? pourquoy voulez-vous
qu'il ayme ce qui contente la nature, & qui fait ſouffrir
la pieté ; ce qui l'arrache de la retraitte qui eſt ſon element, de l'humilité qui eſt ſon centre, de la pauureté qui
eſt ſon fort ? pourquoy voulez-vous qu'il prenne le grand
chemin au lieu de l'eſtroit où le fils de Dieu l'appelle, &
qu'il s'engage dans des perils, où il y a peu de choſe à eſperer & beaucoup à craindre?

Ne vous figurez point icy vn naturel lâche & foible
que le ciel ſemble n'auoir fait naiſtre que pour obeïr, car
ie vois dans les eſprits les plus bas & les plus extrauagans,
vne fatalle preſomption qui leur fait juger aduantageuſement de leur capacité, qui leur inſpire des paſſions furieuſes pour les charges, qui les iette dans les plaintes, qui
trouble les communautez de reproches, quand il ne ſont
pas aduancés: on void leur foibleſſe en ce que pour meriter la faueur des puiſſances, ils s'abaiſſent à des ſeruices indignes de leur condition, à des flatteries criminelles, ils
prennent toutes ſortes de poſtures, toutes ſortes de viſages, & comme ces cameleons de court, toutes ſortes de
couleurs excepté celle de l'innocence.

Où trouuerez-vous la liberté des enfans de Dieu, dans
les ſujections & les contraintes neceſſaires pour ſe conſeruer
dans les charges, dans ces employs qui ſont les voleurs
du temps, & les meurtriers de la ſimplicité ? depuis qu'on
ſe jette dans ces negoces exterieurs, il faut dire adieu
aux douceurs de l'eſtude & de la contemplation, qui demandent l'ame toute entiere, & qui n'en auroient pas la
moindre part, s'il en falloit venir au partage auec ces affaires toufiours preſſantes, en foule, & qui ne ſouffrent point
de delay. Comment eſt-il poſſible qu'vn eſprit tiré de
Dieu à la contemplation de l'vniuers & aux ſpectacles de

DV RELIGIEVX. 383

l'eternité, s'abaisse à ces petites choses de fait, friuolles, broüillées, vagues, incertaines, sur qui l'on ne peut fonder vne seule regle de prudence? Certes vne ame est bien petite à qui ces employs paroissent grands, elle a bien peu de capacité si elle s'en trouue remplie; si elle prend pour vn caractere d'eminence, ce qui l'empesche de s'éleuer & de s'vnir à Dieu, ce qui la diuise, ce qui la fracasse de soins, ce qui ruine souuent son integrité.

Le Prophete prie Dieu de ne le rendre point garend des fautes d'autruy ; vous l'estes dans la charge de superieur, & c'est peu d'auoir surmonté vos passions, si vous ne reglez de mesme celles de tous ceux qui vous sont commis, quoy que ce soit des machines secretes dont vous ne sçauez pas les ressorts, & trop grandes pour receuoir le mouuement de vostre main. Saint Chrisostome s'estant échappé du peuple & de ses amys pour n'estre point Euesque, iustifie sa fuite par ces considerations; l'ayme, dit-il, Iesus-Christ de tout mon cœur, hé comment voulez vous que n'ayant pas les experiences necessaires, i'entreprenne de traitter le corps de son Eglise qui est malade ; que ie prenne le gouuernail de son vaisseau sur vne mer orageuse, dont ie ne sçay point les routes, les écueils & les ports? à peine ay-ie assez de veuë pour suiure les saints qui me déuancent, hé comment voulez vous que ie serue aux autres de guide? Ie suis pauure, & vous voulez que ie fasse des largesses, ie sens mon peu de force qui m'oblige de me retirer d'vn combat dont l'yssuë ne me pourroit estre que mal-heureuse : quand i'aurois plus de vertu, i'ay l'exemple de Iesus-Christ qui estant le souuerain monarque de l'Vniuers, ne voulut iamais prendre cet empire ; il s'enfuit sur la montagne, quand les peuples rauis de ses miracles vouloient l'auoir pour leur Roy: s'il traitte auec ses Apostres, c'est auec des humilitez qui ne tiennent rien de la domination, & qui remettent tous les euenemens à la volonté du Pere Eternel.

Lib. 3. de sacerdotio,

La nature met les parties nobles ou resident les thresors de la vie, sous de seures gardes, & sous la protection des autres exposées pour leur deffense ; le ceruçau sous le crane, le cœur, le poulmon sous les costes: ainsi la majesté des Princes ne se trouue pas parmy la foule & la lie du peuple, & le Capitaine n'entre pas en faction comme le soldat; mais la police religieuse veut que le superieur soit comme le moindre frere dans toutes les obseruances claustrales, & de plus qu'il se mesle dans tous les employs exterieurs où il n'y a pas moins de perils que d'inquietudes. Quoy que le gouuernement de l'Eglise ait plus de moderation, les soins qui en sont inseparables furent vn assez grand suiet à plusieurs saints de s'en démettre apres en auoir fait l'experience, & par leur retraitte justifier la juste crainte de ceux qui ne s'y veulent pas engager. Sur cela les Conciles ordonnent qu'on ne mette point, par force, dans les charges ceux qui s'en retirent; & le Concile de Vienne, veut qu'on donne creance aux accusations que font d'eux mesmes ceux qui en public se disent incapables de gouuerner: car on suppose que Dieu les appelle à la retraitte, qu'ils s'acquitteroient peut-estre auec moins de vigilance, & trop de peine d'vn deuoir qui seroit forcé, & qu'il seroit honteux à l'Eglise d'estre gouuernée par des personnes traittez en esclaues qui sont contraints de prendre des successions onereuses.

Conc. Aur. 5 cau. 11.

Cap. que nimia de se nuntiatio.

Ces exemples de retraitte sont assez rares pour n'estre point empeschez, ils seruent de temperament, & de preseruatifs à l'ambition qui est la peste des communautez religieuses, la source mal-heureuse d'où naist tout ce qui se peut imaginer de desordres contre la morale & la pieté. Depuis que ces esprits vuides de tout autre employ pretendent aux charges, c'est auec des addresses, des brigues, des corruptions, qui ont des effets plus furieux contre les concourrans, que s'il y employoient le fer & le feu: de là les enuies, les murmures, les detractions, les partis formez, les entreprises secrettes contre la foy diuine & humaine, & la mort de toutes les vertus auec celle de la charité. Il n'est pas, dit Saint Ephrem, iusques au Nouice, ou au jeune Profez qui ne soit dans la pretention, qui ne s'attache à la personne dont il se promet plus de support, qui ne suiue vn chef, & qui ne corrompe le me-

Tract. aduersus eos qui honores apetût.

rité de l'obeïssance par des subjections interessées. La simplicité n'est plus dans la conuersation, la verité dans les paroles, la fidelité dans les promesses, tous parlent & agissent pour se surprendre : ce mal est dans son extremité, dit Sydonius, quand on est venu iusques à n'en conceuoir plus de honte, & que toutes choses sont dissimulées, excepté l'extreme passion qu'on fait paroistre tout ouuertement de commander. Dans cette desolation publique il me semble qu'vn Religieux qui se retire volontairement des charges, est comme vne victime qui s'immole pour l'expiation de ce mal-heur, il veut bien estre precipité pour appaiser vne tempeste, dont il seroit cause en partie s'il entroit dans la concurrence.

S'ACQVITTER FIDELLEMENT DES OFFICES
qui sont imposez par obeissance.

CHAPITRE XII.

CE que nous auons deduit en cette partie n'est que pour iustifier la proposition que nous y auons aduancée, que le Religieux se doit conseruer l'esprit de retraitte dans sa congregation, par le silence, par l'humilité qui cache ses aduantages, qui ne se produit point au grand iour dans les affaires d'autruy, moins encore dans celles qui ont plus d'éclat, & qui appartiennent au gouuernement. Mais comme il fait partie d'vn corps qui subsiste par la contribution que tous les particuliers y doiuent de leur trauail & de leur industrie, il est tres-iuste que s'il tire de grands profits de corps & d'esprit de cette communauté, il en porte aussi quelque charge, & que l'oysiueté ne le iette pas dans vne ingratitude qui reçoiue des faueurs sans reconnoissance.

Dans vne ruche d'abeilles vous n'en verrez pas vne qui ne soit extremément empressée au trauail que la saison demande de leur communauté, soit pour curer les immondices amassées pendant l'hyuer, pour transporter leurs morts, pour faire leurs prouisions de miel, pour éleuer leurs petits, toutes courent, volent, entrent & sortent à la foule auec vne telle viuacité qu'elle semble precipitée. On void la mesme commune diligence entre les fourmis, soit qu'il faille éleuer leur toict par vn amas de petits bastons posez de longueur en pente, de sorte que l'eau coule dessus sans le penetrer; soit qu'il faille nourrir leurs petits qui ne sont que vers, deuant qu'ils soient enfermez de la pellicule dont la nature les couure pour les transformer; soit qu'il faille les mettre au soleil, soit qu'il faille faire leur prouisions pour l'hyuer, ou s'acquitter d'autres deuoirs que nous ne sçauons pas, & qu'ils semblent se dire à l'oreille quand ils s'approchent & se baisent à la rencontre. Entre tous les animaux le Philosophe nous propose ces deux especes, comme les mieux instruites de la nature pour seruir d'exemple aux hommes, de ce qu'ils doiuent contribuer dans les communautez; & le Sage nous renuoye à la fourmis pour apprendre à n'estre point lâches dans vne vie qui ne s'entretient que par vn trauail commun.

Les dons de la nature & de la grace sont si différens, qu'on ne doit pas obliger chacun à vn mesme office, mais quand cette diuersité est dispensée auec raison elle deuient le suiet de l'ordre, elle fait les beautez & l'harmonie. Il faut donc que chacun trauaille selon ce que la nature & la grace luy donne de forces; & comme dans les societez ceux là contribuënt d'auantage de leurs biens qui ont moins d'adresse; dans les congregations religieuses ceux qui sont moins propres à l'estude, à la contemplation, aux autres exercices de l'esprit, se doiuent donner auec plus de courage aux offices de corps & de main.

L. 5. & 39.
ff pro so.
cio. l. 1.
Cod. cod.

On estime peu dans le monde vne personne qui ne trauaille que pour sa famille; l'ambition veut monter aux charges, elle les achepte à grand prix, elle les exerce auec des seruitudes & des fatigues incroyables, seulement pour auoir l'honneur d'imiter les causes vniuerselles qui ont des influences & des effets profitables à plusieurs. Le Religieux quoy que solitaire, quoy que particulier, &

hors

hors les perilleux employs du gouuernement a neantmoins cette satisfaction de rendre seruice à sa communauté quand l'obedience luy donne vn office, & d'estre sous les ordres du superieur, comme est l'Ange sous ceux de Dieu, tout esprit, tout feu, toute adresse, toute charité pour le secours des esleus.

 Quelque office que ce soit, il doit y apporter tout ce qu'il peut de fidelitez pour deux principales considerations: la premiere que son seruice regarde le bien d'vne communauté; la seconde parce qu'il trauaille pour les saints, les amis & les domestiques de Dieu. Si selon la parole de l'Euangile celuy qui donne au Prophete, reçoit la recompense du Prophete, c'est vne grande consolation de faire vne office où l'on prend part au merite de tous les Religieux employez à loüer Dieu iour & nuict, au seruice & à l'edification de toute l'Eglise; d'entretenir des vies qui sont des holocaustes offerts tous les iours à Iesus-Christ, de leur épargner vn temps qu'ils employent pour l'eternité. Math. 10. 41.

 Si la vie du Religieux se rapporte toute à l'honneur de Dieu, ceux qui trauaillent pour sa subsistance, font des transformations du trauail des mains en celuy de l'esprit, auec des reproductions innombrables de merites, quand celuy de chaque particulier & de tous en general reuient sur l'officier qui est employé pour le seruice de tous. Il seroit à craindre que tant de couronnes promises aux offices, n'y portassent les Religieux auec trop d'emulation, si la charité ny donnoit les ordres, si elles ne faisoit que tous les autres y prenent aussi part, par la disposition qu'ils ont de faire le mesme si le superieur le leur commendoit, & puis par la complaisance qu'ils ont pour ceux qui sont en exercice, & par vn second droit de communauté.

 Si l'office est d'vn employ qui continuë, celuy qui l'exerce a moyen de s'y perfectioner par de bonnes habitudes, & d'y donner tout ce que l'on pourroit pretendre de satisfaction; que si l'office est alternatif, celuy qui est en charge ne doit point craindre d'y déployer toutes ses

Ccc

forces, qui se doiuent reparer par vn prochain repos, l'emulation ne seroit que saincte de surmonter en fidelité ceux qui le déuancent & qui le suiuent.

  Cette fidelité à s'acquiter d'vn office consiste à le faire auec toute la perfection que le superieur demande, que la communauté se promet, que les plus diligens & les plus intelligens en cela y apporteroient, de sorte que rien n'y manque. L'Ange déploye tout ce qu'il a de feu & d'industrie en l'action qu'il entreprend; & le Religieux qui fait la volonté de Dieu par l'obeissance, se doit acquitter de l'office qu'elle luy enjoint auec tout ce qu'il a de forces & d'industries. La diligence est vne des principalles conditions tellement que ce qui dépend de son ministere soit prest en temps & lieu sans qu'vne communauté soit obligée d'attendre, & qu'elle reçoiue de l'incommodité, ses ordres accoustumez estant interrompus. Vn petit defaut dans vne horologe, la met en confusion, & fait que la justesse de toutes les autres parties deuient inutille; la dissonance d'vne seule voix gaste tout le concert d'vne musique, ainsi la negligence d'vn seul officier met tous les autres en desordre, & leur donne le déplaisir de voir que leur trauail n'a pas son effet pour la satisfaction d'vne communauté : cette faute est donc au nombre de celles dont on ne peut aisement faire l'estime, à cause des consequences.

  Tout ira bien si l'officier est animé de la charité, parce qu'elle est ordonnée pour faire les choses en leur temps; elle est patiente à supporter le trauail qu'il y faut prendre, elle est pleine de douceur, pour donner à tous de la satisfaction, pour conseruer la paix particulierement auec ceux qui doiuent concourir pour faire l'office. Auec cette vertu le Religieux trauaille, comme le souhaittoit Saint François, deuotement, c'est à dire tousiours en veuë de Dieu, & fidellement sans épargner n'y ses forces, n'y ses industries, & selon toute l'équité d'vne justice distributiue qui ne donne aucun sujet de mécontentement par quelque injuste partialité. Car il seroit lors proprietaire, il pecheroit contre la charité commune qu'il doit aux autres leur rauissant leur droit pour en gratifier celuy qui luy plaist, exciteroit les murmures; enfin il entreprendroit sur l'authorité d'vn superieur de donner des priuileges. Ces ordres à seruir & desseruir les tables, à faire les autres offices sont aussi justes que les mouuemens des cieux, si admirables que les seculiers en estant rauis confessent qu'il n'y a point de maistre d'hostel ny d'œconomie chez eux qui égale nostre charité.

En la naissance de l'Eglise beaucoup de Chrestiens se trouuoient esclaues des infidelles, neantmoins l'Apostre les exhorte de seruir leur maistres auec la fidelité qu'ils voudroient rendre à la personne mesme de Iesus-Christ: il ne veut pas qu'ils considerent les hommes qui leur commandent, mais Dieu qui les a mis en cet estat, & qui leur ordonne d'y accomplir ses volontez: elles sont bien plus manifestes aux Religieux quand ils reçoiuent leurs offices d'vn superieur qui leur tient la place de Dieu, quand ils seruent des personnes dont toutes les actions se rapportent à sa gloire; quand ils sont les ministres de sa prouidence qui a promis toute sorte de secours à ceux qui ont tout quitté pour son amour.

Ephes. 6.

SE PLAIRE AVX OFFICES LES PLVS BAS, & les plus humbles.

CHAPITRE XIII.

L'ESPRIT & le corps, le conseil & la fortune, la contrainte & la liberté se rencontrent presque en toutes les actions de nostre vie, & par le mélange de leurs contraires qualitez, elles font vne tissure fort inégale de la grandeur & de la bassesse: les plus beaux genies souffrent ordinairement plus que les autres les infirmitez d'vn mauuais corps; on ne se peut bien acquiter des eminentes conditions, sans de tres-fâcheuses seruitudes; comme les planetes en faisant leurs cours endurent des retrogradations & des suspensions de forces; comme en montant les montaignes on trouue des pas où il faut descendre:

lors mesme que les hommes s'éleuent auec plus de vigueur, ils ont des rencontres qui les humilient & qui leur font dire auec le Prophete, ô Dieu de justice vous me choquez & vous me brisez en m'éleuant.

Psal. 101.

Ce qui est d'illustre & ce qui met l'homme hors le commun du peuple, flatte l'ambition naturelle de son esprit qui poincte tousiours en haut comme le feu par vn secret ressentiment de son principe; mais ce qui l'abaisse l'afflige, comme vne priuation qui le reduit ce semble à son neant originaire : c'est pourquoy dans ce mélange fatal de grandeur & d'humilité les industries humaines trauaillent pour auoir ce qui éleue sans ce qui abaisse : tous aspirent aux grandes charges, sur cette opinion que se donnant aux merites ils passeroient pour auoir moins de lumiere & moins de vertu, c'est à dire pour estre moins hommes s'il estoient moins éleuez. Voila ce qui entretient la vanité des mondains, ce qui les rend idolatres des puissances d'où ils peuuent esperer quelque aduancement; mais la douleur en est inseparable, en ce que s'estant éleuez auec beaucoup de peine ils tombent souuent dans la disgrace, & sont tousiours dans le peril & dans la crainte de ce precipice.

Le Religieux qui vit sous des loix directement contraires à celles du monde, comme nous auons dit, doit auoir d'autres sentimens, & dans cette vie meslée d'occasions humbles & altieres il choisira tousiours plustost par preference ce qui l'humilie. Il prend cette leçon de l'Apostre qui dit, à Dieu ne plaise que ie fasse gloire d'aucune autre chose que de la croix de mon Seigneur Iesus-Christ, c'est à dire que ie trouue du contentement, & que ie me persuade d'estre dans l'eminence de la vertu, que quand ie m'humilieray plus profondement dans vne plus expresse imitation de nostre Maistre; estant Dieu il n'a rien fait qui contrarie à sa grandeur de s'vnir à nostre nature, de paroistre auec nos infirmitez, de passer trente ans de trente-trois de sa vie dans la sujection d'vn pauure artisan, & de verifier par les humbles offices qu'il rendoit à ses Apostres, qu'il estoit venu pour seruir non pas pour

DV RELIGIEVX.

estre seruy. Si selon sa parole il est meilleur, & si c'est vne chose plus excellente de donner que de receuoir, & de donner sans esperance de retour, il vaut mieux estre employé dans les offices humbles & bas où l'on sert son ordre gratuitement, mesme au despens de la nature, qui donne là ses droits & ses sentimens, que dans les grandes charges qui flattent les inclinations humaines, & qui sont considerées comme des recompenses de la vertu.

Ce seruice qu'on rend à son ordre dans vn office raualé, est d'autant plus grand qu'il suruient à vne necessité plus pressante ; car si les Religieux n'ont vne parfaite soûmission, & s'ils ne font leur gloire de l'humilité comme l'Apostre, ils se retireront de ces bassesses sous pretexte de s'employer à d'autres choses proportionées à leurs forces & à leur vocation : cependant comme la faculté raisonnable ne peut agir en nous sans la sensitiue & la vegetante, comme les ornemens de l'architecture & de la curiosité dans les cabinets n'y peut demeurer sans les fondemens ; les plus eminens employs d'vn ordre Religieux qui professe à l'estroit la pauureté Euangelique, ne peuuent subsister selon l'integrité de la regle, s'il ne se trouuent des esprits assez humbles & assez dégagez de tout sentiment humain pour se donner à ces bas offices. Le merite est assez grand de seruir de base à de grandes choses, d'estre l'element de ces riches productions d'esprit trauaillant des mains, de conseruer l'œuure de Dieu, & suiure l'ordre de sa prouidence qui donne la vie du corps deuant celle de la grace.

Ce pauure petit officier a le contentement de seruir au bien de la communauté, & d'agir pour la mesme fin publique ; d'où les plus grandes charges tirent leur recommandation ; si ce n'est auec tant d'éclat, c'est auec autant ou plus de charité d'où procede le merite, sans s'exposer à la perte de l'humilité qui court grand risque dans les employs honorables. Depuis qu'on a pris sur soy ces grandes charges, il naist dans l'ame vn desir d'y satisfaire auec estime quand on y deuroit employer toutes les forces du corps & de l'esprit : il y faut perdre l'estude, la contemplation, la priere, auec le repos, qui semblent estre la fin de la retraitte religieuse; vn abysme tire l'autre, & on se trouue dans vn labyrinthe d'affaires dont l'yssuë deuient impossible. Les offices humbles ont peut-estre plus de trauail de corps, mais ils ne chargent point l'esprit de grands soins, & luy laissent vne liberté temperée, plus seure pour s'éleuer à Dieu, qu'on ne la pourroit auoir dans vn repos tout entier. Les outils dont il se faut là seruir suiuent la main qui les conduit, & ne prennent point le mouuement d'eux mesmes, comme les instrumens libres de la police qui font violence à toutes les maximes de l'art, & qui exposent les meilleurs conseils à la fortune.

Quelque assiduité qu'on doiue à ces petits offices, vn bon esprit trouue l'adresse de les expedier en peu de temps, & d'y ménager d'assez iustes interualles pour les lectures spirituelles, pour l'oraison, pour rendre des charitez particulieres à ceux qui en ont besoin. Ainsi la vie se passe auec des tranquillitez indicibles, auec des douceurs & des merites sans fin, qui naissent des bons exemples, & des bons offices que l'on rend à tous. Si ie veux passer vne vie cachée, ces petits offices en sont l'element; i'y suis à couuert de l'enuie, & les foudres qui abattent les eminences ne me viendront point chercher dans ce creux où l'humilité me tient inconneu.

Plin. lib. 2. cap. 55.

Mais pourquoy iugez vous ces emplois si raualez, dit Saint Basile, les Apostres choisis pour la conuersion de tout le monde, ne s'offencent point de ce que Iesus-Christ leur commande de mener l'asne, sur lequel il deuoit monter faisant son entrée dans Ierusalem: la plus haute hierarchie fait l'office de la plus basse, quand vn Seraphim purge les leures d'vn Prophete: il n'y a rien de bas ny de foible en tout ce qui s'entreprend pour l'honneur de Dieu, vne si sublime fin qui est la mesme ou tendent les saints & les bien-heureux, releue ce qui paroist icy de plus bas, auec des eminences d'autant plus sublimes que l'abaissement estoit plus profond. Ainsi les eaux violentées par des canaux à fondre plus bas que leur sour-

Constit. monast. cap. 24.

DV RELIGIEVX.

ce, jalissent apres auec plus d'impetuosité, & quand le Prophete dit que les eaux qui sont au dessus du ciel loüent Dieu, il parle, dit Pic de la Mirandole, des bien-heureux esprits plus souples à receuoir les ordres de Dieu, que les eaux à prendre toutes sortes de figures, selon les vases grands & petits où elles sont mises. *In Hepta-plo.*

Si les belles qualitez de ce Religieux sont incohnuës dans cet office, il est rauy de cette rencontre qui le deffend du grand iour, des conuersations, des entretiens, des applaudissemens où son humilité seroit en peril : si son merite est conneu, ô que cette exemple d'humiliation est efficace pour temperer les mouuemens ambitieux qui se glissent insensiblement dans les esprits, sous vn pretexte de zele & de charité : il jette la confusion sur le visage de ces petits suffisans, qui ne sçauent pas honorer les charges, & qui se confessent eux mesmes si foibles qu'ils en veulent tirer leur recommandation. Ie ne veux point employer icy ces promesses de l'Euangile, que les humbles seront éleuez, & que qui sera fidelle en peu de chose aura le maniment des plus grandes : car ie ne voudrois pas que le Religieux conçeust ce dessein, d'estre éleué, & qu'il prophanast son humilité la faisant seruir à des progrez ambitieux : neantmoins la prouidence diuine a coustume d'en vser ainsi, & d'éleuer les humbles de la lie du peuple sur les thrônes.

DE L'HVMILITÉ, ET COMBIEN
elle est necessaire dans les congregations Religieuses.

CHAPITRE XIV.

LES grandeurs du monde ne sont rien au Religieux, toutes ces magnificences qui tiennent les peuples en admiration, luy paroissent des jeux d'enfans, des songes, des vanitez, des extrauagances, tant qu'il se peut conseruer le sublime sentiment de Dieu dont nous auons parlé en la seconde partie. Quand il se considere sous ce premier estre, eternel, infiny, tout puissant, qui deuance tous les siecles, qui remplit, qui soustient tous les espaces, qui de rien à fait le monde, les cieux, les elemens, les intelligences; qui est la source de toutes les perfections, l'vnité d'où procede la multitude; le centre, & l'idée du bien, vne lumiere, vne saincteté, vne puissance, vne gloire souueraine; quand l'homme se compare à cet infiny, helas qu'est-il autre chose que poudre, & que cendre, moindre qu'vn grain de sable dans l'Ocean, qu'vn atome dans le rayon du soleil?

Ces deux grandes considerations de l'infinité de Dieu, & de la petitesse de nostre nature, sont les fondemens de l'humilité chrestienne, de cette vertu qui nourissant l'homme dans vn bas sentiment de luy mesme, ne laisse pas de l'esleuer dans vne eminence où la veuë de l'ancienne Philosophie n'a point porté. Car plus il s'abaisse, plus il reconnoist qu'il n'a rien de soy, & qu'il tient tout son bien de Dieu; il admire, il adore d'autant plus sa souueraine majesté, & s'y vnit par les plus intimes transports de l'amour: il est plus souple à suiure ses ordres, plus attentif à luy demander des graces, plus diligent à les receuoir, plus fidelle à les ménager, modeste dans les prosperitez, patient dans les afflictions, indifferend à toutes les choses exterieures, où il peut également accomplir
les volon-

les volontez de son Dieu : quand il remet sur luy toutes ses esperances il ne peut estre confus, dit le Prophete, n'y touché de crainte dans le bouluersement de tout l'vniuers : il croit tout pouuoir auec la vertu diuine qui agit en luy, & qui se plaist à n'employer que de foibles instrumens pour abattre les puissances du monde & de l'enfer.

On peut donc considerer l'humilité comme vne vertu capitale, d'où dépend toute la perfection que le Religieux doit pratiquer dans la vie particuliere ou commune : elle luy est necessaire pour garder exactement ses vœux, & faut qu'il soit humble pour estre pauure, chaste, obeïssant ; pour trouuer ses consolations dans la solitude, dans la priere, en l'vsage des sacremens, en toutes les postures basses ou releuées, contraintes ou étendues, rudes ou fauorables, qu'il plaist à la prouidence de luy donner ; s'il veut se releuer de ses cheutes, s'il veut faire de nouueaux progrez en la perfection il faut que l'humilité luy donne la veuë de ses defaux, & luy fasse demander les secours qu'il doit attendre de la grace. Mais cette vertu si auantageuse dans vne conduite particuliere, me semble incomparablement plus necessaire dans les communautez, pour y maintenir ce qui les forme, ce qui les conserue, ce qui les perfectionne, & c'est pourquoy i'en ay differé le discours en cette troisiéme partie.

Que pretend l'institut d'vne congregation religieuse, sinon de plusieurs personnes de pieté, auantagées de graces differentes, en former vn corps qui auec tous ses organes soit plus capable de seruir l'Eglise, & honorer Dieu selon l'esprit de chaque ordre. La charité diuine est veritablement le principe de cette sainte vnion, & comme la forme dans les composés qui reduit les qualitez elementaires en vn temperament propre à l'espece d'où dépend cet indiuidu : mais l'humilité est celle qui donne les dernieres dispositions aux particuliers, & qui les met en estat de ne faire ensemble qu'vn corps. Comme l'ame a pour principaux ministres de ses facultez, des esprits d'vne nature sublime, aërienne, mobile, & qui ne fait aucune resistance aux impressions qu'on luy veut donner; ainsi pour établir les congregations religieuses, la charité veut des humbles, souples, dociles, traitables, prests à tout faire par obeïssance.

L'humble a, comme nous auons dit, vn sublime sentiment de Dieu, & c'est là le premier mobile tousiours égal, qui mesure les temps & les actions d'vne congregation religieuse, qui emporte toutes les inclinations à vn mesme terme & à vne mesme fin. Les grands respects que le Religieux humble porte à Dieu, le rend tres obeïssant aux volontez du superieur qui le represente; comme les peuples ne peuuent mieux témoigner leurs affections à leur Prince, qu'en se soûmettant à ses ministres & à ses officiers: or si l'ordre, la paix, l'heureuse conduite, tous les employs d'edification d'vne compagnie religieuse, dépendent de l'obeïssance qu'on rend au superieur, tout ce bien se doit rapporter à l'humilité, qui est la premiere cause de l'obeïssance, car vn Religieux qui tireroit vanité de sa noblesse, de son bel esprit, de ses estudes, de ses contemplations, de ses autres auantageuses qualitez, auroit peine de se soûmettre à vn superieur qu'il estimeroit moins considerable que luy, & les resistances qu'il luy feroit seroient des rebellions d'vne tres-perilleuse consequence, qui mettroient tout en desordre. Mais l'humble n'a ny la veuë ny les pretentions de ses interests, il n'en reconnoit point d'autres que d'estre fidelle à ses veux, & toutes les considerations du monde ne sont pas capables de le porter à chose aucune contraire au repos d'vn ordre qu'il sçait estre agreable à Dieu.

L'humble connoist ses indigences, & il sçait qu'il a besoin du secours des autres dans ses infirmitez du corps & de l'esprit, pour cet effet il entre dans vne congregation religieuse, & se rend à la necessité que Platon dit estre la cause des societés humaines; comme il en reçoit de grands aduantages qu'il ne croit pas luy estre deus, il est tres-juste qu'il contribuë à ce bien commun par vne humeur docile aux ordres du superieur, officieuse, accordante auec les esprits de tous ses confreres. Comme la mixtion se

Lib. 2. de Republ.

fait plus parfaitement des corps moins durs, moins tenaces, plus subtils, comme de l'eau, de l'air, du feu, de la lumiere, ainsi les personnes plus humbles, plus dégagées du propre interest, forment de plus tranquilles, & de plus sainctes congregations.

Dans le dénombrement que fait Aristote des causes qui peuuent entretenir la societé des hommes, il met les bien-faits, la rencontre des affections en vn sujet commun, aymer & haïr les mesmes choses, vne humeur facile à s'accommoder à toutes les autres, sans contestation, sans cette vanité qui en tout veut emporter l'aduantage, qui esleue ses propres actions auec insolence, qui reprend, & qui raualle celles des autres auec trop d'aigreur. Ce Philosophe apres de grands traittez des vertus, n'auoit pas la connoissance de l'humilité, neantmoins par ie ne sçay quel presage il nous en fait la description, & nous marque ses deuoirs, dont ie m'en vay traitter par des chapitres separées en la suitte de cette partie. Que l'humilité conserue les communautez religieuses, parce que tous concourent à cette fin de plaire à Dieu ; qu'elle suit la vie commune sans particularitez ; que sans voir les defaux des autres, elle y remarque des vertus qui sont à imiter ; qu'elle se met en deuoir d'obliger châcun ; qu'elle n'a point cette ambition qui est la peste des communautez, qui fait les seditions & les guerres dans les estats, les chismes, les sectes, les heresies dans l'Eglise, qui a banny le premier Ange du ciel, le premier homme du paradis terrestre, qui trouble la paix des sainctes congregations, qui change en amertume les douceurs que le ciel y verse pour temperer les aigreurs de cette vie, & rendre le joug de Iesus-Christ plus facile. Ce chapitre, n'est donc icy qu'vn prelude des suiuans qui vont deduire en particulier les fauorables effets de l'humilité religieuse.

Lib. 1. Rheto. 5.

N'AVOIR AVTRE DESSEIN QVE DE
plaire à Dieu, & non pas aux hommes.

CHAPITRE XV.

CHAQVE congregation Religieuse est vn petit monde, & chacune de ses familles est vn petit estat qui a son Prince, ses magistrats, ses officiers, son menu peuple, auec ses loix & ses opinions que l'institut tâche de rendre semblables à celles qui ont cours dans les monarchies & les republiques. Mais si la chasteté, si la pauureté banissent de là l'amour & l'auarice, d'autres passions spirituelles s'emparent plus facilement des cœurs libres des autres; le demon meridien s'efforce de les tirer des tenebres, & sous couleur d'edifier le prochain par vn bon exemple, il leur inspire la vanité.

Si l'on n'y prend garde on rentre dans ce commerce de voir & d'estre veu, qui entretient le grand monde, quand chacun fait parade de ce qu'il a de plus excellent pour meriter de l'estime, & quoy que la renommée ait ses aisles bien courtes dans les cloistres, quoy que ce qui se fait là, se passe à la veuë de peu de personnes, c'est tousiours beaucoup de satisfaction d'estre loüé de ceux dont on est conneu. Cette tentation est si naturelle & si douce, qu'elle a coustume de surprendre les plus parfaits, sous ce pretexte que si l'on peut legitimement desirer & receuoir l'affection de ses freres, on peut bien se mettre entre eux dans vn estime qui la puisse meriter : neantmoins selon le sentiment de l'Apostre celuy là n'est pas vn vray seruiteur de Dieu, qui sert à deux maistres & qui agit pour complaire aux hommes.

Si cette ame estoit attentiue à Dieu, elle en seroit toute remplie, & comme le grand éclat du soleil éblouit nos yeux de sorte qu'ils ne peuuent plus discerner les autres objets; ainsi les illustrations diuines ostent à l'homme le desir de voir ses semblables ou d'en estre veu. On ne

DV RELIGIEVX.

pense pas au sentiment des valets, quand on parle ou qu'on agit deuant vn Prince pour luy plaire; vne grande affaire de consequence nous rauit l'idée des moindres; on ne pense pas à contenter l'œil des assistans par des postures & des démarches estudiées, quand il est question de se sauuer d'vn embrasement, ou d'arrester vn coup qui va fondre sur vne teste qu'on ayme : éclairez tant qu'il vous plaira mes actions, dit S. Paul, l'estime que vous en ferez m'est fort indifferente, car i'ay Dieu pour iuge, c'est luy seul à qui ie veux complaire au prix de toutes les autres considerations. *1. Cor. 3.*

Ce dessein de plaire aux hommes suppose donc vne ame qui ne gouste pas Dieu, qui n'a pas toutes ses esperances en luy, & qui ne l'a pas pour derniere fin puisquelle n'en est pas satisfaite. Cette attache à la chose plus vaine, la plus inconstante, la plus orageuse de toutes les choses exterieures, est ordinairement suiuie de tous les defaux & de tous les excez qui combattent la perfection du Religieux : il n'est plus solitaire, il n'est plus humble, il n'est plus dans les beatitudes promises aux pauures d'esprit, c'est vne espece de prostitution qui offense les yeux & le cœur d'vn Dieu jaloux, de vouloir estre veu & loüé de tous. Le voila dans l'enuie actiue & passiue de plusieurs, dans la dépendence de tous; & sa vertu n'a rien de solide, dit S. Augustin, si elle s'entretient par vne opinion plus changeante que la mer & que les vents, parce qu'vne parole, qu'vn geste, qu'vn faux rapport, qu'vn songe la peut ruïner: il deuient esclaue de tous ceux dont il veut gaigner l'estime, il se void reduit à leur rendre mille honteuses seruitudes, à donner des flatteries pour en receuoir, & par ce commerce indigne de sa condition, perdre la liberté des enfans de Dieu : que d'inquietudes pour sçauoir ce qu'on pense, ce qu'on dit de luy, que d'artifices ridicules pour farder des déformitez, & pour donner quelque relief à des actions, dont on ne laisse pas de découurir la bassesse ? *Lib. 83. quæst. 36.*

Si ce que vous faites est bon, pourquoy tâchez vous de vous en donner la gloire, dit S. Paul, comme si vous n'auiez pas receu de Dieu les lumieres, les impulsions & les forces pour acheuer ce bon œuure ? que si vos actions sont defectueuses, pourquoy vous rendez vous faussaire public de la vertu ? pourquoy trompez vous les yeux par ces impostures qui seront enfin découuertes à la honte & au scandale de la deuotion ? pourquoy traittez vous auec vos freres en faux Prophete, qui couure le mal des apparences du bien, qui fait passer l'amer pour le doux, les prestiges pour des miracles ? Vous deuez auoir vn tres-humble sentiment de vous mesme ; comment donc pourrez vous iustifier des paroles & des pretentions qui ne s'accordent pas auec vostre interieur. Supposez que vostre vie ait quelque chose de recommendable par dessus les autres, si vous voulez vous faire justice à vous mesme, & ne vous pas priuer de ce que vous meritez d'estime, il faudroit aussi découurir tous vos defaux, & ie croy que si vous les mettiez en balance auec vos merites, ce seroit beaucoup, & vne grace que les Republiques bien policées n'accordent point, d'en faire vne compensation. Car vouloir recueillir la gloire de quelque bonne œuure, en taisant les imperfections qui l'accompagnent, c'est vne mauuaise foy semblable à celle de ces faux marchands, qui vendent des cheuaux, des esclaues, des terres sans en dire les vices secrets & les charges qu'on ne peut pas apprendre que de leurs bouches. C'est vne espece d'abomination qui met sur les Autels vne idole creuse, pour enfermer dedans vne voix qu'on pense sortir d'vn corps animé : vous engagez ainsi les autres dans l'erreur, & dans vne idolatrie au moins materielle, dit S. Augustin ; car ils pensent honorer vne vertu consommée, neantmoins elle n'est que contrefaite, vous en receuez des applaudissemens qui estant tousiours rebattus vous trompent vous mesme, & vous rendent comme ces Empereurs payens qui s'estimoient n'estre plus dans la condition commune des hommes, à force d'estre persuadez par la flatterie qu'ils estoient des Dieux.

Vn Demonax Philosophe, ne voulut pas permettre que les Grecs luy dressassent vne statuë d'or, parce, disoit-il,

DV RELIGIEVX. 401

que ie ferois tort à la gloire de Diogene, de Socrate, des autres plus sages que moy à qui l'on n'a pas rendu cet honneur : Saint Iean Baptiste voyant qu'on le prenoit pour le Messie dit nettement, Ie ne suis point ce que vous pensez, ie ne suis point le Christ, & le monstrant au doigt dit, voila celuy qui doit oster les pechez du monde. Vous n'auez pas cette modestie quand vous voulez vous mettre en estime, & vous éleuer au dessus de ceux qui en vostre conscience vous passent en merites; vous leur faites tort, vous leur dérobez leur gloire si vous emportez cette eminence sur eux.

Vous n'auez pas l'effronterie de publier vous mesme vos loüanges, & n'est-ce pas la mesme chose de contrefaire des actions, ou d'auoir des bouches à gage qui vous donnent cette grande estime ? Que pretendez vous par là, sinon de vous rendre si considerable qu'on vous exempte des employs petits & penibles, qu'on vous destine aux plus grands ? Ainsi ces excessiues loüanges ne sont elles pas vne corruption manifeste qui priue vostre ordre d'estre gouuerné par vne vertu plus solide que la vostre, & qui l'expose aux disgraces de vostre mauuaise conduite : ainsi vous ostez aux autres ce qui leur appartient de droit ; vous nourrissez chez vous vn monstre d'ambition auec tous les malheurs publics & particuliers qui en peuuent naistre : enfin ces faux éclats, cette hypocrisie vous fait tomber dans le crime, & meriter les peines de ceux qui exposent de fausses reliques. N'ayons donc point de passion pour la vaine gloire, conclud l'Apostre, si ie voulois plaire aux hommes ie ne serois pas seruiteur de Dieu, car ie ne chercherois pas sa gloire mais la mienne ; i'agirois pour mes propres interests auec toute sorte d'injustice contre ce que ie dois à mon Dieu, à l'Eglise & à mon prochain. Saint Basile dit que ce faux honneur est le pirate qui rauit les richesses spirituelles du Religieux, qui rompt son commerce auec le ciel : c'est vn ennemy déguisé qui le surprend, vn poison couuert qui le tuë, vn faux iour qui le conduit au precipice : quand cette reputation s'étendroit plus loing que la vie, elle luy est bien des-auantageuse si

ii. q. 1: can. si quis.

Const. monast. c. 11.

elle luy fait icy perdre tout ce qu'il se pourroit promettre dans l'autre de recompense. Helas que sert d'estre en estime où l'on n'est pas, & de souffrir où l'on sera pour toute vne eternité?

SVIVRVE TANT QV'IL SE PEVT LA communauté sans particularitez.

CHAPITRE XVI.

CHAQVE fleur qu'vn curieux aura choisi pour son jardin estant consideree de prés, est admirable aux yeux & aux esprits qui sçauent estimer les bonnes graces de la nature; mais quand vous voyez vn carreau de rares tulipes ou d'anemones toutes differentes en couleurs, en pannaches, en figures, & qu'vn leger mouuement des zephirs leur donne de differents éclats par des refractions de lumiere dans le rayon du soleil, c'est vne grande beauté qui nous rauit, & qui nous tient dans vne agreable suspension par vn excez de merueilles. Voyez durant vne belle nuict Venus & Iupiter auec les tranquilles effusions de leur lumiere, vous direz voila de beaux planetes; mais si vous regardez toute cette voulte d'azur brillante d'vn million d'étoilles, auec vne inégalité de feux & de situation qui met la veuë dans vne agreable desordre, ne sçachant surquoy s'arrester, c'est lors qu'on se sent saisi d'vne saincte horreur, & que par vne douce confusion de pensée l'esprit s'éleue jusques à conceuoir vn estre infiny. Il se passe quelque chose de semblable en celuy qui void des Religieux dans vn monastere : il admire en l'vn les miracles d'vne vocation qui luy a fait mépriser vne éclattante fortune; dans les autres la subtilité de l'esprit, la profondeur de la doctrine, la feruer de l'oraison, l'abstinence, les veilles, la charité, la douceur, la force inuincible; mais quand il considere toutes ces illustres personnes dans vne assemblée, auec vn ordre d'humilité qui n'est pas celuy du merite, de tous il naist vn sublime sentiment de
pieté

DV RELIGIEVX.

pieté qui remplit l'ame de respect & de veneration.

Cette famille religieuse est comme cette saincte amante que le cantique compare à vne armée mise en bataille, qui a sa beauté de sa force, & de cette disposition qui donne de la terreur à ses ennemis : elle est vn corps qui n'a sa perfection & sa beauté que par l'vnion proportionnée de ses parties, de sorte qu'elles y doiuent tousiours tenir, & apres quelques mouuemens reprendre leur rang & vne situation conuenable au temps du repos ; c'est à dire que les Religieux particuliers apres s'estre acquittés de leurs offices, se doiuent trouuer tous ensemble au temps prefix de la communauté ; comme les seculiers apres leurs affaires domestiques, se rendent au lieu & au temps où les appellent leurs charges pour y prendre leur seance.

Les Platoniciens disent que les ames des estoilles, & les intelligences commises au gouuernement de certaines parties du monde agissent en effet plus fortement dans la sphere d'actiuité qui leur est prescrite, que neantmoins elles se trouuent par tout, qu'elles s'assemblent, qu'elles s'vnissent, & que de toutes il se fait vn grand conseil où la premiere vnité preside. Ils disent encore que les composez naturels ont la multitude en propre, l'vnion par accident, & à la faueur d'vne cause superieure qui la leur donne, mais que dans les intelligences l'vnité deuance & surmonte la multitude, de sorte qu'elles ne sont quasi qu'vn mesme estre par le rapport commun qu'elles ont à la premiere vnité. Cette intime ressemblance qui les met quasi dans l'identité, les porte d'inclination à quitter les differences du lieu, pour se reünir dans vne assemblée, & n'estre plus que dans l'vnion. La charité ne fait qu'vn cœur de tous les Religieux d'vn mesme institut ; tous sont animez d'vn mesme esprit & d'vn mesme zele ; c'est pourquoy cette vnité dominante facilite l'vnion de leurs personnes, quoy que separées par la diuersité des lieux & des employs, & comme les diuerses Prouinces s'assemblent en vn chapitre general, les conuents d'vne Prouince en vn chapitre Prouincial; tous les Religieux d'vne famille quitent les employs qui les partagent & se rendent à certaines

Iamblic de mysterijs c. 6. 7. & 16.

E e e

heures du iour en vn mesme lieu : ce retour est plus frequent que celuy de Prouinces & des conuents ; parce que l'vnion des esprits en vne mesme maison se trouue plus grande, la distance des lieux moindre, comme le mouuement de la lune est plus viste que celuy des autres planetes, parce que sa sphere est d'vne moindre étenduë. Ie les multiplieray, dit Dieu par Ezechiel, & ie les conduiray comme vn troupeau, qui apres s'estre vn peu separé se rassemble à la voix de son pasteur : i'en feray comme vn peuple saint, qui quittant tous ses employs domestiques, vient à foule pour rendre ses vœux dans le temple.

Ezech. 36.

Si toutes les actions particulieres des Religieux sont des offrandes à Dieu, quand ils s'assemblent au chœur pour les oraisons, les communions, la psalmodie, ils font des solemnitez qui l'honorent par eminence, & que sa majesté témoigne par son Prophete luy estre tres agreables. Ce sont des actes magnifiques de Religion qui ont du rapport auec ceux que Saint Iean nous dit se pratiquer dans le ciel où les Anges & les bien-heureux rendent tousiours leurs adorations estant assemblez; pour honorer l'vnité de Dieu par cette vnion, & son infinité par vne multitude inombrable. Si les Religieux, que nous auons representez comme citoyens du ciel, en suiuent autant qu'ils peuuent les sainctes coustumes quand ils se trouuent ensemble pour loüer Dieu par la psalmodie & les oraisons regulieres dont nous auons parlé ; ceux qui ne sont pas Prestres doiuent plus particulierement estre assemblez pour receuoir la saincte Eucharistie, & comme le mot mesme le signifie, communier en communauté.

Ierem. 13.

Cet auguste Sacrement le plus adorable de tous nos mysteres, parce qu'il contient l'autheur mesme de la grace, fut institué par Iesus-Christ & donné de sa propre main aux Apostres lors qu'ils estoient assemblez au dernier repas qu'il fit auec eux, pour nous marquer la maniere que les fidelles deuoient en suite garder à le receuoir : c'est, dit Saint Denys, vn Sacrement d'vnion, comme on le void mesme par sa matiere, par ce pain composé de plusieurs grains, qui par la contusion & par le mes-

DV RELIGIEVX. 405

lange ont perdu leur forme, leur figure, leur fecondité singuliere : Il s'y fait vne transformation de cette matiere en vn corps accomply par la rencontre bien proportionée de toutes ses parties essentielles, pour nous signifier que les Religieux d'vne congregation le doiuent receuoir en corps & non pas feparément, pour n'estre point comme des membres coupez, & comme ces existences que les Philosophes appellent incompletes : qu'ils doiuent se mettre dans vne conformité de bien-seance auec cet auguste mystere, qui n'est pas seulement vn signe exterieur, mais vne cause tres-efficace d'vne charitable vnion. Le corps de Iesus-Christ y est là couuert des especes sacramentelles, & neantmoins triomphant des conditions passiues de cette vie, & dans la gloire que sa passion luy a meritée, pour nous en faire part : il est bien raisonnable de releuer son humilité & d'honorer son triomphe par vne solemnelle assemblée. Sortez en corps filles de Ierusalem, dit le cantique ; ames religieuses venez ensemble au deuant *Cant. 3. 11.* du Roy de paix pour luy rendre vos hommages ; admirez ce fils de charité, & voyez le diademe qu'elle luy a mis sur la teste au iour de sa gloire. Ce grand mystere de nos Autels represente celuy de la croix où il fit, dit Saint Augustin, vne profusion & vne largesse publique à tous *De diuersis* les hommes, de ses graces infiniment plus abondantes que *tract. 4.* les liberalitez des Empereurs faites au peuple pour gaigner ses affections à l'entrée de leur gouuernement ; il faut donc aller en corps pour les recueillir auec plus de respect, & par cette compagnie de saints representer tous les hommes qui luy sont redeuables de leur salut. Aussi l'Eglise commande la communion à vn certain iour de l'année, & la coustume est sainte de la reïterer aux festes plus solemnelles, afin de rendre plus d'honneur à cet auguste mystere, en affermir la foy, en échauffer la deuotion par ce grand concours de peuple qui s'y porte, & que ce diuin banquet soit plus magnifique par le grand nombre des conuiez ; aussi les anciens Religieux solitaires ou conuentuels, ont de tout temps gardé cette loy de receuoir l'Eucharistie tous en commun, à certains iours dé-

E e e ij

terminez, ce qui se signifioit par le mot grec de *synaxis*; & comme i'ay dé-ja dit, la coustume estoit de les y appeller par vn concert de fortes voix qui entonnoient hautement l'*Alleluya* pour tesmoigner les réjoüissances publiques de ce iour qui leur estoit vne Pasque.

Baron. 10. 18.

Quand tous les Religieux d'vne famille assistent à vne Messe conuentuelle & qu'ils y communient, le superieur peut plus facilement donner des ordres qui fauorisent ce qu'on y doit apporter de dispositions; la ferueur des saincts échauffe les tiedes, la modestie, l'humilité, la marche posée, la deuote composition de cette famille qui s'approche de l'Autel, est vne des ceremonies qui edifie plus les seculiers, & qui réueille d'auantage leur pieté; ils se persuadent aisément que tous ces Religieux n'ont qu'vn cœur & qu'vn desir, parce qu'ils se transforment en cette diuine nourriture, & qu'ils prennent ensemble le corps de Iesus-Christ pour ne plus viure que de son esprit : Les offices charitables, les sainctes lectures, les oraisons que l'on a faites durant les iours qui ont precedé la communion, ne sont que des dispositions au Religieux pour la receuoir plus dignement, son nom mesme l'aduertit, que c'est son propre office de s'vnir étroitement à Dieu en ce saint mystere ; tellement que quitter ce deuoir de communauté religieuse sous pretexte de s'employer à quelque office exterieur, c'est vn aussi grand desordre que de preferer les moyens à la fin, l'accessoire au principal, le corps à l'esprit, la creature au createur. Si la pensée vous vient de cette dispense vous deuez craindre que ce ne soit vne tentation qui vous détourne d'vn bien que le superieur, que la communauté, que la coustume attend de vous ; vous deuez craindre qu'elle ne vous fasse perdre le merite de donner & le profit de receuoir là quelque bon exemple, qu'vn trauail de main trop continu sans prendre cette diuine nourriture ne vous laisse enfin sans esprit dans les langueurs lamentables de la seicheresse, & sans force pour vous acquitter apres de vostre office auec ce que vous y deuez de constance & de fidelité ; Vne charité bien ordonnée donne premierement la personne à Dieu, elle entretient & ne rompt pas les vnions qui doiuent estre entre les parties de ce corps religieux; elle assemble au lieu de diuiser, ce qu'elle inspire de chaleur & d'industrie fournit assez de moyens pour recompenser le temps qui s'employe à la deuotion : aussi les Chroniques de Saint François rapportent que Dieu a souuent authorisé cette conduite par miracles, & que des Religieux rauis en prieres au temps qu'ils deuoient employer à leurs offices, les ont trouuez faits par le ministere des Anges.

Les Religieux se rencontrent aussi quelquesfois en vn trauail commun, où ils s'animent l'vn l'autre comme les soldats en vn attaque, & c'est vn plaisir d'y voir vne feruente actiuité, semblable à celle des moûches à miel & des fourmis, quand la saison presse leur ouurage. Si vous auez beaucoup de forces, vous deuez auoir beaucoup de cœur pour vous employer en ce trauail commun, car vous en retirant, vous surchargeriez les autres de la partie que vous en deuez porter. Si vous estes infirme, satisfaites au moins la communauté par vostre presence; contribuez doucement vos petits efforts, & attendez que la prudence du superieur vous en exempte pressée par les instantes prieres des autres. Vn trauail où tous se portent se fait mieux, plus viste, plus allaigrement, il y a mesme de la gloire, & de la satisfaction de s'y employer auec des mains illustres qui ne s'y épargnent point.

Quand le signe appelle les Religieux pour prendre en commun leur refection chacun doit faire ce qu'il pourra pour s'y trouuer, afin d'y receuoir plusieurs bons exemples : pour ce sujet les republiques instituerent des festins publics, & chez les Lacedemoniens ils se faisoient tous les iours, afin de retenir la jeunesse dans la moderation par l'exemple & le respect des anciens. Les tables religieuses sont incomparablement plus modestes, parce qu'elles sont sainctes; rien ne s'y sert que selon les loix d'vne exacte frugalité; on y garde le silence, & pour faire vne diuersion du trop grand plaisir qu'vn corps affoibly prendroit à la nourriture, vous auez pendant tout le repas vne lecture deuote qui entretient agreablement l'esprit, le releue, & ne luy permet pas de s'abattre à la satisfaction des sens. Il y a tousiours incomparablement plus de bons exemples & de bonnes instructions à recueillir dans ce repas commun, que dans vn particulier où la langue & la sensualité sont en peril de se donner plus de libertés.

En cette communauté ce n'est pas vne des moindres perfections, de suiure les autres, de se tenir dans l'égalité, & ne s'en point écarter par des particularitez ou plus delicates ou plus mortifiantes. Il me semble que c'est vne lâcheté qui deuroit couurir le religieux de honte, de ne se pas contenter d'vne nourriture commune, sous pretexte qu'elle ne reuient pas à son appetit; d'autres éleuez plus delicatement s'y reduisent bien, dans vne extreme necessité la faim s'en trouueroit fort satisfaite, hé pourquoy se flatter dans l'abondance, & ne se pas contenter de ce qui eust semblé des delices aux anciens Anachoretes? Il ne vous faudra point, comme Saint François, jetter de la cendre ny verser de l'eau sur cet assaisonnement qui offence déja vostre goust; vous aurez la mortification auec la necessité, & la nature en prennant ses droits vous laisse vne belle occasion de vertu, plus genereuse de ce qu'elle sera secrette. Il peut y auoir des incommoditez si pressantes, de telles antipathies, & de telles dispositions de temperament qu'elles rendroient la dispence necessaire, mais elle ne sera jamais juste, si apres vne simple exposition, & sans des instances importunes, elle n'est authorisée du superieur. C'est luy qui doit de mesme regler les austeritez que quelqu'vn voudroit entreprendre par dessus la communauté, & qui les doit temperer de sorte qu'elles seruent d'exemple de vertu, sans qu'elles fauorisent la vanité ou l'indiscretion de celuy qui pretend cette vie particuliere. Les anciens, comme nous auons rapporté de Cassian, la tenoient suspecte, & croyoient qu'vn Religieux auoit assez de secrettes occasions de mortifier ses sens & son esprit, sans se produire par ces conduites extraordinaires, & se rendre le sujet de diuers jugemens dans vne communauté.

DV RELIGIEVX.

FAIRE VN IVGEMENT FAVORABLE
de chacun.

CHAPITRE XVII.

LES biens de fortune font d'vne condition si bornée, qu'ils ne peuuent appartenir entierement à deux personnes, & que les acquerir c'est en dépoüiller vn autre : cependant on ne passionne pas moins de les auoir que la vie dont ils sont le soutien & l'ornement ; tous tâchent de les emporter sur leurs concourans, par adresse ou par violence, & personne n'est gueres priué de cet aduantage que par foiblesse. Cela fait que les hommes qui présupposent dans les autres les mesmes passions qu'ils sentent en eux mesmes, les considerent tousiours comme s'ils estoient en dessein de leur rauir ces commoditez temporelles, & qu'ils marchent comme dans vne terre ennemye, auec les meilleures gardes qu'ils peuuent pour leur seureté.

Qu'ils mettent tant qu'il leur plaira la défiance pour vn principe & pour vn fondement de police ; qu'ils supposent tout le peuple malade de concupiscence pour y donner les remedes par les loix ; qu'ils traittent les amitiez auec autant de retenuës, que si elles deuoient toutes degenerer en haynes ; qu'ils se gesnent de ces craintes ; qu'ils se tiennent tousiours en allarme ; qu'ils fassent passer pour vn effet de prudence, la plus noire, la plus inquiete, la plus des-obligente de toutes les passions. Le Religieux tire cet auantage des vertus euangeliques qu'il professe, & de l'abandon volontaire qu'il a fait des biens de fortune, qu'il ne craint plus de les perdre, & viuant auec des personnes qui n'y pretendent non plus que luy, il n'a pas sujet d'en faire des jugemens des-auantageux.

Il suppose en tous ses freres toutes les bonnes qualitez dont il ne void point de preuues contraires, par ces maximes generalles qu'il y a tousiours plus de legitimes productiõs que de môstrueuses, plus de sains de corps & d'esprit que de malades, plus dans la liberté des enfans de Dieu que dans la seruitude du peché. Ces conjectures ne sont pas seulement fondées sur ces équitables loix qui veulent que dans les choses douteuses, on se porte plustost au jugement qui absout, qu'à la rigueur qui condamne, mais ie voids dans châque Religieux des preuues efficaces, qui m'obligent de le croire dans vne vertu conforme à sa vocation, & plus parfaite que ie ne l'ay moy-mesme : car tous les iours ie fais vne lamentable experience de mes foiblesses, du peu de fidelité que i'apporte à profiter des graces de Dieu, de mes negligences, de mes intentions moins pures, & meslées tousiours de quelque amour propre qui arreste mes progrez : de là ie ne puis tirer que des sentimens d'humilité qui me font croire que ie suis le plus grand pecheur du monde au sens & auec plus de raison que ne le disoit S. François. Mais ie considere tous mes freres dans l'obseruance d'vne saincte regle, dans la pauureté, la chasteté, l'obeïssance, ie voids leur feruear, leurs tranquilitez, leur saincte conuersation; ie voids leurs vertus & ie ne voids point de defaux; c'est pourquoy i'en dois faire vn jugement plus auantageux que de moy-mesme. Ie voids l'action d'vn corps qui me le fait croire viuant, mais ie ne voids pas l'ame qui luy inspire la vie : ô si mes yeux pouuoient découurir les splendeurs, les serenitez, les éleuations que la grace opere dans ces ames, l'humilité me les tient cachées, & neantmoins ie ne laisse pas d'en conceuoir vne grande estime, comme ie croy que le soleil retient tousiours ses lumieres quand vn nuage le couure, ou que le corps de la lune le met en eclypse à mon égard.

Ie voids des gerbes dans vne campagne, dit Saint Augustin, & quoy que de loing ie n'y remarque que de la paille, ie ne laisse pas de dire que c'est du bled : les actions de ce Religieux paroissent communes, mais cette perseuerance dans vne vie si cõtraire aux sens procede d'vne grace non commune, que ie dois croire, quoy que ie ne la puisse voir. S'il me fait paroistre de la joye sur
son

son visage, en ses paroles, en son maintien, ie iuge que c'est vne effusion des beautez de l'ame, & des intimes consolations qu'elle reçoit en Dieu ; comme les Platoniciens disent que les lumieres, les mouuemens vistes & reguliers des cieux sont les ris, & les agreables postures des intelligences qui les meuuent, ou qui les animent. Si ie le trouue dans vne humeur plus sombre & plus reseruée, ie iuge qu'il gouste Dieu, qu'il luy donne lors toutes ses attentions, & qu'il craint de s'en diuertir par des entretiens ordinaires : enfin la charité ne pense point au mal, ses veuës qui portent droit à Dieu ne voyent dans le Religieux que les vertus sans imperfection, comme quand mon œil pointe en haut, ie ne voy que la cyme des montagnes qui semble se joindre sans remarquer les interualles & les distances des vallons.

L'amour diuin est effectif, il ne cherche pas seulement mais il fait autant qu'il peut les beautez qui luy donnent de la satisfaction : ie voudrois rendre mes freres tous parfaits, ie voudrois leur donner la sublimité des thrônes, les lumieres des Cherubins, les sainctes ardeurs des Seraphins, si ie n'ay pas vne vertu diuine pour faire ces belles impressions dans leurs ames, au moins ie me persuade qu'elles sont en la plus-part, & que plusieurs possedent dé-ja ce que ie leur desire & ne leur pourrois donner. Puis que nous sommes en la maison de Dieu, & que le cloistre est vn ciel, ie ne veux m'y figurer aucun defaut, ie croy tous les Religieux parfaits, ces belles idées animent mon zele, flattent & ne blessent point l'integrité de ma conscience. Dieu mesme est plus honoré par ces iugemens fauorables, qui supposent vne abondance de ses graces en ses seruiteurs. C'est vne espece de sacrilege, dit la loy, de remarquer de l'imperfection en celuy dont le Prince a fait choix ; hé ! n'est-ce pas prophaner les choses sainctes de traiter auec mépris, au moins interieur, des personnes que Dieu a tirées du monde pour en faire vn peuple saint, des Anges qui publient sa gloire, des Ministres qui representent son Fils bien-aymé ?

Mais quoy si les imperfections de mes freres sont si pu-

L. 5. Cod. de diuers. resc.

bliques que ie ne les puiſſe ignorer ? N'eſtant que perſonne particuliere, ie détourneray mes yeux pour ne point voir les turpitudes de ceux à qui ie dois du reſpect, & ie fermeray mes oreilles pour n'en rien entendre. Ie diray auec le Pſalmiſte, mon Dieu deliurez-moy des opprobres dont ma foibleſſe va conceuoir des ſoubçons ; car la vie où il vous a pleu m'appeller eſt ſaincte, tranquille, & joyeuſe, que ſi ie m'emporte à faire des iugemens deſ-auantageux, du mal d'autruy i'en feray le mien, & dans ce deſordre ie ne dois point eſperer de paix.

D. Aug. in pſal. 118. ratio. 11.

Quand mes yeux ſeroient contrains de voir, & mes oreilles d'entendre ce qui bleſſe l'integrité de la vie religieuſe, il faut faire, dit Saint Auguſtin, comme les medecins qui voyant les ſignes de mort dans vn malade, & toute vne famille affligée qui attend l'arreſt de ſa bouche, pour ne point trop l'effrayer il tempere ſon iugement, & leur dit ; Dieu eſt tout bon, tout puiſſant, nous en auons veu milles effets, implorez-en le ſecours par vos prieres. L'action ſur laquelle on fonde le blâme d'vn Religieux eſt peut-eſtre d'vn moment : quelque habitude qu'il en ait priſe, il peut la quitter, il ſe peut faire qu'au temps meſme que ie parle, la grace ait operé ſa conuerſion ? Pourquoy voulez-vous que ie condamne celuy que Dieu iuſtifie, & dont peut-eſtre il veut faire vn modelle de ſainteté ? Ne jugez point deuant le temps, dit l'Apoſtre, arreſtez voſtre iugement iuſques à la venuë de noſtre Seigneur qui leuera le voile des conſciences, & qui vous les fera voir tout autres que vous ne penſiez. De quoy vous meſlez-vous ? qu'elle temerité, & qu'elle inſolence, de iuger le ſeruiteur d'vn autre, s'il fait ou ne fait pas ſon deuoir, c'eſt l'intereſt de ſon maiſtre qui ne manquera pas de prudence pour y donner ordre. Ieſus-Chriſt ſouffre ce Religieux au nombre de ceux qui le ſeruent ; il veut qu'il porte ſes liurées, qu'il viue à ſa table, qu'il prononce ſes loüanges, qu'il traitte ſes ſaints myſteres : pourquoy le iugez-vous indigne de ces employs ? laiſſez-en le iugement & la conduite à la prouidence.

In pſal. 59.

Rom. 14.

PROFITER DES BONS EXEMPLES
de tous.

CHAPITRE XVIII.

PLVSIEVRS belles pieces mises en ordre, ont auec leur éclat particulier, celuy des autres qui leur sont jointes; les miroirs posez selon les regles de l'optique, vous feront paroistre en deux pieds d'espace de grandes galeries pleines de quelque agreable curiosité, de sorte que par ces reflexions mutuelles, tous representent vne mesme chose, & châcun reçoit ce qui est en tous : Nous voyons quelque chose de semblable dans les congregations religieuses où les diuerses graces qu'vn mesme esprit diuin répend sur plusieurs, sont admirables en châcun, neantmoins beaucoup plus quand elles deuiennent communes entre tous, & qu'elles se multiplient par imitation.

Vne étoille est differente de l'autre en lumiere, & celle qu'elle a luy suffit, sans qu'elle vueille ny puisse receuoir celle d'vn autre; mais quoy que les vertus soient partagées entre plusieurs, que l'vn excelle en charité, l'autre en patience, en abstinence, en retraite, en oraison, vn bon Religieux se sent capable de toutes, il les desire, & que par l'vnion qu'il en peut faire en soy mesme, son ame soit vne seconde communauté : car il se considere dans vn estat qui doit tousiours s'aduancer en perfection ; qui reçoit pour cet effet des graces auec lesquelles rien ne luy doit sembler impossible ; il est dans vne enfance où il doit tousjours croistre iusques à l'âge parfait de Iesus-Christ, & pense que tout ce qu'il void d'eminent luy doit estre propre.

La vie religieuse qui se passe en communauté a cet aduantage sur la solitaire, qu'ayant vn desir extreme de s'aduancer en toutes les vertus, elle en trouue les occasions & les maistres, par vne prouidence qui là, comme en la nature ne laisse point de puissances vaines, sans leur pouruoir de causes & de moyens pour les rendre satisfaites. Ie verray dans le desert les reuolutions des cieux & des saisons qui m'instruisent d'apporter vne diligence infatigable pour suiure les ordres que la regle & la pieté m'ont prescrit: i'y voids l'image de la bonté de Dieu, en des fontaines qui iour & nuit iettent à gros boüillons leurs belles eaux sans se tarir; en vn soleil qui verse indifferemment ses lumieres sur toute la terre, qui éclaire mesme les rochers & les sables, qui éleue les vapeurs pour en arrouser autant les plages steriles, que les fecondes; i'adore cette source inepuisable de bonté, & ie crains d'estre au rang de ces cantons mal-heureux, qui reçoiuent autant de lumieres & de chaleur que les autres sans en tirer de profit: la pointe inaccessible des montagnes m'aduertit des mysteres de Religion inconceuables à nos esprits; la fertilité des vallons me fait tout esperer de l'humilité. Ie puis auoir là des liures qui m'enseigneront toutes les maximes de la Philosophie, toutes les addresses des arts; qui me feront voir ce qui se trouue dans toutes les parties du monde, ce qui s'est passé en tous les siecles; la plus grande consolation, c'est de conuerser auec vn Saint Hierosme, vn Saint Augustin, vn Saint Chrisostome, vn Saint Basile, auec les autres Peres du desert, assister à leurs conseils; accompagner l'Eglise en tous les triomphes qu'elle a remporté sur les heretiques; m'informer ainsi des veritez de la foy, & des pratiques de la pieté, par autant de maistres qu'il y a de creatures; que les âges ont porté de saints personnages & de bons liures. Le souuerain Prestre portoit sur son rational les noms des douze Patriarches qui auoient esté les chefs des douze tribus d'Israël, pour monstrer, dit Saint Gregoire, que l'exemple des anciens est vne regle asseurée pour la conduite de la pieté, & que ce qu'elle a de plus éclattant n'est qu'vn extrait de leur vie.

in pastorali parte 2. c. 2.

Ce sont là de grandes commoditez pour les solitaires, mais il est certain que nous les auons toutes auec plus d'aduantage dans les congregations religieuses: nous y joüissons du mesme ciel, des mesmes elemens, qui estant mieux cultiuez par nos artifices, nous monstrent plus ex-

preſſément combien peuuent nos volontés auec les ſecours de la grace. Ie n'entretiens pas là ſeulement les
morts dans ce qu'ils nous ont laiſſé d'eſcrits, mais ie voids
de mes yeux les vies des ſaints, qui ſont dit Philon, les
veritables commentaires de la loy, leurs diſcours d'edification joints à leurs bons exemples terminent toutes les
difficultez qu'vn eſprit humain pourroit trouuer en cette
maniere de vie; leurs preſence & leurs entretiens m'in-
ſtruiſent tout autrement de la vertu que ne feroit vne hiſtoire, car c'eſt vne pratique animée qui monſtre toutes
les circonſtances de la pieté, & ſans laquelle, comme
en la chymie, il ſeroit à craindre que la theorie ne fut
inutile faute d'eſtre bien entenduë.

Pour tirer vn grand profit de ces ſainctes compagnies
deux choſes ſont principalement neceſſaires, la premiere
d'auoir vne ſublime idée de la perfection, la ſeconde vne
tres ardente volonté de l'acquerir: cette idée n'eſt jamais
ſi nette, qu'elle ne ſoit enueloppée de quelques nuages, &
de quelques doutes qui tiennent l'eſprit en ſuſpens; on en-
treuoit le point d'eminence où l'on voudroit bien aller, mais
les moyens qu'il y faut tenir ne ſont pas aſſez conneus.
En cet eſtat l'ame qui iette ſes yeux de tous coſtez pour
découurir ce qu'elle deſire, reçoit vn bon exemple de perfection comme vn grand iour, en vn moment elle en demeure toute inſtruite, & parce qu'il reuient à ſon concept, elle l'embraſſe, ſe l'approprie, auec des tranſports
plus prompts & plus doux que tous ceux d'vne affection,
d'vne faim, d'vne ſympathie naturelle. Vn bon peintre
de ce païs qui va voir en Italie les originaux de Michel
Ange, eſt tout ſurpris au premier aſpect de ces rares pieces: vous le verrez les yeux attachez deſſus, morne, pen-
ſif, immobile, tout rauy de tant de merueilles qui ne ſeroient pas apperçeuës d'vn œil moins intelligent: ce n'eſt
pas tout d'en tirer copie, l'importance eſt d'vn deſſein,
d'vn ombre, d'vn coloris, d'vn racourcy, d'vne poſition
de figure s'en faire vn art, & des regles generales qu'il
puiſſe garder en tous les autres ſujets. Tous eſtimeroient
la vie d'vn bon Religieux par cette idée & cette affection

Fff i.j

commune que nous auons naturellement de la vertu, mais
il n'appartient qu'aux personnes plus éclairées d'y remarquer les traits incomparables de la main de Dieu, l'esprit
dont il l'anime, cette vigueur & ces éclats de l'eternité:
il n'appartient qu'aux ames auantageusement disposées à
la perfection, de reconnoistre là les delicates conduites de
l'art diuin, & aussi-tost qu'elles paroissent par vn bon
exemple, faire interieurement cette reflexion, voila qui me
manque, voila ce que ie dois imiter.

Quand ie considere vn Religieux d'illustre naissance &
nourry delicatement se porter auec feruour aux plus grandes austeritez & aux exercices les plus humbles, ie l'imite auec courage, & ie serois confus en moy mesme de
chercher plus de soulagement que luy dans vne vie qui
me doit estre penitente. Quand ie voids ces bons anciens,
les premiers & les derniers au chœur, extrémément fidelles à tous les deuoirs de communauté, sans tirer aucun
priuilege des incommoditez de leur âge, ce m'est vn puissant motif pour m'acquitter de mon deuoir auec tout ce
que i'en conçois de perfection, pour faire plus, auec plus
de forces, afin qu'on ne nous puisse pas reprocher que l'esprit & le zele de la religion deperit entre nos mains, &
que nous tombons dans la deffaillance communes à toutes
les choses humaines.

J'apprends de l'vn l'humilité, de l'autre la douceur
dans la conuersation, de l'autre la diligence dans les
offices, la temperance, la modestie; soit qu'ils soient mes
superieurs, mes égaux, ou mes inferieurs, ie tiens que
c'est vne espece de desertion, & vne lâcheté tres-honteu-

Homil. de
S. maximo se de ne les pas suiure. Eusebe Emissenne nous appelle
à l'imitation d'vn grand saint, comme à la succession d'vn
homme tres-riche dont chaque heritier prend sa part; ce
ne sera point, dit-il, le sort mais vostre choix qui vous
assignera quelque vertu de ce grand personnage; prenez
celle que vous estimerez vous estre la plus propre & la plus
necessaire; vous aurez si vous voulez le thresor de la charité, les perles de la componction, le fonds de l'humilité.
Si les biens d'vn seul peuuent vn accommoder plusieurs,

DV RELIGIEVX. 417

que sera-ce si vn seul Religieux recueille en soy les merites & les vertus de tous les autres : il semble que son ame ne seroit pas capable de tant de biens & de ramasser tant de graces en vn seul sujet, si la charité & l'infinité diuine ne luy donnoit assez d'étenduë.

Il ne faut pas s'estonner si la charité s'entretient parfaite entre des Religieux qui sont reciproquement les vns aux autres maistres & disciples, peres & enfans ; parce qu'ils s'instruisent, s'animent, se forment les vns les autres par leurs bons exemples. Il n'est plus question de sçauoir qui ayme le plus de celuy qui donne, ou de l'autre qui reçoit, parce que ces deux motifs se rencontrent en mesme personne & produisent vne parfaitte charité par leur vnion. Cela bannit tous les sentimens de la jalousie & de l'enuie, car chacun trauaille autant pour les autres que pour soy, puis que l'honneur & le profit en est commun : si l'vn se perfectionne, les autres en sont bien-aises pour l'auoir comme vn modelle plus accomply de vertu, & comme vn plus fort appuy de leur communauté : enfin comme ces diuerses graces sont données par vn mesme esprit diuin, elles se reünissent & sont receuës par vn mesme esprit & vn mesme cœur de la famille.

Si la deuotion de ce frere estoit solitaire, elle seroit sujette à n'auoir ces ferueurs que par accez & par interualles ; mais quand son bon exemple la renduë commune dans vne famille, elle deuient perpetuelle : il s'en fait vne chaste propagation, & l'on peut dire ce que disoit Iacob diuisant son train en deux trouppes, si Esaü se ruë sur l'vne, l'autre se sauuera ; si la foiblesse humaine fait qu'vn Religieux se relâche en la pieté, elle subsistera entre plusieurs autres qui ont fait estat de l'imiter : elle pourra mesme se rétablir plus facilement, comme entre plusieurs cierges allumez, si l'vn s'esteint par hazard, les autres répendent tousiours leurs lumieres, & la peuuent communiquer auec profit à celuy qui en est priué. Il faut conclure auec Saint Ambroise, que cette vie claustrale est vn ciel où les Religieux, comme des Anges, exercent continuellement vn ministere de sainteté, où ils s'éclairent, se purifient, se perfectionnent les vns les autres par de perpetuelles reflections de merites : Vie mille fois souhaittable, où l'on ne void rien à craindre & tout à esperer ?

RENDRE A CHACVN DV
respect selon son merite.

CHAPITRE XIX.

La profession religieuse dit vne vie qui se passe contre les loix communes de la nature, au milieu des flammes sans brûler, dans l'air contagieux du monde sans s'en ressentir, libre dans la subjection, contente dans les souffrances, par vn concours de miracles, à qui la continuë n'oste rien de l'admiration des peuples, & des solemnitez que les Anges en celebrent au ciel. Quoy que l'humilité nous donne vne tres-basse estime de nous mesmes, nous deuons selon l'aduis de l'Apostre reconnoistre l'eminence de la grace que Dieu nous fait, sçauoir que nous portons vn grand thresor dans vn vaisseau fragile ; que n'estant que poudre & que cendre, que foiblesse & que corruption, nous deuons auoir vn estime d'autant plus grande de ce sublime estat où les misericordes de Dieu nous ont éleuez. En ce sens le plus humble des Religieux doit respecter en luy-mesme les dons de Dieu ; se considerer comme son temple pour ne rien faire qui le prophane, comme son holocauste pour ne rien soustraire de tout ce qui luy est consacré, comme son image pour ne rien commettre contre le respect qui luy est deu.

Si chacun qui sçait ses foiblesses doit neantmoins respecter en soy-mesme la grace de sa vocation religieuse, il doit luy rendre beaucoup plus de culte en ses freres, où il ne remarque que des perfections sans defaut, comme nous auons dit : ces iugemens fauorables & ces bons sentimens reciproques obligent de se rendre de l'honneur les vns aux autres, & à se preuenir de courtoisies. L'honneur est le plus agreable sacrifice que nous puissions presenter

DV RELIGIEVX.

senter à Dieu, parce qu'il vient du cœur sans dépendance de la fortune, que les pauures comme les riches peuuent également offrir à celuy qui n'a pas besoin de nos richesses, & qui ne demande que nos cœurs humiliez pour y verser ses plus abondantes benedictions. Nous deuons rendre quelque chose de ce respect à ses seruiteurs qui pour luy complaire ont abandonné les biens de fortune, qui n'en veulent ny les droits ny les commoditez : ainsi leur rendre de l'honneur c'est reuerer en eux vne saincteté qui tâche de s'approcher de la diuine, c'est témoigner nostre estime & nostre amour, qui en reconnoissance merite le leur; les aimant, nous en sommes aymez. L'Apostre a donc grand sujet de vouloir que nous nous portions de l'honneur les vns aux autres, parce que cet honneur est le nœud de la charité qu'il considere comme la fin & l'accomplissement de la loy.

Vn Religieux ne demendera pas cet honneur dont mesme il se croit indigne, mais son humilité qui couure ses autres perfections fait qu'il le merite d'auantage, & qu'il s'en tient plus obligé comme d'vn effet, plustost de bienveillance que de justice. Nous pouuons donner ce bien spirituel sans nous appauurir, parce qu'en se répendant il se multiplie comme la lumiere, & se reflechit auec beaucoup d'éclat sur celuy qui en fait largesse : les pauures volontaires le peuuent aussi receuoir sans contreuenir à leur vœu; il en est vne suitte, & cette recompence aduancée qui leur est promise, que ne possedant rien ils possederont tout, parce que l'honneur semble la fin où se rapportent les richesses, les dignitez, vn droit de regale que Dieu nous ordonne de rendre à ses fauoris.

Nostre ame a de secrettes vertus qui s'épanouïssent aux rayons de cette lumiere, & qui demeurent comme enseuelies, tant que cette douce effusion ne les solicite pas de se produire : on parle auec plus de satisfaction deuant des auditeurs attentifs & on ne croiroit pas vn homme bien sage qui déclameroit auec autant de contention, de chaleur & de mouuement dans l'entretien d'vn amy, que deuant vne celebre audience : la vertu veut paroistre belle

Ggg

deuant des personnes qui témoignent de l'agréer, & pour ne point perdre ce qu'elle a d'estime, elle fait de grands efforts qui l'augmentent. Il n'y a point de saincteté si sauuage qui ne soit bien aise d'estre consideree, quand il s'agit d'edifier le prochain, & de ietter dans son ame vn sublime sentiment des grandeurs de Dieu. Si donc nous sommes obligez de nous aduancer nous mesmes & nos freres à la perfection, ce moyen nous est tres aduantageux de nous traitter les vns les autres auec le respect & l'honneur que merite la condition de chacun, soit superieur, égal, ou inferieur.

On ne doute point qu'il n'en faille rendre beaucoup & plus qu'à tous les autres au superieur qui est nostre maistre, nostre prince, nostre pere, & qui nous tient icy la place de Dieu. Tant qu'on luy conserue cette majesté, la subiection deuient douce parce qu'elle est volontaire, ce n'est qu'vn gouuernement d'amour, l'obeïssance n'y est pas seulement prompte mais joyeuse, elle se conserue en la pureté par ce respect qui est son principe; car ce fut l'honneur qu'on defere à la vertu, qui porta premierement les hommes à soûmettre leur liberté au gouuernement des plus sages. Le superieur quitte ses propres interests & son repos pour prendre le soin d'vne famille, pouruoir aux necessitez tant communes que particulieres de tous; il est bien juste qu'on soit reconnoissant de cette faueur & qu'on luy facilite les moyens de la continuer en luy rendant & par nostre exemple portant les autres à luy rendre l'honneur qu'on luy doit.

On se dispense fort facilement du respect quand on traitte auec ses égaux, la nature se soulage de son joug par cette franchise; elle respire l'air de sa liberté, & par ces petites relâches elle adoucit vne sujection qui luy seroit moins possible si elle estoit continuelle. Ie ne demande pas qu'on viue auec ses semblables dans la mesme retenuë, & auec tout le respect qu'on doit au superieur: la prudence assigne diuerses manieres de viure auec des personnes de diuerses conditions; neantmoins ces familiaritez que les Religieux doiuent prendre auec leurs semblables doiuent

DV RELIGIEVX.

tousiours demeurer dans les termes d'vne saincte modestie conforme à leur estat. Quand Seneque dit qu'vn amy doit ouurir tout son cœur à l'autre, il suppose des personnes d'vne telle integrité, qu'elles n'ayent rien dans l'ame qui craigne les yeux des hommes, ny la censure mesme de leurs ennemis, mais comme cette probité ne se trouue gueres qu'en idée, il semble meilleur de viure auec plus de circonspection, de sorte que des volontez changeantes ne puissent tirer profit de ce qu'elles auroient veu de nos foiblesses. Le Religieux se doit premierement ce respect à luy mesme, & puis à la saincteté de sa condition, de ne rien penser, dire, ny faire qui ne luy soit honneste; si l'imaginatiue & si les pensées s'échappent, au moins que les paroles, les gestes, les actions soient retenuës pour ne point offenser la conscience de nostre frere, & faire que nostre mal passe en luy par contagion. Iamais donc les familiaritez ne doiuent aller jusques à cet excez qu'elles mettent toutes les pensées sur les leures, & que les actions soient aussi libres que les paroles, mais il faut considerer nostre frere, comme le censeur & le garend de nostre integrité. Ce respect qu'on se porte les vns aux autres, étouffe les murmures, les jugemens temeraires, les medisances, & nourrit les bons entretiens dont nous parlerons plus bas : mais au contraire vne insolente familiarité qui se glisseroit entre des Religieux, comme entre des laquais, les emporteroit à la licence des paroles, à la temerité des jugemens, aux schismes, aux rebellions, aux partis formez; elle apriuoiseroit tous les vices, & l'on en deuroit craindre tous les dommages qui viennent d'vne mauuaise conuersation : ostez le respect, les railleries degenerent en reproches, les reproches en injures, les injures en auersions, & en tous les dangereux symptomes d'vne charité mourante.

Les loix qui donnent vn souuerain pouuoir aux Capitaines sur les soldats ne leur permettent pas neantmoins de s'en seruir comme de valets, pour ne point des-honnorer la milice en leur personne, & d'vn ministere qui tire sa subsistance du public en faire vne seruitude domestique :

Vegetius de re militari lib. 2, cap. 19.

Ggg ij

Les superieurs de religion doiuent estre dans cette pratique, & garder tant qu'il se peut ce respect à leurs sujets, de ne les point diuertir des actions de communauté pour en tirer des seruices particuliers, qu'elques fois honteux. Les paroles qui ne tiennent rien de l'empire, qui sont plustost des prieres que des commandemens, les gratifications qu'ils leur font, les agréemens qu'ils leur témoignent les animent à leur deuoir, soulagent leur peines, ce sont les correctifs de leur humiliation, quand ils voient que la bassesse de leur office ne diminuë rien de l'honneste familiarité, & de l'affection qu'on leur témoigne. C'est le grand effect de l'amour, dit Saint Denys, de faire descendre les choses superieures jusques aux plus basses ; le feu qui est le prince & le superieur des elemens, se trouue au centre de la terre, de là nous tirons les metaux, qui ont les noms & les vertus des planetes ; le Verbe diuin s'est vny à la derniere des creatures raisonnables, d'où le superieur doit apprendre à témoigner quelques obligentes familiaritez aux Religieux qui trauaillent aux plus bas offices de la famille ; l'vnion de ces extremitez promet celle de toutes les autres parties qu'elles enferment.

En ce discours de rendre du respect à chacun selon son merite, on peut rapporter le droit commun qui conserue le rang & le titre à ceux qui ont soustenu les principales charges du gouuernement : Ainsi les Consuls, les Pro-Consuls, les Gouuerneurs de Prouince, les Capitaines des Gardes de l'Empereur, les Decurions, les Secretaires d'estat, & semblables officiers ayant quitté leurs charges joüissoient encore de leur preseance, & de leurs autres prerogatiues. La Republique donne les charges auec leurs immunitez comme vn bien-fait qu'elle ne reuocque pas, & qu'elle veut continuer apres mesme qu'on s'est démis de l'office, pour monstrer que cela ne passe pas au rang des gages qui se payent à proportion de l'employ, mais que c'est vn honneur qui se rend à la vertu, tousiours égalle, quoy qu'elle ne soit pas en exercice. Quand l'edifice d'vne Eglise est ruiné, le fonds ne laisse

DV RELIGIEVX. 423

pas d'estre saint : on donne aux morts les titres & les armes qu'ils auoient estants viuants, & leurs figures qu'on posoit anciennement dans les cours des grandes maisons, celles qu'on portoit aux funerailles, tenoient le rang des dignitez qu'ils auoient soustenu durant leur vie. Ceux qui se sont retirez des charges, doiuent estre plus considerez que les morts ; ils sont encore en estat de conseruer le secret d'vn office & d'y contribuer beaucoup par leurs conseils ; ce seroit vn procedé bien fâcheux, si apres auoir rendu la iustice ils deuenoient inferieurs à ceux qui en pourroient conseruer du ressentiment. Ces preferences continuées n'honorent pas tant la personne que la charge; elles en releuent l'authorité, elles seruent de temperament à l'ambition, car plusieurs s'estant retirez de la lie du peuple par l'exercice d'vne charge en demeurent satisfaits, ne sont plus pressé pour l'obtenir & laissent la place à d'autres que la prouidence fournit auec des esprits proportionnez à la necessité des affaires.

<small>l. 73. ff. de contempt. l. 6. ff. de ter. diuisio. Plin. lib. 14. cap. 1.</small>

Mais, dites vous, il n'est pas iuste que quelqu'vn démis d'vn office pour s'en estre mal acquitté, tire aduantage de son démerite, & qu'il continuë dans l'honneur d'vn employ qui luy deuroit plustost tourner à blâme & à peine. Ie réponds qu'il est fort rare de voir quelqu'vn dont les merites n'ayent pas esté bien reconneus, quand des suffrages communs l'ont aduancé, & qui soit démis pour ses demerites ; neantmoins en ce cas & pour des actions extraordinairement criminelles, on y pourroit proceder extraordinairement. Comme c'estoit la coustume des Romains, de n'oster aucun de ceux qui auoient esté Consuls, de la liste & du catalogue qui s'en conseruoit dans les Archiues publics, quoy qu'ils ne se fussent pas bien comportez en cette charge, neantmoins Maxence exerça de si grandes tyrannies sur la Republique, qu'estant vaincu par Constantin son nom fut effacé des fastes, par vne punition dont il ne se faudroit faire vne exemple qu'en des cas semblables, & qui estant rares ne me semblent pas suffisans pour aller contre vn droit commun.

<small>Baron. an. 309.</small>

Si vous refusez le rang & la preseance à ceux qui ont

Ggg iij

souſtenu les principales charges de l'ordre ou d'vne Prouince, il faut que ce ſoit par vne ordonnance commune, qui en cette occaſion ne faſſe point le diſcernement des merites particuliers, car le jugement en ſeroit trop odieux, & le rebut offenſeroit trop ceux qui auroient rendu des ſeruices quoy que moins conſiderables; ainſi ceux meſmes qui auroient blanchy dans les charges, qui s'en ſeroient acquittez en perfection, qui ne s'en retireroient que par les incommoditez de l'âge, ſeroient reduits à paſſer vne honteuſe & lamentable vieilleſſe dans vn rang peut-eſtre au deſſous d'vn ſcandaleux & d'vn criminel. Il eſt rare comme nous auons dit, de voir des Religieux oſtez des grandes charges pour vne faute notable; c'eſt l'humilité, c'eſt le dégagement des affaires, c'eſt la ſimplicité, c'eſt vn ordre ſecret de la prouidence qui ne les fait pas reüſſir dans les ſuffrages, enfin les plus zelez au bien de l'ordre ſont contraints d'en quitter le gouuernement par les infirmitez de l'âge; il y a donc moins d'inconuenient que par vne rencontre bien rare, quelques perſonnes moins dignes, joüiſſent de la preſceance, que ſi toutes les autres quoy qu'illuſtres eſtoient priuées de cet honneur deu à leurs longs ſeruices, car cette ingratitude publique ſeroit d'vne perilleuſe conſequence & contre le reſpect que l'on doit à l'antiquité.

DV RELIGIEVX. 425

DV RESPECT QVE L'ON DOIT rendre aux anciens.

CHAPITRE XX.

LA veilleſſe a ie ne ſçay qu'elle majeſté qui ſe fait conſiderer auec vne ſuſpenſion d'eſprit, auec des ſentimens d'amour & de reſpect qui ont ſouuent calmé les émotions d'vn peuple, les fureurs de la cholere, l'inſolence d'vn victorieux. Cette ſurpriſe vient peut-eſtre de ce qu'on admire vn homme, qui pour venir à cet âge, a paſſé tant de perils dont la vie eſt continuellement combatuë, comme on arreſte les yeux ſur celuy qui ſort d'vne ſanglante meſlée, qui touche le port apres vne furieuſe tourmente, ou vne perilleuſe nauigation : ce grand âge eſt vne merueille qui contente noſtre curioſité paſſionnée de voir quelque choſe de l'autre ſiecle ; elle gaigne noſtre amour, parce qu'elle flatte nos eſperances de pouuoir attaindre ce terme, & d'autant qu'vne longue vie ſuppoſe vne faueur particuliere de Dieu, on luy rend de la veneration.

Ce droit naturel a produit dans toutes les Republiques bien policées des loix qui ont obligé les citoyens de rendre du reſpect aux veillards comme à ceux qui ſont les peres du peuple, qui repreſentent plus l'antiquité de la patrie, & l'eternité de Dieu. Cette couſtume eſtoit generale en toute la Grece, & ſe gardoit plus religieuſement en Lacedemone, où c'eſtoit vn crime de leze majeſté publique de ne pas rendre ce qu'on deuoit d'honneur aux veillards. Les Romains qui emprunterent de là leurs loix, veulent qu'on honore les anciens comme les Magiſtrats, c'eſt à dire comme les tuteurs, comme les peres de la patrie, & que dans la concurrence de pluſieurs qui pretendent aux charges, ils ſoient preferez tant qu'ils ont la force d'agir, d'autant que le reſpect qu'on leur porte donne vn ſurcroiſt de majeſté à l'office qu'ils exercent, on

G ll lib.2. ca. 15.

L. 1 ff. de iure immunit.

leur rend de l'obeïssance auec amour, sans enuie, & c'est vne consolation pour des égaux pretendans, d'estre surmontez par vn tiers, qui ait sur eux le priuilege de l'âge.

Arist. 7. polit. c. 14.

Ces loix qui respectent l'antiquité pour les grands rapports qu'elle a auec les causes superieures, les parens & la patrie, me semblent deuoir estre plus ponctuellement observées dans les congregations religieuses, où la pieté doit estre eminente. Aussi Philon parlant des Esseens qui selon Saint Hierosme estoient des premiers Religieux Chrestiens disciples de Saint Marc, remarque entr'autres choses, que les veillards y estoient traittez auec vn respect approchant de celuy qu'on rend aux choses diuines. S'ils sont nos freres, estant fils d'vne mesme Religion & d'vn mesme instituteur, ils sont nos aisnez, & doiuent iouïr à nostre égard des priuileges que les loix diuines & humaines accordent à cette antiquité; ils sont nos tuteurs en l'abscence de nostre pere, ils nous ont formez par leurs instructions & leurs bons exemples; ils nous ont donné l'esprit de l'ordre, qu'ils auoient plus pur comme plus voisin de son origine: on peut remarquer en eux vn zele, vne obseruance reguliere, vne candeur, vne simplicité dans la conuersation qui sert tous les iours de modelle pour reformer la licence du siecle & des esprits; on les consulte comme des oracles pour apprendre de leurs bouches les volontez de Dieu, les intentions de l'instituteur, les pratiques des premiers peres, que nous deuons suiure pour confondre la sagesse humaine quand elle se veut mesler de nôtre conduite. Tant de faueurs meritent bien nos respects en reconnoissance; & nous leurs deuons si l'on considere vne vertu, vn zele, vne regularité si solide qu'elle a continué durant tant d'années en mille rencontres où plusieurs ont lâché le pied, & d'où la prouidence en a retiré beaucoup dans vn jeune âge, crainte que leur innocence ne fut corrompuë par la malice du siecle.

L. 6. vitam bonum l. bêrum.

Gellius. d. loco.

Lacedemone honoroit principalement les veillards s'ils estoient peres de beaucoup d'enfans qui les peussent representer par vne longue posterité. Ceux qui ont blanchy dans

dans les charges d'vn inſtitut, ſont les anciens & les peres de la Religion, & par ce double titre d'honneur ils doiuent eſtre conſiderez, & traittez de tous auec plus de reſpect, que ceux qui ne ſont recommandables que par leur âge & leur vertu particuliere. Ainſi les loix exemptent des contributions publiques les veillards qui ont autresfois eſté dans les dignitez, & non pas les autres s'ils ont le moyen de faire ces payemens.

D. l. 5 ff.
de iure im-
munit.

Il y a certains eſprits ſi vigoureux que ſans rien ſouffrir de la veilleſſe, ils ſemblent s'éleuer ſur les ruïnes du corps, & tirer de grands profits de ſageſſe, d'vn temps qui conſomme les forces ſenſibles. Ils ont ce qu'Hypocrate ſouhaitte au medecin, la ſcience jointe à l'experience, ainſi par la comparaiſon des circonſtances particulieres ils forment des iugemens, qui ne peuuent eſtre compris dans les maximes generales de la prudence : cela leur donne des habitudes de terminer heureuſement les affaires, d'y prendre les biaïs qu'il faut auec des addreſſes & des viuacitez dont la ſeule ſpeculation ſeroit incapable : ils ſçauent mieux que tous les autres ce qu'il y faut craindre ou eſperer, ils ſçauent attendre les occaſions, ne point croire aux apparences, ſe deffendre des ſurpriſes ; enfin ce ſont, dit Platon, des pilotes experimentez qui connoiſſent les vents & les routes, & qu'il faut neceſſairement conſulter pour ne point perir. C'eſt pourquoy toutes les Republiques bien policées ont fait gloire d'auoir leur conſeil, compoſé d'illuſtres veillards, qui dans vne poſture venerable paroiſſent des diuinitez, & dont les arreſts eſtoient tenus comme des oracles. L'écriture meſme nous repreſente les veillards dans leur ſiege auec des couronnes d'or ſur la teſte, comme ayant plus de merites pour les porter, & plus de pieté pour en rendre leurs hommages à l'Agneau de Dieu. La veilleſſe qui ſe rencontre auec l'integrité, eſt la couronne des dignitez, dit le Sage ; Car ces hommes venerables honorent les charges ; ils font paſſer ſur elles le reſpect qu'on porte à leurs perſonnes, & ce n'eſt qu'vn empire d'amour extrémement doux d'eſtre gouuerné par ſes Peres.

Lib. 1. de
Republ.

Prouerb.
16. 31.

Comme donc il y a dans les ordres religieux certaines charges qui ne consistent qu'a donner conseil, il me semble qu'il est tres-auantageux d'y continuer les veillards, & que ce n'est pas vn juste sujet de les exclure de ces employs d'esprit, lors que n'estant plus quasi qu'esprit ils en sont d'autant plus capables, quoy que le corps manque de forces pour s'acquiter de plusieurs actions regulieres. On representoit anciennement Mercure par vn corps sans bras & sans iambes, auec vne teste bien formée pour signifier, dit Plutarque, que ces organes de l'action ne sont aucunement necessaires dans le conseil, parce qu'il a les forces & les mains de tous les autres pour executer ce qu'il ordonne. L'esprit des veillards se polit & deuient plus éclatant dans l'exercice, comme les metaux : l'authorité que la nature leur donne par le poil blanc, les fait considerer auec vn respect qui arreste les insolences de l'enuie & de l'ambition, & cette sage froideur meslée parmy les ardeurs de la jeunesse entretient le corps de l'estat dans vn fauorable temperament. Apres auoir consommé les forces du corps au seruice de la religion, il n'est pas juste que ce qui leur doit tourner à gloire leur soit vn reproche : ils donnent tousiours bon exemple, mesme dans ce repos qui suppose des fatigues precedentes, car apres de longs trauaux, ils sont obligez de faire ces longues pauses par la mesme necessité qui nous contraint tous les iours de prendre le sommeil & la refection, apres les veilles & les jeunes. Si les canons continuent les dignitez & les prebendes aux malades, pour ne les point accabler par vne surcharge d'affliction, la veillesse qui est vne maladie de corps, ne doit pas estre traittée auec plus de rigueur que les autres.

Le poil blanc est la fleur de la sagesse, & d'vne ame qui se dispose aux fruits de l'eternité, les passions sont esteintes dans les veillards, le grand âge leur est vne mortification naturelle que leurs vertus rendent sainte, tousiours tres-auantageuse pour bien juger des affaires, pour ne gouster plus que ce seul plaisir diuin d'obliger chacun de quelque lumiere, & puis qu'ils ont l'esprit tout entier, plus libre, plus dégagé de la matiere, les infirmitez

Lib. de semigerenda Republica.

Cap. 1. de cler. ægrot. & c. ad audientiam de cler. nō resident.

DV RELIGIEVX.

du corps doiuent estre considerez en eux comme celles où l'Apostre estoit plus fort en l'acquit de son ministere. Pour estre quasi reduit à la condition des Anges, ou des ames separées, ie ne voids pas que la religion ait sujet de les exclure de son conseil: car elle pecheroit contre ce qu'elle en peut tirer de profit & contre ce qu'elle leur doit de reconnoissance, elle romperoit le cours d'vne charité qui ne veut point finir, & qui ayant donné de longues années au seruice du public, seroit bien aise de s'y employer encore sur le declin de cette vie, & sur l'horison de l'autre, où elle continuera ses soins & ses suffrages. C'est l'interest d'vn ordre de se seruir du conseil de ses anciens qui luy font encore voir les premiers & les meilleurs temps de son institution, d'estre sage par leurs perils & leurs experiences, appuyer son gouuernement de leur authorité, & dans les affaires presentes, prendre lumiere de ceux qui ont veu dans le passé l'ordre qu'on y doit tenir.

Comme tous les vins, aussi tous les esprits ne sont pas de garde, car on en void qui s'alterent auec le corps, & qui en partagent les infirmitez; il est difficille de particulariser les bons offices qu'on leur doit rendre en cette rencontre, car la charité a ses estenduës sans bornes; elle prendra toutes les occasions, elle en fera continuellement naistre pour les soulager auec tout ce qui se peut de courtoisie. Il me semble que la nature a mis cette majesté sur le visage des veillards, comme la beauté sur celuy des femmes, pour seruir de temperament à leurs infirmitez, & qu'en ces cheres personnes l'amour puisse triompher de la force. On ne doute point que la vieillesse ne soit vne maladie qui apres auoir affoibly le corps & ses organes, fait paroistre en quelques vns de lamentables defaillances dans les actions de l'esprit: ces bonnes gens ont quelque sentiment de leur foiblesses, & pour les couurir ils y apportent ordinairement des artifices grossiers qui les rendent plus remarquables, ils se mettent sur le discours de leur ancienne valeur, de leurs voyages, des excellences de leur siecle, & comme la memoire leur manque ils tombent dans des redites importunes qui seroient ridicules en d'autres personnes; souf-

H h h ij

frez-les, témoignez de la curiosité, de l'attention, & du contentement en leurs discours, faites des demandes qui preuienne leur inclination, & qu'ils ayent sujet de dire comme vne réponce, ce qu'ils sont bien aises de débiter comme vne chose qui les peut rendre recommandables : que vostre charité ne refuse pas à leur foiblesses des complaisances que la flatterie rend à la fortune, & que ce vous soit vn plaisir de contenter leur petit humeur aux dépens de vos oreilles.

Quelquefois les peines secrettes, les deffaillances qu'ils souffrent les jettent dans vne humeur melancholique, plaintiue, fâcheuse, offensente, souffrez-les comme des malades, dont les reproches sont les symptomes d'vn mal, qui sans émouuoir vostre cholere vous donne de la compassion. Ce pauure veillard manque d'yeux, de goust, de memoire, de conduite, de jugement, il reuient en enfance, si l'ancienne loy defend de se mocquer des defaux de la nature, comme d'vn aueugle, d'vn bossu, d'vn boiteux, l'insolence est bien plus criminelle qui fait son jeu d'vn pauure veillard, dont les forces se sont consommées dans le seruice de Dieu, & l'edification de l'ordre : vous profitez de ses fatigues, & vous luy faites reproche de ce qu'il y a receu d'incommoditez ; que diriez-vous d'vn citoyen qui se mocqueroit des playes qu'vn vaillant soldat auroit receuës pour la defence de leur commune patrie ; si cet ancien se fut épargné comme vn delicat, & peut-estre comme vous, sa veillesse luy seroit moins incommode ; la religion a receu les fruits de sa jeunesse, il est bien juste qu'elle porte la charge de ses longues années & qu'elle le reçoiue entre ses bras quand il tombe tout plain de courage mais sans plus de forces pour son seruice. On ne sçauroit expliquer qu'elle consolation reçoiuent tous les bons Religieux du fauorable traittement qu'on fait aux veillards & quel profit cette charité fait sur tous pour les animer au bien : les moins feruens ne craignent plus de s'exposer aux trauaux & aux perils pour le seruice de l'ordre, quand ils voyent qu'il en est reconnoissant, & que si leur veillesse deuient incommode, elle sera soulagée.

DV RELIGIEVX.

ASSISTER CHARITABLEMENT les malades.

CHAPITRE XXI.

CE ne font pas feulement les cheueux blancs & les longues années que nous auons paſſées dans le monde, mais auſſi les maladies qui font noſtre vieilleſſe: il eſt vray qu'on ſe peut releuer de celle-là par de bons remedes; & c'eſt ce qui a donné ſuiet à la fable d'vne Medée, qui par ſes herbes & ſes magies remettoit les hommes d'vn âge decrepit, dans la vigueur de la jeuneſſe. Mais tant que durent les accez du mal, ils alterent le temperament, ils oſtent au corps la liberté de ſes fonctions, ils mettent les plus robuſtes dans l'impuiſſance & dans les approches de la mort, enfin vn malade comme vn veillard ne ſubſiſte que par le charitable ſecours des autres. On ſe prepare à de grandes actions, à de longs voyages, on compte les mois & les iours, comme ſi l'on en auoit la diſpoſition; & voila qu'vn coup fatal rompt tous ſes deſſeins, abat ce pauure homme au lict & geſne ſon corps de douleurs, ſon eſprit de ſoins, au lieu des contentemens & des libertez qu'il s'eſtoit promis. C'eſt le bleſſer à la partie qu'il a plus ſenſible; c'eſt par là que le demon penſa vaincre la conſtance de Iob, qui n'eſtoit que legerement éfleurée par la perte de tout ce qu'il auoit de biens; c'eſt ce qui nous fait plus reconnoiſtre les infirmitez de noſtre nature, c'eſt ce qui nous humilie le plus; car c'eſt, dit Saint Chryſoſtome, la peine & le remede de cette preſomption qu'euſt le premier homme d'eſtre ſemblable à Dieu. *Homil. 11 ad pop. antioch.*

Les mondains qui voyent tous les iours, & qui ſouffrent ſouuent ces coups de diſgrace ſi contraires à leurs plaiſirs & à leurs affaires, amaſſent des biens pour ce mauuais temps où ils n'en peuuent plus acquerir, quoy qu'ils en ayent plus de beſoin pour ſubuenir à de plus grandes necessitez, ils contractent mariage afin d'auoir vne femme & vn second corps qui les soulage par affection dans leur impuissance, mais bien souuent ces remedes ont des effets tout contraires à ce qu'ils s'en estoient promis, quand les biens enflâmment la cupidité des heritiers, & que la mort seule peut rompre les chaisnes d'vn mariage infortuné: Ces noires pensées augmentent les maladies du corps par celles de l'esprit, & les soubçons ordinaires à la foiblesse, sont capables de jetter vn pauure languissant dans le desespoir.

Le Religieux n'a ny biens, ny femme, ny enfans, ny amys du monde: il a quitté le droit de toutes ces choses, neantmoins il reçoit dans ces maladies des assistances de ses freres incomparablement plus fidelles, que des plus puissants du monde, n'en peuuent esperer de leurs biens & de leur famille. Nous voyons en cela l'accomplissement des promesses que Iesus-Christ nous fait dans l'Euangile de nous donner dés ce monde le centuple de ce que nous auons quitté pour son amour: car si tost qu'vn Religieux tombe malade, le superieur luy assigne vn frere pour son assistance, & vous voyez tous les autres empressez à l'enuy à qui luy témoignera plus d'affection en luy rendant quelque bon office. La charité que l'Apostre dit estre abondante en richesses inspire en cette occasion des soins & des industries aux pauures Euangeliques pour secourir leurs malades, de toutes les nourritures & de tous les remedes qui leur peuuent donner du soulagement. Au dire de nostre Seigneur ce fut le veritable prochain qui assista ce pauure blessé par les voleurs, & c'est dans la Religion que sont les vrays freres, qui sans interest temporel, sans esperance de succession, par vn pur amour, se sacrifient autant de corps que de cœur au seruice de leurs malades.

I'ay l'honneur de porter l'habit d'vn saint ordre où il ne faut point recommander cette charité, elle y est si sincere, si feruente, si genereuse que les intimes consolations qui l'accompagnent couurent la douleur de la compassion & ne laissent gueres qu'vne joye modeste sur le visage & aux paroles des assistans dans l'infirmerie. Saint Basile

DV RELIGIEVX. 433

exhorte ses Religieux de rendre toute sorte de bons offi- ces aux malades, comme à la personne de Iesus-Christ, & charge les superieurs d'y apporter tous les soins possibles, comme à vne chose d'vne telle consequence que de là dépend ce semble la bonne conduite des mœurs & la conseruation d'vn saint ordre. Car le Religieux n'épargnera point ses forces dans l'obseruance des regularitez, il ne sera point dans les delicatesses, ny dans ces reseruez qui peuuent former de tres mauuaises habitudes sous pretexte de conseruer la santé : il ne fera point d'épargne contre la pauureté qu'il a promise, il n'engagera point sa liberté ny sa conscience à gaigner l'affection des seculiers, quand il est asseuré que tombant malade il recceura toutes les assistances necessaires de son ordre, que sa charité luy vaut mieux que tous les amys & tous les thresors.

Nous sommes tous membres d'vn corps qui se doiuent mutuellement seruir comme vne main supporte & defend l'autre qui est blessée, comme le col porte en écharpe le bras offensé : Nous auons receu, & tous les iours dans l'incertitude des accidens, nous sommes prests de receuoir ces bons offices de nos freres, il est bien juste de leur rendre la pareille, puis qu'après toutes les considerations de la charité, nous nous y voyons encore obligez par reconnoissance.

Vn pauure malade ne sent plus son mal quand il void tant d'amour & de tendresses qu'on a pour luy ; que des Religieux d'eux mesmes solitaires & silentieux luy ouurent leur cœur, l'obligent d'vn agreable entretien, & que l'affliction qui chasse les amys du monde, assemble ceux du cloistre parce qu'ils cherchent plustost à rendre qu'à receuoir de bons offices. C'est vne grande consolation à ce malade de voir tant de mains, tant de pieds, tant d'yeux & de langues à son seruice, comme s'il receuoit plusieurs corps pour vn qui n'a pas ses libertez : il a mesme peine de ne se pas considerer comme s'il estoit d'vne condition plus eminente que l'ordinaire, & comme si le bandeau luy estoit vne couronne, de voir qu'on luy fait ainsi la cour.

Reg. breu. cap. 155. & 160.

Apres les diuertissemens qu'on luy donne à foule pour charmer son mal, apres les innocentes consultations de tant de medecins qui ont cherché tous les remedes sans rien ordonner; apres les presages d'vne prochaine santé, & les fauorables interpretations qu'on donne à tout ce que fait la nature; apres mille autres discours indifferens qui font diuersion des pensées melancholiques. Il est bon que quelque Religieux docte & spirituel prenne son temps pour le voir en particulier: he bien mon frere, luy dit-il, ie souffre, & ie me rejoüis auec vous; ie souffre de vous voir dans ces incommodités & ces douleurs, dont ie voudrois porter vne partie pour vous soulager; ce n'est pas la volonté de nostre Seigneur, il veut que tout le poids tombe sur vous; ie ne doute pas aussi que ses graces ne vous donnent asses de force pour le supporter; ie voy vos resignations & vostre courage; c'est le sujet de ma consolation; voila vos grands desseins d'estude, de predication, de mission, de charitables trauaux arrestés tout court; le merite n'en est pas perdu, la main toutepuissante qui met là des bornes à vos desseins, est celle d'vn Dieu qui void vostre cœur, qui considere, & qui sçaura bien couronner vos sainctes affections: j'enuie vostre estat que ie voids plus conforme à la vie souffrante de Iesus-Christ; apres auoir porté long temps sa croix, il veut que vous y soyez attaché; vous la pouuez rendre volontaire, en vous soubmettant aux volontés diuines auec vne parfaite indifference: vous voila martyr sans persecution & dans la paix de l'Eglise; rejoüissez-vous de son triomphe, & ne laissez pas de recueillir les fruits de vostre combat. Helas nostre corps est vn vaisseau bien fragile, nos employs si éclatans qu'ils paroissent, sont bien peu de chose dans le monde & dans l'Eglise, & Dieu n'en a non plus besoin que le soleil des moucherons & des atomes qui volent dans son rayon. Mais vous ferez beaucoup si en cette rencontre vous n'ayez point d'autres desseins sur vous que ceux de Dieu, & si vous le faites regner absoluëment sur toutes vos affections. Courage, vous nous donnez de la jalousie, car vos mortifications sont continuelles, les nostres ont des interualles.

DV RELIGIEVX.

interualles, & ne nous exercent que par accez. J'ay peur qu'estant attaché comme vous estes au lict, vous n'alliez plus viste que nous au chemin du ciel : le mal qui vous afflige est le vaisseau qui vous porte auec des eslans qu'vn courier de terre ne pourroit suiure.

Dans cette secrette conference les cœurs s'ouurent ; ils exhalent leurs souspirs, ils permettent à la bouche de dire leurs petites difficultez pour en receuoir l'éclaircissement ; si le mal menace de mort on ne craint point d'en découurir tout franchement le peril à celuy qui n'a point d'attache au monde, & qui ne souhaitte rien plus que d'estre dégagé de ce corps pour aller à Dieu ; il s'y prepare à loysir, il prend des forces par les Sacremens de l'Eglise, il purifie, il enrichit son ame par les pensées de l'Eternité. O Dieu de misericorde soyez beny dans les tempestes, dans ces maladies qui font vostre volonté, & qui nous mettent en estat de l'accomplir par tant de lumieres & de consolations qu'il vous plaist de nous y donner !

AVOIR VNE CHARITE' COMMVNE pour tous les Religieux de son Ordre & de sa famille.

CHAPITRE XXII.

IL faut qu'vn superieur, pour se bien acquitter de son office, & maintenir vne compagnie religieuse dans vne parfaite vnion soit auantagé de plusieurs eminentes qualitez, mais vne des principalles & des plus essentielles, c'est d'estre à tous vn Pere commun. Ce nom de Pere, dit Sainct Ambroise, suppose vn amour égal enuers ceux que la nature a fait également ses enfans ; si les oyseaux nourrissent tous leurs petits, si les autres animaux leur presentent à tous la mamelle, si les poules conduisent tous leurs poussins d'vn amour également empressé, sans fauoriser d'auantage ceux qui ont plus de rapport auec elles en

Examer. l. 5. cap. 18.

Seneca. epist. 66. Pli: l. 10 c. 33.

plumages; l'homme peche contre cette loy naturelle, s'il n'a pas vn mesme amour pour ses enfans. Comme pere il est à leur égard vne cause vniuerselle, qui sans distinction verse ses influences sur tous les sujets capables de les receuoir; ainsi le cerueau n'est pas vn sens particulier, mais vne source commune des esprits qu'il donne aux organes des autres sens; le cœur est au milieu du corps pour distribuer sa chaleur vitale à toutes les parties auec plus d'égalité; le foye ne donne pas moins de sang aux parties basses, qu'aux superieures.

Vn pere, vn superieur de religion n'est venerable, que parce qu'il tient icy la place de Dieu qui comme vne souueraine bonté ordonne que son soleil éclaire les bons & les méchans; qui veut le salut de tous, qui nous a donné son fils pour le rachapt de tous les hommes; la croix où il est mort regarde toutes les parties du monde, pour nous expliquer mesme par ces signes exterieurs, les amplitudes d'vne charité qui s'estend sur tous, & dont personne n'est exclus que par sa faute. Que le superieur paroisse donc entre ses freres, comme Iesus-Christ au milieu de ses Apostres, c'est à dire également proche de tous de cœur & d'affection; également prest de rendre à tous ce qu'ils peuuent souhaitter de son assistance.

Mais qu'il tienne tant qu'il voudra la balance auec tout ce qui se peut des justesse, on y obseruera tousiours quelque pente plus vers vn costé que l'autre; qu'il compasse tant qu'il luy plaira ses paroles, ses agréemens, ses faueurs, le reste de ses actions, il est difficile que des yeux jaloux n'y remarquent quelque inégalité : Aaron portoit en son rational les noms des douze tribus d'Israël grauez sur des pieres symboliques, pour signifier qu'il estoit le pere commun de tous; neantmoins l'ordre qu'ils tenoient en cette piece auoit necessairement les diferences de premier, second, troisiéme, de haut & de bas, de droit & de gauche. Il n'est pas juste, dit Saint Ambroise, d'oster au pere la liberté d'aimer plus entre ses enfans, ceux qui ont plus de merites : cet amour plus tendre qui procede de la vertu comme d'vne seconde cause, luy sert de prix que le pere a droit de distribuer, & les enfans doiuent estre dans l'émulation de s'en rendre dignes : Dieu qui est la regle de la charité ayme plus ceux qui sont plus parfaits, où il void vne plus viue expression de sa saincteté : neantmoins qu'il paroisse tout ouuertement que cet amour particulier du superieur se rappporte à la vertu non pas à la personne, qu'il ait mesme des retenuës, & quelquesfois des seueritez qui le temperent, car il ne sçauroit plus obliger ce frere qu'il croit agreable à Dieu, que luy faire vn traittement qui donne de l'exercice à sa vertu, & qui le mette à couuert de l'enuie.

Ce terme de fauory qui arme les sujects d'indignation conttre les Princes, qui est la cause de l'enuie, des mécontentemens, des reuoltes, & de la perte des estats, ne se peut entendre sans horreur dans les religions, car il faut qu'elles perissent si des qualitez du sang & de la nature y sont plus considerées que celles de la vertu, & c'est le presage infaillible de sa ruine de voir ces idoles dans le sanctuaire. Vne charité bien ordonnée trouuera moyen de dispenser ses graces aux personnes d'vn plus grand merite, de sorte que tous connoissent qu'ils les peuuent receuoir s'ils veulent tendre à mesme perfection : neantmoins pour les temperer, le superieur témoignera des soins, des assistances, des tendresses fort empressées au soulagement des imparfaits; comme le sang & les esprits courent auec vne surabondance aux parties blessées ; comme nous faisons vn traittement plus delicat aux malades, & comme l'amour naturel au dire des Iurisconsultes monte moins qu'il ne descend pour releuer l'infirmité, & pour s'en faire vn sujet de propagation.

Quand le cœur est sein, & que rien n'empesche qu'il ne fasse vne libre effusion de ses esprits, toutes les arteres grandes & petites battent d'vn mouuement tres-égal; quand le soleil est dans l'equinoxe, il nous fait icy les iours & les nuits, le temperament de l'air & des corps dans vne grande égalité; les peuples ausquels il est tousiours egal sous la ligne, ont tousiours vn mesme vent d'Orient qui les rafraîchit, & ne sont point batus des tempestes que nous sommes contraints de souffrir dans l'inegalité de nostre climat. Tant qu'vn superieur demeure dans vne égalle charité pour ses Religieux, tous la pratiquent de mesme les vns enuers les autres, pour l'imiter, & comme s'ils receuoient de luy les fauorables influences qui entretinsent les cœurs dans cette vnion. Car le grand sujet des brigues, & des secrettes intelligences vient d'ordinaire du mécontentement qu'on a de voir qu'elques vns gratifiez plus que les autres sans aucun merite : plusieurs s'assemblent & concertent afin d'estre plus forts pour abattre cet objet commun de leur enuie, au moins pour se defendre contre ses vsurpations.

Les Religieux qui ne sont point irritez par ces injustes prerogatiues, se considerent comme freres enfans d'vne mesme religion, comme membres d'vn mesme corps qui se doiuent du secours ; comme les ministres de Iesus-Christ qui doiuent se conseruer en bonne intelligence pour mieux accomplir ses volontez, & ne porter aucun preiudice à ses affaires par leurs petites auersions. Cette vie qui se passe sous vn mesme habit, sous le vœu d'vne mesme regle, dans les mesmes exercices, qui est nourrie d'vne mesme table, conduite par vn mesme chef, qui tend à mesme fin, par mesme moyens, monstre assez que tous ceux qui la professent doiuent estre vnis par vne égalle, commune, & mesme charité.

Ie voudrois bien aymer Dieu de tout mon cœur, de tout mon esprit, de toutes mes forces comme la loy me le commande, mais n'y pouuant pas rëussir au point que ie souhaitte par vn parfait holocauste de moy mesme, ie tâche de recompenser mon defaut enuers Dieu, par la charité qu'en sa consideration ie rends à mes freres, neantmoins égale & sans reserue, parce que le motif est vn & infiny. Dans le monde vn amour commun sembleroit vne prostitution de cœur, non seulement inutile mais vitieuse, parce que l'amour ne cherche là que ses interests, & vne seule personne ne pouuant suffir à plusieurs, seroit accablée des plaintes & de la jalousie de tous. Mais dans la Religion où tout le commerce n'est que des biens qui se multiplient à mesure qu'ils se communiquent, on ne sçauroit trop se communiquer : si tous ont de l'amour l'vn pour l'autre, ie les offenserois de n'entrer pas dans leurs sentimens, & si ie renfermois dans quelques vns, vne charité qui se veut répendre sur tous comme la lumiere. Tant que le superieur fauorisera cette charité commune, il conseruera la paix qui est le souuerain bien des communautez, & comme la transparance du verre & des piereries se fait d'vne matiere également attenuée, il verra clair dans tous les cœurs de ses sujets possedez d'vn mesme amour, & l'vn sera le miroir de l'autre. On doit esperer tout le bien possible de cette parfaite vnion, comme il faut craindre vne infinité de maux, & la desolation de l'institut religieux, si l'on y souffre les partialitez.

SVITTE DV MESME SVIET, ET COMBIEN
*il importe d'éuiter les amitiez trop particulieres, les
ligues & les factions.*

CHAPITRE XXIII.

LA congregation religieuse est vn corps moral, qui comme le nostre naturel subsiste par l'vnion de ses parties si bien ordonnées, qu'elles se donnent vn reciproque secours, pour former leur tout auec ce qu'il doit auoir de forces & de beauté: cela reüssit quand tous les Religieux d'vn ordre, d'vne prouince, d'vne famille, sont animez d'vne mesme charité, conduits par vn mesme esprit diuin, souples aux mouuemens particuliers que leur donne le superieur pour en tirer vn bien public. Mais cette belle intelligence est rompuë, si les Religieux se diuisent par des amitiez particulieres, des ligues & des factions. Car en cela d'vn corps ils en font plusieurs: il n'a plus de sang dont il se puisse nourrir, s'il se congele en grumeaux; il n'a plus d'esprits qui luy donnent les facultez de la vie, s'ils sont arrestez par des obstructions, des duretez, des solutions de continuité; la beauté de son visage perit par ces tumeurs & ces excroissances vicieuses; ils mettent en pieces ce beau miroir, qui en son entier representoit la hierarchie Ecclesiastique & celeste.

Vn Religieux par sa profession se donne à son ordre; il en deuient vne partie, qui doit ses forces à la conseruation de ce corps; les loix le considerent comme vn enfant de famille, qui acquiert à son pere, comme vn esclaue à son maistre. De là Saint Basile conclud que quand il se retire du commun de sa famille, pour entrer dans les amitiez particulieres, que luy & celuy qui l'y reçoit sont proprietaires, en ce qu'ils prennent en particulier, ce qui est au commun, auec autant d'injustice que si vn citoyen vsurpoit les ruës, les places, les lieux publics d'vne ville. Ce choix qu'il fait d'vne personne frappe tous les autres

Serm. de instit. n o-nach.

d'vn reproche, comme s'ils auoient quelques mauuaises qualitez qui rebutassent ses affections ; de là naissent les refroidissemens de charité, les enuies, les murmures, toutes les mauuaises pratiques qui combattent la paix & l'vnion des esprits.

Ces amitiez, ces ligues & ces factions viennent de trois principales causes, où de ce que les Religieux ont les mesmes inclinations naturelles ; ou de ce qu'ils sont de mesme païs, ou d'vne mesme condition, de mesme office, de mesme interest : Comme des diuerses influences des cieux & des contraires qualitez elementaires, il s'en fait vn bon temperament dans nos corps ; ainsi de differentes humeurs les vnes plus lentes, les autres plus viues, joyeuses, ardentes, melancholiques, posées, entreprenantes, la discretion du superieur qui les gouuerne, en fait reüssir vne famille vigoureuse capable de tout. Mais quand celles qui sont semblables se cherchent, & s'allient sans se mesler auec les autres, soit qu'elles soient d'elles mesmes bonnes ou mauuaises, il n'en peut venir qu'vn mauuais effet qui trouble l'harmonie de la communauté.

Supposez des Religieux pleins de zele pour leur profession, s'ils se rendent trop familiers, il est à craindre que cette chaleur celeste, qui en châcun est l'ame de ses exercices, s'estant accreuë par la jonction des autres, ne deuienne vne fieure qui les consomme, & qui les porte à de dangereuses extremitez : car dans leurs conferences ils se donneront ordinairement la liberté de censurer tous les autres, de n'épargner pas mesme les loix & les puissances ausquelles ils doiuent du respect ; s'ils n'y prennent garde, les iugemens temeraires, les calomnies passeront entre eux comme des consultations que leur charité fait pour le bien de l'ordre ; ils s'emportent à toutes les extremitez du zele indiscret, dont nous parlerons, ils s'y animent l'vn l'autre par leurs applaudissemens qui les couronnent, & qui les canonizent. Voila le suiet d'vne extreme vanité parmy des esprits qui se considerent eux mesmes dans l'eminence, & tous les autres dans le desordre. Le moyen qu'ils puissent se conseruer la paix & la tranquillité parmy ces entretiens des choses des-agreables & des maux publics, dont ils se veulent rendre les juges sans y pouuoir donner le remede? Pourquoy s'intriguer dans ces negoces qu'il vaudroit mieux ignorer que les entreprendre sans vn bon effet, n'estant pas de leur ressort? Quand les Empereurs ont plusieurs fois chassé les Philosophes de Rome, ce n'estoit pas que leur doctrine parust mauuaise, mais les assemblées de ces personnes qui vouloient passer pour juges du monde furent suspectes à l'estat, comme capables d'y causer de dangereux mouuemens. Haly dit que plusieurs planetes, quoy que d'eux mesmes fauorables, ne sont iamais conjoints en vne naissance, qu'ils n'y causent des effets prodigieux, selon la nature de la maison où ils se rencontrent : car vne qualité temperée, s'augmente estant jointe à plusieurs autres semblables, & peut aller iusques à vn excez d'où procede la dissolution du composé, parce qu'il peche contre les ordres de la sagesse qui a tout fait en poids, nombre & mesure. Vn temperament chaud & humide se porte mal au printemps qui a les mesmes qualitez, & quoy qu'elles soient bonnes, elles deuiennent mauuaises estant vnies, parce qu'elles excedent : les vignes seichent & meurent par vne trop grande chaleur, si vous les arrousez de vin : l'on doit apprehender la mesme disgrace de ces feruens s'ils font leurs conuenticules, & que leur zele extreme comme il est irregulier, n'ait des suites tres dangereuses.

Syntagma iuris lib. 1. cap. 8.

Que si les Religieux qui contractent ces amitiez particuliers ont peu de zele pour leur profession, qu'en peut-on attendre sinon qu'entre eux, comme ils se connoissent, ils essuiront toute la honte qui peut retenir les paroles & les actions indiscrettes & vne mauuaise liberté recompensera les contraintes qu'ils se sont faites en public ; les passions deuiennent là temeraires, de craintiues & retenuës qu'elles estoient ; tous y contribuent leurs artifices pour tromper les yeux d'vn superieur ; là se forment les mauuais desseins, là se donnent les mots du guet & les adresses pour les executer, enfin ils acheuent de se corrompre l'vn l'autre, & sont estant ensemble vn poids qui les precipite

dans

dans vn abyſme de deſordres. Chacun ſe pouuoit corriger de ſes mauuaiſes habitudes dans la conuerſation des ſaints ; mais quand pluſieurs ſe rencontrent d'vne également mauuaiſe volonté, qu'ils concertent, & qu'ils font corps, ils ſe fortifient contre les remorts de la conſcience, & contre tout ce qui pourroit contribuer à leur conuerſion; c'eſt pourquoy l'on ſepare les criminels, les ſeditieux, les fugitifs, parce qu'ils empirent dans la compagnie de leur ſemblables, & que prenant le venin l'vn de l'autre, ils s'en font vn plus dangereux.

La naiſſance que les Religieux tirent d'vne meſme ville ou d'vne meſme prouince, eſt la ſeconde cauſe d'où ils prennent ſujet de former des ligues & des factions dans leur ordre. Ce ſentiment de patrie eſt comme celuy de la veuë qui n'a ſon effet que dans vne certaine diſtance : car les citoyens d'vne meſme ville ſont tous les iours en procez & en querelles les vns contre les autres ; mais quand ils ſe voyent en vn païs eſtranger, ou engagez en vne multitude qui les ſurpaſſe, ils s'allient comme toutes les choſes foibles, pour ſe fortifier dans vn peril qu'ils ſe figurent commun. Cela cauſa beaucoup de deſordres dés le commancement de la Republique de Rome parce qu'elle eſtoit compoſée de peuples ramaſſés de diuers lieux, qui ſe cantonoient ſelon leur patrie : pour les appaiſer Numa fit en ſorte que des perſonnes de toutes ſortes de nations appriſſent vn meſme métier, & permit à chacun d'auoir ſa confrairie ou congregation religieuſe, auec ſes ceremonies & ſes ſacrifices, afin de couurir par ces meſmes exercices, ce que la nation leur pouuoit donner d'antipathie. C'eſt vne choſe aſſez étonnante de voir que ce ſentiment de religion n'ayt pas le meſme pouuoir ſur des Religieux, & qu'eſtant tous les iours dans les meſmes employs de ſainteté, ils ne laiſſent pas de ſe diuiſer en partis & prendre ſujet de les former dans vne profeſſion qui les deuroit amortir.

Ils ne rencherent pas veritablement à tous les intereſts de leur ordre, ils y tiennent encore, mais c'eſt comme des membres quaſi retranchez qui pendent à la continuité du corps par vn filet, & en reçoiuent vn mouuement conuulſif; pour

Plut. in Numa.

monſtrer qu'ils ne ſont pas tout à fait morts. J'aymerois presque autant la mort, que cette vie languiſſante qui ne ſert qu'à donner de la douleur & du ſcandale : car ces partis formez ont chacun vn chef, à qui les particuliers font pluſtoſt eſtat d'obeir, qu'au ſuperieur legitime, comme les peuples ſe ſoûmettent bien plus librement au Prince qu'ils ont choiſi, qu'à celuy que la loy leur donne. Ils ne conſiderent pas que ſe diuiſant ainſi ils affoibliſſent vn S. ordre, cõme on feroit vn grand fleuue le ſeparant en beaucoup de petites branches : ſans s'arreſter au bien general de leur inſtitut, de leur prouince, ou de leur famille, ils font paſſer les intereſts de leur party pour vn intereſt commun auquel ils ſe ſacrifient auec d'autant plus d'ardeur, que ce motif flatte tous les deſſeins de l'amour propre. Vous les verrez employer toutes ſortes de moyens illegitimes pour auancer celuy qu'ils croyent plus capable de ſoûtenir la nation, & cette partialité qui eſt en effet vn grand reproche, paſſe entre eux pour vne importante conſideration qui doit couurir le deffaut de toutes les autres qualitez neceſſaires au gouuernément. A quels excez ne ſe peut emporter vn homme ambitieux quand vne populace de freres en fait ſon idole, & conſidere ſes aduantages ſur ſes concourans, comme des triomphes ſur des ennemis eſtrangers ? Il vaudroit mieux que la diuiſion fut generale entre tous les Religieux, ils ſe feroient moins de mal eſtant dans vne entiere confuſion, que dans des partis qui ſont plus forts que ne ſeroit châque particulier, & qui conduiſant leurs deſſeins auec les addreſſes de la police, font plus de dommage. Vous eſtes d'vn païs, celuy-cy & celuy-là d'vn autre, mais l'eſprit de voſtre vocation n'eſt-il pas le meſme ? Quoy Ieſus-Chriſt eſt-il diuiſé ? Dieu tranſporta le premier homme du lieu de ſa creation dans le Paradis terreſtre, & le fit heureux en le faiſant eſtranger : il fait commandement à Abraham, de quitter le lieu de ſa naiſſance pour eſtre parfait en vn autre. Le Verbe incarné donne le meſme conſeil de quitter parens, amys, patrie, pour le ſuiure au chemin du ciel, n'eſt-ce pas vn grand reproche au Religieux de reprendre hon-

DV RELIGIEVX.

ceufement ce qu'il a quitté, de s'attacher auec tant d'ardeur à cette confideration de patrie, qui eſt la moindre de celles dont les plus ſenſibles aux choſes de la terre ſont touchez : ils reconnoiſſent facilement pour leur patrie, le lieu qui leur eſt plus auantageux; les Philoſophes ne veulet eſtre conſiderez que comme citoyens du monde ? Hé pourquoy le Religieux qui profeſſe vne nouuelle vie, qui a renoncé à tous les intereſt des ſens & de la nature, qui n'a plus de droit ſur luy meſme, ny ſur ſes appartenances, qui ne doit plus viure que d'eſprit, qui eſt citoyen du ciel, & domeſtique de Dieu, veut-il encore eſtre conneu par la naiſſance corporelle qu'il a priſe d'vne prouince, ou d'vne ville ? Il ſeroit à ſouhaitter que ſes denominations fuſſent éteintes, pour empeſcher ce qu'elles cauſent de diuiſions, & comme S. Epictete enſeignoit à ſon diſciple Aſtion, qu'eſtant interrogé d'où il eſtoit, il répondit, Ie ſuis Chreſtien ; que de meſme le Religieux ne ſe fiſt connoiſtre que par le nom & par l'habit de ſon ordre. *Vita Patrū in viu S. Epicteti.*

Enfin les factions ſe forment entre les Religieux qui ſont d'vn meſme eſtat, d'vne meſme condition, d'vn meſme intereſt, & cette cauſe la plus ordinaire, eſt auſſi la plus dangereuſe, parce que ſa conſideration plus vniuerſelle dans vn ordre, ramaſſe vne plus grande multitude qui fait vne plus grande deſolation. Le pretexte eſt touſiours de ſe maintenir dans ſes droits contre ceux qui les veulent vſurper, & laiſſer à ſes ſucceſſeurs les pratiques qu'on a receuës de ſes anciens. Quand cette malheureuſe perſuaſion s'eſt emparé des eſprits, il eſt bien difficile d'y donner remede : comment guerir ceux qui ſe tiennent attachez par de ſi étroittes & de ſi fortes intelligences que qui touche l'vn touche l'autre, & qu'entre eux comme en vn magaſin de poudre vn étincelle fait vn general embraſement. La main ne ſeroit pas l'inſtrument de tous les arts ſi ce n'eſtoit qu'vne maſſe ſolide & continuë, ſans la diſtinction des doigts & des articles : les nerfs ne porteroient pas le ſens & le mouuement par tout le corps, s'ils ne ſortoient des vertebres par diuerſes conjugaiſons ; le corps ne ſeroit pas flexible s'il n'e-

K k k ij

stoit soustenu que d'vn seul os, & les Religieux d'vne mesme condition, Prestres, Predicateurs, Clercs, Laics, ne seroient pas en estat de seruir selon leur capacité particuliere, si de plusieurs la faction n'en faisoit qu'vn corps & qu'vn interest: ils se dispenseroient ainsi de l'obeïssance, & feroient beaucoup plus de mal au gouuernement spirituel, que n'en peuuent causer dans le ciel, les monopoles des artisans, & les assemblées des seditieux: faire corps quand il s'agit des deuoirs d'vne personne, c'est se souleuer contre vne legitime puissance, & par cette conjuration rendre ses commandemens sans effet: c'est pourquoy les Empereurs ordonnent que les collegues d'vn mesme office, ne poursuiuent aucune affaire estant en corps, mais qu'ils y viennent chacun en particulier, afin qu'ils ne s'emportent pas aux desordres d'vne multitude échauffée, pour des interests communs.

L. vn. Cod. de monop. l. 11. ff de colleg. illicitis. Lib. 42 Cod Th de epis. &cler. l. 4. 5. t.ff. de offic. proconsf.

Ie supplie les Religieux de considerer que ce qu'ils alleguent d'interest commun, d'vne nation, d'vn office, n'est que particulier si on le compare au bien general d'vne prouince ou d'vn institut; tellement que si par cette diuision d'esprits toute vne prouince, tout vn ordre, perd sa paix, son integrité, sa reputation, & auec cela le moyen de rendre seruice à l'Eglise en sauuant vne infinité d'ames, vous preferez vn bien particulier au public, & pour sauuer vne maison vous causez l'embrasement de toute vne ville. Qu'on ne se trompe donc plus de cette consideration d'vn bien commun, puisqu'il n'est que particulier, & qu'en effet ce n'est qu'vn pretexte dont se seruent quelques esprits ambitieux pour se rendre considerables, & estre employez dans ces intrigues comme plus intelligens: C'est vne industrie de l'amour propre qui vient à ses fins par certains degrez, & qui fait seruir l'vniuersel au singulier, le spirituel au sensible, le sang & les graces de Iesus-Christ à la vanité.

Supposez que vos pretentions soient justes, la poursuite ne s'en doit pas faire par de mauuais moyens qui alterent la charité, la paix, l'innocence de tout vn ordre & qui vous font perir auec le vaisseau dont vous voulez sau-

DV RELIGIEVX.

...uer vne partie. En ces occasions vn bon Religieux dit, si ces interests sont particuliers, i'y renonce fort librement & donneray ma tunique auec le manteau qu'on me veut oster : que s'ils sont publics, n'estant que personne particuliere i'en laisse les soins à ceux qui tiennent le gouuernement : i'ayme mieux donner l'habit que la peau, quelque petit droit exterieur, que d'engager la paix & le salut de mon ame ? Nous ne sommes pas en Religion, nous n'auons pas tout quitté pour entreprendre des procez, & soûtenir des querelles ; il vaut mieux laisser le cours tout libre à la cholere ou à l'ambition d'vn autre, que de le vouloir arrester par vn effort dont le scandale seroit irreparable. Si l'on ne precipite point les affaires la prouidence fera naistre auec le temps des occasions fauorables pour les rétablir, mais quelque face qu'elles puissent prendre, ie ne feray iamais vn mal pour auoir vn bien, ny vn desordre public pour en empescher vn particulier : dans la concurrence des choses, ie me porteray tousiours plustost pour les interests de tout l'ordre que de l'vne de ses parties, pour les interests de Dieu que pour ceux des hommes ; & ie quitteray librement ces petits droits exterieurs pour Iesus-Christ, auquel ie ferois gloire de sacrifier ma vie.

Kkk iij

*VIVRE EN PAIX AVEC TOVTES
sortes d'humeurs.*

CHAPITRE XXIV.

LES Religieux fous vn mefme habit, fous la profeſſion d'vne mefme regle, & dans le deſſein qu'ils ont tous de ſe rendre les imitateurs de Ieſus-Chriſt, ne laiſſent pas de porter encore auec eux les ſecrettes inclinations qu'ils ont receuës du ciel & du temperament en leur naiſſance. Les vns ont vne humeur qui les porte à la retraitte, à l'eſtude, à la contemplation; les autres ayment le grand iour & l'actiuité, ils ſe produiſent, & par vn tranſport inſenſible ſe trouuent engagez auec plaiſir en des trauaux qui paſſeroient au jugement des autres pour vn ſuplice. La meſme prouidence qui a formé le monde & nos corps de tant de qualitez contraires, s'eſt ſeruy d'attraits proportionnez pour faire entrer ces humeurs antipathiques dans vn meſme ordre, & le rendre capable de tous les employs par ces diuerſes habitudes.

C'eſt vn grand merite à châque particulier de ſe rendre comme cooperateur de la grace, & pour conſeruer ce qu'elle a produit viure en paix auec tous, comme l'Apoſtre nous l'ordonne, afin que le Dieu de paix ſoit auec nous. Cela ſe fait dans vne communauté religieuſe lors que tous s'vniſſent, ſe tiennent, s'attachent étroittemét les vns aux autres, afin de ſe donner plus de forces pour en ſouſtenir la grace, & de tous ne faire qu'vn grand effort, où il ne ſe rencontre rien de lâche ny de vuide. En cela le fort doit porter le foible, auec des deferences & des accommodemens qui ſont de droit naturel, comme ie l'ay fait voir en ma Morale Chreſtienne. Les elemens rabattent beaucoup de leurs qualitez pour ſe joindre dans cet ordre qui entretient le grand commerce du monde, & pour former le temperament où conſiſte la ſanté des corps: dans la vie commune l'intereſt fait que les perſonnes pren-

Rom. 12.

Io. J. c. 11.

DV RELIGIEVX. 449

nent toutes sortes de visages & de postures pour se mettre bien auec ceux dont ils se promettent quelques auantages. L'adresse des cours ne consiste qu'en ces metamorphoses estudiées, en des complimens c'est à dire en des sentimens contre-faits dont les tromperies sont si agreables qu'on s'offenseroit d'en estre priué. Quoy que d'vne complaisance qui gaigne les cœurs on aille souuent jusques dans la flatterie qui les corrompt entre mille malheureux effets, cette apparence d'amitié a cela de bien, qu'elle diuertit ou qu'elle éteint les plus furieuses des passions.

Sans doute la societé religieuse, où se doit faire vn accord de differentes humeurs, ne se pourroit pas entretenir sans vne deference reciproque, mais elle doit estre toute autre que celle du monde, à sçauoir solide, sincere, & veritable, comme ayant pour principe deux grandes vertus Chrestiennes, la charité, & l'humilité. J'estime mon ordre saint, donné de Dieu pour son seruice, pour le secours de l'Eglise, & l'edification du prochain; il m'est vn port contre les tempestes du monde, vn asyle contre la fureur de mes ennemis; comme donc ie sçay qu'il ne sçauroit subsister sans la paix, & que la paix ne peut s'establir sans cette mutuelle deference, les raisons publiques & particulieres m'obligent d'y contribuer tout ce qui me sera possible : il me reçoit, il me conserue, il empesche que ie ne me répende en mille dangereuses occasions, ie veux donc m'y conformer entierement, autant que fait l'eau à la figure du vaisseau qui la contient.

Si i'ay de l'amour pour tous mes freres, il ne me permettra pas de voir leurs defaux; il les couurira & les excusera facilement, entre vne infinité d'autres bônes qualitez qui les rendent recommendables. Ce saint commerce de religion s'entretient côme celuy du monde en donnant & en receuant : que si la nature, la grace, l'étude me donnent quelques auantages qui se doiuent communiquer aux autres dans la conuersation, il faut que la faueur soit toute entiere, & qu'en donnant i'aye égard à la foible disposition de ceux qui reçoiuent; que comme vne mere begaye auec les enfans, que j'en supporte les petits dédains, les choleres, les égratigneures, mesme en leur donnant du laict, & que ie ne suppose pas toute la perfection en ceux à qui ie la dois donner: quand ie verse quelque liqueur dans vn vase, ie dois considerer la capacité de sa bouche, & si elle est étroitte ie ménageray l'effusion d'vne main iuste & legere auec tout le temps necessaire pour ne rien répendre; & si ie veux informer les ames de quelques bonnes instructions, iusques à ce qu'elles s'y disposent, i'en supporteray les infirmitez auec vne patience qui sçaura prendre son temps & ses auantages sans rien perdre par trop de precipitation; on ne se promettera pas des chaleurs en hyuer, des moissons au temps du labour, ny la solidité des parfaits en des commançans.

C'est le propre des rochers d'estre inflexibles; les plus nobles corps ont la vertu de se retressir, & de ceder aux rencontres qui autrement leurs seroient moins auantageuses, comme l'air, l'eau, le feu, les nerfs, les muscles, les bras, les mains; & Galien est admirable à representer la prudence de la nature qui a garny le bout des doigts au dedans d'vne chair molette, pour en se pressant suppleer au defaut de l'égalité des corps que la main enferme; quand le cœur se serre, il répend ses esprits, & quand le superieur s'humilie à quelques condescendences, il edifie ses sujets. C'est donc le propre des personnes plus eminentes de s'accommoder aux infirmes, Philippes de Macedoine, Alexandre, Alcibiade, Pericles, Iules Cesar, faisoient gloire de s'accommoder d'humeur, d'habit, de langage à tous les peuples qu'ils auoient surmontez, & asseuroient plus leurs victoires par cette conformité, qui estoit vne marque d'affection, que par leurs armes. Les choses inferieures ne montent pas aux superieures, si les superieures ne descendent pour s'ajuster à leur bassesse; la grace ne nous éleueroit pas à Dieu, si le Verbe ne se fut reuestu de nostre nature. On sçait bien les bonnes qualitez d'vn homme docte, d'vn Prelat, d'vn grand Predicateur, d'vn autre celebre Religieux, on ne diminuë rien de son estime, mais on le regarde auec plus de veneration quand.

DV RELIGIEVX.

quand il traitte familierement auec les moindres freres, & on ne craint point de luy porter de l'honneur, parce que ses ciuilitez le font retourner sur ceux mesme qui le luy rendent. Si les personnes releuées sont des loix viuantes, cette condescendence est leur équité qui tempere vne rigueur absoluë & moins supportable. Voila pour ce qui est de l'abaissement que les plus eminens doiuent pratiquer auec les inferieurs.

Quand à châque frere qui doit entrer dans la conuersation des autres à dessein d'y faire quelque profit par le discours & le bon exemple, la raison veut qu'il en supporte aussi les defaux tousiours meslées parmy le bien tant que nous sommes en cette vie. Les maisons voisines ont leurs seruitudes, les basses reçoiuent les eaux des plus hautes, celles-là les fumées des basses; celles qui sont posées sur vn fonds égal, portent les poultres, entendent les bruits, souffrent les veuës ou les éleuations qui les bornent; nous ne tirons aucun seruice des parties du monde, des elemens, des animaux, des valets, sans quelque subiection. Le Religieux n'a pas suiet de pretendre vne exemption de ce droit commun, ny de recueillir les fruits que nous auons representez de la société religieuse, sans en porter les charges par ses deferences, luy qui comme Iesus-Christ est venu plustost pour rendre que pour receuoir des seruices. *l. 1. & seq. ff. de seruit. Vrban. prædio.*

L'humilité l'entretient dans vne basse estime de luy mesme, qui luy fait considerer ses defaux incomparablement plus grands que ceux des autres, de sorte qu'il admire la bonté des freres qui le souffrent, & iuge bien raisonnable de supporter aussi ce qu'ils auroient de moins parfait & moins reuenant à son humeur. La charité est répenduë dans nos cœurs, dit l'Apostre; ce mot de répendre fait connoistre que sa nature est comme celle des corps humides qui n'ont point de figure determinée, & qui sans resistance prennent celles des vases où ils sont receus. Cette effusion faite par le saint Esprit qui est vne cause vniuerselle, doit estre generale par vne deference que l'on rende à tous. Car l'esprit de la sagesse est tellement dans

LA CONDVITE

vous & multipliez.
Sap. 7. 22.

l'vnité, qu'il est dans la multiplicité ; il recueille l'homme dans luy mesme par l'amour de la solitude que nous auons dit estre necessaire dans les societez Religieuses, & puis il le répend autant qu'il est iuste dans la conuersation par des complaisances charitables.

Il faut donc jetter l'œil sur tous les Religieux d'vne famille, ménager toutes les occasions d'obliger châcun d'effet ou de paroles ; particulierement ceux qui paroissent plus refroidis, & auec lesquels la nature semble nous donner moins de sympathie : si l'on vient à la concurrence, ceder sur tout aux humeurs altieres qui se piquent d'estre mises en comparaison : en cela vous faites vn double bien, l'entretenir la paix, & de satisfaire vostre humilité. S'il se propose quelque question où l'on attende vos sentimens, les dire & les appuyer de raisons auec vne modestie qui excuse les opinions contraires : si vous trouuez des opiniastres à ne point ceder, gardez vous bien de tomber dans cette vanité pedantesque qui condamne de faussete, d'ignorance, d'heresie, tout ce qui ne s'accorde pas à son dire : pour ne point venir dans l'aigreur, laissez plustost la chose indecise, & faites quelque agreable diuersion du discours. Parle-on de quelque chose de fait, apres en auoir simplement dit ce qu'il vous en semble, laissez les autres dans vne opiniastre affirmatiue ou negatiue ; que vous importe ce qui en soit, ou ce que les autres en voudront croire.

2. 2. q 189 a. 1. ad. 3.

Le magnanime n'est point contentieux, dit Saint Thomas, car vn grand esprit void tout cela trop petit, & d'vne trop foible consequence pour meriter son émotion. Estes-vous en differend du chemin, du giste que vous deuez prendre, des visites que vous deuez faire, accommodez-vous aux inclinations de vostre compagnon ; si la chose reüssit selon qu'il le iuge, vous aurez ce que vous pouuiez pretendre ; si elle ne reüssit pas, il sera plus modeste vne autre fois ; cependant cette mauuaise yssuë ne laissera pas de vous donner vne double palme, du iugement & de l'humilité. Vous voyez quelqu'vn qui fait vn conte à plaisir, pourquoy le des-obliger par vne negatiue, & oster à la compagnie le contentement qu'elle a de l'entendre ?

DV RELIGIEVX.

Saint Paul donne ses larmes à ceux qui pleurent, ses complaisances à ceux qui sont en joye, soyez comme luy tout à tous dans les rencontres, gaignez tant que vous pourrez les affections par vos deferences & vos bons offices, vostre vie se passera dans vne incroyable douceur, & vous aurez vn puissant preseruatif contre tout ce qui pourroit troubler vostre paix. Cette religieuse ciuilité ne tient rien de la subiection, elle se fait sans contrainte quand on en a pris l'habitude, & ce rapport auec tous n'est non plus à charge, que l'est à l'opalle d'auoir les couleurs de toutes les pierreries, & à la main de s'ajuster à tous les objets qu'elle serre. Il faut vne grande liberté d'esprit sans attache & sans passions pour estre ainsi d'accord auec tous, & c'est vn contentement inexplicable de se voir dans les bonnes graces & dans l'amitié de toute vne famille.

DE LA PATIENCE DANS LES SVIETS
de mécontentement.

CHAPITRE XXV.

IE me represente icy le Religieux tel que nous auons tâché de le former, libre de l'amour sensible, de l'auarice, de l'ambition, des autres passions qui corrompent le cœur des mondains. Le voila tiré des perils qu'il couroit dans vne region contagieuse; mais on ne laisse pas de souffrir des maladies & la mort dans vn air si pur, & sous vn ciel si fauorable qu'il puisse estre : on peut perir par la main des voleurs non seulement dans les forets, mais dans sa maison. La retraitte dans vn cloistre l'affranchit de mille disgraces exterieures, mais il porte dans son cœur vn petit monde meslé de biens & de maux comme le grand, qui ne luy permet point de lumieres sans tenebres, de repos sans émotion, de paix sans quelque trouble.

Figurez vous donc que cet abandon general des choses sensibles la mis au rang des esprits, neantmoins durant

Lll ij

le voyage de cette vie il est tousiours en peril de tomber dans le desordre des mauuais Anges : c'est trop le flatter de le dire seulement spirituel, il porte vn corps dont les sens demandent tousiours leurs objects, il a son imaginatiue qui retient encore quelques impressions du monde, vne raison trouble, vne volonté debile, vne ame conualescente qui est offensée de peu de chose, & qui d'ordinaire prend suiet de mécontentement, ou du superieur qui gouuerne, ou de ceux auec lesquels il passe vne vie commune.

Gen. 1.   Dieu a fait dés le commencement le ciel & la terre, dit l'Ecriture, le soleil & la lune, l'homme & la femme, c'est à dire vne vertu dominante pour donner & pour conduire, vne autre passiue & sujete pour receuoir & pour obeïr ; ce ciel incorruptible en sa substance, regulier en ses mouuemens, éclattant de tant de lumieres, ne laisse pas d'incommoder quelques fois la terre par l'influence des planetes infortunez ; de la plonger tous les iours dans les tenebres ; de la battre assez souuent de gresles & de foudres. Le soleil cette ame du monde, le cœur du ciel, le prince de la nature, ne donne ses vertus & sa lumiere à la lune que par accez, qui luy font souffrir en vn mois les alterations de toute nostre vie iusques à la veillesse & à la mort, de sorte qu'elle est le grand suiet de l'inconstance : L'homme auec cette amour qu'il a naturellement pour la femme ne laisse pas de s'emporter quelquesfois à ces estranges fureurs qui font pleurer les barreaux & les theatres. Si ces estres obeïssans sont reduits à souffrir beaucoup sous la domination des puissances mesme establies de Dieu, faut-il s'estonner si les Religieux ont souuent suiet de pratiquer la patience sous le superieur qui les conduit ?

Il soustient l'interest public d'vne famille contre les petites pretentions d'vn particulier, ce n'est pas merueille s'il tombe dans les difficultez qu'ont ordinairement les Princes auec le peuple : de plusieurs capacitez il forme vn concert, où il ne permet pas à châque particulier de se produire autant qu'il pourroit, mais selon la partie qu'il doit tenir dans vne harmonie qui a ses basses, comme ses dessus, ses feintes & ses pauses, comme ses éclats. Il taille, il rogne, il affoiblit des pieces pour les ajuster au composé qu'il en veut faire, elles paroissent veritablement moindres qu'elles n'estoient prises à part, mais elles sont plus belles & plus pretieuses dans leur assemblage. Les grands desseins d'estat font des violences qui tiennent quelque chose de l'injustice, mais qui sont amplement recompensées par vn bien public. Il faut entretenir les regularitez, les assistances au chœur, aux autres actions de communauté, s'acquitter des seruices qu'on doit aux villes & à l'Eglise; il ne peut pas accorder ny tous les priuileges, ny tous les employs à ceux qui croyent les meriter; n'en pouuant obliger que peu d'entre plusieurs concourants, il faut que les autres souffrent l'exclusion auec patience.

Vous dites que ce superieur vous à fait vne verte reprimande que vos fautes prises à toute rigueur ne meritoient pas, & dont d'autres plus coupables n'ont pas esté chastiez : mon pauure frere vous ne vous souuenez plus du nouitiat qui s'est tout passé dans ces exercices, & où l'innocence a tousiours esté reconnuë plus pure de ce qu'elle estoit plus mortifiée. Ce n'estoit là qu'vn essay, qui vous disposoit à soûtenir puis apres toutes les rencontres qui choqueroient fortement vos inclinations : il vaut bien mieux que vous souffriez ces reprimandes, innocent que coulpable; vous estes extremément trompé, ce que vous prenez pour vn affront vous est vn honneur, puisque vostre vie a, comme nous auons souuent dit, ses loix contraires à celles du monde. Vostre nouitiat est l'ascendant de toute vostre vie religieuse, c'est de là que vous deuez tirer vostre destin, & comme en ce premier temps, de mesme dans toute la suite de vostre vie, la patience, l'humilité, l'abnegation de vous mesme, vous tournera continuellement à gloire. Le superieur fait vn iugement bien auantageux de vous, de croire que ses reprimandes vous animent & ne vous rebuttent pas; il vous propose à toute la famille comme vn exemple d'humilité;

peut-estre qu'il reprend en vous les fautes d'vne humeur moins docile & moins preparée pour en receuoir elle mesme la correction ; vous plaignez-vous que Iesus-Christ vous traitte comme son Pere eternel la traitté, luy faisant porter les iniquitez des hommes, & voulant qu'il meritast sa gloire par ses souffrances ; vostre sainčteté ne sera jamais semblable à la sienne, ny vos exercices à ceux de sa passion ? Ie suppose que vous soyez innocent, trouuerez-vous étrange que celuy qui vous represente Dieu, vous traitte comme Dieu fait les justes, qu'il exerce entre tous les hommes par des disgraces plus notables & plus surprenantes? Mais pourquoy vous flatter jusques à vous croire si fort innocent, que vous ne meritez pas ces corrections ; rentrez serieusement en vous-mesme, dit Saint Basile, vous verrez en vostre interieur & en vostre conduite mille imperfections que vous deuez estimer plus grandes, de ce qu'elles vous paroissent petites, & qu'vn defaut de charité vous en oste le ressentiment ; si vous aspirez à vne sublime perfection le superieur ne vous sembleroit cruel, qu'en ce qu'il vous seroit trop indulgent en vn sujet où il n'y a point de petites fautes, à ne vous pas guerir assez fortement du mal qui peut deuenir mortel, qui croist tousiours, & qui menace la vie de l'ame si on luy épargne les remedes.

Vostre déplaisir vient, dites-vous, de ce qu'apres plusieurs années de seruice & de fidelitez, les superieurs ne vous considerent point pour les charges, que ce rebut passe entre vos freres pour vn reproche, & pour vn témoignage assez clair de vos demerites. Veritablement ils paroissent en ce que vous auez peu de charité, beaucoup d'ambition, en cela vous vous donnez à vous-mesme le reproche ; & la loüange aux bons superieurs qui ne doiuent point aduancer aux charges ceux qui les recherchent. O! pauure homme, est-il possible qu'apres cet abandon que vous auez fait de toutes choses, il vous reste encore quelques desirs ambitieux ? Vous ne sçauez pas ce que vous demandez de demander les dignitez, elles obligent à des soins, à des seruitudes, à des déplaisirs, à des souffrances, à des comptes qu'il faut rendre à Dieu, à tant de choses contraires au repos & aux seuretez de l'ame, qu'on ne les recherche que par ignorance, & qu'on ne s'y conserue guere sans vanité. Quand vous voyez vn Religieux de bon esprit superieur s'intriguer pour les petits negoces de l'œconomie ; vous le considerez comme vn maistre rossignol qui quitte la rauissante harmonie de son chant, pour faire son nid & couuer ses œufs ; c'est dommage dites-vous de prodiguer en si peu de choses vn si beau talent. Appliquez-vous ces sentimens que vous auez pour les autres ; donnez-vous à l'oraison & à l'estude, vous serez le juge qui jugerez les justices, vous serez dans vne grandeur d'où toutes les mauuaises pratiques de l'enuie, ny tous les efforts des puissances conjurées ne vous pourront faire déchoir.

On vous refuse vn voyage, vne demeure, vne conuersation, & pour cela vous tombez dans vne morne douleur qui souffre au double tout ce que la modestie ne luy permet pas d'exhaler en plaintes. C'est beaucoup de commander à vostre langue, mais il faut porter le remede jusques dans l'interieur, & en arracher ce sentiment qui vous donne de l'inquietude. L'amour propre qui vous cause ce déplaisir, est vne mal-heureuse source d'où vous verrez sortir dix mille autres mécontentemens, qui ne vous permettront jamais de repos si vous ne l'arrestez tout court. Vn desir comme vne vague pousse l'autre, & les raisons apparentes ne manquent pas pour authoriser ce que la sensualité demande ; mais vne pieté bien éclairée vous fera voir, que vostre liberté, que vostre perfection, que vostre paix, & tout le bon-heur de vostre vie, consiste en l'abandon general de toutes les choses exterieures, de sorte que vous n'ayez plus d'amour ny de desirs que pour Dieu.

Ie ne demande, dites-vous, que de viure en paix, mais le moyen de s'y conseruer entre des personnes choleriques qui sont aussi-tost émeuës, qui des moindres fautes se font vn grand suiet de plaintes, & qui donnant beaucoup d'exercice à la patience des autres, ne sont jamais en estat de la pratiquer. Ie vous prie de considerer ce que Plutarque dit de l'eau, qu'elle est plus noble que le feu parce qu'elle le peut souffrir, & soulager ainsi nostre vie par plusieurs commoditez, mais le feu ne peut l'endurer sans s'esteindre. Si vous condamnez cette humeur fâcheuse, prenez garde de n'y pas tomber : la douceur est seule capable de rompre les coups de la violence, car quand deux choses dures se choquent, elles se brisent, elles se fracassent auec vn grand bruit. L'Apostre veut que nous supportions ceux qui s'éleuent sur nous insolemment, quand leur cholere s'emporteroit mesme à de grands excés : ordinairement ces humeurs ont plus de bruit & de paroles que d'effet, leur feu n'est que comme celuy des meteores qui s'esteint en éclatant ; en suite elles sont bien tost confuses & penitentes de leurs desordres : Elles ont cela de bien, qu'elles ne s'estonnent pas des perils, elles sont genereuses en leurs entreprises, promptes à l'execution, diligentes, infatigables au trauail, elles sont causes de l'actiuité dans les congregations, comme le feu dans les composez & c'est de ces personnes là que la grace fait le plus souuent des martyrs. Vous estes partie d'vne communauté qui reçoit les profits & la gloire de leur courage, il est juste que vous en souffriez aussi quelquesfois les incommoditez, comme le vaisseau s'expose sur mer aux grains orageux des vents qui le tourmentent, apres l'auoir long-temps porté auec beaucoup de vitesse sur les routes qu'il desiroit.

Tous les jours les hommes du monde ayant à traitter auec les grands, ou auec d'autres dont ils pretendent quelque interest, étouffent les sentimens de tout ce qu'ils en reçoiuent de déplaisirs & sans donner aucune marque d'impatience ny de cholere, ils ne laissent pas de leur rendre tous les deuoirs d'vne sincere amitié. Vous estes Religieux, ils sont mondains, donnez autant à Dieu qu'ils donnent à la fortune, & n'ayez pas moins de cœur à supporter les infirmitez des autres pour acquerir la perfection, que ces personnes de chair & de sang en ont pour l'auarice ou la vanité. Ces transports, ces saillies de vostre frere,

sont

font des maladies d'esprit qui demandent vostre compassion : vous traittez auec des ames foibles & blessées à qui les moindres approches causent de la douleur, & donnent vn suiet de plaintes, ce peu que vous auez fait ou dit contre leurs inclinations, est beaucoup pour elles; enfin vous leur auez fait mal, soyez donc plustost dans les excuses & les satisfactions que dans le mécontentement, & ne vous vengez pas d'vne impatience par vne autre.

Mais, dites-vous, il y a des hommes d'vne humeur si noire, qu'ils ne pardonnent jamais la moindre offence qu'ils s'imaginent auoir receuë ; ils se forgent mille soubçons, dont ils enflament leur cholere, comme ces montagnes ardentes qui tirent de tous costez, & preparent les matieres de leur embrasement : ils s'irritent mesme par tous les bons offices qu'on leur rend, par ce qu'ils leur sont des reproches, & qu'ils ne vont pas jusques aux secrettes indignations de leur cœur. Ainsi les bitumes dont nous composons nos feux d'artifices brûlent dans l'eau, à cause qu'estant d'vne matiere trop épaisse pour en estre penetrées, ils augmentent leur chaleur interieure, pour se defendre du froid qui les inuestit. O! que cette occasion est fauorable à vne vertu genereuse qui ne se rebute d'aucunes difficultez, & qui se roidit d'auantage contre ce qui luy resiste le plus : celle des payens rend vn bien-fait pour vn autre, dit nostre Seigneur, mais la vostre doit estre plus heroïque jusques à rendre le bien pour le mal. Si ces freres ne meritent pas vos faueurs, ce n'est pas à vous qui estes partie d'en porter le jugement : vous ne conseruez pas pour eux cette inuincible charité, parce qu'ils vous en donnent sujet & qu'ils la meritent, mais par ce que Dieu vous l'ordonne ; puis que vous auez tousiours la mesme veuë, le mesme motif, soyez dans vne mesme pratique & dans les mesmes affections; qu'ils fassent ce qui leur plaira, quand à vous soyez resolu de faire tousiours ce que vous deuez, sans rien diminuer d'vne essentielle bonté, pour tout ce qu'ils peuuent auoir de froideurs ou de violence. Soyez meilleur qu'eux, d'autant plus humble qu'ils se rendent insolens ; suiuez en cela la commune inclination qu'ont toutes choses de se fortifier dans leurs propres qualitez à la rencontre de leur contraire. Les satisfactions de vostre conscience seront plus douces par cette opposition, la paix que vostre frere ne voudra pas recevoir, reuiendra sur vous auec vne plenitude miraculeuse. Considerez que s'il ne s'acquitte pas de son deuoir, c'est à vous de suppléer à son deffaut, comme si vous estiez obligé solidairement aux fidelitez que vostre ordre, vostre prouince, ou vostre maison doit à Dieu : peut estre que vostre constance à faire le bien domptera son mauuais courage ; qu'enfin il vous enuiera la gloire de le surmonter en vertus, qu'il changera de sentimens quand ce ne seroit que par honte, & pour ne pas donner tant de lustre à vostre saincte conduite. Vous aurez tousiours cet aduantage de l'auoir preuenu par vos bons offices, d'auoir fait tout le chemin pour la reconciliation, & tout ce qui vous estoit possible pour luy amolir le cœur. L'abbé Pacome disoit qu'vn bon Religieux doit continuer ses austeritez, comme s'il n'en receuant aucun dommage il deuoit tousiours viure, & supporter les injures que luy font les autres, comme s'il deuoit tous les iours mourir.

Tous n'ont pas des ames si rebelles à la charité, neantmoins comme il est naturel que celuy qui vous offence, vous ayme moins, parce qu'il vous considere comme le sujet, comme le témoin de son defaut, comme sa partie qui peut en demander la raison ; s'il se tient en suite dans vn refroidissement, vous ne le deuez pas laisser en cet estat en disant que vous luy pardonnez & ne luy voulez point de mal, il faut luy vouloir du bien, & comme l'empeschement de l'action est vne marque certaine d'vn organe debilité, cette cessation d'entretiens auparauant ordinaires est la preuue d'vne charité mourante. Estes-vous encore dans ces formalitez des mondains, qui attendent d'estre recherchez par celuy qui a fait la faute, vostre humilité ne doit pas ny desirer, ny souffrir que vostre frere se mette à vos pieds ? voudriez-vous estre vn exacteur si seuere, apres auoir receu tant de misericordes de vostre maistre commun, & luy auoir quitté tout le

DV RELIGIEVX.

droit que vous auiez sur vous-mesme ? Dieu vous est venu trouuer quand vous le fuyez, & vous a sollicité de ses graces lors que vos pechez meritoient ses justes indignations. Souuenez-vous que l'Euangile vous ordonne de quitter l'offrande que vous estiez prest de faire aux autels, & de vous reconcilier deuant auec vostre frere, si vous croyez qu'il ayt quelque chose contre vous, il ne dit pas si vous auez quelque chose contre luy : allez mon frere, emportez sur luy la palme de la patience & de l'humilité ; Dieu est offencé par ces refroidissemens, soyez le premier à luy satisfaire ; si vous deuez aymer vos ennemis, aymez celuy qui ne fait que vous moins aymer, & en le preuenant que vostre charité renflame la sienne. Allez genereusement le trouuer, vous rendez la parole au muet, les pieds à celuy qui ne marchoit point ; vous gaignez son ame, si vous le mettez dans ses entretiens & les visites ordinaires. Ie ne vous conseillerois pas de vous ietter à ses pieds, & luy demander pardon d'vne faute qu'il sçait bien que vous n'auez pas faite : ces humiliations extremes & trop affectées irritent souuent les courages, parce qu'elles font plus paroistre l'injustice d'vne offense faite à vne personne qui le meritoit si peu : mais allez d'vn visage gay, d'vne parole franche & asseurée luy descouurir vostre cœur : que vous souffrez dans ces refroidissemens ; que vous ne sçauriez viure sans l'aymer & sans le seruir ; commencez d'en donner les preuues par des paroles familieres, & par vn baiser de paix en vous jettant à son col ; il vous sera difficile en cette rencontre d'empescher les larmes de joye, qui couleront non pas tant par vn sentiment humain que par vne consolation diuine & vne prompte recompense que Dieu donne à cette genereuse action de charité.

Le plus grand sujet de vos plaintes est de ce que la calomnie vous fait la guerre, qu'elle ne perd aucune occasion de vous rauir l'honneur, qui est l'vnique bien que le vœu de pauureté ne vous empesche pas de posseder. Mon frere, ie ne sçay si quand Iesus-Christ met nostre bon-heur en la pauureté d'esprit, il n'y comprend point le dé-

M mm ij

pouïllement de ce bien, qui pour eſtre ſpirituel ne laiſſe pas d'eſtre le grand objet de la vanité. Ceux qui ont dit quelque choſe à voſtre deſ-auantage ne l'ont peut-eſtre pas fait à mauuais deſſein, mais par ſurpriſe, ou par vne eſpece de diuertiſſement. Rentrez en vous-meſme, & voyez s'il n'y a point quelque playe qui vous rende ſi ſenſible à ces diſcours : ſi voſtre conſcience ne vous accuſe point en cela, rendez grace à Dieu de voſtre innocence, & ſouuenez-vous que vous la pouuez pluſtoſt perdre deuant Dieu par voſtre immortification que la calomnie ne vous en peut oſter l'eſtime deuant les hommes. En cette rencontre faites l'eſpreuue ſi vous pouuez eſtre ſatisfait en vous meſme auec le témoignage du ciel & de voſtre conſcience, quand tout le monde ne ſeroit qu'vne voix & qu'vn effort pour noircir voſtre reputation. Dieu n'eſt pas moins ſage ny moins bien-heureux quand les impies condamnent les ordres de ſa prouidence : Ieſus-Chriſt n'eſtoit pas moins le maiſtre & le ſalut du monde, quand les bouches ſacrileges le décrioient comme vn ſeducteur. Vous ne ſçauriés rien ſouffrir qui vous ſoit de grand importance ſi tous vos deſirs ſont en Dieu, ſi vous n'auez plus rien à craindre, ny à eſperer des hommes, & dans vne ſaincte compagnie où perſonne ne s'emporte à des excez qui paſſent les forces de la vertu. Ces diſcours dont vous faites plainte, ne ſont que de petites égratigneures, & non pas des playes mortelles comme celles que la calomnie fait dans le monde ; vous ne voyez point de partis formés pour vous décrier, de conjuration qui comme l'echo multiplie des voix injurieuſes, des plumes venales qui vous noirciſſent par des libelles, & qui demeurant dans les cabinets, tâchent par vn ſacrilege aduancé de vous rauir la gloire deuë à vos merites apres voſtre mort. Il ne s'agit que d'vne parole, peut-eſtre ditte ſans deſſein, ſur laquelle on ne fonde aucun jugement, & qui au plus ne feroit que vous rendre vn peu moins conſiderable : elle jette vn voile ſur l'eſtat de vos actions, elle diuertit des penſées & des affections prejudiciables à voſtre répos, en vn mot elle ne fait rien qui ne fauoriſe voſtre humilité.

DV RELIGIEVX.

O bien-heureuse medisance si elle peut vous donner cette courageuse resolution, de ne plus estimer l'estime du monde, de trouuer vos satisfactions en Dieu & en vous mesme, & d'estre plus que tous les autres le censeur de vostre conduite. Iugez par l'effect sans aller dans l'intention, ils vous obligent par cette rentrée qu'ils vous pressent de faire en vostre interieur, vous leur en deuez la reconnoissance; rendez-leur donc des benedictions pour des maledictions, quoy que le sentiment humain reclame; considerez-les comme les instrumens dont se sert la prouidence pour vostre salut. Au reste soyez certain que le temps dissipera ces nuages & que vostre vertu paroistra plus éclatante apres cette eclypse: la main qui frappe vn rocher se blesse, & ne le rompt pas; Albert le grand parle d'vn homme dont le temperament estoit si prodigieux que les serpens qui l'auoient mordu mouroient aussitost sans qu'il en receust aucune incommodité. Ayez de la patience, ayez de la charité, le blâme de tout ce que vous recourez d'injures tombera sur ceux qui pensent vous en affliger, Dieu qui tire la lumiere des tenebres, qui éleue les humbles sur les thrônes se seruira de ces trauerses pour vous couroner de gloire, & couurir l'enuie de confusion.

Lib. 7. de animal. tra. 2. c. 5. in fine.

DE LA SIMPLICITÉ DANS LA *conversation.*

CHAPITRE XXVI.

LE monde est vne comedie où les visages, les postures, les paroles font paroistre les personnes toutes autres qu'elles ne sont par effet, & dans vne corruption generale des bonnes qualitez qui formoient l'innocence du premier homme le plus insigne defaut est celuy de la verité. Les puissances ne se donnent de la majesté que par des titres & des ornemens empruntez qui cachent les foiblesses d'vne nature qu'ils ont commune auec nous; le secret & la flaterie font passer les plus honteuses de leurs passions pour les effets d'vne heroïque vertu; leur conseil tire sa gloire d'embarasser les traittez de termes & de conditions qui laissent le droit de refuser ce qu'il semble que l'on accorde, & la paix ne se conclud gueres qu'auec de secrettes semences de diuision. La politique se reduit quasi toute à tromper les yeux du peuple, à le charger en le soulageant, à faire glisser des nouueautez sous pretexte de maintenir les anciens vsages. Encore est-ce vne consolation aux pauures suiets d'estre traittez auec ces addresses, qui épargnent pour le moins leurs craintes, & qui rendent leurs pertes beaucoup plus tolerables qu'elles ne seroient sous la force ouuerte d'vne tyrannie.

Ces prestiges du gouuernement ne laissent pas d'auoir des suites tres mal-heureuses, en ce qu'ils seruent d'exemple public de la fourberie, & qu'ils semblent inuiter les paticuliers à s'en seruir dans la conduite de leurs affaires. Car si ces déguisemens passent pour necessaires dans vne souueraine authorité, ils semblent beaucoup plus excusables quand la foiblesse s'en sert pour sa defence, selon la loy de la nature qui donne beaucoup d'addresse & plus de ruses aux animaux qui ont moins de forces. De là vient que chacun fait en public tout vn autre per-

DV RELIGIEVX.

sonnage qu'en sa maison ; la pluspart sont trauaillez d'enuie, d'ambition, de haine, d'vne furieuse concupiscence des biens & du sang d'autruy ; neantmoins tous à la rencontre se font des protestations d'amitié, auec des termes & des ciuilitez qui seroient prises pour veritables, si elles ne s'addressoient à des personnes assez instruites par leurs propres experiences pour les reconnoistre. Ces complimens semblent adoucir l'aigreur des passions, & rendre la conuersation ciuile beaucoup moins fâcheuse, que si les hommes, comme les animaux se herissoient à la rencontre de leurs ennemys, & que le visage, la voix & la posture fissent paroistre tous les sentimens du cœur.

C'est toutesfois guerir vn mal par vn autre qui ne laisse pas d'auoir des effets & des symptomes extrémement contraires à la tranquillité de l'esprit. Car la vie ciuile, ce grand commerce de personnes & de biens, dépend des volontez qui ne sont conneuës que par la parole ; or on se trouue dans des perils & des dommages continuels si ce truchement n'a point de fidelité, s'il nous explique les mouuemens de l'ame en vn sens contraire, s'il déguise vn ennemy, & que par des complaisances il nous le fasse receuoir comme vn amy. Nous sommes dé-ja surpris par vne infinité d'accidens qui trompent nos esperances, & par beaucoup de choses nuisibles qui flattent les sens : apres toutes les gesnes que les arts donnent à la nature pour en tirer la verité, elle se tient tousiours couuerte, pour se sembler obliger les hommes à receuoir les instructions l'vn de l'autre, & à donner plus de creance à leurs paroles qu'à sa physionomie : que si ces paroles sont trompeuses, si elles s'accordent auec les déguisemens de la nature & de la fortune pour nous faire croire les choses autres qu'elles ne sont, n'est-ce pas accroistre nostre malheur, & nous oster les moyens de nous en deffendre ? On a tousiours plus grand suiet de craindre parmy ses déguisemens que dans les tenebres, & qu'elle peut estre la tranquillité de l'esprit, si apres vne longue experience de l'infidelité des paroles, il faut viure dans sa propre ville comme dans vn païs ennemy, auec des conditions beaucoup plus rudes, puis qu'on a peine de discerner l'amy de l'ennemy, & si l'on doit receuoir des secours ou des attaques; de sorte que l'innocence y est tousiours dans les perils & dans les soubçons. Si vne fois on se met dans le train commun des complimens, qu'elle seruitude d'aller tousiours déguisé, tousiours attentif à continuer des artifices qui enfin seront découuerts?

La verité, disent les Philosophes, est inseparable de l'vnité & de la bonté, quand la nature ne feroit point ce bien-heureux assemblage dans tous les estres accomplis, nous auons suiet de l'admirer dans la vie religieuse. Comme elle a l'vnité en recueillant les puissances de la multiplicité des choses où elles estoient diuisées pour les employer toutes à l'vn qui est necessaire ; comme elle a la bonté & la perfection tirée sur l'original de celle qui est infinie en Iesus-Christ, elle a la verité & la sincerité en ses paroles, en ses actions, en tout ce qui est de sa conduite : elle est animée de la charité qui n'a point d'attache à toutes les choses mondaines, sans enuie, sans ambition, sans vanité, sans mauuais dessein, sans aucun de tous ces déreglemens, que la honte ou que la malice des hommes tient cachez ; c'est pourquoy la vie qu'elle donne se passe dans vn extreme simplicité. Cette vertu suppo-*Lib. de vita solitaria.* se, dit Saint Bernard, vne ame qui n'est plus dans le meslange des choses du monde, qui est épurée de toutes ces qualitez étrangeres, en disposition de receuoir toutes les faueurs diuines. Ainsi l'Escriture appelle simples, ces grands personnages que Dieu choisit pour faire paroistre les plus grandes merueilles de ses graces, & les proposer à tous les siecles pour vn modelle de perfection : deuant que de d'écrire cette prodigieuse patience de Iob, elle dit qu'il estoit vn homme simple & droit; que Iacob estoit vn homme simple qui passoit sa vie à la campagne, où les addresses des villes ne sont point conneuës ; Le Fils de Dieu voyant Nathanaël qui venoit pour se mettre au nombre de ses disciples, dit de luy, voila vn veritable Israëlite où il n'y a point de fraude; enfin les ames, comme les armoiries sont plus nobles qui sont plus simples.

Tel

Tel que vous voyez le bon Religieux en son visage, en son habit, en ses paroles, en sa conuersation, tel il est en son interieur, pauure, humble, patient, dégagé du monde, mais satisfait & tousiours prest de s'expoſer pour tous les deuoirs de la charité, d'en donner les preuues plustost par les actions que par le discours; ses paroles sont simples, veritables, sans affectation, sans artifice, il prononce franchement le ouy ou le non, auec vne candeur qui persuade plus que toutes les Rhetoriques, & à qui l'on donne plus de croyance qu'à tous les iuremens. Si nous aymons naturellement la verité, nous aymons celuy qui nous la dit, sans nous laisser l'esprit inquieté de doutes & de defiances, c'est vn oracle domestique qui vous dit nettement les choses telles qu'elles sont, sans ces ambages & ces enigmes qui font mesme de la peine dans les Prophetes; c'est vn poids du sanctuaire, sur lequel vous deuez regler l'estime des choses, & prendre la dessus des ordres asseurez.

Ie fais vn tres-bon jugement d'vn ordre Religieux, tant que i'y voids regner cette simplicité, car c'est vne preuue que la charité en a banny l'ambition, les jalousies, les partis formez, les intrigues, toute cette racaille d'esprits venaux, qui dans le grand monde traficquent de l'honneur ou de l'abaissement des plus notables. L'enfer n'a point de demons plus pernicieux au repos des communautez, que ces méchants petits luthins qui se glissent dans les compagnies, pour flatter les vns, déchirer les autres, ou à force de propositions tirer quelque parole, qui estant prise & rapportée à contre-sens, fortifie les mauuais desseins. Voila la plus noire & la plus detestable de toutes les perfidies du monde qu'on ne sçauroit imaginer entre des personnes, qui n'ont aucun suiet de la commettre ny de la craindre. Les fatigues religieuses ne seroient plus temperées par la douceur de la conuersation, s'il n'y auoit plus de confiance, si la malice recueilloit la moindre parole pour en faire vn crime, si elle publioit des fautes que la charité & que le respect doiuent couurir. Ie tiendrois vn ordre perdu où les puissances n'employroient pas leur authorité pour conjurer ces mauuais esprits, pour arrester les orages qu'ils excitent, & deliurer l'innocence de ce qu'ils luy font souffrir d'oppressions. On suit facilement la simplicité quand elle ne porte point de dommage, quand les superieurs luy donnent de la reputation, & qu'ils la font reconnoistre comme elle est, vne vertu euangelique recommandée de Iesus-Christ en mille endroits, & particulierement lors qu'il nous ordonne d'estre semblables aux enfans qui ne se sçauent point contrefaire.

2. 2. q. 109 a. 1. ad 2. La verité est, dit S. Thomas, vne partie de la justice, soit commutatiue, en ce qu'elle égalle les signes aux choses signifiées; ou distributiue, en ce qu'elle rend au prochain vne connoissance qui luy est deuë par la mesme loy de la nature qui nous a mis en societé. Cette verité ne seroit pas deuë à vne personne qu'on verroit toute disposée d'en abuser au prejudice de l'innocence; lors la charité ne manque point de discretion, pour taire, couurir, excuser ce qui estant sceu pourroit estre cause de quelque mal: en ce cas si l'on est pressé de répondre à ceux qui n'ont pas droit d'interroger, on peut adroitement esquiuer le coup par le silence, par vne réponse qui ne soit pas cathegorique, ou par vne diuersion d'esprit. Mais ces cas sont si rares entre des personnes religieuses, que pour les éuiter on ne doit pas introduire l'habitude des equiuoques, ny de ces paroles ambiguës qui marquent la foiblesse d'vn esprit tousiours dans la defiance, comme ces petites bestes infirmes qui ont autant de ruzes que de mouuemens. Prendre cette mauuaise coustume pour vne rencontre si rare, ce seroit se faire vn aliment ordinaire d'vn preseruatif, d'où naistroient plusieurs maux pour vn seul auquel il seruiroit de remede: car perdant la simplicité, la charité seroit alterée entre les mécontemens, les diuisions, les desordres qui partageroient les esprits; la paix & la sainte liberté ne seroit plus en ceux qui se seruiroient de ces addresses, parce qu'il faut les continuer auec des contraintes extremes quoy qu'inutiles; comme les aueugles tousiours en crainte de tomber, marchent d'vn pas inégal, chancelant, pesant & fautif, qui fait qu'on les remarque, & qu'ils

ne peuuent venir à nous sans qu'on les entende, ainsi ces postures & ces paroles contrefaites en des Religieux, découurent les desseins mesme qu'ils vouloient cacher, & les jettent dans la confusion. La paix aussi n'est plus dans les communautez qui de là prennent vn juste suiet de defiance, parce qu'il ne faut point de déguisemens pour donner son cœur & faire le bien : ce procedé par détours est propre aux impies, dit le Psalmiste.

DES ADVIS CHARITABLES QVE LES Religieux se doiuent les vns aux autres.

CHAPITRE XXVII.

I'AY fait voir en la Morale Chrestienne, que la societé des hommes dans les estats & dans l'Eglise se fait pour se donner du secours les vns aux autres, beaucoup plus en ce qui regarde l'esprit que le corps ; que le meilleur office qu'ils se puissent rendre, c'est de perfectionner leur raison, & de se former à la vertu par de bons aduis. I'en ay là deduit assés amplement les considerations generales, où ie ne fais icy qu'adjouster quelques vnes qui regardent les Religieux en particulier, & qui les font voir obligés plus que le reste des hommes à s'entre secourir par leurs bons conseils.

Vne bonté naturelle nous porte par inclination à tirer du peril vne beste que nous y voyons engagée ; nous sommes encore plus portés à secourir vn homme, mais beaucoup plus s'il nous est parent ou amy, dit S. Chrisostome: or tous les Religieux d'vn ordre ou d'vne famille font vne alliance incomparablement plus estroite que celle du sang & de la nature ; ils forment ensemble vn corps, & en sont les membres qui doiuent estre disposés à se donner promptement tout ce qu'ils peuuent de secours : comme vn œil supplée au defaut de l'autre, si i'ay quelque lumiere plus aduantageuse que mon frere, ie la dois employer à sa conduite, luy donner les aduis & les conseils

To: 5. par. 2. cap. 25.

Homil 9. ad popul. Antioch.

necessaires quand ie le trouue en estat de s'abuser, s'il suit ses propres inclinations.

Les Religieux de mesme regle de mesme habit, de mesme maison, ne sont que les parties d'vn tout, mais auec vn si grand rapport qu'il va presque dans l'identité, & que comme dans le monde, selon le sentiment des Platoniciens, le tout est en chacune partie, & chacune en toutes. Les personnes seculieres nous considerent de la sorte, tellement que si quelque Religieux manque à son deuoir, le blasme tombe sur tout son ordre, & tous ceux qui portent le mesme habit sont noircis par la faute d'vn particulier, comme tout l'œil est obscurcy par vne ordure qui s'attache à l'vne de ses parties. Chaque Religieux a donc grand suiet de considerer les déportemens de ses freres, puisque ses interests sont inseparables, ses disgraces ou ses loüanges communes : comme quand les manœuures doiuent mouuoir ou porter quelque grosse masse, quand les matelots sont dans vn peril, les soldats dans vne attaque, ils se donnent le signe du temps pour joindre leurs forces, & tous d'vne voix s'aduertissent de leur deuoir, par ce que le defaut de quelqu'vn seroit la ruine de tous. Le Religieux doit prendre cette mesme liberté auec ceux de son institut, & par des aduis secrets conduis auec tout ce que la prudence y peut apporter de discretion leur faire connoistre le bien qu'ils quittent, & le mal où ils s'engagent. Ce n'est pas vne affaire de petite consequence de conseruer l'integrité & la reputation d'vn ordre estably par le trauail de plusieurs siecles, par les bons exemples de tant de saints personnages, si profitable au seruice de l'Eglise, à l'edification du prochain, qui est tous les iours, & qui doit estre à l'aduenir vn port de salut contre les perils du monde.

Ce Religieux a fait de grands progrez en la vertu; il a d'eminentes qualitez qui le rendent considerable, vne seule imperfection, dont peut-estre il ne s'apperçoit pas, ar este le vol qu'il feroit plus haut, & luy rauit auec l'estime les grands employs qu'il auroit conformes à sa capacité; la honte est mauuaise, le respect des-obligeant qui vous fait diſſimuler cette faute, & qui vous empeſche de luy en donner aduis. Quand les fautes irreparables qui peuuent naiſtre de ce defaut, ſeront quelque iour imputées à voſtre ſilence par vn juſte jugement de Dieu, vous direz auec le Prophete, malheur à moy qui me ſuis teu au milieu d'vn peuple malade, à qui ie pouuois rendre la ſanté d'vne parole. Comment donnerez-vous vos trauaux & voſtre ſang pour la verité, ſi vous luy refuſez vn mot de conſeil, & ſi vous la retenez captiue dans voſtre cœur, au temps que vous luy deuez donner la liberté par toute ſorte de juſtice?

Vous eſtes la lumiere du monde, dit noſtre Seigneur à ſes Apoſtres, dont vous imitez la vie; or la lumiere a ſes effuſions ſi libres, que ſans flater aucunes choſes, elle les fait paroiſtre en leur naturel auec les figures & les couleurs qu'elles ont quoy que deſ-agreables. Vous eſtes l'agent de Dieu, tenez comme luy cette lumiere en voſtre main, pour ne la faire éclatter que dans l'interieur de ce Religieux qui en doit eſtre éclairé; épargnez ſa reputation, decouurez-luy ſon mal, & l'obligez d'y donner remede deuant qu'il ſe fortifie d'auantage.

On craint d'aborder les grands auec des paroles qui rabatent quelque choſe de la haute eſtime qu'ils ont conceuë d'eux meſmes, & que la flatterie leur ſuggere; les reprendre c'eſt les offenſer, & chez eux, ſelon le prouerbe, la verité cauſe la hayne. Ne vous imaginez rien de ſemblable en vn Religieux; quelque rang qu'il tienne, il eſt humble; & les loüanges luy doiuent touſiours eſtre plus difficiles à ſupporter, que les corrections; il eſt ſincere, & la ſincerité ne luy peut eſtre que tres-agreable; vous le deuez croire tres-amoureux de la perfection & qu'il ne ſe fâchera non plus contre vn amy qui luy dit ſes fautes, qu'vne dame jalouſe de ſa beauté, contre vn miroir qui luy fait voir quelque choſe de meſſeant en ſa coiffure: qu'vn malade contre vn medecin, qui luy découure les cauſes & les ſymptomes de ſa maladie.

Ne laiſſez pas d'y apporter toutes les adreſſes, & toutes les circonſpections de la prudence ; témoignez voſtre douleur d'auoir esté contraint d'entendre des paroles qui le blâmoient de cela, & de cela; monstrez-luy le tort que luy fait cette imperfection, le déchet qu'elle donne à ses merites, l'obstacle qu'elle apporte à son aduancement & aux effects de la grace, la mauuaise edification qu'entirent ceux qui sont bien ayses d'auoir l'exéple & l'excuse de leur faute dans vne personne notable : rendez cet amendement facile, sur tout promettez & gardez-luy le secret en l'aduis que vous luy donnez, car le publier ce seroit vne outrageuse vanité.

Si vos paroles conduites auec cette modestie & ces temperamens sont efficaces, vous auez gaigné l'ame de vostre frere, dit l'Euangile, vous auez secondé la grace, les inspirations des Anges, les volontez & les merites de Iesus-Christ, & en la réforme de ce Religieux vous faites peut-estre celle de tout vn ordre. Les consolations sont inexplicables quand on void l'effet d'vn bon aduis que l'on a donné & qu'on a chassé d'vne ame tout ce qui pouuoit empescher que Dieu n'y fit sa demeure. Ce contentement est d'autant plus vif qu'il est secret & que c'est vn mystere entre deux personnes, qui rapportent à Dieu toute la gloire de ce bon succez, & qui par cette victoire sur l'vne des passions s'en promettent vne entiere sur toutes les autres. Si le Religieux est vne particuliere possession de Dieu, s'il s'est rendu son esclaue, s'il ne trauaille & n'acquiert que pour ce souuerain maistre, le porter à son deuoir, c'est accomplir en vne seule action les deux preceptes de la charité enuers Dieu & le prochain, & dans vne occasion particuliere, agir comme cause vniuerselle d'vn bien public.

Ie n'ay pour dessein que de faire la volonté de Dieu en donnant secours à mon frere, & à mon ordre, si mes petits efforts reüssissent, i'en donne toute la gloire à Dieu qui s'est voulu seruir d'vn foible instrument pour vn grand effet; si mes aduis ne gaignent rien, i'auray la satisfaction de m'estre acquitté de mon deuoir, & quand les jugemens seroient corrompus, quand les passions seroient aigries jusques à prendre mes efforts en vn sens contraire, ie m'y tiens heureux que Dieu me presente cette espece de martyre, durant la paix de son Eglise.

Si quelque Religieux vient en secret vous consulter sur vne affaire qui le met en differend auec vn autre : vous auez cet aduantage qu'il ne vous faut point d'artifices pour insinuer vos bons aduis dans cet esprit, qui vous vient rechercher auec d'extremes auiditez de les receuoir. Mais considerez que ces attentions, cette creance qu'il vous donne, cette docilité qu'il vous témoigne, vous rendent garend de son salut deuant Dieu. Prenez donc bien garde d'y proceder auec toute la maturité de jugement, & toute l'integrité de conscience qui vous est possible : ne le considerez pas comme vn amy du monde, qui vous déchargeroit son cœur pour estre flatté dans ses passions, & qui vous prieroit de luy seruir de second en cette querelle: jugez plus fauorablement de ses intentions, & qu'il ne vient à vous que pour apprendre ce qu'il doit faire de bien en cette rencontre ; aussi luy deuez-vous faire paroistre qu'il s'adresseroit fort mal de vous prendre pour vne personne qui voulut suiure le party d'vne passion, contre les sentimens de vostre conscience, & contre les fidelitez que vous deuez rendre à Dieu. Sans donc déguiser l'affaire, sans nourrir son déplaisir, sans rechercher les moyens de luy donner l'aduantage sur ses parties, en faisant entrer les puissances dans ses interests, dites-luy nettement ce qui est de la perfection Euangelique, & conseillez luy fortement de faire ce que feroit vn saint en cette rencontre. Peut-estre que vous calmerez ses émotions, au moins vous aurez satisfait à vostre deuoir de luy donner vn conseil de perfection. S'il a d'autres sentimens, s'il veut suiure ce que la raison, & la prudence humaine luy suggere, il ne s'adressera plus à vous en semblables cas, que quand il se voudra serieusement conuertir; vous serez connu pour vn Religieux qui ne tend qu'à Dieu, qui ne donne point de quartier aux passions; ainsi les orages ordinaires de ces petits esprits ne viendront plus rauir vostre temps, ny troubler vos tranquillitez.

*NE SE POINT EMPORTER AV ZELE
indiscret.*

CHAPITRE XXVIII.

QVAND le coup de quelque disgrace particuliere nous tire des larmes des yeux, les soupirs & les plaintes de la bouche, cependant que nostre esprit est confus, nostre constance abbatuë par la tristesse, nous confessons ingenuëment nostre foible, & que nous n'auons pas toutes les forces que la Philosophie Chrestienne demanderoit de nous en cette rencontre. Mais quand on s'abandonne à la douleur pour quelque mauuais succez des choses publiques, elle paroit si juste, mesme si glorieuse, parce qu'elle suppose vn puissant amour du bien commun, qu'on se flatte, qu'on s'entretient dans cette consternation, & qu'on se met encore en l'estat de ces anciens idolatres qui presentoient de l'encens à la fieure.

Vous verrez vn Religieux qui fera passer toutes les saillies de sa mauuaise humeur, toutes les entreprises d'vn esprit mal conditionné, pour vne extreme affection qu'il dit auoir au bien de son ordre; pour vn zele pareil à celuy qui deuoroit les saints, quand il s'agissoit de deffendre les interests de Dieu. Il veut, dit-il, empescher les relâches qui se glissent, les desordres qui se commettent, vne corrupion generale qui n'a plus rien des sainctes pratiques & des ferueurs de l'antiquitté. Il condamne la licence des sujets, le peu de soin des superieurs, la conduite des affaires tousiours trop lente pour sa passion, ses plus obligentes paroles sont des murmures, à son dire tout est perdu, & comme cet ancien Prophete, il se croit seul qui n'a point flechy le genoüil deuant Baal. Comme les eaux de la mer sont ameres par le meslange qui s'en fait auec des terres brûlées; comme les ardeurs de la fieure changent les plus douces de nos humeurs en bile; ce zele in-
discret

discret qui s'enflamme dans le cœur d'vn particulier altere toutes les tranquillitez d'vne saincte vie, & n'a que des aigreurs dans sa conuersation.

S'il est secondé du superieur, & qu'il en reçoiue quelque agréement, ses transports deuiennent extremes, comme les chaleurs de Mars sont plus ardentes & plus nuisibles par l'accroissement qu'elles reçoiuent de la proximité du soleil. Mon pauure frere, l'esprit de Dieu a plus de douceur ; il n'est point dans ces empressemens, ces troubles, ces inquietudes, ces jugemens temeraires, ces desolations & ces desespoirs. La charité ne iuge point le mal, dit l'Apostre, elle se persuade, elle croit, elle espere tout le bien, elle est patiente dans les rencontres qui ne luy sont pas fauorables ; on ne laisse pas de remarquer de grands maux, parmy de grands biens dans l'âge d'or de la naissance de l'Eglise & de vostre ordre. C'est le destin general du monde de n'auoir point de vertu, qui soit parfaitement espurée. Que vous sert de renoncer à vos interests particuliers, d'auoir éuité la charge d'vne famille afin de vous conseruer la paix de l'esprit si vous vous embarassez des soins de toute vne Prouince, & de tout vn ordre ; vous craignez trois pieds d'eau, & vous allez vous exposer aux orages de l'occean ; vous refusez de porter six liures pesant, & vous allez mettre sur vos espaules vn grand poix qui vous accable. Ne considerez vous pas qu'estant vn Religieux particulier, vous ne demeurez pas dans les termes de vostre condition si vous vous intriguez en ces choses vniuerselles du gouuernement ? vous parlez de ce qui n'est pas de vostre connoissance ; vous iugez de ce qui n'est point de vostre ressort. Les superieurs reçoiuent pour cela du ciel des lumieres & des forces afin de resister autant qu'il se peut au mal, quoy que ce ne soit pas auec tout ce que vous souhaiteriez de violence & de precipitation. Vos empressemens inconsiderez leur font des reproches, comme s'ils manquoient à leur deuoir.

La nature ne rend que l'orifice de l'estomach sensible à la faim, car la douleur seroit insupportable, si toutes les parties du corps auoient le sentiment de cette indigence ; le pilote n... ...roit pas conduire vn vaisseau où la voix craintiue de... ...is ceux qu'il mene l'aduertiroit sans cesse des vens, des rochers, des pirates, dont ils peuuent faire rencontre : il n'y a plus de discipline militaire si tous les soldats veulent prendre connoissance, & se rendre iuges de ce qui se resoult au conseil de guerre ; cen'est plus vn ordre Religieux, où le suiet vsurpe le droit du superieur, & cause luy mesme la confusion dont il fait ses plaintes.

On ne vous veut pas fermer les yeux pour vous empescher de voir les maladies de vostre ordre, n'y vous interdire vn sentiment que la pieté demande de vous : mais considerez qu'vn mesme habit Religieux couure des humeurs antipatiques ; que tous qui font le mesme vœu s'en acquittent auec de grandes inégalitez à proportion de ce qu'ils reçoiuent de graces, & de ce que la nature y fait plus de resistance ; enfin que les degrez du merite sont differens dans la Religion, comme ceux de la gloire dans le ciel. Quoy vous voulez vous inquieter de ce qu'il y a des aueugles qui ne prennent pas le bon chemin ; des sourds qui n'entendent pas les bons aduis qu'on leur donne ; des enfans qui quittent l'estude pour le ieu ; des terres ingrates que l'on cultiue inutilement ; des ronses, des espines, des sauuageons qui ne portent pas de bon fruit ; si le defaut de chaque frere vous donne de l'affliction, le nombre en est tel que toute l'étenduë de vostre ame ne suffiroit pas à la douleur, il ne vous resteroit ny paix ny consolation, & ce zele qui ramasseroit en vostre cœur le ressentiment & les plaintes de tout ce qui se fait de mal, vous rendroit le plus miserable & le plus à plaindre de tous?

Seneca lib. 2. de ira. c. 6.

Mais, dites vous, la corruption deuient generale & i'ay regret de voir perir vn saint institut dont ie fais partie. Considerez que ces grands corps des estats & des Religions ont leurs maladies par des accez plus longs, & sur qui les remedes d'vn particulier ont bien peu d'effet : c'est vn coup de la main de Dieu de les guerir en des temps & par des moyens qui ne sont pas conneus : quoy pensez vous arrester le cours d'vn torrent, purger par vostre ha-

DV RELIGIEVX. 477

leine vn air corrompu , commander aux vents & calmer
la tempeste d'vne parole comme faisoit Iesus-Christ ? Les
Princes exercent la rigueur des loix sur les particuliers s'ils
tombent dans quelque crime capital, afin d'en expier le
mauuais exemple par la peine, mais quand toute vne armée, toute vne Prouince, tout vn Royaume manque à
son deuoir, vn desordre si general rend la misericorde necessaire, car de punir tous les coulpables, ce seroit noyer
vn estat dans son sang, & au lieu de satisfaction, cette
grande perte tourneroit au desauantage du Prince offensé
en luy ostant tous ses subiets. Vn mal public vous oblige
donc à la patience & à prendre des remedes autres que
ceux de l'indignation, & d'vne extreme seuerité. Le
vaisseau fait eau, il faut tirer à la pompe, le vuider autant qu'il s'emplit, ne le pouuant pas rendre meilleur, empescher au moins qu'il ne coule à fonds : dans ces desordres publics tout ce que peut faire vn particulier c'est de
demeurer ferme dans l'obseruance de la regle, arrester
autant qu'il peut les relasches, par ses bons exemples, &
empescher l'extreme ruine dont on se void menacé.

On peut estre malade de sagesse, dit Pline, & com- *Lib. 7. c.*
me il obserue que les plus lamentables contagions vien- *50.*
nent du midy, c'est à dire de la partie du monde où les
chaleurs sont plus vehementes, nous auons veu que les
plus grands desordres des Religions sont venus d'vn zele
ardent, mais indiscret à la poursuite d'vn bien pretendu.
Ces grands zelateurs ont coustume de former des ligues,
& de gaigner tous ceux qu'ils peuuent à leur party, pour
iustifier plus hautement leur dessein; que s'il s'en trouuent
qui s'y opposent, les abattre par vne voix & vne force
publique : quand leurs intentions seroient extremément
pures, le mal est en ce qu'ils veulent les aduancer par de
tres mauuais moyens, & d'vne consequence tres pernicieu-
se à l'ordre dont ils se disent deffendre les interests. Car
quel malheur luy peut-il arriuer plus grand que le schisme
& la diuision qui partage les esprits, qui d'vn corps en fait
plusieurs, mais languissans, conulsifs, comme ces insectes
qu'on a couppez par morceaux ? Faisant ce party, com-

Ooo ij

me vous croyez, pour la Iuſtice ; vous obligez les autres de former le leur pour ſe deffendre ; s'il eſt le plus fort, vous auez trauaillé pour voſtre ruine ; s'il eſt le plus foible, c'eſt vn procedé de beſte de ne pouuoir reüſſir que par la force, qui au reſte ſe trouue impuiſſante ſur les volontez qu'il eſt queſtion de gaigner. C'eſt vne fureur de ſe couper le bras gauche parce qu'il ne trauaille pas ſi bien que le droit, de s'arracher toutes les dents, parce qu'elles ont mordu la langue, & de prendre à la lettre, ce que l'Euangile dit du retranchement des membres qui font le ſcandale : en mouchant vne chandelle vous iettez le feu dans vn magazin de poudre d'où n'aiſt vn horrible embrazement ; pour arrouſer vne plante vous allez rompre vne digue, & donner cours à des eaux qui vont noyer tout vn grand pays, ſi pour arreſter l'ambition de quelques-vns vous mettez tous les autres en partis formez, en guerre, en deſolation.

Ie ne veux donc point examiner la cauſe de voſtre ligue, ſuffit pour la condamner que l'effet en eſt extrémement lamentable de voir des Religieux qui ſe conſiderent comme ennemis, qui ſe perſuadent pouuoir tout dire & tout faire les vns contre les autres par le droit que la nature leur donne d'vne legitime deffenſe. Les loix ne permettent pas aux particuliers de faire des aſſemblées & de cauſer des tumultes meſme pour cauſe de Religion ; car ſous ce beau pretexte, l'enuie, l'ambition, la hayne, les autres noires & ſanglantes paſſions s'exercent impunément, & font d'eſtranges dégats dans l'eſtat. Celuy dit la loy, qui fait battre des chiens, des beliers, des taureaux, eſt reſponſable du dommage qu'en ſouffre le maiſtre ; hé qui peut eſtimer toutes les mauuaiſes pratiques ou s'emportent les Religieux les vns contre les autres quand ils ont vn prexte de pieté, & qu'ils ſe voyent appuyez d'vn grand party ? On ſe plaint d'vn Prince qui expoſe ſi librement la vie des hommes pour ſouſtenir ſa querelle & ſa fortune, hé que peut-on dire d'vn particulier qui engage les conſciences des Religieux dans des auerſions extremes, pour vne phantaiſie, pour vn ſentiment

L. x. Cod de ſeditio.

L. t. ſ. cum aiietem ff. ſi quadr. paup.

mal digeré, par vne opiniaſtre vanité qui n'a point voulu reculer d'vn pas ? Eé comment reſpondra-il deuant Dieu de tous ces excez ; d'auoir débauché tant d'ames du ſeruice qu'elles luy deuoient rendre, d'auoir armé les ſoldats de ſa milice l'vn contre l'autre ; d'auoir remply les eſprits de ces facheuſes idées qui les empeſchent de s'employer aux exercices de l'eſtude & de l'oraiſon. Ie ne ſçache point de bien qu'on puiſſe aduancer par de ſi mauuais moyens, & par de ſi furieuſes pratiques, qui dérobent les hommages à Dieu, les ſeruices à ſon Egliſe ; qui font mourir toutes les vertus auec la charité, enfin qui ruinent vn ordre en le diuiſant & donnent vn ſcandale public à tous les fidelles.

L. 57. ff.
pro ſocio.

L. 6. & fin.
ff. de re
mili.

S'ACQVITTER DE SON DEVOIR AVEC vne fidelité touſiours conſtante, quoy que le relâche deuienne public.

CHAPITRE XXIX.

QVE d'obſcuritez parmy nos lumieres, que de foibleſſes dans nos plus ſainctes reſolutions, que nos juſtices ſont imparfaites deuant Dieu ; ſi comme dit Iob, les purs eſprits qui aſſiſtent deuant ſon thrône, ne ſe trouuent pas aſſez fermez, & ſi ſa ſaincteté void de l'imperfection dans ſes Anges. Vous eſtes entré dans vn ordre religieux en eſperance d'y rencontrer les pratiques de toute la perfection dont l'Euangile vous donne l'idée ; d'y voir des hommes celeſtes qui n'ayent des ſens que pour le ſeruice de l'eſprit, de la raiſon que pour la ſous-mettre aux illuſtrations diuines, des deſirs & de l'amour que pour Dieu : cependant vous voyez en ces Seraphins des aiſles demy pliées qui leur oſtent la liberté du vol, & en quelques vns des viſages & des pieds de beſte.

Iob. 4.

Nous n'auons point icy de perfection ſans quelque defaut, vous verrez des perſonnes eminentes en vne vertu, defectueuſes en l'autre, qui donnent beaucoup tantoſt aux sens, tantost à l'esprit, & dont la vertu n'est gueres que par interualles. Parmy cela le bon Religieux a cette consolation qu'il peut tirer aduantage de tout ce qui se presente à luy; l'exemple du bien l'anime à la vertu, il a du regret de voir sa beauté ternye par des immortifications, & c'est ce qui les luy fait auoir plus en horreur. Vous rencontrez quelquesfois, dit Saint Augustin, des branches de vignes chargées de raisins au milieu des ronses, cueillez le fruict & laissez l'espine; dans vne communauté profitez de la vertu des vns, sans que la mauuaise liberté des autres vous offense. Vous auez tousiours vn gros de sainctes personnes dont la conuersation plus familiere vous seruira de retraitte & de fort: joignez vos lumieres & vos ardeurs, vos conseils & vos exemples, pour maintenir l'integrité de vostre ordre.

Si tous viuoient dans vn exacte obseruance de la regle, il n'y auroit rien d'estrange de vous voir suiure ce train commun, & ce grand chemin de la vertu où la foule vous emporteroit; la honte seule & la crainte d'attirer sur vous le reproche de tous les autres, seroit capable de vous entretenir dans vostre deuoir; mais quand la plus-part se portent au relâche, c'est vne occasion où vostre fidelité se fait courageusement paroistre en trois principalles choses, à ne point suiure les abus communs, à tenir ferme dans vos sainctes resolutions & à croistre continuellement en vertu pour trauailler autant qu'il vous sera possible à la conuersion des autres.

Quand vous vous estes retiré du monde sans vous laisser vaincre à ses opinions, à cette voix commune qui flatte les sens & qui fascine la raison, vous auez fait vne grande espreuue, qu'vn seul peut triompher de la multitude: suiuez la poincte de vostre victoire, elle vous sera beaucoup plus aisée dans vn ordre où le nombre des mauuais, & la qualité des fautes est beaucoup moindre, & où il reste tousiours de grandes dispositions à vne parfaite saincteté. De ce premier pas, & de ce que vous auez fait ce grand coup de maistre dans vostre apprentissage, vous deuez juger que vous agissez par vne vertu diuine

DV RELIGIEVX. 481

qui est au dessus du temps & de la multitude, que vous ne combattez plus que contre des ennemys déja surmontez, qu'ayant à cette heure plus de forces & plus d'experience, le triomphe vous est plus facile, que la grace vous donnera des forces pour aller d'vn pas autre que le commun. Faites estat que vous entendez la voix de Dieu, qui vous dit comme autresfois à son peuple : Ie suis vostre Dieu, vous ne suiurez point les coustumes de l'Egypte où vous faites vostre demeure. Exod. 23.

Si vous trouuiez vne chose pretieuse, vous la ramasseriez sans la mépriser à cause que plusieurs auroient passé sans la recueillir, dit Saint Chrisostome ; hé ! pourquoy laisser la pieté sous pretexte que plusieurs de vostre famille n'en font pas d'estat : vous en sçauez bien le prix, vous sçauez les promesses que vous auez faites à Dieu en luy rendant vos vœux, de vous consacrer entierement à son seruice : considerez donc non pas ce qui se fait, mais ce que vous deuez faire ; vostre gloire sera plus grande de vous sauuer de ce desordre general, & vostre mal-heur ne seroit pas moindre de perir auec plusieurs. On void des fontaines qui percent des bras de mer sans corrompre ny mesler leurs eaux ; des saints comme vn Iob, vn Abraham, vn Loth, parfaits en vertu, & sans rien perdre de leur integrité dans vne terre infidelle. D Chrisost. orat. 5. aduersus Iudæos. Lucian. dialo. Alphæi.

Si les graces que la bonté diuine répend sur tout vn ordre trouuent si peu de sujets disposez à les receuoir, ne semble-il pas que leur deffaut soit vostre aduantage, & qu'en cette societé, ce qu'ils ne prennent pas, vous soit acquis par vn droit d'accroissement. A ce compte vous deuez auoir des lumieres & des forces incomparables, & ce n'est pas merueille que vous soyez plus puissant que tous dans les pratiques de la vertu, puis que vous auez les graces qui deuoient estre partagées à tous. Ce qui naist auec des qualitez chaudes dans des climats & des lieux froids est chaud à l'extremité, parce que la nature ramasse en vn seul sujet tout ce qu'elle auoit là de chaleur, & de plus elle la redouble à la rencontre de ses contraires comme on le void en ces montaignes ardentes auprés Alber. mag. tract. 2. de natura locorum. in 8ae.

des mers : ainsi les relâches d'vne communauté, au lieu d'esteindre doiuent nourir & enflamer dauantage voſtre zele : vous ſerez comme cet arbre que le Prophete nous repreſente planté contre les eaux, dont il ne ſuit pas le cours, mais il en tire ſa nouriture pour nous donner ſes fruits en ſon temps, c'eſt à dire continuellement ; car dit Ezechiel, il eſt arrouſé des eaux du ſanctuaire, d'vne grace ſurabondante qui luy communique vne vigueur ſans relâche, afin de ſatisfaire à Dieu pour toute vne communauté.

<small>Pſal. 1.</small>

<small>Ezech. 47.</small>

Noë receut de Dieu deux grandes faueurs, dit Philon, l'vne de n'eſtre point enueloppé auec le reſte des hommes dans le deluge ; l'autre d'auoir eſté choiſi pour eſtre le reſtaurateur du genre humain, & celuy qui en ayant veu la fin deuoit agir comme vne cauſe ſeconde pour en voir le rétabliſſement. Vous receuez ces meſmes benedictions ſi vous eſtes fidelle à voſtre deuoir ; car non ſeulement vous ne perirez point dans ces relâches de voſtre ordre, mais la ſaincteté de voſtre vie & de vos conſeils ſera capable de rappeller les autres à la pieté, & de multiplier vne vertu qui ſembloit eſteinte. Ne craignez point, à quelque mauuaiſe liberté que s'emportent les Religieux, leur conſcience eſt pour vous ; s'il échappe quelque gauſſerie de leurs bouche, leurs cœurs vous rendent du reſpect : ils vous admirent, ils vous ayment, & mille fois le iour ils voyent en voſtre conduite le modelle qu'ils deuroient imiter. Vous eſtes la lumiere de cet ordre, comme noſtre Seigneur vouloit que ſes Apoſtres le fuſſent du monde ; ſoyez donc dans cette multitude déreglée comme la lumiere du ſoleil ſur ces choſes inferieures, ſans attache & ſans meſlange ; quand la charité vous oblige de condeſcendre aux infirmitez des autres, tenez neantmoins touſiours à voſtre origine ; purifiez-les ſans vous corrompre, ſoyez entre eux comme le meilleur des planetes entre les infortunes, pour corriger leurs mauuaiſes qualitez. Tobie durant ſa captiuité ne demeura pas ſeulement inuiolable dans toutes les obſeruances de la loy, mais il obligeoit tous ſes confreres par de bons aduis,

<small>Lib. de Abraham</small>

<small>Tobie 1.</small>

aduis, & les maintenoit dans leur deuoir.

En cela les bons exemples ont plus d'effet que les parolles, & gaignent les cœurs par des persuasions qui ne reçoiuent point de repliques. Ainsi S. Augustin portoit les fidelles a de plus grandes austeritez aux iours où les payens celebroient leurs bacchanalles auec d'extremes dissolutions; car, disoit-il, leur ioye nous excite à pleurer leur aueuglement, & à presenter à Dieu nos prieres pour les en tirer. Ne craignez point de des-aprouuer & d'effet & *In Psal. 98.* de paroles ce que vous voyez contraire à l'integrité de vôtre profession: confondez la liberté de leurs discours par vostre silence; de leurs courses par vostre retraitte; leurs superfluitez par vostre pauureté & par vos jeûnes. S'ils font des brigues n'entrez point dans leurs partis; ne vous perdez point pour les passions des autres, ne leur seruez point d'instrument, ne faites point cette playe mortelle à vostre ordre, de le diuiser de Iesus-Christ. Souuenez-vous de ne vous point commettre à vne multitude, où il y a tousiours moins de sages que d'indiscrets, & dont les impetuositez vous emporteroient plus loing que vous ne pensiez: trauaillez donc autant à reünir les esprits, que les autres à les diuiser: faites des propositions de paix, interpretez en la meilleur part les actions & les paroles sur lesquelles on s'aigrit le plus; si vous auez des oreilles pour entendre, n'ayez point de bouche pour rapporter ce qui seroit vn nouueau sujet de déplaisir; taschez de les mettre en paix, & s'ils ne s'en rendent pas capables, sçachez qu'elle retournera sur vous par des reflexions miraculeuses. Si ceux qui pretendoient de vous tirer dans leurs sentimens, s'irritent de vostre refus, & si vostre indifference est batuë des deux partis; glorifiez Dieu de ce qu'il vous donne la grace de souffrir plustost que de commettre le mal, & d'auoir fait en ces rencontres ce qu'en conscience vous croyez qu'auroit fait vn saint. Goustez & admirez les misericordes de Dieu, qui par ses consolations recompense des icy comme au centuple, les peines que vous souffrez pour la iustice.

DES ENTRETIENS RELIGIEVX.
CHAPITRE XXX.

LE feu s'étouffe luy mesme par sa chaleur, s'il ne reçoit du rafraichissement par le passage d'vn air libre, qui le purge de ses fumées, & qui ayant des qualitez sympathiques ayde à ce qu'il prend de nourriture. L'ame raisonnable que les anciens ont creu d'vne nature de feu à ce rapport auec luy, que ses lumieres s'esteignent, ses ardeurs s'étouffent, elle souffre de notables alterations iusques à l'extrauagance, si vous la reduisez à ne se nourrir que de ses pensées, & si vous ne luy permettez la libre conuersation de ses semblables. Vn homme qui sort d'vne profonde solitude, est rauy d'vne secrette ioye qui le transporte à la rencontre d'vn autre deuant lequel il peut descharger son coeur par le discours, & rentrer dans la societé, comme dans vn element que la nature luy a fait propre. Aussi les anciens Anachoretes auoient coustume de se visiter de temps en temps, pour soulager leur solitude par les conferences, & l'hospitalité estoit l'vne de leurs plus saintes pratiques, parce qu'ils consideroient leurs hostes comme des Anges que Dieu leur enuoyoit pour leur consolation.

Ce remede est plus facile dans les congregations religieuses, où si l'on garde la retraitte, comme nous auons dit, si les conuersations ne sont pas si ordinaires, ny si libres qu'elles passent iusques au dégoust, elles auront toutes les graces de la nouueauté quand la bien-seance & l'occasion nous y portera. L'abord se fait tousiours auec les respects & les ciuilitez religieuses que l'on doit à la vertu, les ioyes & les satisfactions paroissent sur le visage, mais beaucoup plus dans le discours. Vn Religieux qui a passé les nuicts en prieres, les matinées, les iours, & les sepmaines entieres en des estudes qui ont Dieu pour fin, dequoy peut-il parler que de la pieté & de la science,

DV RELIGIEVX.

& que peut-il sortir de sa bouche que ces richesses spirituelles dont son cœur a fait vn thresor?

Vn pilote parlera de ses voyages, vn soldat de ses combats, vn marchand de son trafic, vn aduocat ou vn iuge de ses causes, vn politique de ses coups d'estat, vn Religieux de la pieté, qui est son propre employ, & l'vn necessaire où il a principalement consacré sa vie. C'estoit aussi l'vnique sujet de l'entretien des anciens moynes, comme on le peut voir dans les collations de Cassian, dans S. Ephrem, S. Basile, dans la vie des Peres, & dans les autres liures que nous auons de l'institution religieuse. Nous sommes touchez par la lecture de ces deuots & de ces innocens entretiens; la sainteté du sujet, la naïueté & la simplicité du discours, ces conseils de guerre qui se tiennent pour vaincre le monde & l'enfer, & pour establir la paix de l'ame, nous font penser à l'importance de cette affaire hors laquelle toutes choses ne sont que vanité.

Si cette deuote lecture fait impression sur nos esprits, que sera-ce d'assister à ces conferences, & d'y voir de venerables veillards parfaitement doctes & experimentez en la science des saints, descouurir toutes les ruses de l'ennemy, toutes les tentations qu'ils ont surmontées, tous les secours qu'ils ont receu de la grace, toutes les adresses qu'il faut auoir pour se maintenir, & s'aduancer à la perfection. Rien n'empesche que nous ne rappellions ces temps bien-heureux, où les cloistres banissoient bien loing de soy tous les discours du monde, & ne receuoient que ceux de la pieté. Nous auons des anciens qui ont blanchy auec beaucoup d'estime dans les pratiques religieuses, nous auons des Cherubins & des Seraphins, des doctes & des feruens en la voye de Dieu; qui empesche donc que dans la conference nous ne receuions leurs lumieres & leurs ardeurs, que nous n'en soyons esclairez & perfectionez?

Il se passe dix mille choses entre Dieu & nous au secret de l'oraison comme dans vn nuage, où nos veuës sont obscures, & nos sentimens confus, sur cela la conference

P pp ij

nous fait vn iour, car si les Anges dans la vision bien-heureuse qu'ils ont de Dieu, ne laissent pas de receuoir les illustrations des ordres superieurs, ie ne m'estonne pas que les hommes spirituels, apres tout ce qu'ils peuuent auoir des diuines communications s'esclairent & se perfectionnent par leurs entretiens. L'esprit de celuy qui parle fait vn nouuel effort pour bien conceuoir le sujet de son discours, il digere lors, il anime des especes qu'il n'auoit auparauant que mortes ou languissantes : ses paroles sont des reflexions de lumiere & de chaleur, & quand vn autre y forme des difficultez, y apporte des distinctions, qu'il donne des estenduës à vn sujet qui paroissoit racourcy, qu'il vient aux circonstances d'vne pratique, c'est lors qu'on demeure parfaictement instruit, riche par vn bien fait reciproque, où l'on ne profite pas moins quand on donne, que quand on reçoit. Comme l'aimant redouble sa force estant joint au fer, qu'il auoit imprimé de sa vertu, le maistre deuient plus sçauant auec son disciple, & ce qu'il luy donne de lumiere reuient sur luy par reflexion.

Là les doutes sont esclaircis, les grandes maximes iustifiées, on void nettement le plus court & le plus asseuré chemin du Ciel, rien n'eschappe à tant d'esprits qui se portent auec emulation à l'éclaircissement d'vn sujet, & quand les vns profondent ce que les autres passoient trop legerement. C'est vn plaisir de voir vne verité naissante & en son aurore dans la bouche d'vn nouice ; de voir les esclats de la plus sublime Theologie en de simples Religieux, qui n'ont point d'autre estude que l'oraison, & puis d'en entendre les esclaircissemens & les pratiques d'vn homme également docte & saint.

Les abeilles estant ramassées en leur ruche, font toutes ensemble vne chaleur assez forte pour les deffendre des incommoditez de l'hyuer : Les animaux d'Ezechiel s'eschauffoient en leur action en frappant leurs aisles l'vne contre l'autre, & ie ne vois point de plus asseuré moyen pour fortifier les Religieux en leur vocation contre toutes les infirmitez de la nature & du monde, que ces deuotes

D. Bernard lib. de modo bene viuendi, cap. 1.

DV RELIGIEVX.

conferences. Les veritez qu'on defcouure par l'eftude & par le raifonnement efchappent fouuent à l'efprit, elles paffent comme des efclairs qui ne laiffent rien de lumineux, ny de folide dans l'ame, mais quand vn poinct de la vie fpirituelle a donné de l'exercice à plufieurs efprits dans l'entretien, & que tous font tombez d'accord d'vne verité, c'eft vne memoire locale qui en conferue à iamais l'efpece, & qui en fait naiftre l'amour. Apres ce confeil tenu par forme d'enquefte & de tourbe pour connoiftre la perfection, elle paffe pour vne loy; il femble que tous ceux qui affiftent là s'engagent les vns aux autres, & fe promettent la foy de la garder, de forte qu'en fuite c'eft vne honte, & vne preuarication publique d'y faillir.

Ceux qui font dans les employs peuuent propofer là quelque cas de confcience, s'efclaircir d'vne difficulté de Mathematique, de Philofophie, de Theologie, & fe diuertir agreablement dans ces fciences qui font les fuiuantes de la fageffe. Mais ie fouhaitterois qu'on y procedaft d'vne maniere toute contraire à celle qu'on garde dans les écholes : là c'eft vn combat où, comme dans les tournois, l'vn eft tenant l'autre eft agreffeur, l'vn fouftient opiniaftrement vne propofition, & tâche d'éluder les argumens contraires fouuent auec des diftinctions peu folides, qui n'ont gueres qu'vn fon de paroles; il fuffit qu'elles forment vn nuage deuant l'efprit; les plus fubtiles femblent les meilleures, parce qu'elles font hors de prife & de refiftance dans la difficulté qu'on a de les conceuoir. L'autre pourfuit fa pointe fans mifericorde par vne recharge d'argumens, jufques à ce que le fouftenant confeffe par fon filence qu'il eft vaincu, auec la honte & le déplaifir de paffer pour moins raifonnable. Il eft difficile que cela fe faffe fans quelque aigreur, & que la charité ne demeure fouuent bleffée parmy cette violence. Puis que ce conflict eft fujet à la vanité, à la jaloufie, à l'infolence, à la douleur, & qu'il eft fuiuy d'vne victoire, où le vaincu eft mené comme vn efclaue en triomphe, on a fujet de banir ce procedé des conferences religieufes, qui doiuent estre traittées dans la douceur, dans la courtoisie, & donner non pas de la peine, mais du soulagement aux esprits. Il s'en trouue de si adroits dans les subtilitez de la dispute, qu'on ne les y peut vaincre mais on les reduit à la raison par vn discours plus estendu : ils sont comme ces petites bestes fretillantes qui échappent de la main dans vn petit lieu, mais qu'on attrape bien-tost, si elles prennent leur course dans vne campagne, parce qu'elles vont là droit sans ruzer.

Si donc on propose quelque question, qu'elle s'examine en termes qui ne soient point dans la rigueur & les surprises de l'échole, qui deduisent nettement les raisons, qui les confirment par exemples, qui les tirent mesme aux choses morales. Sur tout ne soyez pas importun par vn long discours qui ferme la bouche à tous les autres, & qui tyranise les oreilles à leur donner l'audience. Il est meilleur de ménager ses raisons, les donner par interualles comme des responces, principalement quand vous voyez des personnes dans l'impatience de produire leurs pensées si subtiles, qu'elles s'exhalent si elles ne sont dites aussi-tost qu'elles sont conceuës. En tout il faut vne extreme modestie qui honore les plus capables, qui passe franchement condemnation si tost que la verité paroist ; qui sçache épargner les foibles, qui se jette mesme de leur party, auec toutes les adresses & les complaisances qui les peuuent obliger. Le fruict de ces doctes conferences est de s'instruire en des matieres qui sont vtiles & d'en sortir auec des agréemens qui augmentent la charité.

DV RELIGIEVX.

DES ENTRETIENS MOINS SERIEVX.

CHAPITRE XXXI.

LES conferences de doctrine & de pieté ne peuuent estre que tres-agreables aux Religieux, parce qu'elles flattent ses bonnes inclinations, & qu'en vne seule occasion, elles luy font gouster tout le plaisir qu'on peut prendre à donner & à receuoir. Cela neantmoins ne se fait pas sans vne secrete contention d'esprit, quelquesfois plus grande qu'en vne estude serieuse, parce qu'il y faut vne viuacité de concept & de paroles qui termine sur le champ ce qui se propose, de sorte que c'est vn plaisir meslé de trauail, comme celuy du jeu & de la chasse.

La vertu n'est pas beaucoup empeschée de corriger cet excez, car la nature qui sent ses peines secretes se porte assez d'elle mesme a les soulager, comme elle ouure & ferme alternatiuement les paupieres pour conseruer les humeurs de l'œil, que l'action continuelle de la lumiere pourroit alterer; comme elle rafraichit le cœur par la respiration; comme elle rétablit les forces par la nouriture & par le sommeil, elle fait que des entretiens trop serieux, on passe insensiblement en d'autres honnestement libres qui seruent de recreation. Sans cela l'esprit s'abattroit à la fin, il se rebuteroit des meilleurs choses, l'vsage continuel en diminueroit le sentiment, il ne reuiendroit pas à la contemplation auec ce qu'il luy faut de vigueur, si on ne le soulageoit, par le repos, la diuersité, le plaisir.

Les discours sont plus agreables, naissants des sujets qui par occasion frappent les sens, parce que la nouueauté leur donne de la grace, & que par cette promptitude qui satisfait la curiosité, ils portent le verre sur des leures alterées. Parmy ces diuertissemens le docte & deuot Religieux donne tousiours quelque plat de son mestier, il ne se peut empescher de tirer quelques instructions de ce qu'il void & de ce qu'il entend. Si la promenade le conduit auec les autres dans vn jardin, c'est vn grand plaisir de voir sur les fleurs vne innocente beauté qui gaigne l'amour, sans le mettre dans le peril de la cheute. Cette grande diuersité de mille couleurs qui brillent confuses dans le rayon du soleil par le mouuement que luy donne vn petit vent, rauit l'ame dans vne pensée, qu'elle ne veut pas lors approfondir, de la diuersité des esprits & des graces qui sont les rayons d'vne souueraine beauté. De ces fleurs les vnes regardent en bas comme les martagons, les esmeraucalles, les milliagris; les autres se tiennent en vn estat moyen, comme les roses; les autres s'ouurent droit vers le ciel, comme les iris, & les tulippes; enfin les autres suiuent le soleil, comme les Anemones, & les autres Heliotropes. Voila les images des ames humbles, moderées, altieres, contemplatiues, parfaitement resignées aux volontez de Dieu. Il y a tant de merueilles à considerer dans les fleurs qu'on en a fait vne science auec ses propres termes, & c'est vne extreme satisfaction d'en entendre parler vn curieux: il vous fera voir par le fonds bleu d'vne tulippe que sa beauté sera constante; par la couleur, qu'elle doit faire vn changement auantageux; par l'aurore de certains petits rayons, qu'elle doit estre vn Soleil entre les autres; il condamne celles qui s'enyurent de leurs couleurs, il fait plus d'estat des pannaches plus ordonnez où le dedans est égal à l'exterieur, & vous donne sujet de former plusieurs pensées de la constance, des progrez, des conduites regulieres, & de la saincteté des actions qui suiuent les secrets mouuemens de la grace & de la conscience.

De là si l'humeur vous porte dans des lieux plus libres & plus sauuages vous marcherez sur des herbes dont les qualitez merueilleuses, vous donneront sujet d'admirer les profusions de la diuine bonté : c'est vn contentement d'en dire les noms, les proprietez, les signatures, les vsages vrays & superstitieux, les sympathies qu'elles ont auec les fossiles, les metaux, les pierreries, les parties de nostre corps, sous le domaine d'vn mesme planete. Vous

verrez

verrez courir, voler, ramper des insectes, la curiosité n'est pas sans fruit, d'en remarquer la composition, & les organes parfaitement propres aux actions qu'ils doiuent faire: c'est vne merueille que pas vn ne soit volatil, qu'il n'ayt esté ver, pour nous dire que l'humilité doit estre le fondement de la grandeur, & qu'il faut sçauoir bien obeïr, pour bien commander. Certes la beauté n'est pas tousiours, comme disoit Platon, la fleur de la bonté, puisque nous voyons ces petites bestes, vestuës d'escarlatte, d'or & d'azur, ronger nos plus belles fleurs & rauager nos esperances.

Si l'on est plusieurs en compagnie, c'est vne chose admirable de voir comment en vn demy quart d'heure l'entretien passe d'vne matiere en vne autre parfaitement esloignée, par des transitions hazardeuses, mais plus agreables que la Rhetorique ne les pourroit inuenter. Ordinairement le discours tombe sur les actions humaines, par ce que comme elles representent des passions qui nous sont communes, nous y prenons interest, & ce sont des prejugez dont nostre curiosité veut auoir la connoissance. Les histoires saintes & prophanes seruent à cela, & sont toûjours bien receuës si elles sont dites à propos, auec vn discours qui ne traisne point en longueur, & qui n'oste point la liberté de la parole à ceux qui en ont le droit.

On se plaist plus à parler des choses modernes, parce qu'elles nous touchent de plus prés, comme des loix, du gouuernement de l'estat, des guerres, des traitez de paix, des remonstrances des peuples, & choses semblables. Si selon S. Paul nous deuons prier pour les Princes & pour les peuples; il n'est pas hors de raison qu'vn Religieux sçache l'estat des affaires; afin de redoubler ses prieres selon leur necessité, & donner au moins ses oreilles aux clameurs des affligez, ne leur pouuant pas donner vn autre secours que la compassion du cœur, & ses intercessions aupres de sa diuine Majesté. Il est impossible qu'en entendant les malheurs publics nous ne disions, helas que nous sommes heureux d'estre à couuert de ces orages! cela nous affermit dans nostre vocation, & nous en faisant reconnoistre le bonheur, nous donne des sentimens de gratitude enuers Dieu, & des resolutions de le seruir auec plus de fidelité. Ie ne voudrois pas neantmoins qu'on se fit vn entretien iournalier des gazettes, la perte du temps y seroit trop grande, cet embarras d'affaires du monde feroit enfin trop d'impression sur l'esprit d'vn Religieux; à peine se pourroit-il empescher de prendre party, d'estre touché de ioye ou de tristesse, de crainte ou d'esperance, selon les diuers euenemens, d'attirer ainsi sur soy les troubles d'vne vie que l'on a quittée; & peut-estre d'auoir moins de charité pour ceux qui auroient de contraires sentimens? Ces pensées ne manqueront pas de se presenter à l'esprit, de le diuertir au temps de la priere, & de prophaner des attentions deuës à Dieu. On auroit plus de diuertissement en ces relations, on en tireroit plus de profit, & moins de dommage, si elles nous estoient faites apres vn assez long temps, quoy qu'elles fussent plus frequentes que celles dont on contentoit la curiosité des anciens Anachorettes, quand apres plusieurs années de solitude ils demandoient si les villes estoient encore habitées, & si les femmes portoient des enfans. Enfin ces entretiens qui ne demandent que nos larmes, ne sont gueres conuenables à la recreation.

Elle est plus libre, plus ioyeuse, plus innocente, quand elle s'adresse aux personnes, & qu'elle fait vn recit des actions qu'on ne croiroit iamais possibles à ces postures & à ces visages mortifiez. C'est vn plaisir de voir dans vne compagnie religieuse sous vn mesme habit des personnes de toutes sorte de conditions, qui dissimulent ce qui leur pourroit tourner à gloire, & rapportent par humilité des auantures qui leur seroient vn reproche deuant le monde. Ces particularitez font des histoires à l'infiny, mais il y faut tousiours garder la bien-sceance religieuse; & sous pretexte de se diuertir, ne rien dire qui puisse laisser de mauuaises impressions dans les esprits.

Colos. j. 2.   L'Apostre nous aduertit de ne nous point emporter à des paroles deshonnestes, & à des entretiens qui puissent corrompre les bonnes mœurs. Vne parole à double sens

DV RELIGIEVX.

dite sur ce sujet est auidement recueillie d'vne nature à qui ces libertez plaisent, & les esprits plus grossiers ne manquent point d'intelligence pour expliquer ces enigmes. Ce bon mot fait vne mauuaise impression dans l'imaginatiue, & vous qui l'y auez peint, qui de vostre bouche auez formé cet idole, vous serez coupable de toutes les mauuaises pensées qu'en suite ce petit esprit prendra sujet de luy immoler. Ie ne vois rien qui rabatte d'auantage de l'estime d'vn Religieux, car on se figure aysement que ces fumées ne sont point sans feu, & que la bouche est le truchement du cœur. Ce n'est pas estre entierement chaste, si on ne l'est aussi de la langue, dit S. Basile, & si l'on doit rendre raison d'vne parole oysiue, que sera-ce d'vne scandaleuse qui fait des playes mortelles dans les consciences ? *Sermo. de instit. monach.*

Quand on prend ces mauuaises habitudes, les paroles indiscretes eschappent, mesme deuant les seculiers qui ne pardonnent iamais cette faute au Religieux, soit par vne jalousie naturelle, soit par vne violente conjecture que si cette passion regne dans son ame, elle en banira tous les sentimens de deuotion, & que comme dit le sage, l'amour des femmes le fera bien tost apostater de Dieu. Quelle prophanation, qu'vne bouche sacrée, apres auoir ce mesme iour prononcé les mysteres qui sauuent les ames, iette en suite des paroles qui les perdent, & se fasse vn jeu de son desordre ? En ces rencontres vn bon Religieux qui se trouue dans la compagnie, doit tesmoigner ses auersions, de ce que ses oreilles ont esté contraintes d'entendre ; si son âge & sa qualité ne luy permettent pas d'en faire la correction sur le champ, que de posture, d'vn tour de visage froid & morne, ou par vne prompte retraitte il en tesmoigne son déplaisir ; cela fera rentrer les autres en eux mesmes & reconnoistre leur mauuaise liberté par la rencontre de cette humeur religieuse qui ne s'y rend point complaisante, comme on void son haleine dans vn air froid. Ce leur est vn bon aduis de conduire tellement leurs petites recreations, qu'elles se passent sans offenser Dieu ny le prochain.

DANS LES ENTRETIENS S'ABSTENIR DE
ce qui peut porter preiudice aux autres.

CHAPITRE XXXII.

LE premier deſſein qu'eurent les anciens Peres, quand ils ont permis aux Religieux des entretiens de recreation à certains temps, & à certaines heures, c'eſt de rallumer entre eux la charité qui paroiſſoit comme eſteinte dans le ſilence, & en ſe donnant les vns aux autres quelque agreable diuertiſſement, nourrir leur amour par vn bien-fait & vn ſoulagement reciproque. Ils doiuent donc conduire leurs paroles & leurs déportemens auec tant de moderation, que la nature auec toutes les auiditez qu'elle a pour le plaiſir, ne paſſe point à l'excez, & ne s'emporte à choſe aucune cõtraire à la fin de cet honneſte relâche.

C'eſt vne eſpece d'intemperance, c'eſt vous enyurer de voſtre diſcours, de le continuer autant que vous y eſtes porté par vne imaginatiue eſchauffée de ioye, par les applaudiſſemens & le ris d'vne compagnie, qui ſe fait vn ieu de voſtre indiſcretion; pourſuiure ſans miſericorde vn eſprit moins fort que le voſtre, le reduire au ſilence, ou à la contradiction; ne pas alleguer, mais faire paroiſtre par effet ſon inſuffiſance & des imperfections qu'il tâche de tenir couuertes; le prendre dans ſon foible; le bleſſer en la partie qu'il a plus ſenſible; le couurir de honte, enfin perdre pluſtoſt ſon affection qu'vn bon mot. Il me ſemble que les anciens auoient fort mauuaiſe grace de permettre l'yurongnerie, & pour arreſter les mauuaiſes ſuites, deffendre à la compagnie de ſe ſouuenir de ce qui c'eſtoit dit & fait durant cet excez; comme ſi cet art d'oubliance eſtoit poſſible à des paſſions qui font leur profit de tout.

Ie croy de meſme qu'il ne ſuffit pas pour la ſatisfaction d'vne perſonne offenſée par de ſanglantes railleries, de dire qu'elle ne doit pas ſe reſſentir, & que les autres ne doiuent pas donner de creance à ce qui ſe dit par recreation:

ces pointes percent iusques dans les cœurs ; cette parole subtile qui est receuë auec plaisir de la compagnie, imprime bien auant dans les esprits le reproche qui est son sujet ; il en est inseparable, la memoire ne peut conceuoir l'espece de l'vn, sans celle de l'autre, & la personne sera tousiours autant de fois offensée, qu'on aura le souuenir, ou qu'on fera le recit de cette plaisante rencontre. Quoy voulez vous faire vostre ioye de la douleur de vostre frere ? voulez vous qu'il sorte auec tristesse & quelque auersion, d'vne conference qui n'estoit que pour donner de la ioye & pour entretenir la charité ?

Si vous ne pouuez demeurer dans la retenuë, & s'il faut que vous donniez carriere à vostre esprit aux dépens d'vn autre, donnez luy des loüanges excessiues, mais auec des coniectures si vray-semblables, & tant d'adresses que vous mettiez son humilité fort en peine de s'en deffendre: faites-le passer pour éminent en contemplation, en doctrine, en éloquence, en d'autres perfections, ayez des preuues qui le pressent d'y consentir; vous aurez dequoy vous égaïer en ces loüanges, qui seront receuës de luy & des autres auec vn sous-ris, & quoy qu'on en voye bien l'excés elles ne laissent neantmoins que de bonnes impressions.

Ordinairement les discours s'échappent auec plus de liberté contre les absens, & ces coups sont plus hardis quand ils ne craignent plus de risposte. La medisance est le grand vice des conuersations humaines, le mal populaire à qui toute la Philosophie Morale & Chrestienne, n'a pas encore peu donner de remede : car les hommes qui concourent aux charges, voyant qu'ils n'ont pas assez de vigueur sur les autres pour les deuancer, les arrestent; ils tâchent d'éteindre de grandes lumieres qui obscurcissent la leur, & d'abatre vne fortune en ruïnant la reputation qui en est le fondement. Ce vice qui naist de l'enuie, & qui suppose de l'impuissance, se déguise auec beaucoup d'artifices pour n'estre pas recogneu; on fait semblant d'aymer celuy qu'on blesse, comme si l'on estoit extrémement fâché d'vn defaut sans lequel il seroit incomparable; on parle d'vn tiers qui luy en a fait la reprimande, on se couure d'vn zele &

Qqq iij

d'vn interest public, qui ne peut souffrir vn desordre sans l'improuuer. Si dans la compagnie il se rencontre quelques vns qui reçoiuent auec agréement ces mauuais discours, cette langue de vipere qui auparauant versoit son venin comme en cachette, deuient vn glaiue tranchant qui abbat toutes les actions eminentes de celuy qu'elle entreprend, elle le met en pieces sans misericorde, & par l'arrest de tant de juges elle en fait vne funeste execution. I'ay deduit ailleurs les symptomes, les perils & les remedes de ce mal, sur qui ie ne m'arreste pas d'auantage en ce lieu, par ce que ie ne le croy pas possible dans les cloistres: car apres l'abandon general que le Religieux a fait de toutes les choses exterieures, il n'a plus sujet de s'esleuer sur les ruines des autres, au contraire comme tous les freres d'vne congregation ne font qu'vn corps, ils tirent leur gloire d'vne commune perfection, & le blâme dont on chargeroit vn particulier, seroit vne douleur insupportable à tous les autres: il faut neantmoins considerer que ce vice naist principalement de l'enuie qui est vne corruption spirituelle, vn vice qui ayant perdu les Anges, peut bien s'attacher à des personnes de pieté.

Moral. christ. to. 3. p. 2. c. 36.

 Le Religieux doit estre extremément sur ses gardes dans la conuersation & pratiquer exactement le conseil des anciens Peres qui deffendoit de s'entretenir sous quelque pretexte que ce fut, des deffauts & des imperfections des autres. C'est là le grand preseruatif de la medisance, c'est vn effet de la charité qui ne pense point le mal, & qui fait qu'vn particulier suppose en vn autre ce qu'il sent en soy d'innocence. Quand ceux qui nous tiennent lieu de peres auroient quelque turpitude c'est à nous de la cacher, & d'estre dans vne pratique directement contraire à celle du monde, qui découure les defauts & obscurcit les vertus. Ces mauuais discours du vice, ne sçauroient estre de bonne odeur à des ames pures, ce sont des especes tousiours importunes aux fauorables jugemens de la charité, il y a mesme du peril qu'elles ne deuiennent criminelles, quand la passion les suppose vrayes; quand elle en tire auantage, qu'elle en justifie ses soubçons, qu'elle dispense pour

DV RELIGIEVX.

cela la perſonne de rendre quelques bons offices, il y a danger qu'elle n'appriuoiſe la conſcience à de ſemblables deſordres, qu'elle ne les luy faſſe plus paroiſtre comme des monſtres, & qu'elle luy perſuade que ce que les autres ont fait ne luy eſt pas impoſſible.

Ces déreglemens ſont particuliers, mais ils deuiennent publics quand ces mauuais diſcours s'attachent à ceux qui ſont eminents dans vne congregation, & que les merites font conſiderer pour eſtre aduancez aux grandes charges: vne parole indiſcrette qui les accuſera d'vn deffaut, qui les décriera comme incapables d'affaires, d'vne trop facile creance, & d'vn eſprit qui ne quitte point ces premieres impreſſions, d'vne affection partiale, d'vne conduite intereſſée, d'vn zele qui n'eſt pas ſelon la ſcience. Tenir d'eux ces mauuais diſcours qui ſans doute croiſtront beaucoup par les rapports que l'on en fera, c'eſt corrompre les elections, priuer l'ordre du bien qu'il pouuoit receuoir de leur conduite, & l'expoſer aux dommages d'vn moins fauorable gouuernement. Ie veux croire qu'il y a touſiours en cela de la ſurpriſe, car ie ne ſçaurois me perſuader qu'il ſe trouue vn Religieux d'vne ame aſſez noire, pour faire ces coups auec vn deſſein formé, pour eſtre l'infame couratier de l'ambition d'vn autre, le fauſſaire de la foy publique, & qui pour flatter la vanité d'vn mauuais prelat, s'expoſe aux cenſures fulminées contre les corrupteurs des ſuffrages. Anciennement à Rome ceux qui pretendoient aux charges, en faiſoient eux meſmes la pourſuite auec vne robbe blanche, qui marquoit l'integrité de leur deſſein & de leur conduite, car ils n'euſſent pas eu l'effronterie de raualer l'eſtime d'vn autre pour ſe rendre plus recommandable, cette mediſance eut eſté leur condemnation. La procedure ſeroit bien plus ambitieuſe & plus criminelle, ſi ceux qui ſe veulent aduancer aux charges ne faiſoient pas l'effort par eux meſmes, mais par des perſonnes apoſtées qui en toutes rencontres publient leurs merites & les defauts de leur coucourants, par ces aſſaſſins de la reputation d'autruy qu'ils tiennent à gage, par ces perfides Iudas qui font métier de vendre leurs maiſtres, & le ſang de Ieſus-Chriſt.

Il est tres-important pour la satisfaction publique, que les superieurs purgent les ordres de ces abominables s'il s'en trouuoit, & que par vne seuere punition ils se justifient de n'auoir point trempé dans ces pernitieuses pratiques. Saint Basile veut que ces pestes soient chassées de la congregation religieuse, puisque Marie sœur de Moyse, ne peut obtenir pour cela misericorde par les prieres de son frere qui auoient fait tant de miracles; mais fut frappée de la lepre, & bannie du camp en punition de ces murmures.

In reg. bre. cap. 86.

Le Religieux doit donc au sortir des entretiens, faire vne serieuse reflexion sur ce qui s'y est dit, & comment il s'y est comporté: approuuer le bien, ne donner aucune creance aux mauuais discours, & se fortifier mesme par de tout autres sentimens contre ces coups de langue. Il ne laissera pas de plaindre nos infirmitez que nous sommes contraints de soulager par des entretiens qui ne sont gueres sans peril. Il se renfoncera auec plus du cœur que jamais dans sa solitude, où son innocence trouue beaucoup plus de seuretez. S'il craint la conuersation mesme des saints, helas qu'il se trouue foible pour les employs exterieurs, parmy les personnes seculieres!

QVATRIESME

QVATRIESME PARTIE.
LA CONDVITE
DV RELIGIEVX DANS LES EMPLOYS EXTERIEVRS.

AVANT-PROPOS.

E bien a deux eminentes qualitez pour la perfection des sujets ausquels il est propre, il les fait venir à soy par des attraits dont la douce violence surmonte tout ce qui les pourroit arrester, & puis il les retient dans vne entiere satisfaction qui ne leur laisse ny desir ny mouuement pour aller au change. Quand le fer sent son aimant dans vne iuste distance, l'impression qu'il en reçoit est si forte, que sa pesanteur ne peut l'empescher qu'il ne vole promptement à luy, & qu'il ne s'y joigne auec vne attache qui dureroit autant que le monde si on ne luy faisoit point de violence. Les corps pesans se détachent insensiblement des liens qui les retiennent en haut, & si tost qu'ils se peuuent donner la liberté, c'est pour fondre viste à leur centre où ils trouuent vn parfait repos. L'amour employe toutes ses industries & ses recherches, pour auoir vne joüissance à laquelle il iure des fidelitez eternelles. Ainsi l'amante sacrée court toutes les ruës, toutes les places de la ville, & ne se rebutte point des mauuais traittemens

qu'elle y reçoit pour apprendre quelques nouuelles de son bien aymé, & l'ayant joint, elle proteste qu'elle ne le quittera plus. C'est la figure d'vne ame qui ayant vn secret sentiment de Dieu, & ne le pouuant trouuer dans les delices des sens, dans les negoces, ny toutes les pretentions du monde, s'abandonne aux puissants attraits de la grace, & se consacre à luy pour toute la vie dans vn cloistre.

Le Religieux trouue là, comme nous auons dit, tout ce qui peut satisfaire ses legitimes desirs; il a les necessitez du corps sans inquietude, le repos & les seuretez de la conscience en l'esloignement des objets qui la menacent; il fait des profits notables dans la conuersation des saints, dans ce grand commerce de prieres, de vertus, d'exemples, d'instructions qui le perfectionnent : il se void déja, mis au nombre des citoyens du ciel, des amys & des domestiques de Dieu, auec tous les presages de son salut eternel. Il semble donc qu'il se doiue tousiours tenir dans son cloistre, comme les corps en leur centre; qu'apres auoir receu là des faueurs insignes de Dieu, qui luy sont comme des essays de la beatitude, il ne doit non plus quitter cette sainte retraitte que les bien-heureux le ciel.

Le bon Religieux n'a iamais conceu d'autre dessein; & le presser de ces raisons tirées du bon-heur de son estat, c'est entrer dans ses plus intimes sentimens. Il a rendu ses vœux à Dieu, & luy a consacré toute sa vie auec des desirs efficaces qui s'estendent sur tous les temps : il voudroit s'estre offert à luy dés les premiers instans de sa naissance; il s'y immole au present & à l'aduenir, quand sa vie seroit immortelle. Si donc l'on parle de mettre le Religieux dans les employs de dehors, ce n'est pas que nous le voulions retirer des autels pour le rengager dans le commerce du monde, ny le rendre deserteur de cette milice spirituelle, dont il a presté le serment si solemnel; ces projets seroient sacrileges, & fort esloignez de la perfection où nous auons dessein de le conduire. Il est aussi peu raisonnable de conceuoir qu'vn Religieux apres auoir gousté Dieu dans sa solitude vueille rentrer dans le monde, que de croire ce que les Poëtes nous disent des ames qui apres

DV RELIGIEVX.

auoir esté durant plusieurs siecles bien-heureuses, reprennent leurs anciennes affections d'animer encore vn corps mortel pour y passer vne vie sujette à tant de disgraces. Mais nous supposons vn Religieux qui apres auoir pris vne croissance spirituelle, tousiours plus approchante de l'âge parfait de Iesus-Christ, apres de longs exercices de penitence, sent en soy les forces d'vne grace qui le presse de s'employer pour le seruice du prochain. Saint Paul parle de la charité comme d'vne plenitude surabondante qui se répend sur les autres, & qui estant celle mesme de Iesus Christ, veut auoir ses effusions si amples que tous puissent y prendre part. Apres les grands acquests que ce Religieux a fait de la pieté, des sciences, des vertus necessaires à la tranquillité de la vie, il se sent interieurement sollicité d'en donner les instructions à ceux qui en ont besoin, comme vne nourrice se trouue pressée par vne abondance de laict, de presenter la mammelle à son enfant qui la demande. Il void les hommes du monde comme des voyageurs qui se trompent en leur chemin, comme des aueugles qui courent au precipice, comme des pilotes ignorans qui se vont briser sur des rochers, comme de paures malades dans vne maison qui brusle, sans qu'ils ayent les forces de s'en sauuer; où sera la compassion & naturelle & diuine, si en ces rencontres il ne tâche de leur donner tout ce qu'il peut de secours? de leur monstrer le chemin du ciel, de les détourner de l'abysme où ils vont perir, de les conduire au port, d'esteindre les flammes où ils se vont consommer; enfin de dissiper leurs tenebres par sa lumiere, de secourir leur foiblesse par sa force, de renflammer leurs cœurs d'vn feu diuin par sa charité? Quoy qu'il en ayt les capacitez, il ne se porte pas à cela de son propre mouuement, comme nous dirons, mais par les ordres de son superieur, qui est son oracle & celuy dont il doit apprendre les expresses volontez de Dieu.

Quand on détache le fer de son aimant il conserue sa mesme figure exterieure, quoy qu'il en reçoiue vne secrette vertu, qu'il communique à l'autre fer qui l'approche. Le Religieux ne deguise point ainsi ses forces & son dessein; car si l'obeïssance & la charité l'obligent de rentrer dans la conuersation du monde, il reuient sous vn autre visage, auec d'autres sentimens, d'autres discours: il y reuient genereusement comme l'agent de Dieu, pour soustenir les interests de sa Majesté, pour estendre son royaume, & reduire ses sujets à l'obeïssance. Il y vient comme le second de Iesus-Christ, qui conuersant parmy les pecheurs, les comparoit à des malades attachez au lict & attendans les visites de leur medecin, car ils ne seroient que legerement incommodez s'ils pouuoient d'eux mesmes l'aller voir. Les Anges, dit l'Apostre, ceux mesme qui assistent deuant le Throsne de Dieu, sont tous esprits de seruice, tousiours en estat d'accomplir ses volontez, quand ils en receuront l'ordre d'agir pour le seruice des hommes. Le sage ne contemple l'idée du bien, dit Platon, que pour y prendre les loix qui doiuent policer les Republiques; Moyse vient trauailler au tabernacle, apres en auoir veu l'idée sur la montaigne, & en descend pour donner aux peuples les loix qu'il auoit receuës de Dieu. Iesus-Christ presche les peuples apres auoir jeusné quarante iours dans le desert; quand il permit à sa gloire d'éclatter sur le Thabor, & que Saint Pierre rauy de ses merueilles vouloit establir là sa demeure, il ne sçauoit ce qu'il disoit, car il ne consideroit pas que ces douceurs n'estoient que pour affermir sa foy de la diuinité de son Maistre, & pour luy donner le courage de prescher cette verité en face des Empereurs au prix de son sang: vn Religieux ne sçait pas à quoy Dieu le destine quand il luy fait gouster ses consolations, souuent ce n'est pas pour le retenir dans la solitude, mais pour animer sa charité à toutes les entreprises qu'il luy faut faire, à toutes les peines qu'il luy faut souffrir pour la conuersion des ames.

Ie croy que le fils de Dieu voulut obliger ses Apostres & ceux qui en imitent la vie, à vne extreme pauureté, afin de les mettre dans quelque sorte de dépendance du monde pour ce qui est des commoditez du corps, & qu'en receuant le temporel, ils se tinsent plus obligez par vn équitable retour, à leur communiquer le spirituel. L'A-

DV RELIGIEVX.

noſtre anime tous les fidelles à ces deuoirs reciproques, & Saint François cheriſſoit tant la pauureté qu'il l'a conſideroit comme le fondement de ſa regle eſtablie pour preſcher la penitence ; d'autant que ſes Religieux eſtant reduits à tirer leur ſubſiſtance des peuples, ils paroiſſent entre eux, & par leurs bons exemples, par leurs entretiens & leurs predications, les portent à la pieté. Ils prennent intereſts à leur ſalut, par vne affection qui s'entretient en donnant & en receuant ; par ce commerce du ſpirituel & du temporel qui eſt le principe de noſtre bon-heur, & le ſouſtien des eſtats. Certes il ne faut pas moins que ces deux puiſſans motifs de la charité & de la neceſſité pour tirer le Religieux de ſon cloiſtre, dans les employs exterieurs : il connoiſt bien que ſa conuerſation peut-eſtre fort vtile aux autres, mais il connoiſt auſſi qu'elle luy peut eſtre deſauantageuſe, & qu'en agiſſant il eſt en danger de beaucoup ſouffrir. Quand il paſſeroit toute ſa vie dans la ſolitude comme les anciens Anachorettes, la nature qu'il doit ſurmonter & l'eminente perfection qu'il doit acquerir, luy taillent plus de beſongne qu'il n'en peut faire en ſi peu de temps. La charité ne ſemble-elle pas bien ordonnée qui prefere ſon aduancement ſpirituel à celuy des autres, & qui le tient dans ſes termes d'vne vie particuliere où ſes vœux l'ont offert à Dieu. Il craint de rentrer dans vne mer orageuſe, dont à peine il s'eſt peu ſauuer ; il craint que tant d'objets de vanité ne faſſent ſur luy quelques impreſſions importunes, ſi elles ne ſont criminelles ; il craint des coups de ſurpriſe ; il craint beaucoup plus les faueurs que les choleres d'vn ennemy qu'il ſçait luy eſtre irreconciliable ; il craint de ſe perdre dans vn peril qu'il va rechercher ; il craint de n'eſtre pas attaché plus fixement à ſon ciel, que tant d'aſtres qui en ſont tombez, apres ces triſtes exemples il ne void ſes ſeuretez que dans la retraitte. Que ſi l'obeïſſance l'en fait ſortir, il ne luy reſte que cette conſolation qu'ayant mis ſon ame entre les mains du ſuperieur, il ſuit ſes ordres comme s'ils venoient de Dieu meſme, auec cette confiance que ſa bonté ne refuſe point des graces proportionnées à ce qu'il nous donne d'employ.

R r r iij

LA CONDVITE

Son salut & celuy de son prochain luy est presque en mesme consideration, parce qu'vne pure charité ne souffre aucuns interests de l'amour propre, & n'a point d'autre veuë que l'honneur de Dieu; il s'y immole donc tout plein de cœur auec vn zele qui ne void rien de difficile ny de déraisonnable en toutes les occasions où l'obedience le porte.

Ie n'entreprens pas de faire icy ces comparaisons odieuses de la vie purement solitaire, auec celle que nous appellons meslée, parce qu'elle s'adonne à l'action & à la contemplation; il me suffit de considerer en soy l'estat religieux, comme vn corps animé de l'esprit diuin, qui luy donne ce repos & ce mouuement; comme vn ciel qui a ses parties mobiles & immobiles, ses astres obscurs & lumineux, fixes & changeants, son firmament & ses eaux comme nous le represente l'escriture. Cette sainte vie est vn portrait de l'infinie sainteté de Dieu, c'est pourquoy tous ses instituts ont vne eminence particuliere qui semble les mettre tous hors de comparaison, & ses professeurs se considerent les vns les autres comme les bien-heureux sans jalousie, auec des complaisances qui rendent leurs felicitez communes par la rencontre de leurs desirs en vn mesme obiet infiny. Que les solitaires benissent Dieu, qui leur donne tous les auantages possibles pour conseruer leur integrité, qui les rend citoyens du ciel comme les bien-heureux déchargez de tous les soins de ce monde, en vn estat où ils ne souffrent rien de ses alterations, & n'en entendent pas mesmes les bruits; qu'ils soient comme les Anges, qui n'ont pour office que d'assister deuant le throsne de Dieu & d'honorer sa sainteté par vn cantique eternel; qu'ils soient, dit Saint Bernard, comme la premiere personne de la Sainête Trinité, qui n'est point descenduë de son throsne pour nous apporter du secours, comme le Fils, & le Saint Esprit. Le Religieux qui passe vne vie meslée est rauy de voir les deserts si florissants, ces miracles continuels d'hommes Angeliques & diuins: il ne laisse pas neantmoins d'estimer beaucoup sa vocation qui le met dans la conformité du principe de ce bon-heur,

Lib. de gradib. humilit.

c'est à dire d'vn Dieu fait homme. Ce grand mystere s'accomplit en vne personne de la tres-Saincte Trinité, mais ce fut vn effet de toutes, & de cette sur-essentielle bonté qui, comme dit Saint Denys, ne voulant pas demeurer sterile hors de soy, fit paroistre ses feconditez en la creation, & au restablissement du monde.

L'escriture nous represente cette sagesse eternelle, dés le commencement occuppée à donner les proportions, les ordres, les loix à toutes les choses qu'elle auoit crées, & quand elle s'est reuestuë de nostre nature, elle ne s'est humiliée jusques à cet excez qu'afin d'estre plus agissante pour nostre bien. Iesus-Christ homme Dieu passe vne vie cachée, & puis prodigue de toutes ses forces pour sauuer les hommes, il est tantost dans les deserts, tantost dans les villes; les journées se passent en la conuersation de toutes sortes de personnes pour gaigner leurs ames, les nuits en oraison sur la montagne, & nous donne en cette conduite le modelle que nous deuons imiter.

Ie ne m'areste plus à la Philosophie qui nous met les vertus & la felicité de l'homme dans l'action, qui nous le represente obligé de continuer ses vnions & ses secours à l'espece raisonnable dont il fait partie, de n'auoir point de lumieres sans chaleur, de ne les tenir point tousiours en eclipse, ny ses puissances inutiles sans effet, de ne se reduire point tout viuant entre les morts par vne sombre & sterile contemplation: sans tous ces raisonnemens l'Apostre trouue la veritable idée de la perfection en la vie de Iesus-Christ, & nous exhorte d'en estre comme luy les imitateurs: c'est le dessein du Religieux qui passe vne vie meslée de suiure en cela son maistre, & ses premiers disciples qui apres auoir demeuré quelque temps à couuert dans leur conclaue, en sortirent genereusement pour prescher l'Euangile à tous les hommes. Ce luy doit estre vne grande consolation, d'auoir son temps de retraitte & d'employ, pour s'éleuer à Dieu & puis répendre les lumieres & les flames qu'il aura receuës de ces intimes communications: ainsi satisfaire aux deux deuoirs de la charité enuers Dieu, & le prochain; estre l'horizon, le nœud des deux mondes, spirituel & sensible, contemplatif & agissant; offrir les deux sacrifices, de la tourterelle sauuage, & de la colombe domestique auoir comme les Cherubins vne partie de ces aisles estenduë, l'autre pliée, & d'assister tellement deuant le thrône de Dieu, comme les Anges de la plus haute hierarchie, qu'il ne refuse pas de traiter auec les hommes pour faire naistre Iesus-Christ dedans les cœurs. On peut appeller cette action contemplatiue, parce qu'elle naist de la contemplation, qu'elle s'en nourrit, qu'elle y pretend, qu'elle l'a pour principe, pour milieu, pour fin; car le Religieux ne va dans le monde, que pour diuertir les esprits des employs mondains & les éleuer à Dieu. Qu'il ne s'estonne donc pas d'entendre la voix de quelques personnes jalouses & interessées qui n'estiment que la solitude, & qui tâchent de le degouster des employs Apostoliques, qu'elles voudroient seules posseder: il est vray qu'il y a beaucoup de trauail, beaucoup de peril, dans ces grandes actions, & qu'elles demandent de grands preparatifs: c'est pourquoy i'en fais icy le discours.

LE CHOIX DES RELIGIEVX QV'ON doit employer à l'exterieur.

CHAPITRE I.

LA vie commune & celle des cloistres sont deux mondes dont les elemens sont contraires, comme nous auons dit, & les qualitez qui font leur nature ne sont pas moins opposées que celles du ciel & de la terre. Les Religieux ont leurs mouuemens reguliers, leurs exercices se font par des periodes circulaires, qui continuënt tousiours les mesmes, parce qu'elles n'ont pour fin que l'eternité. Ils sont dans vn estat affranchy des communes alterations, & quand leurs corps suiuent les loix de l'esprit, ils anticipent déja sur les priuileges de la gloire. Mais les mondains sont dans vne perpetuelle inconstance,

DV RELIGIEVX.

où leur mauuaise liberté, leurs passions, celles des autres, les coups inesperez de la fortune les jettent, comme fait le vent des fueilles mortes, dit le Psalmiste, & comme les vagues de la mer poussent & ramenent des grains de sable. S'il est neantmoins tres-important d'entretenir quelque commerce, entre ces deux conditions si differentes, afin que les infirmitez de l'vne, soient soulagées par les perfections de l'autre, ceux que l'on destine à cet employ charitable doiuent estre d'vne vertu, & d'vne pieté tres-eminente. Ils paroissent là comme les agens de Dieu, par consequent ils doiuent auoir vne incorruptible fidelité pour son seruice, afin de soustenir ses interests dans cette terre ennemie, & de rappeller les rebelles à l'obeïssance. Quand sa Majesté diuine a destiné des Prophetes à la conuersion des peuples, elle a purifié leurs cœurs & leurs langues; elle leur a donné vn front d'airain, vne constance à l'espreuue de toutes les corruptions & de toutes les violences de la terre: les Princes font choix de personnes illustres en merites pour les representer dans les ambassades, & selon que leurs qualitez sont plus eminentes, on s'en promet des yssuës d'autant plus heureuses: plus il y a de vertus dans le Religieux que l'obeïssance employe à l'exterieur, plus il s'en faut promettre de bons effets pour la conuersion des ames, & pour aduancer la gloire de Dieu; il va de sa part pour retirer les hommes des vices, & des mal-heurs dont ils se voyent accueillis pour leurs pechez; il fait en cela l'office d'vn Ange, qu'il soit donc comme luy spirituel, qu'il n'ayt que les apparences sans les passions du corps & que ses vertus soient sa lumiere. Aristote souhaitte cette integrité en celuy qui s'employe au gouuernement des peuples, qu'il soit comme vne loy, comme vne verité viuante, mais aussi peu sujette à changer pour la faueur des personnes, que si elle estoit sourde & muette, tousiours la mesme, comme celle qui est escrite sur le parchemin.

2. Polit. 6.

Le Religieux va pour donner vne nouriture spirituelle à des ames qui sont encore dans l'enfance de la pieté, il faut donc que comme vne nourrice il en soit le premier remply, auec vne surabondance & vne secrette vertu qui la face couler en luict, vn cœur bruslant de charité, de ce feu celeste qui veut tousiours se répendre, échauffe facilement les autres ; il n'est pas seulement le predicateur mais le témoin de la verité, car ses sainctes actions sont les preuues authentiques de ses paroles, & sont au lieu des miracles qui conuertirent les hommes à la foy au commencement de l'Eglise. On ne doute point qu'il ne soit tout persuadé de la vertu des remedes qu'il donne aux autres, puis qu'il les prend pour luy mesme, puis qu'il se priue du plaisir des sens, qu'il combat les inclinations de la nature par les austeritez & la priere, enfin qu'il se met tout le premier dans le regime qu'il leur ordonne. Mais si l'on le void dans vne vie licencieuse sous vn sainct habit, ses paroles n'auront aucun effet; il sera, dit Saint Chrysostome, comme vne espée dont la poignée seroit enrichie d'or & de pierreries, auec vne lame foible d'vne legere fueille de plomb, qui ne pourroit porter aucun coup. On luy feroit le reproche qui est dans l'Euangile : hypocrite ostez de vostre œil la poultre qui le creue, & puis vous osterez la petite ordure qui est dans celuy de vostre frere; & ce qui est dans Saint Paul, vous nous preschez l'abstinence, & vous estes vous-mesme dans la dissolution; vous presentez vous-mesme de l'encens aux idoles que vous nous deffendez d'adorer. Quoy, dit Dieu par le Prophete, infame pecheur, oze-tu bien prescher mes iustices, ta bouche impure les prophane, & ta mauuaise vie leur donne le démentir, c'est adjouster les railleries à l'offense, de se dire à moy & d'estre d'intelligence auec mes ennemys. Mon Dieu deliurez les ordres Religieux de cette infamie, qui leur feroit perdre auec l'estime de saincteté tous les moyens de vous seruir : donnez assez de lumieres & assez de courage à ceux qui sont au gouuernement, pour retenir ces scandaleux dans la retraitte, afin que leur relâche ne soit point si contagieux au christianisme.

Si la corruption du siecle est si grande que comme aux ... ...de l'Eglise, les iustes à pein... ...Religieux que ...

DV RELIGIEVX.   509

la conuersation du monde des cœurs déja tous disposez au desordre? Ce monde que nous faisons estat de vaincre ne demeure pas sans resistance : il a l'auantage du lieu où les sens tiennent leur empire, il a ses attraits pour armes, les demons pour ingenieurs, les tentations pour stratagemes, la nature que nous auons commune, & qui est de mesme patrie, nous doit toufiours estre suspecte ; il faut donc considerer ce combat contre toutes les forces du monde & de l'enfer, comme extrémement perilleux, & que personne ne s'y engage sans estre couuert des armes que l'Apostre nous dit estre necessaires : d'vne cuirasse de iustice, du bouclier de la foy, du casque de sainteté, le glaiue trenchant de la parole de Dieu toufiours en main, auec des adresses & des generositez qui parent & qui portent les coups sans perdre de temps. *Ephes. 6.*

Il faut bien d'autres preparatifs pour vn assaut, que pour vne promenade, on équippe tout autrement les vaisseaux de guerre, que de marchandise ; car ils ont à combatre des elemens & des ennemis, dont les fureurs sont inexorables ; comme on preuoit ces perils, on se munit de tource qu'on croyt necessaire pour s'en tirer. Vn Religieux d'vne mediocre vertu peut se conseruer dans le cloistre, sous l'œil d'vn superieur qui veille toufiours à sa conduite, entre les aduis & les bons exemples de ses freres, où la vertu passe en coustume, & où l'on est honteux de n'estre pas saint : mais celuy qui va dans la conuersation du monde, où les vices passent pour des vertus, où l'on fait gloire de sa confusion, où l'on ne pense, l'on ne trauaille qu'à la recherche de ce que l'Euangile nous conseille de quitter, il faut que ce Religieux ayt de grandes forces pour n'estre point emporté par cette foule de peuple ; il luy faut vne conscience bien pure, vne raison parfaitement éclairée, des habitudes de vertu bien solides, pour ne se point relâcher entre des opinions & des mœurs si corrompuës.

Mais quoy ? l'on ne fait pas seulement estat de viure sans se consommer dans la fournaise, comme les enfans de Babylone ; on pretend ce qu'ils ne firent pas, d'estein-

S ſſ ij

dre les flammes, & faire que le monde quittant les ardeurs de ses concupiscences, ne soit plus vn lieu de desolation. C'est là le double miracle de la grace de Iesus-Christ, mais qui n'est pas si commune que tous se doiuent persuader de l'auoir, & qu'ils ne doiuent craindre de n'en estre pas aduantagez, quand il s'agit de s'exposer aux conuersations du monde. Les ordres qui professent cette vie meslée sont comme les frontieres de la vie religieuse qui doiuent estre mieux fortifiées pour arrester les courses des ennemis, & pour seruir de retraitte à celles que l'on fait sur eux. Pour cette expedition d'vne milice spirituelle il faut choisir, comme Gedeon, les plus genereux, qui sçachent prendre leurs necessitez sans delices; des ames de diamant, qui fassent impression sur les autres sans en receuoir; qui leur donnent de sublimes sentimens de Dieu, sans rien souffrir entre ceux de la vanité. Où est celuy-là & nous publierons ses loüanges? où est cet Ange exterminateur des vices, qui les fasse tous perir sans en receuoir aucun coup? Personne ne doit porter vn jugement si auantageux de soy-mesme, mais il appartient au superieur d'en faire le choix, auec vn zele qui passe par dessus toutes les considerations humaines: c'est vne affaire de telle importance, qu'elle passe mesme les termes de sa charge; car celuy qu'il expose en public n'est pas veritablement le iuge des differens selon l'ordre de la hierarchie Ecclesiastique, mais il en est vn arbitre, à qui peut-estre vne personne affligée aura plus de confiance pour luy descourir ses secrets, & pour prendre les ordres qu'elle doit suiure. Si les passions ne sont pas mortes en cette ame à qui l'on donne de si grandes ouuertures, ô Dieu que de mal-heurs & particuliers & publics? Le mauuais succez d'vne affaire fait rejetter toute la faute sur ce mediateur, que l'on croyt ou moins intelligent qu'il ne falloit, ou par trop interessé; en ces rencontres, selon les loix, vne grossiere ignorance est consideré comme vne mauuaise foy: & quand on accuse vn Religieux arbitre, d'interest, c'est faire passer vn Pere pour vn tyran, comme s'il auoit adjousté le sacrilege à la plus noire de toutes les preuarications. De là les déplai-

DV RELIGIEVX.

firs & les rages d'vne famille, qui ne se croyt pas assez vengée d'vn particulier, si elle ne fait éclater ses choleres contre tout vn ordre ? De là la perte des ames, qui ne trouuant pas leur satisfaction dans la conference d'vn que l'on expose comme capable ; se confirment dans leurs abus, & se flatent de suiure vne opinion si forte qu'elle ne reçoit point de response ? De la mauuaise edification d'vn Religieux tout son institut en est décrié ; la jalousie en fait ses profits, l'Eglise perd ce qu'elle deuoit esperer de fruit, la gloire de Dieu n'est pas aduancée. Iugez combien en ces cas le superieur est responsable pour tout son ordre, pour tout le monde, pour Dieu mesme deuant Dieu. Comme il profite des gains, il doit porter les dommages de ses Religieux, & si ceux qui fournissoient anciennement des cheuaux mal côditionnez pour les combats publics, estoient tenus de la disgrace que receuoit la Republique de n'auoir pas emporté le prix ; si celuy qui doit donner vn bon vaisseau pour vne importante nauigation, en donne vn mauuais conduit par vn pilote ignorant, est tenu s'il fait naufrage ; quel jugement doit-on porter d'vn superieur qui met dans les employs, des personnes que l'ignorance, que le defaut de iugement, mais sur tout que la vie peu religieuse rend incapable de ce que l'on s'en promettoit d'edification & de secours ? Il condamnera ce qu'il faut absoudre, il absoudra ce que l'on doit condamner : il iustifiera des vsures, des exactions, des pratiques deshonnestes : il laissera sortir vne ame du monde dans l'impenitence, faute d'vn bon aduis, si la misericorde de Dieu ne reçoit les bonnes volontez pour des effets ; le voila responsable de son salut. Les desolations mesme publiques peuuent prendre leurs cours d'vn petit aduis mal donné par ignorance, ou par interest. O Dieu de iustice pourquoy sommes nous contraires à nous mesmes, & pourquoy faut-il que le mauuais choix qu'on fait d'vn Religieux pour l'exterieur, soit cause de tant de disgraces ? Dans la comparaison des incapacitez, i'aymerois beaucoup mieux vne ignorante simplicité qu'vne sçauante malice, qui se donneroit de la reputation pour faire des coups

L. 15. Cod. de cursu publico.

LA CONDVITE

plus dangereux. On connoist bien tost la portée d'vn esprit qui n'a pas les solides fondemens de la science, & ses resolutions laissent des doutes, dont on se peut éclaircir ailleurs : mais vn mauuais exemple, vne mauuaise foy, vne sensualité qui authorise celles des mondains, est vn scandale comme irreparable, autant pour le particulier que pour le general de l'ordre & de l'Eglise ; car la malice du monde tire tout à son aduantage, & pour se iustifier, elle suppose en tous les Religieux le mal qu'elle void en quelques-vns.

Comme les temperamens bilieux se portent plus mal en esté, quoy qu'ils ayent de la sympathie auec la chaleur de la saison, parce que ces qualitez semblables se fortifient par leur rencontre, & passent à l'excez ; ainsi les Religieux qu'on void plus ardens aux conuersations seculieres, n'y sont pas ordinairement les plus propres ; il faut craindre qu'ils ne s'y attachent trop, par ce qu'ils y trouuent d'agreement, & qu'ayant moins d'interieur qui les rappelle à la solitude, ils ne se laissent plus aysément emporter à ce grand cours du monde où ils ont d'eux mesmes beaucoup de pente. Toutes choses sont composées de contraires, parce que les semblables ne feroient que des vnions languissantes, sans formes de temperament, & sans auoir des puissances qui s'excitassent à l'action. Vn Religieux amy de sa solitude, & que l'obeissance en tire par force pour le mettre dans les employs exterieurs, ne reçoit aucune impression de tous les objets de vanité, mais plustost son zele s'irrite par cette rencontre ennemie ; il en conçoit d'extremes auersions, qui luy fournissent des paroles plus efficaces pour les condamner, & en diuertir les personnes seculieres. Il se venge ainsi fort innocemment de la violence qu'il souffre parmy ces sottises, & s'en retire au plustost qu'il peut, sans leur laisser assez de temps pour luy donner les moindres atteintes.

NE S'ENGAGER POINT DANS LES
affaires sans l'ordre exprez du superieur.

CHAPITRE II.

Quand vn vaisseau bien équipé de ce qui luy faut pour vn long voyage prend la pleine mer, ce n'est pas pour s'abandonner à tous les vents ny pour se raffraischir à tous les ports, mais pour aller droit sur les routes que le maistre fait estat de suiure, tant qu'il ne sera point empesché par la tempeste. Quand vne compagnie de caualerie bien leste vient dans vne armée, c'est à dessein de combatre l'ennemy, mais selon le commandement qu'elle en recoura du general, car on a souuent puny les victoires emportées sans cet ordre, & la vaillance de ces Prestres Iuifs durant la guerre des Macabées, fut mal-heureuse parce qu'elle fut temeraire, n'ayant pas suiuy cette conduite. Ainsi quand on met vn Religieux dans les employs exterieurs, ce n'est pas à dire qu'il ayt droit de s'engager à discretion en toutes les affaires qui s'offrent à luy, mais si elles sont de consequence, il doit les remettre jusques à ce qu'il en ayt donné l'aduis au superieur, qu'il en ayt receu les lumieres & les instructions.

Si nous sommes obligez d'entrer dans ces negoces du monde pour les raisons que nous auons dites, il nous les faut prendre comme vne medecine sans goust, sans empressement, mesme auec des delays & des auersions qui ne se rendent qu'à la necessité. Si on doit aux seculiers le spirituel pour le temporel, il se trouue beaucoup de sujets où il suffit de faire vn juste payement de cette debte, sans y donner plus de temps ny plus de soins qu'il ne faut, par vn erreur de calcul dont il n'y auroit point de restitution. On doit glisser legerement sur ces choses exterieures, selon l'aduis de l'Apostre, parce qu'elles sont coulantes de leur nature, & ne s'attacher pas fortement de cœur & de pensée à ce qui n'a rien de solide.

1. Macab. 5.

Præterit. figura &c.

Le superieur est comme vn tiers sans passion, & vn juge tres-équitable de ce que la Religion doit de secours aux affaires qui se presentent; il en connoist l'origine, les progrez & les suittes, ses experiences & les lumieres qu'il reçoit de Dieu en ces rencontres luy font faire le discernement de certains negoces compliquez, où il n'est pas quelquesfois possible de porter les interests du monde sans offenser ceux de Dieu, sans desobliger vn public par vne faueur particuliere, sans se declarer ouuertement pour vn party, & perdre ainsi la qualité d'arbitre qui pourroit obliger les deux, les mettant d'accord. Il faut garder dans les affaires vne certaine équité, & vne bien-seance qui soit dans l'approbation de tous; & comme les loix ne permettent pas aux enfans d'agir en justice contre leur pere, aux esclaues emancipez, contre ceux qui les ont mis en liberté, aux aduocats de poursuiure contre ceux qui leur ont confié leur droit, & le secret de leur cause ; il n'est pas juste de se porter contre des personnes à qui l'on a de notables obligations, qui ont mis leur cœur entre nos mains, qui nous ont choisy comme des aziles dans leur mauuaise fortune : vn Religieux particulier qui n'a pas ces connoissances, qui ne iette pas sa veuë plus loin que le present, par vn esprit trop credule se laisse emporter aux premiers mouuemens de la compassion, engage son ordre, blesse l'innocence, rend de mauuais offices pour des bien-faits, & peche souuent contre la charité sous pretexte de charité. Cette affaire luy paroist petite, elle a neantmoins des consequences qui portent bien loing, qui pouuent causer de notables iniquitez dans la conduite ; il ne faut faire que deux ou trois pas dans vn labyrinthe ou hors le chemin que le guide monstre dans les neiges du mont Cenis, pour ne s'en pouuoir plus retirer.

On sçait bien que le Religieux n'est pas à luy-mesme, qu'il appartient à son ordre ; que sa personne, son credit, ses industries sont en la disposition de son superieur ; il ne doit donc pas estre honteux de demander des delais pour luy communiquer l'affaire, & en receuoir les ordres. Le superieur auec ses freres represente Iesus-Christ auec ses Apo-

DV RELIGIEVX.

Apoſtres, qui leur dit, Ie ſuis la vigne, vous en eſtes les branches qui ne porteront point de fruit ſi elles ne tiennent à leur tige, & qu'elles n'en reçoiuent la vertu: on ne ſçauroit conceuoir qu'vne tres-bonne eſtime du Religieux qui ſe gouuerne de la ſorte, & ie trouue que ce luy eſt vn grand aduantage, que la prudence ciuile recherche auec beaucoup d'induſtrie, d'auoir touſiours vne perſonne ſur laquelle on puiſſe rejetter l'excuſe des refus, qu'on eſt ſouuent obligé de faire.

Au reſte il ne peut pas continuer ſes bons offices, s'ils ſont ſecrets, & s'il penſe s'en acquitter ſans le conſentement du ſuperieur, car au temps meſme qu'il leur deſtine, on l'en deſtournera par des voyages, & par des changemens de demeure : par d'autres employs qui feront auorter tous ſes deſſeins, mourir les eſperances d'vne perſonne intereſſée, luy donner ce grand ſujet de plaintes, de reproches, d'indignation, pourquoy commencer ce qu'on ne peut acheuer ? promettre ce qu'on ne ſçauroit tenir ? auoir la honte d'eſtre des-aduoüé ou tenu de court, ſur le poinct qu'on deuoit recueillir le fruit de ſon trauail, & pour ſe rendre officieux en ſecret, eſtre publiquement condamné d'indiſcretion ? Enfin il faut qu'vn Religieux ſe conſidere en la main de ſon ſuperieur comme vn inſtrument qui ne doit pas prendre le mouuement de luy-meſme, mais receuoir celuy qu'on luy donne pour acheuer vn deſſein, dont il n'a pas l'idée ny la conduite.

La confuſion ſeroit extreme ſi châque Religieux auoit ſes entrepriſes particulieres, pluſieurs ſe trouuant enfin attachez à des partis contraires, & reduits à pourſuiure l'vn contre l'autre; vne Religion ſeroit comme la pauure Rebecca, qui ſe lamentoit de ſentir le combat de ſes enfans dans ſon ventre ; chacune de ſes maiſons n'ayant plus ſes mouuemens reguliers, ne ſeroit que comme vn corps conuulſif; ces diuiſions pourroient alterer la charité, auec vn ſcandale public dans le monde & dans l'Egliſe. Les Anges qui ſont des eſprits, ſont plus viſtes que le vent en leur action, plus ardens que le feu en leur pourſuite, neantmoins l'Apoſtre les conſidere dans vne tranquille ſubmiſſion qui attend les volontez de Dieu pour les accomplir; quand vn Religieux se conduit par vn zele selon la science, il ne precipite aucune chose, il ne s'engage de luy-mesme dans aucune affaire, mais il se soûmet en tout à la discretion du superieur. Ce luy est vn grand repos de conscience & vne merueilleuse consolation, de n'agir que par ce premier moteur; s'il a de l'inclination pour ces negoces elle est couuerte, s'il n'en a point & qu'il y souffre, les peines sont adoucies par les merites de l'obeïssance.

Regul. fusius disputatæ, 44.

Saint Basile ordonne que le Religieux qui sort auec la benediction du superieur pour vacquer à quelques affaires exterieures, estant de retour, luy rende vn compte tres exact de toutes les rencontres, & de toutes les actions qu'il y a faites; afin que par les aduis qu'il en receura, il se confirme dans le bien, il se releue de ses deffauts, il se conserue dans vne conduite plus sainte & plus modeste; que cet employ qui le tiroit ce semble de la communauté, l'y retienne neantmoins tousiours par cette continuelle direction, & finisse comme il a commencé par l'ordre du superieur: ainsi les agens, les embassadeurs rendent compte de leur negotiation à leur Prince, & les Anges à Dieu apres auoir executé ses volontez dans le monde.

Tob. t. Zach, t. 11.

AGIR EN TOVT POVR LA PLVS GRANDE gloire de Dieu.

CHAPITRE III.

LE Religieux, comme nous auons dit, s'est dépoüillé de tout par des vœux qui ne doiuent jamais prendre fin; par celuy de l'obeïssance qui s'estend sur toutes les actions; & qui ne luy laisse plus aucun droit sur les choses exterieures, ny sur luy-mesme: c'est vne cession de biens plus rigoureuse que la ciuile, puis qu'elle luy oste le droit & l'esperance de pouuoir plus rien acquerir; c'est vne priuation sans retour, enfin c'est vne holocauste qui l'immole tout à Dieu. Neantmoins dans cette mort, l'a-

DV RELIGIEVX.

moûr trouue l'industrie d'en faire vne hostie viuante, de sorte qu'il puisse tousiours agir & presenter continuellement à Dieu de plus riches & de plus pretieuses offrandes: que quand il s'est donné tout entier à luy ; en faisant ses vœux il ne luy auoit donné qu'vne personne singuliere, maintenant il a dessein de luy acquerir tous les hommes; de faire que tous le connoissent, l'ayment, l'honorent, le seruent auec tous les respects & toutes les fidelitez qui sont deuës à sa souueraine Majesté.

Ce pauure Religieux estoit enseucly dans son cloistre & dans sa solitude inconneu des hommes, mais assez satisfait d'y conseruer vne integrité qui le rendoit plus digne des secrettes communications de Dieu : l'obeissance le tire de ce repos, & l'oblige de paroistre parmy le monde dans les employs qu'elle luy assigne, il s'y porte, mais auec cette saincte resolution de ne parler, de n'agir, de n'entreprendre aucune chose qu'afin que Dieu soit plus conneu, & plus glorifié par les hommes. Voila l'intention la plus pure, la plus sublime, la fin la plus sainte & la plus eminente dont le cœur humain puisse estre capable : la creation du monde, la loy de nature, celle de Moïse, auec le grand appareil de ses ceremonies ; les Prophetes auec tous les prodiges qu'ils ont operez n'ont pretendu que l'honneur de Dieu. Iesus-Christ n'est venu sauuer les hommes, ne les a formez à la sainteté, n'a fait receuoir son Euangile par tant de miracles, n'a mis les grands thresors de ses merites dans l'Eglise qu'afin que son Pere eternel fut glorifié. Aussi les Anges qui dressent le panegyrique de cette naissance par la sublimité de la fin qu'elle s'estoit proposée, & par le grand bien qui en deuoit reüssir, font retentir l'air de ce cantique, Gloire soit renduë à Dieu dans le ciel & sur la terre : c'est pour cela que les Apostres reçoiuent le Saint Esprit, qu'ils entreprennent la conuersion du monde ; que les martyrs versent leur sang, que les confesseurs donnent leurs soins, leurs estudes, leurs trauaux, leurs industries auec vne constance inuincible pour l'edification des fideles : Dieu qui est de toute eternité infiniment heureux, en la connoissance, en l'amour, en la complaisance de ses infinies perfections, est à luy-mesme sa gloire ; & comme il met vne image de sa bonté dans les creatures, il veut aussi qu'elles ne soient, qu'elles n'agissent que pour sa gloire, comme pour l'vnique fin qui est la cause de leur existence, & pour clorre le cercle de bonté, à ce poinct de gloire diuine d'où il a pris son commencement : si les cieux esclatent de tant d'etoiles, s'ils suiuent des mouuemens si reguliers, si la terre a tant de feconditez, la mer tant de prodiges, toute la nature vne conduite si juste & si raisonnable, ce sont, dit le Prophete, toutes voix qui publient la gloire de Dieu : l'homme qui entre les creatures inferieures est seul qui peut reconnoistre ces merueilles, qui en reçoit les instructions & les commoditez, est obligé par toutes sortes de considerations, & comme le grand Prestre de la nature, dit Philon, d'en rendre la gloire à Dieu.

Si les personnes du monde ne s'acquittent pas de ce deuoir, c'est vn grand sujet de merite au Religieux qui les conuerse, de leur en donner le souuenir, de leur marquer la fin qu'ils doiuent auoir pour legitimer leurs actions, pour adoucir les fatiques de cette vie, & faire qu'elles seruent aux felicitez de l'autre. L'employ de ce Religieux qui presche, qui visite les malades, qui console les affligez, semble bien petit si vous en faites comparaison auec celuy des personnes qui tiennent le gouuernement des estats & de l'Eglise ; mais si en ce peu ses intentions ne sont que d'étendre la gloire de Dieu, de faire que tous les hommes qu'il peut aborder, l'ayment, & le seruent, il a la mesme fin que toute la nature, que toutes les loix diuines, que tous les saints Apostres, confesseurs, martyrs, que tous les Anges se sont proposez, & si le merite de l'action se prend de la fin, voila le beaucoup dans le peu, l'immensité dans l'vnité par vn racourcy qui est le chef-d'œuure de la sagesse diuine.

Ce Religieux humble, pauure, chaste, obeïssant vit de l'esprit de Iesus-Christ, il tâche aussi comme luy d'aduancer la gloire du Pere Eternel, & d'accomplir les souhaits qu'il fait tous les jours en l'oraison Dominicale, que son

DV RELIGIEVX.

Royaume s'establisse en terre, comme il est au ciel. Faire que tous les hommes se conuertissent à Dieu, & luy rendent ce qu'ils luy doiuent de gloire, c'est entrer dans le ministere des Anges, combattre comme eux les puissances infernales, persuader autant le bien qu'elles tâchent par leurs suggestions de tirer au mal : c'est se rendre cooperateur de Dieu & collegue de Iesus-Christ, qui par ses merites & ses graces, par ses illustrations & ses attraits ne pretend que gaigner les ames à soy.

Qand vn homme gouste Dieu, quand il reçoit les preuues de ses grandes misericordes, qu'à la faueur de ses lumieres il void toutes les parties du monde, tous les bien-heureux occupez à luy rendre gloire, cependant que les mondains sont seuls qui ne tiennent point leur partie dans ce concert, qui se troublent, qui se trauaillent inutilement, qui perdent les esperances de leur gloire, en luy refusant celle qui luy est deuë; la bouche parle de l'abondance du cœur, il ne se peut tenir qu'il ne leur crie, helas pauures hommes où est vostre raison & vostre foy ! vous estes crées pour le ciel, & vous n'auez des pensées que pour la vie du corps, si fragile qu'elle est tous les iours dans l'occasion de perir. Vous laissez Dieu qui vous a crées, qui vous a racheptez, qui vous veut sauuer : il vous ayme, tout ce que vous auez de bien est vn effet de sa bonté; il vous sollicite continuellement de ses graces, & vous l'offensez ? Quoy voulez-vous pour vn moment de plaisir, pour vne vanité que vous condamnez vous-mesme, perdre vne beatitude eternelle ? La mort vous presse, l'heure du coup qui vous doit abbattre est incertaine ? Hé voulez vous paroistre deuant Dieu les mains teintes du sang de vostre frere, pleines de concussions, le cœur sally de concupiscences, & noircy de crimes ? Profitez du peu de temps qui vous reste, pour meriter vostre grace ; vostre sagesse est vne fureur, puis quelle vous déchire de soins, & que vous détachant de Dieu qui est vostre vnique bien, elle vous precipite pour jamais dans vn abysme de malheurs.

Le zele de l'honneur de Dieu emporte ce pauure Religieux, la honte & le respect du monde n'est plus capable de l'arrester, il n'en craint & n'espere rien, il ne void point de difficultez qui ne soient au dessous du courage que l'esprit diuin luy donne, il se promet tout, comme l'Apostre, de celuy qui le conforte. Il va sauuer vne chasteté que l'extreme necessité rendoit venale, & que l'incontinence d'vn puissant alloit rauir: il va calmer la fureur de deux ennemys, sur le point qu'ils se doiuent couper la gorge; il rend la constace aux affligez, qu'vn coup de mal-heur auoit reduit au desespoir: il gaigne vn creancier aupara- uant impitoyable, il fait ouurir ses prisons, il rend la vie & la joye aux familles desolées, il empesche autant qu'il peut les vexations des grands, les reuoltes des sujets, enfin c'est l'Ange tutelaire des villes & des estats, qui en tout ne pretend que l'honneur de Dieu. Le bon-heur des hommes en est inseparable, c'est pourquoy portant ses premieres intentions à ce deuoir de charité pour Dieu, il s'acquitte en mesme temps & par vne suitte necessaire de ceux qui regardent le prochain.

On a quelquesfois veu ces feruens possedez du mesme esprit qui faisoit prendre les Apostres pour fols, ou pour yures, courir les ruës, & sans raisonner pour vne verité qui leur estoit trop euidente, ne dire autre chose que Dieu soit beny, Dieu soit loüé, ou deux ou trois autres semblables paroles enflamées, plus efficaces, que les plus eloquentes predications. Le Religieux n'a pas suiet de souhaitter les mitres, la pourpre, ny la thiarre pour aduancer la gloire de Dieu en tirant les peuples à son seruice, puis qu'il peut trauailler pour cette mesme fin dans vne humilité conforme à celle de Iesus-Christ, & joindre le merite de l'austerité à celuy de la conuersion des ames, sans vn eclat qui pourroit flatter l'amour propre: helas que ce qui paroist le plus aux yeux des hommes a de foiblesse & de peril? Mon Dieu que vos misericordes sont grandes d'ouurir aux humbles ces immenses thresors de merites & les éleuer ainsi sur les thrônes des Princes, & des Anges que vous destinez au gouuernement des peuples!

SE CONSERVER L'ESPRIT DE RETRAITTE mesme dans la conuersation.

CHAPITRE I.

CE n'est point le cloistre, ny ce lieu fermé de murailles hors le grand commerce du monde, ce n'est point cette petite cellule, & ce grand silence qui fait la veritable solitude du Religieux ; il professe vne vie d'esprit qui ne se détermine pas par les choses materielles, & quoy qu'elles en portent les marques, & qu'elles luy seruent mesme de moyens, elles n'en establissent pas l'essentiel. Cette solitude consiste donc principalement en vne ame qui a banny bien loing de soy les pensées & les affections des choses mondaines ; qui se tient toute recueillie dans son interieur, si parfaitement épuré que Dieu le choisit pour sa demeure ; cette souueraine independance, cette possession du mesme objet qui sera toute nostre beatitude dans le ciel, nous donne ce que nous pouuons esperer de solide felicité durant cette vie.

On peut arriuer à cette perfection par les exercices que nous auons representez en la seconde partie de cet œuure, par la mortification des sens, l'abnegation de toutes les choses temporelles, par les pratiques de la presence de Dieu & de l'oraison continuelle. Vn Religieux qui a pris cette trempe d'vne solide pieté dans la vie particuliere, peut entrer par obeïssance dans les employs exterieurs, sans estre distrait : il peut-estre solitaire au milieu des ruës pleines d'vn grand peuple, & comme dit le Prophete, libre entre les morts : il peut se conseruer vn esprit de sainteté dans la conuersation des mondains, comme les hirrondelles, les cicognes, les mouches à miel retiennent leur humeur sauuage, quoy qu'elles frequentent nos maisons.

L'ame tient vn tel empire sur les sens, qu'elle peut refuser les rapports qu'ils luy pensent faire ; leur imposer le silence quand elle veut donner toutes ses attentions au sujet de son amour. Si les personnes du monde ne sont bien souuent que de corps dans les Eglises, & au milieu de nos plus saints mysteres, cependant que leur esprit est à negocier pour leurs passions ; que l'auare a le cœur dans ses thresors, qu'il compte ses reuenus & ses acquests ; que l'ambitieux dispose ses brigues ; que le sensuel se prepare a de nouueaux plaisirs ; que l'amant medite ses complimens, qu'il nourrit ses esperances d'vne parole, & les ruine par ses jalousies ; que le vain forge des querelles, & se repaist déja des loüanges qu'il espere d'vn combat : si ce grand appareil de saintes ceremonies, si toutes les voix d'vn grand peuple qui loüe Dieu ne peuuent pas rappeller les attentions de ces personnes, n'y empescher qu'elles ne commettent des crimes en cet auguste lieu, où elles deuroient en demander le pardon, faut-il s'estonner qu'vn Religieux se puisse entretenir auec Dieu au milieu d'vn monde qui l'offence ? Quand ces hommes d'affaires en ont quelqu'vne qui les presse plus que les autres, ils y donnent toutes leurs pensées, & vont par les ruës, sans faire aucune reflexion sur ce qui se presente à leurs yeux ; ainsi cet homme de Dieu est tout entier dans le dessein d'auancer l'honneur de son Maistre, & dans la recherche des moyens qu'il y doit tenir sans prendre garde à tout ce qui se passe deuant luy : cette abstraction souuent hazardeuse peut estre volontaire, & le cœur se peut faire vne solitude où ces tracas n'arriue point, que si les bruits des cheuaux & de carosses de Paris frappent importunément ses oreilles, si ses yeux sont contraints de voir ce grand spectacle de vanité, sans s'arrester aux objets particuliers, il en porte ce iugement general ; qu'elle folie ? que de soins, & peut estre que de crimes pour entretenir ce luxe, dont au reste ils ne tirent point ce qu'ils pretendent de gloire, parce qu'il est trop commun ? que plusieurs ont le déplaisir de se voir surmontez par leurs semblables, & quasi tous, de ne pouuoir arriuer à des conditions plus eminentes ? Ce mouuement irregulier de ceux qui vont, qui viennent, comme les atomes dans le rayon du soleil, ne

pretend

pretend que les interests du corps ; helas, dit-il , si l'on faisoit la centiesme partie d'autant pour l'ame ? allons nous mesler parmy cette foule afin qu'il y ait quelque chose de Dieu, & que cet element ne soit pas sans des creatures raisonnables qui le loüent.

Il se conduit en son chemin à la faueur d'vne lumiere qui n'entre point en la composition des corps, qui se conserue tousiours belle & pure sur les boües ; qui en monstre, & qui n'en reçoit point l'impureté, parce qu'elle tient tousiours à son origine, & qu'elle ne perd rien de son eminence quand elle s'abaisse. Il tire de là de grandes instructions de donner vn charitable secours aux affaires qui le demandent, sans s'y engager ; se prester, & ne se pas donner aux hommes, parce qu'il appartient à Dieu, & qu'il ne doit agir que pour les interests de sa gloire. Pourquoy ne peut-il pas trauailler à son interieur, lors mesme qu'il se produit dans les œuures de charité, comme les plantes qui au mesme temps qu'elles poussent leurs branches, leurs fueilles, les fleurs & leurs fruits, estendent leurs racines dans la terre afin d'y prendre la nourriture necessaire pour entretenir ces grandes profusions ? Pourquoy ne peut-il pas imiter les Anges qui sont tousiours bien-heureux, & qui ne joüissent pas moins de Dieu, quand sa prouidence les employe à la conduite des hommes ? Il a pour objet le mesme Dieu qui est immense, & qu'il peut trouuer par tout, mais il ne le doit point chercher hors de soy, puisqu'il habite dans son cœur, qu'il est l'ame de son ame, le principe, le milieu, la fin de ses actions.

Dieu se trouue present en tout lieu par son immensité, & neantmoins il est dans vn éloignement infiny par l'eminence de son estre ; ainsi la charité a ses estenduës immenses qui rendent le Religieux present à toutes les affaires où le superieur l'employe, & neantmoins extrémement éloigné d'elles par son indifference, par sa retraitte interieure, par vne vie parfaitement dégagée du monde. Estant ainsi plein de Dieu, il n'est point susceptible des basses impressions de la terre, mais il deuient tout puis-

Vuu

…fant pour mettre des sentimens surnaturels dans les cœurs. Il faut bien que les qualitez celestes se conseruent entieres quand elles descendent icy bas, autrement elles ne seroient pas actiues, & ne nous communiqueroient pas ce que nous en ressentons de vertu.

Cependant que le Religieux fait ces visites charitables, qu'il est dans vne chaire à prescher le peuple, dans les missions à conuertir les infidelles, ie le considere tousiours comme s'il estoit dans toutes les regularitez de son cloistre, par ce qu'il y est de cœur, & tousiours en estat de s'y trouuer quand il en receura les ordres : il tient tousiours à son corps par vn esprit vniuersel, qu'on s'est faussement imaginé dans le monde, mais qui est veritablement icy le nœud pour ne former qu'vn corps de plusieurs Religieux quoy que separez de demeure, puisque les absés agissent aussi bien selon la volonté du superieur que ceux qui sont dans le cloistre. Ils s'éloignent d'ordinaire pour vn peu de temps, qui ne doit pas estre pris pour vne absence veritable ; ils doiuent bien-tost retourner dans les employs reguliers, ainsi l'on les repute tousiours dans leur obseruance, comme on tient pour parties d'vn bastiment, les pieces qu'on en oste à dessein de les y remettre : quand les missions les tiendroient dans vn plus long éloignement, selon les loix ceux qui sont absens pour le seruice de la patrie, comme ceux qui sont occupez en la milice, aux ambassades, ne sont point tenus pour absens, & joüissent de tous les droits qu'ils auroient, s'ils estoient presens : c'est vn bras qui tient tousiours à son corps, & qui en reçoit la vie, quoy qu'il s'estende ; ce sont des eaux que le flux porte plus auant que les autres sur la terre, & qui ne laissent pas d'estre tousiours de la mer, parce qu'elles en coulent, qu'elles y tiennent, & que par vn prompt retour, elles doiuent se remesler dans la masse. Si donc le Religieux est reputé dans son cloistre, quand l'obeïssance l'employe à l'exterieur, on ne peut pas douter qu'il ne continuë là sa solitude, quand il faudroit examiner les choses dans toutes les rigueurs du droit.

Mais la solitude interieure dont nous venons de parler,

DV RELIGIEVX.

luy eſt beaucoup plus neceſſaire, non ſeulement pour iuſtifier ſa conduitte deuant les hommes, mais pour en tirer des forces qui donnent vn fauorable ſuccez à toutes ſes entrepriſes. Celuy eſt vne grande affaire d'eſtre l'homme de Dieu auprés des hommes, de traitter pour leur ſalut eternel, & de ſe mettre dans cet employ qui fut celuy du verbe incarné. Comme il reçoit pour cet effet des graces particulieres, il doit les meſnager auec toutes les attentions & toutes les diligences poſſibles: n'entrer iamais dans la conuerſation qu'aprés auoir ſerieuſement conſideré les moyens qu'il doit prendre pour bien reüſſir à la plus grande gloire de Dieu, luy demander tres-humblement pour cet effet ſes lumieres & ſes ſecours, dire comme Iudith, deuant que d'aborder Holopherne, Mon Dieu conduiſez mes penſées, mon port, & ma langue; mettez en ma bouche des paroles aſſez efficaces, afin de perſuader ce que ie pretends pour voſtre honneur; & ſur le point qu'il faut agir, dire encore comme cette ſainte & genereuſe femme, par vne prompte eleuation d'eſprit, c'eſt à ce coup mon Dieu que i'ay beſoin de voſtre ſecours, donnez à voſtre pauure creature aſſez de courage & aſſez de force pour faire ce que ie dois en cette rencontre.

*LA SAINTE CONVERSATION DV RELIGIEVX
auec les personnes seculieres.*

CHAPITRE V.

QVAND le Religieux paroist hors de son cloistre dans la ville ou à la compagne, c'est tousiours auec le saint habit qui le fait connoistre pour vn homme consacré à Dieu dans vne vie plus pure & plus innocente que celle du monde. Les personnes seculieres donnent aysement creance à cet exterieur & sans examiner les merites particuliers de celuy qu'elles voyent couuert de la sorte, sans rien sçauoir des rares qualitez de son esprit, par cette seule persuasion, qu'il est vn homme de Dieu, elles luy rendent beaucoup de respect.

Comme les Iuifs venoient à foule en Betanie pour y voir le Lazare que Iesus-Christ auoit ressuscité, pour voir vn homme qui auoit esté dans cet autre monde, dont la creance est si difficile, & d'où personne n'estoit encore reuenu; ainsi la curiosité naturelle iette des yeux d'admiration sur cet homme qui reuient au monde apres en estre sorty, & l'on obserue tous ses déportemens pour voir les effets d'vne conuersion qui tient du miracle. Le Lazare ressuscité paroissoit en tout le mesme qu'il estoit auparauant; mais cet homme qui estoit peut-estre conneu par les desordres de sa vie, se fait voir en suite sous vn visage, vne posture qui le déguisent, & qui en font vne telle metamorphose, qu'on a peine de le reconnoistre. On est curieux de sçauoir quel il est, apres auoir receu de si particulieres communications de Dieu, apres les habitudes qu'il a prises dans les longues austeritez de la Religion, enfin comment l'on vit & comment l'on parle dans cette region des morts. On le croyt communément dans vne saincteté qui est la beauté de l'ame & qui a des attraits incomparablement plus puissans que celle du corps, pour gaigner les cœurs ; mais si la plus part le considerent auec ces jugemens fauorables d'où naist le respect ; il se trouuent tousiours quelques libertins qui sont bien ayses de le surprendre dans quelques defaux, pour justifier leurs déreglemens & faire voir par experience que cette vie qu'on croit si contraire aux sens, a plus de mine que d'effet. Voila deux puissans motifs au Religieux de conuerser saintement auec les seculiers, afin que sa conduite responde à l'estime que les bons en ont conceuë, & confonde la malignité de ceux qui ne le considerent, que pour le condamner. Le voila comme l'Apostre, redeuable aux sages & aux fols ; il doit aux vns cette bonne odeur des parfums de Iesus-Christ, presenter du pain, & non pas des scorpions; donner le bon exemple, & non pas le scandale à ceux qui ont besoin de nourriture spirituelle, & qui l'honorent du nom de Pere. Il doit viure entre les mondains comme saint Pierre vouloit que les Chrestiens se gouuernassent entre les gentils, auec tant d'integrité qu'ils fermassent la bouche à la medisance, & que leurs bonnes œuures obligeassent les moins credules d'en rendre la gloire à Dieu.

La conuersation du Religieux auec les seculiers est donc vne grande espreuue de sa vertu, non pas par le feu, c'est à dire par la persecution qui fasse ceder le courage à la violence de la douleur, mais par des attraits qui le tentent, par des artifices qui le surprennent, & par ces coups d'vne trompeuse faueur, beaucoup plus à craindre que ceux d'vne mauuaise fortune. Quand on luy rend du respect, qu'il considere que ce n'est pas à sa personne, mais à Iesus-Christ qu'il sert ; & qu'il prenne garde, selon l'aduis de l'Apostre, qu'en receuant cet honneur de son ministe- 2. Cor. 6. re, il ne fasse rien qui le mette dans le mespris. Il est l'agent de Dieu, il ne doit donc rien faire qui soit indigne de sa Majesté ; il represente là tout son saint ordre, & sa conduite est d'vne telle consequence, que d'vne partie on fait iugement du tout ; il doit donc agir auec tant de circonspection qu'il edifie le prochain en tout, & d'exemple & de parole, mais principalement d'exemple.

L'escriture dit de Saint Iean qu'il estoit vne lampe ar-

Sermone in natali Io. Bapt.

donte & luisante ; il estoit ardent, deuant qu'estre luisant, dit Saint Bernard, parce que la feruerur des bonnes œuures doit preceder l'esclat du discours. Car qui n'auroit que ce brillant sans chaleur, seroit comme la lune sujet aux changemens, & incapable de causer icy des fertilitez: vn Religieux qui n'auroit que le raisonnement à persuader la pieté, seroit ridicule, parce qu'il tomberoit dans vne insupportable contradiction, & ce seroit vne imposture manifeste, si sa vie ne s'accordoit pas auec ses paroles.

Quelque diligence qu'il apporte à ne pas moins bien viure que bien parler, ie souhaitterois tousiours, comme nous auons dit, que sa conuersation auec les seculiers ne fut pas si ordinaire, parce que la trop grande familiarité peut affoiblir les saintes habitudes religieuses ; elle peut l'attacher insensiblement au monde, au moins en donner quelque soubçon qui rabattroit beaucoup de son estime: ses paroles & ses exemples seroient receus de ces malades d'opinion, comme vn remede, qui seroit moins efficace si on le rendoit trop frequent. Qu'on voye nettement que c'est la charité qui le porte dans la conuersation ; qu'il y va plustost pour donner que pour receuoir, qu'il pourroit viure content dans son cloistre, & que ses visites ne procedent pas d'vne solitude ny d'vne pieté lassée qui cherche à se soulager par le diuertissement.

Quand donc vne occasion charitable l'oblige à sortir, la premiere preuue de son integrité doit paroistre en la modestie de son port & de son visage. S'il est, comme nous auons dit, dans la pratique d'vne oraison continuelle, & de la presence de Dieu, il luy demandera l'assistance de ses graces dans le dessein qu'il proiette ; il marchera tousiours du pas, & dans la composition d'vn homme attentif ; ses yeux seront arrestez, & sans que par des tours de teste ils aillent chercher les objets, ils refuseront en se baissant ceux mesme qui s'y presentent. La satisfaction du cœur fait rejalir sur le visage vne joye modeste & tranquille, où l'on void comme sur le poly d'vn rubis, que son éclat vient du feu qui est au dedans. Cela rend la pieté moins sauuage aux yeux des hommes, & les inuite

DV RELIGIEVX.

agreablement à s'y addresser auec toute sorte de confiance.

Saint Ambroise qui n'auoit pas moins de douceur & d'eloquence en ses actions qu'en ses paroles, & qui sçauoit donner de la grace à son ministere par les ciuilitez humaines, n'alloit neantmoins iamais aux festins ; soit pour ne point tomber dans les trop grandes familiaritez que l'on y prend ; pour ne point authoriser par sa presence ce qui s'y passe & pour le reprendre plus facilement en des occasions où les esprits plus reposez sont plus capables d'aduis. Mais si à l'exemple de Iesus-Christ les paures Euangeliques se voyent obligez, sur tout dans la necessité d'vn voyage, d'estre à la table des grands, qu'ils suiuent le conseil de l'Apostre qui sçauoit aussi bien demeurer le mesme dans l'abondance que dans la pauureté: qu'ils imitent Saint François qui en ces rencontres faisoit tousiours quelque chose de memorable & de mortification, tantost à distribuer le pain qu'il auoit amassé d'aumosnes; à refuser dauantage aux sens, dans vn seruice qui leur presentoit toute sorte de satisfactions; à procurer du soulagement aux pauures ; à tenir des propos de tables qui valoient des predications.

S'il se rencontre là des heretiques, des libertins, d'autres personnes passionnées qui vous offensent de geste ou de parole : ô Dieu que l'occasion vous est fauorable de les confondre par vostre patience & par vostre humilité ! Ayez la simplicité de la colombe, & la prudence du serpent, exposez le corps pour sauuer la teste, pourueu qu'on ne blesse point les interests de Dieu, les vostres vous doiuent estre peu considerables. Le scandale seroit extreme si on vous voyoit aussi sensible au poinct d'honneur, qu'vn homme du monde, & dans des paroles d'aigreur qui témoignassent beaucoup de passion dans vne grande impuissance. Il y a bien plus d'honneur pour vous à souffrir qu'à repousser vne injure : tous les assistans arrestent les yeux sur vous, pour voir si vous garderez par effet cette tranquillité d'esprit, que vous persuadez aux autres en de semblables rencontres : ce que vous faites, & ce que vous dites là, sera repeté dix mille fois en diuerses compagnies à vôtre blasme si vous auez suiuy les sentimens communs de la nature; à vostre loüange & de tout vostre ordre, si vous vous estes là conduit comme eust fait vn Saint. Si vous auez vne solide vertu & que la patience vous soit vne habitude sans que ces mauuais traittemens vous ayent peu donner de l'émotion; vous serez rauy de vous voir au milieu des coups sans estre touché, boire le poison sans en rien souffrir, comme Iesus-Christ le promet aux siens; & d'vn esprit tranquille, charitable, adroit, vous calmerez ces orages.

SVITE DV MESME SVIET.

CHAPITRE VI.

C'EST le discours qui fait la conuersation, & c'est de là principalement que les personnes seculieres jugent d'vn Religieux si ses sentimens s'accordent auec sa profession; puis qu'au dire de l'escriture, la bouche ne parle que de l'abondance du cœur. Il me semble que la simplicité, dont nous auons dit qu'il doit auoir l'habitude, ne luy permet pas d'aborder vne personne auec des complimens de cour, auec cette affectation de paroles estudiées qui flatet la vanité par vne autre, & qu'on sçait estre fort esloignées de l'intention, quand elles font ces grandes protestations de seruice. Le Religieux est pauure, il est impuissant selon le monde, ce peu qui dépend de son pouuoir appartient à Dieu & à son ordre, qu'il ne s'emporte donc point à ces magnifiques promesses, mais que par vn discours & par vn geste humble, simple, modeste, naïf, il luy témoigne la charité auec laquelle il se veut employer à son seruice.

D'abord vn homme du monde ne vous parlera que du monde, & quoy que ces negoces ne soient pas de vostre ressort, & que vous ne deuiez pas en entamer le discours, il faut le souffrir d'vn esprit assez attentif pour n'estre point desoblides-obligeant, mais qui sçache bien prendre ses temps & ses mesures pour en tirer de bons sentimens. Cela se doit faire auec vne prudence qui n'aille pas rompre le fil d'vn discours, pour jetter à la trauerse celuy d'vne pieté lors importune à des esprits alterez des choses de fait; laissez courir l'entretien jusques à ce que celuy qui parle, se soit suffisamment énoncé, que la curiosité de la compagnie en soit satisfaite, que les aduis en soient donnés, pour faire seruir adroittement ce qui c'est dit comme de premisses d'où vous puissiez tirer vne sainte conclusion.

Durant les troubles d'vn estat, ce qu'on a d'affection pour vn party, ce que l'on y souffre, ce que l'on en craint, ce que l'on espere fait que l'on entend les relations des euenemens auec vne extreme auidité ; que tous trafiquent de ces nouuelles & que chacun est ayse de debiter ce qu'il en apprend : apres le recit d'vne place prise ou perduë vous aurez sujet de plaindre l'inconstance des choses du monde qui oste, & qui donne ces aduantages par des ordres qui ne nous sont pas conneus : ces places passent d'vne main en l'autre, & reuiennent à leurs anciens maistres, mais tous ces vaillans qui sont demeurez dans le combat ne reuiennent point : d'où vient que les hommes qui n'estiment rien tant que la vie presente, l'expose à tant de perils pour la fortune d'vne autre, pour donner les preuues d'vn courage dont ils ne tirent pas beaucoup d'honneur, parce qu'il leur est commun auec tous les soldats, & que les morts qui ont plus fait, ne sont plus presens pour en recueillir la gloire. Quand on vient au dénombrement des morts, c'est vn sujet bien patetique de la vanité du monde, d'y voir de longs seruices recompensez par vne mort violente; les esperances d'vne famille renuersées auec vn seul heritier qui en estoit le support; des femmes presque aussi-tost veufues que mariées; des naturels genereux qu'on éleue auec grand soing dans tous les exercices de la noblesse, pour perir dans vne premiere occasion. Hé, direz-vous, que n'expose-on ses biens & sa vie auec autant de courage pour la querelle de Dieu; la gloire en seroit immortelle deuant les Anges & deuant les hommes? Chose estrange qu'on fasse seruir le principal à l'accessoire, la vie aux biens de fortune qui ne sont que pour son seruice, & qu'on ne l'employe pas pour vne eternité bien-heureuse qui est sa fin. Les meilleures testes d'vn royaume trauaillent, des vies precieuses s'immolent pour vne motte de terre, si petite qu'elle ne trouue point de place dans nos cartes de geographie, & qu'on ne la verroit pas du haut d'vne montagne. La guerre est le fleau de la justice de Dieu qui abandonne les hommes au desordre de leurs passions, & qui les laisse punir de leurs crimes par leurs propres mains. Ce mal-heur naist de la dissolution des mœurs, s'il faut donc guerir les maladies par leurs contraires, les guerres ne peuuent cesser, & nous ne pouuons auoir la paix si on ne l'obtient de Dieu par vne vie penitente. Les rebellions des sujets contre les Princes, viennent de celles qu'ils ont commises contre sa diuine Majesté; les ames ont premierement esté rauagées des troubles qu'elles excitent dans les estats, les passions de l'ambition, de l'enuie, de l'auarice ont esteint les lumieres de la raison, & les sentimens de la pieté, deuant que se souleuer contre les puissances establies de Dieu.

Ie m'emporte insensiblement sur ce sujet par vn discours qui d'ordinaire ne doit pas estre si long dans vn entretien de plusieurs où chacun veut l'audience à son tour, & où il est bon de faire des pauses, pour reconnoistre les sentimens, & quand on en découure le mal y ajuster des discours qui luy seruent de remedes. Comme les mouuemens de la douleur sont contraires à la nature, ils sont lassans, s'ils ne sont courts, & quelquesfois trois paroles dites en bons termes bien à propos, ont plus d'effet sur les esprits qu'vne longue declamation.

Si celuy que vous entretenez à part, vous témoigne de la confiance, il passera bien-tost de ces affaires d'estat à celles de sa famille: il vous dira le dessein qu'il a de faire quelques acquests, où vous ne manquerez pas de l'auertir qu'il trauaille principallement à ceux des bonnes œuures qui seules l'accompagneront au ciel: il vous deduira les mariages qu'il doit faire de ses enfans, les offices qu'il leur vient donner, & là dessus en loüant sa prouidence paternelle, vous aurez sujet de luy faire remarquer qu'vn cloud pousse l'autre, que ses enfans qu'il verra bien-tost peres & magistrats, prennent des places dans la vie & dans les affaires qu'il leur faut quitter, qu'on le comptera quelque iour entre les bisayeuls, & qu'enfin la memoire en sera perduë; qu'il doit auoir plus de soing de soy que des siens, & penser à l'eternité de gloire qu'il doit acquerir.

Comme le sentiment de la douleur & de la crainte est plus vif, que celuy du plaisir & de l'esperance, les entretiens ordinaires des seculiers sont des plaintes de quelques disgraces, où vous leur donnerez les consolations dont nous parlerons plus bas. Quelque digression que vous fassiez, souuenez-vous d'éuiter auec beaucoup de soing, toutes les paroles qui sentent la vanité & la recommandation de vous mesme; tout ce que vous y pouuez apporter de deguisement est inutil deuant des personnes, qui se seruent elles-mesmes tous les jours de ces addresses, & qui découurent assez vos intentions à trauers des voiles si delicz.

Quelques familiaritez qu'on vous temoigne, de quelques agréemens qu'on vous flatte, éuitez comme vn sacrilege, les paroles qui tendent à la gausserie; si les loix & les canons deffendent sous de grandes peines, aux comediens de paroistre sur les theatres auec les habits des personnes consacrées à Dieu, & d'employer vne chose saincte à des vsages infames, le Religieux qui fait le plaisant & le bouffon pour exciter le ris d'vne compagnie, ne prophane pas seulement l'habit; mais la personne; & par ce desordre on le peut compter entre ceux dont parle l'Apostre, qui ne sont sages que par la folie du monde & qui font gloire de leur extreme confusion : par cette sotte complaisance, il perd tout le respect, tout le credit que la saincteté de sa profession luy auoit acquis, tout le fruit que ses remonstrances pouuoient gaigner sur les ames, & son indiscretion luy cause incomparablement plus de déchet, qu'il n'en pourroit receuoir de la plus sanglante calomnie. Au reste il se rencontre dans les compagnies des personnes qui ne

l. 5. Cod. de epi. aud.

Philip. 1. 17.

pouuant pas souffrir inpunement ces coups de langue, se donnent la liberté de les repousser par d'autres qui tranchent sur le vif, qui font des playes incurables à la reputation d'vne personne ou d'vn ordre. Quand l'insolence ne s'anime point de cholere, elle a coustume de se jetter sur des matieres lasciues, où les rencontres paroissent plus aggreables, & sont receuës pour aplaudissement d'vn sou-ris commun, parce qu'elles flattent les inclinations de la nature, & qu'elles semblent dispenser de ce que l'honnesteté en témoigne ordinairement de honte. Voila le fruit d'vne conuersation licentieuse d'irriter les langues qui blessent les chastes oreilles, qui salissent les pensées & les affections qu'on estoit obligé de purifier.

Quand on éuiteroit ces desordres, quand les entretiens seroient tousiours dans les termes de la modestie religieuse, doctes, solides, & deuots, ils ne doiuent pas estre trop longs, car en cela comme en toutes les autres bonnes choses l'excez peut estre nuisible : cette grande profusion de paroles, épuise l'esprit de celuy qui parle, & lasse celuy qui entend : il est meilleur de laisser beaucoup de choses dans le mystere, que de dire tout ce que l'on en sçait, & se reduire soy-mesme à l'impuissance de fournir plus de pensées sur vn sujet qui cependant tient de l'infiny: quelque agréement que vous témoigne cette personne, ayez donc la discretion de ne luy estre pas importun ; de la laisser plustost dans l'appetit que dans le dégoust, de luy espargner le temps que ses affaires demandent ; de n'aller pas plus loing que la portée de son esprit qui a ses bornes, qui ne souffre pas long temps ces pensées melancholiques, & qui pour s'en deliurer ne manquera pas de faire vne diuersion de discours. Ce vous seroit vn secret reproche de n'en auoir pas esté le maistre, de ny auoir pas gardé ce que vous deuiez de moderation, d'auoir lassé vostre auditeur, d'auoir peché contre la majesté des choses sainctes en les exposant de sorte qu'elles ayent souffert le rebut.

Ce que ie trouue en cela de plus fâcheux, c'est que vous hazardez, & que vous estes en estat de perdre le fruit de vostre entretien par d'autres mondains qui se jettent à

DV RELIGIEVX.

la trauerſe. C'eſt vn ſecret de pratique religieuſe dans le diſcours que l'on tient aux perſonnes ſeculieres de le conclure touſiours par quelque bon ſentiment de pieté, & que les dernieres paroles en laiſſent l'impreſſion dans le cœur: c'eſt ce qui touche le plus, c'eſt ſur quoy cet homme du monde fera de plus ſerieuſes reflections, & formera des doutes, dont il ſera bien ayſé de s'éclaircir à la premiere rencontre : comme le ſoleil par vn beau couchant, promet en ſuite vne plus belle iournée, ainſi cet entretien que le zele a conclu par des paroles ardentes, en produit d'autres de meſme ou de plus grande edification. Par ce moyen le Religieux ſe conſerue vne grande eſtime de pieté qui fait que tous le recherchent pour eſtre inſtruits, auec vn ſi grand abord, qu'il a peine de s'en deffendre, meſme des illuſtres employs que la renommée luy vient offrir.

NE SE POINT TROP ENGAGER DANS LA
familiarité & dans les intereſts des grands.

CHAPITRE VII.

LEs neceſſitez de la vie ont obligé les hommes de foüiller dans les concauitez de la terre, & de ces lieux profonds du ſilence, du repos & de la nuit, en tirer les metaux qui ſont les inſtrumens où la matiere des arts, l'or & les pierreries qui nous repreſentent icy les beautez & les vertus du ciel. On nous fait recit d'vne certaine pierre des Indes qui eſtant quatre pieds ſous terre eſt pleine de tant d'eſprits qu'elle fait enfler & entrouurir le lieu qui la couure, tire à ſoy les autres pierreries qu'on en approche, & ſemble inuiter nos mains de la mettre au iour pour en enrichir le cabinet d'vn Prince. Il ſe trouue quelquefois dans les ſolitudes religieuſes certains genies propres à de grandes choſes qui iettent enfin quelques éclats, & qui eſtant reconnus des grands du Royaume, ſont tirez du cloiſtre dans les affaires publiques.

I'ay fait voir en vn autre liure que le Religieux par vne

Marſil. ficin de vira cœlitus compar. auda. c. 15.

vocation particuliere de Dieu, par l'ordre de ses superieurs, par vn transport de charité peut soulager vn estat, & obliger tout vn peuple en la personne du Prince qu'il assiste de son conseil ; mais ces personnes, ces occasions necessaires, ces circonstances qui iustifient ce grand employ, sont si rares, & font vne exception si peu commune qu'elles n'empeschent pas qu'on ne tienne pour vne loy generale, que le Religieux se doit engager le moins qu'il peut dans la familiarité & dans l'interest des grands : car il doit agir selon sa condition, comme toutes les choses créés selon leur nature ; or il professe, comme nous auons dit, vne vie separée du grand commerce du monde, déchargée de tous ses soins, dans la liberté & la saincteté des enfans de Dieu. L'obeissance le tire bien quelquesfois de son cloistre pour donner des assistances charitables au prochain, mais ce n'est pas pour solliciter des procez, pour dresser des comptes, pour donner des fermes, pour faire les autres negoces de l'œconomie ; il laisse toute cette conduite des choses purement mondaines aux esprits du monde, & ne se mesle que d'informer les consciences de ce qui regarde leur salut. Or, les affaires des Princes importantes au gouuernement de l'estat ont des estenduës plus vastes, des employs plus empressez, des seruitudes plus grandes, des suites plus perilleuses ; elles sont toutes pour le temporel, tellement que sortir pour cela du cloistre, c'est pecher contre le canon qui deffend aux personnes enrolées dans la milice de Dieu, de s'intriguer dans les affaires du monde.

S'il y auoit quelque esperance de regler la politique par les loix de Iesus-Christ pour estendre son royaume, l'ambition seroit sainte qui tâcheroit d'auoir l'entrée dans le cabinet des grands ; mais aujourd'huy l'on nous fait vne politique moderne qui renuoye bien loing dans l'eschole, les grandes maximes de la sagesse & Philosophique & Chrestienne, & qui croiroit vne puissance trop foible contre les perfidies du monde, si elle n'auoit pour regles que la raison & que la iustice. Si le Religieux applaudit à cette conduitte qu'il ne void pas legitime, il offense Dieu ; si

DV RELIGIEVX.

en cela il ne flatte point le Prince, il le blesse d'vn grand reproche, & tombe infailliblement dans la disgrace; pourquoy se ietter dans le peril, ou du peché par vne complaisance criminelle, ou de l'auersion d'vn puissant, par vn refus qui le desoblige & qui change en vn clin d'œil ses serenitez en orages ? ses faueurs moderées sont plus seures, quand elles n'ont pour fondement que le respect general qu'il porte à la saincteté, & à la profession Religieuse.

Si ce Prince ne vous donne pas veritablement l'entrée dans son conseil, mais qu'il le témoigne pour auoir la reputation d'employer des personnes de conscience, comment pouuez vous souffrir que la religion serue non seulement d'instrument à la police, mais de couuerture à ses excez, Il me semble que le sacrilege n'est pas moindre de mettre volontairement la saincteté parmy l'abomination, que l'abomination par force dans le sanctuaire. On vous trompera le premier, on animera vostre zele à de grandes entreprises par vn pretexte de Religion, mais en suite d'on sçaura bien tirer vostre trauail à des fins toutes contraires, & vous verrez à regret qu'auec toutes vos bonnes intentions vous estes le ministre de l'iniquité.

Cette opinion publique que vous estes dans le conseil, tirera sur vous vne foule de personnes qui vous demanderont pour intercesseur en des choses apparemment iustes, mais que vous n'oseriez proposer, & qu'il n'est pas en vôtre pouuoir d'obtenir; Ce grand abord troublera vostre repos, il vous rauira le temps pretieux qui vous restoit pour l'estude & la contemplation ; enfin vous aurez le déplaisir de n'auoir à faire que des refus, qui vous feront perdre l'estime & l'affection de plusieurs. Quoy que vôtre faueur ne soit qu'apparente, vous ne serez pas moins battu de l'enuie que si elle estoit veritable, & les clameurs publiques qui n'ozent pas attaquer les personnes plus eminentes tomberont sur vous, comme les mauuaises humeurs sur les plus foibles parties du corps. Quoy que vous ne soyez pas consideré comme vne personne de conseil, ayant l'oreille du Prince vous ne laisserez pas d'estre importuné de demandes, où ne pouuant rien, vostre refus sera pris pour vn defaut de iustice, d'affection, de reconnoissance, qui attirera beaucoup d'auersions sur vous, & sur vostre ordre.

 Vn Prince qui se fait vne idole de sa grandeur, croit ayséement que tous ceux qui s'en approchent s'en promettent quelque bien, & n'ont point d'autre motif que l'interest : qu'vn Religieux y pretend quelque chose qui flatte ses sens & ses inclinations, plus de liberté, quelques priuileges, quelques passe droits en son ordre ; enfin quelque vanité, & que le souffrir à la cour c'est assez le recompenser. Cependant il faut qu'il viue là entre des objets, des discours, des sottises & des crimes directement contraires à sa profession. Si cela luy plaist, il n'est plus religieux ; s'il luy déplaist, pourquoy se faire cette violence ; offencer continuellement ses yeux & son esprit de ce spectacle d'impuretez, dont se lassent ceux mesmes qui le recherchent.

 Dieu deffend à son peuple de mettre ses enfans au seruice des Princes estrangers, par ce qu'il ne leur seroit pas possible qu'en cette condition, ils ne se laissassent aller à des complaisances, & à des employs qui seroient des impietez. Quand Iesus-Christ nous fait vne notable distinction de ceux qui sont à sa suitte, d'auec ceux qui viuent en la cour des grands, il nous instruit à ne pas confondre ce qu'il veut estre separé, à ne point prophaner la sainteté de nos vœux, n'y l'eminence d'vne condition qui doit iuger le monde, en l'assujetissant au monde. Quoy que l'on dise, il est bien difficile de ne point entrer là dans des sentimens qui ne s'accordent pas auec la perfection de l'Euangile : il faut vne ame bien saine pour n'estre point alterée dans ce mauuais air, & pour se tenir tousiours dans vne bonne constitution qu'on a mesme peine de se conseruer dans la compagnie des saints. Toutes les plantes ayment la lumiere, mais il s'en trouue qui ne peuuent supporter l'ardeur des grands rayons du soleil ; il se void peu de Religieux qui ne soient capables d'vne commune conuersation, le nombre neantmoins est fort petit de ceux qui puissent garder tout ce que leur condition demande d'integrité parmy les occasions & la vanité des cours. C'est pourquoy les

DV RELIGIEV X.

les Philosophes, Democrite, Socrate, Antisthenes, Dio- | Maiesticis.
genes, Crates, quasi tous les autres refuserent la familiarité des Princes. Appollonius importuné par le Roy de
Babylone de prendre logement dans son palais, en le re- | Philost. in
fusant luy dit, que les excez qu'il y falloit voir estoient | vita Appo.
moins supportables à vn Philosophe, que ne le seroient à | lo. 2. cap.
vn Prince toutes les incommoditez de la pauureté : & les
Brachmannes Philosophes des Indes qui demeuroient sur
des montaignes esloignez des villes, n'en descendoient
iamais pour aller en cour, & quand les Princes les visi- | Id. lib. 4.
toient, il ne leur estoit pas permis de demeurer auec eux | c. 2.
plus d'vn iour entier.

Dans cette creance qu'a le Prince qu'il vous oblige
quand il vous appelle, & que sa familiarité vous est vn
honneur, il prendra la liberté de vous tirer de vostre cloistre quand il luy plaira, de vous attacher à sa suite, à
ses interests, à sa fortune, à meilleur prix que tous ses autres officiers, puisque vous n'auez pour gage que la vanité. Vous voila décheu de vostre rang, vous perdez les
auantages que vous donnoit la saincteté de vostre profession : c'estoit regner que de seruir Dieu, & c'est deuenir
esclaue de seruir vn Prince. Vne veritable saincteté est
plus genereuse, vn esprit nourry dans les spectacles eternels, regarde sous soy les puissances de la terre si basses &
si petites, qu'elles ne luy sont nullement considerables,
s'il s'agit de quitter la moindre chose qui regarde le culte
de Dieu. Vn Capitaine fait ce commandement à Elie,
homme de Dieu descendez de vostre montaigne, & ve- | 4. reg. 1.
nez trouuer le Roy qui vous demande, le Prophete respond, si ie suis homme de Dieu, que le feu descende du
ciel & te consomme ; ce qui fut fait pour venger le mespris qu'on faisoit de Dieu, en voulant assubjetir son seruiteur à vn monarque temporel. Theodose ayant à combattre le tyran Maxence traitta auec tous les respects pos-
sibles l'Abbé Senuphius qui estoit dans le desert d'Egy- | Baron. an.
pte, & le pria tres-humblement de le venir voir dans vne | 388.
occasion où il auoit extrémement besoin de ses conseils,
& de ses intercessions aupres de Dieu ; ce saint Anacho-

Y y y

reté voyant que cette prière n'estoit fondée que sur des sentimens de pieté, donne asseurance à l'Empereur qu'il prieroit pour luy, & luy enuoye son baston pour presage de la victoire & de la puissance qu'il gaigneroit sur son ennemy. Vne affaire qui regardoit le restablissement de l'empire, le soulagement d'vn peuple, la defaite d'vn tyran n'est pas capable de tirer ce saint Abbé de son desert: c'est vne leçon aux Religieux de ne se point engager dans les affaires du monde de quelque consequence qu'elles soient, & ne point quitter leur cloistre pour satisfaire aux inclinations d'vn Prince.

S'il vous demande pour soulager son esprit apres les attentions qu'il a données aux grandes affaires d'estat, helas à quel point se void reduite la pieté, de passer pour vn diuertissement semblable à celuy d'vne musique ou d'vne comedie? S'il est vray que l'esprit ne se delasse que par le plaisir, Dieu vueille que le Religieux ne soit point là traitté auec des railleries insolentes que la simplicité de la personne qui les souffre rend faciles, & que l'authorité de celle qui les fait rend celebres pour mettre à iamais vne personne ou vn saint ordre dans le mespris? Dieu vueille que Iesus-Christ ne soit point encores là mocqué comme il fut en la cour d'Herode? Laissons à Cesar ce qui est à Cesar, & rendons à Dieu ce qui est à Dieu, il faut luy donner entierement vne personne que des vœux si solemnels luy ont consacrée, & qui n'auroit pas tout quitté si elle se conseruoit encore vn desir non seulement de posseder, mais de seruir les puissances temporelles. Ie veux que ce soit vn esprit de feu qui ne puisse pas demeurer couuert, vne lumiere, qui selon l'Euangile, ne doit pas estre mise sous le boisseau, sans s'embarasser dans ces negoces honteux & contraires à la perfection de son estat, ayant les capacitez necessaires, il ne manquera pas d'emplois esclattans s'il a du zele pour le seruice de Dieu.

DV RELIGIEVX.

DE ZELE POVR LE SALVT DES AMES.
CHAPITRE VIII.

QVAND Sainct Iacques nous aduertit que tout ce que nous auons de bien, nous est donné par le pere des lumieres, il nous marque en peu de paroles les deux grands effets de la charité qui regarde Dieu & le prochain : Dieu comme la souueraine bonté à qui nous deuons tout nostre amour, & par la complaisance de la perfection qu'il possede, & par vne tres iuste reconnoissance du bien qu'il nous fait. Le prochain comme l'image de Dieu, l'object de son eternelle charité, le suiet obligé de se tenir dans son obeissance, & sur qui se doit étendre son Royaume. Ainsi l'Ange qui entre les troupes rebelles se tint ferme dans les fidelitez qu'il deuoit à Dieu, luy rendit premierement ses hommages, & puis il tira tous ceux qu'il peut à son party par cette genereuse proclamation, viue Dieu, aucun esprit ne luy est semblable. Comme la lune reflechit premierement sur l'astre du iour, la lumiere qu'elle en reçoit, & puis la répend sur le monde ; comme vn anneau de fer s'attache à son aimant, & enuoye de là vne vertu doublement forte, pour y attirer les autres : ainsi le Religieux qui a receu les illustrations diuines, si puissantes qu'elles luy ont fait quitter toutes les attaches du monde, est emporté d'vn saint zele, de retirer tous les hommes du peché, & de les gaigner à Dieu, dont la gloire est la fin de toutes ses actions. Or agir pour cette gloire de Dieu, c'est trauailler pour le salut des ames raisonnables qui seules sont icy capables de le connoistre, de l'aymer, de le seruir.

Cet employ est extremement fauorable au Religieux, parce qu'ayant quitté toutes les possessions temporelles selon le conseil de Iesus-Christ, n'ayant plus dequoy soulager les necessitez corporelles du prochain, celuy est vne consolation de le pouuoir assister au spirituel, de permet-

Iacob. 1.

tre cet exercice à la charité qui doit d'autant plus qu'elle donne, & dont les flammes veulent auoir beaucoup d'étenduë. Il imite en cela la bonté qui le fauorise de tant de graces, & le don qu'il en reçoit deuient tres bon, selon les paroles de l'Apostre, parce qu'estant communiqué de la sorte, il se multiplie presque à l'infiny.

Que les mondains vantent tant qu'il leur plaira, leurs richesses, leurs delices, leurs dignitez ; qu'ils mettent leur souuerain bien en ces choses qui flattent les sens & les passions, le Religieux dit auec le Prophete, les meschants m'ont conté des fables, quand ils m'ont fait recit de ces vanitez comme si c'estoit des choses fort considerables ; ce sont en effet des songes & des illusions qui n'approchent point, Mon Dieu, de vostre loy, que vous me faites voir estre toute essence, & toute verité. Hé que profite à l'homme d'acquerir tant de biens qui ne seruent que pour le corps, pour vne vie d'vn moment, cependant perdre leur ame, & la gloire qu'ils luy pouuoient acquerir icy pour vne eternité ? qu'elle folie, qu'elle fureur, quel dommage que des ames qui en leur nature spirituelle & immortelle, portent l'image de Dieu, se seruent de ces diuines qualitez, pour estre eternellement malheureuses ? Quoy le sang pretieux de Iesus-Christ, n'aura-il pas plus d'effet pour sauuer les ames, que n'en a le peché d'Adam pour les perdre ? dira-on que le Fils de Dieu ne soit pas mort pour tous les hommes, parce que les hommes se seruent miserablement de leur liberté pour ne point receuoir ses graces ? dira-on que le soleil n'éclaire pas tout le monde, parce qu'il y a des yeux malades, ou attachez à des testes foibles qui ne veulent pas en receuoir la lumiere ? quoy, Mon Dieu, permettez vous qu'en mesprisant vos faueurs, en se defaisant de leurs propres mains, ils excusent leur fureur par vn blaspheme ; qu'ils rejettent leur damnation sur vos decrets impitoyables, sur vne toute-puissance qui n'a point eu de bonté ny de misericorde pour eux ; qui leur refusant ses graces, leur commande ce qu'ils ne peuuent executer, & qui les punit, pour n'auoir pas fait ce qui leur estoit im-

DV RELIGIEVX.

possible ? quoy les fondemens de la Morale, & de la Religion seront renuersez en ostant à l'homme l'vsage de sa liberté ? quoy l'on establira sous vn nom de grace vn destin incomparablement plus cruel & plus inexorable que celuy du Paganisme, puisqu'il ne regarde pas seulement le corps, mais le salut eternel de l'ame. Elles se perdent, elles croupissent dans les crimes, sous pretexte qu'elles n'en sont pas retirées auec les doux attraits de la grace, & qu'elles n'ont pas vne victoire sans combat ? Le libertinage s'establit ; enfin l'on ne croira plus de Dieu, par ce qu'on le dépeint auec des qualitez incompatibles auec sa bonté, injustes & tres horribles à nostre raison ? Le Religieux se tiendra-il dans le repos & dans le silence, durant cette desolation publique de l'Eglise ? il faut que son zele s'arme en ces rencontres, & donne à la charité la pointe que la cholere donne à la force, quand elle doit abbattre l'insolence d'vn ennemy.

Le ciel fait distiller sa manne sur les arbres au temps que le leuer des canicules auec le soleil cause les plus grandes chaleurs de l'année ; c'est lors aussi que le baume coule auec plus d'abondance de sa tige. Ainsi quand le zele enflamme les cœurs, quand la charité les dilate, ils sont en estat de receuoir de Dieu des graces plus magnifiques pour tirer à luy le reste des hommes. Le Saint esprit descend sur les Apostres en forme de langues de feu, parce que les esprits & les paroles doiuent imiter l'actiuité de cet element qui conuertit en soy tous les suiets où il trouue des dispositions, & s'ils ne les ont pas, il les leur donne, les inuestissant de tous costez de ses flammes. La vertu masle n'est distinguée de l'autre que par vne chaleur plus vigoureuse pour acheuer son dessein, & pour n'estre point surmontée parce qui luy fait de la resistance. *Plin. lib. 7. cap. 4. Galen. lib. 14. de vsu partium.*

Ne vous figurez point en cela de la precipitation ; quoy que les astres soient d'vne nature de feu, extrémément vistes en leurs mouuemens, ils sont extrémément reguliers ; quand le zele est conduit de la charité qui est tousiours ordonnée, & qui tient toutes les vertus à sa suite, il n manquera pas aux regles de la prudence, & si l'on cr qu'il y manque, c'est qu'il y excelle. Vne chaleur vehemente, telle qu'elle est en Egypte, dissipe les vapeurs à mesure qu'elle les esleue, & en ayant consommé tout ce qu'il y auoit d'aqueux, elle les change en vn air tranquille, parce qu'il n'a plus de contraires ; mais quand elle est mediocre, elle y laisse des qualitez ennemies, qui ne se pouuant souffrir, sont la matiere des vents, des pluyes, des tempestes qui troublent nos serenitez. Vn grand zele animé de l'esprit de Dieu passe pardessus toutes les petites considerations de la prudence humaine tousiours craintiue & orageuse : il a ses veuës constantes, certaines, genereuses, parce qu'elles sont conduites par le Pere des lumieres, qui n'est point suiet, comme dit l'Apostre, aux ombrages, & aux vicissitudes de ce monde. Aaron prend du feu de l'Autel pour éteindre l'embrazement qui consommoit le peuple ; il faut s'opposer aux grands desordres du monde auec vn zele de Seraphim, éteindre vn feu par vn autre, le prophane par le sacré.

Num. 16.

Serm. 69. super. cant. Saint Bernard distingue ce zele en deux, car il est, dit-il, ou de iustice pour exterminer le mal, ou de misericorde pour flechir des cœurs endurcis, comme on se sert du feu pour redresser des bois tortus. Vous verrez vn auaritieux, qui apres auoir sucé toute la substance d'vn pauure debteur en interest, le retient impitoyablement dans les prisons pour le principal, luy ostant ainsi le moyen de gaigner sa vie, le met au desespoir, & sa pauure famille dans vne lamentable desolation : si les prieres, si les raisons ne peuuent rien sur ce cruel, allez le trouuer auec l'esprit & le visage d'vn Prophete pour luy dire : Quoy Dieu vous a fait tant de graces, vous a donné tant de biens, vous a tiré de tant de perils, & vous tenez tant de rigueur à ce pauure homme que vous mettez vous mesme dans l'impuissance de vous satisfaire : n'en doubtez pas, enfin Dieu prendra la cause du pauure, & vous accablera de la misere que luy vous faites souffrir. Hé pensez-vous que vous ayant accordé l'vsage de ces biens, il ne les retire pas, si vous vous en seruez que pour l'offencer ; vous n'auez point de misericorde, & personne n'en aura pour vous quand

DV RELIGIEVX. 545

vous serez abbatu de la main de Dieu. Mon amy, vous perdez vostre ame, vous estes sur le bord du precipice, peut-estre que ce iour sera le dernier de vostre vie, hé voulez-vous paroistre deuant vostre iuge, pour n'en point receuoir de misericorde, parce que vous n'en aurez point fait à vostre prochain. Pauure homme que vous seruiront là toutes vos richesses, si vous ne vous en estes pas seruy en de bonnes œuures.

Vn puissant veut perdre vn homme de moindre condition dont il se croit offensé, il est inuesty de personnes qui le flattent dans sa passion, qui allument sa cholere par de faux rapports, par des pretextes de iustice, par des sentimens de vanité: vn Religieux qui n'a rien à perdre n'y à esperer du monde, ira franchement trouuer cet insolent, comme Nathan fut trouuer Dauid, pour luy faire aduoüer sa faute, & le porter à la penitence. Il luy fera voir qu'en la grace & en la reconciliation qu'il luy demande, il n'a point d'autres interests que le salut de son ame; qu'il ne peut pas s'adresser à Dieu pour luy demander pardon de ses fautes, s'il ne le donne à son frere: qu'il ne peut auoir la tranquillité de l'esprit, & qu'il se tourmente luy-mesme de viure dans cet esprit de vengence; qu'il doit craindre les coups du ciel, & que s'il accable vn plus foible, il ne se voye opprimé d'vn plus puissant. Que ce qui l'offense, c'est dit ou fait plus par precipitation & par mal-heur, qu'à mauuais dessein; que celuy, dont il se tient offensé en a tous les regrets possibles, qu'il est prest d'en faire les satisfactions, & que se mettant à son deuoir, il l'oblige de faire le sien; que donner des graces, c'est le propre de Dieu, des Princes & des grands courages; on ne doubte point de sa puissance, qu'il donne les preuues de sa bonté, qu'il conserue vne personne qui à l'aduenir luy sera tres-affectionnée, qu'il en aura le repos en sa conscience, la gloire deuant Dieu, & deuant les hommes. Ainsi le Religieux s'employe en mille semblables rencontres pour soulager le prochain, auec vn grand zele, & vne charité égalle pour tous.

*AVOIR VNE EGALE CHARITÉ POVR
les plus petits comme pour les plus grands du
monde.*

CHAPITRE IX.

QVAND vn bon Religieux aborde la maison des grands du monde, quoy que ce soit par obedience & par de tres-puissans motifs de charité, il tient cette visite d'autant plus suspecte, qu'elle luy paroist fauorable à la nature, & ne s'y porte jamais qu'auec quelque sorte de repugnance. Il ne void là que des objets qui luy representent ce qu'il ne veut point desirer; il n'entend que des discours qui flattent, & qui éleuent ce qu'il méprise, enfin c'est vn element étranger, où il n'est pas possible qu'il n'ayt beaucoup à souffrir. Son premier dessein, c'est de faire quelque impression de pieté dans les ames, mais d'ordinaire il les trouue si fort engagées dans les affaires du monde, si persuadées que le souuerain bien de cette ie consiste dans les aduantages de la fortune, tant de voix es flattent & les entretiennent en cette creance, que c'est veritablement là où la parole de Dieu demeure estouffée sans fruit entre les pierres & les espines. En vn mot, c'est attaquer la vanité dans ses forts auec bien peu de succez, d'aborder le palais des grands, pour y prescher la perfection de l'Euangile; comme ils ne defferent qu'aux sens, comme les choses de l'esprit leur semblent des songes, pour les gaigner il ne faudroit pas des paroles, mais des miracles.

La charité ne laisse pas de poursuiure son premier dessein; elle tâche de tirer à Dieu beaucoup de monde par la conuersion d'vn homme puissant, d'ouurir des thresors pour le soulagement des necessitez publiques, de faire vne mode de la vertu, & d'en authoriser les pratiques par les exemples de ceux qu'on fait gloire d'imiter. Le Religieux à toutes ces veuës, mais quoy que pour cette magnifique

DV RELIGIEVX.

fique entreprife, il tâche d'auoir vn front de diamant comme le Prophete, & d'affermir fa face, comme faifoit Iefus-Chrift quand il alloit en Ierufalem, il ne fe peut empefcher qu'il ne rougiffe bien fouuent de honte, de fe voir fous vn faint habit dans vne foule de tant de perfonnes idolatres de la fortune, & donner fujet de croire que la pieté comme les autres conditions, n'aborde le palais des grands que pour y eftre fupliante.

Les vifites que le Religieux rend aux pauures, mettent fa charité dans vn exercice de moindre éclat, mais plus pur, plus innocent, d'où mefme il a couftume de tirer des profits plus affeurez, comme d'vn trafic mediocre, que les plus fages preferent à ces longues nauigations, de qui les grands gains font continuellement menacés d'vn grand peril. Le Religieux pauure va trouuer le pauure auec vne fympathie de charité bien plus preffante que celle de la nature qui donne ces grandes & douces inclinations à toutes chofes de rechercher leurs femblables : C'eft le mefme Dieu qui les a reduits tous deux dans la pauureté, l'vn par vn attrait de la grace qui luy a fait choifir librement cet eftat humble, dégagé de la fortune ; l'autre par vn ordre de fa prouidence, qui luy rend cette priuation neceffaire. Et comme l'air qui eft icy pur dans fa region, ne laiffe pas d'aller à la rencontre de celuy qui s'eft formé dans les concauités de la terre, fi toft qu'il a l'ouuerture, & de s'y vnir pour le nettoyer de ce qu'il a de moins pur ; ainfi le pauure Euangelique va trouuer le pauure par force, pour luy apprendre à faire, comme l'on dit, de neceffité vertu, & par des refignations aux volontez diuines, donner du merite à fes incommoditez, comme fi elles eftoient volontaires.

Ainfi les Anges parfaittement pauures d'efprit, par vn entier dégagement de tous les biens de fortune, vont trouuer les pauures pafteurs, les conduifent à la creche que le verbe incarné auoit pour berceau, & leur monftrent là l'idée de la volontaire pauureté.

Ces pauures languiffans fur la paille, fans affiftance, fans amis, fans medecins, fans remedes, quafi fans nourriture,

Z z z

ont dés long-temps conneu par de tristes experiences qu'il ne leur faut rien esperer du monde, qu'il leur est vn lieu de douleurs; & vne vallée de larmes: les voila dans vn entier dégagement de la terre, en la meilleure disposition qu'ils puissent auoir pour les éleuer à Dieu. Quand vn Religieux les vient visiter en cet estat de misere qui écarte les amys du monde, ils sont rauis de consolation, par cette seule pensée qu'ils ne sont pas abandonnés de Dieu, puis qu'il les visite par ses seruiteurs.

Apres auoir permis à leur cœur de se soulager par le recit des accidens de leur maladie ou de leur disgrace; apres leur auoir donné toutes les preuues possibles de compassion; apres auoir deliberé des moyens d'où ils peuuent tirer du soulagement; apres leur auoir promis tout ce qui se peut d'assistance, & appriuoisé la nature par ces premiers interests sensibles, on les rend beaucoup plus dociles en ce qui est des choses spirituelles. Il represente à ce pauure desolé que le temps de cette vie n'est rien qu'vn voyage qui nous doit conduire au ciel, que les plus chargez dans le chemin y vont le moins viste; & que ceux qui s'arrestent à ce qui leur semble delitieux n'arriuent pas au lieu du repos. Que là l'on ne fera point estat des richesses, ny des grandeurs de ce monde; qu'il sera plus que les Princes, s'il a plus de vertu & plus de charité qu'eux; & que la prouidence a ménagé son salut, en luy ostant les commoditez temporelles, d'où quasi tous les mondains prennent occasion de perdre leurs ames; qu'elle l'a mis dans vn estat de pauureté, que Iesus-Christ, que les Apostres, que les plus grands saints ont pratiquée durant cette vie, & qu'il eust luy mesme choisi, s'il se fust rendu bien attentif aux conseils de l'Euangile, afin qu'il benira Dieu durant toute l'eternité, de l'auoir seurement conduit au ciel par le chemin de la croix. Durant ces entretiens il void en ce pauure homme sans estudes & sans affectation les naïfs effets de la grace, des eslans d'amour si purs & si sublimes qu'ils pourroient seruir de modelle aux plus grands contemplatifs. Le Religieux les regarde auec vne saincte émulation, de maistre il deuient disciple, tout confus de voir que les simples trouuent tant d'auantage pour gaigner le ciel.

Ces visites charitables justifient parfaitement la conduite du Religieux, & que s'il void indifferemment les petits comme les grands du monde, qu'il ne considere en cela que le bien des ames également cheres à Iesus-Christ, & qui toutes ont esté racheptées au mesme prix de son sang. Cela fait nettement voir à ces idolatres de la fortune, que nous esperons vne autre vie que celle qui se passe en terre ; que ces biens qu'ils estiment tant, ne sont que des songes, que des imaginations de malades, qui ne peuuent non plus retenir ou aduancer le cours de la charité, que celuy de la nature : La terre porte, l'eau laue, l'air rafraischit, le feu chauffe, le soleil esclaire, le ciel ayde également le pauure comme le riche ; le temps ne va pas plus viste pour mûrir l'âge des Princes que des païsans : ces causes vniuerselles ne sont que l'image d'vne souueraine bonté, & du Religieux animé de son esprit, qui donne du secours à tous les hommes, sans s'arrester aux diuerses qualitez que l'opinion introduit entr'eux : le centre reçoit également vne pierre, blanche, noire, rouge, de quelque couleur qu'elle puisse estre, parce que ce n'est pas la couleur, mais le poids de la matiere, & la conformité qu'elle a auec ce lieu qui luy donne ce mouuement.

La mer reçoit toutes les eaux qui coulent en son sein, & sans s'alterer de leurs diuerses qualitez, elle leur donne les siennes, ainsi le Religieux prend de Dieu vne certaine amplitude pour receuoir & secourir tous ceux qui viennent à luy, sans considerer la bassesse ou l'eminence de leur extraction. Les grands fleuues qui tombent des montagnes, font bruit quand ils viennent dans la mer, & la resistance qu'ils trouuent à l'impetuosité de leurs cours, sousleue des flots, qui dans le calme du ciel & des vents, ne laissent pas de faire vne petite tempeste ; mais les fontaines qui coulent auec douceur du pied d'vne coline, se meslent insensiblement auec ce grand reseruoir des eaux: quittant leur douceur, elles prennent ses amertumes, & ne sont plus ensemble qu'vn corps qui suit les mouuemens du ciel. On void de mesme que ces pretenduës conuersions des grands, traisnent auec soy de grandes difficultez d'affaires qui sont des orages & des troubles incommodes à la tranquillité du Religieux; mais il reduit bien plus aisément les pauures aux austeritez de Iesus-Christ, il leur imprime les sentimens de pieté sans beaucoup de resistance, & les y trouue mesme si disposez, que souuent il en reçoit autant qu'il leur donne de consolation: il s'anime auec eux à la patience, au mépris de cette vie, aux esperances de l'autre, cependant que ces œuures d'vne charité parfaitement des-interessée donnent de grandes édifications à tous les fidelles.

LA VISITE DES MALADES.

CHAPITRE X.

LA charité est comme ce feu du ciel, qui descendant autres-fois sur les holocaustes, faisoit voir que Dieu les auoit pour agreables, quand il les consommoit par vn grand & prompt embrazement. Vn homme possedé de cette ardeur Seraphique ne ménage point ses forces selon les loix de la prudence humaine, ny les inclinations de la nature, d'abord il s'immole tout entier à Dieu, & luy fait vn sacrifice de tout ce qu'il a de puissance & de vie; que si par ce grand effort du cœur il ne se peut transporter comme il voudroit tout entier à Dieu, il se donne à ceux qui le representent, il se prodigue sans reserue au seruice des malades, particulierement s'ils sont pauures, car c'est ceux là que Iesus-Christ aduouë pour ses membres, & se charge de reconnoistre les faueurs qu'on leur fait, comme s'il les auoit receuës luy mesme en personne: Ainsi Saint François dans les premieres chaleurs de sa conuersion se met à seruir les ladres, à consoler par sa presence & ses saints discours ces pauures abandonnez du reste des hommes, à panser leurs ames & leurs vlceres auec des prostitutions de cœur qui passoient mesme la necessité du mal.

DV RELIGIEVX.

Depuis que les misericordes de Dieu ont fait cesser les mauuaises influences qui affligoient l'Europe de ce fleau, entre tous les Religieux, ceux de Saint François ont fait paroistre leur zele en l'assistance des pestiferez, & leur charité n'a point trouué d'occasion plus fauorable, que de donner leur vie pour sauuer l'ame de leur prochain.

Hors ces malheurs publics qui desertent les villes & les Prouinces, les visites qu'il faut rendre aux maladies ordinaires, donnent tous les jours assez d'exercice au Religieux. Ces coups inesperez qui abattent le corps au lict, qui renuersent tant de desseins, qui font perdre de si belles occasions sur le point qu'elles deuoient contenter les esperances, causent beaucoup moins de douleurs aux sens, que de déplaisirs en l'esprit : en ces rencontres, le discours moral & saint du Religieux qui calme les passions, contribuë quelquesfois plus à restablir la santé, que la medecine auec tous ces remedes. S'il peut esleuer cet esprit à Dieu, & dans la contemplation de l'eternité, il luy fera voir de là les choses humaines si basses, si petites, si changentes, si peu dignes de ses soins & de ces affections, que s'y attacher c'est se rendre miserable : il luy fera voir que la santé du corps, la possession des biens, des amys, des dignitez, que toutes ces choses exterieures nous sont données, & puis ostées par vne prouidence particuliere qui en cela nous fait connoistre qu'il ne faut pas fonder nos esperances sur des sujets, si peu solides; & qui donne aussi de l'exercice à nostre vertu, dans l'vne & l'autre fortune : si les courages s'amolissent & se corrompent bien plus-tost par la felicité, qu'ils ne s'abattent par la disgrace, vous deuez considerer, luy dira-il, ce lict, où la maladie vous attache, comme vn fort qui vous donne vne retraitte asseurée contre la violence de vos ennemis : ne vous plaignez point de ce que cet accident vous détourne de vos affaires, de vos agreables conuersations, de vos diuertissemens de campagne, & que mourant à tous les plaisirs, vous n'auez plus de la vie que pour la douleur; mais considerez que ce coup du ciel vous tire de toutes les occasions où vous auez coustume d'offenser Dieu; qu'il vous rend au moins l'innocence necessaire, & qu'il vous donne vn grand sujet de merite, si vous souffrez auec patience ces mortifications que vous n'eussiez pas choisies de vous mesme. Tout ce qui se passe dans le commerce de la vie commune, n'est que pour les commoditez d'vn corps mortel, qui bien-tost ne sera plus pour joüir de ce qu'on luy amasse auec des auiditez sans fin: quoy que nous ne soyons au monde que pour meriter le ciel, c'est à quoy l'on pense le moins, vn desir pousse l'autre, les affaires sont des labyrinthes, ou plus l'on aduance plus on se perd, & les passions qui croissent comme les eaux dans leur cours, emporteroient toutes les pensées, si la maladie n'en faisoit quelque diuersion. Ce corps qui chancelle, qui ne se peut long-temps soustenir auec vigueur, enfin tombera; ses infirmitez sont les presages d'vne mort, qui doit estre le passage dans vne eternité de peines ou de gloire. Pensez à l'integrité que vous souhaitteriez d'auoir pour paroistre deuant Dieu, & faites estat de l'acquerir dans le temps qui vous reste de cette vie: souffrez ces peines auec courage en satisfaction de vos fautes, versez des larmes de penitence, remettez vous en grace auec Dieu par les sacremens de l'Eglise; prenez de fermes resolutions de mieux viure que jamais; releuez de cette maladie comme d'vn sommeil, d'vn grand repos, auec de nouuelles forces pour trauailler à vostre salut.

Il y a des hommes qui reçoiuent de Dieu la grace de voir nettement les effets de sa justice en leurs maladies, en ce qu'elles les arrestent tout court, lors que sans plus de retenuë ils s'emportoient au desordre: ils confessent qu'ils sont justement punis de la maniere qu'ils ont offencé, mais tousiours auec vne grande misericorde qui ne les traitte pas selon leur demerite. Le Religieux trouue de grandes dispositions en ces consciences pour les porter à tous les deuoirs du Christianisme, à former leur contrition, à releuer leurs esperances, à leur faire sensiblement remarquer les peines que le peché donne à l'ame dés cette vie, la paix & la consolation qu'elle trouue dans les pratiques de saincteté, l'amour que l'on doit auoir pour la croix, qui est la marque des éleus, & que les bien-heureux choisiroient par aduantage sur toutes les conditions, s'ils auoient à reuenir en ce monde.

 Ces entretiens de pieté ne se doiuent pas faire par vn discours continu, qui tienne de la declamation & qui lasse l'esprit d'vn pauure malade, par trop abbatu pour estre attentif à vne longue suite de raisons & de paroles ; elles portent bien plus auant dans le cœur, & y produisent des sentimens de pieté plus efficaces quand elles sont distillées à reprises, dans l'occasion des demandes & des responces, & qu'on en fait naistre la curiosité pour la contenter auec autant de proffit que de plaisir. L'indiscretion d'vn grand parleur qui suit sa pointe sans considerer l'estat du malade, luy fait souffrir vn double supplice, & d'vn discours importun, & de la violence qu'il se fait de n'en pas témoigner son déplaisir, par le respect qu'il porte à la personne & au sujet de pieté. Les peines de l'esprit ne sont pas moindres que celles du corps, tellement que gesner vn pauure languissant par ces longs discours sans qu'il ayt la liberté des plaintes ou de la parole, c'est comme l'obliger à souffrir vne cruelle operation de chirurgie sans luy permettre de faire vn geste, ou de ietter la moindre voix de douleur. Delà naissent des auersions qui bannissent ce consolateur onereux, au moins si l'on le souffre, on ne luy donne plus de confiance, de sorte que ses visites perdent tout ce qu'il en esperoit de fruit.

 Si la maladie menace d'vne mort prochaine, sans qu'aucun de la famille ose en porter la parole, crainte qu'elle n'épouuente le malade, & peut-estre qu'elle ne luy donne sujet de faire des dispositions qui ne seroient pas aduantageuses aux heritiers. En ces rencontres le Religieux estant bien informé du peril, doit premierement paroistre, & puis agir auec des intentions extremément pures, dégagées de tout interest humain, & sans se considerer ny soy mesme ny son ordre, ne pretendre que de sauuer l'ame de celuy dont la prouidence luy donne la direction, & l'en tiendra responsable: Il le mettra donc doucement dans le recit des accidens de son mal, des remedes qui n'ont pas eu ce qu'on en esperoit d'effet, des defaillances qui croisent, & qu'on ne peut soulager : ce qu'il souffre, ce qu'il entend des medecins, la douleur qu'il void peinte sur le visage de sa famille & de ses amys, luy fait prononcer de luy-mesme le iugement de sa mort : flattez-le d'vne generosité qui ne la craint point, & d'vne pieté semblable à celle de l'Apostre qui ne demandoit qu'à se voir déchargé des chaisnes du corps, pour aller à Dieu. Representez luy que dans la necessité de ce passage qui n'espargne non plus les Roys que les pauures, il a d'extremes obligations à la prouidence qui ne permet pas qu'il soit enleué du monde par vne mort subite, comme ceux qui perissent dans les combats, par les voleurs, par les naufrages, par vne cheute, par vne apoplexie, peut-estre en vn estat de peché mortel qui les damne eternellement : qu'il doit profiter du temps que Dieu luy donne, pour dresser les comptes de toute sa vie, nettoyer sa conscience de tout ce dont elle sent quelques remords, luy faire produire des actes de foy, d'esperance & de charité, par tous les sentimens qui luy pourra donner d'vne veritable contrition : enfin qu'il se remette en grace auec Dieu par les Sacremens de l'Eglise : que ces saintes dispositions prennent le plus seur dans cette importante affaire de son salut eternel, & dans l'incertitude de la derniere heure ; qu'elles ne l'aduancent point, & ne font qu'en empescher la surprise ; qu'elles n'augmentent point le mal, mais plustost qu'elles l'adoucissent par le calme qu'elles donnent à la conscience, auec les esperances de la beatitude.

Si cet homme a des ennemis, faites luy voir que de continuer dans la haine qu'il auroit conceuë contre eux, ce n'est pas leur nuire, puisqu'il est en estat de sortir du monde, mais que c'est se perdre soy-mesme à jamais, & n'ayant point de misericorde, se mettre en estat de ne la point receuoir de Dieu. Apres luy auoir amolly le cœur, & luy auoir fait naistre le desir de voir ces personnes qu'on dira touchées d'vn regret d'auoir demeuré si long-temps dans ces auersions, on les fera paroistre les larmes aux yeux, les paroles d'amour en la bouche, les bras ouuerts pour les embrassemens de paix. O Dieu, que de benedictions ces

pauures

DV RELIGIEVX.

pauures cœurs semblent sortir des cachots pour respirer l'air, les lumieres & les douceurs de la charité diuine: qu'elle joye commune des familles, & que d'actions de grace à ce commun liberateur?

Sur tout il faut porter le malade à faire son testament, & vne derniere disposition pour l'acquit de sa conscience. S'il a conduit des affaires qui l'obligent à des restitutions, c'est le grand coup qu'il faut conduire auec adresse contre l'auarice sacrilege de ses miserables heritiers, qui ne se soucieroient pas que Dieu fust offencé, que les pauures demeurassent opprimez, que leur pere, que leur parent perdit son ame, pourueu qu'il leur laissast tous ses biens. Selon les loix ils seroient incapables de luy succeder, si estant decedé par vne mort violente, ils n'en poursuiuoient pas la iustice, cependant par vne impieté plus abominable, ils luy veulent bien causer la mort eternelle pour quelques petites possessions. On luy fera voir combien il luy importe de preferer le salut de son ame à l'auidité de ses heritiers, que par l'empeschement qu'ils veulent apporter à ses charitables dispositions ils commettent la plus infame de toutes les ingratitudes, qui les rend indignes de ses autres biens: qu'il les en a priuez durant sa vie, parce qu'il en auoit besoin pour luy-mesme; qu'il en a maintenant beaucoup plus affaire pour son salut eternel: qu'il ne peut pas donner ce qui de droit appartient aux autres, qu'il ne doit pas sortir de ce monde pour paroistre deuant Dieu, les mains pleines de rapines; que les clameurs des pauures à qui ces choses sont deuës, seroient des voix de sang contre luy, qui concluëroient à sa condemnation deuant le throsne de Dieu. Qu'au reste ces biens mal acquis portent des maledictions dans les familles, qu'ils sont dans la masse d'vne succession comme des pommes pourries dans vn tas de fruits qu'elles corrompent; & que c'est pour cela principalement que Dieu venge les pechez des peres sur les enfans iusques à la troisiesme generation. Mille autres sujets se presentent en la visite des malades, où le Religieux prudent & saint peut soulager les pauures, rendre la paix aux familles, l'honneur aux personnes ef-

Aaaa

pensées, la gloire à Dieu ; & quelquesfois sauuer plusieurs ames, en vne seule.

CONSOLER LES AFFLIGEZ.

CHAPITRE XI.

LEs maladies du corps sont des disgraces qui ne sont pas ordinaires, qui ne trauaillent que par accez, apres de longues remises ; on y trouue du soulagement par vne infinité de remedes : si c'est vn petit mal, il est supportable entre beaucoup de commoditez qui le temperent, s'il est violent, il n'est pas long, car la nature impatiente des douleurs aiguës y met bien-tost fin, par la mort ou par la santé. Les hommes du monde sont beaucoup plus à plaindre dans les maux qui blessent l'esprit, parce qu'ils les offensent en vne partie plus essentielle ; qu'ils mettent leurs plus nobles & principalles puissances en interdit, & que comme les desirs de l'opinion n'ont point de bornes, les disgraces qui les trauersent causent des priuations & des douleurs à l'infiny.

Quoy que ces maux soient imaginaires, les peines qu'ils donnent ne laissent pas d'estre veritables, & d'autant plus dignes de compassion que l'homme y trouue moins de remedes, ny chez soy ny chez ses voisins. Sa raison troublée par ces phantosmes n'a pas assez de lumieres pour en faire le discernement : les especes qu'elle rapelle du passé, celles du present & de l'aduenir, ne font qu'accroistre son mal, toutes ses pensées luy font de nouuelles playes, & comme la mer rend ses eaux sallées par vne vapeur grossiere qui s'éleue de son fonds ; comme les montaignes ardentes se consomment d'vn embrazement entretenu par les matieres sulphurées, qu'elles enferment en leur sein, les ames possedées de l'opinion, se causent elles mesmes les douleurs qui les affligent.

Ces peines sont ordinairement plus grandes de ce qu'elles sont secretes, & que mille respects ferment la bouche

DV RELIGIEVX.

aux plaintes dont on se pourroit soulager; qu'ils font languir de pauures alterez aupres des eaux, des miserables aupres des remedes, parce qu'ils n'oseroient témoigner qu'ils en ont besoin. Vous verrez vn homme de mediocre condition persecuté par vn grand, si contraint en ses souffrances, qu'il ne luy est pas permis d'en donner le moindre signe, de peur que s'il paroissoit offencé, la tyrannie n'irritast sa fureur par la crainte & n'acheuast de le mettre dans vne entiere impuissance de se venger. Vn autre qui se void sur le penchant de sa fortune, n'ose moderer son train crainte de donner l'allarme à ses creanciers, mais s'emporte à de nouuelles profusions, qui sous pretexte de luy donner quelque éclat, consomment bien-tost le reste de sa substance. Vn autre se tient le plus miserable de tous les hommes auec vne beauté qu'il ne croyt pas luy estre fidelle, & dont il craint d'irriter l'esprit par ses plaintes, de l'entretenir dans le desordre par son silence, & pour guerir vn mal secret par vn remede pris à contretemps, s'en faire vne publique infamie.

Chose estrange, les vns se plaignent de ce que leur mal est secret, les autres de ce qu'il est public; en tous les maladies sont compliquées de sorte qu'on est empesché de se seruir d'vn remede pour guerir vn mal, parce qu'il en augmente vn autre. Les parfaits amys à qui l'on puisse donner vne entiere confiance sont plus rares au monde, que les mines d'or & que les roches de diamants dans la terre. Dans toute vne ville on a peine de trouuer vne personne qui ne soit ou qu'on ne soubçonne interessée, qui au reste soit capable de donner conseil: apres donc qu'vn homme malade d'opinion a fait la reueuë de tout ce que l'alliance ou l'amitié luy peuuent donner d'assistance, voyant par tout des perils, il éleue ses yeux au ciel, & attend que le secours luy soit enuoyé des saintes montagnes. Il ne void que les bons Religieux dégagez des interests du monde, pauures, chastes, charitables, prests à donner de bons conseils, puis qu'ils sont tous prests à donner leur vie pour le soulagement du prochain.

Ces pauures affligez viennent à vous, où ils vous appellent

pour vous ouurir tout leur cœur auec vne entiere confiance, comme deuant les seruiteurs de Dieu qui en connoist tous les ressorts. Au milieu de leurs disgraces, ils ne iugent point de conditions plus heureuses que celle des Religieux; ils se plaignent de n'auoir pas suiuy les graces qui les appelloient à la tranquillité de cette vie, & de n'auoir pas preueu, selon l'aduis de l'Apostre, que les petits plaisirs de la chair doiuent estre suiuis de grandes tribulations. Le sentiment de leur mal present augmente les regrets du passé, & leur fait considerer ceux qui se consacrent à Dieu dans les cloistres, comme de bons Anges dont il faut apprendre les diuines volontez: ils sont dans le peril du naufrage, & reclament le secours de ceux qui sont au port; ils ont cette creance que Dieu qui ne laisse point de venins sans antidote, de maladies sans remedes, leur fait connoistre que ne trouuant point de secours assez sincere dans le monde, ils le doiuent chercher dans les cloistres.

Ce qu'ils témoignent de confiance au Religieux l'oblige par toutes sortes de deuoirs, de leur rendre les seruices qu'ils se promettent de luy; il reçoit d'eux les assistances temporelles, il leur doit par vne iuste reconnoissance les spirituelles, pour entretenir ce commerce qui lie les affections & qui inuite de receuoir en donnant. Il ne doit pas en cela considerer seulement les interests, ny prendre le party des personnes passionnées pour des choses qui ne meritent que le mespris, mais qu'il considere des ames rachetées au prix du sang de Iesus-Christ, qui se precipitent dans le desespoir, & qui perdant la paix interieure, perdent les dispositions necessaires pour estre vne demeure agreable à Dieu. C'est l'interest de sa Majesté diuine, c'est trauailler pour la conseruation & l'estenduë de son Royaume, de mettre ses creatures dans vn sublime sentiment de sa prouidence; & leur faire voir que ce qu'elles prennent pour vne disgrace, n'est qu'vn moyen pour dégager leurs affections du monde, & pour les instruire à porter leurs esperances plus haut: c'est commander de la part de Iesus-Christ aux vents & à la mer, de calmer tant

DV RELIGIEVX.

d'orages dans l'esprit humain ; c'est aduancer auec leur salut, leurs affaires mesme temporelles ; car les personnes bien resignées aux volontez de Dieu ont des lumieres plus nettes, des mouuemens plus reguliers, de plus grandes dispositions à suiure les ordres de la prouidence. Elles ne sont plus abbatuës par les coups de la douleur, par les transports de la crainte, par les horreurs du desespoir ; elles conduisent leurs affaires, sans autre interest que celuy de la raison, de la iustice, & de Dieu, toutes prestes de ceder, quand elles verront des ordres contraires.

Le point fondamental de cet important negoce, c'est d'agir auec vne fidelité qui garde autant de secret pour ce qui se dit en ces conferences, que si c'estoit vne confession ; se conduire en tout auec vne prudence qui prenne ses temps, & qui ne donne point ses remedes dans la force de la douleur, non plus que la medecine, deuant que les humeurs y soient disposées. Quand le cœur a poussé ses souspirs, que la bouche a formé ses plaintes, que les yeux ont versé leurs larmes, & qu'on a tâché de soulager cette personne affligée en prenant vne partie de sa peine, par la compassion, le temps vient où elle void, & sans beaucoup de peine on luy fait connoistre que le monde luy refusant le secours, il faut l'attendre de Dieu : que le grand moyen pour obtenir sa misericorde, c'est de renoncer sincerement au peché qui luy est contraire, & qui est la premiere cause de nos mal-heurs : que l'innocence est incomparablement plus à souhaitter auec vne extreme pauureté, que tous les thresors du monde auec les crimes, parce que l'integrité de la conscience donne la paix, & vne satisfaction qui est tout le fruit qu'on se promet, sans le pouuoir obtenir du monde, & qui est icy l'essay de nostre souueraine felicité. Ie ne m'arreste pas icy à deduire en particulier des consolations qu'il faut donner à chaque disgrace, c'est le sujet d'vn grand œuure qui m'écarteroit trop de mon dessein, & dont i'ay déja touché beaucoup de choses en mes autres liures.

Tom. 4. 2.
p. Morale
chrest To.
1. arg sap.
duratio
virtutis

MOYENNER DES ASSISTANCES CHARITABLES pour les pauures, & les affligez.

CHAPITRE XII.

LES discours de pieté que l'on tient aux affligez, charment leur déplaisir, & éleuant leur esprit aux choses diuines, les rend comme s'ils n'eftoient point au monde pour y ressentir les coups de la disgrace. Cela sert extremément pour appaiser la douleur, qui consiste moins en l'effet qu'en l'opinion, & en ces images affreuses que les passions peignent en la phantaisie, il est vray neantmoins que ce remede ressemble à ceux qui sans aller iusques à la cause du mal, en arrestent les progrez, en adoucissent la violence, & en détournent le cours des principales parties sur les moins nobles. Quoy qu'on ayt mis l'esprit d'vn homme dans la plus parfaite resignation du Christianisme, sa pauure famille ne laisse pas de gemir dans ses incommoditez, & la voix pitoyable des petits enfans qui ne sçauent point dissimuler leur indigence, qui demandent ce qu'on ne leur peut donner de nourriture, sont des coups capables de percer des cœurs de diamant.

Le Religieux qui void, qui entend cette misére, est touché de compassion; en ces rencontres il souhaitteroit la vertu miraculeuse de Iesus-Christ qui guerissoit les corps & les ames, & qui multiplioit les pains. Apres qu'il s'est dépouillé de tous ses biens temporels pour se donner au culte de Dieu auec moins d'empeschement, sa charité plus parfaite à l'égard de Dieu, a des sentimens plus tendres pour le prochain, & l'on peut dire de luy dans sa retraitte, ce que Saint Bernard dit des bien-heureux dans le ciel, le lieu que les saints ont pour demeure, n'est point vne terre d'oubliance; la charité leur donne là de vastes estenduës, qui dilatent, & ne retressissent point les cœurs; leur joye sans douleur, leur tranquillité sans crainte, leur

Serm. I. de D. victore.

DV RELIGIEVX.

permet de faire vne profusion d'amour pour tout ce qu[i] regarde Dieu sans reserue ; pour estre au ciel, il ne mé-prisent point la terre : ils font gloire de s'employer pou[r] le seruice des hommes ; ils sont tous pleins de bonté pou[r] nous soulager dans les peines dont ils ont fait l'espreuue, & d'où la misericorde de Dieu les a tirez.

Le Religieux sçait bien que comme les richesses sont vn moyen vniuersel pour tout posseder, que la pauureté est vn estat à tout souffrir, exposé à tout ce que les hommes & la fortune ont de violent ; sa charité ne doit pas estre sans effet en cette rencontre, & s'il n'a pas les richesses, s'il n'a pas les charges pour soulager les pauures par ses li-beralitez, & son authorité, il peut au moins leur moyen-ner le secours des autres. Il ira trouuer vn homme dont il connoist les moyens & les bonnes volontez ; luy represen-tera les extremes necessitez d'vn pauure, qu'vn accident ineuitable de maladie, de pertes, de voleurs, de violence, a reduit en vn estat qui donne de la compassion aux moins sensibles ; il en expose les circonstances, l'estat d'où il est tombé, celuy où il se trouue, ce qu'il craint dans vne sui-te de disgraces, qu'on peut arrester auec vn petit secours. Il en fait les supplications auec plus d'humilité, plus d'in-stance, plus d'ardeur que si c'estoit pour luy-mesme ; luy fait voir les benedictions que cette bonne œuure aura pour recompense deuant Dieu, & deuant les hommes. S'il peut obtenir ce qu'il pretend, en ce seul employ il a le merite de trois grandes actions de charité, en ce qu'il l'exerce, qu'il y porte vn autre, & qu'il en fait ressentir les fauora-bles effets à ce pauure languissant.

Les Anges sont employez de Dieu, non pas à donner eux mesmes les influences, mais à mouuoir les cieux qui les versent ; n'estant qu'esprits, leur deuoir est de condui-re ces grands corps, qui nous obligent de leurs lumieres & de leurs vertus. Ainsi le Religieux qui n'est plus estimé partie du monde ciuil, & que les vœux ont fait passer dans vne condition plus eminente, contribuë ses conseils & ses soins aupres des riches, afin de les porter aux exercices de la charité : si selon les loix celuy-là est estimé faire l'injure, qui persuade de la faire, on doit de mesme prendre pour autheur du bien celuy qui en fait naistre les volontez, & en obtient les effets. C'est l'office des Anges & des Prestres de presenter à Dieu nos prieres, & d'attirer sur nous ses benedictions : c'est vn des principaux employs des bien-heureux de nous ayder de leur intercession ; nous ne sçaurions plus honorer la Sainte Vierge, que la dire nostre aduocate ; Iesus-Christ mesme, quoy que Dieu, & le principe de nostre salut, en veut estre reconneu comme le mediateur : ses graces ne sont pas des violences qui nous emportent, mais des attraits & des persuasions qui gaignent nos consentemens. Le Religieux à qui l'obedience donne pour employ de solliciter des assistances charitables pour les autres, est donc le premier moteur de ces saintes liberalitez, l'aduocat & s'il se peut dire, le Sauueur des paures, l'Ange de paix & de grand conseil pour les riches.

Il ne prouoque pas seulement la charité des autres, mais il y contribuë beaucoup du sien, par la compassion qu'il témoigne aux affligez, comme pour les décharger d'vne partie de leurs peines qu'il prend sur soy ; par les soins qu'il a pour les soulager ; par cet esprit d'humilité qui s'expose à souffrir les remises, les reproches, les rebuts des grands ; & en les portant de donner aux autres, ne point considerer qu'il épuisse des liberalitez, où il ne pourra plus auoir recours pour luy mesme : c'est mettre les paures en sa place, leur ceder le priuilege qu'a la sainteté pour demander des assistances, & preferer leurs necessitez aux siennes.

On ne tient pas les testamens suggerez & nuls, dit la loy, quand on persuade vn testateur de laisser ses biens à vne personne qui les merite ; on ne fait que seconder ses affections, & leur marquer comme elles demandent vn sujet qui en soit digne. Ie suppose que Dieu par ses graces interieures, porte déja cet homme riche d'assister les paures ; les liures, les directeurs, les predicateurs l'aduertissent de cette obligation, & d'effacer ses pechez par ses aumosnes : ses volontez neantmoins seroient long-temps sans effet, & en laisseroient passer les occasions, si ce bon Reli-

DV RELIGIEVX.

Religieux ne luy en donnoit les aduis, & en cela ne determinoit ses bonnes inclinations. La terre qui a receu des semences, les étoufferoit par sa pesanteur, si le labour ne la rendoit plus legere, pour leur donner moyen de ietter leur germe, d'y étendre leurs racines, & se nourrir des humides qu'elle reçoit plus commodement en cet estat: les aduis, les prieres, les exhortations du Religieux cultiuent les bonnes volontez des grands du monde, qui peut-estre sans cela, seroient steriles de bonnes œuures. Celuy qui mene la vie des Apostres, est la lumiere du monde par beaucoup d'effets éclattans, mais principalement en cette rencontre où ses aduis & sa charité donnent aux saintes affections du riche, la mesme efficace que le soleil donne à la terre par ses lumieres & ses chaleurs, pour la production & la maturité de ses fruits. Ainsi la nature qui a des vertus secretes, pour se restablir apres les dommages qu'elle a receuës des qualitez estrangeres, pour remplir les playes, & purger les superfluitez, seroit souuent impuissante dans ces actions, si elle n'estoit secouruë de la medecine. *Galen. lib. de optima sect.*

Ce n'est pas peu de mettre vn homme en l'exercice de la charité, qui est la reyne des vertus, le principe du salut de l'ame, la fin & l'accomplissement de toute la loy : Ce n'est pas peu de luy enseigner le legitime vsage des richesses, d'en faire des thresors au ciel, de soulager Iesus-Christ en ses membres auec ces biens de fortune, dont la plus part du monde ne se sert, que pour fomenter les passions, & armer les crimes. Il me semble donc que le riche qui fait ces largesses charitables à l'instance du Religieux, reçoit bien plus qu'il ne donne, il donne quelque quantité d'argent qui ne luy est pas de consequence, qu'il pouuoit perdre par vn petit accident, par vn coup de dez, par l'infidelité d'vn valet, & pour cela il reçoit les consolations interieures qui accompagnent toûjours cette bonne œuure ; il a l'aplaudissement de sa conscience, des hommes & de Dieu ; il fait le salut de son ame, il a sujet d'esperer beaucoup d'vne souueraine bonté, qui ne se laisse point vaincre en largesses par ses creatures ; il se void chargé de be-

Bbbb

nedictions par ce pauure qui reconnoist luy deuoir ses libertez & sa vie.

Quand le Religieux est au milieu de ces deux personnes que son entremise a renduës plus affectionnées l'vne à l'autre ; quand il void le riche dans la charité & dans le chemin du ciel, le pauure dans le soulagement d'vne misere qui troubloit les tranquillitez de sa vie, qui faisoit vne malheureuse diuersion de toutes les pensées qu'il deuoit à l'integrité de sa conduite, & à l'honneur de Dieu; & qui peut-estre l'alloit precipiter dans vn égal desespoir de sa fortune & de son salut ; quand il void le riche & le pauure, la grandeur & la bassesse, les qualitez actiues & passiues d'accord, il peut dire en rapportant toute la gloire à Dieu, que ce qu'il a fait par son entremise est tres-bon, & s'y satisfaire par vne douce complaisance.

Saint Basile entre autres instructions qu'il donne à son disciple Chilon, l'aduertit de ne se point charger de l'argent que sa charité pourra procurer pour l'assistance des pauures ; par ce que c'est vne poix qu'il est bien difficile de manier sans sallir ses mains. Aprés auoir touché les cœurs de compassion, disposé les volontez aux largesses, il vaut mieux qu'elles se fassent par les propres mains du bien faiteur : il se liera d'vne plus étroitte affection auec celuy qu'il assiste, comme les meres ayment plus les enfans qu'elles ont nourris de leur laict : enfin le Religieux sera plus hors le peril, & le soubçon du propre interest.

APPAISER AVTANT QV'IL SE PEVT les differens.

CHAPITRE XIII.

SI vous considerez l'homme possedé des passions qui ont cours au monde, vous le verrez dans vne insatiable cupidité d'auoir tous les biens, tous les plaisirs, tous les honneurs, toutes les bouches occupées à ses loüanges, enfin tout ce qui luy peut donner de l'auantage sur les autres. Mais comme plusieurs d'vne égale ou plus grande force veulent auoir ce mesme lieu d'eminence qui ne peut estre tenu que d'vn seul; comme on ne se peut esleuer que sur les ruines, ny s'enrichir que des dépoüilles des autres; comme l'amour, l'auarice, l'ambition tâchent d'emporter le prix sur les concourans, & que l'enuie noircit d'autant la reputation, que la vanité la veut rendre illustre; vous n'entendez par tout que les plaintes de ceux qui se choquent & qui se renuersent; vous ne voyez que querelles, que procez, que ruines, que desolations.

Les corps elementaires ne combattent que pour les deux qualitez qui les composent; les animaux, pour la nouriture & la generation; l'homme qui s'est fait vne infinité de biens imaginaires, s'est donné sujet d'estre perpetuellement en guerre, & de passer sa vie dans vne violence actiue ou passiue sans fin. Les peuples voisins sont en armes les vns contre les autres, & ne perdent point d'occasions, de force, ou d'industrie pour se causer du dommage. Entrez dans les cours, la garde du Prince suppose qu'il doit se deffendre contre ses sujets; l'espée qui monstre le soldat, les titres qui distinguent la Noblesse, qui sont les marques & les recompenses d'vne heroïque vertu, les fortifications de terre, les equipages de mer, ne signifient que la guerre; passez par les rües vous entendrez tousiours quelque parole d'aigreur; entrez dans les maisons &

dans le secret des familles, helas que de jalousies, que de déplaisirs, que de fureurs entre les personnes qui les composent.

Les loix & les magistrats n'ont pour fin que d'appaiser ces differens, & d'empescher les vsurpations en mettant chacun dans son droit; mais ce qui échauffe plus les passions n'est pas ordinairement chose qui se doiue dire deuant les juges, ny qui en puisse estre estimée; dans le commun mesme des affaires le remede est quelquesfois pire que le mal, & les pertes que l'on souffre du repos, de la liberté, des biens, dans les longueurs d'vn procez, sont plus à craindre que celles des incendies & des naufrages, qui au moins ont peu de durée si elles ont beaucoup de violence: & puis le magistrat doit juger selon les loix, dont la rigueur ne s'accorde pas tousiours auec les circonstances d'vne affaire, & l'on ne peut establir ce droit commun, sans beaucoup d'injustices particulieres. Il est donc meilleur, dit Platon, de terminer les differens par vn arbitre qui n'ayt que son jugement pour loy, & qui sans perdre l'vne des parties, prenne des moyens propres pour les remetre toutes deux en bonne intelligence.

Lib. 1. & 6. de legib. Arist. 1. rethori. c. 16.

Ie ne void personne plus capable de rendre ce bon office que le Religieux, pourueu qu'il ayt assez d'intelligence des affaires pour en reconnoistre le nœud, & pour le trancher quand il ne se pourroit defaire, que par les longueurs & les formalitez du droit. Comme il s'est acquis vn empire sur ses passions, il sera plus propre pour calmer celles des autres, & pour leur donner la paix dont il iouït: quand il est reconneu pour tel, & recherché des deux parties pour juge de leur differend, cette estime ne peut pas moins sur leur esprit, que sur celuy d'vn malade, la grande opinion qu'il a conceuë de son medecin. Si c'est vne intelligence qui conduit l'harmonie des cieux; vne forme plus noble que les corps elementaires qui les entretient en vn composé, qui en détermine, qui en conserue, qui en rétablit le temperament; la Religion qui vient du ciel est seule capable de rallier les esprits diuisez par les interests du monde, & de prendre de la premiere vnité les forces de

DV RELIGIEVX.

faire ces grandes vnions que toutes les loix de la police pretendent, & ne peuuent acheuer.

Le respect qu'on porte au Religieux, donne beaucoup de credit à ses paroles, & fait qu'entre les plus sensibles au poinct d'honneur, c'est vne chose honneste de deferer à son iugement. Il faut en cela beaucoup de prudence: premierement, comme nous auons dit, ne se point engager dans les affaires sans en auoir receu les ordres & les lumieres du superieur. En suite profiter du temps où l'on void les volontez des parties plus disposées à l'accord: garder le secret de ce qu'elles ne veulent pas estre publié, ne rien rapporter de ce qui se dit dans la passion; témoigner mesme qu'on ne se charge point de dire ces choses, afin que la crainte du ressentiment ne dispose pas les mauuais courages à vne nouuelle violence, pour excuse & pour deffence de la premiere: couurir, adoucir, autant qu'il se peut, l'aigreur qui se trouue de part & d'autre; conduire doucement l'esprit de celuy à qui l'on parle, dans la confession de son excez; le tenir en crainte des mauuaises suites, & du cours infortuné que cette affaire peut prendre.

Si c'est vn procez, monstrer les dépens qu'il y faut faire, les soins qu'il y faut prendre, les seruitudes qu'on est obligé de rendre aux iuges, aux aduocats, aux procureurs, aux moindres officiers de la iustice; qu'apres y auoir mis ses biens & son honneur, apres s'estre chargé de beaucoup d'obligations enuers ceux qui s'y employent, il est bien rare qu'on en reçoiue ce qu'on esperoit de contentement; que si ces subjections & ces inquietudes estoient mises à prix, on ne s'en voudroit pas charger pour dix fois autant qu'on estime le principal. Hé pourquoy dans cette poursuite se donner déja tant de peines, qui seront infiniment plus grandes, si l'on n'a pas le iugement en sa faueur? Il faudra souffrir les insolences d'vn homme que trois paroles d'vn arrest rendent victorieux, peut-estre insupportable, & qui triomphera publiquement d'auoir eu plus de credit, plus de iustice, plus d'adresse, plus d'amys que vous.

Si c'est vne querelle qui se doiue terminer par les armes, helas que les yssuës en sont malheureuses, de quelque costé que tourne le sort des armes: s'il vous donne l'auantage, l'estime n'est pas bien grande de ce coup, où la fortune ne peut pas moins que le courage & l'adresse, & où souuent vn valet peut mieux reüssir qu'vn maistre de camp. Ce combat en produit entre les proches & les enfans mille autres, qui selon l'inconstance ordinaire du monde ne vous doiuent pas tousiours donner le mesme auantage. C'est vne secrette, mais étrange desolation aux parens de nourrir auec beaucoup d'amour, de soins, de dépences, des enfans que l'on destine au carnage, comme des chiens & des taureaux qu'on nourrit pour le combat, & dans l'incertitude de ce succez les voir continuellement dans l'agonie. Si le malheur des armes vous abbat, vous perdez ce que vous esperiez d'honneur, de cette action; les disgraces qui en suite accablent vne famille, sont si grandes, les perils de ceux qui vous touchent, si continuels, qu'il vaudroit autant estre dans la condition des esclaues qu'on destinoit anciennement aux combats publics, & dont vne victoire n'estoit qu'vne mort vn peu differée.

Mais d'autant que le Religieux est principalement consideré comme homme de Dieu, les paroles de pieté sont les plus puissantes en sa bouche. Apres toutes les considerations humaines, il emporte les consentemens, quand il represente à des personnes animées l'vne contre l'autre, que Dieu se veut rendre iuge des differents, qu'il defend aux hommes d'en poursuiure la vengence, & qu'il veut qu'on la remette entre ses mains; qu'il nous commande de pardonner, si nous voulons qu'il nous pardonne; que nous ne sommes pas receus deuant sa diuine Majesté pour luy demander des graces, auec vn cœur plein d'amertume & d'auersions contre le prochain : que quelque pretexte qu'on prenne de iustice, ces querelles troublent la paix & l'integrité de l'ame necessaire pour posseder Dieu; elles alterent la charité; au lieu de ses fruits, elles font autant de crimes, qu'elles produisent de mauuaises affections; qu'on exerce contre soy la plus grande des iniustices, qu'on est homicide de soy-mesme, d'exposer vne iuste cause, & sa propre vie à l'incertitude du combat : qu'il ne se faut point imaginer de iustice en cette fureur qui va contre les loix diuines, & humaines, & que Dieu ne fera point de miracles pour souftenir vne action qui l'offence. Si les iustes craignent les iugemens de Dieu, mesme auec toutes les preparations que la pureté de la conscience, & les sacremens de l'Eglise leur donnent, que doit-on penser d'vn homme qui rend son ame par ses playes, coupable d'vn double homicide, souuent auec des fureurs desesperées contre son ennemy, des rages contre soy-mesme, des blasphemes contre Dieu ? Si l'on peut toucher ses cœurs, faire cependant vne secrette émeute d'amys qui trauersent ce mauuais dessein, & puis trauailler à la reconciliation; c'est sauuer les biens, des vies, les ames, les familles, peut-eftre l'eftat, parce que les guerres ciuiles naissent ordinairement des querelles entre les grands. Vn Religieux qui sçait bien prendre l'occasion pour preuenir ces malheurs, auec vne charité genereuse, franche, toute des-interessée, fait des biens comme infinis, dont le monde ne sçauroit eftre trop reconnoissant.

RESOVDRE LES DIFFICVLTEZ de conscience.

CHAPITRE XIV.

TOVT ce que les corps nous monftrent icy d'action, vient d'vn secret principe qui ne se laisse ny voir ny toucher, & qui selon ce qu'il a des bonnes ou mauuaises qualitez, regle les mouuemens ou les abandonne au desordre. L'influence des planetes qu'on appelle fortunez, cause la serenité de l'air, le calme sur l'Occean, la bonne disposition dans les corps, la joye sur le visage, & fauorise, à ce qu'on dit, tout ce qu'on veut entreprendre. Mais celle des infortunes se fait sentir par de funeftes effets, quand elle met les elemens en furie, qu'elle cause les foudres, les tempestes, les ruines, les naufrages, quand par vne ouuerture de porte, elle semble lâcher sur nous tous les malheurs de la nature, & toutes les furies de l'enfer. Il ne faut qu'vne maligne vapeur retenuë dans le cerueau, pour causer d'horribles conuulsions semblables à celles des energumenes, dans vn corps en apparence bien sain, & qui ne donne aucune marque de ces estranges alterations. Ainsi tout ce qui se fait de bien ou de mal en la conduite des hommes, dans la morale & dans la police, dépend de la conscience, qui sans estre veuë prend de secrettes resolutions qui representent au monde l'image du Paradis ou de l'enfer, par ce qu'elle cause de reglemens ou de desordres.

Iesus-Christ la compare à l'œil, dont les humeurs, les tuniques, les parties qui le composent, estans pures, donnent le discernement necessaire des objets pour se conduire; mais si quelque mauuaise humeur occupant le nerf optique, empesche le passage des esprits lumineux, ces tenebres interieures le rendent incapable des lumieres du Soleil & de connoistre ce qui peut nuire ou profiter. Le Chrestien doit donc sur toutes choses prendre le soin de se former vne bonne conscience, & s'il n'a pas de luy-mesme des lumieres assez nettes, des resolutions assez sainctes, & assez genereuses, il doit emprunter ces auantages de la charité des autres.

Nous auons sujet de rendre mille actions de graces à Dieu, de ce que cette intelligence motrice de nos actions n'est point veuë des hommes, parce que les defaux, s'ils estoient visibles, pourroient causer trop de mépris, trop d'auersions, trop de mauuais exemples; & il seroit à craindre, que les mauuaises volontez se voyant en si grand nombre, ne deuinssent plus audacieuses à se produire en effet: mais aussi ce nous est vne faueur insigne d'auoir la parole, pour expliquer quand il nous plaist les sentimens interieurs, afin de prendre des autres les éclaircissemens, les resolutions & les conduites que nous n'auons pas de nous mesmes.

Mille desordres paroissent dans la vie commune, & les vouloir

DV RELIGIEVX.

vouloir arrester par la seuerité des loix, par la vigilance des magistrats, par tous ces remedes exterieurs, sans aller à la conscience, c'est vn trauail inutil, comme de vuider des ruisseaux sans tarir les sources ; retrancher la pourriture des membres, à mesure qu'elle se forme sans donner le coup de razoir sur la partie gastée de gangrene ; proceder contre les rebelles, sans vaincre, où tirer à soy le chef de la reuolte. On gaigne facilement tout, si l'on peut gaigner la conscience ; c'est en cela que la Religion qui peut inspirer les bons mouuemens interieurs, est considerée comme l'ame de la police, parce que l'homme persuadé de la sorte, prend & continuë de luy-mesme ses mouuemens au bien ; mais le reglement des mœurs qu'on emporte par la violence exterieure, resemble à ces impulsions qu'on donne auec vn trauail continuel aux machines, qui enfin se déreglent, se démontent, s'vsent & se brisent.

Vn homme monstre de grandes dispositions à la penitence, quand il vient ouurir son cœur au Religieux ; quand il croyt entendre de luy les volontez de Dieu, & les moyens qu'on doit tenir pour luy plaire. Cette extreme confiance suppose plusieurs bonnes qualitez en celuy dont on fait choix pour cet effet : il doit apporter aussi toutes les diligences possibles pour les auoir, afin de respondre à ce que chacun se promet de luy en vn sujet de telle importance pour le salut eternel. Celuy qui le prend pour directeur en fait comme sa seconde ame, pour luy seruir d'intellect à connoistre, de volonté à se resoudre, & à tenir ferme dans les saintes entreprises qu'il aura faites.

Entre les bonnes qualitez qu'il est obligé d'auoir, c'est la probité qui doit le dégager de tout autre interest que celuy de Dieu, & de cette ame qui s'adresse à luy : ensuite tenir ce qu'on luy découure, aussi caché au reste des hommes que leur est cette conscience seulement connuë de Dieu : car en cela le secret ne se pourroit violer sans vne perfidie approchante du sacrilege. Il faut aussi qu'il ayt la science propre à ce ministere, afin que comme dit le Prophete, sa bouche en soit vn thresor, & que le monde y recoure dans ses difficultez, auec asseurance d'en receuoir les bonnes resolutions. Les fondemens de ce qu'il faut sçauoir pour cela, sont dans le droit ciuil & canon & dans les loix municipales d'où il faut tirer la resolution de plusieurs faits particuliers, au moins l'estude qu'on appelle des cas de conscience est necessaire ; elle se doit perfectionner par la conference des personnes experimentées, afin qu'en cette medecine spirituelle on joigne, autant qu'il se peut, les pratiques à la theorie.

Quelques lumieres qu'on ayt de l'estude ou de l'vsage, si l'affaire qui se propose est d'vne grande importance, c'est le plus seur de ne pas donner les resolutions sur le champ, les bonnes ouuertures qu'on en a ne se peuuent perdre & se peuuent perfectionner par la lecture, par la conference, par la meditation, par de nouueaux faits, & des circonstances qui ne sont pas si promptement éclaircies : ainsi les responces se donnent auec plus de seureté, elles sont receuës auec plus de creance & plus de respect ; sans que les scrupules ayent aucun lieu de se fonder sur vn iugement precipité, ou vne affaire mal entenduë.

Dans les doutes ie croy que c'est le meilleur de prendre tousiours le party de l'austerité contre les sens ; car c'est fauoriser la liberté de l'esprit, & remettre l'homme, autant qu'il se peut, dans le bien-heureux estat dont il eust joüy sans le peché. Sur tout si l'on void des consciences craintiues, qui se croyent obligées à quelques penitences, à quelques satisfactions, à choses semblables, si elles ne sont point extremes, & que les dommages n'en soient point trop grands, il me semble qu'on ne doit pas les en diuertir, parce qu'apres toutes les subtilitez de la doctrine, la conscience sent son mal, & ne se trouue pas soulagée, que par ces puissants remedes. Elle a peut-estre obmis des circonstances, elle n'a pas bien expliqué mille particularitez, les causes & les suites de cette action, qu'elle ne croyt pas pouuoir estre expiées par de moindres penitences. Il y a des ames, comme des complexions, qui veulent estre purgées par des remedes plus forts que le commun, & comme la medecine suit la nature, & la seconde quand elle fait ses efforts pour se décharger des humeurs peccan-

DV RELIGIEVX.

tes par vne partie qui n'eſt pas la principalle, ie croy qu'il faut accorder ces grandes ſatisfactions à quelques ames craintiues, & apres leur auoir dit ce qui eſt de la doctrine commune, leur faire beaucoup plus eſperer de Dieu, apres qu'elles auront ainſi ſatisfait à ſa iuſtice. Le prochain en eſt edifié, le pauure en tire du ſoulagement, cette perſonne en reçoit le repos de ſa conſcience, qui ne croiroit pas ſon ſalut aſſez aſſeuré entre des mains plus douces & moins rigoureuſes. Ces meſmes pratiques ſe doiuent garder en l'adminiſtration du ſacrement de penitence qui eſt l'vn des employs Religieux, où ie ne m'arreſte pas icy d'auantage, parce que cela peut ſuffir, eſtant joint à ce que i'en ay dit dans le liure des heureux ſuccez de la pieté.

Quand au retour de ces employs le Religieux fait reflexion ſur ce qu'il a veu dans le monde, il ſent en ſoy des mouuemens bien contraires, de compaſſion, d'étonnement & de joye. Helas ! dit-il, que de foibleſſes, que de vuide, que de troubles dans les eſprits ? les beſtes ont vne conduite plus reguliere, des paſſions moins orageuſes qui s'arreſtent au preſent, ſans rappeller le paſſé, ny anticiper ſur l'aduenir; les mœurs ne furent pas plus corrompuës dans le paganiſme. Cet homme que l'âge, que la dignité rendent venerable, ce Caton en apparence, ce Magiſtrat, ce Iuge du monde, ſe donne de l'inquietude pour vne pure vanité : il eſt jaloux de ſa reputation & la prodigue neantmoins par des injuſtices qui ſouſleuent les clameurs des pauures opprimez & des voix de ſang contre luy ; ce bien-heureux ſelon l'eſtime du peuple, eſt interieurement geſné par la crainte qu'il a d'vn plus puiſſant, par la jalouſie d'vn competiteur, par vne diſgrace domeſtique qui ne conſiſte gueres qu'en imagination : on ne s'employe, on ne combat, on ne ſe lamente, on ne ſe réjoüit que pour ce qui regarde le corps, ſans aucun ſentiment pour la paix & pour le ſalut de l'ame ? Eſt-il poſſible que les hommes n'ayent de la raiſon, que pour ſe donner tant de peines, pour ſe ſallir par tant de pechez, dans ces negoces des ſens, de l'opinion & de la fortune ? L'amour extreme qu'ils ont pour ces choſes les rend inſolens dans la

Cccc ij

joüiſſance, inconſolables dans la moindre perte, & neant-moins iamais ils ne leuent les mains au ciel que quand ils ſont abbatus par quelque diſgrace. Mon Dieu faut-il qu'ils ſoient méchants, parce que vous eſtes bon ? qu'ils ſe rendent moins à voſtre miſericorde, qu'a voſtre iuſtice ? & qu'ils vueillent eſtre conduits comme des beſtes, par la force ? Mais voſtre iuſtice eſt vne miſericorde qui leur oſte les occaſions du mal, & qui leur rend le bien comme neceſſaire. Mon Dieu que nous ſommes heureux, que nous ſommes redeuable à voſtre grace, qui nous a mis à couuert de tous ces deſordres, dans voſtre ſainte maiſon. S'il y a quelques fatigues pour le corps, elles ſont douces à l'eſprit, parce quelles procedent de la charité, qu'elles ſont ſaintes & de grand merite. Ie n'enuie point ces grandeurs mondaines, puiſqu'elles ne ſont qu'apparentes, & en effet ſi trauerſées, ſi pauures, qu'elles viennent nous demander de la conſolation. Vn iour dans le cloiſtre, vaut mieux qu'vn ſiecle dans le monde. Ioüiſſons de noſtre bon-heur, recueillons auidement les graces que Dieu nous preſente, puiſque c'eſt ſa volonté, que nous n'en n'ayons pas ſeulement pour nous, mais que nous en faſſions part aux autres.

DE LA PREDICATION.

CHAPITRE XV.

QVAND le Religieux s'engage par obeïssance à visiter les malades, consoler les affligez, appaiser les differents, entendre les confessions, il donne bien tout ce qu'il peut de zele & de diligence en ces employs; mais le fruit n'en est receu que de quelques personnes & de quelques familles particulieres. C'est pourquoy sa charité n'a pas en cela tout ce qu'elle demande d'étenduë, parce qu'elle veut agir comme vne cause vniuerselle pour le bien de tout vn peuple : selon l'Apostre, elle a sa hauteur, sa profondeur, sa latitude, toutes ses dimensions comme vne quantité que l'on se figure infinie. Or ie ne void point d'exercice où elle puisse déployer toutes ses sainctes & vastes habitudes auec plus de liberté, que la predication.

En ces employs particuliers dont nous venons de parler, le Religieux qui en est capable, est comme cette lumiere qui ne doit pas estre mise sous le boisseau, mais sur le buffet pour éclairer toute vne sale; quand il se donne à la predication il faut le considerer, selon la parole de Iesus-Christ, comme la lumiere du monde; comme vn soleil qui de son aurore s'esleue au midy, qui a ses lumieres & ses chaleurs proportionnées à ce que la prouidence luy donne de mouuement. Ce Predicateur a tant de zele pour aduancer la gloire de Dieu, qu'il voudroit comme le ciel & le soleil, estre veu de tous les peuples; il voudroit auoir la voix des tonnerres, pour se faire entendre de toute vne region : que s'il ne peut pas aller si viste n'y éclatter si haut, au moins il a le credit de voir toute vne ville qui quitte ses occupations ordinaires pour fondre au pied de sa chaire.

Ie ne void rien où le Religieux fasse plus paroistre l'empire que le fils de Dieu luy donne sur les hommes, qu'en cette rencontre, où les puissances de la terre vien-

Cccc iij

hent receuoir de luy la loy & la correction, & veritablement c'est vn coup de sa main toute puissante, qui éleue ainsi le pauure sur les throsnes. Il peut dire auec le Prophete, ie suis étably de Dieu, Roy sur sa saincte montaigne de Sion, en preschant ses volontez & faisant connoistre ses commandemens aux peuples. Voila son eminence accompagnée d'vne profonde humilité qui l'abaisse, comme nous dirons, & qui luy fait ajuster son discours à la petite capacité des esprits ; sa latitude consiste à former au bien tous les âges, toutes les conditions, à donner remede à toutes les maladies des ames par vne voix qui tient quelque chose des immenses communications de Dieu en la grace & en l'Eucharistie, en ce qu'estant receuë de plusieurs, elle n'est pas moindre en chacun.

Psal. 2.

Saint Augustin compare les Predicateurs aux nuës qui portent les tonerres & les pluies, parce qu'ils foudroyent les crimes, qu'ils arrousent les saintes affections, qu'ils rendent les ames fertilles en bonnes œuures, qu'ils menacent & qu'ils consolent, qu'ils tuënt, qu'ils viuifient, enfin qu'ils sont les agens plus ordinaires de Dieu pour gaigner les ames. Le son de cette parole passe, mais le sens demeure parfaitement graué dans le cœur de cette personne penitente, qui en fera son profit toute sa vie, & qui seruira d'echo pour la repeter aux autres.

In psal. 51.

Le monde est idolatre de la fortune, & quand on flatte les grands dans les plus sales, & les plus noires de leurs passions, il me semble qu'on offre encor de l'encens aux chiens, aux chats, aux dragons, à la fieure, à vne furie. Dans cette corruption generale la verité ne se trouue toute libre qu'en la bouche d'vn Predicateur, qui animé de l'esprit de Dieu, au dessus de toutes les considerations humaines, auec vne charité parfaitement des-interessée, reprend les vices sans offenser les personnes ; & comme ces foudres deliez, il tuë l'enfant dans le ventre de la mere, sans qu'elle en reçoiue dommage, il fait mourir la haine, la concupiscence dans le cœur, sans que celuy qui l'auoit conceuë en soit blessé ny noircy : Aujourd'huy son discours combat vn vice, enseigne vne vertu, demain vne autre, on void en peu de temps vn peuple tout changé de mœurs, & que la parole de Dieu a plus d'effet sur les esprits, que toutes les puissances de la terre auec leurs loix, & leurs menaces. Ce prodige vient, dit Saint Augustin, de ce que le Verbe diuin inuestit cet homme de cette mesme toute-puissance qui a tout produit par vne parole. Le Saint Esprit aussi luy communique ses lumieres & ses ardeurs pour éclairer & pour transformer les ames.

<small>Lib. 18. de ciuitate cap. 50.</small>

Depuis que Iesus-Christ se fut tiré de la vie cachée, son exercice ordinaire fut de prescher : ce fut celuy des Apostres qui receurent pour cet effet vne surabondance de graces, par la descente du saint Esprit : & pour s'y donner plus parfaitement, ils se déchargerent de tous les soins temporels sur les diacres. Saint Paul dit, qu'il n'est pas appellé pour baptiser, mais pour prescher, comme si c'estoit quelque chose de plus grand & de plus sublime, d'appliquer les graces de Iesus-Christ par sa parole, que par le premier des Sacremens, puisque mesme il ne se peut donner qu'apres les instructions qu'on a receuës de cette parole.

<small>1. Cor. 1.</small>

Estre la bouche de Dieu pour expliquer ses volontez aux hommes, parler aux Puissances, auec vne authorité souueraine, auec cette verge de fer qui les brise, & qui fait paroistre leurs fragilitez, conuertir les ames, reformer le monde, c'est l'œuure de Dieu mesme qui l'a fait; c'est en vn homme vn tres sublime ministere, d'vn merite se semble infiny, mais dont il se doit acquitter auec vne extreme diligence. Premierement par la bonne vie qui donne de l'eficace aux paroles ; qui presche la gloire de Dieu comme les cieux & toutes les autres creatures par effet. Vn Religieux a cette reputation de probité toute acquise par l'habit qu'il porte, & par l'estime generale de l'institut dont il est vn membre : celuy là peut auec raison exhorter à la penitence, qui fait estat d'y passer toute sa vie : il peut prescher le mépris du monde, & de toutes ses vanitez qu'il abandonne par vne si solemnelle profession : cette sainte vie est vn puissant exorde à la persuasion qu'il veut faire de la vertu ; les raisons passent pour vrayes qui l'ont gaigné le premier; il parle d'vn bien, dont il fait vne continuelle experience.

La seconde disposition c'est la science dont nous auons parlé, & particulierement celle de l'Escriture saincte, qui est le liure que le Predicateur doit deuorer, comme fit le Prophete celuy qu'il receut de la main de Dieu. La Theologie sert de fondement pour tenir ferme dans les maximes de la foy, & ne rien permettre à l'esprit en ses saillies, qui ne soit ajusté par cette regle : l'histoire Ecclesiastique, les decisions des Conciles, les authoritez des Peres sont de puissantes impressions sur les esprits, & les veritez Catholiques sont tout autrement receuës, lors qu'elles paroissent auec cette majesté.

Quand vn Predicateur fait cette serieuse reflexion, que de la diligence qu'il apporte en la preuue & en la deduction de son suiet, dépend le salut d'vne multitude inombrable d'ames, que par son estude il peut hautement confondre les abus, les heresies & les vices; qu'il peut porter les cœurs à la penitence, les ouurir aux graces du ciel, sa charité ne peut souffrir en cela de la negligence, & si elle n'estoit ordonnée, il n'y faudroit craindre que l'excez. Si l'on apporte tant de preparations pour plaider vne cause d'apparat, pour vne harangue à faire deuant vn grand peuple, & en des estats generaux, autant pour le merite du suiet, que pour la honte qu'il faut éuiter, & l'honneur qu'on y pretend acquerir ; que ne doit faire vn Predicateur en vne occasion plus celebre & plus importante ? Il peut estre touché de toutes ces considerations naturelles, mais elles sont releuées par d'autres diuines qui regardent la gloire de Dieu & le salut des ames; c'est ce qui le presse d'auantage d'y apporter toutes les diligences possibles, & pour ne rien obmettre de ce qui peut seruir à son dessein.

Il faut premierement qu'il se le propose, qu'il forme sa these affirmatiue ou negatiue pour persuader vne vertu, combatre vne passion, vn vice, vn erreur; faire sa diuision, son inuention de raisons, d'authoritéz, de mouuemens pour instruire les doctes & les simples, sans rien negliger de ce qui peut rendre les veritez plus belles, & les

vertus

DV RELIGIEVX.

vertus plus aymables : en tout cela se forme sur ceux qui font plus de fruict, sans neantmoins violenter par trop son naturel par des affectations qui ne pourroient estre que desagreables, comme si quelque humeur douce, vouloit imiter les transports violens d'vne cholerique, & vne foible voix, les tonnerres & les éclats d'vne plus puissante. La raison est vne piece generalle tousiours necessaire, & qui ne manquera jamais d'auoir son effet sur des ames raisonnables, plus ou moins selon qu'elle est animée de l'action, puis que mesme elle emporte les volontez estant morte & sans mouuement sur le papier.

DE L'ELOQVENCE SACRÉE.

CHAPITRE XVI.

LES Platoniciens remarquent en Dieu, trois perfections d'où dépend l'estre & la felicité des hommes : la bonté, qui produit, la beauté qui attire, la justice qui perfectionne; mais la bonté ne produiroit pas hors de soy, la justice ne perfectionneroit pas en soy, si la beauté qui fait le milieu, n'entretenoit & ne fermoit ce cercle par ses attraits. On explique la jouïssance des bien-heureux, par la veuë d'vne infiniment parfaite beauté qui les tient dans vne eternelle satisfaction : c'est vne verité, vne lumiere, vne splendeur essentielle qui remplit l'ame d'incomparables douceurs, ce que nous en auons icy comme vne ombre en la parole de Dieu, paroist au Prophete auec plus d'éclat que n'en a l'or, le topaze, & le reste des pierreries.

Si donc l'on connoit les choses diuines, comme belles, les paroles qui sont les images de nos pensées doiuent auoir de la beauté, & l'on ne doit pas moins agreablement expliquer, que conceuoir ces rauissantes idées. Les Anges qui sont les Ambassadeurs de Dieu, pour nous faire entendre ses volontez, ne paroissent aux Prophetes qu'auec des corps brillans de lumiere, auec des voix de multitude, c'est à dire plus eloquentes que celles, qui dans les assemblées gaignent l'applaudissement des peuples. Les Predicateurs ont ce mesme office, d'annoncer aux hommes la volonté de Dieu, aussi ie crois que l'vn des principaux moyens pour s'en acquitter selon le merite de leur sujet, c'est de le deduire auec ce que le naturel & l'estude peuuent donner d'eloquence. Ils sont les ministres de la grace, dont mesme le nom marque que sa nature ne consiste qu'en attraits plus charmans que ceux qui flattent nos yeux & nos oreilles : ils sont les Ambassadeurs qui doiuent traitter le mariage sacré de l'ame auec le Verbe diuin, cela se doit faire auec vn agréement magnifique de paroles qui soient les présages de ce qu'elle s'en doit promettre de felicitez.

Il est permis aux escholes de faire la dissection des veritez de la foy, pour en reconnoistre les dépendances, les tissures admirables, les origines, & les fins, & pour confondre ceux qui auroient assez de malice pour en douter. Mais quand il faut que cette verité paroisse dans la chaire, comme dans son throne aux yeux d'vn grand peuple, pour en estre aymée, elle doit porter tant de beautez sur son visage, qu'il ayt quelque rapport à celuy sur qui, comme dit l'Apostre, les Anges ne sa lassent jamais d'arrester leurs yeux & leurs amours.

Supposez vn grand contemplatif, s'il n'a pas la grace de la parole, pour gaigner vn peuple, il faut que comme Moyse, il fasse choix d'vn eloquent Aaron qui soit sa bouche; autrement comme dit Saint Hierosme, sa rudesse fera plus de tort à l'Eglise, que sa bonne vie n'y peut donner d'édification. Si l'eloquence a tant de forces pour gaigner les cœurs, & si de deux personnes également bien instruites en ce qui est des veritez de la foy, le plus eloquent fait plus de fruit, le Predicateur peche contre la prudence & la charité, de negliger ce moyen qu'il void estre auantageux pour tirer les ames à Dieu.

Lib. de migratione Abrahami. Ne nous alléguez point, dit Philon, qu'vn bon auditeur s'arreste plustost à la substance des choses, qu'à l'ornement des paroles, car si ces ornemens sont auantageux,

DV RELIGIEVX.

ils ne doiuent pas estre negligés; comme on ayme d'auantage la vertu si elle se trouue auec la beauté du corps, comme cette beauté a plus d'atraits sous vn bel habit, comme de deux diamans également beaux, vous choisirez plustost celuy qui est bien enchassé dans l'or, ainsi l'on donnera plus d'attentions & plus d'amour aux veritez diuines, quand elles sont representées en bons termes. Ce qu'elles ont d'éclat naturel a de grands rapports auec celuy de l'éloquence, & qui s'en sert pour les expliquer, n'est pas vn orateur mais vn Prophete: il est comme Abraham à qui Dieu promit des benedictions, c'est a dire, des aduantages de paroles pour estre le Pere d'vn grand peuple, par vne posterité autant spirituelle que sensible.

On dit encore que ces ornemens de paroles sont peu conuenables à la Religion Chrestienne qui professe l'humilité, la simplicité, la bassesse; que saint Paul preschoit point auec cette magnificence de discours; que les Apostres qui l'ont portée par le monde estoient des personnes simples, des pescheurs, les plus grossiers du peuple; qu'ils imitoient en cela le verbe diuin, qui n'a voulu paroistre au monde, que sous vn corps passible & mortel. Mais ie supplie tres-humblement de considerer que tous les mysteres de nostre Religion sont tellement temperez, que comme i'en ay fait autre part la deduction, ce qu'il y a de bas aux sentimens humains est tousjours releué par quelque miracle, & qu'en Iesus-Christ homme Dieu la grandeur est inseparable de la petitesse, la sublimité de la profondeur, comme dit l'Apostre. Au mesme temps que la terre doit voir ce grand mystere d'vn Dieu fait homme pour souffrir, au temps que cette lumiere se couure du nuage de nostre corps, les Anges brillans d'vne lumiere sensible font retentir l'air d'vn cantique d'allegresse, cette lumiere diuine cachée sous vn pauure toit, est publiée par vn nouuel astre; les Pasteurs & les Roys le viennent adorer. Tout cela pour s'accommoder à la foiblesse de nostre nature qui n'est pas capable des choses extremes, grandes ou petites, & qui ne supporteroit pas les abaissemens de la Religion Chrestienne, s'ils n'estoient releuez par quelques choses de sur-humain. Les mysteres dont la seule proposition blesse le iugement, l'emportent à l'extase, quand ils sont deduits comme ils le meritent. Aussi quand Iesus-Christ presche son Euangile, & cet abandon general de tous les contentemens du monde, c'est auec vne eloquence, qui au iugement mesme de ses ennemis, n'a iamais eu de pareille, si puissante, qu'vne infinité de fois elle a calmé les mauuais courages & desarmé les mains toutes prestes à luy faire violence. Ie ne doute point que ce don des langues que le Pere des lumieres fit aux Apostres ne fut parfait, & ne les rendit admirables autant en l'ornement, qu'en l'intelligence des idiomes. Le Saint Esprit decendit sur eux en langue de feu, dont la lumiere fut plus sensible que la chaleur, & l'on a sujet de croire que pour donner tout l'effet possible à la verité qu'ils preschoient, ils auoient tout ce qui pouuoit perfectionner la nature, puis qu'ils auoient mesme la vertu des miracles pour la surmonter. Aussi Saint Chrisostome dit que Saint Paul n'ayant point encore fait de miracles, n'estoit recommendable que par celuy de son éloquence, qui gaignoit les Iuifs, qui adoucissoit les iuges, qui détournoit adroitement les accusations formées contre luy. Le Canon dit que le peuple de Dieu qui par son commandement emporta l'or & l'argent des Egyptiens, signifioit le Christianisme qui se douoit seruir aduantageusement de l'eloquence du monde, pour luy resister & le vaincre par ses propres armes.

Les theatres, les Poëtes, les Romans, tirent les larmes des yeux, les soupirs du cœur, ils tiennent les esprits opiniastrement attachez au recit des mauuaises choses, par les artifices de la parole : vn politique esclaue de la fortune est éloquent pour éleuer les interests du monde pardessus ceux de l'Eglise : hé pourquoy ne voulez vous pas que le predicateur se serue de cet aduantage pour deffendre la cause de Dieu, par vn des dons de lumiere qui vient de luy. Ainsi Saint Ambroise voyant que les Ariens tiroient vn grand peuple en leurs Eglises par l'harmonie du chant qu'ils y entretenoient, fit composer à l'enuy des airs plus agreables, ainsi fit vne heureuse diuersion des peuples que

DV RELIGIEVX.

les heretiques attiroient chez eux par les delices des sens. Vn predicateur éloquent est suiuy par vne grande audience, où il fait plus de fruit, sur plus de personnes qui entendent sa parole ; qui viennent toutes persuadées de son merite : celles mesme qui se rendent-là pour satisfaire leur curiosité reçoiuent insensiblement la deuotion auec le plaisir, & se trouuent conuerties, comme le fut Saint Augustin par les éloquens discours de Saint Ambroise.

La force peut-estre auec la beauté ; les armes ne sont pas moins bonnes pour estre éclattantes : la lance d'Achille auoit la poignée d'or, & la pointe de diamant ; on peut porter les coups sur son ennemy non seulement auec la force & l'adresse, mais de bonne grace : les fondemens, les portes, les fortifications de cette ville celeste que nous décrit Saint Iean, sont de pierres pretieuses : nous tenons les solides veritez de la foy, des Peres de l'Eglise, dont tous les escrits sont fort éloquens, & qui voudroit leur oster ce grand éclat de belles pensées, deduites en belles paroles, qui voudroit n'y choisir que la deuotion sans éloquence, entreprendroit de separer les chaleurs du Soleil, de sa lumiere.

Quand ie parle de l'eloquence du predicateur, ce n'est pas de celle qui n'a que des fards, des affectations, des fleurs sans fruit, vn choix de belles paroles mises en cadence, vn ramas de petites antitheses, qui comme dit vn autheur du temps joignent tousiours immediatement les choses extremes, le ciel & la terre, la grace & le peché, le plaisir & la douleur, l'honneur & la honte, Dieu & le diable. Ie ne vois rien de plus pueril, de plus ridicule, de moins supportable que ces extrauagances affectées, que ces petits morceaux de periodes qui frappent importunement l'oreille, comme ces mauuais carillons de petites cloches, & qui tombent dru menu comme des gresles, sans autre effet, que de ruiner tout le fruit de la predication. Quand il y auroit quelque sens en ces paroles, il est difficile de le comprendre parmy ces frequentes interruptions : ces courtes halaines, ces petits pas, comme ceux des vieillards & des enfans viennent d'vne foiblesse qui ne va pas loing sans repos, & sans support; d'vne insuffisance qui n'ayans pas dequoy former le corps d'vne periode, fait des auortons & tombe viste sur la pointe qu'on a reseruée pour la terminer.

Ie parle d'vne eloquence masle, pleine, solide, genereuse, parce qu'elle est docte, & qu'ayant vne nette conception de toutes les appartenances de son sujet, elle l'explique parfaitement; elle le diuise, donne à chaque poinct ses preuues par raisons, exemples, passages, mouuemens; s'énonce auec des periodes bien mesurées, où comme dans le ciel on void d'autant plus de lumieres qu'on y arreste sa veuë. Cela, me semble, se peut faire si l'on donne au sujet & a l'attribu, qui sont les deux poles de la periode, ce qu'ils doiuent auoir de couleurs & d'eclaircissemens; si sans confusion, en peu de mots, par vne metaphore, vne epitethe, on preuient, on resout les difficultez; on donne des ouuertures pour contenter l'inclination naturelle qu'à l'esprit de se rendre de particulier, vniuersel.

Il est vray qu'vn style si fort pressé est plus propre pour les liures que pour la predication, parce que peu d'esprits de l'audience le pourroient suiure, & en cette si iuste liaison, vne parole perduë seroit comme dans vne chaisne vn anneau rompu, qui empescheroit la suite de tous les autres: cela ne me semble bon que dans le fort des mouuemens, dans les conclusions des points principaux, dans la peroraison generale, où les raisons ramassées sont plus viues, & ce qu'elles pourroient auoir de difficulté demeure éclaircy par les preuues precedentes. Dans le reste du discours le predicateur se doit donner plus de liberté, & plus d'estenduë, laisser courir ses paroles comme vn torrent sans contrainte; les repetitions mesme faites auec l'artifice des figures, sont des coups sur coups, qui ne permettent pas à l'esprit de l'auditeur de se reconnoistre, & qui le mettent à la discretion de la parole de Dieu victorieuse.

Elle l'est sur tout par les mouuemens; car si les preuues qu'on a rapportées font connoistre les merueilles d'vn mystere ou d'vne vertu, les mouuemens les font aymer; sans les longueurs du raisonnement, l'amour transforme

DV RELIGIEVX.

en cela les cœurs, il les y attache, il fait qu'ils y trouuent leur interest, leur felicité, leur repos par vne espece d'extase. Tout ce que l'on dit, est froid, est fade, est foible sans le mouuement ; c'est l'ame de la predication, c'est ce qui luy donne la beauté, la force, ce qu'on en doit esperer de fruit sur les esprits, particulierement populaires.

Il est vray que la nature y contribuë beaucoup, & qu'vn predicateur qui se transforme comme interessé dans son sujet, fait ces éloquentes saillies de paroles & de gestes que nous admirons dans les femmes quand elles s'abandonnent à la passion. Ie ne voudrois pas empescher ces coups de nature, mais ie pense que quand ils sont conduits auec l'art, ils donnent le mesme auantage, qu'emporte dans le combat contre son pareil, vn homme genereux qui a battu le fer dans les salles. Si l'on void quelques predicateurs qui font beaucoup de fruit en la conuersion des ames, sans y apporter d'autres artifices, qu'a dire ce qu'vne prompte ouuerture, ce que le zele leur fournir sur vn sujet, & que quelquesfois ils se rendent plus admirables dans les actions moins premeditées ; ie dits que ce sont des esprits naturellement bons, qu'on peut mettre en la categorie de ces originaux d'où les arts ont pris leurs commencemens & leurs preceptes : neantmoins si vous examinez ces actions qui n'ont pour conduite que l'instinct, vous y remarquerez souuent vne audace merueilleuse à bien dire les mauuaises choses ; des saillies precipitées, des transports, des clameurs, des suites peu raisonnables qui blessent autant l'esprit des intelligens, qu'elles rauissent celuy d'vne populace ; vous y verrez comme dans les diamants bruts quelque éclat, mais sombre, couuert, languissant, qui demande la main de l'ouurier pour paroistre auec tout son lustre. Ce qui est raboteux en ces discours, passe au jugement des simples pour des pointes & des éminences ; les pensées confuses se font croire plus grandes en nombre ; ayant moins de suite, elles sont moins entenduës, ainsi plus admirées d'vn peuple qui les prend pour des mysteres, & qui se flatte de ce qu'on les produit deuant luy, comme s'il estoit digne de les entendre. Il est impossible que cet homme emporté d'vn entoufiafme qui veut toufiours dire des chofes grandes, ne rencontre quelquesfois d'en prononcer quelques-vnes merueilleufes, plus remarquables, & recueillies auec plus d'auidité dans vn difcours où elles font rares. Mais enfin tout cet embarras de paroles, de penfées, de tranfports, fe termine en vn applaudiffement confus fans qu'il en refte rien de folide dans les efprits pour l'intelligence des myfteres, pour la reforme des mœurs, ny pour conduire les ignorants au chemin du ciel : ces grandes agitations refemblent à celles des roües, qui courant fur le paué, jettent quelques petites eftincelles de feu & de lumiere, auffi-toft éteintes que veuës.

Ne nous arreftons point aux defaux qui ne manquent gueres en ces productions hazardeufes & qui n'eftant pas conduites par la raifon, ne touchent rien que le fens : j'aduoüe que ce predicateur fait beaucoup fans artifice, mais ie tiens qu'il reüffiroit incomparablement mieux s'il cultiuoit fon efprit, & que de mediocre qu'il eft, il deuiendroit eminent. Si ce petit fuccez luy fait méprifer le trauail de l'éloquence, & qu'à fon exemple on fe perfuade qu'elle eft inutile à la predication, il aura beaucoup de femblables en cette negligence, mais peu au fruit qu'il fait par fon genie particulier. Les arts periroient fi le commun du peuple vouloit paffer fa vie fans trauail comme les nobles, ou les riches de fucceffion ; ainfi le fruit des predications feroit bien petit, s'il ne le falloit attendre que des grands efprits nez pour cela, qui font rares, & fi les autres moins auantagez de nature ne fe mettoient point en peine de s'y perfectionner. Il faut donc corriger les defaux de la naiffance par le trauail, fe former aux mouuemens de la chaire par l'eftude, & fe rendre ainfi commun ce feu dont le ciel auoit gratifié peu de perfonnes.

De fang froid on a confideré ce que produifent les paffions, ce qu'elles expriment auec plus d'efficace & l'on s'en eft fait vn art, qui n'eft point fautif, non plus que la nature qu'il imite, mais auffi qu'il perfectionne en ce qu'il corrige le defaut des humeurs trop lentes, & la precipitation des trop actiues. Voyez la paffion que vous voulez

exciter,

DV RELIGIEVX.

exciter; appliquez-en les causes & les effets à voftre sujet, imitez la nature qui passe viste de l'vn de ces mouuemens en l'autre; de l'amour à la cholere, de la douleur à l'esperance, des joyes à la crainte; faites vn orage dans les esprits par la rencontre inegale de ces vents contraires, la raison s'y noye, & vous emportez ce qu'il vous plaift de vôtre auditeur, qui n'eft plus en eftat de vous refifter. Ie fuis il y a long-temps dans cette penfée, que fi le Predicateur fe feruoit bien des caufes & des effets des paffions ajuftées à fon fujet particulier, il emporteroit fon audience & feroit des miracles pour la conuerfion des ames.

L'eloquence principalle confifte dans les figures de fentence, qui font le difcours puiffant, qui tiennent l'auditeur toufiours en haleine, & renouuellent fes attentions par vne agreable diuerfité. On les peut voir dans Quintilien & dans quelques autheurs modernes qui les ont reprefentées comme on en doit faire l'vfage dans la predication. Les paroles quoy que communes, font affez difcretes quand elles coulent fans refiftance auec la periode, & qu'vne action vigoureufe les anime : elles paroiffent affez belles, fi elles font pures, fi elles ne font point eftrangeres ny barbares; fi on y euite les rithmes, les cadences de vers, cette grande affectation d'epitethes qui confond le fens & l'efprit, qui rend vn difcours plus enflé, mais plus foible, comme vne armée qui auroit plus de femmes & de goujards, que de combatans.

*EVITER LES TROP GRANDES CVRIOSITEZ
dans la Predication.*

CHAPITRE XVII.

LES maladies qui trauaillent les ames dans le monde ne sont pas entierement desesperées, puis qu'elles ont des interualles, & que les plus infirmes trouuent quelquesfois assez de forces pour recourir d'elles mesme aux remedes. Au son d'vne cloche vous verrez toute vne ville, vne inombrable multitude de personnes de toute sorte de conditions fondre en gros dans vne Eglise, quitter leurs affaires, leurs familles, leurs conuersations, leurs plaisirs, pour entendre les volontez de Dieu par la bouche d'vn Predicateur. La presse qu'ils font pour s'approcher de sa chaire, les yeux arrestez sur son action, les oreilles attentiues à son discours, cette suspension des autres sens, ce qu'ils endurent sans se plaindre parmy les incommoditez de la foule, monstre l'extreme auidité de receuoir là quelques bonnes instructions. S'il estoit permis de découurir leur interieur, on les verroit tous dans vn mesme sentiment & dire, Nous sommes las des entretiens & des vanitez du monde, où il ne se dit, il ne se fait rien que pour vne vie mortelle: helas dites nous quelque chose du ciel, & des moyens qu'il nous faut tenir pour sauuer nos ames! Vn auaritieux est vn exacteur impitoyable, insensible aux miseres de son prochain pour mettre sa propre famille à couuert de la necessité; sa conscience ne laisse pas de le reprendre de cette trop grande attache aux biens de la terre, & de ne s'en pas seruir à faire des œuures de charité pour son salut; vn ambitieux se trouue dans vn embarras d'affaires gesné de craintes & d'enuie, dans vn combat continuel contre ses concourans: il voit bien que c'est vne fureur de se déchirer ainsi de ses propres mains & ne sçait comment se deliurer de l'opinion qui luy fait paroistre la vie comme vne mort, si elle se passe sans honneur.

DV RELIGIEVX.

D'autres qui nourrissent dans leurs cœurs des amours illegitimes, des jalousies, des haynes irreconciliables, tâchent de les justifier par tout ce qu'vne raison preoccuppée peut donner de couleurs à la passion, mais leurs consciences ne laissent pas de se sentir criminelles, en ce qu'elles n'osent plus paroistre deuant Dieu pour luy demander ses misericordes : Tous ces esprits souffrent d'estranges conuulsions entre de petits sentimens de Dieu qui les éleuent, & de plus fortes concupiscences qui les abattent ; ils veulent & ne veulent pas, ils voyent deuant eux le bien, & n'ont pas la force ny la resolution de s'y porter : ils viennent au sermon pour s'appliquer le discours general d'vn Predicateur ; ils viennent comme à l'oracle pour y receuoir des responces en secret, des conseils qui ne soient entendus que d'eux, qui leur épargnent la honte d'en faire les propositions, qui guerissent leurs infirmitez, sans qu'ils soient obligez de les découurir.

Si ce Predicateur au lieu de traitter des bontez, des justices, des misericordes de Dieu, des obligations que nous auons à garder sa loy, des moyens qu'il faut tenir pour vaincre ses passions ; si au lieu d'exhorter à la penitence, il n'estale qu'vn discours remply de vaines curiositez, il ne se peut rien faire de plus desobligeant, ie dis de plus criminel, sur tout par vn Religieux. Ces hommes sont là qui luy demandent plus de cœur que de geste quelque discours qui les edifie ; cependant on leur deduit vne subtile question, qui ne peut estre là que confuse, puisque l'échole n'en a pas mesme tout l'éclaircissement apres y auoir trauaillé des mois entiers ; on leur fait vne tissure de belles paroles, enrichies d'antiquitez, d'histoires, de remarques naturelles ; quand les Predicateurs auroient employé toute leur haleine & toute l'heure en choses semblables, tout cela n'est à vray dire qu'vne docte & sublime extrauagance ; comme si l'on menoit vn pauure malade dans vn cabinet de curiositez, au lieu de le mettre au lict ; si sur le recit qu'il fait de son mal on luy rapportoit l'histoire de ce qui se passe à la cour du grand Seigneur, & si l'on répondoit à ses plaintes par vne chanson. Que diriez-vous d'vn

Eeee ij

Maistre de camp, qui ne voudroit faire que des monstres en belle campagne, sans jamais aller à l'assaut, ny s'emparer des lieux difficilles, par ce qu'en ces occasions ses trouppes ne paroistroient pas en vn si bel ordre, & auec assez de magnificence? Quel jugement feroit-on d'vn aduocat qui au lieu de plaider sa cause, non seulement ne produiroit pas les pieces justicatiues de sa partie, mais s'il en affoiblissoit les droits par des discours impertinens? Ce seroit vne preuarication digne d'vne peine qui peut seruir pour long-temps d'exemple dans la justice. Ie croy qu'vn Predicateur qui donne son temps & son discours à ces curiositez pour en tirer de la vanité, tombe dans le crime d'vn medecin qui s'emporte à des entretiens inutils, sans chercher la cause ny les remedes du mal contre lequel il est appelé & qui laisse mourir son malade, faute de ses assistances necessaires; d'vn aduocat qui trafique du droit de sa partie, d'vn pere qui expose ses enfans, & qui les tuë ne pouruoyant pas à leurs necessitez. C'est le sujet des lamentations de Ieremie, les enfans, dit-il, ont demandé du pain, & personne ne s'est trouué qui voulust leur en coupper vn morceau.

Thren. 4.

Il n'est pas temps de faire vn jeu de paroles, quand il faut sauuer des ames, & venger les interests de Dieu sur le monde. Qu'elle vanité de ne dire pas les choses necessaires, si on ne les peut exprimer agreablement? affoiblir vn grand sujet, par de petites pointilleries? vouloir en ces importantes matieres auoir la reputation de l'eloquence, dont il ne s'agit pas, c'est passer pour impertinent. Quintilien reprend la vanité des declamateurs de son temps, qui corrompoient l'eloquence, & de genereuse qu'elle doit estre, n'en faisoient qu'vne lasciue par vne trop grande affectation de paroles : il les compare à ceux qui trafiquant de jeunes esclaues, retranchoient ce qui les rendoit hommes, & leur ostoient les forces pour leur donner plus de beauté. C'est vn mauuais artifice qui affoiblit son sujet, qui met la vigueur entre les deffaux, qui fait passer vne foible delicatesse pour vne rare qualité, enfin qui n'a que des productions effeminées, qu'vn bon jugement naturel con-

Institut. orator. lib. 5. cap. 11.

DV RELIGIEVX.

sidere comme des monstres. Cet art diuin qui commande aux cœurs, doit estre masle, vaillant, d'vne posture guerriere, auoir plustost en main des instrumens de combat que de danse, l'espée que le luth, & metre sa gloire à persuader fortement ce d'où dépend nostre bien. Les larmes des auditeurs, les souspirs qui échappent d'vn cœur percé de penitence, cette suspension d'esprits, ce petit bruit confus d'vne admiration contrainte qui n'ose pas éclatter en applaudissemens, les conuersions, les reconciliations qui se font en suite, sont les veritables loüanges d'vn Predicateur.

C'est ignorer parfaittement l'eloquence, de ne pas traitter son sujet auec ce qu'il merite de majesté, de faire vne deduction particuliere, de la chasse, de la pesche, de la nauigation, du jeu, d'vne fleur, d'vn fruit, d'vne fable, pour fonder dessus tout le discours qu'on doit faire de quelque vertu Chrestienne. Le miracle fut celebre d'vn peintre dont Dieu fit promptement desseicher la main, & la rendit impuissante, parce qu'elle auoit representé Iesus-Christ sous la figure d'vn Iupiter tenant son foudre: C'est prophaner les choses diuines, de les faire entrer en comparaison auec les humaines; ainsi la sagesse ne sera plus la princesse, mais la suiuante des sciences naturelles, s'il faut qu'elles luy seruent de regle & de prototype; il me semble qu'on ne sçauroit plus raualer nos mysteres que de les mettre dans l'imitation de choses si basses, car ils auront tousiours moins que ce à quoy l'on les compare, & puis cela ne se peut faire sans des violences & des repetitions fort desagreables. Si donc l'on veut rapporter quelque figure de son sujet, elle doit estre sainte & sublime, comme si elle est prise de la Theologie, des paroles, des actions de Iesus-Christ ou d'vn Prophete, des ceremonies de l'ancienne loy, & comme Moyse, voir sur la montagne, c'est à dire en des choses plus eminentes, l'idée de ce qu'on doit faire aux moindres.

La conduite me semble mauuaise de chercher tout ce que l'on peut de matieres sur vn sujet, & les debiter par l'alliance generalle quelles ont, comme tout ce que l'on

Baron. an. 461.

trouue de la pauureté, de la patience, de la dilection des ennemis, ainsi des autres, sans ajuster tout ce ramas à la formalité de quelque these particuliere; car ainsi l'on dira beaucoup de choses sans rien prouuer ny persuader, ne s'estant point proposé de but ny de port on ne le peut pas toucher: mais quand on se forme deux ou trois propositions qui diuisent vne these generale, & qu'on donne les preuues à chacune, elles conuainquent l'esprit & le discours paroist ordonné comme vn agreable peinture, où toutes les lignes des corps posez, étendus, ou racourcis selon les regles de la perspectiue, tendent à vn poinct de veuë.

Si vous auez beaucoup de doctrine & d'eloquence, c'est manquer de iugement d'en faire des profusions deuant des auditeurs où ces beautez ne sont pas seulement inutiles, parce qu'ils ne les connoissent pas, mais dommageables, en ce qu'ils se rebutent de la predication qui ne leur donne pas ce qu'ils esperoient d'enseignemens, & dans ce dégoust, prennent peut-estre la resolution de n'y plus aller.

Lib. 1. quæst. Euangeli. q. 2.

Ie ne demande pas que le discours soit si simple, qu'il ne reçoiue aucune majesté de la science: j'aduoüe qu'il doit auoir quelque chose plus que le commun; mais en cela, dit Saint Augustin, qu'on imite Iesus-Christ, qui s'estant mis dans vne nacelle pour se tirer de la foule, ne s'écarta

Lib. de catechisandis rudib. c. 12.

que fort peu du bord, en sorte qu'il pouuoit estre entendu de tout le peuple: soyez populaire, dit le mesme saint, pour gaigner le pleuple: vos conceptions ne sont point si releuées au dessus des esprits communs, que l'est Dieu au dessus de nostre nature, où neantmoins il s'humilie pour nous releuer. L'amour fait qu'vne mere begaye auec ses enfans pour en estre mieux entenduë; que les oyseaux contrefont la voix de leurs petits, pour les appeller; on passe gayement par des chemins qui ne sont pas agreables, pour redresser vne personne qui s'est égarée: la charité tient de l'immensité de Dieu, elle n'est pas moins dans les abysmes que dans les cieux, dans la bassesse que dans l'e-

Barou. an 389.

minence: Saint Paul décend auec plaisir de la sublimité de ses contemplations & de ses extases pour s'accommoder à la portée des fidelles. Saint Chrysostome qui auoit

DV RELIGIEVX.

le naturel & l'acquis pour l'eloquence, la déployoit auec beaucoup d'éclat dans les premiers sermons qu'il faisoit au peuple ; mais ayant sceu qu'vne simple femme se plaignoit de ce qu'elle ne le pouuoit entendre, il changea les fleurs de son discours en fruits, & en feruents qui ne laisserent pas de luy faire meriter ce nom celebre de bouche d'or : si l'on pretend de n'estre point entendu, ce seroit plustost fait de se taire, on s'épargneroit beaucoup de peines & d'estudes. I'aymerois mieux vn discours deuot, affectif & simple, qu'vn sublime, docte, & moins fructueux. Il ne sied pas bien aux Magistrats de paroistre en l'équipage d'vn jeune frisé, ny à vne personne Euangelique d'apporter en chaire vne éloquence de theatre & de Romans; elle rabbat quelque chose de la majesté de son sujet, & tant d'artifices font doubter de son credit. Ie fais bien plus d'estat du sens que des paroles, comme de la fidelité d'vn amy, que de son port agreable : puis qu'il s'agit d'instruire les hommes, & leur faire entendre les volontez de Dieu, on ne les sçauroit expliquer par des paroles plus significatiues, ny plus efficaces que celles qu'il a luy-mesme dictées. Comme les eaux qui tombent du ciel sont pleines d'vn esprit & d'vne secrette vertu, toute autre que celle que nous versons par nos atrousoirs pour la nourriture des plantes; ainsi les Predicateurs sont appellez des nuës, parce que sans s'arrester aux artifices humains, leur office est de distiller les saintes escritures, qui sous vne apparente simplicité ont des energies miraculeuses à conuertir les ames, & venant de la saincteté mesme, elles produisent les saints.

_{Picus: Mirandul,}

SE DECLARER COURAGEUSEMENT POUR la verité contre les erreurs.

CHAPITRE XVIII.

LES Anges ont eu ce priuilege de s'asseurer dans vne paix & dans vne joüissance eternelle des veritez diuines par vn seul combat qu'ils rendirent contre les rebelles : quant aux hommes leur condition est plus à plaindre, parce que toute la vie s'écoule icy bas auec vn temps alternatiuement meslé de paix & de guerre, & que l'Eglise au milieu de ses triomphes a tousiours quelques erreurs à combattre. Elle prend durant la paix, des forces qu'elle employe courageusement dans les occasions de la guerre ; & de ces deux temps où elle s'instruit, & s'expose, où elle établit la verité & renuerse les erreurs, il est difficile de iuger lequel est le plus aduantageux à sa vertu : comme les bergers prennent d'agreables diuertissemens à la campagne durant la belle saison de l'année ; cueillent les fleurs, forment vn concert de leur musique auec celle des bois, font leur ioye de l'abondance & des seuretez où ils voyent leurs troupeaux, mais si tost que le loup paroist ils quittent le flageolet pour courir aux armes, & par leurs clameurs qui appellent le voisinage aux secours, ils empeschent cette beste rauissante d'enleuer sa proye : ainsi, dit Saint Chrysostome, les solitaires prennent des plaisirs innocens dans les sciences, particulierement dans celle de la sainte escriture, durant le calme de l'Eglise ; que si quelque erreur vient à menacer les ames, il n'est plus temps de joüer, il faut combattre, & s'opposer à la mauuaise doctrine, auec tout ce que la science animée de zele leur donne de forces.

Orat. 2. aduersus Iudæos.

I'ay fait voir ailleurs que qui s'écarte de la commune creance de l'Eglise commet vn crime public, contre lequel il est permis à chacun d'estre partie, & d'en poursuiure le chastiment. Le Religieux n'est point censeur des puissances

En la preface du l. des misericordes de Dieu.

DV RELIGIEVX. 595

puissances qu'il veut tousiours considerer auec respect : en ces rencontres il n'a rien à dire contre leur silence, mais il tâche de s'acquitter de son deuoir, & à quelque rabais qu'on mette sa condition, il ne laisse pas de se declarer genereusement pour les veritez de la foy, parce qu'il s'y sent obligé par des raisons publiques & particulieres.

Les ordres Religieux releuent immediatement du Pape ; ils en reçoiuent des priuileges afin que tenants à luy, n'estant animez que de son esprit, ils n'ayent rien plus cher que les interests communs de l'Eglise Catholique, qu'ils ne suiuent que sa doctrine parmy toutes les sectes qui partagent les estats, & qu'ils soient comme les arteres qui n'ont point d'autre mouuement que celuy du cœur. Tous les Chrestiens reçoiuent au baptesme & en la confirmation, le signe de la croix sur le front qui est le siege de la pudeur, parce qu'il faut essuyer les hontes & les considerations naturelles, quand il s'agit de professer les veritez de la foy deuant les hommes ; mais on peut dire des Religieux ce que Saint Paul dit des plus parfaits, qu'ils sont reuestus de Iesus-Christ, parce que leur visage, leur port, leur habit, leurs paroles, leur conduite, toutes leurs actions les font reconnoistre pour tres fidelles à Iesus-Christ & à son Vicaire en terre. Tous les instituts Religieux quoy que sous differentes regles, ont ce mesme rapport auec le Saint Siege, & s'ils se tenoient parfaitement vnis en ce dessein de soustenir les veritez Catholiques, ils feroient de puissantes trouppes qui en multitude & en generosité seroient capables d'étouffer les heresies à mesure qu'elles naissent.

D. August. in Psal. 30. cos ch. 3.

Rom. 13. 14.

Si ceux qui les publient s'attachent si opiniastrement les vns aux autres, & font des ligues si fortes, pour recompenser la foiblesse de leur petit nombre, par les forces que leur donne l'vnion ; pourquoy la verité qui est vne, ne causera-elle pas de plus grandes vnions, & sans doute elle seroit toute-puissante, si tous les Religieux n'auoient pour elle qu'vne mesme bouche, comme la charité ne leur doit donner qu'vn mesme cœur, & leur institut vn mesme rapport au Saint Siege. Il appartient à ces grands corps de

Ffff

Religion qui soulent au deſſus du monde comme les cieux, de publier la gloire de Dieu; eſtant immortels, de ſouſtenir des veritez eternelles; de les donner toutes pures aux ſiecles ſuiuants, & de les reſtablir dans les eſprits, ſi les puiſſances, ou les paſſions humaines les ont alterées.

Ordinairement ces nouuelles ſectes ſous vn pretexte de reforme, & ſous l'apparence d'vne morale plus ſainte, oſtent à l'eſprit les ſubjections de la foy, aux ſens les pratiques de la mortification, & tous leurs déguiſemens ſe terminent au libertinage; auſſi le mot du guet qu'ils ſe donnent, & qui les anime eſt, que ſi leur opinion paſſe, il faut que les moynes periſſent. C'eſt vne grande gloire aux Religieux d'auoir les fondemens de leur vie ſi ſolides, qu'on ne les puiſſe eſbranler qu'auec ceux de l'Egliſe, & qu'il ne faille pas moins que des hereſies contraires à la doctrine, & à la perfection de l'Euangile pour les ruiner, mais comme le vaiſſeau de Saint Pierre peut eſtre battu de la tempeſte ſans faire naufrage, les Religieux ſe promettent auſſi, ſelon la parole du Fils de Dieu que tant de ſectes conjurées contre eux, les peuuent bien exercer, mais non pas les faire perir. S'ils ont leurs intereſts communs auec l'Egliſe, on ne doit pas trouuer étrange s'ils ne s'en peuuent ſeparer, s'ils s'vniſſent, & s'ils employent tout ce qu'ils ont de forces pour les deffendre contre des ennemis communs.

S'ils renoncent à toutes les vanitez du monde & à tous les plaiſirs des ſens; s'ils s'immolent tous les iours par vn martyre continuel pour témoigner les veritez de l'Euangile, ils ne doiuent pas plaindre les paroles pour vn ſujet où ils n'épargneroient pas leur vie, & à l'exemple de leur maiſtre, profeſſer de bouche la doctrine qu'ils ont déja prouuée par leurs bonnes œuures. Tous les peuples qui preſtent l'oreille au bruit de ces nouueautez, jettent la veuë ſur les ordres religieux auec cette creance, que le party qu'ils ſuiuent eſt le meilleur; tant de diſputes, tant de libelles, tant de clameurs des conſciences épouuantées, ſont des ſignes qui appellent les perſonnes doctes au combat; s'en retirer en ces rencontres, c'eſt vne eſpece de de-

DV RELIGIEVX.   597

ſertien, vne perfide laſcheté qui abandonne des pauures ames à la mercy de leurs ennemis ; qui fait paſſer le party de l'Egliſe pour le moins juſte & le plus foible, quand des perſonnes conſiderables craignent de le ſuiure. Ce n'eſt pas aſſez, dit Saint Iacques, d'auoir la foy dans le cœur, ſi on ne la confeſſe de bouche : Saint Pierre auoit inte- D Auguſt. rieurement cette foy, & parce qu'il ne l'auoit pas confeſ- lib contra ſée, il verſe des larmes de penitence, & conçoit tout ce mendac.ū que le cœur peut auoir de contrition pour en obtenir mi- cap. 6. ſericorde, comme ayant en cela renié ſon maiſtre. Enten- dre des fauſſetez ſans y répondre, c'eſt y conſentir, dit Lib. de Tertulien ; ſi l'on publie deuant vous des bois & des pier- Idololat.c. res pour des diuinitez, & que vous gardiez le ſilence, vous 11. eſtes idolatre ; le demon vous porte le coup de mort dans le cœur par vos oreilles, & par la bouche d'vn autre, ne le pouuant par la voſtre propre.

Ne dites point que c'eſt vn mal qui s'augmente par les remedes, & que ces petits eſprits prendroient vanité & ſujet de fortifier leur party, par la reſiſtance qu'on leur feroit; car il ne faut rien negliger en ces erreurs, qui en commen- çant ſe peuuent arracher comme de petits ſurgeons, mais qui eſtant negligés prennent vne ſolide groſſeur qu'à peine l'on peut abattre à coups de cognée : s'ils donnent déja de la peine eſtant ſi foibles, qu'en pouuez vous attendre lors que la curioſité de la queſtion ſera deuenuë le ſpecta- cle de tous les eſprits; lors que dans ce concours, pluſieurs ſe declarent pour vne nouuelle doctrine qui flatte les ſens, qui s'accorde auec leurs imaginations, qui donne ouuer- ture à d'autres plus licentieuſes que le cœur conçoit, & que la bouche n'oſe encores prononcer; enfin par vne va- nité d'attaquer des veritez qui paſſoient pour infaillibles, & trouuer aſſez d'adreſſe pour n'eſtre point forcez de ſe rendre. S'ils font gloire de combatre des anciennes ve- ritez, que voſtre honneur ſoit à les ſouſtenir ; à ne laiſſer point éteindre entre vos mains vne lumiere que vous auez receuë de vos anciens; à découurir les pernitieuſes conſe- quences de ces fauſſetez ; abandonnez enfin voſtre langue & voſtre plume au meſme eſprit qui foudroya les hereti- ques dans les Conciles.   Ffff ij

Dans tous les siecles la Prouidence a fait naistre quelques personnes illustres pour combattre les erreurs que la malice du temps, & le pere de mensonge y a fait naistre; suiuez les enseignes de ces braues deffenseurs de la verité, déclarez vous hautement pour leur party, vous releuerez vne infinité d'ames timides, vous donnerez de la joye à tous les fidelles, de la crainte à vos ennemis : si la sagesse humaine veut parler, si elle aduance quelques considerations d'interest sensible, dites comme ce genereux Machabée, qu'vne personne de vostre condition, ne doit non plus taire, que nier la verité, & qu'en cela la dissimulation auroit le mesme effet que l'apostasie pour corrompre les esprits de la jeunesse : apres l'abandon que vous auez fait du monde, vous ne deuez plus rien craindre ny esperer de luy ; si vous estes choqué de quelques puissances, vous serez supporté des autres ; ne doutez point que Dieu qui rend les langues des enfans disertes, ne vous donne vn surcroist de grace quand il s'agit de sa cause : c'est vne occasion de gloire deuant les Anges & deuant les hommes ; ceux mesme qui vous chargent d'inuectiues, vous honorent, puis qu'ils vous font reconnoistre pour vn puissant deffenseur de la verité. Vous verrez au ciel les fruits incomparables qu'auront fait vos liures, vos predications, vos conferences ; combien d'ames vous aurez tirées du peril, combien vous aurez rompu de mauuais desseins ; ce petit combat vous donnera sujet de loüer Dieu durant vne eternité.

*TRAVAILLER A LA CONVERSION
des heretiques.*

CHAPITRE XIX.

COMME les choses contraires composent le monde, elles partagent tout nostre temps; nous n'auons point de iour sans nuit, d'esté sans hyuer, de forces sans defaillances, de veritez sans heresies. Cette tissure inegalle de choses sensibles, bonnes & mauuaises, fait vne diuersité dans la vie, qui la rend peut-estre moins ennuyeuse : il faut vne douleur qui en cessant cause du plaisir, qui serue de lustre à la joüissance, & qui luy donne autant d'éclat que les ombres à la peinture. Il semble que l'Apostre se fonde sur cette raison, pour conclure, que selon l'ordre de la Prouidence, il faut qu'il y ayt des heresies, afin, dit-il, que la fidelité des éleus se fasse paroistre à ne les pas suiure, & leur zele à les combattre.

La conscience reclame contre les vanitez, & les crimes qui regnent au monde ; ceux mesme qui se laissent emporter aux opinions, les condemnent, & se reconnoissent miserables lors que le peuple les proclame bien-heureux, mais l'heresie couure son mal de sorte qu'il n'est pas aysement conneu; elle ne vous parle que de reforme, elle establit vne morale éclattante, à qui la raison donne ses applaudissemens ; elle a ces belles apparences qui gaignent les simples, ses subtilitez qui embarassent les doctes ; elle ne se fonde que sur les sainctes escritures, qu'elle altere pour les faire venir à son sens; elle rend ainsi toutes les anciennes veritez suspectes ; elle oste à l'Eglise la qualité d'infaillible, elle renuerse l'authorité des Conciles, & met toutes les veritès en controuerse, par le credit qu'elle donne à l'esprit particulier. Leuez le masque de ces pretendus reformez, vous verrez les visages horribles de l'ambition, de la vengence, de l'impureté, & que par tous les détours de leurs questions de la grace, ils conduisent l'espris au libertinage. C'est donc vne conjuration que les ennemis de la verité, les partisans de l'enfer, forment auec tous les déguisemens possibles pour perdre les ames, pour les débaucher des deuoirs & des obeïssances qu'elles doiuent à l'Eglise. Le moyen de voir ces poisons couuerts, ces perfides sacrileges, sans en donner les aduis, ces loups qui font tant de carnage, sous vne peau de brebis, sans crier contre eux, & leur donner fortement la chasse ?

Les Apostres s'acquitterent de ce deuoir contre les heretiques de leurs temps, Saint Pierre contre Simon le magicien ; Saint Iean contre Cerinthus, les Ebionistes, les Nicolaistes ; Sainct Paul contre vn grand nombre de fausses sectes, qui parurent au mesme temps qu'il preschoit la foy, comme les chenilles se forment auec les fleurs qu'elles rauagent. Le Religieux qui meine icy la vie des Apostres, doit succeder à leur courage en cette saincte entreprise, & se declarer genereusement pour l'Eglise contre ces rebelles qui luy disputent son authorité : il a toutes les qualitez aduantageuses pour cet effet, vn esprit simple & soumis aux articles de la foy, parfaictement ferme en ses resolutions ; vn cœur affranchy des vanitez qui animent l'heresie, & des sensualitez où elle pretend ; vne generosité qui passe par dessus toutes les considerations humaines, pour ne point tenir les veritez diuines esclaues de l'injustice, & pour les publier auec tout ce qu'elles demandent de liberté.

Déja sa vie formée sur les conseils de l'Euangile, est vne sensible demonstration pour conuaincre l'heresie, qui auec tout ce qu'elle vente de reforme, n'a ny la pauureté, ny la chasteté, ny l'obeïssance, ny le merite d'vn vœu qui fait vne hostie viuante du Religieux : sa retraitte & l'integrité de sa conduite a fauorisé ses estudes de Philosophie, de Theologie, de controuerses pour conuaincre ces opiniastres : il s'y anime par l'exemple de ses anciens qui ont esté le fleau des heretiques ; par l'exemple de ceux que nous appellons les Peres de l'Eglise, qui ont esté Religieux, & les antidotes donnés par la prouidence contre ces venins, à mesure que la malignité des siecles les a produits. Les histoires Eclesiastiques en font foy, & les liures qui nous reftent de ces Saints Docteurs, sont les trophées eternels des victoires qu'ils ont emporté sur l'heresie.

C'est donc là l'vn des employs plus signalez du Religieux; mais dont les consequences sont si grandes qu'on ne sçauroit apporter trop de soins pour faire le choix de ceux que la nature, la grace, les estudes rendent plus capables; il faut vn naturel genereux, ferme, & qui passe ce que la seule predication demande d'asseurance; vne memoire fidelle à retenir les passages & les objections; vne viuacité d'esprit, auec vne facilité de paroles pour y respondre, & battre l'heresie de ces propres armes.

Dans les entretiens particuliers d'vne personne qui se voudroit éclaircir des difficultez de la foy, Saint Augustin conseille de la traitter auec toutes les affabilitez possibles, luy donner la resolution des difficultez, auec vn calme d'esprit qui ne fasse rien paroistre qu'vne grande charité & vne sincere affection pour son salut : vn esprit preoccupé de l'erreur est, dit-il, vn œil malade, dont les inflamations & les douleurs s'augmentent si vous y apportez des remedes violens, il faut traitter delicatement cette partie delicate ; car s'il croyt que vous vouliez emporter la gloire par la subtilité de la science, deslors il se met sur la deffensiue, & ne veut plus estre instruit, crainte de paroistre surmonté.

Mais quand la dispute se fait publique en presence d'vn grand peuple qui en attend l'euenement auec vne suspension d'esprit, semblable à celle de deux armées qui remettent leurs interests au sort des armes de deux combatans, qu'elles produisent de part & d'autre. En cette rencontre il faut rabatre l'insolence du ministre, comme fit Dauid celle de Goliath, auec des paroles qui marquent le courage, & la confiance qu'on reçoit de Dieu pour deffendre la verité. Vn peuple qui juge des choses par les apparences, pourroit prendre la trop grande modestie d'vne reponse, pour vne foiblesse reduite à demander misericorde : comme il est moins raisonnable que sensible, il faut le gaigner par le mouuement, & s'il se pouuoit, luy faire entendre la verité, comme Dieu publia l'ancienne loy, par le tonnerres. Ainsi Iesus-Christ dont la douceur estoit extreme en la conuersation des pecheurs, auoit des paroles foudroyantes quand il reprennoit en public les Pharisiens qui estoient venus pour le tenter, il leur fait là les reproches de leur hypocrisie, de leurs sacrileges, de leur abominations. Quand Saint Pierre reprend en public Simon Magus qui vouloit mettre la grace du Saint Esprit à prix d'argent, il l'enuoye auec son argent à la perdition, & quand Saint Paul confond le magicien Elimas qui empeschoit la conuersion du Proconsul Sergius, va, luy dit-il, engence de diable, qui n'es que fourbe, & que méchanceté, tu seras puny de la main de Dieu, & aussitost il perdit l'vsage des yeux, pour auoir empesché que ce magistrat ne receut les lumieres de la foy.

Quand on traitteroit les heretiques auec de pareilles seueritez au moins de paroles sans miracle, elles doiuent sembler bien tolerables à ceux qui meritent de grandes peines, comme des rebelles, des paricides sacrileges qui se sousleuent contre l'Eglise, qui se joüent du salut des ames, & du sang de Iesus-Christ, pour satisfaire leur vanité. C'est là que la Minerue se monstre armée, que Mercure s'il est aydé de Mars, fait au dire des Astrologues d'estranges executions, & que la parole de Dieu deuient vn glaiue tranchant des deux costez.

Ces deux façons de proceder contre les heretiques, semblent signifiées par la descente du Saint Esprit sur les Apostres, premierement, comme remarque Saint Augustin, en forme de colombe qui n'a pour voix que des gemissemens; si on les employe aupres de ceux qu'on veut conuertir, si on leur témoigne de n'agir que par vne extreme compassion qu'on a de leur perte, ie ne doute point, dit ce Pere, qu'on ne les gaigne à Iesus-Christ, & qu'ils n'ayent de l'affection pour celuy qu'ils voyent si fort empressé pour le salut de leur ame; voila la douceur qu'on doit pratiquer dans les conferences particulieres. Quant au zele plus ardent qui doit paroistre dans les disputes publiques, il peut estre signifié par ce grand bruit qu'on entendit du ciel; par le feu, qui est petit sur vne petite matiere

tiere ; & grand sur vne plus grande, enfin par la figure de langue, qui est, dit Saint Iacques, vn des plus petits membres du corps, & qui porte de plus grands coups; qu'on peut étendre ou retenir, selon qu'vne prudente charité l'ordonne, suiuant la pratique des experts, & sur ce qu'on void reüssir de ces conferences.

DES MISSIONS ESTRANGERES.

CHAPITRE XX.

LE grand trafic ne se fait que par les grandes nauigations, qui portent les choses icy communes en diuers climats, pour en recueillir ce qu'ils ont de plus pretieux, & selon la fable pour y prendre la toison d'or. Ainsi la plus ample predication de l'Euangile ne s'est faite que par les missions entreprises dans les terres estrangeres, où l'on rencontre de bonnes ames alterées de la verité, qui à la premiere ouuerture qu'on leur en donne, la reçoiuent auec vn tel applaudissement, qu'en peu de mois & de jours, on a veu des nations entieres conuerties à la foy Chrestienne. Ce fut le grand employ des Apostres, apres auoir trouué la Iudée trop endurcie pour receuoir les mysteres qu'ils proposoient, ils partagerent entre eux tout le monde, & comme des gouuerneurs enuoyez par Iesus-Christ, pour prendre possession de sa Monarchie vniuerselle, ils établirent ses loix iusques aux extremitez de la terre. Ces astres qui ont ainsi porté la lumiere par tout le monde, sont enfin venus en leur occident ; ils sont morts pour le témoignage des veritez qu'ils annonçoient, & ne pouuant plus renaistre les mesmes, ils laissent la place aux imitateurs de leur vie, pour succeder en ce saint office.

Le Religieux a, comme nous auons dit, cet aduantage d'estre heritier de la sainteté Apostolique ; s'il est capable de la predication, il la void si commune dans l'Eglise, il void vn si grand concours de personnes recommendables qui s'y addonnent, que pour y trouuer de l'employ par preference, il faut des brigues & de la faueur, parce qu'il y a plus d'ouuriers que de moisson. Les peuples sont mesme tellement battus de ces veritez Euangeliques qu'ils en prennent vn dégoust, & si on ne les deguise, ils n'y donnent plus leurs attentions; ils n'en sont plus touchez si on ne les farde, si on ne les enrichit par les artifices de l'eloquence.

Vn bon Religieux qui a les vrays sentimens de Dieu, ne peut souffrir qu'auec indignation de voir sa saincte parole traittée auec ce mespris; qu'elle ne soit plus recherchée pour elle mesme, que les sujets ne veulent plus receuoir les volontez de leur Prince, si elles ne sont deduittes en bons termes; que les hommes soyent si delicats, qu'ils ne veulent plus estre remis dans le bon chemin, n'y auertis des écueils où ils vont se perdre, si on ne les flatte. Ce ne sont plus les sentimens diuins, ny les solides instructions de leur salut, mais les inuentions, les adresses de l'esprit en la deduction d'vn sujet, le choix des figures & des paroles, qu'ils cherchent en la predication; & voila la chaire de verité reduite au point de la comedie. Ie ne sçaurois, dit cet hôme plein de zele, offencer l'authorité de mon ministere par ces honteuses soubmissions: les Prophetes qui ont porté les volontez diuines aux peuples, n'ont point parlé de la sorte, il suffisoit de les dire, pour les faire receuoir auec respect; quoy ne peut-on plus offrir de l'encens s'il n'est doré? faut-il adjouster des couleurs à la lumiere pour luy donner plus d'éclat? ne peut-on plus imprimer de saintes affections sans cette cajolerie? ce n'est plus la parole eternelle, c'est la parole humaine qui gaigne le cœur? Ie ne sçaurois, dit-il, tremper dans cet adultere, cependant si ie ne le fais, ie ne soray pas suiuy? quoy mes estudes me seront-elles inutiles? Tous ces grands pays de l'Orient, du Midy, du Septentrion, sont habitez de peuples inombrables, qui viuent sans Dieu, sans loy, ou auec des infidelitez pires que cette brutale ignorance. Les ames de ces barbares ne sont elles pas raisonnables? ne portent-elles pas la ressemblance de Dieu? ne sont-elles pas racheptées par Iesus-Christ, comme les nostres ? hé pourquoy les laisser croupir dans tous les malheurs d'vne nature corrompuë, sans leur porter les graces dont le ciel nous a fait les dispensateurs ? Cette parole diuine n'est pas vne semence qui vienne à profit, si on la iette à tas sur vn mesme lieu, & qu'on ne la répende pas par tout auec vne iuste distance. Ie feray l'exercice des Apostres, puisque i'en professe la vie ; ie n'ay plus d'autre patrie que le ciel, tous les lieux de ce petit monde me sont indifferens, puisque par tout i'y trouueray Dieu : J'iray donc catechiser ces pauures sauuages aux lieux que l'obeissance m'assignera : les perils & les trauaux de ces grands voyages & de ces demeures sont grands ; heureux si ie les puis souffrir auec patience pour le seruice de Dieu : heureux si i'y puis viure pour accomplir ses volontez & mon dessein : heureux si i'y puis mourir, & acheuer ma vie par ce sacrifice.

Il s'anime à cette entreprise par les grands biens qui en reüssissent : il void dans les extremitez du monde, dans le Septentrion & le Midy, sous le pole, & sous la ligne, des sauuages à qui l'on peut donner les premiers sentimens de la diuinité, & les tirer d'vne vie toute selon les sens, qui n'est distinguée de celle des bestes, que par des passions plus adroittes, plus furieuses, plus opiniastres. Dans le leuant qui gemit sous la tyrannie du Turc, quoy que l'Eglise deffende de prescher publiquement contre cette malheureuse secte, pour épargner le sang des Chrestiens, sous vne violence determinée qui fait gloire de le verser, on ne laisse pas de faire beaucoup de fruit à consoler les esclaues dans leur misere, à les maintenir dans les sentimens de la foy, & empescher qu'ils ne la quittent, pour auoir à ce prix là leur liberté ; pour empescher que les femmes, que les enfans, que les affligez ne se iettent dans ce party le plus fort, pour se soulager des disgraces qui les pressent. Dans les pays mesme plus aduancez vers l'Orient, où plusieurs peuples se disent Chrestiens, le Schisme y regne auec tant d'audace & d'impunité, l'ignorance y est si grossiere, les fautes essentielles en l'administration des sacremens si communes, que ce seroit plustost fait d'instruire des peuples qui n'auroient aucun sentiment de Religion, parce qu'il faut vn double trauail en ceux-cy qu'on veut desabuser de leurs erreurs, & instruire des veritez Catholiques.

Quoy que les fatigues y soient extremes, il se trouue vn grand nombre de Religieux assez zelés pour s'y consacrer; c'est aux superieurs à faire le choix des plus capables, qui ayent assez de forces de corps & d'esprit pour supporter ce trauail; personnes qui ne soient point beaucoup aduancées en âge, afin qu'elles ayent plus de facilité aux diuerses langues; qui soient parfaictement mortifiées, pour viure souuent sans compagnon, sans autre censeur de leur conduite que leur conscience, pour viure entre des peuples qui n'ont pour loy que la nature, & qui font gloire de ce qui nous seroit vn crime.

Il ne faut point pour cela se charger l'esprit des subtilitez de l'eschole, l'estude principalle doit estre d'vne Theologie naturelle, qui par des raisons & des comparaisons plausibles puisse doucement conduire ces esprits tous neufs, à reconnoistre vn premier principe qui a creé le monde, qui le conserue, qui le conduit, qui nous donne ses faueurs à proportion des fidelitez que nous apportons à son seruice: leur persuader l'immortalité de l'ame, les peines & les recompenses de l'autre vie. En suite leur donner l'entrée dans les mysteres de la foy Chrestienne, & leur en expliquer nettement l'essentiel, sans toutes ces difficultez, qui donnent de l'exercice aux escholes, & qui sont veritablement des remedes, mais desagreables, quoy que la necessité des heresies nous les ait rendus necessaires.

On ne sçauroit expliquer les consolations qu'vn bon Missionnaire reçoit, de voir ces pauures sauuages se porter d'vne sainte emulation à tous les deuoirs de la pieté, à respondre comme des enfans aux demandes du Catechisme, à pratiquer des jeusnes, des continences, des œuures de charité, à se rendre maistres de leurs passions, enfin à representer l'Eglise en la vigueur qu'elle auoit au temps de ses premiers siecles.

Pour cet effet le Missionnaire doit faire en sorte qu'on ne mette point d'heretiques parmy les Catholiques, car ils rui-

DV RELIGIEVX. 607

seroient autant que l'on edifieroit, il ne s'establiroit aucune creance dans les esprits qui verroient cette controuerse, & comme s'il n'y auoit rien de certain en ces nouueautez, ils se tiendroient fermes dans leurs anciennes coustumes. En suite qu'il fasse connoistre au commandant que tout le bon succez du voyage, en ce qui est du temporel & du spirituel, dépend de bonnes mœurs de ses sujets : que s'ils craignent, s'ils seruent bien Dieu, ils seront souples à tous ses commandemens, genereux en toutes les entreprises, dans vne parfaite vnion de volontez, dans vne charité qui sera leur consolation dans cette terre estrangere, & le meilleur fort qu'ils puissent bastir pour estre à couuert de leurs ennemis : que s'ils ne s'emportent point aux excez, on persuadera facilement les mesmes retenuës aux sauuages; mais s'ils voyent des dissolutions, ils ne croiront ny la Religion qu'on leur presche, puisqu'on la dément par les œuures, ny ne donneront aucune foy à ceux qui ne la gardent pas au Dieu qu'ils adorent : qu'il est meilleur d'entretenir auec eux le commerce par l'amour, que par la crainte ; que c'est l'vnique moyen pour preuenir les reuoltes, si ordinaires en ces peuples qui n'ayment rien tant que leur liberté, & qui se jettent dans le desespoir quand on leur fait trop de violence. Si le Missionnaire peut establir dans sa compagnie la frequentation de l'Eglise & des sacremens; s'il peut joindre la puissance religieuse à la politique ; s'il l'entretient dans les pratiques de la vertu par ses predications; s'il l'instruit à trauailler premierement pour le Royaume de Dieu, il est infaillible qu'elle en receura d'insignes benedictions au reste de ses desseins.

*EVITER LES TROP GRANDES FAMILIARITEZ
des femmes.*

CHAPITRE XXI.

LES inclinations de la nature sont grauées si profondement dans les cœurs, que toutes les habitudes contraires de la Morale les peuuent couurir, mais ne les sçauroient entierement effacer ; qu'vn homme ait pris la profession religieuse dés les premieres années de sa vie, qu'il soit dans vne parfaite ignorance du commerce de la chair, que cela soit à son égard entre les choses impossibles pour qui l'on ne forme point de desirs, que ce qu'il en dit, ce qu'il en entend dire, soit le sujet de ses plus grandes auersions, s'il entretient familierement quelque femme, il s'y sent porté par des attraits, qu'il ne trouue point dans la conuersation des hommes. Ce n'est point la beauté du corps ny de l'esprit, la consequence des affaires, la sublimité de la deuotion qui cause cette douceur & cet agréement, puis que tout cela se peut rencontrer auec auantage, & sans auoir le mesme effet, dans l'entretien des Religieux ; mais cela procede d'vne sympathie, & d'vne secrette complaisance qui est naturelle entre les deux sexes.

Icy l'ordre est contraire à celuy dont parle l'Apostre ; car le spirituel est deuant le corporel, & ces premiers mouuemens du cœur se conduisent auec vne si grande integrité, que les plus rigoureuses consciences n'y trouuent pas de quoy former vn scrupule. Cela procede, disent les Platoniciens, de ce que l'ame void premierement en l'objet de son amour l'image des beautez diuines, qu'elle admire, & qui la rauit, comme si elle y deuoit trouuer sa felicité ; c'est là, comme ils disent, cette Venus celeste fille du ciel qui fait les premiers transports des amans dont tous les desirs se terminent à aymer, & estre aymez. Mais comme Dieu apres l'amour & la complaisance qu'il eut en sa

*Marsil. fi-
cin. côuiu.
Plat. Orat.
s. cap. 7.*

DV RELIGIEVX.

beauté, voulut produire les creatures qui en portassent l'image, ainsi cette Venus celeste, si l'on s'abandonne à ses attraits, conduit insensiblement à l'autre qu'on dit estre terrestre, parce qu'elle s'attache au corps. Ie passe beaucoup de choses qui se pourroient dire sur ce sujet, parce que sans plus de speculations on void tous les jours les effets sensibles de cette complaisance, qui fait vn temperament de la foiblesse & de la force, qui adoucit les fatigues du mariage, & qui sert à la propagation de l'espece. Mais d'autant qu'elle est auantageuse en la nature, elle est plus à craindre aux seruiteurs de Dieu, qui font estat de vaincre la nature par vne vie semblable à celle des Anges, où les affections ne tiennent rien du corps, ny du mariage.

Les premiers entretiens d'vne femme auec vn Religieux ne seront que de choses spirituelles, des pratiques de l'oraison, de ce qui se passe là de plus intime entre l'ame & Dieu : elle reçoit les aduis qu'on luy donne là dessus auec vne merueilleuse docilité, elle les pratique, elle en rapporte les effets auec tous les témoignages possibles d'vne consolation spirituelle: elle tiendra son directeur pour son bon Ange, pour celuy que Dieu luy assigne afin de luy declarer ses volontez, sans lequel à ce qu'elle dit, il luy seroit impossible de se conseruer, ny de faire aucun progrez en la vertu. Cette extreme confiance, ces grands témoignages de respect & de gratitude, appriuoisent les humeurs les plus farouches; car ils entretiennent agreablement l'homme dans vne bonne estime de luy mesme; ces humbles submissions à sa conduite sont des panegiriques continuels de sa sainteté, & se voyant si chery de cette personne, il est bien difficile qu'il ne l'ayme.

Quand ces affections seroient aussi pures que la lumiere, elles ne laissent pas de nuire beaucoup au Religieux; car elles attachent son cœur à la nature, par consequent le diuisent, & le separent de Dieu; elles luy ostent sa liberté qui consistoit en indifference; elles rendent ce visage & ces paroles, l'objet ordinaire de ses pensées; son absence le plonge dans la tristesse; sa presence le rauit de joye; il n'est plus à soy, ny à son ordre ; les familiaritez quoy que grandes, luy semblent tousiours trop rares & trop courtes. Si l'on vient à les retrancher pour en diuertir autant les suites malheureuses que les mauuais exemples, voila ce pauure homme en desolation.

 Ie ne dis rien de ces affetées qui font gloire de surprendre la simplicité d'vn Religieux, & qui employent à dessein tous leurs artifices pour luy gaigner insensiblement le cœur, comme si ce leur estoit vne extrême gloire de l'emporter par concurence sur les attraits mesme de Dieu. Le scandale en est public, parce que le peril que court le Religieux en ces conuersations est extrême, & que c'est là le dragon qui a fait tomber tant d'éclattantes estoilles du ciel.

 Le grand remede seroit d'éuiter entierement ces familiaritez, de vaincre cet ennemy par vne sage retraite, éteindre ce feu en reculant de luy la matiere. Mais quoy, si les medecins ne laissent pas de donner de l'assistance aux maladies contagieuses, encore qu'ils en puissent estre eux mesmes touchez ; les personnes destinées au soulagement de l'Eglise, ne laisseront pas d'assister de leur conseil des ames racheptées par le sang du fils de Dieu, quoy qu'elles soient dans des corps infirmes, & qu'on ne les puisse frequenter sans quelque peril ?

 S'il faut seruir les pestiferez, ont fait choix de ceux qui ont vn temperament assez fort pour estre à l'espreuue de ce mauuais air ; ils se seruent encore de preseruatifs ; on leur prescrit vn regime ; on leur donne aduis de n'estre auprès des malades, qu'autant qu'il est necessaire, & d'en prendre le moins qu'ils pourront l'haleine. Le Religieux que l'obeïssance engage dans les employs où il est obligé de conuerser auec les femmes, doit pratiquer les mesmes choses pour estre moins dans le danger : les exercices de l'oraison & la mortification continuelle, dont nous auons parlé ; les petites austeritez supportables qui aduertissent sans cesse qu'on porte la croix à la suite de Iesus-Christ, sont de puissans preseruatifs dans cette contagieuse conuersation. S'il en faut venir aux entretiens, qu'ils soient modestes.

DV RELIGIEVX.

modestes, par vne retenuë des yeux & de la parole, que sans faire des enquestes superfluës, les responses se donnent aux demandes les plus promptes qu'il se pourra, & qu'vne mauuaise patience ne fauorise point là de mauuais desseins; on passe legerement la main sur la flamme sans se brûler, mais le feu ne manque point à son action, si vous luy en donnez le temps, & si vn prompt mouuement n'échappe à sa violence.

Sur tout il se faut garder de receuoir des presens, car encore que selon le droit commun ils puissent passer pour vne juste reconnoissance temporelle deuë au seruice qu'on rend au spirituel, il faut dire auec l'Apostre, cela m'est permis, mais il ne m'est pas expedient, parce que ie ne me veux point assubjetir à la puissance d'vn autre ; vous n'estes point mercenaire pour les receuoir comme recompense, & ce seroit vous trahir vous mesme de les prendre cõme vn gage d'amitié. Les obligations que vous auiez acquises sur cet esprit reuiennent sur vous; de creancier vous voila deuenu debteur, & ie ne vois point de seruitude moins supportable que celle qu'on est contraint de rendre à vne personne qui deuoit estre sujette. Si ce luy est vn honneur de donner, le vostre consiste à refuser ; qu'elle sçache vne fois pour toutes, que vous ne receuerez chose aucune d'elle, que vous ne l'assistez qu'en veuë de Dieu qui sera vostre recompense : elle vous presente ces choses pour auoir en suite plus de droit de vous demander vn temps pretieux; de vous tenir à l'attache pour entendre ses sottises, sans que vous ayez plus l'authorité de l'interrompre, ny de vous defaire de ses importunitez ; & quand cette liberalité procederoit d'vne sincere affection, ce que i'y craindrois le plus ce seroit qu'elle ne meritast la vostre : ce commerce vous est trop desauantageux pour l'entretenir, il vous donne de petites commoditez de la vie, dit saint Augustin, mais c'est vne grande charge à vostre liberté & à vostre conscience : les presens jettent le bandeau sur les yeux, les chaisnes sur le cœur ; ils mettent le doigt sur la bouche, & corrompent ce que l'on doit d'integrité dans les affaires où l'on est pris pour arbitre. Que le Religieux soit

Hhhh

donc touſiours ferme à les refuſer particulierement de ces mains qui les changent en idoles, & qui cauſent vn ſouuenir de ce que l'on doit oublier; ſi les rebuts, ſi les froideurs ne le peuuent deliurer de ces importunitez, il faut enfin qu'il s'en faſſe quitte par le changement de lieu, aſſez facile dans les Religions reformées.

DE LA RETRAITTE PAR INTERVALLES apres les employs exterieurs.

CHAPITRE XXII.

Le monde, ce grand commerce de la vie commune, eſt la propre region des ſens, des paſſions, des crimes; c'eſt où ſe forgent les orages qui renuerſent l'innocence, & les tranquilitez de l'eſprit. Il faut neantmoins que le Religieux faſſe eſtat d'entrer dans cette tourmente quand il en reçoit le commandement; il faut qu'il obeïſſe à la voix de ſon ſuperieur, comme le Prophete à celle de Dieu qui l'enuoyoit pour la conuerſion d'vn peuple, dont les cœurs eſtoient de bronze, les teſtes de fer, les oreilles fermées, tout reſolu à ne point entendre, & à ne point faire ce qui eſtoit de ſon bien. Sa conſolation eſt que ſi l'obeïſſance l'expoſe à ces employs, elle l'en retire auſſi par interualles, comme Dieu enuoye ſa parole au monde & puis la fait reuenir à luy, ſinon pleine, au moins non pas vuide de tous profits.

Ezech. 3.

Iſay. 55.

Si le Religieux trouue de grandes facilitez dans ces employs, & que les habitudes qu'il y a priſes ne luy en rendent plus les exercices faſcheux; c'eſt lors que la prudence du ſuperieur iuge que la retraitte luy eſt neceſſaire; car il faut craindre que n'ayant plus ce zele qui faiſoit gemir les Prophetes en voyant la corruption du monde, n'y trouuant plus de contrarietez, il ne tombe auec luy dans la ſympathie, & qu'il n'en ſouffre plus rien par vne mauuaiſe paix; qu'il ne ſoit comme les parties du corps, qui perdent leur ſentiment & leur chaleur quand vne affluence d'humeurs vitieuses, y éteint les esprits & la chaleur naturelle, où comme vn air qui estant entré dans les concauitez de la terre pour y empescher le vuide, s'y espaissit de sorte par le froid du lieu, qu'il n'a plus la subtilité necessaire pour s'en retirer, & se remettre dans sa region. Saint Thomas dit, qu'à la fin du monde les corps celestes seront épurez en cessant de se mouuoir, & que le repos sera leur remede: que ce Religieux quasi mondain se retire de ces grandes actiuitez, qu'il n'en croye pas ses sentimens, mais ceux de son superieur, qu'il se remette dans la solitude, il y pourra reprendre l'esprit qu'il y auoit premierement conçeu.

Suplem. q. 74. a. 4.

On doit plustost croire que le Religieux souffre dans la conuersation du monde, où il ne void, où il n'entend, comme nous auons dit, que ce qui combat sa profession, où l'on fait gloire des pechez, où Dieu est continuellement offensé, & les ames sont perduës. Le moyen qu'il soit sans douleur au milieu de ces desordres qui blessent si cruellement la double charité qu'il a pour Dieu & pour le prochain? Le bien qu'il y fait est peu considerable, les perils qu'il y court sont si grands, les fatigues qu'il y endure si violentes, que toutes les considerations diuines & humaines l'obligent de se donner quelques fois du soulagement par la retraicte.

Elle est de l'essence de sa profession, comme nous l'auons representé, & ces employs exterieurs ne luy sont que comme des accidens; il ne faut donc pas qu'ils l'emportent sur l'essentiel, & que ce qui fait proprement sa vie, ayt moins de vertu que les formes naturelles, qui rétablissent leurs qualitez apres la violence qu'elles ont soufferte par quelque accident; que l'eau qui se rafraischit d'elle mesme apres auoir esté sur le feu: qui apres auoir esté poussée par des vens contraires, & brisée contre les rochers se redonne, si tost qu'elle peut, le calme auec vne égalle superficie pour representer les beautez du ciel; que l'air qui se rarefie & s'échappe autant qu'il peut d'entre des flammes où il se trouue tourmenté par vn excez de chaleur; que les esprits de nostre corps qui apres s'estre iettez à foulé sur vne partie blessée, pour luy donner du secours, l'abandonnent quand elle n'est plus en estat d'en profiter, & qu'ils ne peuuent plus que s'y corrompre.

Si la charité vous expose pour le seruice de tous, comptez vous, dit saint Bernard, au nombre de ceux à qui vous deuez de l'assistance, & que la source des eaux celestes, ne coule pas hors de vostre fond, sans que vous en ayez l'vsage ; c'est vne vitieuse profusion de se donner tout entier aux autres, sans rien reseruer pour soy, de soy-mesme : puisque dans ces employs vostre pieté souffre par vne suspension de ses exercices ordinaires, & que vous n'entrez dans les conuersations seculieres, que comme dans vn combat, où il n'y a pas moins de fatigue que de peril, rendez vous le soulagement qu'on donne aux soldats dans les plus chaudes entreprises, de n'estre pas tous les iours de garde, à toute heure en sentinelle, ny en toutes les occasions dans la meslée. Ne soyez pas si continuellement dans ces employs exterieurs, que vous ne donniez quelque relâche à vostre esprit par la retraitte. Quand nostre corps joüit d'vne parfaite santé, on void par le battement des arteres, que le temps du repos & du mouuement est presque égal, quoy que les interualles que le cœur employe à receuoir l'air, soient vn peu plus grands que ceux où il s'en décharge. Ie suppose que le Religieux professé vne vie meslée, il doit au moins la partager également entre l'action & la retraitte, il est mesme tres-iuste, que respirant l'air de l'eternité comme en parle le Prophete, il soit plus à le retenir, qu'à le répendre.

Lib. j. de consideration cap. j.

Albert. Mag. et i. de inspir.

Ps. 118. v. 131.

Mais dites-vous les affaires pressent, & vn temps perdu ne se peut plus recouurer : considerez, ie vous prie, que vous n'estes pas si necessaire, que le monde & les affaires ne puissent rouler sans vous : le repos, la nourriture, le sommeil vous obligent bien tous les iours à ne pas agir continuellement ; faites estat que la retraitte n'est pas moins necessaire à vostre esprit, que le sont ces soulagemens à vostre corps ; prenez-en donc la resolution, comme si c'estoit vne necessité qui ne receut point de dispence. Mettez le temps au nombre des choses coulantes, comme l'eau, l'air, le mercure, qui s'échappent quand on les veut trop

DV RELIGIEVX.

presser, & qu'on ne peut contenir que dans de iustes espaces; à force de vouloir donner trop d'attention à des affaires, elle n'y est plus; & les pensées deuiennent confuses, quand on se donne à quelque sujet auec trop d'attache. Ceux qui trauaillent sur des matieres delicates, en détournent souuent les yeux, pour les delasser & les réjoüir par la veüe de quelque objet agreable. Si l'on est tousiours à donner de l'assistance aux malades, aux affligez, dans les arbitrages, dans les confessions, dans les predications, enfin l'esprit s'embrouille dans des faits particuliers, il ne se peut plus éleuer aux choses vniuerselles, ny prendre de là les belles & plus veritables idées, s'il ne se retire quelquesfois dans la solitude.

Celuy qui est en repos, n'est pas sans rien faire, dit Saint Augustin, il fait plus que celuy qui s'attachant aux choses inconstantes, est emporté par le desordre de leur mouuement, sujet à des affections irregulieres & orageuses, mais l'esprit qui se retire de cette confusion, se trouue dans vn estat de consistance où il peut plus facilement contempler le premier estre immobile d'où il doit receuoir les lumieres, & la solidité de sa conduite. Dans cette retraitte le Religieux reprend ses premieres habitudes de l'oraison, de la contemplation, des satisfactions en Dieu & en soy mesme : il se remet dans les practiques de l'humilité, pour conjurer ce petit démon de l'amour propre qui l'obsedoit dans les conuersations & les complaisances humaines.

De libero arbitrio, cap. 1.

S'il luy faut rentrer dans les emplois exterieurs, il y reuient auec des connoissances plus nettes, apres de serieuses reflexions, auec des vertus que les experiences ont fait plus solides; on le considere auec plus de respect quand les trop grandes familiaritez estant interrompües par la retraitte, ne causent point le mespris, & ostent au monde le droit de le posseder comme sien, par vne espece de prescription. Enfin ce qu'est l'vnité aux nombres, le poinct à la quantité, le repos au mouuement, la retraitte l'est aux employs du Religieux, car c'est de là qu'ils ont leur commencement, leur progrez, leur fin : c'est là qu'il

Hhhh iij

se délasse de ces fatigues, qu'il se guerit de ses maux, qu'il fait vn fonds de vertus pour de nouuelles actions; tellement qu'il trauaille pour le public, quand il se met dans la retraitte, comme on prend le repas & le sommeil pour auoir les forces dans le trauail; comme la nature fait pendant l'hiuer la prouision des nourritures qu'elle doit employer en fleurs & en fruits durant l'esté, & comme les terres reprennent leurs feconditez, & sont appellez nouuelles, apres les années de repos qu'on leur donne.

L. 10. ff. de verbo sign. Que ce repos est doux à vn bon Religieux apres tant de fatigues, que la charité luy a fait prendre pour le prochain; qu'il trouue les speculations de l'eternité rauissantes? Il se plonge dans ces delices celestes, auec de plus grandes auiditez, apres auoir veu tant de confusions & tant de miseres dans le monde. S'il luy reste là quelques especes des negoces qu'il a traittés, ce n'est que pour luy seruir de lustre, & par leur contrarieté faire vne plus grande estime des graces de sa vocation. Quand en suite il se rengage dans cette mer orageuse, c'est tousiours auec dessein de ne s'écarter jamais tant du port, qu'il ne s'y puisse rendre quand il luy plaira, pour y trouuer ses seuretez & ses rafraischissemens. C'est vn voyage qui ne seroit pas supportable à son innocence, si la charité ne l'animoit, & si la deuotion ne luy promettoit de le soulager par ces frequentes retraittes. Il a grand sujet d'adorer les misericordes de Dieu, en ce qu'elles luy assignent pour preseruatif, & pour remede de ses infirmitez, vn repos qui est le bon-heur & la recompense des saints.

LA VIEILLESSE DV RELIGIEVX.

CHAPITRE XXIII.

LES retraittes de pieté dont nous venons de parler sont libres, & le Religieux fait là l'essay des satisfactions qu'il pourroit auoir dans vne vie que l'obeïssance ou que quelque accident l'oblige de passer sans ces employs exterieurs : il fait bien de s'y porter parce que dans le cours des années les incommoditez de l'âge luy font vne necessité de cette retraitte, & vne priuation pour tousiours, au lieu du repos qu'il se donnoit par interualles. Enfin auec tout ce qu'il a de zele, il void son corps accablé d'infirmitez; il ne trouue plus de forces pour s'acquitter des deuoirs d'vne vie commune, il est dans vne lassitude qui ne se guerit plus par le repos, ces defaillances sont les coups de la mort, qui le doit bien-tost tout a fait abbattre.

Cette impuissance qui est vne maladie sans relasche, & sans remede, l'oblige a se retirer des grands employs & du cloistre & du dehors, & de ne se plus prester aux autres en vn temps où il ne suffit pas à luy mesme. Dés lors qu'on a les premiers sentimens de ces incommoditez, & que le nombre des années en donne l'aduis, il seroit bon de couper vn peu sur le vif, & de vous porter à la retraitte par election, deuant que la nature entierement affoiblie vous y oblige par necessité : vous deuez craindre que la vigueur de l'esprit ne s'abatte auec celle du corps, que dans l'estroitte societé qu'ont ces deux parties, les dommages ne soient communs ; qu'ainsi vous n'apportiez de grands prejudices aux affaires durant vn longtemps, où ce que vous vous estes acquis d'authorité empesche les plaintes; qu'enfin les interests publics ne vous rebuttent comme incapable, & ne donnent cette honteuse conclusion aux longs seruices de vostre vie. C'est donc le plus seur, le plus honorable de se retirer de bonne heure, comme aduertit le Prophete, deuant que la lumiere vous manque dans vn chemin, où les dangers sont tousiours grands de se perdre, & imiter en cela les pilotes, qui apres vne longue nauigation se sentans proches des terres par leur estime, abaissent les voiles deuant la nuict, crainte qu'vn coup de vent ne les porte sur les roches.

Les loix ont preueu ces accidens, & permettent aux officiers publics de se retirer de leurs charges à soixante ans, quoy qu'ils en retiennent tousiours les prerogatiues : cette permission persuade, & ne commande pas la retraitte, pour ne point oster aux anciens la gloire de l'auoir choisie, & ne pour ne point offencer par vn reproche commun certains esprits vigoureux iusques à l'extremité de l'âge, ny preiudicier aux affaires qui ont besoin de leur conseil. Le soleil, dit le Prophete, sçait bien l'heure de son couchant, afin de laisser le temps conuenable au reste des astres pour estre veus de la terre, mais tousiours par vne lumiere qui vient de luy, & moindre par ce qu'elle n'est qu'empruntée. Vostre retraitte fauorisera l'aduancement de plusieurs bons esprits proportionnez à la necessité presente des affaires ; vous aurez la satisfaction de les former de vostre main, d'auoir pour enfans & pour disciples, les Peres & les Maistres des autres ; cette religieuse lignée dont vous vous verrez enuironné ne sera pas l'vne des moindres benedictions de vostre vie, car tous ses bons succez, dont vous serez consideré comme le principe, retourneront à vostre gloire. Selon Dieu, il vaut beaucoup mieux donner cét exemple d'humilité, qui serue de temperament à l'ambition, & qui monstre que les sages quand ils ont les employs en main, les quittent pour le repos, comme pour vne chose plus pretieuse. Selon les sentimens mesme du monde, il vaut mieux pour vn vieillard estre l'arbitre, que le riual du gouuernement, & que d'entrer en concurrence auec des ieunes ardents qui vont si vistes qu'ils le pourroient bien laisser derriere ; gaigner les yeux & les affections de personnes assez interessées pour adorer le Soleil naissant. Il peut auoir beaucoup d'égaux dans les charges quand il les tient, mais il en aura bien peu qui dans l'occasion

DV RELIGIEVX.

casion de les auoir, les refusent. Cette eminence jointe aux priuileges d'honneur qui luy sont continuez, sont capables de luy donner vne solitude, & vne vieillesse florissante. Le musc, l'ambre gris, beaucoup d'autres choses aromatiques, ne sont bien suaues que quand elles sont separées de leur origine, & que le temps a meurry les qualitez excedentes, qu'elles auoient là moins agreables à l'odorat ; ainsi les exercices de l'estude, de la predication, du gouuernement sont accompagnez de difficultez qui tiennent l'esprit du Religieux dans vne si grande contention, qu'il a peine de gouster tout ce qu'ils ont de douceur ; mais quand l'âge luy en donne vne honorable dispence, & qu'il fait reflexion sur sa vie, les peines en sont passées, il n'en reste que les merites qu'il void tous recueillis dans vn grand repos auec des agréemens & des benedictions rapportantes à celles que Dieu donnoit à ses œuures apres auoir acheué la creation du monde. Le souuenir de cette sainte conduite qui n'eust pour fin que Dieu & l'eternité, est dans l'ame du vieillard vne viue source de consolations trop pures & trop sublimes pour estre subjetes aux loix du temps ; ces applaudissemens du ciel & de sa conscience luy sont vn triomphe perpetuel apres ses combats ; vn sabbat, & vn commencement de beatitude apres les trauaux de la vie passée.

Quand le Religieux n'auroit point eu de grands employs pour le seruice de son ordre, le bon exemple qu'il a donné pendant sa vie, & sa vieillesse le rendent assez venerable. Il a lors à la seule faueur de son âge, la mortification, qu'estant ieune il se donnoit par vertu ; ses sens sont priuez de la plus part de leur curiositez & de leurs delices ; il est content de peu, trois tours de jardin, ou d'infirmerie, le lassent autant que faisoient autresfois de longs voyages. Comme il se void dans la dépendence des autres, il en doit receuoir les bons offices auec vne charité semblable à celle qui les luy rend ; auec vne tranquille douceur, qui sçache supporter sans plaintes, ce qui ne s'accorde pas à son desir, & qui en tout témoigne beaucoup de reconnoissance. S'il luy reste quelques forces, il ne les sçauroit mieux em-

Iiii

ployer qu'en l'assistance des diuins offices & des communautez où il donne vn exemple merueilleux de diligence à la ieunesse. Il doit redoubler son mouuement, comme les choses naturelles aux approches de leur centre, & ressembler au voyageur qui double le pas, & qui ne sent point sa lassitude, quand il se void proche du lieu où il la doit entierement soulager par le repos. L'integrité de sa vie passée luy est vne grande consolation: neantmoins comme le milieu d'vn cordeau tendu, ne garde pas exactement la rectitude qui est aux extremitez, & penche plus vers la terre; il est bien difficile que dans le cours des employs on se soit tenu ferme dans toutes les ferueurs & les integritez qu'on auoit au nouitiat, & qu'on reprend à la mort. Il void ces defaux, & tâche de proffiter du temps que Dieu luy accorde pour conclurre par vne fin exemplaire, qui ait du rapport au commencement.

Ses pensées luy seruent d'vn doux entretien, quand il rapelle en sa memoire les choses passées; qu'il void les coups de la prouidence qui a mis les superbes dans la confusion, les humbles dans la puissance, qui a mille fois confondu la sagesse humaine par vne conduite simple & desinteressée; quand il fait comparaison du zele des anciens, auec les habitudes qui courent au present; quand il en rapporte les presages, qu'il en predit les effets, & qu'il donne les aduis de ce que les personnes engagées dans le mouuement ne peuuent pas remarquer.

Dans les infirmitez de son âge, il est comme vn vaillant soldat percé & abattu de coups, qui ne laisse pas de combattre de genoüil, & si ses mains blessées ne peuuent plus soustenir les armes, de geste & de voix il anime ses compagnons, leur crie de donner où il fait beau, & poursuit encore son ennemy par leurs mains. Ce pauure vieillard n'est plus en estat de monter en chaire pour prescher au peuple les veritez Catholiques, sa voix est foible & tremblante, à peine peut-il respirer, il n'a pas la force de se soustenir, beaucoup moins d'animer sa parole de son geste; en cet estat neantmoins il exhorte la ieunesse à de serieuses estudes, leur en donne les moyens, leur marque les liures

DV RELIGIEVX.

d'où ils peuuent tirer plus de profit, & comment ils doiuent mettre toutes les sciences au seruice de la sagesse ; il les anime à bien ménager vn temps si precieux pour bien reüssir à la predication qui est le plus noble de tous les employs, le plus important à l'honneur de Dieu, & au salut des ames : il forme ainsi les Predicateurs, & se fait vne sainte posterité qui le representera, & qui le fera tousiours agir pour l'edification du prochain dans le monde, mesme apres que la mort l'en aura tiré.

Vn ancien qui aura passé sa vie dans la contemplation, est rauy d'auoir l'entretien de personnes spirituelles & dociles, pour leur découurir auec plus de liberté que iamais les voyes secretes de la prouidence, les faueurs insignes qu'il en a receuës, les ruses de l'ennemy qu'il a découuertes, enfin tout ce que son humilité auoit tenu couuert durant sa vie. Apres auoir répendu ses lumieres en faueur des autres, il les reflechit sur luy-mesme, & ses plus doux entretiens sont auec Dieu. Il luy rend mille actions de grace d'auoir prolongé sa vie pour luy donner vn plus long terme à faire sa penitence, & pour se rendre plus digne de ses faueurs. Il considere auec l'Apostre, qu'en Dieu nous auons la vie, le mouuement, & la consistence; que la grace qui a esté le principe de sa vie & de son action spirituelle l'est à present de son repos, elle l'a tiré du monde comme du tombeau pour mettre son salut en asseurance dans le cloistre, elle luy a donné des forces pour s'acquiter de ses deuoirs religieux, enfin elle l'a conduit iusques à cet âge qui n'a pour exercice que le repos de la contemplation. Il en gouste toutes les douceurs, mais il ne peut pas encore les considerer comme sa fin. Quand il se void reduit à ne plus suiure les austeritez communes, & que la charité de ses freres le met en peine de se deffendre de ses excez. Hé mon Dieu, dit-il, ne suis-je plus que pour donner de la peine aux autres, & pour en receuoir vn traittement que ie ne merite point ? au lieu de penitence, me voila dans les delicatesses ; ie suis impuissant, & à toute heure on me charge de nouuelles obligations ? Mon Dieu deliurez vne sainte communauté de cet inutil, de cet importun, mettez fin

In ipso viuimus mouemur, & sumus Act. 17.

à vne vie qui n'est plus qu'à charge aux autres & à soy-mesme, & qui au lieu d'austerité n'est plus que dans le relâche. Helas si ie prends là de mauuaises habitudes, si ie me flatte, & que ie reçoiue plus que ne demande la necessité ! si i'adjouste les foiblesses de l'esprit à celles du corps, & que ie charge ma vieillesse de reproches ! Ie n'ay pas fait ce que ie deuois durant ma vie & faut-il que ie la finisse si lâchement hors les exercices du Religieux ! Mon Dieu, vous me donnez les sentiments de vostre amour, vous faites que ie vous desire, & vous me tenez si long-temps en attente à la porte de vostre sainte cité, sans que l'entrée m'en soit permise, pour aller joüir de vostre presence. Le terme ne peut plus estre que bien court, mais il est long à mes craintes, à mes infirmitez, à mon amour ; ie voudrois faire vn martyre du reste de cette vie, mais vous me preuenez de tant de douceurs, que n'ayant plus sujet de souffrir beaucoup, i'ay peur de ne vous plus assez desirer : cependant ce ne sont, Mon Dieu, que les ombres des lumieres de la gloire, que vous faites esperer à vostre pauure seruiteur ; ie meurs & ie vis en mesme temps ; ces benedictions de douceur augmentent mes peines, quand elles enflamment mes desirs. Hé quand briserez-vous mes chaisnes ; quand sortiray-je de cette prison mortelle pour vous connoistre, pour vous aymer, pour vous loüer plus librement dans l'éternité!

L'HEVREVSE MORT DV RELIGIEVX.

CHAPITRE XXIV.

Il est si rare de finir sa vie par la vieillesse, que de dix mille hommes, il n'y en a pas vn qui aille iusques au dernier terme que la nature prescript à nostre âge; comme si elle ne donnoit à quelques vns cette étenduë, que pour flatter l'esperance de tous les autres, & leur épargner vn peu la crainte de ce coup fatal; les astres, les elemens, les nourritures mesme ont des qualitez ennemies qui alterent nostre temperament, les parties qui le composent, le ruinent par l'inclination qu'elles ont de se tirer du meslange, & de retourner à leurs principes : Iesus-Christ nous aduertit que ce dernier iour nous surprend comme vn voleur qui fait son coup, quand on y pense le moins, & quand il croyt que toutes les personnes d'vne maison sont endormies, ou occupées de sorte qu'on ne luy puisse faire de resistance.

Cette nouuelle de la mort a, dit le sage, de grandes amertumes pour celuy qui trouue ses contentemens au monde, il luy est bien rude de le quitter au point qu'il en doit iouïr, faire son honneur & ses plaisirs des grands biens qu'il s'y est acquis : mais à vn Religieux qui a dés long-temps abandonné le monde, qui n'y est que crucifié, comme dit l'Apostre, parce qu'il n'y passe qu'vne vie souffrante; mourir c'est estre rappelé d'vn banissement, tiré d'vn cachot, détaché de la croix ; c'est se voir comme vn mercenaire à la fin d'vne penible iournée pour en receuoir la recompense; ce dernier iour qui doit donner commencement à vne meilleure vie, luy est comme au malade, l'aurore qui va calmer les inquietudes & les horreurs d'vne longue & mauuaise nuit. Le Religieux a continuellement cette dernierre heure en pensée, comme en desirs; l'aduis que luy donne le fils de Dieu que ce temps est incertain, le tient tousiours sur ses gardes, sans qu'il puisse estre surpris, & sans doute il n'a pas peine de se resigner à receuoir ce qu'il desire. Aussi ne faut-il point d'artifices pour luy anoncer cette derniere heure, & le jugement qu'en font les medecins : sur la nouuelle qu'on luy en porte il dit auec le Prophete, voila l'accomplissement de mes desirs, mes joyes sont entieres quand on me dit que le chemin m'est ouuert pour aller en la maison de mon Seigneur. S'il est ancien il rend mille actions de graces à Dieu de luy auoir donné auec la benediction des longues années, le moyen de le seruir plus longtemps : comme les fruits bien meurs se détachent aisement de leurs branches, en ce grand âge l'homme quitte la vie sans peine, & quelques vns disent que c'est auec le mesme plaisir, qu'on sent quand on passe dans le sommeil apres le trauail. S'il est jeune, il tient à grand faueur que son voyage soit plus court & qu'vn si bon vent le mette au port douant qu'il ait esté battu des orages, d'où peut-estre il ne se fust pas tiré.

En la recolte des fruits on donne toutes les attentions aux rencontres particulieres qui les demandent, où à peine l'esprit, les yeux & les mains peuuent suffir, mais en suite on fait vn estat general de ses profits, & l'on void en gros à quoy se monte le reuenu de l'année, il se passe quelque chose de semblable durant la vie du Religieux, il tient son esprit dans vne occupation continuelle de corriger ses defaux, d'aduancer à la perfection, de s'employer à toutes les œuures de charité que l'obedience luy assigne ; vn employ s'aduance sur l'autre, & n'estoit que tout se rapporte à Dieu, il se trouueroit extremément partagé. Les mois & les années s'écoulent insensiblement en de nouueaux objets qui tous les jours se présentent à l'esprit, en la visite des malades, en la consolation des affligez, en la predication, à combatre les erreurs & les heresies, dans les superioritez, dans les offices où l'on se donne tout entier pour les faire auec plus de perfection. Mais quand on se void aux approches de la mort, l'ame qui est presque dégagée du corps, qui respire déja l'air de l'eternité, se trouue esleuée au dessus de toutes les choses mortelles, & de cette eminence, elle découure d'vne veuë le cours

DV RELIGIEVX.

de toute la vie : elle void la vanité des choses du monde, en ce que ce petit éclat qui contentoit la nature, & qui flattoit ses inclinations dans ces employs, s'est écoulé auec le temps; il le faut compter entre les choses qui ne sont plus, ce qui s'y est commis d'imperfection, reste comme vne tache sur la conscience, & les moindres petits defaux paroissent là dans les lumieres de l'eternité, comme les atomes dans le rayon du soleil. Rien n'échappe à la veuë que l'esprit à lors tres-penetrante; il épluche iusques aux plus petits manquemens, il s'en accuse, il tâche de les effacer par vne veritable contrition, & par les Sacremens de l'Eglise : son cœur pousse des soûpirs, ses yeux versent des larmes non pas par crainte des peines, mais par vn sensible regret de n'auoir pas autant aymé Dieu qu'il deuoit, & qu'il y estoit tiré par ses graces : il l'ayme pourtant, quand il regrette de ne l'aimer pas assez; & cet amour est vne voix interieure qui l'asseure que Dieu l'ayme, & qu'il continuëra ses misericordes à vne pauure creature, qui ne veut estre que pour l'honorer.

Ce pauure Religieux n'auoit l'vsage que de peu de chose durant sa vie, & de cela mesme il s'en defait entre les mains du superieur, comme d'vne chose où il ne pretend aucun droit, & pour mourir tout nud comme Iesus-Christ sur la croix. Il ne luy reste que le corps & l'esprit ; il voudroit mille fois sacrifier son corps pour la gloire de son maistre & finir sa vie par le martire ; au defaut de cette occasion, il prend les douleurs qui le trauaillent, comme des gesnes qui font l'espreuue de sa foy; il tâche de les supporter auec tout ce que les sentimens humains luy permettent de courage, & les offre à Dieu comme vn sacrifice d'expiation pour ses defaux. Sur son lict qui est sa croix, il recommande son esprit au Pere Eternel, il le remet entre ses mains, apres auoir repeté ses vœux auec autant de ferueur, & peut-estre auec autant de merite, que s'il auoit encore à luy consacrer vne vie de quatre-vingts ans.

La mort approche, le temps presse, il est court, & neantmoins encore assez long pour vne volonté qui va bien viste, & qui en ses momens pretieux peut produire vne infinité d'actes d'amour, de foy, d'esperances & qui le transporte déja dans ces vastes espaces de lumiere & de gloire qui l'attendent. Vous verrez ce pauure mourant, les yeux leuez au ciel, baigné de larmes, pasmé de douceurs, n'auoir plus pour voix que des soûpirs, qui eschappent auec l'haleine que l'extase auoit retenuë long-temps. Quand la liberté de la parole luy est renduë, elle est foible, mais puissante pour toucher les cœurs, & pour tirer les larmes quand il demande à tous les freres le pardon de ses negligences passées, & de ce qu'il a donné de mauuais exemples; quand il demande le secours de leurs prieres en vn passage si difficile, & qu'ils luy demandent de leur costé ses intercessions quand il sera deuant Dieu. Entre les suffrages accoustumés de l'Eglise, entre les eslans de deuotion dont on le console de temps en temps, entre les adorations du crucifix, il rend heureusement son ame.

Ce mot, il est passé, est vn grand coup qui blesse là tous les cœurs d'vne violente douleur, mais qui éleue les esprits iusques au throne de Dieu, où l'on se represente déja cette ame reuestuë de gloire. Toutes les bouches sont pleines de benedictions, tous admirent cette heureuse fin, tous en souhaittent vne pareille; en ce spectacle lugubre & joyeux tous se trouuent plus dégagez que jamais des choses du monde. C'est lors qu'on se donne toute la liberté de publier les loüanges du deffunct, les secrets de sa conduite, & les grandes misericordes de Dieu sur luy, que son humilité auoit tenuës cachées durant sa vie. Monseigneur Iesus, s'écrie Saint Bernard, que la pauureté volontaire de ceux qui vous suiuent, est riche en benedictions! qu'elle est heureuse, puis qu'elle est si pleine de confiance, dans le bouluersement de ce petit monde, dans la terreur de vos jugemens! En la mort le Religieux ne craint point la voix du sang des pauures opprimez qui demandent vengeance contre luy; il ne se void point reduit entre les deux extremitez, ou d'vne restitution qui rendroit vne famille pauure, ou d'vne mauuaise foy qui laisseroit la conscience dans le crime. C'est vn aduantage commun à tous les Religieux de mourir auec ce dégagement parfait de tous les negoces du monde, & d'auoir par le priuilege de leur

Serm. 8 in f. in psal. 90.

de leur profession, ce qu'a grand peine on peut obtenir des hommes du monde, par tout ce que les iugements de Dieu leur donnent de crainte ; mais c'est le priuilege d'vn Religieux qui s'est tousiours tenu dans les retimes de sa profession, de faire vne mort qui serue de regle à la vie des autres, & qui donne les heureux presages de sa prochaine felicité. Quand il plaist à Dieu d'appeller à luy cet homme qui a fidelement suiuy l'attrait de ses graces, il les redouble en ce dernier temps, pour le mieux disposer à la gloire, & pour en donner des marques sensibles, qui entretiennent les autres dans les mesmes esperances. Ainsi Philon rapporte, que quand Dieu voulut retirer du monde, Moyse dont il s'estoit seruy pour faire tant de prodiges, il deschargea son ame de toutes les incommoditez qu'elle receuoit du corps, & la mit presque au rang des pures intelligences, par l'integrité de ses affections & de ses lumieres, qui rendoient toutes ses paroles des oracles de ce qui deuoit arriuer à son peuple. Combien de fois les compagnies religieuses ont elles appris de la bouche des mourans, les regles asseurées de leur conduite, les aduis de ce qu'elles doiuent suiure ou éuiter : ainsi les saints ont fait de leur lict de mort, comme Iesus-Christ de sa croix, vne chaire de Docteur, & ont comme luy donné les principales maximes du salut, comme des legs fort aduantageux en mourant. O que cette mort des saints est souhaittable ; & qui ne la prefereroit à toutes les magnificences du monde ! mais ordinairement la grace ne nous y conduit par vne bonne vie precedente ; cette bien-heureuse fin est la premiere couronne de la pieté ; c'est son grand miracle de rendre vn homme content, rauy de ioye, & comme en triomphe dans vn extremité qui contient toutes les priuations, & qui donne toutes les horreurs possibles à la nature.

Lib. c. de vita Mos. la fine

CONCLVSION.

OVS auons consideré le Religieux en sa vocation, en sa conduite interieure, en ses offices de cloistre, en ses employs exterieurs; nous l'auons conduit du berceau, iusques au tombeau, & nous auons tâché de luy marquer ce qu'il doit auoir de perfection en tous ces degrez de son âge. C'estoit vn ample suiet que ie pouuois traitter auec beaucoup plus d'estenduë, puisque la premiere & seconde partie de ce petit œuure sert de matiere à tant de liures spirituels que nous auons entre les mains; & qu'on peut rapporter aux deux suiuantes, toute la Morale Philosophique & Chrestienne, tout ce que saint Basile, Cassian, saint Chrisostome tant d'autres ont escrit de l'institution religieuse: neantmoins i'ay creu que ie deuois ramasser toutes ces choses auec methode dans vn abregé afin qu'on peust remarquer comme d'vne veuë ce qui est de principal en cet institut, comme on represente toute la disposition du ciel & de la terre, sur nos cartes, & sur nos globes. I'ay pris ce dessein, comme i'ay dit, par le conseil de personnes celebres en science & en pieté, qui ont creu que ce petit trauail ne seroit pas inutile en ce temps, & ie n'ay pas eu peine à suiure vn aduis, où ie me sentois déja porté par de puissantes inclinations. Car ie conçois vne tres haute estime de la vie religieuse; ie la considere comme le chef-d'œuure de la sagesse diuine en la conduite des hommes, comme vn estat qui contient par éminence, tout ce que la Philosophie des anciens s'est figuré d'heroïque; tout ce que les Patriarches, les Prophetes, les grands obseruateurs de l'ancienne loy ont souhaitté d'eminent par la doctrine du iuste qui leur deuoit venir du ciel; car s'en est l'effet, puisque c'est vne perfection pra-

tiquée & enseignée de Iesus-Christ, qui fut l'accomplissement de toutes les loix.

Ie ne me suis point attaché aux regles, aux constitutions, aux exercices d'aucun institut particulier, ie n'ay fait estat que de les seconder tous par des considerations generales, & qui leur soient communes, comme les trois vœux; i'ay de l'amour & du respect pour tous; ie les considere dans la singularité de leurs pratiques aussi profitables à l'Eglise, que le sont a former le temperament du monde, les astres, auec la diuersité de leurs lumieres, de leurs mouuemens, de leurs influences: en toute cette conduite particuliere, claustrale, exterieure, i'ay deduit plusieurs considerations, & on se peut estendre sur dix mille autres; mais le fondement de tout ce qu'on y peut souhaitter de perfection, c'est la vie interieure, c'est ce sublime sentiment, cette profonde adoration de Dieu, cette integrité qui dispose l'ame pour luy seruir de demeure; c'est la sainteté où nous sommes obligez par vœu, que nous promettons par nostre nom, & par nostre habit, que le monde espere de nous quand il nous donne la subsistance, & l'Eglise quand elle nous soustient de ses priuileges. La sainteté est aduantageuse à tous ceux qui donnent des assistances spirituelles au prochain, mais elle est propre & necessaire aux Religieux, c'est pourquoy ceux qui tiennent le gouuernement des ordres doiuent employer tous les soins possibles afin de l'y conseruer florisante; s'ils voyent des ames qui y soient particulierement appellées de Dieu, les gratifier de tout ce qu'ils pourront de prerogatiues. Cette estime ne fait pas grande impression sur des esprits entierement consacrez à Dieu, & qui trouuent la recompense de la pieté dans elle-mesme; mais cela donne aux autres vne sainte émulation de se porter à ce qu'ils voyent le plus en credit, & cela fait vne auantageuse diuersion des pensées qu'ils pourroient auoir des autres employs plus éminens aux yeux du monde, & plus fauorables aux sentimens de la nature. Est-il possible que les Religieux ne soient point touchez de honte, quand ils voyent qu'aujourd'huy l'on y a chercher la sainteté hors des cloistres, & dans le monde, parce que l'esprit du monde s'est étably dans les cloistres ? Nous n'enuions point la pieté aux personnes seculieres, puisque nous les y portons de tout nostre pouuoir ; mais la gloire de Dieu n'est pas aduancée quand on fait passer les maisons religieuses, pour des lieux où la deuotion ne regne plus, & que par cette mauuaise opinion on diuertit les ames de se jetter dans cet asyle ; on leur persuade de rester au monde, comme si elles y pouuoient mieux faire leur salut, quoy qu'elles y courent d'extremes perils. Mais pourquoy nous plaindre de cette mauuaise estime, puisque nous en sommes les causes, & que nous la publions nous mesmes ?

Vous offrez à vn malade des vestemens precieux, vne table bien couuerte, tous les employs honorables ; il est contraint de les refuser, ses douleurs & ses foiblesses ne demandent que le repos du lict. Pleust à Dieu que ce sentiment fust dans les Religieux malades par vn deffaut de saincteté, & que se reconnoissants n'estre pas animez de cet esprit principal, ils eussent la discretion de se tenir à couuert dans le cloistre : mais c'est vne chose digne de larmes, de voir que moins il ont de forces interieures, plus ils se produisent au dehors, auec le scandale & particulier & public de tout l'ordre. Ie dis encore vne fois aux superieurs, mes Reuerends Peres, conseruez l'estime de la profession religieuse, que vos anciens vous ont acquis par tant de sueurs : tenez de court ceux qui ne donnent pas ce qu'ils doiuent d'edification : il vaut mieux qu'il en recoiuent quelque mécontentement, que le prochain, que l'ordre, que l'Eglise, du scandale. Retranchez ces trop frequentes conuersations auec les seculiers, & n'offensez pas la saincteté de vostre estat, par cette prophanation : si le Religieux a de la vertu, elle y deuiendra plus foible, elle se rend moins considerable, & vous étouffez en la semence le fruit qu'on en deuoit recueillir ; s'il a peu d'interieur, helas, comment exposez vous à ce mauuais air vne si foible constitution ! s'il se perd, Dieu vous demandera compte de son ame, & de la perte de plusieurs qu'il aura causé par sa mauuaise conduite. Le grand remede c'est d'establir & de conseruer dans les maisons religieuses, vn esprit interieur d'oraison, en faire le principal, & que toutes les autres choses n'en soient que les accessoires. Ie ne suis pas contraire à l'estude que j'estime estre vn des employs plus honnestes & plus vtiles du Religieux, mais j'aimerois incomparablement mieux vn jour dans la maison du Seigneur, dans les consolations que sa misericorde donne à ceux qui le seruent auec fidelité, j'aymerois mieux vn petit rayon de ces lumieres diuines, que les plus sublimes connoissances qu'on puisse auoir par l'estude. Ie reuere ceux qui s'employent au gouuernement, & ie croy que Dieu leur donne de puissantes graces pour soustenir ces grandes charges; mais s'ils n'ont l'esprit de saincteté, il faut craindre qu'ils ne se trouuent insensiblement possedez par celuy de l'ambition qui est la peste des ordres Religieux, l'idole qu'on pose dans le sanctuaire, le malheur qui a diuisé, qui a precipité les Anges, & qui ruine les plus sainctes congregations. Si quand quelqu'vn se plaint des disgraces qui trauersent les contentemens de la vie on luy disoit qu'on peut trouuer vn moyen pour les passer dans vne liberté & vne tranquilité continuelle, il n'y a rien de si precieux qu'on ne fust tout prest de donner pour se mettre dans ce bien-heureux estat. Celuy qui a quitté tous les contentemens du monde pour se jetter dans vn cloistre, a eu dessein d'y trouuer la paix, & l'integrité d'vne vie qui ne soit plus sujette aux inconstances, & aux desordres de l'opinion; nous auons fait le plus fort par cet abandon de toutes les choses exterieures : à quoy tient-il que nous n'ayons la saincteté qui seule nous peut donner cette paix? La grace diuine nous y appelle, & nous y porte continuellement, nous en auons toutes les dispositions par les austeritez d'vne vie, qui nous forme à la ressemblance du nouuel homme, à quoy tient-il que nous ne receuions de luy le souffle de vie, & que nous ne soyons animez de son esprit? Vn Religieux qui se considere comme s'il est vne hostie viuante, que les vœux, & que les exercices de religion offrent continuellement à Iesus-Christ, s'il luy donne tout son cœur, tous ses desirs, tous ses amours, il n'est plus au monde pour en ressentir les disgraces ; la charité qui l'vnit à Dieu, l'esleue dans vne eminence, où tout ce qui roule icy bas ne le peut toucher ; il en reçoit vne vertu qui ne se changeant point, change & diuise toutes choses. Celuy qui se rend digne de Dieu par vne grande integrité de conscience, & par l'exercice de l'oraison void couler doucement sa vie d'vn flux égal, sans contrainte, sans émotions dans les employs Religieux, dans des progrez toussiours plus grands de vertu & de merites, jusques à ce qu'elle se rende dans l'eternité. Cependant que les passions & les crimes font tant de rauages dans le monde ; que le sort des armes bouleuerse les monarchies, brise les sceptres, desole les peuples ; que la fortune joüe ses tragedies sur ce grand theatre, vn mesme esprit de saincteté conduit le Religieux dans ses offices selon les degrez de son âge, auec des tranquilitez & des douceurs inexplicables, qui couurent tout ce que cette saincte profession semble auoir de plus rigoureux. Il aura fait les deuoirs de clerc, d'estudiant, de Predicateur, de Missionaire, de Superieur, sur l'idée d'vne diligence qu'il se figure en vn saint : cette grande égalité d'esprit luy oste la veuë des changemens qu'apporte le temps, des années se passent insensiblement auec la mesme ferueur, la mesme humilité, il pense encore estre au Nouitiat quand les maladies, ou la vieillesse luy marquent la fin de sa vie. Si elle duroit autant que celle des premiers hommes, il ne voudroit pas en soubstraire le moindre petit moment du seruice & des hommages qu'il doit à Dieu. S'il luy plaist mettre fin à ses fatigues, il sort de ce monde auec mille actions de graces à la souueraine bonté qui la conduit, qui l'a conserué dans vne si saincte profession. Il espere qu'elle luy fera misericorde des negligences qu'il y a commises ; les larmes de penitence cedent à celles de l'amour, quand il se represente qu'il va dans vne region de paix, de lumiere, de saincteté, où il pourra voir, aymer, glorifier Dieu auec vne perfection qui ne luy estoit pas icy possible. O vie, ô mort bien-heureuse. Mon Dieu, les Anges ont sujet d'adorer vos perfections infinies par le

DV RELIGIEVX.

cantique qui vous publie trois fois sainct, parce que vous l'estes en vous mesme, dans les Anges, & dans les hommes, & que vous faites tout le bon-heur de la creature raisonnable par la saincteté : elle affranchit le Religieux des seruitudes du monde : elle le tire de ses perils, elle calme ses passions, elle adoucit tous les accidens de la vie, & s'en fait vn grand sujet de merite; elle luy donne la paix, la ioye, la consolation interieure, vne eminente sagesse pour la conduite de toutes ses entreprises, la nature mesme luy deuient obeissante; & les plus grands du monde se tiennent heureux de luy rendre homage. Soyons donc saints, comme nostre Pere celeste est saint, afin de meriter le titre de ses enfans; cherchons deuant toutes choses la gloire de Dieu, & toutes choses nous seront données auec abondance.

FIN

www.ingramcontent.com/pod-product-compliance
Lightning Source LLC
Chambersburg PA
CBHW071155230426
43668CB00009B/965